JÜRGEN NEFFE

MARX

DER UNVOLLENDETE

Pantheon

MIX
Papier aus verantwortungsvollen Quellen
FSC® C083411

Verlagsgruppe Random House FSC® N001967

Erste Auflage
Pantheon-Ausgabe 2018

Neumarkter Straße 28, 81673 München
Umschlaggestaltung: Büro Jorge Schmidt, München
Umschlagmotiv: Karl Marx, 1867 © akg-images
Satz: Uhl + Massopust, Aalen
Druck und Bindung: CPI books GmbH, Leck
Printed in Germany
ISBN 978-3-570-55378-7

www.pantheon-verlag.de

Dieses Buch ist auch als E-Book erhältlich.

Für meine Frau und Kollegin

»Was immer man aus Marx gemacht hat: Das Streben nach Freiheit, nach Befreiung der Menschen aus Knechtschaft und unwürdiger Abhängigkeit war Motiv seines Handelns.«

Willy Brandt, 1977

Inhalt

ZWEITER TEIL

Prolog

Marx und kein Ende

Man kann diese Geschichte auch anders erzählen. Vom Denkmal her etwa, das seine letzte Ruhestätte überragt. Sie liegt im Norden von London, auf dem Friedhof von Highgate, wo das Leben mit Efeuranken und Moos und wilden Blumen die Steine der Toten überwuchern darf. Kontrollierter Verfall, so nennen sie das hier, wenn kopf- oder flügellose Engel, zu Boden gegangene Kreuze und versinkende Grabplatten in gärtnerisch eingehegter Wildnis der Verwitterung anheimgegeben werden.

Nur das Grabmal im Quadranten C2 auf dem Ostteil des Gottesackers widersetzt sich der inszenierten Vergänglichkeit. Das gepflegte Geviert mit seinen sauberen Plattenpfaden und gemähten Rasenflecken hinter eisernen Trittschutzzäunen verleiht dem Ort einen offiziellen Charakter, der das Morbide seiner Umgebung verneint. Darüber erhebt sich ein massives Monument, Manifestation eines Materialismus, der die Ewigkeit im Blick zu haben scheint: Vom übermannshohen Sockelblock aus grau meliertem Granit schaut, wie zur Demonstration menschlicher Unsterblichkeit, grimmig ein wuchtiger Bronzekopf auf die übrigen Gräber und die unablässig vorbeiziehenden Besucher herab.

Die Friedhofsverwaltung weiß um den Wert ihrer Attraktion. Vier Pfund Eintritt verlangt sie für diesen Teil des Areals. Das hält aber niemanden davon ab, dem Bärtigen mit dem finsteren Ausdruck seine Aufwartung zu machen. An guten Tagen sind es mehrere Hundert, die zu ihm pilgern, manche um die halbe Welt gereist. Die meisten verweilen ein paar Minuten, einige legen Blumen ab, andere ganze Sträuße an den Fuß des Quaders. Chinesen aus der Roten Republik nähern sich in Busladungsstärke der Nekropole, wo sie ihrer Pflicht als Volksgenossen mithilfe von Selfie-Sticks Genüge tun.

Jenseits touristischer Erbauung besitzt dieser Ort eine eigene, ganz eigentümliche Anziehungskraft, besonders für jüngere Leute aus aller Sprachen Länder. Eine Gruppe spanischer Studenten, die in stiller Andacht einen Anstecker der neuen Linkspartei Podemos auf dem Vorsprung des Sockels abgelegt hat, beschreibt ihn als »Kraftquelle« zur Inspiration ihrer Hoffnung auf eine bessere, gerechtere Welt.

Als Erster hat Marx das unheimliche, übermächtige System beschrieben, dem sich die Menschheit auf Gedeih und Verderb ausgeliefert hat: jenen von Menschen gemachten, aber von ihnen nicht kontrollierbaren Moloch der Moderne namens Kapitalismus.

Wie ein Seher hat er erkannt, dass sich Kapital nicht als fassbarer Gegenstand, sondern nur in seiner Bewegung begreifen lässt. Als Fetisch, dem Leben innezuwohnen scheint wie einem Wesen – »ein beseeltes Ungeheuer, das zu ›arbeiten‹ beginnt, als hätt' es Lieb' im Leibe«[1]. Ein System, verrückt und vernünftig, rational und irrational in einem. Und die Spezies, die es betreibt, »gleicht dem Hexenmeister, der die Unterirdischen Gewalten nicht mehr zu beherrschen vermag, die er heraufbeschwor«[2].

Als die jungen Iberer zur Welt kamen, waren Kalter Krieg und Ostblock schon Geschichte. In Marx sehen sie einen Vordenker und Kritiker des Kapitalismus, nicht den geistigen Übervater der sozialistischen Staatenwelt, die an ihrem Höhepunkt im 20. Jahrhundert beinahe die Hälfte der Menschheit umfasste. Die gehört für sie, trotz Kuba und Co., in das gleiche Reich von Schwarz-Weiß-Erinnerungen wie Franco und die Nazizeit. Der Anblick einer Gruppe marxistischer Veteranen und ergrauter Antifaschisten aus der ehemaligen Sowjetunion wirkt auf sie befremdlich oder, wie sie sagen: »exotisch«.

Die alten Herrschaften, manche am Gehstock, die Rote Fahne als Sticker am Revers, stellen ihrem Säulenheiligen Kerzen zu Füßen. Dann verneigen sie sich und blicken schweigend auf zu dem Riesenkopf, der auf einem Friedhof eigentlich nichts zu suchen hat: Denkmäler, die Lebende darstellen, gehören in die Welt der Lebenden, auf Plätze, Straßen, nicht ins Reich der Toten. Dass er dennoch dort steht und bleiben wird, unerschütterlich und unberührbar bei aller Hinfälligkeit, die ihn umgibt, erscheint wie ein Symbol der Widersprüche, die Marx bis heute begleiten.

Es war die Kommunistische Partei Großbritanniens, die das Monument 1956 an dieser Stätte gelebter Sterblichkeit errichten ließ. Im selben Jahr distanzierte sich Generalsekretär Chruschtschow in Moskau vom

Heldenkult seines Vorgängers Stalin, die Ungarn begehrten gegen ihr stalinistisches Regime auf, und die britischen Kommunisten erlebten im Streit um ihr Verhältnis zur Sowjetunion bald ihre schwerste Krise. Nach Ende des Ostblocks kamen sie ihrem Untergang 1991 durch Selbstauflösung zuvor. Auf dem Friedhof lebt ihre Erinnerung weiter als Kuriosum aus einer seltsam entrückten Zeit.

Gleich unter dem bulligen Schädel haben sie die Buchstabenfolge WORKERS OF ALL LANDS UNITE in den Granit schneiden und golden ausschlagen lassen. Das klingt im Englischen um einiges zeitloser als das preußisch-deutsche Original von 1847: »Proletarier aller Länder, vereinigt Euch.« Der Satz am Fuß des Sockels hingegen – THE PHILOSOPHERS HAVE ONLY INTERPRETED THE WORLD IN VARIOUS WAYS • THE POINT HOWEVER IS TO CHANGE IT – verliert in der Übersetzung einiges von seiner ursprünglichen Poesie: »Die Philosophen haben die Welt nur verschieden interpretiert, es kommt aber darauf an, sie zu verändern.«

Im Frühjahr 1845 aufs Papier gekritzelt und erst nach dem Tod des Verfassers von seinem Freund Friedrich Engels im Nachlass entdeckt, bedeutet diese »Elfte These ad Feuerbach« Aufbruch und Vermächtnis in einem. Die beiden Zitate liegen kaum mehr als zwei Jahre auseinander. In Marx' Schaffen markieren sie den Schritt vom Denker zum Kämpfer, vom revolutionären Theoretiker zum Theoretiker der Revolution. In diesem Umschwung wurzeln alle modernen Arbeiterbewegungen, die sich auf das unzertrennliche Duo aus Deutschland berufen.

Schräg gegenüber dem Großkopf liegt eine bescheidene Grabstätte, die Besucher mitunter als Rastbank zum Verzehr mitgebrachten Proviants missbrauchen. HEREIN LIE THE ASHES OF HERBERT SPENCER, lautet ihre schlichte Inschrift. Das muss man nicht übersetzen, wenn man weiß, dass sich dahinter die sterblichen Überreste eines notorisch Backenbärtigen verbergen, der mit Fug und Recht als weltanschaulicher Antipode von Marx und Konsorten gilt.

Der Soziologe, zwei Jahre nach Marx geboren und zwanzig nach ihm gestorben, hat die Lehre des Sozialdarwinismus begründet. Sie sieht das menschliche Miteinander als unerbittliches Gegeneinander im Kampf ums Dasein – Individuen in totaler Konkurrenz, Kapitalismus als Fortsetzung der Evolution mit ökonomischen Mitteln. Von Spencer, nicht von Darwin, stammt der Schlachtruf vom »Survival of the Fittest«, der dem Recht des Stärkeren gelehrte Weihen verlieh. Obwohl wissenschaftlich unhaltbar, hat seine eingängige Doktrin Karriere gemacht. Sie liefert bis heute der neoliberalen Ideologie von globalem Wettbewerb und »freien« Märkten die ideale biologistische Basis.

So verkörpern Marx und Spencer den Widerspruch der spätkapitalistischen Welt, die seit mehr als einer Generation scheinbar ungebremst in ihre Frühphase zurücktaumelt: Revolution von oben statt von unten, wenn auch dank der Wählerstimmen von dort, Egoismus und Einzelkampf statt Kollektivgeist und Solidarität.

Wer Marx verstehen und würdigen will, muss das Gegenteil immer gleich mitdenken, zum Segen den Fluch und umgekehrt. Welcher Denker hat die Herzen der Menschen auf der ganzen Welt tiefer und nachhaltiger bewegt als er? Gemessen daran rangiert er auf Augenhöhe mit berühmten Religionsstiftern. Doch seit im Namen seiner Lehre Regime geherrscht haben und immer noch herrschen, die ihre Bürger gängeln und überwachen und nur mit Stacheldraht, Mauer und Schießbefehl vom Massenexodus abhalten, sieht er sich als Prophet zum Paria verflucht. Sogar die Schuld am Gulag wird ihm in die Schuhe geschoben.

Dass sein Name bis heute Ehrfurcht wie Furcht hervorruft, verdankt Marx einem perfiden Pakt, den andere in seinem Namen geschlossen haben. Er war ihr Faustpfand, mit seiner Lehre haben sie Diktatur, Gewalt und Unfreiheit begründet, wie er sie nie gebilligt hätte. Damit haben sie ihn in aller Welt prominent gemacht, aber eben auch als jene Hassfigur, die er im Echoraum antilinker Ressentiments bis heute geblieben ist.

Kein Theoretiker ist je so mit monströsem Terror und Millionen Toten in Verbindung gebracht worden wie Marx von seinen immer noch zahlreichen Gegnern. Ohne seine »Vorarbeit«, so der häufig wiederholte Vorwurf, wären der Welt Despoten wie Stalin und Ceaușescu, Mao, Pol Pot oder die nach wie vor herrschenden Steinzeitkommunisten Nordkoreas erspart geblieben. Darüber gerät seine wahre Leistung oft in Vergessenheit.

Einer Rückkehr zum vorbehaltlosen Umgang mit Marx und seinem Werk stand und steht noch immer der -ismus im Wege, den man seinen vier Buchstaben angehängt hat wie Christus das Christentum. Marx hat nie einen Marxismus begründet. Nichts lag ihm ferner, als ein abgeschlossenes System zu schaffen. Die Welt im Wandel durch Widerspruch verträgt in seiner Sichtweise keine dogmatische Erstarrung.

Das Wort haben seine Gegner geprägt. Offiziell ist es damals wohl erstmals in Polizeiakten aufgetaucht. Wenn es heute in amtlichen Unterlagen erscheint, verheißt das in der Regel nichts Gutes. Bereits 1993, die Mauer lag kaum in Trümmern, war in der *Zeit* zu lesen: »Erst nach Aussterben der Marxisten kann Marx zu seiner kompletten Statur aufwachsen.«[3] Ein Vierteljahrhundert später erklärt das gleiche Blatt, »was man von ihm heute noch lernen kann – dem Marxismus zum Trotz«.[4]

In Fachkreisen, denen es mehr um seine Ideen geht als um Ideologie, kursiert seit geraumer Zeit ein Bonmot in diesem Sinne: »Man muss Marx vor den Marxisten retten.« Man erlebt Redner, die zu Beginn ihres Vortrags betonen, keine Marxisten zu sein. Aber Marxologen und unter Umständen auch Marxianer. Von ihm selbst ist aus seinen letzten Lebensjahren, als die Vergiftung seiner Lehre schon im Gange war, der berühmte wie berührende Satz überliefert: »Alles, was ich weiß: Ich bin kein Marxist.«[5] Dennoch wäre es, wie der französische Philosoph Jacques Derrida warnt, ein großer Irrtum, Marx gegen den Marxismus auszuspielen.

Sein zentrales Thema, von Skeptikern und Gegnern jeder Couleur noch immer leidenschaftlich bestritten, war die Freiheit. Und da, wo sie an ihre Grenzen stößt, die Befreiung. Im Einstehen für freies Wort und freie Presse als demokratische Grundrechte verlor er erst seine deutsche Heimat und dann gleich mehrfach sein Zuhause im Exil. Den Großteil seiner Erdentage fristete er als geduldeter Flüchtling ohne Staatsangehörigkeit.

Wie ein Hohn der Historie mutet dagegen die Unterdrückung der Meinungsfreiheit in Staaten an, die mit Marx und seinen Lehren ihr Süppchen kochten oder es noch immer tun. Die der Freiheit mit dem oft zynisch zitierten Hegel-Wort als »Einsicht in die Notwendigkeit« begegneten. Die ihren Kindern die Sätze von Papa Marx verdrehten und aus »Die Freiheit des Einzelnen ist die Voraussetzung für die Freiheit aller« das Gegenteil bastelten: Erst das Kollektiv, dann das Individuum.

Beinahe religiös erscheint der säkulare Eifer, mit dem seine systemtreuen Jünger dem erklärten Atheisten Marx den Heiligenschein wanden. Sie haben ihn wie einen Erlöser feiern lassen, seine Schriften aber manipuliert und dann mit einem biblisch anmutenden Unfehlbarkeitsbann belegt. Aus dem Opium *des Volkes*, das sich der Mensch nach Marx verabreicht, um sein Schicksal zu ertragen, wurde Opium *fürs Volk* in Gestalt seiner Worte. Für den Hundertmarkschein Ost haben sie sein Foto bearbeitet, die Züge geglättet, die Augen aufgehellt, so dass er wie ein Siegfried mit Stalinblick in die Ferne schaut. Seiner Frau haben sie sogar die Ohrringe aus ihrem Porträt retuschiert, damit sie darauf nicht allzu mondän erscheint.

Kaum hat der Kommunismus, der in seinem Sinne keiner war, nach langem Kalten Krieg als einziges Gegenmodell zum Kapitalismus ausgedient, kann es manchen gar nicht schnell genug gehen, Marx mit einem Wort seines Lehrmeisters Hegel zum »toten Hund« zu erklären. Das »Ende der Geschichte« wird ausgerufen, die sogenannte freie Marktwirtschaft mit einem Wort der Eisernen Lady als System ohne Alternative gefeiert und Marx als Anstifter auf einen überholten Denker des 19. Jahrhunderts gestutzt, der als falscher Prophet das 20. geprägt und dem 21. nichts mehr zu sagen hat. Und seine Analysen, Erkenntnisse, Theorien? Überholt, widerlegt und ohne Wert. Hauptsache, er schweigt.

Eine Zeitlang wird es dann in der Tat recht still um ihn. »Karl Marx ist tot«,[6] meldete der *Kölner Stadtanzeiger* zu seinem 175. Geburtstag im Mai 1993. Etwas Besseres hätte ihm damals vermutlich nicht passieren können. Er brauchte die Jahre, um den Fluch abzuschütteln, der sich mit seinem Namen verbindet. Die scheinbare Totenstarre erwies sich indes als Puppenstadium in der Metamorphose eines Untoten. Noch vor Ende des 20. Jahrhunderts, dem er nicht unmaßgeblich seinen Stempel aufgedrückt hat, tauchte Marx prominent aus seiner Versenkung wieder auf.

Im Oktober 1997 verkündete der *New Yorker* mit sicherem Trendinstinkt »Die Rückkehr des Karl Marx« und widmete dem »nächsten Denker« eine ausführliche Würdigung. »Je länger ich an der Wall Street war«, zitiert das Blatt darin einen Investmentbanker, »desto überzeugter wurde ich, dass Marx recht hatte.«[7] Kurz darauf fragte der *Nouvel Observateur:* »Karl Marx – der Denker des dritten Jahrtausends?«[8]

Das wird der Ton der nächsten Jahre. Die Briten küren ihn bei einer Abstimmung zum bedeutendsten Denker des vergangenen Millenniums, vor Einstein und ihren Säulenheiligen Newton und Darwin. Kurz vor der Jahrtausendwende feiert ihn der *Economist*, des Marxismus sicher unverdächtig, in seiner Weihnachtsnummer als »Prophet des Kapitalismus«. Die sonst so kritische Redaktion zeigt »Respekt vor dem erstaunlichen Weitblick und intellektuellen Streben seines Denkens«.[9]

Ganz sicher war keine Heldenverehrung im Spiel, als *Nature*, das Weltjournal der Wissenschaft, auf einer Rangliste der meistzitierten Autoren aller Zeiten an erster Stelle den Namen eines Mannes aufführen musste, der sich als »roter Terrordoktor«[10] verunglimpft sah – und das durchaus genoss.

Als 2013 das *Kommunistische Manifest* und Band 1 des *Kapital* von der UNESCO zum Weltkulturerbe erklärt werden, erfährt Marx posthum mehr als eine kleine Genugtuung: Kein Autor hat es mit einem vergleichbaren Text auf die Liste der Weltorganisation geschafft. »Marx rises again«,[11] titelt im Jahr darauf die *New York Times*, »Marx steht wieder auf.«

Totgesagte leben bekanntlich länger, und Totschweigen hat Vordenker von seiner Größe noch selten dauerhaft zum Verstummen gebracht. Spätestens seit Ausbruch der heutigen Finanzkrise ist sein Name wieder in aller Munde – nun aber wie in einem Fegefeuer gereinigt vom Geruch der »Schwefelbande«, als deren Anführer er sich eine Zeitlang verrufen sah.

Niemand kann bis heute sagen, wie nahe das System 2007/8 am Abgrund stand – oder heute noch steht. Aber Menschen fühlen sich plötzlich an die prophetische Stimme aus dem 19. Jahrhundert erinnert, die dem Kapitalismus – früher oder später – den unweigerlichen Zusammenbruch verhieß. Hat Marx nicht auch recht behalten mit seiner Krisentheorie der periodischen Zyklen von Auf- und Abschwung, Bildung und Vernichtung von Kapital?

Sind seine Vorhersagen der Globalisierung und ihrer Folgen nicht in einer Weise eingetroffen, dass man sich beim Lesen der Texte mehr als hundertsiebzig Jahre später die Augen reiben möchte? Hat er nicht die totale Kommerzialisierung angekündigt, wie wir sie gar nicht mehr anders kennen? Hat nicht er als einer der Ersten die ökologische Frage gestellt, den »Stoffwechsel zwischen Mensch und Natur« kritisch untersucht und neben der »Ausbeutung des Menschen durch den Menschen« auch die des Planeten thematisiert?

Und hat er nicht mit der zunehmenden Entfremdung und Verdinglichung des Menschen im Zuge des Fortschritts ein Lebensgefühl benannt, in dem sich viele von uns Heutigen wiederfinden? Warum sollte sich bei einem, der dem »Gespenst des Kapitals« so tief in die Seele geschaut hat, nicht auch seine These von dessen kommendem Kollaps bewahrheiten?

Rechtzeitig zu den Feierlichkeiten um das 150-jährige Jubiläum seines Hauptwerkes, *Das Kapital*, und zum Marx-Jahr anlässlich seines 200. Geburtstages 2018 erlebt der lange Verfemte mit seinen Erkenntnissen eine regelrechte Renaissance. Kein Zweiter hat der Menschheit, ihrem Wirtschaften und ihren Gesellschaften Diagnosen gestellt, die noch nach so langer Zeit mit ihrer Aktualität verblüffen können. »Hatte Marx doch recht?« ist im Januar 2017 in großen Lettern auf der Titelseite der *Zeit* zu lesen. »Gierige Manager, schreiende Ungerechtigkeit und der Aufstand der Vergessenen: Karl Marx sah alles kommen.«[12]

Nur wer die Welt versteht, davon war er überzeugt, der kann sie auch verbessern. Im Schaffensrausch seiner jungen Jahre hat er in einem einzigen Satz den Plan für sein Leben vorgezeichnet: »Man muss diese versteinerten Verhältnisse dadurch zum Tanzen zwingen, dass man ihnen ihre eigne Melodie vorsingt!«[13] Es grenzt fast an Exerzitien zum Zwecke des Exorzismus, wenn er im selben Atemzug erklärt: »Man muss das Volk vor sich selbst *erschrecken* lehren, um ihm *Courage* zu machen.«[14]

Seine Analysen und Vorhersagen scheinen wie für unsere Zeit gemacht. Seine Methode, Fragen zu stellen und Antworten aus Antagonismen zu gewinnen, hat bis heute nichts von ihrer Attraktivität verloren. Sein Werkzeug, die Welt aus ihren Widersprüchen zu begreifen, die Dialektik, hat er von Hegel übernommen und dann, wie er für sich reklamiert, »vom Kopf auf die Füße« gestellt. »Alternativlos« brächte es bei ihm zum Unwort des Jahres.

Das schließt sein eigenes Werk nicht aus. Was Marxianer Satz für Satz wie eine Offenbarung lesen, findet vor den Augen seiner nicht zuletzt auch wissenschaftlichen Widersacher oft keinerlei Gnade. Zu fast jeder theoretischen Äußerung lassen sich glühender Zuspruch und heftigster Widerspruch finden. Deutungen seiner Schriften klaffen auseinander, wie man es sonst nur von künstlerischen Texten kennt, die zum Polarisieren geschrieben wurden. Sein Schaffensprozess lässt sich daher nur angemessen würdigen, wenn man ihn in seiner Offenheit und Unfertigkeit gerade wegen seines experimentellen Charakters als den eines bedeutenden Schriftstellers erkennt.

Wie alle großen Kunstwerke verändert auch seines mit der Zeit den Charakter, so dass es jeder Generation in eigentümlicher Weise frisch und unverbraucht erscheint. Seine weite Optik für die Welt und ihre Entwicklung reichte vom kleinen Schicksal bis zum großen Ganzen. Er träumte von Vereinigung, von einer Harmonie im Bereich des Theoretischen, durch die es gelingt, zwischen den Weltreichen des Denkens und des Handelns zu vermitteln. Welcher Philosoph hat je so tief in die Ökonomie geblickt, welcher Ökonom so philosophisch gedacht und so literarisch geschrieben wie er?

Damit erfüllt sich sein Vermächtnis im dialektischen Widerspruch gelebter Erinnerung. Sie verleiht noch seinem Andenken eine Art von »Doppelcharakter«. So lautet ein Grundmotiv seines Denkens über die gesamte von Menschen gemachte Welt. Darin verbirgt sich bis heute das Geheimnis dessen, was wir seit Marx Kapitalismus nennen. Er hat das Wort nicht erfunden, aber prominent gemacht.

Wer wirklich verstehen will, warum Marx sich nicht auf dem Schindanger der Geschichte entsorgen lässt, wird die Antwort kaum auf der sichtbaren Oberfläche seiner Schriften finden. Selbst wer es fertigbrächte, sie in jedem Punkt zu widerlegen, käme nicht an den tieferen Wahrheiten vorbei, mit denen er der Spezies die Augen geöffnet hat. Sein Genie steckt weniger in der Theorie vom Arbeitswert oder seinen Überlegungen zum tendenziellen Fall der Profitrate. Sie stellen herausragende wissenschaftliche Leistungen dar, so wie durch seine und Engels' Geschichtsauffassung der Blick auf die Historie für alle Zeiten ein anderer wurde: Wer hätte noch nie davon gehört, dass das Sein das Bewusstsein bestimmt?

Marx' Unsterblichkeit rührt auch nicht daher, dass er die herrschende Meinung als Meinung der Herrschenden entlarvt hat und die Ausbeutung der Lohnabhängigen beim Namen genannt hat. Seinen Glauben, die Menschheit habe eine höhere Bestimmung und strebe unweigerlich auf deren Erfüllung zu, teilt er mit vielen anderen Revolutionären, den Aufbruchsgeist und robusten Optimismus mit seiner ganzen bewegten Generation.

Was ihn von allen anderen abhebt, auch seinem Kompagnon Engels, was ihm für immer seinen Platz auf dem Olymp der Geistesgeschichte sichert, haben vermutlich diejenigen am wenigsten begriffen, die ihn wie einen Zeusdarsteller in Form zerstörungssicherer Statuen in die Ewigkeit zu retten versuchen. »Ein ›Denkmal‹«, sagte nach seinem Tod Wilhelm Liebknecht, »wollte Marx nicht haben.«[15] Nichts Statisches zeichnet seine eigentliche Leistung aus, nichts, was sich in Stein meißeln oder in Formen gießen ließe, sondern die Einsicht in eine Art von Bewegung, die über die Geschicke der Menschen bestimmt.

Seine entscheidende Entdeckung reicht an die Genietaten der Giganten heran, die unser Bild von Kosmos und Leben mitsamt ihrer Entstehung und Entwicklung für alle Zeiten geprägt haben. Gleichzeitig berührt sie das Reich der Psychologie, die Welt von Wille und Vorstellung, und umkreist ein kollektives Unbewusstes als Richter und Lenker menschlichen Schaffens, zwischen Chaos und Ordnung, Zufall und Notwendigkeit.

Damit verdanken wir Marx eine Erkenntnis unserer Lage, die sich den drei großen Narzisstischen Kränkungen durch die Wissenschaft hinzugesellen lässt. Drei Jahrhunderte vor ihm hat Kopernikus auf Basis astronomischer Daten unsere Heimat aus dem Mittelpunkt der Welt entfernt. Marx' Zeitgenosse Darwin hat den Glauben an eine göttliche Schöpfung erschüttert, als er natürliche Auslese und gemeinsame Abstammung aller Lebewesen dagegenstellte. Zwölf Jahre nach Marx' Tod hat Freud dem Ich, wie man sagt, die Herrschaft im eigenen Haus streitig gemacht. Demnach bildet sich der Mensch nur ein, dass seine Handlungen und Entscheidungen auf bewusstem Willen basieren. In Wahrheit regiert in aller Regel das Unbewusste, dem wir mehr oder weniger hilflos ausgeliefert sind.

So ähnlich verhält es sich Marx zufolge mit dem Wir, sobald es in der modernen kapitalistischen Gesellschaft angekommen ist. Wir sind Gefangene unserer eigenen Kreatur, Teile einer von Menschen gemachten lebendigen Maschinerie, die ihr Programm unabhängig vom menschlichen Willen abspult – und doch von ihm betrieben wird. Ihr und unser Überleben hängen wie bei einem Krebsgeschwür vom stetigen Wachstum ab. Dazu muss sie in alle verfügbaren Bereiche vordringen, Raum und Zeit erobern, und schließlich auch sämtliche sozialen Beziehungen kolonialisieren.

Marx verbindet das Verhängnis jedoch mit einem Versprechen: Eines Tages können wir den Zustand überwinden. Sein gesamtes Sein beruht auf der Überzeugung, die Menschen seien ihrem Schicksal ausgeliefert und hätten es gleichzeitig selbst in der Hand. So wie die Schwerkraft uns auf die Erde zieht, und dennoch ist Planet Mars als nächster Horizont der Reise des Menschen bereits ausgemacht. Auch der Planet Marx weiß um seinen beweglichen Horizont. Nichts muss so bleiben, wie es ist. Gerade darin gründet sich seine Popularität, die jedoch nichts mit Populismus gemeinsam hat.

Nach dem Jammertal kapitalistischer Sachzwänge winkt uns nach Marx ein Reich der Freiheit, in dem jeder nach seinen Fähigkeiten leben soll und jedem nach seinen Bedürfnissen gegeben wird. Er nennt es Kommunismus. Allerdings meint er einen Kommunismus, wie es ihn auf Erden noch nie gegeben hat. Weil in ihm nämlich die Freiheit des Einzelnen Voraussetzung für die Befreiung aller ist. Alle können nach ihrer Façon glücklich werden, weil sie nicht mehr arbeiten, um zu leben, sondern leben, um nach eigenem Gusto Arbeit und Freizeit als Teil eines gelungenen Daseins zu erleben.

Denn das, so Marx als gelernter Philosoph, der er bis zum Ende geblieben ist, das und nichts anderes ist der wahre Kern aller Philosophie. Genaueren Beschreibungen hat er sich dagegen lebensklug verweigert. So etwas kann, davon war er überzeugt, kein Einzelner vorwegnehmen, das müssen die Menschen unter sich ausmachen, wenn die Zeit gekommen ist.

Was man von Marx am wenigsten lernen kann: Wie man Revolutionen macht. Eher schon, wie man es nicht anstellen soll. Allen Weltveränderern, und besonders den Hitzköpfen unter ihnen, hat er eine klare Botschaft hinterlassen: Revolutionen als »Lokomotiven der Geschichte« lassen sich nicht gegen deren Lauf, sondern nur mit ihm in Bewegung setzen.

Auf dem Friedhof von Highgate haben sie dem Falschen ein richtiges Denkmal gesetzt, dem Richtigen aber das falsche. Er hat das Gewese um Personen und ihre Leben abgelehnt, ja verachtet. Biografien haben ihn, nach allem, was wir wissen, nicht interessiert. Für ihn sind es allein die Werke eines Menschen, die zählen, Produkte von Hirn oder Hand, nicht ihre alltäglichen Verrichtungen. Damit hat er der Nachwelt einen unmissverständlichen Auftrag erteilt: Messt mich an meinen Ideen, meinen Worten, meinen Schriften, weniger an meinen Taten oder Lebensdaten.

Doch hinter allen Unsterblichen haben einmal sterbliche Wesen gestanden mit ihren Hoffnungen und Ängsten, Stärken und Schwächen. Im Falle Marx trifft das am besten sein Begriff vom doppelten Charakter, den er dem Drama entlehnt hat. Kaum einer hat so viel und tief über das Wesen des Geldes nachgedacht. Doch außerstande, zwischen Theorie und Praxis zu vermitteln, hat er die besten Jahre seines Lebens in bedrückender Armut verbracht. Zu einer Freundschaft fähig, wie sie die Weltgeschichte nicht häufig erlebt, kann er andrerseits Weggefährten verstoßen, bekämpfen und mit einem Hass überziehen, der kaum Vergleiche erlaubt.

Mal Weiser, mal Wüterich, hier zurückhaltend, dort zupackend, guter Vater, schlechter Vater: gelebte Dialektik, wenn man so will. Erst im Zusammenspiel der Extreme ergeben seine vielen Ichs die vollständige Figur. Sie wird indes schon lange vom Licht des Posterhelden überblendet. Zum Menschen Marx aus Fleisch und Blut, das geht im Denkmalstreit zu häufig unter, gehört ein großes Herz, das nicht nur als Pumpe lebenserhaltend wirkte. Er war gewiss kein einfacher Ehemann, wer ist das schon, aber ein guter Gefährte, vielleicht gelegentlich untreu, aber niemals treulos.

In den Granitsockel unter Marx' Bronzehaupt ist eine verwitterte, in ihrer Mitte gespaltene Marmorplatte eingelassen. Sie verrät, dass er mit seinen Gebeinen hier nicht allein untergekommen ist. Er teilt mit seinen Lieben eine Familiengruft. Zwei Jahre vor ihm, das sagt die Gravur, ist Jenny von Westphalen bestattet worden, The beloved Wife of Karl Marx. Die Geschichte ihrer gemeinsamen Liebe straft den berühmten Eingangssatz zu *Anna Karenina* Lügen, kaum dass Tolstoi ihn in jenen Tagen niedergeschrieben hat. Ihre Ehe und Familie waren auf eine ganz eigene, unvergleichliche Weise glücklich und unglücklich.

Das ursprüngliche Grab der Familie verfällt nach Plan in einer Reihe schlichter, dicht gedrängter Grüfte ein paar Schritte hügelab vom Bronzekopf im Schatten dichter Bäume – dort, wo zu Zeiten ihrer Bestattung noch ein baumloses Areal für Gottlose lag. Genau so hat Marx sich selbst sehen wollen: als kleinen, vergänglichen Menschen, nicht als Ikone, geschaffen für irgendeine Ewigkeit.

Gerade einmal sechzehn Trauergäste versammeln sich zum letzten Gruß an seinem Grab, Familie und engste Vertraute. Umso gewichtiger fällt die Abschiedsrede aus, die Männerfreund Engels hält. Sie endet mit der Wucht einer biblischen Prophezeiung, wie sie dem Entschlafenen nicht angemessener hätte sein können: »Sein Name wird durch die Jahrhunderte fortleben und so auch sein Werk!«[16]

Erster Teil

1

Aufbruch, Flucht, Revolte

Muster eines Lebens

Brüssel, 3. März 1848. Ein trübkalter Tag neigt sich seinem Ende zu. Lampenmänner sind unterwegs, um die Gaslaternen zu entzünden. Im Justizministerium macht sich Gerichtsdiener Jean Joseph Polack zu seinem letzten Dienstgang an diesem Freitag auf den Weg. Er trägt ein brisantes Schreiben bei sich, das er rechtzeitig an den Mann bringen soll. Anweisung von ganz oben.

Der Brief richtet sich an einen Ausländer, der, aus Frankreich ausgewiesen, vor drei Jahren mit Frau und neugeborener Tochter in das junge Königreich Belgien geflohen ist. In seiner deutschen Heimat hätte ihm damals als politisch Verfolgter die sofortige Verhaftung gedroht. Daran hat sich bis dato nichts geändert.

Ein Steckbrief zeichnet ihn dort wenig später als etwa einen Meter siebzig großen, untersetzten Mann von gesunder Gesichtsfarbe, die Haare »schwarz, gelockt«, »schwarz« auch Augenbrauen und Bart, die Augen aber »dunkelbraun« und »etwas blöde«. Besondere Kennzeichen: »a) erinnert in Sprache und Äußerem an seine jüdische Abkunft« und »b) ist schlau, kalt und entschlossen«.[1]

Gegen fünf Uhr nachmittags erreicht der Bote sein Ziel. Das Bois Sauvage, ein kleines Hotel, liegt im Schatten der Kathedrale St. Gudule, Hauptkirche von Brüssel und als Nationalkirche des Landes noch heute Schauplatz königlicher Hochzeiten und ehrwürdiger Staatsbegräbnisse. Nur wenige Gehminuten von der Grand Place mit dem prächtigen gotischen Rathaus entfernt, prägt sie mit ihren zwei stämmigen, wie abgesägt endenden Türmen die Silhouette der Brüsseler Altstadt.

Die Herberge und mit ihr das gesamte Viertel sind einer der Abrisskampagnen zum Opfer gefallen, durch die sich die dicht bebaute Metropole regelmäßig aus ihrer Enge zu befreien versucht. Dort, wo sich in den Fünfzigerjahren des 20. Jahrhunderts der monumentale Gebäuderiegel der Belgischen Nationalbank in die Stadtlandschaft schob, verlangt Gerichtsdiener Polack an jenem 3. März einen Gast zu sprechen, der unter der Adresse gemeldet sei.

Hotelier Jean Baptiste Lannoy wüsste wohl auch ohne Erwähnung des Namens, um wen es sich handelt. Am Morgen um zehn hat ihn ein Untersuchungsrichter namens Charles Berghmans aufgesucht und ausführlich zu der betreffenden Person vernommen. Besonders interessierte sich der Jurist für den 28. Februar, an dem der Verdächtige eine größere Summe Bargeld auf eine Bank getragen haben soll.

Möglich, dass der Wirt seinen Gast, den er mit seiner Familie schon mehrfach beherbergen durfte, daraufhin gewarnt hat. Der herbeigerufene Mann zeigt sich jedenfalls wenig überrascht, als ihm der Bote den Inhalt des Schreibens präsentiert. Das Dokument trägt die Signatur des Königs. Darin verfügt »Léopold, Roi des Belges«, dass »Marcx, Charles, Docteur en Philosophie«[2], das Land binnen vierundzwanzig Stunden zu verlassen habe.

Kurz vor seinem dreißigsten Geburtstag hält der Heimatlose zum zweiten Mal einen Ausweisungsbefehl in Händen. Es wird nicht der letzte sein. Bespitzelung, Haftbefehle, Flucht und Exil prägen seine erste Lebenshälfte wie Armut und Krankheit die zweite. Radikaler Publizist, Kommunist, Revolutionär: bedrohte Spezies, schon damals. Dann auch noch Atheist und Religionskritiker. Im Geiste seiner Generation von Säkularisierung und Demokratisierung jedoch beileibe kein Einzelfall. Weltveränderer sind en vogue in dieser Glutphase der Geschichte.

Europa brodelt. Revolution – *das* Thema einer Generation, die einen beispiellosen Modernisierungsschub erlebt. Menschen, Güter, Nachrichten bewegen sich mit vorher unvorstellbaren Geschwindigkeiten. Dampfschifffahrt, Eisenbahn und Telegrafie verschieben die Grenzen von Raum und Zeit. Die schier unaufhaltsame Beschleunigung aller Bereiche des Lebens steht am Anfang einer globalen Vernetzung der Menschheit wie dann erst wieder mit Containerschiffen, Massenflugverkehr und Internet. Allgegenwärtige Uhren bestimmen den Takt eines Lebens mit Terminen, Fahrplänen, Arbeitszeiten, Schichtbetrieb.

Das intellektuell verdichtete Klima gebiert in atemberaubendem Tempo Entdeckungen und Ideen, die bis heute die Welt bewegen. Die wohl weitreichendsten reifen während jener Jahre in den Köpfen zweier Männer heran, die bald nur noch eine Kutschfahrt voneinander getrennt leben werden, sich aber nie begegnet sind: Charles Darwin und Karl

Marx. Zwei strahlende Sterne im Kosmos des Denkens, so würden es vielleicht romantisch gestimmte Dichter jener Zeit formulieren, zwei Sterne, die aus einer anderen Welt zu uns herüberfunkeln.

Hier das Entwicklungsgesetz des Lebens, dort das Bewegungsgesetz der Geschichte – gemeinsam Ausdruck des Geistes ihrer Zeit: Dynamik als Paradigma. Irritierendes Pendant: Die nach 1839 aufkommende Fotografie versöhnt Stillstand und Ewigkeit im Augenblick eingefangener Zeit. Sie treibt die Malerei zu nie gekanntem Realismus, bevor sie sich in die Abstraktion flüchtet, und erlaubt den Menschen einen neuen Blick auf sich selbst und andere. Splitter jenes gewaltigen Spiegels, der sich gerade vor ihren Augen zusammensetzt. Marx gehört zu den Ersten, die das Bild erfassen.

Städte und Metropolen sehen in ihren Zentren oft noch aus wie im Mittelalter. Nur die nächtliche Finsternis ist künstlichem Licht gewichen. Beleuchtung, Bewegung und Beheizung erfordern bis dahin unvorstellbare Mengen an Energie. Sie wird zum Leitmotiv des Jahrhunderts. Mancherorts erreicht fließendes Wasser die Wohnungen. In den Peripherien und in völlig neuen Siedlungsgebilden wächst die Welt von morgen.

Die Industrielle Revolution mit ihren Fabriken zur maschinellen Produktion standardisierter Güter für Märkte rund um den Globus ist zum Sinnbild des Wandels geworden. Ihr unverkennbares Kennzeichen, neben Schloten, Rauch und Lärm: ein wachsendes Heer einfacher Arbeiter, darunter mehr und mehr Frauen und Kinder, die für zwölf oder vierzehn, manchmal achtzehn Stunden täglich hinter den Toren von Produktionsstätten verschwinden. Ihren Alltag prägen Ausbeutung und Zwang, ihr Leben Elend, Leid und frühes Ende.

Die gesellschaftlichen und politischen Verhältnisse hinken der ökonomischen Wirklichkeit immer weiter hinterher. Bald sind die Börse und das Böse eins, hat der Kapitalist den König in der Tasche als wahrer Herrscher über das Volk. Wirtschaft findet mehr und mehr in legalen Räumen realer Rechtlosigkeit statt. Fabrikherr und Fabrikarbeiter stehen zueinander wie Freibeuter und Freiwild unter Vertrag. Die alten Eliten schauen darüber hinweg und halten am Überholten fest, den Verlust ihrer Welt vor Augen. Dagegen stehen die Jungen, die eine Welt zu gewinnen haben und zum Aufbruch drängen.

Wie ihre Wiedergänger im 20. Jahrhundert, die 1968er, verstehen sich die 1848er als Systemkritiker, prangern Missstände an, unmenschliche

Lebensbedingungen, Ungleichheit und Ungerechtigkeit. Sie probieren alternative Arbeits- und Lebensformen im Geiste sozialistischer Genossenschaften aus. Sie wollen Demokratie, nicht Monarchie, Republik statt Ständestaat, Gewerkschaften und verbindliche Regeln für die Arbeitswelt. Sie fordern moderne Verfassungen mit garantierten Freiheitsrechten für politische Vereinigungen und Versammlungen, für Wort und Rede, für eine Presse ohne Zensur.

Frankreich hat bereits einen Schritt in die Richtung getan. Seit dem Umsturz von 1830 regiert in Paris mit Louis-Philippe ein »Bürgerkönig«. In England fordern die »Chartisten«, bedeutendste britische Oppositionsbewegung jener Zeit, mehr demokratische Teilhabe. Polen kämpft um seine Existenz, Ungarn für seine Unabhängigkeit, Italien träumt von der *Patria unità*, Deutschland vom einig Vaterland. Nation und Revolution, die mächtigen politischen Mythen des 19. Jahrhunderts[3], rahmen die Bühne der Marxschen Jugend. Sie geht an diesem denkwürdigen Tag, dem 3. März 1848, zu Ende.

Die königliche Order erwischt ihn zunächst auf dem richtigen Fuß. Er sitzt auf gepackten Koffern. Vor wenigen Tagen haben er und seine Frau Jenny – ihr Haushalt ist seit der Ankunft um eine Bedienstete, eine zweite Tochter und einen Buben auf sechs Köpfe angewachsen – ihre letzte Wohnung geräumt. Sie wollen zurück nach Paris, in die Mutterstadt der Revolution. Dort wird seit ein paar Tagen wieder Geschichte gemacht. Nachdem die Polizei auf friedliche Demonstranten geschossen hat, ist das Volk erfolgreich aufgestanden, zum dritten Mal nach 1789 und 1830.

Bis dahin ist die Generation Marx' in einer historisch bewegten, dabei aber bemerkenswert friedlichen Zeit aufgewachsen. Seit der Niederlage Napoleons 1815 schweigen die Waffen in Europa. Bis zum Ausbruch des Krimkrieges 1853 tragen die Briten als einzige europäische Macht einen militärischen Konflikt aus: Mit ihrem Sieg im Ersten Opiumkrieg zwischen 1839 und 1842 zwingen sie das riesige Kaiserreich China, sich dem Westen und seinen Produkten zu öffnen. So besiegelt die Sicherung von Absatzmärkten und eines Monopols zum Drogenhandel den ersten kolonial-kapitalistischen Krieg der Geschichte.

Nach dem Wiener Kongress 1814/15 scheinen die Spannungen zwischen den Staaten Europas beherrschbar. Aber innerhalb ihrer Grenzen drohen die Dinge mehr und mehr aus dem Ruder zu laufen. Reformstau erzeugt Druck, er entlädt sich in Revolten. Die Achtzehnvierziger erleben eine Reihe von Erhebungen, am bekanntesten wohl der Aufstand der Schlesischen Weber 1844. Armuts- und Nahrungskrisen der *Hungry Forties* verschärfen länderübergreifend die Lage. Zum traurigen Höhepunkt wird der Hungerwinter 1846/47, die letzte derartige Krise der europäischen Agrarwirtschaft, mit Millionen Toten. Dazu kommt die Welthandelskrise 1847. Von der Revolte zur Revolution reicht dann oft ein Funke.

Marx kann es kaum abwarten, sich ins Getümmel zu stürzen. Aus Paris soll er am Nachmittag, noch vor Eintreffen des gerichtlichen Dieners, einen weiteren wichtigen Brief erhalten haben, unterzeichnet vom Herausgeber der liberalen Zeitung *La Réforme*: »Wackerer, aufrichtiger Marx, der Boden der französischen Republik ist eine Freistätte für alle Freunde der Freiheit. Tyrannenmacht hat Sie verbannt, das freie Frankreich öffnet Ihnen seine Tore wieder. Ihnen und all denen, die für die heilige Sache, die brüderliche Sache aller Völker kämpfen. Ferdinand Flocon, Mitglied der provisorischen Regierung.«[4]

So könnte es gewesen sein, so steht es in den Büchern, so hat es Marx selbst berichtet. Er hätte es eigentlich besser wissen müssen. Die Herausgeber der Marx-Engels-Gesamtausgabe – MEGA – haben das Schriftstück noch einmal gründlich unter die Lupe genommen. Der Befund der Forscher, beispielhaft für die Wissenschaft um Marx' Schaffen, findet sich in einer Fußnote auf Seite 868 des Bandes 17 der ersten Abteilung (von vier), erschienen 2016: Der vermeintliche Punkt hinter der Eins ist offensichtlich eine Null. Das Datum auf dem Flocon-Brief ist nicht der erste, sondern der zehnte März.

Scheinbar eine Petitesse. Doch die Lesart, von Marx und seinen Anhängern aus Versehen oder mit Absicht verbreitet, nährt fortan ein gut gehütetes Gerücht: Die Revolution ruft den Revolutionär. So schreiben sich Helden ihre Geschichten. Tatsächlich steht das Schriftstück nicht für eine Einladung, sondern für die Bestätigung, dass der Deutsche nach seiner Ankunft in Paris dort willkommen ist – ein Sympathisant unter vielen.

Das Ende des Brüsseler Exils ist gleichwohl schon länger beschlossene Sache. Am selben Nachmittag, also noch vor Erhalt des königlichen Dekrets, hat Marx den Leiter der belgischen Staatssicherheitsbehörde durch seinen Anwalt wissen lassen, er und andere deutsche Oppositionelle wollten die Stadt am kommenden Tag verlassen. »Herr Marx trifft Reisevorbereitungen«, notiert entsprechend Jean-Joseph Bricourt, liberaler Parlamentarier im Abgeordnetenhaus, »und erklärt sich bereit, am andern Morgen den Grenzposten zu bezeichnen, an dem er das Königreich zu verlassen gedenkt.«[5]

In der Anordnung, die ihm der Bote zustellt, sieht Marx folglich nur den nächsten Schritt im amtlichen Ablauf der Ereignisse. Der Brüsseler Stasi-Chef, ein Mann namens Baron Alexis-Guillaume-Charles-Prosper Hody, lässt ihn und seine Mitstreiter im Glauben, alles gehe seinen geregelten Gang. In Wahrheit führt der »Generaladministrator der belgischen Sicherheitsbehörde« etwas ganz anderes im Schilde.

Bei seiner Einreise hat Marx sich verpflichten müssen, »in Belgien keine Schrift über Tagespolitik zu publiciren«.[6] Da hätte man ihm gleich das Atmen verbieten können. Der Justizminister ordnet folgerichtig an, den Flüchtling polizeilich zu überwachen. An den Bürgermeister der Hauptstadt schreibt er: »Sollte es Ihnen zur Kenntnis gelangen, dass er wortbrüchig geworden ist oder sich sonst feindlich gegen die Regierung Preußens, unseres Nachbarn oder Verbündeten, betätigt, so bitte ich Sie, es mir sofort zu melden.«[7]

Nicht erst seit Marx im Exil lebt, weiß er sich im Visier von Behörden. Geöffnete Briefe, gebrochene Siegel, Überwachung auf Schritt und Tritt gehören für ihn zum Alltag. Die belgischen Behörden wissen um seine Mitarbeit beim Oppositionsblatt *Deutsche-Brüsseler-Zeitung*, um seine Aktivitäten beim Arbeiterbildungsverein, in der Demokratischen Gesellschaft und vor allem im Bund der Kommunisten. Diese erste international agierende Oppositionsgruppierung, vielerorts in Geheimbünden organisiert, ist der Staatssicherheit besonders ein Dorn im Auge. »Kommunist« – wie »Radikaler« ein Schreckensbegriff und Grund zur Verfolgung – steht für Umsturz und Gewalt.

Die Belgier haben die Wirkung erfolgreicher Aufstände noch frisch im Gedächtnis. Ihr junger Staat ist Ergebnis der belgischen Revolution im Gefolge der französischen von 1830. Dabei haben die protestantischen Niederlande ihren überwiegend katholischen Süden verloren, nun Herrschaftsgebiet von König Leopold. Der versteht sich als »Bürgerkönig« wie Louis-Philippe, dessen Tochter Louise er 1832 ehelicht. Sein Land, industrialisiert wie sonst nur Großbritannien, gilt wie dieses anfangs als eines der liberalsten in Europa und Brüssel als bevorzugter Zufluchtsort politisch Verfolgter.

Doch Bürgerkönige reichen den bewegten Bürgern nicht mehr aus, Handwerkern und Arbeitern erst recht nicht. Im Verein mit linken Intellektuellen stellen sie nicht nur gekrönte Häupter infrage, sondern das gesamte politische und ökonomische System. Die radikalste Antwort heißt Kommunismus, und dessen herausragender Vertreter Karl Marx, zumindest in einschlägigen Kreisen politischer Aktivisten. Unter gewöhnlichen Arbeitern ist er durchweg unbekannt.

Am Abend jenes 3. März 1848 versammelt sich die Führung der in Belgien organisierten Kommunisten zum letzten Mal in seiner Unterkunft. Erst vor zwei Tagen hat die Londoner Führung des Kommunistenbundes wegen der Ereignisse auf dem Kontinent dem Brüsseler Kreis ihre Befugnisse übertragen. Nun beschließen die Männer im Bois Sauvage, dem Gastgeber persönlich alle Vollmachten und Unterlagen anzuvertrauen. Er soll den Bund im »befreiten« Paris neu aus der Taufe heben. Dort sind Kommunisten bisher als Kraft neben republikanisch gesinnten Sozialisten und anderen liberalen Gruppierungen kaum in Erscheinung getreten. Das soll sich ändern.

In diesem Moment sieht Stasi-Chef Hody die Gelegenheit gekommen, das revolutionäre Räubernest auszuräuchern. Marx betrachtet er als Rädelsführer, der illegale Waffenkäufe für Aufstandsbereite finanziert haben soll. So steht es in fast allen Schilderungen seines Lebens. So gibt auch Jenny Marx in ihren Lebenserinnerungen die offizielle Lesart wieder, die sie allerdings den Berichten von Mitstreitern verdankt: »Die Regierung sieht Komplott in dem Ganzen«, schreibt sie mehr als ein Jahrzehnt nach den Ereignissen. »Marx bekommt Geld, kauft Waffen, muss entfernt werden.«[8]

Die Gerüchte sind vermutlich falsch. Marx hat sich nie durch Militanz ausgezeichnet. Zwar hat ihn in jenen Tagen aus väterlicher Erbschaft der größte Geldbetrag erreicht, den er je in Händen halten wird. Einiges spricht jedoch dagegen, dass er damit Schießzeug erworben hat. Zu dem Zeitpunkt jedenfalls, als die fraglichen Käufe erfolgt sein sollen, waren die Händler in Brüssel wegen der drohenden Unruhen bereits angewiesen, keine Pistolen, Gewehre oder auch nur Munition mehr zu verkaufen.

Gegen die These des konspirativen Waffenkaufs spricht auch die Vehemenz, mit der sich Marx kurze Zeit später in Paris weigern wird, einen wahnwitzigen Waffengang deutscher Revolutionäre zu unterstützen. Die schlecht ausgerüsteten und ausgebildeten Freischärler wollen den Aufstand aus Frankreich in die Heimat tragen, obwohl dort gut ausgestattete Truppen nur darauf warten, sie aufzureiben. Genau so ist es dann auch gekommen.

Spätestens hier, inmitten der revolutionären Unruhen, zeigt sich erstmals ein neues Element seines Verhaltens. Marx kann sich zwar für Krieg und Kampf begeistern, besonders gegen das verhasste Russland in seiner zaristischen Rückständigkeit. Als Mittel zum Umsturz aber, wenn die Zeit noch nicht reif ist, rät er von sinnlosem Blutvergießen ab – auch wenn er es im Nachhinein manchmal gutheißen kann. In dem Augenblick, wo er das historische Gesetz erfasst, nach dem die Geschichte auch die zu früh Gekommenen bestrafen kann, verwandelt sich der »junge« in den »reifen« Marx.

Dass er sich bei aller revolutionären Emphase immer einen realpolitischen Blick bewahren wird, geht auch auf jenen Tag in Brüssel zurück, der anders endet, als er sich das vorgestellt hat. Kurz vor Mitternacht macht sich von seinem Schreibtisch in der Wache des siebten Polizeibezirks Hilfskommissar Gommaire Daxbeek, ein Mann Mitte vierzig, mit einer Handvoll Gendarmen zum letzten Einsatz vor dem Wochenende auf. Ihr Ziel: das Bois Sauvage. Diesmal wird der Staatsmacht ihre Überraschung gelingen.

In einem Brief an *La Réforme* schildert Marx die Ereignisse der Nacht: Während er sich auf die Abreise vorbereitet habe, »drang ein Polizeikommissar in Begleitung von zehn Polizisten in meine Wohnung ein, durchwühlte das ganze Haus und nahm mich schließlich fest unter dem Vorwand, ich hätte keine Papiere«[9]. Das ist rein rechtlich nicht korrekt. Allein der Ausweisungsbefehl hätte als gültiges Dokument genügt. Aber die Aktion zeitigt den beabsichtigten Zweck: Bei ihrer Durchsuchung beschlagnahmen die Beamten Schriftstücke des Kommunistenbundes und mit ihnen die Namen der Kreisvorstände. Außerdem fällt ihnen das Protokoll der nächtlichen Geheimsitzung in die Hände. Abschriften gehen in nachbarschaftlicher Verbundenheit der Königreiche an den preußischen Gesandten.

Marx wird verhört, verhaftet und in ein nahes Gefängnis mit dem einladenden Namen *Amigo* verfrachtet. Unweit der Grand Place gelegen, beherbergt das Gebäude heute ein Sternehotel gleichen Namens. In seinen Gemäuern logiert neben anderen ranghohen Politikern regelmäßig die deutsche Kanzlerin bei ihren Aufenthalten im Machtzentrum der Europäischen Union.

Der Verhaftete verbringt dort eine weniger komfortable Nacht als heutige Gäste. Das Unerhörte geschieht ihm zum ersten und letzten Mal in seinem Leben – abgesehen von einem harmlosen Arrest während der Studienzeit wegen Randalierens und, in seiner zweiten Lebenshälfte, einer Nacht in einer Londoner Zelle, als man ihm nicht abnimmt, rechtmäßiger Besitzer des Familiensilbers zu sein, das er versetzen will.[10]

Anders als den meisten Mitstreitern bleiben ihm Misshandlungen erspart. Am schlimmsten trifft ihn, nichts über das Schicksal der Seinen zu wissen. Während er wenigstens glauben darf, sie seien im Gasthaus gut aufgehoben, wird kurz nach ihm die Mutter seiner Kinder, Baronesse von Westphalen, ziemlich unwirsch ab- und ebenfalls der Justiz vorgeführt.

»Sie erscheint schließlich vor dem Untersuchungsrichter«, berichtet Marx den Lesern der *Réforme*, »der ganz erstaunt darüber ist, daß die Polizei in ihrer Fürsorge nicht auch die kleinen Kinder festgenommen hat. Die Vernehmung konnte nichts anderes als ein Scheinverhör sein, und das ganze Verbrechen meiner Frau besteht darin, daß sie trotz ihrer Zugehörigkeit zur preußischen Aristokratie die demokratischen Auffassungen ihres Mannes teilt.«[11]

Hinter den Gittern des Rathausgefängnisses muss die Frau mit dem adligen Namen eine erniedrigende Nacht mit »obdachlosen Bettlern« und »verlorenen Frauen« verbringen. In ihren Lebenserinnerungen beklagt sie sich bitter über ihre Behandlung durch die belgischen Behörden. »Man stößt mich in ein dunkles Gemach. Schluchzend trete ich ein, da bietet mir eine unglückliche Leidensgefährtin ihr Lager an. Es war eine harte Holzpritsche.«[12]

Der Realitätsschock reicht tief. Wenn man so will, hat die Nacht auf der Gefängnisbank Karl und Jenny Marx ein entscheidendes Stück vom Möglichkeits- zum Wirklichkeitssinn gebracht: Man soll seine Rechnung nie ohne den Wirt machen und die Herrschenden nur dann herausfordern, wenn man ihnen gewachsen ist.

Der Einschnitt in ihr Leben deckt sich mit einer Zäsur in der europäischen Geschichte. Die nicht minder schockierten Machthaber setzen alles daran, die Revolution auf das Maß einer Episode zu reduzieren. An deren Ende werden sie – aus Schaden wird man klug – noch sicherer im Sattel sitzen als davor. Bis 1905, die gescheiterte Pariser *Commune* von 1871 bewusst ausgenommen, bleibt Europa revolutionsfrei.

Der 3. März 1848 lässt sich mit gleichem Recht als archimedischer Punkt der Marxschen Biografie begreifen wie das Jahr 1848 als Gravitationszentrum des »langen« 19. Jahrhunderts. Dem britischen Historiker Eric Hobsbawm zufolge erstreckt es sich vom Sturm auf die Bastille 1789 bis zum Attentat auf den österreichischen Thronfolger 1914, von der Französischen Revolution bis zum Ersten Weltkrieg. Ihm folgt nach dieser Einteilung das »kurze« 20. Jahrhundert von 1917 bis 1989, in dem der »Kommunismus« erst siegt und dann untergeht. Dessen Wurzeln gehen bis in jene bewegten Tage in Brüssel zurück.

Die Ereignisse haben ihre Spuren als »Affäre Marx« im Archiv der belgischen Hauptstadt hinterlassen. Die Akte mit der Nummer 73946 erzählt vom Komplott, dem der politische Flüchtling und seine Genossen zum Opfer gefallen sind: Beschattungen, falsche Anschuldigungen, Schikanen. Mehrfach debattiert der Stadtrat den Skandal. Hilfskommissar Daxbeek wird aus dem Dienst entfernt.

Die Unterlagen verraten auch manches über die angespannte Lage. Monarchen fürchten um ihr Leben. Leopold hat seinen Landsleuten sogar angeboten, unter gewissen Umständen von sich aus abzudanken. Dazu ist es aber nicht gekommen, nachdem fast alle ausländischen Verdächtigen verjagt und viele der inländischen eingesperrt worden sind.

Was die Akte nicht weiß: Die schärfste Waffe des ausgewiesenen Doktors der Philosophie ist weder Geld noch Schießgerät, sondern seine spitze Feder. Die bis zu diesem Zeitpunkt noch ziemlich magere Bilanz des Schriftstellers Marx mag den Geheimdienst getäuscht haben. Lediglich einige Zeitungsartikel hat er veröffentlicht, in der Regel anonym, ein paar – für die Fachwelt allerdings ziemlich bedeutende – Essays sowie zwei Schmähschriften in Buchform, über die heute kein Mensch mehr reden würde, wären sie nicht von Marx.

In seinen Unterlagen finden sich ansonsten zahllose Exzerpte, Texte, Tabellen, Zeichnungen aus Büchern und Fachzeitschriften, oft seitenweise in Hefte und Kladden übertragen. Mit jedem Umzug nimmt die Zahl der Kisten voll zugekritzelter Zettel zu. Im Gepäck zum Abschied aus Brüssel verbirgt sich ein Schatz unpublizierter Schriften. Die Manuskripte enthalten vieles vom Besten, was der junge Marx bis dahin gedacht und geschrieben hat.

Nach Aktenlage haben die Behörden auch keinerlei Hinweis auf sein berühmtestes politisches Pamphlet, Anfang 1848 in wenigen Wochen des Brüsseler Winters zu Papier gebracht. Wie es das Schicksal will, erscheint der erste Teil des Textes just an jenem 3. März 1848 als Auftakt einer Zeitungsserie in London. Er beginnt mit der legendären Formel: »Ein Gespenst geht um in Europa.«

Damit erreicht die Schrift ungleich mehr Leser als über die tausend Exemplare des gebundenen Büchleins, in diesen Tagen ebenfalls in London gedruckt. Den Namen des Autors suchen sie hier wie dort vergebens. Stattdessen steht da jene Gruppierung, in deren Auftrag er den Text geschrieben hat: *Manifest der Kommunistischen Partei.*

Marx erfährt an dem bewussten Tag natürlich nichts von dessen Veröffentlichung in der Presse. Selbst wenn es ihm jemand aus London berichtet hätte, wäre die Post mehrere Tage unterwegs gewesen. Die Telegrafie für den Privatmann, das Telegramm, kommt erst Jahre später in Mode.

Die aufkommenden Massenmedien, anfangs nur Druckerzeugnisse, verdanken ihren Aufstieg einer historisch einmaligen Massenalphabetisierung. Seit Beginn des 19. Jahrhunderts wird Schulerziehung mit Lesen, Schreiben und Grundrechenarten mehr und mehr zum Standard in Europa und Amerika – zumindest für Jungen. Bis zu den *Penny Papers*, für Arbeiter erschwinglichen Billigblättern in England und den USA, ist es dann nur noch ein kleiner Schritt von einer Generation. Die erste Rotationsdruckpresse geht 1846 in Betrieb.

Bildung ist nicht mehr nur den Eliten vorbehalten. Information und Wissen, Fakten und Einschätzungen erreichen auch einfachere Leute. Marx profitiert doppelt: Journalismus als Brotjob beschert ihm wenigstens zeitweise einen Lebensunterhalt. Umgekehrt findet er als ökonomisch interessierter Leser Futter für seine Theorien, besonders im *Economist*, seit 1843 auf dem Markt. Zum Geheimnis seiner Karriere gehören Glück und Geschick, immer wieder zur richtigen Zeit am rechten Ort zu sein. Oder weiter gefasst: in einer Phase der Geschichte zu leben, die ihm gleichsam in die Hände spielt.

Beredter Ausdruck der Entwicklung sind Arbeiterbildungsvereine, in der Regel Anhängsel und legale Arme von ansonsten im Geheimen wirkenden politischen Organisationen. Parteien im modernen Sinne kommen erst einige Zeit später auf. Noch wenige Wochen vor seinem Abschied aus Brüssel hat Marx dort Handwerkern und Arbeitern in seiner Vortragsreihe »Lohnarbeit und Kapital« in verständlicher Sprache seine ökonomischen Einsichten und Überzeugungen dargelegt. »Die Arbeit ist also eine Ware«, hat er dem wissenshungrigen Publikum erklärt, »die ihr Besitzer, der Lohnarbeiter, an das Kapital verkauft. Warum verkauft er sie? Um zu leben.«[13]

Das *Kommunistische Manifest*, so heißt das revolutionäre Pamphlet bald nur noch, setzt statt eines Punktes ein Ausrufezeichen ans Ende der frühen Schaffensphase des Schriftstellers Marx. Es enthält alle Elemente seines philosophischen, politischen und ökonomischen Denkens bis zur Zäsur. Danach lässt er seine wissenschaftliche Arbeit erst einmal ruhen. Wäre ihm während der Polizeiaktion oder im Gewahrsam etwas zugestoßen – dieses Statement wäre in der Welt. Erst nach seinem Tod wird es allbekannt, setzt seinen Namen als Landmarke auf die geistige Karte der Spezies, bis es es schließlich in Sachen Auflage mit der Bibel aufnehmen kann.

Der König von Belgien besitzt seinerseits ebenfalls keinerlei Kenntnisse der Kampfschrift. Sie hätte ihm mit ihrem Aufruf zum »gewaltsamen Umsturz aller bisherigen Gesellschaftsordnung«[14] die passende Begründung nicht nur für die Ausweisung, sondern für die Auslieferung des staatenlosen Gastes an seine preußische Heimat liefern können. So lassen die Behörden Marx am Nachmittag des 4. März laufen.

»Ich will nur erwähnen«, zitiert ihn die *Réforme*, »daß nach unserer Freilassung die vierundzwanzig Stunden gerade verstrichen waren, und daß wir abfahren mußten, ohne auch nur das Nötigste mitnehmen zu können.«[15] Ein belgischer Getreuer nimmt sich ihrer Habe an. Freund Engels, der einen gültigen Pass für Belgien besitzt und noch etwas länger in Brüssel weilt, schickt sie ihnen nach.

2

Das Nest

Trier – Brutstätte eines Hochbegabten

Zum Leben in einer Kleinstadt muss man geboren sein. Dort auf die Welt zu kommen und aufzuwachsen reicht dafür nicht aus. Wem das innere Korsett fehlt, Enge und Nähe zu ertragen oder gar zu genießen, muss hinaus in die Welt. Trier als kleine Bezirkshauptstadt mit damals rund zwölftausend, heute fast zehnmal so vielen Einwohnern war und ist so ein Ort, wo zwar nicht jeder jeden kennt, aber viele über viele Bescheid wissen.

Sollte es eine »allpfiffige Vorsehung«[1] geben, wie Marx sie im *Kapital* beschreibt, dann hat sie ihm den Auftrag in die Wiege gelegt, nach dem Schlüpfen und Flüggewerden mit dem elterlichen Nest auch die heimatlichen Gefilde hinter sich zu lassen. Jeder, dem es ähnlich ergangen ist, kennt diesen unwiderstehlichen Drang. Da draußen wartet eine ganze Welt.

»Die Geschichte nennt diejenigen als die größten Männer, die, indem sie für das Allgemeine wirkten, sich selbst veredelten«, schreibt er in seiner Abiturarbeit im Fach Deutsch, »die Erfahrung preißt den als den Glücklichsten, der die meisten glücklich gemacht; die Religion selber lehrt uns, daß das Ideal, dem alle nachstreben, sich für die Menschheit geopfert habe und wer wagte solche Aussprüche zu vernichten?«[2] Mit siebzehn hat man noch Träume.

Als Marx diese Zeilen am 12. August 1835 hinter den altehrwürdigen Mauern des Trierer Friedrich-Wilhelm-Gymnasiums zu Papier bringt, ist er am Punkt angelangt, wo die Provinz einem Heranwachsenden zu klein werden und als Zwangsjacke erscheinen kann. Das spricht nicht gegen die Provinz, im Gegenteil. Als prägende Umgebung hat sie dem Jungspund unersetzliche Dienste geleistet. Im Lichte dessen, was aus Marx geworden ist, lässt sich die Moselstadt sogar als geradezu idealer Ort für sein Heranreifen begreifen.

Das liegt besonders an der Lage der Kreisstadt. Weiter entfernt vom Königssitz Berlin kann ein Preuße nicht leben. Und wie bei allen Rheinländern nimmt mit der geografischen auch die mentale Distanz zum Machtzentrum des Staates zu.

Zwei Jahrzehnte, von 1794 bis 1813, steht der linke Niederrhein mit Trier im äußersten Westen unter französischer Besatzung. Statt aber nur unter dem Joch der Fremdherrschaft zu leiden, genießen die Bürger der Stadt die Früchte der Französischen Revolution – von der Abschaffung ständischer Privilegien über die Säkularisierung geistlichen Besitzes bis zur Emanzipation der Juden. Der *Code civil* – das moderne Napoleonische Zivilrecht von 1804 – bleibt dem Rheinland auch erhalten, nachdem es beim Wiener Kongress 1815 Preußen zugeschlagen wird.

Ansonsten beschert die »Verpreußung« der Moselregion mehr Rück- als Fortschritt. Die wirtschaftlich schlechte Lage von Stadt und Land, besonders bei den notleidenden Winzern, seit der Weinexport nach Westen weggefallen ist, bestimmt das soziale und politische Klima. Die Armut ist nicht zu übersehen, der Protest dagegen kaum zu überhören, das Aufbegehren gegen die preußischen Herren fast so etwas wie ein Lebensgefühl. Aufmüpfigkeit und Widerstandsgeist reichen bis in die Spitze der städtischen Gesellschaft.

Anlässlich des Umsturzes 1830 in Paris legen Trierer Buchhändler selbstbewusst Literatur über die Aufstände in ihre Schaufenster. »Hätten wir die französische Julirevolution nicht erlebt«, erklärt ein Kollege von Marx' Vater, »so müssten wir jetzt Gras fressen wie das Vieh.« Etliche Moselwinzer finden sich Ende Mai 1832 unter den zwanzig- bis dreißigtausend oppositionellen Bürgern, die am Hambacher Schloss gegen Restauration für Freiheit, nationale Einheit und Demokratie demonstrieren. Nach einem Polizeibericht aus demselben Jahr hoffen die Trierer heimlich darauf, die Franzosen würden sie von den Preußen befreien.

Marx' Geburtshaus liegt in der Brückenstraße. Die Hausnummer 10 erkennt man an Asiaten mit Kamera und Selbstauslöserstange, die sich vor dem Eingang ablichten. Chinesen stellen die größte ausländische Gruppe unter den mehr als vierzigtausend Gästen pro Jahr. Für sie gehört der Abstecher zum Pflichtprogramm ihrer Deutschlandtour. Wenigstens einmal wollen sie das Gemäuer betreten, in dem Karl Heinrich Marx am 5. Mai 1818 um zwei Uhr morgens den ersten Schrei ins Leben getan hat – jener weise Mann, auf dessen Werk sich ihre kommunistische Führung bis heute beruft.

Die Immobilie befindet sich im Besitz der Friedrich-Ebert-Stiftung und somit indirekt der SPD. Jener Traditionspartei also, die ihrem einstigen Vordenker 1959 mit dem Godesberger Programm endgültig abgeschworen hat. Aus diesem schwierigen Verhältnis ergibt sich ein merkwürdig verklemmter Umgang mit dem Mann, dem das »Karl-Marx-Haus« gewidmet ist: Leben und Werk des Geistesmächtigen werden weniger gefeiert als dargestellt wie das irgendeines Denkers des 19. Jahrhunderts mit mächtigem, auch schädlichem Einfluss auf das nachfolgende.

Immerhin haben sie in ihren Archiven ein Zitat des größten Sozialdemokraten der jüngeren Zeit aus dem Jahre 1977 ausgegraben: »Was immer man aus Marx gemacht hat«, so begrüßt der damalige SPD-Vorsitzende und vormalige Kult-Kanzler Willy Brandt die Besucher, »das Streben nach Freiheit, nach Befreiung der Menschen aus Knechtschaft und unwürdiger Abhängigkeit, war Motiv seines Handelns.«

Den Chinesen sagen Willy und Sozen wenig. Wie andere Gäste nehmen sie das Bild einer angemieteten Kleinbürgerbehausung an einer schmalen Straße und die falsche Vorstellung mit, ihr Held könnte hier aufgewachsen sein. Der verwinkelte Bau mit lauschigem Innenhof und hübschem Garten gehört zu den seltsamen Sehenswürdigkeiten, die Besuchern neben der Dauerausstellung – sie könnte auch an jedem anderen Ort aufgebaut sein – nur wenig zu sagen haben. Der kleine Karl hat ihn in den fünfzehn Monaten, die er dort gelebt hat, ganz sicher nicht bewusst wahrgenommen.

Dagegen nimmt sich das Haus an der Simeongasse (heute Simeonstraße), Domizil zwischen zweitem und achtzehntem Lebensjahr, deutlich bescheidener aus. Aber es ist im Eigentum der Familie und liegt nahe am Puls des städtischen Treibens. Die Marxens gehören zu den oberen fünf Prozent der Gesellschaft. Sie sind zwar nicht reich, aber wohlhabend genug, es dem Jungen und seinen Geschwistern an nichts fehlen zu lassen. Seine Unfähigkeit im Umgang mit Geld nach Verlassen des Elternhauses lässt vermuten, dass er dort als verwöhntes Kind Verantwortung in finanziellen Dingen niemals gelernt hat – überbehütet und vernachlässigt in einem.

Das sorglose, unbeschwerte Leben der ersten Jahre spielt sich in der unvergleichlichen historischen Umgebung der ältesten Stadt Deutschlands ab. Die Spuren der Römerzeit, noch heute zu besichtigen, mit Thermen, Amphitheater und Basilika, machen es schwer, nicht ein gewisses Maß an Geschichtsbewusstsein zu entwickeln. Vor allem, wenn man wie Karl in unmittelbarer Nähe zur Porta Nigra aufwächst. Das Nordtor der römischen Augustusstadt und heutige Wahrzeichen von Trier kann er nicht übersehen, wenn er daheim aus dem Fenster schaut oder das Haus verlässt.

Eine bescheidene Hinweistafel auf der Fassade ist alles, was den Kameras der Gäste geboten wird. Im Erdgeschoss bietet ein »Euroshop« seine Billigstwaren an, die meisten aus China. *Trash as trash can* mit Gruß an den ersten Kapitalismuskritiker und größten Sohn der Stadt. Hegel hat für so was seinen Begriff von der Ironie der Geschichte geprägt.

Noch trostloser stellt sich die Erinnerungskultur bei dem trüben Straßenzug dar, den die Trierer nach ihrem berühmtesten Bürger benannt haben. Wer von der Römerbrücke die enge, baumlose Karl-Marx-Straße Richtung Innenstadt geht, durchquert eine Art Rotlichtbezirk im Kleinformat mit Nachtclubs, Tabledance- und Shishabars, Friseur- und Waschsalon und jeder Menge »Zu-vermieten«-Schilder in den Schaufenstern.

Ein Versuch der Trierer Sozialdemokraten, dem Missverhältnis ein Ende zu bereiten, die Brückengasse in Karl-Marx-Straße umzutaufen oder einen Namenstausch zwischen beiden vorzunehmen, scheitert Anfang 2017 im Bauausschuss der Stadt – zum zweiten Mal nach 1945. Die Absage verrät manches über das gespaltene Verhältnis der Einwohner zum einzigen Ex-Mitbürger von Weltruf.

Noch krasser treten die Gegensätze zutage, als die Volksrepublik China der Stadt zum Marx-Jahr 2018 eine Statue ihres kommunistischen Säulenheiligen schenken will. Widerstand regt sich, verschärft durch die schieren Ausmaße der Skulptur: Mitsamt Sockel soll sie fast sechs Meter messen.

Die härteste Opposition nährt sich hingegen aus ideologischem Vorbehalt: Erstens dürfe man, nur um sich chinesischen Touristen gefällig zu zeigen, kein Geschenk von einem totalitär-kommunistischen Regime mit Todesstrafe und geknebelten Freiheiten annehmen, das sich auf Marx beruft. Zweitens wäre ein Denkmal für einen Mann, der Millionen Tote zu verantworten habe, eine Schande für die Stadt. Es sind die gleichen Stimmen, die darauf pochen, die Dauerausstellung im Marx-Haus dürfe ihn trotz seines Weltruhmes nicht über Gebühr feiern, sondern müsse vielmehr Elend, Not und Terror in seinem Namen gebührend würdigen.

Über Marx' Kindheit, lernen Besucher seines Geburtshauses, sei nur wenig bekannt. Gegenüber seinen Schwestern soll er sich als »schrecklicher Tyrann« aufgeführt haben. Er habe sie gezwungen, »im vollen Galopp den Marx-Berg zu Trier hinunter zu kutschieren« oder »Schmutzkuchen« zu essen. Sie lassen sich »dies alles ohne Widerrede gefallen«, weil er ihnen »so wundervolle Geschichten«[3] erzählt. Das sagt alles und zugleich nichts. Ein kleiner Pascha mit dem Startvorteil des männlichen Geschlechts, damals wohl kaum weniger üblich als heute.

Nichts verrät die Ausstellung von der neuen Straßenpolizeiordnung, die in seinem Geburtsjahr in Kraft tritt und bildhaft Lebensumstände und die hygienische Lage in den Gassen des Städtchens illustriert: »Es wird ausdrücklich verboten, Nachttöpfe oder sonstige unreine Gegenstände … aus den Häusern zu werfen. Ebenso wird das Schlachten von Kälbern und Schweinen auf offener Straße unter Strafe gestellt.«[4]

Als Karl als drittes von insgesamt neun Kindern der Familie auf die Welt kommt, beträgt die mittlere Lebenserwartung in Europa sechsunddreißig Jahre. Nur die Hälfte der Menschen erreicht das Erwachsenenalter. Drei seiner Geschwister segnen in ihren Zwanzigern das Zeitliche. Der Erstgeborene Mauritz David wird nur dreieinhalb. Er stirbt kurz vor dem ersten Geburtstag seines Bruders Karl, der damit seinen Platz als ältester männlicher Nachkomme der Familie einnimmt. Während sein Vater bei Karl schon früh Züge von Hochbegabung erkennt, vertraut er ihm über den jüngeren Bruder Hermann an: »Von seinem Fleiße erwarte ich viel, von der Intelligenz desto Weniger.«[5]

Beide Eltern stammen aus alten Rabbinergeschlechtern. Ihre Ehe geht vermutlich auf eine arrangierte Heirat zurück. Heinrich Marx kommt 1777 in Saarlouis als zweiter Sohn des dortigen Rabbiners Marx Levi (Mordechai ben Samuel Halevi) zur Welt und erhält den Namen Heschel oder Hirschel. Über dessen Vorfahren in Böhmen ist nichts weiter bekannt, wohl aber über die seiner Frau Chaje (Eva), Karls Oma, aus dem altehrwürdigen Rabbinergeschlecht Lwów (Lemberg).

Aus Polen nach Trier eingewandert, lässt es sich über Generationen bis ins 15. Jahrhundert nach Padua zurückverfolgen. Chajes Vater war Rabbi in Trier, genau wie ihr Sohn Samuel, Karls Onkel, der dort stirbt, als Karl neun ist. Bis dahin haben von Mitte des 17. Jahrhunderts an seine Vorfahren ununterbrochen der jüdischen Gemeinde von Trier vorgestanden.

Marx' Mutter Henriette wird 1788 im niederländischen Nijmegen als Tochter des dortigen Rabbiners Isaak Presborck geboren. Enkelin Eleanor weiß über sie zu berichten: »Meine Großmutter … kam aus einer alten ungarischen Judenfamilie, die aus ihrer Heimat vertrieben worden war und sich in Holland niedergelassen hatte, wo sie den erwähnten Namen Presburg annahm – sich also nach der Stadt ihrer Herkunft benannte.«[6] Heute heißt sie Bratislava. Sie »sprach holländisch; bis zu ihrem Tod sprach sie deutsch mangelhaft und mit Schwierigkeit«.[7]

Zum Zeitpunkt von Karls Geburt ist sein Vater, zumindest auf dem Papier, kein Jude mehr. Nach der Niederlage Napoleons und der Übernahme des Rheinlandes durch Preußen haben ihn die Verhältnisse im Alter von vierzig Jahren vor eine Alles-oder-nichts-Entscheidung gestellt. Da Juden, anders als unter den Franzosen, unter der preußischen Herrschaft vom Justizdienst ausgeschlossen werden, bleibt dem Anwalt nur der Wechsel auf die andere Seite der abrahamitischen Glaubenswelt, will er als Ernährer seiner Familie nicht ohne Arbeitsentgelt dastehen.

Vermutlich 1817 wechselt er zum Christentum. Über seine Gemütslage gibt ein Brief Auskunft, in dem er im selben Jahr einer Justizkommission für die Rheinprovinzen seine Lage schildert:

»Die Sekte (!), an welche die Natur mich kettet, ist wie bekannt in keinem besonderen Ansehen, und die hiesige Provinz gerade nicht die toleranteste. Und wenn ich viel und manches Bittere erdulden und mein kleines Vermögen beinahe gänzlich zusetzen musste, bis man sich nur entschließen konnte zu glauben, ein Jude könne auch etwas Talent haben und redlich sein; so kann es mir wohl nicht verübelt werden, wenn ich einigermaßen scheu geworden bin.«[8]

Seinem Gesuch, ihm eine – übrigens gesetzlich mögliche – Ausnahme von der Regel zu gewähren und ihn trotz seiner Religionszugehörigkeit im Amt zu belassen, erteilt die Regierung eine Absage. Der »preußische Frühling« der Liberalisierung ist schon wieder verblüht. Marx senior konvertiert, jedoch nicht zur katholischen Gemeinde mit ihrer Vorherrschaft im Rheinland, sondern in die kleine protestantische. In gewisser Weise verrät er dabei seine Herkunft zugunsten seines Arbeitgebers, des lutherischen Preußen.

Als Zweitgeborener ohnehin nicht dazu auserkoren, das rabbinische Erbe seiner Vorfahren anzutreten, hat er eine weltliche Karriere gewählt und Rechtswissenschaft studiert. Nun bricht er mit der Tradition seiner Familie, die erst seit 1808 den Namen Marx führt. Auch wenn er seine Entscheidung nicht freiwillig fällt, so löst er damit doch, wie Heinrich Heine einmal sagte, den »Eintrittsschein zur europäischen Kultur«[9].

Das heißt aber weder, dass Vater Marx nun ein glühender Christ geworden wäre, noch, dass er in irgendeiner Weise seine Gottesfürchtigkeit abgelegt hätte. Seinem Sohn gesteht er 1835: »Ein großer Hebel für die Moral ist der reine Glaube an Gott. Du weißt, ich bin nichts weniger als Fanatiker. Aber dieser Glauben ist dem Menschen früh oder spät wahres Bedürfnis, und es gibt Augenblicke im Leben, wo auch der Gottesleugner unwillkürlich zur Anbetung des Höchsten hingezogen wird.«[10]

Es müsste schon mit dem Trierer Teufel zugegangen sein, wenn solche Dinge nicht auch gelegentlich im Familienkreis erörtert worden wären. Gut möglich, dass Karl einen Teil seiner Ansichten einschließlich des einschlägigen Vokabulars über Juden seinem Vater, dem Konvertiten, abgelauscht hat.

Seine Mutter bekehrt sich erst, nachdem ihr eigener Erzeuger gestorben ist, ein Jahr nach Karl und seinen Geschwistern und sieben Jahre nach ihrem Mann. Wie stark sie im Denken ihrer Herkunft verhaftet bleibt, zeigt sich noch ein Vierteljahrhundert später. Als ihre Tochter Louise, Karls Schwester, nach Kapstadt übersiedelt, schreibt sie an ihre niederländischen Verwandten: »Es scheint das es Loos des Volks I[srael] wieder bey mir in erfülung geht das meine Kinder in alle Welt sollen verstreyt werden.«[11]

Die Ursachen ihrer schwachen Orthografie liegen im Dunkeln. Sie gehen aber wohl nicht, wie vielfach vermutet wird, auf das Flämische oder Jiddische ihrer Kindheit zurück. Dann würde sie andere typische Fehler machen. In Biografien werden sie häufig mit geistiger Schlichtheit gleichgesetzt. Dabei könnte es sich auch um eine ausgeprägte Form von Legasthenie gehandelt haben, die nichts über ihren Intellekt verrät. Die wahrscheinlichste Ursache liegt in der unzureichenden Schreibausbildung von Frauen in jener Zeit. Man schaue sich nur die Originale der Briefe von Christiane Vulpius und anderen Vertreterinnen ihres Geschlechts an Goethe an. Jedenfalls wird Karls Mutter von Zeitzeugen als intelligent und gebildet beschrieben. Insofern könnte ihre Rolle auch nach der Konversion darin bestanden haben, ihren Kindern die Geschichten und Protagonisten des Alten Testaments nähergebracht und damit den Grundstein für Karls tiefe Kenntnis der Bibel gelegt zu haben.

Insgesamt erscheint es unwahrscheinlich, dass der Sprössling von den Ideen seiner israelitischen Ahnen völlig unberührt geblieben ist, selbst wenn zu Hause auf jüdische Bräuche verzichtet worden sein sollte. Familie Marx pflegt weiterhin freundschaftlichen Umgang mit ihrer jüdischen Verwandtschaft und teilt sich einen Weinberg bei Mertesdorf mit dem jüdischen Arzt Lion Bernkastel.

Noch Marx' Tochter Eleanor hat genug vom jüdischen Geist mitbekommen. Lange nach dem Tod ihres Vaters stellt sie in ihren Reden als kommunistische Agitatorin und Gewerkschaftssekretärin immer wieder kategorisch fest: »Ich bin eine Jüdin.«[12] Über das Foto ihres Großvaters gebeugt, das Karl Marx sein Lebtag bei sich getragen hat, urteilt sie: »Das Ganze trug einen ausgesprochen jüdischen, aber schön-jüdischen Typus.«[13]

Da wirkt die Annahme nicht unplausibel, Karl könnte in seiner Kindheit mit der geistigen Tradition des Judaismus vertraut gemacht worden sein – selbst wenn der Vater statt Thora und Talmud längst Kant und Lessing liest, Voltaire, Leibniz und Schiller. Das muss auch nicht so weit gehen, dass der Junge als nunmehr ältester Sohn den Status als auserwählter »Sohn Gottes« wie einen Auftrag mit auf den Lebensweg bekommt, berufen als »Gerechter«. Aber es könnte unbewusst eine Rolle spielen.

Anders als die meisten seiner Altersgenossen erhält Karl bis zum Wechsel aufs Gymnasium Privatunterricht, statt die Volksschulbank drücken zu müssen. Lesen und schreiben hat er offenbar beim Buchhändler Eduard Montigny gelernt, der ein paar Schritte vom Elternhaus entfernt seinen Laden betreibt. Die Ausbildung auf der Schule folgt dann klassischen Idealen: Altgriechisch, Latein und Deutsch und reichlich Geschichte, aber auch Mathematik. Statt Hebräisch wählt der Gymnasiast Französisch. Der Turnunterricht fällt durchgehend aus.

Einen »Bildungshintergrund«, wie es heute heißt, bietet ihm freilich auch sein Elternhaus. Der Vater hat nicht nur ein Universitätsstudium absolviert. Die Auflistung der Bücher seiner Bibliothek weist ihn als vielseitigen, frankophilen *Homme de lettres* aus. Neben juristischen Bänden in mehreren Sprachen findet sich darin etwa auch ein achtunddreißigbändiges Repertoire des französischen Theaters.

Die Meinungen über Marx' Verhältnis zu seinem Erzeuger gehen, wie so vieles bei ihm, weit auseinander. Das reicht von der Verachtung eines bedächtigen Schwächlings bis zur Bewunderung des freiheitsliebenden Rebellen, der sich von seiner Familie und ihrer Tradition losgesagt hat. Wahrscheinlich spielt beides eine Rolle. Aber es gibt keinen Zweifel, dass der Junge dem Alten viel zu verdanken hat und sich dafür auch dankbar erweist. Es war schließlich der Vater, der dem Gipfelstürmer das Basislager eingerichtet hat.

Karl kennt ihn zuvorderst als gleichermaßen angesehenen wie angepassten, gottesfürchtigen und rechtsgläubigen Advokaten – ein Mann mit der Faust in der Tasche, der Kritik in der Regel schluckt, bevor er sie äußern kann. Rational im Geiste der Aufklärung, religiös und politisch liberal, aber alles andere als ein Aufwiegler oder Umstürzler. Einer, der überzeugt ist, das Gute als Teil der Natur des Menschen werde schließlich siegen. Dabei ist er stets von Selbstzweifeln und Unmut über das nicht Erreichte im eigenen Leben erfüllt. Immerhin darf er sich nach seiner Wahl zum Vorsteher der Trierer Anwaltschaft 1821 mit dem Titel eines Justizrats schmücken.

Mag sein, dass Karl seinem Altvorderen dafür nur wenig Achtung entgegenbringt. Seine erhaltenen Zeilen nach Hause, als er bereits in der Ferne studiert, sprechen jedoch eine andere Sprache: So aufsässig und eigenwillig er sich auch gibt, den »teuren Vater« behandelt er stets respektvoll, sieht man vom Verschleudern dessen sauer verdienter Taler ab.

Von anderem Schlage als der leibliche dürfte der Wahlvater des Jungen gewesen sein. Ludwig von Westphalen, angesehener preußischer Regierungsrat von Trier, Juristenkollege Heinrichs und Freund der Familie Marx, muss den kleinen Karl schon früh als lebendigen und wachen Knaben ins Herz geschlossen haben. Wo beim Vater Rationalismus vorherrscht, schwärmt der »väterliche Freund« für die Romantik, wo der eine ihm Racine und Voltaire vorliest, bringt ihm der andere Homer und Shakespeare im Original näher.

Der Baron spricht sein Englisch gewissermaßen als »Mutter«-Sprache. Seine Mum stammt aus dem ehrwürdigen schottischen Grafengeschlecht der Argylls. Sein Vater, als Held des Siebenjährigen Krieges in den Adelsstand versetzt, hat sie als Nichte des kommandierenden englischen Generals kennengelernt und geehelicht. Ihr gemeinsamer Sohn, Karls Vaterfreund Ludwig, wird nach Übernahme des Rheinlands durch Preußen als dessen Vertreter 1816 nach Trier versetzt, was er wegen der Randlage zunächst als Herabsetzung empfindet. Er selbst hat aus erster Ehe vier Kinder, darunter Ferdinand von Westphalen, den späteren preußischen Innenminister im reaktionären Kabinett von Manteuffel.

Zum Nachwuchs aus zweiter Ehe gehören zwei wichtige Bezugspersonen in Marx' weiterem Leben: sein Klassenkamerad Edgar, später sozialistischer Genosse, und die Kinderfreundin seiner Schwester Sophie, seine spätere Verlobte Jenny. Auch mit solcherart Mitgift kann die Provinz dem Leben unschätzbare Geschenke machen. Zu denen gehört schließlich auch die Sprache: Marx hat seinen unvergleichlichen Trierer

Moseldialekt, jenen weichen rheinischen, ans Französische gemahnenden Singsang, zeitlebens nicht abgelegt.

»Du hast«, schreibt Heinrich Marx billigend an Sohn Karl über den befreundeten Kollegen Regierungsrat, »auf der ersten wichtigen Laufbahn des Lebens einen Freund, und einen sehr würdigen Freund gefunden, älter und erfahrner als Du … Es wird der beste Probierstein Deines Charakters, Deines Geistes und Herzens, ja Deiner Sittlichkeit sein, wenn Du den Freund festhältst und seiner würdig bleibst.«[14]

Das braucht dem aufgeweckten jungen Mann nicht zweimal gesagt zu werden. Seine Begabungen – heller Geist, schnelle Auffassungsgabe – müssen so auffällig gewesen sein, dass sich ein Herr in den Fünfzigern seiner mit Freuden annimmt. Auf ihren Spaziergängen durch Wälder und Weinberge der malerischen Mosellandschaft sprechen die beiden nicht nur über die schöne Literatur, der Karl zeitlebens in tiefer Bewunderung verbunden bleibt. Während langer Leseabende im Bürgerhaus des Briefadligen, nur wenige Gehminuten vom Elternhaus des Schülers entfernt, bringt ihm der Hausherr auch die Ideen des Frühsozialisten Henri Saint-Simon näher.

Der 1825 verstorbene Franzose hat sehr früh soziale und ökonomische Fragen zusammengebracht und sich für die allgemeine Verteilung des Sozialprodukts ausgesprochen. Er will nur denen Einkommen zugestehen, die tatsächlich arbeiten, nicht aber »parasitären« Elementen wie Adligen, Aktionären und Rentiers. Das könnten Occupy-Aktivisten und Kapitalismuskritiker heute noch unterschreiben. Mit seiner meritokratischen Forderung »Jeder nach seinen Fähigkeiten, jede Fähigkeit nach ihren Leistungen« liefert der Saint-Simonismus das Vorbild für Marx' geflügelten Ausspruch in seiner *Kritik des Gothaer Programms* der Sozialdemokratie von 1875: »Jeder nach seinen Fähigkeiten, jedem nach seinen Bedürfnissen!«[15]

Der Heranwachsende kommt erstmals mit Ideen in Kontakt, die sein Denken als Erwachsener nicht unerheblich bestimmen werden: Vergesellschaftung von Privateigentum, Abschaffung des Erbrechts. Sein eher harmoniebedachter Vater hätte dem Sohn solche aufrührerischen Gedanken vermutlich niemals näherzubringen gewagt, wäre er nicht ohnehin vom Gegenteil überzeugt gewesen.

Um Karl Marx' geistige Zeitgenossenschaft zu verstehen, muss man auch wissen, dass zwei prägende Autoren seines gesamten Wirkens noch unter den Lebenden weilen, als er bereits ein Teenager ist: Hegel, der Überphilosoph, stirbt 1831, und Goethe, der Überdichter, im Jahr danach.

Als der Junge auf die sechzehn zugeht, hat er endlich einen Grund, seinen Ernährer zu bewundern. Heinrich Marx hält zu Ehren der heimgekehrten Deputierten des Rheinischen Provinziallandtags im Casino-Club, dem politisch-kulturellen Zentrum der Stadt, eine aufsehenerregende Rede mit doppelter Botschaft. Vordergründig preist er den Monarchen, wenn auch mit Ironie, dahinter kritisiert er den König, indem er überfällige soziale und politische Reformen einfordert:

»In der Fülle der Allgewalt hat er aus freiem Willen Ständeversammlungen angeordnet, damit die Wahrheit zu den Stufen des Thrones gelange. Und wohin möchte auch die Wahrheit dringen, wenn nicht dort … Sein edles Herz wird gerechten und vernünftigen Wünschen seines Volkes immer hold und offen bleiben.«[16]

So eigensinnig und versessen auf Unabhängigkeit, wie Sohn Karl häufig beschrieben wird, dürfte er seine Freude am mutigen Vorgehen seines Erzeugers gehabt haben. Wenigstens einmal ein Aufscheinen des ersehnten väterlichen Rollenmodells. Die Ansprache wird zum Stadtgespräch – und ruft die Behörden auf den Plan. Keine zwei Wochen später fällt Advokat Marx erneut auf. Er nimmt an einem Abendessen zum Jahrestag der Gründung der Casino-Gesellschaft teil. *Marseillaise* und *Parisienne* werden gesungen. Die Trikolore wird entrollt, der Ruf *Vive la France!* ertönt. Ausgerechnet der Erzfeind im Westen soll hochleben. Der dortige »Bürgerkönig« erscheint seinen Untertanen geradezu wie ein Freund und Helfer gegen den restaurativen Preußen Wilhelm III.

Während der Vater jede feindselige Absicht bestreitet und unbehelligt bleibt, kommt es zum Hochverratsprozess gegen einen seiner Anwaltskollegen, der dann aber freigesprochen wird. Zwei der Schullehrer indes, die sich auf der Versammlung geäußert haben, erhalten Verweise – der eine wegen Singens revolutionärer Lieder, der andere des Atheismus und Materialismus beschuldigt. Das Trierer Gymnasium gilt den Mächtigen ohnehin als Hort linker Ideologien, nachdem bei einer Durchsuchung ein Flugblatt mit Reden vom Hambacher Fest gefunden worden ist.

Unter Polizeiaufsicht und Beobachtung durch den Staat steht seither Direktor Johann Hugo Wyttenbach. Er leitet die Schule seit 1804. Ein Mann, der zwei Jahre davor eine »Gesellschaft für nützliche Forschung« mitbegründet und über den Sturm auf die Bastille 1789 gesagt hat: »Wem klopfte nicht damals, als er die Kunde dieses Tages vernahm, das Herz vor Schrecken, und – mitten in dem kalten Schauer – vor brennender Entzückung in Erwartung der Dinge, die über das Erdreich kommen sollten! Das Morgenrot der Freiheit fing von diesem Tage an; ein großes Volk sprach begeistert die Gebote der Menschheit aus.«[17]

Glücklich, wer in diesem Geist – »die Zeit ist kein Sumpf, sie ist ein Strom«[18] – seine Schuljahre verbringen darf. Als Karl in die Quarta des Gymnasiums eintritt, ohne die zwei Eingangsjahre absolviert zu haben, ist Wyttenbach mit seinen dreiundsechzig Jahren längst ein Senior. Im Kopf ist er jedoch ein junger, aufgeklärter Geist geblieben.

Pädagogen wie er sind so wertvoll, weil sie so selten sind. Nur wer erlebt hat, wie sich ein reifer freier Mensch im Glauben an die Zukunft der Spezies in den Dienst der Jugend stellt, kann einschätzen, wie wichtig für den Lebensweg eine gelungene Schulzeit sein kann. Eltern handeln in der Regel ohne jede Ausbildung allein aus Instinkt oder im Rückgriff auf eigene Erfahrungen. Ohne Lehrer als professionelle Ergänzung bliebe Erziehung oft eine halbe Sache. Sie stehen, sofern geeignet, für die ersten Blicke und Schritte in eine andere Welt.

Die Abiturarbeiten, Karls erste schriftliche Hinterlassenschaften, spiegeln den Geist der Schule und ihres Leiters wider. Vor allem der Deutschaufsatz des gerade Siebzehnjährigen lässt einen eigenständigen Denker erkennen.

Seine »Betrachtung eines Jünglings bei der Wahl eines Berufes« liest sich wie eine spätpubertäre Eigenschau. Ahnungsvoll kritische Ich-Betrachtung schwingt mit, wenn er etwa sagt: »Selbstverachtung ist eine Schlange, die ewig wühlend die Brust zernagt, das Lebensblut aus dem Herzen saugt und es mit dem Gifte des Menschenhasses und der Verzweiflung vermischt.«[19]

Dazu passt eine weitere Eigenschaft, die sich wie ein Motivstrang durch Marx' Leben gezogen haben soll. Einer seiner frühen Biografen, der Kommunist Otto Rühle, bringt sie in seinem 1929 erschienenen Buch in Stellung. Dazu benutzt er den von Alfred Adler erst kurz davor in die Psychologie eingeführten und seinerzeit hoch im Kurs stehenden Begriff »Minderwertigkeitskomplex«.

»Er wird die antreibende, anfeuernde Stimme hinter seinem Rücken nie wieder los«, schreibt Rühle. »Du musst beweisen, was Du kannst! Musst aufsteigen! Eine glanzvolle Laufbahn zurücklegen! Außerordentliches vollbringen! Der Erste sein! Dieser Siegerwille und Überlegenheitsdrang beherrscht alle Phasen seines arbeits- und kämpfereichen Daseins.«[20]

Aus solcher Sicht liest sich die Deutscharbeit in Teilen wie eine prophetische Mahnung des »Jünglings«, gerichtet an sich selbst, den Getriebenen: »Das Große glänzt, der Glanz erregt Ehrgeiz, und der Ehrgeiz kann leicht die Begeisterung oder, was wir dafür gehalten, hervorgerufen haben; aber, wen die Furie der Ehrsucht lockt, den vermag die Vernunft nicht mehr zu zügeln, und er stürzt dahin, wohin ihn der ungestüme Trieb ruft: er wählt sich nicht mehr seinen Stand, sondern Zufall und Schein bestimmen ihn.«[21]

Die Furie der Ehrsucht im Zaum zu halten wird zur lebenslangen Aufgabe des Karl Marx im Ringen mit seinem Selbst. Er hat sie meisterhaft bewältigt und ist gleichzeitig daran gescheitert. Mag ihm am Ruhm auch wenig liegen, besonders im Vergleich mit anderen politischen Aktivisten seiner Zeit, so ist ihm sein Ruf umso wichtiger. Er weiß früh und sicher um seine Talente. Sein Ehrgeiz übersetzt sich in unstillbaren Geltungsdrang, der immer wieder bitter enttäuscht wird.

In dem Aufsatz findet sich schließlich eine Passage, die vor allem frühreifen Realitätssinn verrät. Sie wird nicht nur von Marxisten stets aufs Neue als erste Andeutung jener berühmten Äußerung gesehen, nach der das gesellschaftliche Sein das Bewusstsein bestimmt: »Wir können nicht immer den Stand ergreifen, zu dem wir uns berufen glauben; unsere Verhältnisse in der Gesellschaft haben einigermaßen schon begonnen, ehe wir sie zu bestimmen imstande sind.«[22]

Direktor Wyttenbach höchstpersönlich beurteilt den Aufsatz mit »ziemlich gut«: »Die Arbeit empfiehlt sich durch den Gedanken-Reichtum und gute, planmäßige Anordnung. Sonst verfällt der Verfasser auch hier in den ihm gewöhnlichen Fehler, in ein übertriebenes Suchen nach einem seltenen, bilderreichen Ausdrucke; daher fehlt der Darstellung an den vielen angestrichenen Stellen die nötige Klarheit und Bestimmtheit, oft Richtigkeit, wie in den einzelnen Ausdrücken, so in den Satzverbindungen.«[23]

Der erfahrungsweise Pädagoge, Autor einer Sammlung »Lieder für Freie«, wird seiner vorgesetzten Behörde zunehmend ein Dorn im Auge. Sie stellen ihm mit dem stockreaktionären Altphilologen Vitus Loers als Kodirektor einen Gesinnungswächter an die Seite. Die Reaktion des Pennälers Marx sowie eines weiteren Mitschülers unter den mehr als dreißig Abiturienten kann durchaus als Rache und Genugtuung für den beliebten Schulleiter verstanden werden: Sie verweigern sich dem Brauch, alle Lehrer nach der Schulentlassung zum Abschied aufzusuchen, und lassen Loers bewusst links liegen.

Und was macht der Vater? Er wirft dem Sohn kleinlaut vor, sich in schlechter Gesellschaft befunden und ihn in eine unangenehme Lage gebracht zu haben: »Loers hat es sehr übel empfunden, daß Du ihm keinen Abschied[sbesuch ge]macht… Ich mußte mich zu einer unschuldigen Lüge entschließen und ihm sagen [dass] wir während seiner Abwesenheit dort gewesen.«[24]

Als Marx das liest, hat er das Abitur gut, aber nicht glänzend mit einem Notendurchschnitt von 2,4 bestanden. Ein Überflieger in der Schule ist er nicht gewesen. Das teilt er mit anderen Geistesgroßen, am bekanntesten Einstein. Karl ist zwar längst nicht der Beste, aber bei weitem der jüngste Abiturient seines Jahrgangs. Im Gesamtklassement teilt er sich Platz acht mit zwei anderen. Eine schlechte Note bekommt er nur in Mathematik, doch das gilt für achtundzwanzig gegen vier.

Zehn von zweiunddreißig Primanern sind durchgefallen, heutzutage in Deutschland ähnlich unvorstellbar wie der Berufswunsch der »Bauernlümmel«, wie Marx sie abfällig nennt: Die Hälfte der Abgänger strebt das Priesteramt an. Karl dagegen tritt auf Wunsch seines Vaters in dessen Fußstapfen und meldet sich zum Studium der Rechtswissenschaften an.

In Trier hat Marx einen Auftrag fürs Leben bekommen: Die Welt steht nicht still, sie ist in Bewegung, und du kannst mitentscheiden und -wirken, wohin. Es ist vor allem die behütete, von Flucht, Verfolgung und ähnlich traumatischen Erlebnissen unbelastete Jugend ohne erkennbar enge Schulfreunde gewesen, die ihn von anderen Revolutionären unterscheidet – und aus ihm den unerbittlichen, einsamen Kämpfer machen wird.

Genau siebzehn Jahre, fünf Monate, zehn Tage und zwei Stunden nach seiner Geburt verlässt Karl das Nest seiner Kindheit. Die Heimat hat ausgedient, neue Ufer winken. Die ganze Familie hat sich am Ableger versammelt, um den verloren gehenden Sohn zu verabschieden. Um vier Uhr morgens am 15. Oktober 1835 steigt er auf ein Flussboot, das ihn über die Mosel nach Koblenz bringt. Von dort geht es auf einem der neumodernen Dampfschiffe weiter nach Bonn, der ersten Station seiner Odyssee des lebenslangen Lernens und Streitens. Als er über das Wasser gleitend die Lichter der Römerstadt aus den Augen verliert, steht, wie von der Wissenschaft zuverlässig und präzise vorausgesagt, der Halleysche Komet am Himmel.

3

Teurer Vater, teurer Sohn

Studium totale

Berlin, 11. November 1837. In einer Studentenbude nahe dem Stadtschloss brennt noch in den frühen Morgenstunden Licht. Dort, wo später nach dem Mauerfall fantasielose Investorenarchitektur in den Morgenschatten des Auswärtigen Amtes gestellt wird, schreibt sich im Schein einer Kerze der neunzehnjährige *Studiosus iuris* Karl Heinrich Marx von der Seele, was ihn bewegt. Die Absenderadresse: Alte Leipziger Straße 1.

In einem Brief an den Vater zieht er Bilanz und schildert seinem Erzeuger und Ernährer, wie er sein Leben in die eigenen Hände genommen hat. Wie er die Chancen, die ihm sein Los beschert, beherzt ergreift, um über seinen Weg zu bestimmen. In diesen späten Stunden einer kalten Nacht im Herbst, mehr als zwei Jahre nach Verlassen des Elternhauses, nabelt er sich endgültig von der Familie ab.

»Teurer Vater!

Es gibt Lebensmomente, die wie Grenzmarken vor eine abgelaufene Zeit sich stellen, aber zugleich auf eine neue Richtung mit Bestimmtheit hinweisen ... Wenn ich also jetzt am Schlusse eines hier verlebten Jahres einen Blick auf die Zustände desselben zurückwerfe, ... so sei es mir erlaubt, meine Verhältnisse zu beschauen, wie ich das Leben überhaupt betrachte, als den Ausdruck eines geistigen Tuns, das nach allen Seiten hin, in Wissen, Kunst, Privatlagen dann Gestalt ausschlägt.«[1]

Das Leben als Ausdruck geistigen Tuns. Noch keine zwanzig, da hat er sich bereits entschieden. Begonnen hat die Metamorphose zum eigenständigen Mann, der dem Vater mit diesem Schreiben einen grausamen Schlag versetzen wird, an jenem frühen Morgen, als Karl seinen Heimatfluss Mosel hinab nach Osten fährt und seine Familie am Anleger verschwinden sieht. Aus der Perspektive geglückter Nestflucht verändern sich die Maßstäbe, Fesseln lösen sich, in die Trauer des Abschieds mischt sich ein Gefühl von Triumph. Noch nie hat er sich so tatendurstig gefühlt und gleichzeitig der Welt mit seinem Willen so ausgeliefert.

Seine ersten Gehversuche in akademischen Gefilden hat Karl noch als Siebzehnjähriger unternommen. In Bonn, kurfürstliche Residenz mit rund vierzigtausend Bewohnern, schlägt ihm ein letztes Mal deutscher Provinzmief entgegen und, wenn auch in leicht verschobener Tonlage, die vertraute rheinische Mundart.

Die erste eigene Wohnung, Sinnbild der gewonnenen Freiheit, liegt in der Josephstraße, ein paar Schritte vom Rheinufer entfernt. Seit den Sechzigerjahren des 20. Jahrhunderts steht dort ein schmuckloser Neubau. Kaum anheimelnder sieht es an seiner zweiten Adresse in der Stockenstraße aus, gleich neben dem Hofgarten, wo die Bonner Bundesrepublik in den 1980er-Jahren die größten Massendemonstrationen ihrer Geschichte erleben wird.

Die Universität, aufs Jahr genauso jung wie er, besuchen gerade einmal siebenhundert Studierende, so viele wie sein Gymnasium Schüler zählt, hier wie dort allesamt männlich. Die zwei Semester, die er in ihren Mauern verbringt, wirken im Rückblick eher wie die Aufwärmphase zum Eigentlichen als ein planvoller Schritt ins Leben. Ein paar Vorlesungen und juristische Kollegien, laut Abschlusszeugnis »fleißig« und »sehr fleißig« besucht, darunter die beliebten Sitzungen des ehrwürdigen August Wilhelm von Schlegel über Philosophie und Literatur, wo ein paar Jahre zuvor schon Heinrich Heine sein dichterisches Talent schärfen durfte.

Daneben gilt es erst einmal, die neue Freiheit des Studentenlebens auszukosten. Trierer Landsmannschaft, Raufereien mit der preußischen Burschenschaft der Borussen, ein Duell, das mit einer Verletzung über dem linken Auge glimpflich ausgeht, eine eintägige Karzerstrafe »wegen nächtlichen ruhestörenden Lärmens und Trunkenheit«, unerlaubter Waffenbesitz, und fürs romantische Gemüt Poesie und Dichterclub.

Der Bart beginnt zu wachsen, damals Zeichen des freien Mannes. So zeigt ihn, nur schemenhaft erkennbar, das Erinnerungsblatt vom Steindruck eines Grafikers: Flaum ums Kinn und um die Lippen, kurzes volles Lockenhaar, herausfordernd ernster Blick in der Pose des idealistischen Genies inmitten der Treviraner beim Frühschoppen in Bad Godesberg.

Daheim ein verdrießlicher Vater, der mit Sorge das pralle Schuldenbuch des Filius mit dem verschwenderischen Lebensstil beobachtet. Doch dazu gehören bekanntlich immer zwei – der, welcher nimmt, und der, welcher gibt. Offenbar haben seine Eltern dem kleinen Karl nie erklärt, dass Ausgaben auch Einnahmen gegenüberstehen müssen. Vielleicht ist er als Kind schwer erziehbar gewesen, aber mit Sicherheit schlecht erzogen, zumindest was seinen Umgang mit Barem betrifft. Da geht es ihm nicht besser als so vielen verwöhnten und überbehüteten Prinzenkindern. Als Student darf er sich erlauben, unbegrenzt Wechsel auf den Vater zu ziehen, die manchmal sogar dessen eigenes Einkommen übersteigen.

Das würde der Anwalt wohl klaglos hinnehmen, liefe das Studium des Sohns in seinem Sinne, neigte er nicht wie so viele in seiner Lage zur mutmaßlich brotlosen Kunst der Dichtung. Der Senior lobt zwar die »Anlagen«, »doch würde es mich jammern, Dich als gemeines Poetlein auftreten zu sehn«[2]. Er bereitet dem Spaß schließlich ein Ende und erteilt dem nunmehr Achtzehnjährigen »nicht allein die Erlaubnis, sondern es ist mein Wille, daß er das nächste Semester die Universität zu Berlin beziehe«. Einen passenderen Ort zu einer besseren Zeit hätte die Vorsehung »meinem Sohn Carl« kaum aussuchen können.

Ende Oktober 1836 nimmt Marx erstmals Großstadtwitterung auf. Der hoffnungsfrohe Studiosus atmet die berühmte, später im Operettenmarsch besungene Berliner Luft. Sie zieht besonders in den grünen Monaten durch die Spreemetropole, wenn sich die steppenhafte Trockenheit der märkischen »Streusandbüchse« mit der satten Feuchte aus Hunderten Seen in und um die alte preußische Hauptstadt vermengt – damals mit gut dreihunderttausend Einwohnern hinter Wien zweitgrößte Stadt im deutschen Sprachraum.

Wer ihren unvergleichlichen Duft heute kennen und schätzen lernt, verbindet ihn mit einem Lebensgefühl von Freiheit und Freizügigkeit, arm, aber sexy. Seinerzeit steht er eher für Residenz und Regiment in preußischer Pflichterfüllung, für Prachtbauten an der Achse »Unter den Linden« mit der jungen, 1809 gegründeten Universität, die bereits Weltruf genießt, aber auch für die freche Schnauze des einfachen Volkes.

Berlin, schon damals wie heute wieder ein rasch wachsender Schmelztiegel von Menschen aus aller deutschen Herrscher Länder, wo an der Schnittstelle von Ost und West radikale Intellektuelle aus Polen oder Russland auf preußische Monarchisten, Beamte und Regimentssoldaten treffen, wo im Umfeld der Uni oppositionelle Vordenker unterschiedlichster Herkunft von demokratischer Morgenröte träumen, während der strenge Staat die Freiheiten immer weiter beschneidet; Berlin, diese ernste, vom protestantischen Arbeitsethos geprägte, von rheinischer Leichtigkeit maximal entfernte kommende Weltstadt, bietet dem jungen Studenten das optimale Umfeld für seine geistige Entwicklung.

Als er an der Spree eintrifft, liegt eine kraftzehrende, einwöchige Fahrt mit der Postkutsche hinter ihm. Keine zehn Jahre später wird die Reise mit Dampfschiff und Eisenbahn bequem in weniger als zwei Tagen zu schaffen sein. Er kommt aus Trier, wo er seine ersten Semesterferien verbracht hat. Sechs Wochen hat der letzte längere Aufenthalt in der Heimat gedauert, die er im Herzen schon hinter sich weiß. In den kommenden Weihnachtsferien und auch im darauffolgenden Sommer findet er nicht mehr nach Hause und macht sich, wie aus erhaltenen Briefen seiner Eltern hervorgeht, auch mit dem Schreiben an die Seinen rar.

»Ich hatte mich das ganze Jahr darauf gefreut, Dich zu sehn«, klagt der Vater im September, »und so lebt man in ewiger Täuschung.«[3] Wie soll er, der Konflikten eher aus dem Weg geht, als sie zu suchen wie sein Sohn, wie soll Heinrich verstehen, dass Karl angesichts der ewigen Ermahnungen und Ratschläge seitens seiner Altvorderen gut daran tut, sie auf Distanz zu halten. Und zwar so lange, bis er seinen eigenen Weg gesucht und gefunden hat.

Die Eltern sollten ihn besser kennen und wissen, dass er ihre Nachgiebigkeit, ihr Verzeihen von Eskapaden und Verschwendungssucht bestenfalls übersieht, wahrscheinlicher verachtet. »So werde ich doch viel lieber ein Opfer bringen«, verspricht der Vater, statt dem Sohn die Grenzen seiner Möglichkeiten aufzuzeigen, »als Dir in Deiner Laufbahn Schaden zufügen.«[4]

Eltern wollen in ihrem Eigensinn zum Eigennutz oft nicht verstehen, dass gut gemeint nicht unbedingt gut ist, welche Last ihre Aufträge dem Nachwuchs aufbürden können. Wie kann ein Vater, der sich selbst von seinem Erzeuger und Erzieher losgesagt und die elterliche Familie mit ihrer jüdischen Tradition hinter sich gelassen hat, wie kann so einer seinem eigenen Sohn mit auf den Weg geben:

»Meine schönsten Hoffnungen kannst Du erfüllen und zerstören. Es ist vielleicht unrecht und unklug zugleich, auf einen Menschen seine schönsten Hoffnungen zu bauen und so seine eigene Ruhe vielleicht zu untergraben. Doch wer anders als die Natur kann dafür, daß die auch sonst nicht so schwachen Männer dennoch schwache Väter sind?«[5] Welcher genialische Mir-gehört-die-Welt-Schnösel weiß schon einen schwachen Vater zu schätzen, der das auch noch zugibt? Er hat ja keine Ahnung, was für ein großzügiges Geschenk ihm die Eltern gemacht haben, ihm mit seiner offenbar schon früh erkannten Hochbegabung den nötigen Freiraum zu lassen, statt sie durch ein Zuviel an Erziehung einzuschränken. Er dürfte sich jedoch keinen Moment darüber hinweggetäuscht haben, wie sein eigener Erfolg den Ambitionen des Vaters dienen soll.

»Dein hohes Emporkommen, die schmeichelnde Hoffnung, Deinen Namen einst im hohen Rufe zu sehn, sowie Dein irdisches Wohl, liegen mir gar nicht allein am Herzen… Nur wenn Dein Herz rein bleibt und rein menschlich schlägt und kein dämonisches Genie imstande sein wird, Dein Herz den besseren Gefühlen zu entfremden – nur alsdann würde ich das Glück finden, das ich mir seit langen Jahren durch Dich träume; sonst würde ich das schönste Ziel meines Lebens zertrümmert sehn.«[6]

An Marx jr. – das hat er mit anderen Weltendenkern gemeinsam – können Eltern bis heute studieren, wie einengend frühzeitige Karriereorientierung sein kann. Anstatt dem flügge gewordenen Nachwuchs in elterlicher Reife nachzuschauen und sich daran zu erfreuen, wie er sich aus freien Stücken entwickelt, sehen Mütter und Väter wie Henriette und Heinrich ihre kleinen Hoffnungsträger durch die Brille ihrer eigenen Wünsche. Ihr »Glückskind« wäre wohl nie der Geistesmächtige geworden, hätte er sich gefügt. Umgekehrt gebührt ihnen das unschätzbare Verdienst, ihn letztlich selbst über seinen Weg entscheiden zu lassen.

Auch wenn er anfangs noch wie ein Blinder nur tastend seine Bestimmung begreift, so zeigt er doch schon zeitig ein sicheres Gespür für die richtige, ihm und seiner Persönlichkeit gemäße Richtung. Es fällt nicht schwer, sich seine Entgeisterung vorzustellen, als ihm der Vater die langweilige Beamtenlaufbahn schmackhaft machen will: »Es scheint mir, die Dichtkunst und Literatur finde eher Gönner in der Verwaltung als in der Justiz, und ein singender Regierungsrat scheint mir natürlicher als ein singender Richter.«[7]

Welcher Neunzehnjährige auf dem Sprung ins Leben sieht sich wohl gern als »singender Regierungsrat«? Es spricht eher für Lebensklugheit als für Undankbarkeit, dass Karl sich eigenwillig dem Einfluss seiner Altvorderen entzieht, sich ihre Liebe regelrecht vom Leib hält. Ein paar Wochen lässt er seinen Entschluss reifen, dann fasst er sich ein Herz, nimmt Papier, Tinte und Feder, und schreibt dem Vater bei Kerzenlicht jenen Brief, in dem er gleichermaßen Rechenschaft ablegt und mit den väterlichen Flausen abrechnet.

»In Berlin angekommen, brach ich alle bis dahin bestandenen Verbindungen ab, machte mit Unlust seltene Besuche und suchte in Wissenschaft und Kunst zu versinken.« Damit deutet sich gleich zu Anfang die Weichenstellung an, die über sein späteres Leben entscheidet. Die Zeilen verraten, wenn auch unvermeidlich aus subjektiver Sicht, viel darüber, was er getan und gelassen hat. Sie vermitteln aber auch tiefe Einblicke in die Persönlichkeit und den Charakter des jungen Marx, der sich wie ein Süchtiger mit dem Geisteswissen seiner Zeit vollsaugen wird.

»Der einzelne aber wird in solchen Augenblicken lyrisch, denn jede Metamorphose ist teils Schwanensang, teils Ouvertüre eines großen neuen Gedichtes, das in noch verschwimmenden, glanzreichen Farben Haltung zu gewinnen strebt.«

Jeder mag sich selbst ein Urteil über Stil und Inhalt bilden. Die Meinungen der Experten gehen hier wie üblich weit auseinander. Der eine erkennt in den Zeilen »eine Mischung aus … Großmannssucht und Zerknirschung«[8], dem anderen erscheinen sie »rückhaltlos offen«, »ohne Verstellung und Pose« und »frei von allem Zynismus«[9], dann wieder ist von »überspannten, unecht wirkenden Beteuerungen inniger Anteilnahme und ewiger Liebe«[10] zu lesen.

Jedenfalls ein bemerkenswertes, in mancher Hinsicht grandioses, für Biografen als einzige echte Quelle über die Lebenswende im ersten Berliner Studienjahr aber auch gefährliches Schlüsseldokument. Denn es lässt eine entscheidende Frage offen: Hat der Autor geahnt, wie sehr er den Empfänger mit seinen Ausführungen trifft? Wenn ja: Hat er es billigend in Kauf genommen oder sogar beabsichtigt? Wenn aber nein, was eher anzunehmen ist: Was sagt der vollständige Mangel an Einfühlung über seine seelische Verfassung?

Er kann natürlich nicht wissen, dass sein Vater nur noch ein halbes Jahr zu leben hat. Was ihm aber klar sein muss: Er schreibt einem schwerkranken Mann, der im Sommer ohne jede Linderung seines Leidens eine Kur in Bad Ems hinter sich gebracht hat und sich weiterhin die Seele aus dem Leib hustet. Der alle Hoffnungen in seinen Lieblingssohn setzt, er möge es zu einem angesehenen Juristen bringen. Der aus den Zeilen herauslesen muss, wie Karl in Berlin das Lotterleben zwar hinter sich gelassen, sich stattdessen aber in seine Klause zurückgezogen und der Poesie hingegeben hat – um nun den Vater am Scheitern teilhaben zu lassen.

»Alles Wirkliche verschwimmt, und alles Verschwimmende findet keine Grenze, Angriffe auf die Gegenwart, breit und formlos geschlagenes Gefühl, nichts Naturhaftes, alles aus dem Mond konstruiert, der völlige Gegensatz von dem, was da ist und dem, was sein soll.« Ausgerechnet der Vater hat wohl am frühesten und deutlichsten die eigensüchtige Persönlichkeit seines Lieblingssohns durchschaut. Bereits am Ende von dessen erstem Winter in der Ferne vertraut er ihm, der ihm alles ist, an:

»Zuweilen kann ich mich trauriger, ahnender, Furcht erregender Ideen nicht entschlagen, wenn sich wie ein Blitz der Gedanke einschleicht: Ob Dein Herz Deinem Kopfe, Deinen Anlagen entspricht? – Ob es Raum hat für die irdischen, aber sanfteren Gefühle …? Ob, da dasselbe offenbar durch einen nicht allen Menschen verliehenen Dämon belebt und beherrscht wird, dieser Dämon himmlischer oder faustischer Natur ist? Ob Du je für wahrhaft menschliches – häusliches Glück empfänglich sein wirst?«[11]

Verstand vor Gefühl, Prosa vor Poesie, Materialismus vor Idealismus – übertragen auf die Welt der Geistesarbeiter zeigt Marx schon früh eine Reihe von Eigenschaften, die in der heutigen Welt von Computertechnik und Programmiercodes dem Nerd nachgesagt werden. Selbst die Mutter lässt ihn einmal wissen: »Ich bedaure lieber Carl das du zu vernünftig bist.«[12]

Sucht der Sohn, wie es den Anschein hat, Zustimmung, als er dem Vater gesteht, sich nach dem Scheitern der Poesie nun mit Philosophie zu beschäftigen statt mit Jurisprudenz? Oder ist das ein Teil des endgültigen Lossagens von den Wurzeln, vom väterlichen Einfluss? Ausführlich beschreibt er, wie er gleichsam als Brücke eine Rechtsphilosophie entworfen und ihr ein umfangreiches neues metaphysisches Grundsystem vorangestellt hat, nur um am Ende »die Falschheit des Ganzen« einzuräumen. »Der Gegensatz des Wirklichen und Sollenden« trete »sehr störend hervor und war die Mutter folgender unbehülflich unrichtiger Einteilung.«

Hier zeigt Marx erste Anflüge seiner Fähigkeit zur Selbstkritik. Sie ist indes kein Zeichen von Schwäche, sondern von Stärke. Denn nur wer an sich glaubt, kann auch an sich zweifeln. Später wird sie beängstigende Ausmaße annehmen, wenn er wieder und wieder nichts zu Ende bringt, weil er im Besseren stets aufs Neue den Feind des Guten erkennt. Vor den Augen des lesenden Vaters nimmt er das eigene System auseinander und kritisiert den »mathematischen Dogmatismus« seines Entwurfs. Ein Rechtssystem lasse sich nun mal nicht in abstrakte Schemata fassen, die wie in der Geometrie von Axiomen zu Schlüssen gelangen.

»Hier muß das Objekt selbst in seiner Entwicklung belauscht, willkürliche Einteilungen dürfen nicht hineingetragen, die Vernunft des Dinges selbst muß als in sich Widerstreitendes fortrollen und in sich seine Einheit finden.« Wer will, erkennt im Ansatz bereits den »modernen« Marx, der sich von einer idealistischen zu einer materialistischen Dialektik und Weltauffassung bewegt und im Werden statt im Sein die Wahrheit sucht.

Schließlich »sah ich die Falschheit des Ganzen ... und wiederum war es mir klargeworden, ohne Philosophie sei nicht durchzudringen. So durfte ich mit gutem Gewissen mich abermals in ihre Arme werfen und schrieb ein neues metaphysisches Grundsystem, an dessen Schluß ich abermals seine und meiner ganzen früheren Bestrebungen Verkehrtheit einzusehn gezwungen wurde.«

Der Brief liest sich streckenweise wie eine Beichte, ehrlich, aufrichtig, offenherzig. Dem Empfänger jedoch muss diese Ehrlichkeit brutal und schonungslos erscheinen, und wie sehr sie den Vater tatsächlich getroffen hat, geht aus seiner Replik hervor, die er einen Monat später zu Papier bringt – »die Schilderungen eines alternden, grämlichen Mannes, der sich über die ewigen Täuschungen ärgert und besonders darüber, daß er seinem eignen Idol einen Spiegel voller Zerrbilder vorhalten muß«. Nebeneinandergelegt lesen sich die beiden Briefe wie ein Zweikampf zwischen zwei Lebens- und Weltentwürfen. Im Drama das begabten Kindes spiegelt sich das Drama des Begabten-Vaters.

»Lieber Karl! Wenn man seine Schwäche kennt, so muß man Maßregeln dagegen ergreifen. Wollte ich nun wie gewöhnlich zusammenhängend schreiben, so würde mich am Ende meine Liebe zu Dir in den sentimentalen Ton verleiten ... Ich will also meine Klagen in Aphorismen aushauchen, denn wirklich Klagen sind es, die ich vorbringe.« Offenbar traut er den Worten nicht über den Weg, wenn der Sohn scheinbar einfühlsam um Liebe werbend notiert:

»Dennoch möchten wir ein Denkmal setzen dem einmal Durchlebten, es soll in der Empfindung den Platz wiedergewinnen, den es für das Handeln verloren, und wo fände es eine heiligere Stätte als an dem Herzen von Eltern, dem mildesten Richter, dem innigsten Teilnehmer, der Sonne der Liebe, deren Feuer das innerste Zentrum unserer Bestrebungen erwärmt!«

Der Vater: »Gaben verdienen, heischen Dankbarkeit; und da herrliche Naturgaben gewiß die allervorzüglichsten sind, so erheischen sie Dankbarkeit in einem höheren Grade.«

Was soll der Alte auch denken, wenn der Junge verkündet: »Am Ende des Semesters suchte ich wieder Musentänze und Satyrmusik, und schon in diesem letzten Heft … spielt der Idealismus durch erzwungnen Humor … durch ein mißlungenes, phantastisches Drama … hindurch … Und dennoch sind diese letzten Gedichte die einzigen, in denen mir plötzlich wie durch einen Zauberschlag – ach! der Schlag war im Beginn zerschmetternd – das Reich der wahren Poesie wie ein ferner Feenpalast entgegenblitzte und alle meine Schöpfungen in nichts zerfielen.«

Wie so etwas klingt, verraten die »Gedichte, meinem teuren Vater zu seinem Geburtstage 1837«: »Die Welten«, heißt es da, »heulen ihren eig'nen Todtensang, / Und wir, wir Affen eines kalten Gottes.«[13] Dem Notschrei des gescheiterten Poeten, der in seiner verkehrten Irrationalität immer wieder an die Grenzen seiner Ratio gerät, setzt der verletzte Ehrgeiz seines Erzeugers entgegen:

»Ich fürchte hierbei jede poetische Ader. Prosaisch, aus dem wirklichen Leben, wie es ist, will ich antworten, auf die Gefahr hin, selbst meinem Herrn Sohne zu prosaisch zu scheinen. Die Stimmung, in der ich mich befinde, ist in der Tat auch nichts weniger als poetisch. Mit einem Husten, der jährig ist und mein Geschäft mir drückend macht, und mit einer seit kurzem hinzugekommenen Gicht verpaart, finde ich mich selbst mehr verstimmt als billig und ärgere mich meiner Charakterschwäche.«

Was sind dagegen die Leiden, die sich auf der fieberhaften Suche nach dem Bewusstsein seiner selbst ein junger Erwachsener im fernen Berlin zufügen muss? »Daß bei diesen mancherlei Beschäftigungen das erste Semester hindurch viele Nächte durchwacht, viele Kämpfe durchstritten, viele innere und äußere Anregung erduldet werden mußte, daß ich am Schlusse doch nicht sehr bereichert hinaustrat und dabei Natur, Kunst, Welt vernachlässigt, Freunde abgestoßen hatte, diese Reflexion schien mein Körper zu machen.«

Die Eltern machen sich ernsthaft Sorgen, und der Vater kann in seiner Krankheit kaum etwas weniger gebrauchen als einen Sohn, der sich selbst ruiniert. »Das sei Gott geklagt!!! Ordnungslosigkeit, dumpfes Herumschweben in allen Teilen des Wissens, dumpfes Brüten bei der düsteren Öllampe; Verwildrung im gelehrten Schlafrock und ungekämmter Haare statt der Verwildrung bei dem Bierglase; zurückscheuchende Ungeselligkeit mit Hintansetzung alles Anstandes und selbst aller Rücksicht gegen den *Vater.*«

Der Sohn: »Ein Arzt riet mir das Land, und so geriet ich zum ersten Mal durch die ganze lange Stadt vor das Tor nach Stralow.« Auf der Halbinsel, damals noch lauschiges Fischerdorf in der Spree, erinnert heute verloren inmitten schicker Neubauten mit Luxuswohnungen eine Gedenktafel an den Aufenthalt des prominenten Gastes: »1837 weilte Karl Marx in Alt-Stralau und fand hier als junger Student die Erholung, die er zur Fortführung seiner Arbeit benötigte.« Das geht wohl auf das Schreiben an den Vater zurück: »Daß ich dort aus einem bleichsüchtigen Schmächtling zu einer robusten Festigkeit des Körpers heranreifen würde, ahnte ich nicht. Ein Vorhang war gefallen, mein Allerheiligstes zerrissen, und es mußten neue Götter hineingesetzt werden.«

Karl nimmt Tuchfühlung mit den Schriften jenes Großphilosophen auf, der sein Werk wie kein anderer prägen wird: »Von dem Idealismus … geriet ich dazu, im Wirklichen selbst die Idee zu suchen. Hatten die Götter früher über der Erde gewohnt, so waren sie jetzt das Zentrum derselben geworden … Ich hatte Fragmente der Hegelschen Philosophie gelesen, deren groteske Felsenmelodie mir nicht behagte.«

Dem Vater freilich entgeht die Pointe, dass der Sohn hier eine entscheidende Wandlung beschreibt. Anstatt das Wirkliche in der Idee will er fortan die Idee im Wirklichen finden.[14] Anstelle von Anerkennung muss er aber weitere selbstgerechte Klagen der Altvorderen hinnehmen: »So jung noch warst Du Deiner Familie entfremdet, doch den wohltätigen Einfluß auf Dich mit den Augen von Eltern sehend, hofften wir die guten Wirkungen bald entwickelt zu sehn, weil in der Tat Überlegung und Notwendigkeit sich gleichmäßig dafür aussprachen. Doch welche Früchte ernteten wir?« Der Sohn liefert die Antwort: »Ich schrieb einen Dialog … ›Kleanthes, oder vom Ausgangspunkt und notwendigen Fortgang der Philosophie‹.«

Schön für dich, könnte sich der Vater gedacht haben, aber hast du mal überlegt, wer für all das aufkommt? »Als wären wir Goldmännchen, verfügt der Herr Sohn in einem Jahre für beinahe 700 Taler gegen alle Abrede, gegen alle Gebräuche, während die Reichsten keine 500 ausgeben. Und warum? Ich lasse ihm die Gerechtigkeit widerfahren, daß er kein Prasser, kein Verschwender ist. Aber wie kann ein Mann, der alle 8 oder 14 Tage neue Systeme erfinden und die alten mühsam erwirkten Arbeiten zerreißen muß, wie kann der, frage ich, sich mit Kleinigkeiten abgeben? Wie kann der sich der kleinlichen Ordnung fügen?«

In der Auseinandersetzung um das »lumpige Geld, dessen Werth für einen Familienvater Du noch immer nicht zu kennen scheinst, ich desto mehr«, räumt der Ernährer ein: »Ich läugne nicht, daß ich mir zuweilen Vorwürfe mache allzu schwach Dir den Zügel gelassen zu haben.«[15]

Doch der Sohn hat dafür kein Ohr. Er schwebt nach seiner Entdeckung der Hegelschen Philosophie in anderen Sphären: »Vor Ärger konnte ich einige Tage gar nichts denken, lief wie toll im Garten an der Spree schmutzigem Wasser, ›das Seelen wäscht und Tee verdünnt‹ umher« – ein Heine-Zitat –, »machte sogar eine Jagdpartie mit meinem Wirte mit, rannte nach Berlin und wollte jeden Eckensteher umarmen.«

Der Vater: »Am Ende wird der Körper siech und der Geist verwirrt.« Der Sohn: »Wiederhergestellt, verbrannte ich alle Gedichte und Anlagen zu Novellen etc. in dem Wahn, ich könne ganz davon ablassen, wovon ich bis jetzt allerdings noch keine Gegenbeweise geliefert. Während meines Unwohlseins hatte ich Hegel von Anfang bis Ende, samt den meisten seiner Schüler, kennengelernt. Durch mehrere Zusammenkünfte mit Freunden in Stralow geriet ich in einen Doktorklub, worunter einige Privatdozenten und mein intimster der Berliner Freunde, Dr. Rutenberg.«

Er hätte noch schreiben können: Danke, teurer Vater, dass Du mich nach Berlin geschickt hast, sonst hätte ich diesen zentralen Diskussionskreis deutscher Denker nicht kennengelernt. Wieder hat ihn sein Schicksal zur richtigen Zeit an den richtigen Ort geführt, wo er Anregungen für den Grundstock seines Lebenswerks erhält. Der Vater sieht nur, »daß Du in den Fußtapfen der neuen Unholde trittst, die ihre Worte schrauben, bis sie selbst sie nicht hören.« So ähnlich dürften nicht wenige Eltern von Achtundsechziger-Rebellen gedacht haben, wenn ihre Kinder sich ihnen selbstkritisch erklärten.

Immer wieder hebt der Vater seine und seiner Familie eigenen Ansprüche hervor: »Mehrere Malen waren wir Monate lang ohne Brief… und als erheische dies nicht einmal eine Entschuldigung, erwähnte der nächste Brief kein Wort hiervon, sondern enthielt kaum einige schlecht geschriebene Zeilen und einen Auszug aus dem Tagebuch, betitelt ›Besuch‹, dem ich ganz offen lieber die Türe weise als aufnehme, ein tolles Machwerk, das bloß bekundet, wie Du Deine Gaben verschwendest und Nächte durchwachst, um Ungetüme zu gebären.«

Aufgebracht über die Eigenmächtigkeit, in der sich sein für Höheres auserwählter Sprössling über die Konventionen eines geregelten Studiums hinwegsetzt, lässt sich der Vater auch mit keinem Wort über die umfangreiche autodidaktische Lesearbeit des Sohnes aus. Auch wenn er kein Verwaltungsjurist zu werden gedenkt, befasst sich Karl auf seine eigene Weise intensiv mit den Grundlagen des Rechts.

Dabei überlässt er sich dem Zufall, um dann nichts dem Zufall zu überlassen. So »hatte ich die Gewohnheit mir eigen gemacht, aus allen Büchern, die ich las, Exzerpte zu machen … und so nebenbei Reflexionen niederzukritzeln«. Wie ein intellektueller Allesfresser liefert er dem Vater umfangreiche Listen seines Lektürepensums, ein weiteres Muster seines Lebens:

»Kurz darauf trieb ich nur positive Studien, Studium des ›Besitzes‹ von Savigny, Feuerbachs und Grolmanns Kriminalrecht, de verborum significatione von Cramer, Wening-Ingenheims Pandektensystem und Mühlenbruch: doctrina Pandectarum, woran ich noch immer durcharbeite, endlich einzelne Titel nach Lauterbach, Zivilprozeß und vor allem Kirchenrecht, wovon ich den ersten Teil, die concordia discordantium canonum von Gratian fast ganz im corpus durchgelesen und exzerpiert habe, wie auch den Anhang, des Lancelotti Institutiones. Dann übersetzte ich Aristoteles' Rhetorik teilweise, las des berühmten Baco v. Verulam: de augmentis scientiarum, beschäftigte mich sehr mit Reimarus, dessen Buch ›Von den Kunsttrieben der Tiere‹ ich mit Wollust durchgedacht, verfiel auch auf deutsches Recht, doch hauptsächlich nur, insofern ich die Kapitulare der fränkischen Könige und der Päpste Briefe an sie durchnahm.«

Doch das genügt aus Sicht des Trierer Advokaten nicht, »aus einem verwilderten Burschen einen geregelten Menschen, aus einem negierenden Genie einen gediegenen Denker, aus einem wüsten Rädelsführer wüster Burschen einen geselligen Menschen zu bilden, … sich der Welt von der angenehmsten und vorteilhaftesten Seite zu zeigen.«

Das ist nun nicht gerade Karls Lebenstraum. Eher schon das Gegenteil davon, jener Antityp, den Marx so manchem Zeitgenossen präsentieren wird. Er kann zwar auch »angenehm« und »vorteilhaft« sein. Aber das ist nur eine Facette seines vielfältigen Verhaltensrepertoires. Im Allgemeinen geht er davon aus, dass nicht die Position, sondern deren Negation, nicht angepasste, harmoniesüchtige Jasager, sondern widerspenstige und streitbare Neinsager die Welt voranbringen. In diesem Geist steht auch das erste journalistische Projekt seines Lebens, eine Zeitschrift für Literaturkritik.

»Indessen gebe ich keinenfalls diesen Plan auf«, liest der Vater, »besonders da sämtliche ästhetischen Berühmtheiten der Hegelschen Schule durch Vermittlung des Dozenten Bauer, der eine große Rolle unter ihnen spielt, und meines Koadjutors Dr. Rutenberg, ihre Mitwirkung zugesagt.« Das Journal wird nie verwirklicht, aber allein schon der Gedanke daran erscheint Vater Marx als weiterer Abweg.

»Es geht mir zwar trotz meines Vorsatzes sehr tief, es erdrückt mich beinahe das Gefühl, Dir weh zu tun … Ich will nicht weich werden, denn ich fühle es, daß ich zu nachsichtig war, zu wenig mich in Beschwerden ergoß und dadurch gewissermaßen Dein Mitschuldiger geworden bin. Ich will und muß Dir sagen, daß Du Deinen Eltern vielen Verdruß gemacht und wenig oder keine Freude.« Kein Ohr für die vorauseilenden Beschwichtigungsversuche aus Berlin:

»In der Hoffnung, daß nach und nach die Wolken sich verziehn, die um unsere Familie sich lagern, daß es mir selbst vergönnt sei, mit Euch zu leiden und zu weinen und vielleicht in Eurer Nähe den tiefen, innigen Anteil, die unermeßliche Liebe zu beweisen, die ich oft so schlecht nur auszudrücken vermag, in der Hoffnung, daß auch Du, teurer, ewig geliebter Vater, die vielfach hin- und hergeworfene Gestaltung meines Gemütes erwägend, verzeihst, wo oft das Herz geirrt zu haben scheint, während der kämpfende Geist es übertäubte, daß Du bald wieder ganz völlig hergestellt werdest, so daß ich selbst Dich an mein Herz pressen und mich ganz aussprechen kann.

Dein Dich ewig liebender Sohn *Karl.*«

Man mag dem jungen Mann einiges vorwerfen, wohl aber nicht, dass er sich nicht erklärt und respektvolle Worte gesucht und gefunden hätte. Um wie viel enttäuschter, gute Absichten vorausgesetzt, muss er die Antwort von Zuhause empfunden haben: »In diesem Augenblicke hierher zu kommen, wäre Unsinn! Ich weiß zwar, daß Du Dir wenig aus Vorlesungen machst – wahrscheinlich doch bezahlst –, aber ich will wenigstens das decorum beobachten. Ich bin gewiß kein Sklave der Meinung, aber ich liebe auch nicht, daß auf meine Kosten geklatscht werde.«

Wenn der Sohn schon ein Tunichtgut ist und die Lehrveranstaltungen schwänzt, dann soll es wenigstens keiner wissen. Dennoch dürfte der graue Heinrich das Gekritzel des lebensbunten Karl voller Zweifel zur Seite gelegt haben, der ein P.S. ans Ende setzt: »Verzeihe, teurer Vater, die unleserliche Schrift und den schlechten Stil; es ist beinahe 4 Uhr, die Kerze ist gänzlich abgebrannt und die Augen trüb; eine wahre Unruhe hat sich meiner bemeistert, ich werde nicht eher die aufgeregten Gespenster besänftigen können, bis ich in Eurer lieben Nähe bin.«

Ein letztes Mal tut der unglückliche Patriarch so, als hielte er die Zügel in der Hand. Er bleibt aber nicht stark, sondern gibt nach. »Zu den Osterferien – auch 14 Tage früher, so pedantisch bin ich nicht – komm, und trotz meines gegenwärtigen Epistels kannst Du versichert [sein], daß ich Dich mit offenen Armen empfange und ein väterliches Herz Dir entgegenschlägt, das eigentlich nur an Überreiz kränkelt.

Dein Vater *Marx.*«

Dem totalen Zerwürfnis kommt der Tod zuvor. Anfang April macht sich Karl auf den Weg in die glücklich überwundene Heimat. Dort bleibt ihm nicht mehr viel, als sich von dem Mann zu verabschieden, dem er seinen eingängigen Namen zu verdanken hat – jenes Four-Letter-Word, das Spuren in der Weltgeschichte hinterlassen hat.

Drei Tage nachdem er das Elternhaus verlassen hat, erliegt der Vater sechsundfünzigjährig einem Leberleiden, wie es heißt. Ob es zu einer Versöhnung gekommen ist und wie die überhaupt hätte aussehen können, darüber ist nichts bekannt. Immerhin soll der Sohn für den Rest seines Lebens ein Foto seines Erzeugers bei sich getragen haben.

4

Im Club der toten Denker

Hegels langer Schatten

Über keine Zeit in Marx' Erwachsenenleben ist so wenig bekannt wie über seine fast fünf Jahre als Student. Wäre der Brief an den Vater nicht erhalten geblieben, ließe sich über seine Metamorphose zum Philosophen der Politischen Ökonomie mehr oder weniger nur spekulieren. Offenbar hat er sich früh vom Vorlesungsbetrieb ferngehalten und schließlich nur noch die Kolloquien des kritischen Theologen Bruno Bauer besucht.

Der Dozent legt ihm, noch hoffnungsfroh in seiner eigenen akademischen Laufbahn, den gleichen Weg nahe: »Es wäre Unsinn, wenn Du Dich einer praktischen Karriere widmen solltest. Die Theorie ist jetzt die stärkste Praxis und wir können noch gar nicht voraussagen, in wie großem Sinne sie praktisch werden wird.«[1]

Welch prophetischer, programmatischer Satz, hält man sich den Adressaten und seinen weiteren Werdegang vor Augen. Wie keiner vor ihm wird Marx die Theorie zur Praxis machen. Doch das tut nicht nur er allein. Es ist der Geist seiner Generation.

Das intellektuelle Leben an der Spree kreist wie um einen kürzlich verloschenen Stern um die Lehren von Georg Friedrich Wilhelm Hegel. In Marx' Geburtsjahr 1818 hält der Philosoph, Nachfolger von Johann Gottlieb Fichte, seine Antrittsvorlesung an der Berliner Universität. Er stirbt, als Karl dreizehn ist. Dass es einen gut versorgten, bürgerlich eingerichteten Professor während einer Cholera-Epidemie hinwegraffen kann, verrät viel über die erbärmlichen hygienischen Verhältnisse in der dicht besiedelten Stadt.

In den viel besungenen »wunderbaren Duft« ihrer Luft mischt sich der Gestank von Kloaken und Exkrementen. Der junge Marx erlebt, wie aus besorgten Nachfragen der Eltern hervorgeht, ebenfalls einen Ausbruch der gefürchteten Seuche, übersteht ihn aber unbeschadet.

Bei seiner Ankunft in Berlin beherrscht Hegels Denken das geistige

Klima – fast so, als hätte der Meister für lange Zeit das letzte Wort gesprochen. »Die Philosophie hat fürs erste ihren Kreislauf vollendet«, hat Eduard Gans im Nachruf auf den verehrten Lehrer geschrieben. »Ihr Weiterschreiten ist nur als gedankenvolle Bearbeitung des Stoffes nach der Art und Methode anzunehmen, die der unersetzlich Verblichene ebenso scharf als klar bezeichnet und angegeben hat.«[2]

Der Professor für Rechtsgeschichte Gans gehört zu den formenden Figuren des jungen Studenten Marx. Das hätte er auch bleiben und Marx' Biografie womöglich in andere Bahnen lenken können, wäre er nicht mit zweiundvierzig Jahren einem Schlaganfall erlegen. Die Welt verliert in dem Hegelschüler einen mitreißenden Rhetor. Seine Vorlesungen sind wie die seines Lehrers Kult: »Das Auditorium konnte die Menge seiner Hörer nicht fassen. Neben den Studenten saßen Beamte, Offiziere, Literaten … Sie kamen, die freie Rede eines freien Mannes zu hören.«[3]

Wie Marx väterlicher Freund und Anreger Ludwig von Westphalen steht der Professor den Lehren der Saint-Simonisten nahe. »Heißt das nicht Sklaverei«, schreibt Gans in jenen Tagen, »wenn man den Menschen wie ein Tier exploitiert« – ausbeutet –, »auch selbst wenn er frei wäre, sonst vor Hunger zu sterben? … Gibt es kein Mittel dagegen? Allerdings: es ist … die Vergesellschaftung.«[4] Im Ballsport heißt so etwas Steilvorlage.

Der Neuling aus Trier schreibt fleißig mit. Der Einfluss auf sein späteres Werk ist unübersehbar, auch wenn er Gans so gut wie nie zitiert. Er verinnerlicht die Gedanken des – wie er – getauften Juden so tief, dass manche fast im Wortlaut im *Kommunistischen Manifest* wieder auftauchen.

Bald erlahmt sein Interesse am geregelten Lehrbetrieb. Er zieht sich mehr und mehr in seine vier Wände zurück, acht Wohnsitze in fünf Jahren. Und geht im Selbststudium auf, für das sich der Vater so wenig erwärmen kann.

Während die Eltern ihm alle möglichen Tipps übermitteln, wie er sich schonen und gesund erhalten soll, lebt er das Gegenteil und wird krank. Damit beginnt die Geschichte seiner Leiden, die sein Leben immer wieder lähmen werden, aber auch die seines geistigen Aufbruchs. Er nimmt für den Sommer Quartier beim Gastwirt und Fischer Köhler, einem von damals gerade neunzig Bewohnern der idyllischen Halbinsel Stralau außerhalb der Stadt. Da lässt er sich treiben, ohne sich dabei treiben zu lassen.

Wie es der Zufall will, trifft sich im Garten des Gasthauses am Ufer der Spree der wichtigste Diskussionszirkel Berlins und damit wohl ganz

Deutschlands. Fast alle haben ihr Studium hinter sich, viele sind bereits promoviert – das erklärt den Namen der losen Vereinigung: Doktorklub.

»In diesem Kreise strebsamer junger Männer«, erinnert sich ein Beobachter, »herrschten jene Idealität, der begeisterte Wissensdrang und der liberale Geist, welche die damalige Jugend noch ganz beseelten.« Besonders werde »mit großem Eifer Hegelsche Philosophie getrieben, welche zu jener Zeit noch in ihrer Blüte stand und mehr oder weniger die gebildete Welt beherrschte«.[5]

Unter diese Männer – Dozenten, Lehrer, Literaten, alle aus wohlhabenden bürgerlichen Familien – mischt sich als Benjamin der Erstsemester mit dem eingängigen Namen Marx. Literarisch selbst noch ein unbeschriebenes Blatt, gerät er in ein intellektuell aufgeladenes Umfeld, wie es die Geschichte nur selten erlebt.

Sind sie in der Stadt, dann tagen die Doctores regelmäßig in einem Café in der Französischen Straße, unweit des Berliner Gendarmenmarkts. Später verlegen sie die Zusammenkünfte in Privatquartiere, um unerwünschte Gäste auszuschließen und freier reden zu können. Schon bald stellen sie fest, dass der Altersunterschied bei einem wie Marx nur wenig zu bedeuten hat. Er bringt genug Bildung, Vernunft und Verständnis mit, ihnen auf Augenhöhe zu begegnen. »Ein Magazin von Gedanken, ein Arbeitshaus von Ideen«[6] sei er gewesen, berichtet ein Mitglied, der Lehrer Carl Friedrich Köppen.

Wenn es etwas gibt, was die »Freigeister«, wie sie sich nennen, außer Debattierlust und Trinkfreude verbindet, dann ist es ihr gemeinsames Anliegen, mit Hegel über Hegel hinauszuwollen. Da kann Marx anfangs kaum mitreden. Er hat sicher nicht, wie dem Vater geschildert, mal eben die Hegelschen Schriften durchgeackert. Hätte er das, dann sollten sich davon Hinweise in seinen Exzerptheften finden. Nun nutzt er die erholsame Atmosphäre der Stralauer Sommerzeit und macht sich daran, das Versäumte schleunigst nachzuholen.

Es gibt fast nichts, mit dem sich Hegels Philosophie nicht beschäftigt: Geschichte, Gesellschaft, Politik, Recht, Religion, Wirtschaft, Logik, Natur, Kunst. Philosophie definiert er als »ihre Zeit in Gedanken gefasst«. Sein Denken ist wie bei keinem seiner Vorgänger historisch geprägt. »Die Philosophie der Geschichte ist die Geschichte der Philosophie.«

Damit spannt Hegel den Rahmen seiner dynamischen Weltsicht. Er geht davon aus, dass sich das Sein nur in seiner Bewegung verstehen lässt, nicht als Zustand. Statt ein Standbild zu betrachten, sieht er sozusagen immer den laufenden Film. Er übernimmt und dynamisiert das Prinzip der Dialektik, das auf Sokrates und seine Dialoge zurückgeht.

Indem er Vernunft und Bewusstsein in den Mittelpunkt rückt, stellt er, wie es heißt, die Philosophie »auf den Kopf«. Angefangen bei der sinnlichen Gewissheit des Tieres namens Mensch als Subjekt seiner Erfahrung, fortgesetzt in seiner Wahrnehmung der Welt und von sich selbst als Teil derselben, gelangt Hegel zum Selbstbewusstsein mit dem ausgesprochenen »Ich«. Von dort führt der Weg zur Vernunft. Sie ermöglicht schließlich den Geist, der das »absolute Wissen« erstreben kann. Das geht mit einer allmählichen Befreiung einher. »Die Weltgeschichte ist der Fortschritt im Bewusstsein der Freiheit.« Marx' philosophische Muttermilch.

Allein der Geist macht nach Hegel aus, »wodurch der Mensch Mensch ist«[7]. Jeder Fortschritt sei zunächst ein geistiger. In seinem frühen Hauptwerk über die »Phänomenologie des Geistes« formuliert er dessen Entwicklungsgeschichte. Er bezeichnet die aufeinanderfolgenden Stufen des Wissens, benennt den Motor, die dialektische Bewegung, und das Ziel des Geistes, seine Absolutheit: Wenn er im Sinne eines Selbst-Bewusstseins alles über sich und seine Geschichte weiß, hat sie sich erfüllt.

Der Geist als Ausdruck des Gehirns, also als Teil der Natur und somit von Materie, bietet dem Menschen laut Hegel eine Art Instanz, das Dasein der Dinge und darin sich selbst zu betrachten. Letztlich Denken über das Denken – also nichts abgehoben Metaphysisches. Dafür ist religiöse Erbauung zuständig. Philosophie und Religion sind nach Hegel gewissermaßen zwei Seiten derselben Medaille. Jede bietet auf ihre Weise Antworten auf die Fragen des Seins.

Während Religionen die Welt mit Vorstellungen erklären, die sich in Symbolen ausdrücken, arbeitet die Philosophie mit Begriffen. In ihnen findet Marx die Werkzeuge, mit denen er der Menschheitsmaschine zu Leibe rücken, die Religion aber hinter sich lassen wird. In der christlichen Dreifaltigkeit erkennt Hegel den dialektischen Dreiklang von These, Antithese und Synthese. Gott verkörpere den absoluten Geist, und Jesus stehe für die konkrete Idee, die in sich Geist und Natur vereinigt.[8]

Deutsche Dichtung und Philosophie genießen den Heimvorteil einer Eigentümlichkeit ihres Vokabulars. Zusammengesetzte Wörter wie »Weltschmerz« (Jean Paul) oder »Zeitgeist« (Herder), ein Schlagwort im deutschen Vormärz vor 1848, lassen sich nur so ungenau in andere Sprachen übersetzen, dass sie dort trotz schwieriger Aussprache als Germanismen im Original ihren Platz gefunden haben.

Mit seinem »Weltgeist« hat Hegel solch ein Wort auf die Reise geschickt. Dahinter verbirgt sich ein ganzer Kosmos an Ideen. Nur der plötzliche Tod kann »den riesenhaften Denker«[9] (Marx) daran hindern, seine gigantische »Enzyklopädie der philosophischen Wissenschaften« fertigzubringen.

Der Weltgeist, so liest Marx bei Hegel, verkörpert das absolute Wissen in seiner anfangs unbewussten Form. Wir scheinen dazu geboren, im biblischen Sinn verflucht, es uns bewusst zu machen. Ein innerer Trieb zwingt uns, Fragen zu stellen und Antworten zu suchen, Probleme vorzufinden und Lösungen zu ersinnen. So verrichtet der Hegelsche Geist die »ungeheure Arbeit der Weltgeschichte«[10], und zwar durch seine schiere Existenz.

Wie Sirenen mit ihrem Gesang lockt er die Vernunft des Menschen in seine Richtung. Sein heimliches Versprechen: Wissen als Mittel der Macht zur Befreiung. Wer den Blitz versteht, kann Blitzableiter bauen, wer die Chemie und den Stoffwechsel der Pflanzen durchschaut, durch künstlichen Dünger Hungersnöte verhindern, wer den Impfschutz durch Kuhpocken entdeckt, Millionen Menschenleben retten.

Der Fortschritt der medizinischen Forschung zeigt sich eindrucksvoll in der Verdoppelung der durchschnittlichen Lebenserwartung in Europa seit jenen Tagen. Für Menschen, die nicht sterben können, obwohl sie wollen, millionenfach ein Fluch. Der Segen – eine wirkliche Befreiung durch Wissen im Sinne Hegels – liegt in der ungleich größeren Wahrscheinlichkeit als zu jener Zeit, nicht frühzeitig aus dem Leben gerissen zu werden. Was das betrifft, lebt Marx, der Moderne, noch mehr oder weniger in mittelalterlichen Zuständen: Jeden kann es jederzeit treffen. Der junge Tod gehört zur allgemeinen Lebenserfahrung.

Vollständige Freiheit, sagt Hegel, erreichen Mensch und Menschheit, wenn sich der Weltgeist im absoluten Wissen spiegelt und selbst erkennt. Der utopische Höhepunkt, Ödipusmoment eines narzisstischen Universums, wäre nach der Überwindung aller Leiden der Sieg über den Tod. Adorno hat ihn als ultimative Utopie formuliert.

Die »List der Vernunft«, ein Hegelwort, stellt das Tun und Lassen der Menschen in den Dienst eines Ganzen. Eine immaterielle Idee treibt die Geschichte voran, und die Menschen sind ihre ausführenden Agenten.

Ohne diese entscheidende Idee ist die Entwicklung der Marxschen Gedankenwelt kaum vorstellbar.

Aber kann der Weltgeist mit uns machen, was er will? Das ist die Frage, die Marx hinter den Kulissen seiner Gedankenbühne umtreibt wie kaum eine andere. Wie weit haben wir der Bestimmung zu folgen, die uns erst zu denen gemacht hat, die wir sind? Welcher Wissensstand reicht zur Begründung von Aktion statt Reaktion? Wann ist die Zeit reif zur Tat, wann der Kairos erreicht, der richtige Moment?

Hegel packt seine Antwort sibyllinisch in einen Aphorismus, der mehrere Lesarten erlaubt. »Freiheit ist die Einsicht in die Notwendigkeit.« Das kann Marx sofort unterschreiben. Ein rational denkender Mensch, der seine Situation überschaut, tut, was er tun muss. Solch ein Müssen folgt keiner Willkür, sondern der Logik der Lage.

Gedankenfreiheit schließt nach Hegel ein, sich ihrer selbst und ihrer Grenzen bewusst zu werden, um die immer weiter zu verschieben. Zur realisierten Freiheit wiederum gehört, über ihr bloßes Bewusstsein hinaus, frei übersetzt: Verantwortung als treibende Kraft. Dazu muss die Zeit aber reif sein. Jedes Denken, das darüber hinausgeht, hängt im luftleeren Raum des Sollens.

Philosophie hat aus Hegels Sicht ohnehin nicht die Aufgabe, der Welt den Weg zu weisen. Das kann sie auch gar nicht. »Als der Gedanke der Welt erscheint sie erst in der Zeit, nachdem die Wirklichkeit ihren Bildungsprozeß vollendet und sich fertig gemacht hat.« Philosophen hinken dem Geschehen gewissermaßen stets hinterher. »Die Eule der Minerva« – sie steht für Weisheit, Klugheit – »beginnt erst mit der einbrechenden Dämmerung ihren Flug.«[11]

Dieser Attentismus im Abwarten trifft auf die Ungeduld der Junghegelianer. Sie wollen nicht ausharren, bis der Weltgeist sich bequemt, Geschichte zu machen. Sie wollen ihre Wahrheit auf die Welt loslassen, damit sie sich verwirklichen kann. In dem Maß, wie sich Hegels erinnernder Historismus bei ihnen in einen historischen Futurismus verwandelt, wollen sie nicht nur ein Resultat der Geschichte sein, sondern selber Epoche machen und insofern »historisch« werden.

Die Dialektik als revolutionäres Element der Hegelschen Methode liefert ihnen das Antriebselement ihrer Bewegung. Vor ihr kann auf Dauer nichts bestehen, nicht einmal das Wort des Lehrers. Weil sie alles im Werden begreift, das sich stets aufs Neue im Widerspruch auflöst.

Hier die Position, dort die Negation, eine Art permanentes Freund-

Feind-Schema, ein Denken in Extremen, in Konflikten, die zwangsläufig auf einen Ausgleich hinsteuern, im friedlichen Einvernehmen oder in gewaltsamer Auseinandersetzung. These und Antithese verschwinden hinter der Synthese einer neuen Position, die wiederum ihren Antipoden findet in der »ungeheuren Macht des Negativen« und sich in ihm verkämpft, um zur nächsthöheren Stufe zu gelangen.

Bis das System, und das gehört zu den Seltsamkeiten der Hegelschen Lehre, seine Arbeit einstellt – eben dann, wenn sich der Weltgeist wie zur Erfüllung eines ultimativen Narzissmus selbst in sich erkennt.

Aber ist es tatsächlich vorstellbar, dass der Welt einmal die Fragen ausgehen und der Dialektik ihr Treibstoff, der Widerspruch? Die metaphysisch anmutende Antwort des führenden Idealisten und deutschen Chefdialektikers – das bleibe der Weisheit des Weltgeistes überlassen – vermittelt einen Eindruck davon, wie das Spekulative seiner Seinsbeschreibung die Kritik seiner Nachfolger angestachelt haben könnte.

Mag die Philosophie durch ihn auch zum Abschluss gekommen sein. Solange absolutes Wissen nicht erreicht ist, und das heißt wahrscheinlich: für immer, bezieht die Hegelmaschine ihre Energie aus ständig neuen Polaritäten und deren Ausgleich. Sie bildet den Motor der Marxschen Methode, die bis heute so lebendig ist.

Wo Hegel im Wirklichen das Vernünftige und im Vernünftigen das Wirkliche sieht, also im jeweils Erreichten auch das jeweils Erreichbare, wird Marx einen Schritt weiter gehen. Er hebt, ganz im Sinne von Professor Gans, die Irrationalität einer Welt der Unterdrückung und Ausbeutung hervor, die es zu überwinden gilt.

Was muss in dem jungen Stürmer und Dränger in seiner Stralauer Sommerfrische vorgegangen sein, während er sich »aus einem bleichsüchtigen Schmächtling zu einer robusten Festigkeit des Körpers heranreifen« sieht? Ein komplettes Gebäude des Geistes baut sich vor ihm auf. Es enthält fast alle Elemente und Werkzeuge, mit denen er sein Weltsystem der Arbeit errichten wird. Wenn man so will, kann er Hegels Rohbau stehen lassen und nach seinen Plänen neu einrichten.

Man kann es auch so sagen: Ohne Hegel kein Marx. Vom Vollender der Philosophie übernimmt er die Vorstellung eines höheren Prinzips, das sich verwirklichen und in einem gedachten Zielpunkt erfüllen kann. Nur dass bei ihm nicht das, was Menschen denken, im Zentrum stehen wird, sondern was sie tun. So kommt es, dass zwar auch er einen Zielpunkt der Geschichte ins Visier nimmt. Doch wo Hegel das Heil der

Welt in der Freiheit durch absolutes Wissen sucht, wird es Marx in der »Assoziation freier ›Produzenten‹«[12] ansiedeln, also im Ziel einer Gemeinschaft freiwillig tätiger Menschen.

Nach nur drei Wochen Lektüre ist er »bekehrt«, ein Hegelianer, der er trotz aller Kritik am Meister zeitlebens bleiben wird. »Mein Verhältnis zu Hegels Dialektik«, stellt er im Alter fest, »ist sehr einfach. Hegel ist mein Lehrer und das klugtuende Epigonen-Geschwätz, das diesen eminenten Denker beseitigt zu haben meint, ist mir einfach lächerlich. Ich habe mir jedoch die Freiheit genommen, mich zu meinem Lehrer kritisch zu verhalten, seine Dialektik ihres Mystizismus zu entkleiden und sie dadurch wesentlich zu verändern.«[13]

Da weiß er indes die Arbeit schon hinter sich, die Hegelsche Philosophie, wie es heißt, »vom Kopf auf die Füße« gestellt und damit den deutschen Idealismus in gewisser Weise vollendet zu haben.

Der junge Mann erobert den Doktorklub im Sturm. Wie sich das in etwa angefühlt haben muss, verrät der Abschnitt eines satirischen Heldengedichts, das fünf Jahre später erscheint.

»Wer jaget hinterdrein mit wildem Ungestüm?
Ein schwarzer Kerl aus *Trier*, ein markhaft Ungetüm.
Er gehet, hüpfet nicht, er springet auf den Hacken
Und raset voller Wut, und gleich, als wollt' er packen
Das weite Himmelszelt und zu der Erde ziehn,
Streckt er die Arme sein weit in die Lüfte hin.
Geballt die böse Faust, so tobt er sonder Rasten,
Als wenn ihn bei dem Schopf zehntausend Teufel faßten.«[14]

Die beiden Verfasser haben das Vorbild offenbar gut gekannt. Der eine ist kein Geringerer als Friedrich Engels, jener bald symbiotisch mit ihm verbundene Lebensgefährte. Im Doktorklub verkehrt er erst eine Weile nach Marx' Abschied aus der Preußenmetropole. Der andere heißt Edgar Bauer, hier noch Mitstreiter, in späteren Jahren nur noch abfällig, wie Frau Marx in einem Brief an Engels spottet, »der Clown« genannt, »der dabei noch *geistreich* sein will«[15]. Aber weniger Edgar als seinem Bruder Bruno fällt in dieser Lebensphase des jungen Marx die biografisch entscheidende Rolle zu.

Der Hegelschüler lehrt als Privatdozent an der Universität Theologie – Spezialität: Kritik des Neuen Testaments. Marx kennt ihn aus seinen Vorlesungen. In gewisser Weise füllt der Ältere die Leerstelle aus, die Eduard Gans hinterlassen hat. Nun lernt Marx ihn als intellektuelle Leitfigur der Junghegelianer kennen und schließt sich ihm mit sicherem Instinkt an. Vier Jahre lang bilden die beiden ein geistiges Gespann, das im gemeinsamen Schabernack sogar Züge von Männerfreundschaft annehmen kann.

Anders als etwa in England oder Frankreich bleibt unter den strengen Zensurbestimmungen in Deutschland kaum Raum für politische Kritik. Um sich überhaupt Ausdruck verschaffen zu können, muss sie sich verstecken. Den wirkungsvollsten Weg, die herrschenden Verhältnisse anzuprangern, finden die jungen Atheisten des Doktorklubs, die sich mit »Eure Gottlosigkeit« ansprechen, in der Religionskritik. In ihr heiligt weniger der Zweck die Mittel, als die Mittel den Zweck rechtfertigen: Wer an Christentum und Kirche rührt, erschüttert auch die Grundfesten des Systems, das auf ihnen beruht.

Zunächst machen sich die Junghegelianer daran, Hegel zu kritisieren, der den Geist des Christentums als das Absolute in der Geschichte des Geistes am Werk sieht. Seine Philosophie, so behaupten sie, stelle eigentlich eine philosophische Theologie dar. Dagegen ziehen sie zu Felde. Ihre religionskritischen Schriften finden, wenn auch in kleinen Auflagen, ihr Publikum. Es liest darin, die Evangelien entbehrten jedes historischen Hintergrunds. Vielmehr seien sie Ausdruck messianischer Erwartungen frühchristlicher Gemeinden.

Selbst die historische Existenz des »Erlösers« wird infrage gestellt. Schon 1835 hat der Philosoph und Publizist David Friedrich Strauß in seinem Buch *Das Leben Jesu, kritisch bearbeitet* die ketzerische These vertreten, Christus sei lediglich das Symbol für die Inkarnation Gottes in der gesamten Menschheit. Das geht der christlich verfassten Machtelite Preußens zu weit. Strauß muss seine Lehrtätigkeit schließlich aufgeben.

Philosophenkollege Ludwig Feuerbach, ein unabhängiger Forscher, treibt die Idee 1841 in seinem *Wesen des Christentums* weiter. Die Bibel drücke menschliche Wünsche und Ängste aus: »Nur im Elend der Menschen hat Gott seine Geburtsstätte.«[16] Der himmlische Herrscher verkörpere alle guten Eigenschaften, die den Irdischen fehlten. Nicht er habe die Menschen erschaffen, sondern sie ihn nach ihrem Wunschbilde. Was der Mensch als Gott anbete und verehre, sei sein besseres Ich. Je weiter sich die Idee eines Gottes verselbständige, desto mehr entfremdeten sich die Menschen von ihrem Wesen.

Mit dem Begriff der Entfremdung, der in Marx' ökonomisch-philosophischen Überlegungen bald eine zentrale Rolle spielen wird, hat sich als Theologe auch Bruno Bauer befasst. Wenn der Mensch von seiner eigenen Schöpfung – dem imaginierten Gott seiner Illusion – abhängig werde, sagt er, und wenn er damit sein entäußertes Selbstbewusstsein anbete und um Beistand bitte, dann erreiche die Entfremdung ihre äußerste Form in der Selbstentfremdung.

Noch in Partnerschaft mit Marx hat Bauer eine satirische Leitschrift zur Einstellung der Junghegelianer gegenüber ihrem Vordenker veröffentlicht: *Die Posaune des jüngsten Gerichts über Hegel, den Atheisten und Antichristen. Ein Ultimatum.* Darin stellt er unter anderem fest, sein verehrter Lehrer sei an der Einheit von Religion und Philosophie gescheitert, was durchaus Marxens Ansicht entspricht.

Herausgekommen sei ein gefährlicher Pantheismus, also ein Glaube, der nach Spinoza statt eines personifizierten Gottes Natur und Kosmos zum Höheren Wesen erklärt. Mit seinem »Gespenst des Weltgeistes« ersetze Hegel ein metaphysisches System durch ein anderes. Dabei löse er in seinem »Hass gegen Gott« die Idee der »Religion als Produkt des Selbstbewusstseins« auf, statt sie zu retten. In dem Moment ist Bauer für Marx noch *his master's voice*.

»Das realisierte Selbstbewusstsein ist jenes Kunststück«, heißt es in der *Posaune*, »daß das Ich sich einerseits wie in einem Spiegel verdoppelt und endlich nachher, wenn es sein Spiegelbild Jahrtausende lang für Gott gehalten hat, dahinterkommt, daß jenes Bild im Spiegel er selber sey.... Die Religion hält jenes Spiegelbild für Gott, die Philosophie hebt die Illusion auf und zeigt dem Menschen, daß hinter dem Spiegel niemand steckt.«[17]

Doch Bauer, ein späterer Verbündeter Nietzsches, bleibt bei der Kritik stehen. Die »absolute Kritik«, bald »kritische Kritik«, wird ihm zum Selbstzweck. Ihm gelingt es nicht, von der Analyse zur Synthese zu schreiten. Das fällt in die Zuständigkeit seines Freundes Marx.

Sowohl die »Jungen« als auch ihre alt- oder rechtshegelianischen Kontrahenten im Streit um das Erbe des Meisters stehen zwar hinter Hegels Ansicht, das Rationale im Realen zu sehen und umgekehrt. Konservativer und revolutionärer Aspekt sind somit aus philosophischer Sicht formell sogar gleichberechtigt. Letztere gehen aber davon aus, die Geschichte habe ihre Entscheidungen längst getroffen, Erstere lehnen diesen Determinismus ab, der nur zu Fatalismus führe.

Hegel hat, wie Mitschriften seiner Vorlesungen belegen, etwas gesagt, was eher seinen »linken« Interpreten recht gibt: »Was vernünftig ist, muss geschehen.« Mit der Französischen Revolution, deren Wirkung das 19. Jahrhundert überstrahlt, ist aus seiner Sicht erstmals erreicht worden, »dass der Mensch sich auf den Kopf, d.i. auf den Gedanken stellt und die Wirklichkeit nach diesem erbaut«.[18]

Zu dieser Wirklichkeit gehört nach Hegel auch der Staat als Ausdruck der Vernunft, die sich in Gesetzen niederschlägt. »Recht ist Dasein der Freiheit.« Solche Vernunft habe den Pariser Revolutionären gefehlt. Deshalb habe sich die Freiheit fanatisiert und sei in Terror umgeschlagen. Gerade hat er die letzten Zeilen der *Phänomenologie* zu Papier gebracht, da sieht er 1806 in Jena in Napoleon die »Weltseele« an sich vorbeireiten.

Der Kaiser habe nicht nur Krieg und Zerstörung, sondern auch das bürgerliche Recht gebracht, den *Code Napoleon*. In diesem Moment habe der Weltgeist, so der Berliner Philosoph Andreas Arndt, langjähriger Präsident der Internationalen Hegel-Gesellschaft, gewissermaßen »einen Ruck gemacht«[19].

Die Althegelianer als Bewahrer des Status quo sehen wie Hegel im protestantischen preußischen Staat das Vernünftige. Für sie ist die Revolution bereits geschehen, und der Revolutionär hieß Luther. Die Zukunftsgläubigen erkennen in dem Staat das ganze Ausmaß von Unvernunft, gegen das sich die Vernunft verwirklichen müsse. Wie Hegel glauben sie an den Fortschritt der Geschichte durch Arbeit, aber nicht allein geistige, sondern vor allem sinnlich-physische.

»Wie der Gedanke und die Reflexion die schönen Künste überflügelten«, schreibt der polnische Hegelschüler August Cieszkowski, »wird jetzt die Tat und das soziale Wirken die wahre Philosophie überflügeln.«[20] Diese Idee, Ausdruck eines Überdrusses an der vergeistigten Romantik, wird zum Rückgrat für die weitere Entwicklung der Marxschen Gedankenwelt. Bald will er die Welt nicht mehr nur deuten, sondern verändern.

Die Junghegelianer nutzen als Zentralorgan die *Hallischen Jahrbücher* – dank des Flickenteppichs deutscher Länder damals außerhalb Preußens und seiner Zensur in Sachsen publiziert. Gründer und Herausgeber Arnold Ruge, ein wohlhabender Bürgersohn, wirft Preußen vor, seiner historischen Sendung untreu geworden zu sein, zur Reaktion zu neigen, statt das Werk des Protestantismus und der Reformation fortzusetzen.[21]

Die Reaktion der Reaktion in Preußen lässt nicht lange auf sich warten. Die Vertreter des Staats und seines Herrschers von Gottes Gnaden begreifen sich als eigentliche Zielscheibe der religionskritischen Schriften. In der aufbegehrenden Jugend lebt kurz Hoffnung auf, als der alte König Friedrich Wilhelm III. 1840 stirbt. Doch dann wird das Jahr zum Wendepunkt ihrer Bewegung, nach dem die einen resignieren, andere sich radikalisieren.

Dafür sorgt Nachfolger Friedrich Wilhelm IV. Nach anfänglichen Versprechungen von mehr Freiheit und Demokratie erweist er sich als noch rückständiger als sein rückwärtsgewandter Vater. Die Regierung beginnt, die unliebsamen Autoren kaltzustellen. Das führt dazu, dass ihnen, einschließlich Marx, der noch nichts veröffentlicht hat, eine akademische Karriere versagt bleibt. Besonders hart trifft es Bruno Bauer. Eine schon zugesagte Professur in Bonn wird kassiert, nachdem ein strammer Rechter den ihm wohlgesinnten liberalen Kultusminister ersetzt.

Doch Bauer sieht auch eine Chance im brutalen Vorgehen des Staates. Dadurch, so glaubt er wie viele andere im Mut ihrer Verzweiflung, werde es nur früher zur endgültigen Schlacht zwischen Alt und Neu kommen. »Die Zeit wird immer furchtbarer und schöner«, schreibt er am 1. März 1840 an Marx.

Und fünf Wochen später: »Die Katastrophe wird furchtbar und muß eine große werden … größer und ungeheurer … als diejenige war, mit der das Christentum in die Welt getreten ist … Die feindlichen Mächte sind so nahe jetzt gerückt, daß Ein Schlag entscheiden würde.«[22] Darauf müssen sie noch genau acht Jahre warten. Und dann wird der Schlag nicht entscheidend sein.

Die Herrschenden erreichen ihr Ziel. Schon bald ist die Bewegung der Junghegelianer am Ende. Marx hat gerade noch ihren Höhepunkt erlebt. Im Grunde ist sie nie eine Bewegung mit gemeinsamem Ziel gewesen, sondern mehr eine zusammengewürfelte Schar linker, fortschrittsgläubiger Autoren. Anfänglich befreundet, später vielfach verfeindet, trachten sie in ihren Schriften ständig, einander in einem »wechselseitigen Verschlingungsprozess«[23] zu überbieten.

Auf Marx wirkt der Diskurs wie ein Nährgrund, dem er sein eigenes Ferment hinzufügen kann. Seine kurze »Karriere« als Junghegelianer bleibt für ihn nur ein Übergangsstadium, in dem er als streitbarer Geist, aber nicht durch eigene Schriften glänzt. Er lässt den Lebensabschnitt hinter sich wie eine ausgeglühte Raketenstufe, die ihn in seinen nächsten Orbit gehoben hat.

Bereits Anfang 1839 hat Marx mit den Vorarbeiten zu seiner Dissertation begonnen. Das Thema hat ihm vermutlich Bauer nahegelegt: *Differenz der demokritischen und epikureischen Naturphilosophie*. Was nach Spezialistentum für Eingeweihte klingt, öffnet in Wahrheit das Fenster zu einer tiefgründigen Betrachtung zum Stand der zeitgenössischen Philosophie. Schon die umfangreichen Vorarbeiten, bei denen er sich gewissermaßen warmläuft, zeigen deutlich: Da will einer hoch hinaus.

Sieben erhaltene Exzerpthefte geben Zeugnis von seiner immensen Lese- und Denkarbeit. Das Spektrum reicht von Aristoteles, Sokrates und Platon über Hume, Leibniz und Kant bis zu Fichte und, einmal mehr, zu Hegel. Im sechsten Heft skizziert der Doktorand sein Programm:

»Wie es in der Philosophiegeschichte Knotenpunkte gibt, die sie in sich selbst zur Konkretion erheben, die abstrakten Prinzipien in eine Totalität befassen und so den Fortgang der graden Linie abbrechen, so gibt es auch Momente, in welchen die Philosophie die Augen in die Außenwelt kehrt, nicht mehr begreifend, sondern als eine praktische Person gleichsam Intrigen mit der Welt spinnt, aus dem durchsichtigen Reiche des Amenthes heraustritt und sich ans Herz der weltlichen Sirene wirft. Das ist die Fastnachtszeit der Philosophie, kleide sie sich nun in eine Hundetracht wie der Kyniker, in ein Priestergewand wie der Alexandriner oder in ein duftig Frühlingskleid wie der Epikureer. Es ist ihr da wesentlich, Charaktermasken anzulegen … Aber wie Prometheus, der das Feuer vom Himmel gestohlen, Häuser zu bauen und auf der Erde sich anzusiedeln anfängt, so wendet die Philosophie, die zur Welt sich erweitert hat, sich gegen die erscheinende Welt. So jetzt die Hegelsche.«[24]

Marx zieht mit seiner Themenwahl, einer Auseinandersetzung im nacharistotelischen Denken, eine Parallele zur aktuellen Lage des Faches. Nach Hegels Projekt eines alle philosophischen Richtungen umfassenden Systems sehen sich seine Schüler in einer ähnlichen Situation wie die Griechen nach Aristoteles: Was bleibt da noch Großes zu tun?

Im Fazit läuft Marx' Analyse auf einen Aufruf zum Aufbruch hinaus. Angesichts von »Totalphilosophien« lasse sich die dialektische Kluft zwischen Welt und Philosophie nicht mehr überwinden. So bleiben seiner Meinung nach nur zwei Möglichkeiten: weiter so, mit kleinen Korrektur- und Ergänzungsarbeiten am vorhandenen Gebäude – oder Sturm auf das Vorhandene, Umwälzung, Neuanfang.

»Es ist ein psychologisches Gesetz, daß der in sich frei gewordene theoretische Geist zur praktischen Energie wird, als *Wille*… sich gegen die weltliche, ohne ihn vorhandene Wirklichkeit kehrt.«[25] Der »Zwiespalt von Wirklichem und Vernünftigem«, sagt der philosophische Heißsporn, »ist durch dialektische Vermittlung nicht mehr zu überwinden«.

Das gehe nur auf radikalem Weg durch eine tiefgreifende Revolution: »Gemeine Harfen klingen unter jeder Hand; Aeols Harfen nur, wenn der Sturm sie schlägt. Wer diese geschichtliche Notwendigkeit nicht einsieht, der muß konsequenterweise leugnen, daß überhaupt nach einer totalen Philosophie noch Menschen leben können.«[26]

Indem er das dialektische Verhältnis von Philosophie und Welt analysiert, gelangt Marx zu seiner ersten Auffassung der Wechselwirkung zwischen Denken und Sein, Geist und konkreter Wirklichkeit. Sie erlaubt ihm, über Hegel, Bauer und die Junghegelianer hinauszugehen und einen radikalen Neubeginn ins Auge zu fassen.

»Die halben Gemüter« – damit meint er Philosophen, die nicht wie er zu Ende denken – »haben in solchen Zeiten die umgekehrte Ansicht ganzer Feldherrn. Sie glauben durch Vermindrung der Streitkräfte den Schaden wiederherstellen zu können, durch Zersplittrung, durch einen Friedenstraktat mit den realen Bedürfnissen, während Themistokles« – in dieser Rolle sieht sich Marx –, »als Athen« – der Philosophie – »Verwüstung drohte, die Athener« – die Menschheit – »bewog, es vollends zu verlassen und zur See, auf einem andern Elemente, ein neues Athen zu gründen.«[27]

Also eine ganz andere Art von Philosophie, die im bisherigen Sinne keine mehr ist. Und er, Karl Marx, will ihr Anführer auf dem Weg ins Neuland sein. Bescheidenheit hat nie zu seinen hervorstechendsten Eigenschaften gehört. Höchst originell endet schon die »Vorrede«, in der sein junghegelianisch geprägter Atheismus unverhohlen zum Ausdruck kommt:

»Die Philosophie verheimlicht es nicht. Das Bekenntnis des Prometheus: *Mit einem Wort, ganz hass' ich all' und jeden Gott* ist ihr eigenes Bekenntnis, ihr eigener Spruch gegen alle himmlischen und irdischen Götter, die das menschliche Selbstbewußtsein nicht als die oberste Gottheit anerkennen. Es soll keiner neben ihm sein.«[28]

Die Tonlage verrät, wo Marx in diesem Moment steht. Er will mitmischen, etwas bewegen, am liebsten an vorderster Front. »Wem es nicht mehr Vergnügen macht, aus eignen Mitteln die ganze Welt zu bauen,

Weltschöpfer zu sein, als in seiner eignen Haut sich ewig herumzutreiben ... der ist ... aus dem Tempel und dem ewigen Genuß des Geistes gestoßen und darauf hingewiesen, über seine eigne Privatseligkeit Wiegenlieder zu singen und nachts von sich selber zu träumen.«[29]

Einen Schwerpunkt der Dissertation bildet die Auseinandersetzung mit einem dialektischen Spannungsfeld, das ihn zeitlebens beschäftigen wird: Wie verhält es sich mit Zufall und Notwendigkeit? Dafür stehen stellvertretend die beiden Philosophen der Antike, die sein Thema umrahmen. Von Demokrit stammt der Satz: »Nur scheinbar hat ein Ding eine Farbe, nur scheinbar ist es süß oder bitter; in Wirklichkeit gibt es nur Atome im leeren Raum.«

Diese Atome, für deren erste gültige Formulierung – »im leeren Raum« – der Grieche bis heute berühmt ist, kennen nach seiner Ansicht nur zwei feststehende Bewegungsarten: den Fall in freier Linie und die Rückstoßung oder »Repulsion«. Damit vertritt er einen strengen Determinismus, wie die naturwissenschaftliche Praxis ihn kennt: Alles hat Ursachen, jedes Ereignis folgt notwendig aus den vorhergegangenen – so wie man es beim Billard beobachten kann.

Epikur dagegen, bekannt für seine Ethik der Lebensfreude, gesellt den zwei Bewegungsarten eine dritte hinzu: Atome, so glaubt er, können von ihrer vorgegebenen Bahn abweichen, als wären sie »frei«, es zu tun. Durch diese »Deklination«, die ihren höchsten Ausdruck in der Repulsion findet, also gleichermaßen in der Umkehr der Bewegung, gibt der Philosoph dem Zufall philosophisch eine physische Grundlage. Das Atom wird damit zum Symbol des freien Willens. »Die Repulsion ist die erste Form des Selbstbewußtseins«[30], jubelt Marx.

Er hat offenbar keine Ahnung vom aktuellen Stand der chemischen Forschung, legt sein Augenmerk aber auf eine interessante Dichotomie. Schon 1804 hat der Brite John Dalton bemerkt, dass sich Atome im Gegensatz zum demokritischen Modell sehr wohl unterscheiden, und zwar je nachdem, welchem chemischen Element sie angehören.

Was Demokrit nach heutiger Vorstellung meint, ist mit den unveränderlichen, immergleichen Partikeln vergleichbar, aus denen Materie besteht. Für diese Elementarteilchen gilt nach Deutung der modernen Quantentheorie tatsächlich eine Art von Freiheit. Sie gründet sich in der Welt des Kleinsten auf einen Zufall, an dem noch Einstein zweifeln wird, wenn er sagt: »Gott würfelt nicht.«

Marx schlägt sich auf die Seite der epikureischen Freiheit, ohne der demokritischen Notwendigkeit ihr Recht zu nehmen: Mögen Atome von ihrer vorbestimmten Bahn abweichen können, die Himmelskörper können es nicht. Dass es totale Freiheit für den Menschen nicht gibt, zeigt die Unmöglichkeit, sich ohne Hilfsmittel in die Lüfte zu schwingen, übers Wasser zu gehen oder über seinen Schatten zu springen. Statt der absoluten Freiheit sieht Marx eine relative im dialektischen Verhältnis zur Vorbestimmtheit.

Damit gerät er in einen Konflikt, der bis in unsere Zeit nichts von seiner Aktualität eingebüßt hat: Geht »die Geschichte« wie ein unbeirrbares Subjekt ihren festen Gang? Oder ist sie nur in ihrem groben Verlauf vorbestimmt und die Menschen haben die Chance, ins Räderwerk einzugreifen und die Richtung zu beeinflussen? Kann allein Revolution die alten Verhältnisse über den Haufen werfen? Oder verändern sie sich nur über den Weg der Evolution, wo dann nichts als Abwarten bleibt?

Mit einem dialektischen Trick hebt Marx den Antagonismus auf. Er lässt jeweils beide mit gleichem Recht zu, Zufall und Notwendigkeit, Vorbestimmtheit und freien Willen. Damit gelingt ihm ein erstaunliches Kunststück: Determinismus und Voluntarismus, wie sie in der Wissenschaftlersprache heißen, schließen einander nicht aus, sondern ergänzen sich: »Seine Majestät der Zufall«[31], so verheerend er sich mitunter auswirken kann, ist in seinem Regiment genauso begrenzt wie die scheinbar göttliche Vorsehung in ihrem.

»Der Zufall«, bemerkt Doktorand Marx jugendlich weise, »ist eine Wirklichkeit, welche nur den Wert der Möglichkeit hat. Die *abstrakte Möglichkeit* aber ist gerade der *Antipode der realen.* Die letztere ist beschränkt in scharfen Grenzen, wie der Verstand; die erste schrankenlos, wie die Phantasie … Was abstrakt möglich ist, was gedacht werden kann, das steht dem denkenden Subjekt nicht im Wege, ist ihm keine Grenze, kein Stein des Anstoßes.«[32] Postmodern ausgedrückt: *Anything goes.*

Menschen, hat Marx' Zeitgenosse Søren Kierkegaard festgestellt, sind gleichzeitig frei und unfrei. Nach Marx können sie sich die Freiheit erst verschaffen, wenn sie sich ihre geschichtlich-ökonomische Bestimmung bewusst machen. Je mehr sie deren Mechanismen begreifen, desto kreativer können sie in den Gang der Dinge eingreifen.

In Antithese zu Hegels Idee der Vollendung stellt Doktorand Marx die Frage eines neuen Anfangs in jedem Moment. »Allein der Tod der Helden gleicht dem Untergang der Sonne, nicht dem Zerplatzen eines Frosches, der sich aufgeblasen hat.«[33] Angst vor dem Tod sei eine typische

Schwäche der »Philister«, also von Individualisten, die sich nicht als Teil eines Ganzen verstehen.

»Allein das Leben vergeht ja nicht, sondern dies einzelne Sein.«[34] Wie die Atome, aus denen ein Mensch besteht, mit seinem Tod nicht sterben, sondern sich nur zerstreuen und neue Verbindungen eingehen, so geht auch der Mensch als zeitlich begrenzte Verkörperung der allgemeinen, bleibenden Vernunft nicht verloren. Das sterbliche Individuum als Teil einer Gemeinschaft, die den Einzelnen überdauert, weil »das Ewige gegen das Vergängliche besteht«[35].

So äußert sich ein Denker, dessen Werk einmal Ewigkeitswert besitzen wird. »Man *kann sagen, daß in der epikureischen Philosophie das Unsterbliche der Tod ist.*«[36] Perfekte Grundlage für einen, der Gesellschaft und Menschheit als ein lebendiges Wesen begreift, das sich stetig weiterentwickelt und Generationen wie Häutungen hinter sich lässt.

Hier rückt ein Aspekt ins Augenmerk, der im geisteswissenschaftlichen Diskurs regelmäßig zu kurz kommt: Der junge Marx hat sich ein offenes Ohr für die Naturwissenschaften bewahrt, die in diesen Jahren eine Revolution in Richtung Systemverständnis erleben. Das Wort »Wissenschaftler« stammt erst aus jener Zeit. In der englischen Fassung des *Scientist* wird es 1834 geprägt. Müsste man Marx' Wirken in einem Wort zusammenfassen, wäre dies sicher die erste Wahl.

Dem Sammeln und Systematisieren, eindrucksvoll zur Schau gestellt in den prächtigen Museumsneubauten des 19. Jahrhunderts, folgt die Synthese. Universelle Gesetze werden formuliert, die bis heute zur Grundausstattung unseres Weltbildes gehören. Dabei treibt die Praxis die Theorie eher voran als umgekehrt. Oft sind es Maschinen, von Technikern entwickelt, die Theoretikern den Anstoß zur Formulierung von Naturgesetzen geben. So führt erst die Entdeckung der elektromagnetischen Induktion 1831 durch den britischen Experimentalphysiker Michael Faraday, Voraussetzung für die Stromerzeugung durch Generatoren, zur Entwicklung der noch immer gültigen Theorie des Elektromagnetismus durch seinen Landsmann Maxwell zwanzig Jahre später.

Von der Dampfmaschine des Briten James Watt 1787 führt der Weg über die Theorie ihrer Funktion durch den Franzosen Carnot 1824 bis zum Energieerhaltungssatz, erstmals durch den Deutschen Julius Robert Mayer 1841 formuliert und von Hermann Helmholtz 1847 zu einem Grundgesetz des Universums erweitert.

Das Prinzip wird zu einer prägenden Entdeckung des jungen Marx.

Anders als Hegel und die klassischen Ökonomen wird er nicht die Arbeit, sondern die Arbeits*kraft* in den Mittelpunkt rücken, eine Form von Energie, die sich bei der Produktion in Form und Funktion verwandelt.

Mit seinen Abschweifungen hat Marx sich eine Zeitlang so verzettelt, dass er kein Ende seiner Doktorarbeit zu finden scheint. Als er dann den letzten Punkt setzt, kann es ihm gar nicht schnell genug gehen. Am 30. März 1841 erhält er das Abgangszeugnis der Berliner Universität. Deren strengeren Promotionsbedingungen geht er aus dem Weg und schickt am 6. April seine Dissertation nach Jena.

Hegels alte Uni ist dafür bekannt, Doktorgrade schnell und allein aufgrund der schriftlichen Arbeit zu verleihen. Nur neun Tage dauert die Beurteilung, in der die »Originalität« der Arbeit hervorgehoben wird. Das Doktordiplom trägt das Datum 15. April 1841.

Wie hätte der fromme Vater, wäre er noch am Leben, wohl auf das gottlose Werk reagiert? Sähe er sich in der Kritik an seinem Sohn und dessen Ton bestätigt? Oder wäre er doch ein wenig stolz über den frisch gekürten Doktor Marx? Was aber würde der Vater im Himmel denken, könnte er die Widmung lesen, die der eigenwillige Filius seinem Werk vorangestellt hat:

»Seinem teuern väterlichen Freunde, dem Geheimen Regierungsrate Herrn Ludwig von Westphalen zu Trier widmet diese Zeilen als ein Zeichen kindlicher Liebe der Verfasser.«[37] Du sollst keine anderen Väter neben mir haben, so lässt sich die Bibel lesen. Aber über mir? Wie sehr der Junge seinem Übervater verbunden ist, verraten die schmerzhaft süßen Zeilen, die sich hinter dem Deckblatt reihen:

»Sie verzeihen, mein teurer väterlicher Freund, wenn ich Ihren mir so lieben Namen einer unbedeutenden Broschüre vorsetze. Ich bin zu ungeduldig, eine andere Gelegenheit abzuwarten, um Ihnen einen kleinen Beweis meiner Liebe zu geben. Möchten alle, die an der Idee zweifeln, so glücklich sein als ich, einen jugendstarken Greis zu bewundern, der jeden Fortschritt der Zeit mit dem Enthusiasmus und der Besonnenheit der Wahrheit begrüßt … Sie, mein väterlicher Freund, waren mir stets ein lebendiges argumentum ad oculos« – ein sichtbarer Beweis –, »daß der Idealismus keine Einbildung, sondern eine Wahrheit ist.«[38]

5

»Dr. Marx, so heißt mein Abgott«

Zwischen Zeitung und Zensur

Marx' lebenslanges Reiben an den Zuständen beginnt mit dem Eintreten für die Freiheit des Geschriebenen. Er folgt Bruno Bauer von Berlin nach Bonn. Seine Hoffnung auf eine akademische Karriere an der dortigen Universität zerbricht an den politischen Verhältnissen. Das Scheitern treibt seinen Kampfgeist zur Tat. Er macht sich auf, die gesellschaftlichen Zustände und ihre Hauptübel bloßzustellen.

Im Rheinland herrscht industrielle Aufbruchstimmung. Unter den vorwiegend katholischen Bürgern, noch in wacher Erinnerung der französischen Besatzung und ihrer neuen Freiheitsrechte, regt sich vor allem in Köln kritischer Geist gegenüber den rückständigen protestantischen Borussen und ihrem kompromisslosen Monarchismus. Der ideale Nährboden für ein neues, fortschrittliches Oppositionsblatt als Konkurrenz zur konservativen *Kölnischen Zeitung*.

Eine Gruppe freisinniger Unternehmer, Banker und andere führende Wirtschaftsleute, bringt das Geld zusammen, dem Marx seine ersten eigenen Einkünfte verdankt. Darunter Männer mit so klingenden Namen wie David Hansemann, später preußischer Finanzminister, Gustav von Mevissen, Ludolf und Otto Camphausen sowie Dagobert Oppenheim. Sie übernehmen eine frei gewordene Lizenz und planen, ab Januar 1842 lokal und überregional die *Rheinische Zeitung* herauszubringen.

Marx stattet dem Gründerkreis im Juli 1841 einen Besuch ab. Keineswegs ungewöhnlich, rekrutiert sich doch anfangs ein Großteil der Mitarbeiter aus dem Kreis der Junghegelianer. Die Verbindung zu den Berlinern geht auf Georg Jung zurück, mittlerweile Advokat beim Kölner Gericht und Teil der Bürgerinitiative für ein liberales Blatt.

Die Stippvisite erweist sich als kluger Schachzug. Bei den versammelten Herrschaften hinterlässt der Gast einen bleibenden Eindruck. Jung erinnert sich, Marx sei ein »ganz verzweifelter Revolutionär« gewesen, dabei »einer der schärfsten Köpfe, die ich kenne«[1].

Besonders hat es der junge Mann dem sechs Jahre älteren Moses Hess angetan. In einem Brief an einen Vertrauten zeigt sich der radikale Frühsozialist aus reichem jüdischem Haus geradezu entzückt über den Besucher, dem er eine glänzende Zukunft prophezeit:

»Es ist dies eine Erscheinung, die auf mich, obgleich ich gerade in demselben Felde mich bewege, einen imposanten Eindruck macht; kurz, du kannst dich darauf gefasst machen, den größten, vielleicht den *einzigen* jetzt lebenden, *eigentlichen Philosophen* kennen zu lernen, der nächstens, wo er öffentlich auftreten wird (in Schriften sowohl als auf dem Katheder), die Augen Deutschlands auf sich ziehen wird ... Dr. Marx, so heißt mein Abgott, ist noch ein ganz junger Mann (etwa 24 höchstens alt), der der mittelalterlichen Religion und Politik den letzten Stoß versetzen wird, er verbindet mit dem tiefsten philosophischen Ernst den schneidendsten Witz; denke dir Rousseau, Voltaire, Holbach, Lessing, Heine und Hegel in einer Person vereint; ich sage *vereint*, nicht zusammengeschmissen – so hast Du Dr. Marx.«[2]

Die Liste der Dichter und Denker mag ein wenig beliebig erscheinen. Gleichwohl erkennt Hess Vielseitigkeit und Vielgesichtigkeit des aufstrebenden Intellektuellen. Dem wird umgekehrt Hess als linker Vordenker, der die Abschaffung des Privateigentums propagiert und das Proletariat von der Lohnfron befreien will, zum frühen Vorbild.

Ganz gleich, wie die Urteile jener Zeit über Marx ausfallen, »das bewunderte Genie-Kind des Berliner Doctor-Clubs«[3] fällt auf, wohin es kommt. Er verschafft sich Respekt wie einer von einem anderen Stern. Als Gegenstück seiner legendären Präsenz und intellektuellen Macht, der sich kaum jemand entziehen kann, sticht sein früh entwickeltes Gefühl von Überlegenheit hervor, das leicht in Überheblichkeit umschlagen kann. Es zeugt von einem fast unheimlichen Selbstbewusstsein, drückt sich aus in der vielfach beschriebenen Arroganz und steigert sich bis zur Überzeugung, im alleinigen Besitz der Wahrheit zu sein. Bevor er auch nur eine Zeile publiziert hat, gilt Marx in Kreisen führender Denker bereits als angesagt und Wette auf die Zukunft.

Kaum überraschend, dass die Zeitungsgründer bei der Besetzung des Chefpostens der *Rheinischen Zeitung* auf Marx' Empfehlung hören. Nach dem anfänglichen Fehlschlag mit einem anderen Bewerber vertrauen sie die Leitung des Blattes dem Junghegelianer Adolf Rutenberg an. Damit ebnen sie den Weg vom gemäßigt liberalen zum erzradikalen Presseorgan, das den Staat herausfordern wird.

Doch der Sauf- und Streitkumpan aus dem Doktorklub erweist sich als überfordert und zieht sich bald zurück. Sein Nachfolger wird faktisch Hess, aber nicht vertraglich. Die Investoren fürchten weniger seine linke Gesinnung als seine Unerfahrenheit im Blattmachen und begeben sich auf eine lange Suche nach geeigneten Kandidaten. Der Berufszweig des professionellen Journalisten steckt noch in seinen Anfängen.

Unter Hess soll sich die Redaktion wie ein loser Debattierclub organisiert haben, in dem es mit Wein und Zigarren oft hoch hergeht. Gemessen daran bringt sie eine mehr als passable junge Zeitung zustande. Mit täglichem Feuilleton »unterm Strich«, eine Anleihe von Pariser Journalen, mit engagierten Nachrichten und einem Beiblatt für Kommentare. Ideale Lehranstalt für den Jungjournalisten Marx, der eher aus Not als nach einem Plan in seine neue Rolle hineinwächst und erlebt, wie der Stamm der Abonnenten auf das Vierfache anwächst: über tausend – keine gewaltige, im Rahmen der Verhältnisse jedoch ansehnliche Zahl.

Marx lebt im nahen Bonn, wo er gelegentlich mit Bruno Bauer nächtliche Sauftouren unternimmt. Einmal reiten sie auf Eseln durch Godesberg und schrecken friedliche Spaziergänger auf. Im nahen Köln hat er regen Anteil am Redaktionsgeschehen und macht seinen Einfluss geltend. Seinen ersten Artikel als Journalist, »Bemerkungen über die Preußische Zensurinstruktion«, hat er aber noch für Arnold Ruges *Deutsche Jahrbücher* geschrieben, die aus den *Hallischen* hervorgegangen sind.

»Es versteht sich«, gibt er dem »lieben Freund« zu verstehen, »daß es im Interesse der Sache liegt, den Druck zu beschleunigen, wenn nicht die Zensur meine Zensur zensiert.«[4] Doch genauso kommt es. Fast symptomatisch für den Publizisten Marx: wie er gleich mit seinem Jungfernstück dem Zensor auf- und zum Opfer fällt. Der Text kommt erst 1851 in einem Sammelband seiner Aufsätze heraus.

Im Frühjahr 1842, nachdem er in Trier dem »teuren väterlichen Freund«[5] Ludwig von Westphalen im Sterben zur Seite gestanden hat, tritt er erstmals als Autor in Erscheinung. Seine Stimme in die Welt: die *Rheinische Zeitung.* Er besorgt sich die Protokolle der nichtöffentlichen Verhandlungen des rheinischen Landtags. Obwohl Anfänger und Dilettant ohne journalistische Erfahrung, gelingt ihm gleichsam aus dem Stand, trockene Politik in mitreißende Prosa zu übersetzen – voll zorniger, sarkastischer Polemik.

Er schreibt modern, wie ein teilnehmender Beobachter. Drei lange Berichte entstehen, von denen einer ganz, ein anderer teilweise der Zensur zum Opfer fallen. Was wäre konsequenter, als sich dieser feindlichen Macht mit jugendfrischer Kraft entgegenzustellen?

Gleich mit dem ersten Aufsatz erregt der unbekannte Autor Aufsehen. Der in Buchform mehr als vierzig Druckseiten umfassende Text erscheint als Aufmacher am 5. Mai 1842 unter der Überschrift »Debatten über die Preßfreiheit« – nicht unter seinem Namen, sondern anonym »Von einem Rheinländer«:

»Die freie Presse ist das überall offene Auge des Volksgeistes … die rücksichtslose Beichte eines Volkes vor sich selbst … der geistige Spiegel, in dem ein Volk sich erblickt … Sie ist allseitig, allgegenwärtig, allwissend. Sie ist die ideale Welt, die stets aus der wirklichen quillt.«[6]

Im unveröffentlichten Artikel für die *Jahrbücher* zum gleichen Thema heißt es: »Die eigentliche *Radikalkur der Zensur* wäre ihre *Abschaffung*; denn das Institut ist schlecht, und die Institutionen sind mächtiger als die Menschen.«[7]

Wie von der unsichtbaren Choreografie des Zynismus arrangiert, steht dieser verspätet publizierte Text – abgesehen von frühen poetischen Versuchen chronologisch korrekt – als Erster in den *Marx-Engels-Werken*. Die Ausgabe des Instituts für Marxismus-Leninismus beim ZK der SED, eine zwei Meter lange Anreihung von sechsundvierzig dicken dunkelblauen Bänden, fußt auf der Publikation der gleichnamigen Einrichtung der KPdSU.

Die MEW haben als wichtigster und praktisch einziger Zugang zu Marx' Werk auf beiden Seiten des Eisernen Vorhangs lange Zeit fast allein sein Bild bestimmt. Bis heute sitzen wir vielfach einem Image auf, das dem Freiheitsverfechter von Freiheitsverächtern aufgepfropft worden ist. Ein Jahrhundert nach seinem Tod wird er von Staatsorganen, die in seinem Namen handeln, weiter zensiert, in dieser Form vermutlich einzigartig in der Geistesgeschichte.

Das Marx-Bild wird lange von der systemtreuen Interpretation des sogenannten wissenschaftlichen Marxismus geprägt, deren Behauptungen oft allzu unkritisch übernommen werden. Vor allem den Herausgebern der Marx-Engels-Gesamtausgabe (MEGA) mit Hauptsitz in Berlin verdanken heutige Leser eine Perspektive, die sich um wissenschaftliche Unbestechlichkeit bemüht. Dabei wird immer deutlicher, wie sehr es Marx an erster Stelle um Freiheit ging.

»Das Wesen der freien Presse ist das charaktervolle, vernünftige, sittliche Wesen der Freiheit«, heißt es im Artikel für die *Rheinische*. »Der Charakter der zensierten Presse ist das charakterlose Unwesen der Unfreiheit, sie ist ein zivilisiertes Ungeheuer, eine parfümierte Mißgeburt.«[8]

Wie mögen Kadetten der marxistisch-leninistischen Kaderschulen die Freiheitsliebe ihres Heros diskutiert haben, der gleich im ersten Artikel auf sein Lebensthema zu sprechen kommt: »Ein Gesetzbuch ist die Freiheitsbibel eines Volkes«, heißt es da. »Wo das Gesetz wirkliches Gesetz, d.h. Dasein der Freiheit ist, ist es das wirkliche Freiheitsdasein des Menschen.«[9]

Im selben Text stellt Marx einen gewagten Vergleich an: »Goethe sagt einmal, dem Maler glückten nur solche weiblichen Schönheiten, deren Typus er wenigstens in irgendeinem lebendigen Individuum geliebt habe. Auch die Preßfreiheit ist eine Schönheit – wenn auch grade keine weibliche, die man geliebt haben muß, um sie verteidigen zu können. Was ich wahrhaft liebe, dessen Existenz empfinde ich als eine notwendige, als eine, deren ich bedürftig bin, ohne die mein Wesen nicht erfülltes, nicht befriedigtes, nicht vollständiges Dasein haben kann.«[10] Schöner könnten es Journalisten in Ländern, wo heute ihre freie Berufsausübung bedroht oder unmöglich ist, nicht ausdrücken.

Es muss eine erfüllte und womöglich auch vollständige Zeit gewesen sein, die wie im Rausch vergangen ist. Nicht einmal ein Jahr lang schreibt Marx für die *Rheinische Zeitung*. Doch diese erste Erfahrung als Journalist hat den Lebensweg des Doktor-Philosophen auf eine neue Bahn gelenkt.

In dem knappen Jahr in Köln hat sich sein kritischer Geist politisiert. Die Episode versetzt ihn in jenen Kampf- und Angriffsmodus, dem er bis ins Alter treu bleiben wird – wenn auch anfangs noch mit angezogener Handbremse. »Der Kampf war sein Element«[11], sagt Engels am Grab des Freundes. Das gilt freilich für beide. In ihren gesammelten Werken finden sich über zwölftausendmal die Wörter »Kampf« und »Kämpfe«. Ihre Waffen sind ihre Worte.

Als Ludolf Camphausen von seinem Bruder wissen will, wer denn der Verfasser der »vortrefflichen Artikel« sei, werden die Gründer einmal mehr auf Marx aufmerksam. Sie machen den Autor kurzerhand zum »eigentlichen Redakteur«, was gleichbedeutend ist mit »Chef«. Endlich darf er jene Atmosphäre atmen, die Journalisten zum Lebenselixier werden kann. Mal unter Druck der Abgabetermine wie im Bienenhaus, mal in tabakrauchgeschwängerter Luft mit Whisky und Rotwein in Debatten über den Zustand der Welt. Als Chef besitzt er das Privileg, die Linie des Blattes zu bestimmen, die Mächtigen herauszufordern, die öffentliche Meinung zu beeinflussen.

Investor Mevissen erinnert sich später an seinen leitenden Angestellten: »Ein kräftiger Mann von vierundzwanzig Jahren, dem die dichten Haare aus Wangen, Armen, Nase und Ohren quollen, herrisch, ungestüm, leidenschaftlich, voll unermeßlichen Selbstgefühles, aber tief ernst und gelehrt.«[12]

Am 15. Oktober 1842 tritt Marx seine Stelle an. Er enttäuscht die Geldgeber nicht. Indem sich das Blatt mit den überkommenen Verhältnissen in Preußen auseinandersetzt und die kommende Revolution herannahen sieht, wird es zu einem der führenden liberal-bürgerlichen Oppositionsblätter in Europa. Unter seiner Ägide – Marx versteht das Blatt als Teil einer radikal demokratischen »Volkspresse« – verdreifacht sich die Auflage. Doch der Zuwachs hat seinen Preis.

»Unter Marxens Leitung«, so Mevissen, »begann die junge Zeitung sehr bald rücksichtslos zu reden.«[13] Marx gibt nicht nur die Linie vor, er lässt sie in seinen Texten auch leben. Provokativ, dabei sachlich und stilistisch gekonnt, lassen die Aufsätze nicht nur die juristische Vorbildung ihres Autors aufblitzen – sie lesen sich streckenweise wie Plädoyers vor Gericht.

Nach den Debatten über die Pressefreiheit befasst er sich, wiederum aus Protokollen des Landtags, mit dem *Holzdiebstahlgesetz*. Er würdigt und kritisiert es in einem hinreißenden Text, der vielen als Ursprungsdokument des sozial bewegten Marx gilt. Das Paragrafenwerk richtet sich gegen das Gewohnheitsrecht, nach dem sich die Vorfahren seit Generationen mit Brennmaterial versorgt haben. Es sieht vor, Holzsammler in Wäldereien von Privatbesitzern fortan unter Strafe zu stellen. Nicht nur solche, die lebendiges Holz schneiden, sondern die Ärmsten, die totes vom Waldboden auflesen.

»Der Raffholzsammler vollzieht nur ein Urteil, was die Natur des Eigentums selbst gefällt hat, denn ihr besitzt doch nur den Baum, aber der Baum besitzt jene Reiser nicht mehr.« Mit dem eindrucksvollen Plädoyer zu Bildern brutaler Schläger gegen arme Bauern, die das Eigentum verteidigen, eröffnet Raúl Peck Anfang 2017 seinen Film »Le Jeune Marx«:

»Diesem wesentlichen Unterschiede zum Trotz nennt ihr beides Diebstahl und bestraft beides als Diebstahl. Ja, ihr bestraft das Raffholzsammeln strenger als den Holzdiebstahl, denn ihr bestraft es schon, indem ihr es für einen Diebstahl erklärt, eine Strafe, die ihr offenbar über den Holzdiebstahl selbst nicht verhängt. Ihr hättet ihn denn Holzmord nennen und als Mord bestrafen müssen.«[14]

Aus Recht wird Verbrechen, weil die Interessengruppe es so will. Und nicht nur das: »Das Verbrechen wird zu einer Lotterie, in welcher der Waldeigentümer, wenn das Glück will, sogar noch Gewinste ziehen kann. Es kann sich ein Mehrwert ergeben, aber es kann auch der Waldeigentümer, der schon den einfachen Wert erhält, durch die vier-, sechs- oder achtfache Strafe ein Geschäft machen.«[15]

Bemerkenswert, neben der noch tastenden Auseinandersetzung mit dem Privateigentum: die erste Erwähnung des später in seinen Schriften so unverzichtbaren Begriffs Mehrwert. Angelehnt an »Eigentum ist Diebstahl«, jene Schockformel des französischen Sozialisten Pierre-Joseph Proudhon in dessen großem Buch *Was ist Eigentum?*, schreibt Marx: »Wenn jede Verletzung des Eigentums ohne Unterschied, ohne nähere Bestimmung Diebstahl ist, wäre nicht alles Privateigentum Diebstahl?«[16]

Ökonomische Erwägungen wie etwa auch die Frage des Freihandels bestimmen im Januar 1843 seinen Aufsatz über die Lage der notleidenden Moselbauern, besonders der Winzer, von denen er manche vermutlich persönlich kennt. Er macht sich zum Anwalt der Armen, sieht sie aber in der passiven Opferrolle, noch nicht als revolutionäre Subjekte. Dass zum Elternhaus ein Weinberg unweit von Trier gehört, hat dem wirtschaftlichen Blick sicher nicht geschadet.

In einem Beitrag zum *Ehescheidungsgesetzentwurf* macht Marx unmissverständlich klar, dass sich ein solches Regelwerk nur dann allgemeiner Akzeptanz erfreuen kann, »wenn das Gesetz der bewußte Ausdruck des Volkswillens, also mit ihm und durch ihn geschaffen ist«.[17]

Drei Texte nur, doch in seiner Entwicklung zum revolutionären Demokraten stellen sie bedeutende Schritte dar: Am Ende steht die klare Forderung nach einer demokratischen Vertretung des Volkes, nicht nur der oberen Stände.

Von der »Verlegenheit, über sogenannte materielle Interessen mitsprechen zu müssen«, schreibt er fast bescheiden ein Vierteljahrhundert danach. So steht es in seinem autobiografischen Fragment über »die ersten Anlässe zu meiner Beschäftigung mit ökonomischen Fragen«[18]. Soziale

Probleme rücken in sein Blickfeld und machen unübersehbar klar: Sein Herz schlägt links. Und international: »Holz bleibt Holz in Sibirien wie in Frankreich; Waldeigentümer bleibt Waldeigentümer in Kamtschatka wie in der Rheinprovinz.«[19]

Hier nimmt ein neues Ich seine Formen an. Es spricht für jenen Teil seines Selbst, der sich mit Lust und spitzer Feder in öffentlich ausgetragene Scharmützel stürzt. Zum halbfertigen Juristen und Philosophen mit Abschluss kommt der weithin unterschätzte, großartige Publizist Marx, der er bis zum Ende geblieben ist. Ein knappes Jahr hat genügt, aus ihm einen gestandenen politischen Journalisten zu machen.

Marx genießt zum ersten Mal eine Macht, die über die jugendliche Tyrannei im Kreis seiner Familie hinausreicht. Er gibt den Kurs vor, andere müssen ihm folgen. Bis heute begreifen sich Zeitungschefs, wie klein auch immer ihr Befehlsbereich sein mag, als Herrscher über Fürstentümer im Dienste eines Geschäftsmodells. Marx erkennt dessen Schwächen und nennt die Lebenslüge des Journalismus beim Namen:

»Die erste Freiheit der Presse besteht darin, kein Gewerbe zu sein.«[20] Genau das beschreibt Crux und Skandal der heutigen Zeitungskrise: Mit dem Abwandern der Werbung in nichtjournalistische Medien gerät ein Pfeiler der Demokratie ins Wanken. Bei der »vierten Gewalt« müssen die Mütter und Väter der Verfassung etwas übersehen haben. Sie ist in einer Weise von sachfremden Erlösen und vom Wohl und Wehe der übrigen Wirtschaft abhängig, dass allein schon aus dieser Sicht von einer »freien Presse« nur selten die Rede sein kann.

Ohne den Einfluss von Staat und Gesellschaft können ergebnisorientierte Eigner über das Schicksal einer unverzichtbaren Kommentarstimme von Macht und Politik entscheiden. Vor allem die heute so bedrohten Printmedien als ältestes Massenmedium haben sich nie davon befreien können. Als Privateigentum sind sie den Launen von Clanchefs und ihrer Nachfahren ausgeliefert, die mit der publizistischen Lizenz wenige oder gar keine gesellschaftlichen Verpflichtungen mehr verbinden. Ein Presseorgan jenseits rein ökonomischer Interessen der Profitmaximierung mit gesunder Ausstattung am Leben zu halten zählt nicht zu ihren obersten Prioritäten.

Nicht einmal sechs Monate darf sich Marx Chefredakteur nennen. Seine Zeitung scheitert jedoch nicht aus wirtschaftlichen Gründen. Schon vor seinem Amtsantritt hat dem Blatt immer wieder das Aus durch die Behörden gedroht – ohne dass es dazu einen handfesten Anlass gegeben hätte. Er gibt sich sogar Mühe, die Zeitung bei aller geäußerten Kritik gemäßigt zu halten. Seiner Linie fallen ziemlich bald seine ehemaligen Wegbegleiter in Berlin zum Opfer.

Der dortige Doktorklub hat sich inzwischen zur Vereinigung der »Freien« weiter- und damit von Marx wegentwickelt. Zu ihnen gehört auch Max Stirner, der mit seinem anarchistisch-radikal-individualistischen Buch *Der Einzelne und sein Eigentum* für Aufsehen und bis heute für Gesprächsstoff sorgt. Sowie jener zwei Jahre jüngere Mann, von dem es einmal heißen wird: Wer Marx sagt, muss auch Engels sagen. Die erste Begegnung der beiden bei dessen Besuch in Köln soll seitens des Redakteurs kühl, fast abweisend verlaufen sein.

Marx wirft den ehemaligen Weggefährten den Fehdehandschuh hin. »Ich erklärte«, schreibt er Ende November 1842 an Arnold Ruge, der für seinen nächsten Lebensschritt so wichtig sein wird, »daß ich das Einschmuggeln kommunistischer und sozialistischer Dogmen, also einer neuen Weltanschauung, in beiläufigen Theaterkritiken etc. für unpassend, ja für unsittlich halte und eine ganz andere und gründlichere Besprechung des Kommunismus, wenn er einmal besprochen werden solle, verlange.«[21]

Der Chef will die abstrakten Abhandlungen der ehemaligen Weggefährten nicht mehr drucken. Stattdessen wünscht er sich zupackende Artikel, die sich mit den Dingen befassen, nicht nur mit Gedanken. »Die wahre Theorie muß innerhalb konkreter Zustände und an bestehenden Verhältnissen klargemacht und entwickelt werden«[22], erklärt er dem Investor Oppenheim.

»Jedenfalls aber verstimmen wir eine große, und zwar die größte Menge freigesinnter praktischer Männer, welche die mühsame Rolle übernommen haben, Stufe vor Stufe, innerhalb der konstitutionellen Schranken, die Freiheit zu erkämpfen, während wir von dem bequemen Sessel der Abstraktion ihre Widersprüche ihnen vordemonstrieren.«[23]

Das zeichnet die Linie vor, die lange sein politisches Handeln bestimmen wird: Ohne den kritischen Teil der Bürgerschaft lassen sich Veränderungen nicht erreichen. Sie, und nicht die »freien« Fantasten in Berlin, sieht er als Partner für das angestrebte Ziel einer echten Demokratie.

Um der strengen staatlichen Kontrolle zu entgehen, führt Marx eine Art Vorkontrolle ein – und verprellt die einstigen Gefährten endgültig. In einem Verteidigungsartikel versucht er Leser wie Staat und nicht zuletzt die Geldgeber zu beruhigen, dass man nur staunt:

»Wir haben die feste Überzeugung, daß nicht der *praktische Versuch,* sondern die *theoretische Ausführung* der kommunistischen Ideen die eigentliche *Gefahr* bildet, denn auf praktische Versuche, und seien es *Versuche in Masse,* kann man durch *Kanonen* antworten, sobald sie gefährlich werden, aber *Ideen,* die unsere Intelligenz besiegt, die unsere Gesinnung erobert, an die der Verstand unser Gewissen geschmiedet hat, das sind Ketten, denen man sich nicht entreißt, ohne sein Herz zu zerreißen, das sind Dämonen, welche der Mensch nur besiegen kann, indem er sich ihnen unterwirft.«[24]

Seine früheren Freunde und nunmehrigen Gegner werfen Marx vor, prinzipienlos geworden zu sein. Dabei hat er in dem Moment noch kaum Prinzipien. Von den revolutionären Lehren hat er wenig mehr mitbekommen als diejenigen unter seinen Zeitgenossen, die *Der Sozialismus und Kommunismus im heutigen Frankreich* gelesen haben.

Das zweibändige Werk des konservativen Gesellschaftsforschers Lorenz Stein, von der preußischen Regierung persönlich zu Recherchen nach Paris entsandt, soll eigentlich der Abschreckung dienen. Nach dem Gesetz der unbeabsichtigten Folgen ist es jedoch zu jenem Buch geworden, das die gefürchteten Ideen in Deutschland überhaupt erst publik macht.

Von den Versteckspielen, die Marx mit den Zensoren treibt, haben sich zensierte Autoren im Ostblock manches abschauen können. Intellektuell weit unter seinem Stand, lassen die Prüfer immer wieder kritische Stellen oder Artikel passieren, weil sie in der geschickten sprachlichen Verpackung die Brisanz des politischen Inhalts nicht erkennen. Wie sich der Kampf mit der Zensur abgespielt hat, auch das ein wiederkehrendes Muster in Marx' Ringen mit der Welt, erzählt eine Anekdote aus jenen Tagen:

»Die Abzüge für den Zensor mußten abends zu diesem gebracht werden, da das Blatt am Morgen herauskam. Der Rotstift des Zensors verursachte der Druckerei dann oft noch langwierige Arbeit in der Nacht.

Eines Abends war der Zensor mit seiner Gattin und seinen beiden heiratsfähigen Töchtern zu einem großen Ball beim Oberpräsidenten geladen. Bis er dahin ging, mußte er noch seine Zensorarbeit erledigen. Aber gerade an diesem Abende kamen die Abzüge nicht zur gewöhnlichen Zeit. Der Zensor wartete und wartete, denn er durfte seine Amtspflicht nicht vernachlässigen und mußte doch beim Oberpräsidenten erscheinen, von den Chancen der heiratsfähigen Töchter abgesehen. Es war beinahe zehn Uhr, der Zensor war hochgradig nervös und schickte Frau und Töchter voraus zum Oberpräsidenten, während er seinen Bedienten zu der Druckerei schickte, um die Abzüge zu holen. Der Bediente kam zurück und meldete, die Druckerei sei geschlossen. Nun fuhr der verzweifelte Zensor in seinem Wagen nach der ziemlich weit entfernten Wohnung von Marx. Es war beinahe elf Uhr.

Nach langem Klingeln streckte Marx den Kopf aus einem Fenster der dritten Etage heraus.

›Die Abzüge!‹ brüllte der Zensor hinauf.

›Gibt's nicht!‹ rief Marx herunter.

›Aber!!‹

›Wir lassen morgen kein Blatt erscheinen!‹

Damit schlug Marx das Fenster zu.

Dem gefoppten Zensor blieben vor Wut die Worte im Hals stecken. Er ward von da an artiger.«[25]

Die Nummer erscheint – unzensiert.

Ende 1842 schreibt der Chefredakteur selbstbewusst: »Das eben ist es, was die Presse zum mächtigsten Hebel der Kultur und der geistigen Volksbildung macht, daß sie den stofflichen Kampf in einen ideellen Kampf, den Kampf von Fleisch und Blut in einen Geisterkampf, den Kampf des Bedürfnisses, der Begierde, der Empirie in einen Kampf der Theorie, des Verstandes, der Form verwandelt.«[26]

Da naht bereits das Ende seiner hochtrabenden Haltung. Der Staat macht Marx und den Seinen klar, wer im Hase-und-Igel-Spiel zwischen Jägern und Gejagten die Nase vorn hat. Drei Monate nach dem Statement muss er sich endgültig geschlagen geben. Seine Zeitung wird verboten. Zwar wegen eines kritischen Artikels, aber nicht gegen die eigene Regierung, sondern gegen Russland. Die Ausgabe ist in die Hände des Zaren geraten, der daraufhin den Gesandten aus Berlin auffordert, der Regierung ein Verbot der Zeitung nahezulegen.

Die preußischen Machthaber handeln schnell. Sie verkünden das Aus des Blatts. Marx, der keine Ahnung von den Hintergründen hat, unternimmt einen letzten verzweifelten Versuch, wenn schon nicht seinen Job, so doch wenigstens die Zeitung zu retten. Er lanciert einen Artikel in der *Mannheimer Abendzeitung*, der ihn allein – in seinen eigenen Worten – für Richtung, Polemik und den aufmüpfigen Ton der *Rheinischen* verantwortlich macht.

In die gleiche Kerbe schlägt der letzte in einer Reihe immer schärferer

Zensoren, der seiner Regierung berichtet: »Dr. Marx ist allerdings hier der doktrinäre Mittelpunkt, der lebendige Quell der Theorien des Blattes; ich habe ihn kennen gelernt, er stirbt auf seine Ansichten, die ihm zur Überzeugung geworden sind.«[27] Marx stellt sogar seinen Posten zur Verfügung: »Unterzeichneter erklärt, daß er der *jetzigen Zensurverhältnisse* wegen aus der Redaktion der ›Rheinischen Zeitung‹ mit dem heutigen Tage ausgetreten ist.«[28] Es hilft alles nichts. Eine zeitgenössische Karikatur zeigt ihn als gefesselten Prometheus, gekettet an die Druckerpresse, und der preußische Adler pickt ihm die Leber weg.

Mit seiner Anstellung verliert Marx sein Einkommen – und bald auch seine Heimat. Immerhin hat er zum ersten Mal eine Ahnung davon bekommen, wie weit die Wirkung seiner Feder reichen kann: bis in die Zentralen der europäischen Macht. Doch wieder trifft es keinen Unvorbereiteten. Schon Ende Januar hat er Ruge gestanden:

»Es ist schlimm, Knechtsdienste selbst für die Freiheit zu verrichten und mit Nadeln, statt mit Kolben zu fechten. Ich bin der Heuchelei, der Dummheit, der rohen Autorität und unseres Schmiegens, Biegens, Rückendrehens und Wortklauberei müde gewesen. Also die Regierung hat mich wieder in Freiheit gesetzt... In Deutschland kann ich nichts mehr beginnen. Man verfälscht sich hier selbst.«[29]

Die Freisetzung als Befreiung. Instinktiv erkennt Marx, wie unweigerlich wieder ein kurzes Kapitel seines Leben zu Ende geht. Aber der Kampf geht weiter, nein, er geht erst richtig los. Der nächste Steigbügelhalter ist abermals Ruge, dessen Vermögen Marx eine zweite Chance als gut bezahlter Redakteur verspricht. Die beiden hecken ein neues, grenzüberschreitendes Organ des kritischen Journalismus aus. Nach den *Hallischen* und *Deutschen Jahrbüchern* soll es *Deutsch-Französische Jahrbücher* heißen und Texte der wichtigsten Denker beider Länder enthalten.

Anfangs schielen die Herausgeber noch auf die Schweiz. Dann setzen sie aber auf Frankreich, erst Straßburg, schließlich Paris – wie gemacht für die Fortsetzung der Geschichte des Marxschen Kampfes. Balzac beschreibt seine Wahlheimat als das »wunderbare Ungeheuer, eine erstaunliche Verschlingung von Regungen, Maschinen und Gedanken, die Stadt der hunderttausende Romane, das Haupt der Welt.«[30]

Dort wird Marx den wichtigsten Durchbruch in der Entwicklung seiner Ideen erleben und den ersten entscheidenden Schritt vom republikanisch gesinnten Radikaldemokraten zum Kommunisten tun. Er wird die zentralen Schriften der ersten Hälfte seines Lebens aufs Papier bringen.

Und er wird Begegnungen haben, die seinen Lebensweg entscheidend formen: neben Dichtern vor allem Sozialisten, Aktivisten, Arbeiterführer und Kommunisten mit ihren aufrührerischen Ideen.

Wieder führt ihn sein Schicksal wie mit unsichtbarer Hand an den bestmöglichen Ort. Doch vorher hat er noch ein Versprechen einzulösen. Es harrt nun schon seit sieben Jahren seiner Erfüllung. Triumphierend meldet der letzte Zensor nach Berlin: »Er ist entschlossen, Preußen zu verlassen und unter jetzigen Umständen jede Verbindung mit der Rh. Ztg.« – Rheinischen Zeitung – »aufzugeben; jetzt ist er vorderhand nach Trier gegangen, um seine Braut … heimzuführen.«[31]

6

Sieben Jahre Einsamkeit

Fräulein von Westphalen wird Frau Marx

Wie muss es um eine Frau bestellt sein, deren Erinnerungen mit den Worten beginnen: »Am 19. Juni 1843 war mein Hochzeitstag.«[1] Hat sie davor kein Leben gehabt? Kein allzu aufregendes offenbar, das zumindest lässt sich sagen. In ihren »Kurzen Umrissen eines bewegten Lebens«, die Jenny Marx nach mehr als zwanzig Jahren Ehe niederschreibt, ist davon zumindest nirgendwo die Rede.

Das spricht zunächst einmal für eine behütete Jugend in gutbürgerlichen Verhältnissen ohne besondere, jedenfalls ohne schwerwiegende Vorkommnisse. Wobei das Wort »Jugend« hier sehr weit gefasst ist: Als sie heiratet, ist sie neunundzwanzig. Erst danach wird ihr Leben »bewegt« – durch ihren Karl.

Für ein Mädchen ihres Standes bedeutet Jugend in jener Zeit: häusliche Erziehung und Bildung zur Vorbereitung auf ein Leben als Ehefrau und Mutter. Dazu gehört, auf sein Äußeres zu achten, auf seinen »Putz«, um sich für den Heiratsmarkt attraktiv zu machen.

Das Gymnasium ist noch auf Jahrzehnte Jungen vorbehalten, für Töchter besteht nicht einmal Schulpflicht, und an einer Universität können Frauen in Deutschland erst ab 1900 studieren. Gemessen daran tritt Fräulein von Westphalen hochgebildet, belesen und sprachgeschult ins Erwachsenenleben.

Sie hat, wie in ihren Kreisen üblich, Singen, Tanzen und Klavierspielen gelernt, natürlich auch die unvermeidliche Handarbeit. Sie beherrscht Englisch und Französisch. Und sie kennt die Klassiker der Weltliteratur, vor allem durch die, so erinnert sich ihr Bruder, »köstlichen Vorlesungen« des Vaters »noch in den späten Abendstunden«[2]. Da werden Ovid und Homer rezitiert, Shakespeare in seiner Sprache deklamiert, Goethe und die Romantiker mit verteilten Rollen gelesen oder auswendig vorgetragen.

Vater Ludwig legt zudem Wert auf Bewegung an der frischen Luft, Wanderungen in die Natur, Bäder im kalten Wasser der Mosel. Er selbst stammt aus Niedersachsen, wo es sein eigener Vater, Jennys Opa, aufgrund seiner Verdienste zum »Edlen von Westphalen« gebracht hat. Den verliehenen »Papieradel« – mit vererbbarem Titel, aber ohne Macht und Ländereien – wertet er durch die Vermählung mit einer »echten« Adligen aus Edinburgh auf. Jennys Oma hörte auf den Namen Jean Withart of Pittarow.

Doch anders als ihre vier Halbgeschwister aus der ersten Ehe des Vaters mit Lisette von Veltheim – sie ist mit nur neunundzwanzig gestorben – haben Jenny und ihr jüngerer Bruder Edgar eine Bürgerliche zur Mutter. Amalia Julia Caroline Heubel ist mit einunddreißig geradezu alt, als sie in ihrer Heimatstadt Salzwedel in den Stand der Ehe tritt.

Dort steht Ludwig von Westphalen als Unterpräfekt in Diensten der französischen Besatzer. Dort kommt am 12. Februar 1814 auch Jenny zur Welt, mehr als vier Jahre vor ihrem späteren Ehemann. Damit ist schon viel gesagt. Altersunterschied und Heiratsalter spielen in jener Zeit für die Braut eine sehr viel bedeutendere Rolle als heutzutage – vor allem wenn sie älter ist als der Bräutigam. Männer dagegen können sich auch im vorgerückten Alter noch Mädchen »zur Frau nehmen«.

Als Preußen die Herrschaft über sein Territorium wiedergewonnen hat, beim Wiener Kongress um das Rheinland bereichert, schicken die Machthaber den Unterpräfekten als »Ersten Rat« der Provinzialregierung nach Trier. Dort freundet sich Jenny bald mit der zwei Jahre jüngeren Sophie an, Tochter des öffentlich angestellten Advokatenanwalts Heinrich Marx, mit dem ihr Vater kollegial verkehrt. Durch sie lernt das Mädchen schon im Kindesalter deren jüngeren Bruder Karl kennen.

Über Jennys Kindheit und Jugend ist so wenig bekannt, dass sich, außer ihrer protestantischen Taufe drei Tage nach ihrer Geburt, kaum etwas mit Gewissheit sagen lässt. Ihre Mutter gehört offenbar zum aufbauenden, lobenden Typ. Sie lässt dem Kind nicht nur möglichst viel Freiheit, sie weiß auch seine Fortschritte zu feiern. So darf es sich, ähnlich wie Karl, zu einem selbständigen jungen Menschen mit eigenem Willen und Widerspruchsgeist entwickeln. Ihre Familie verfügt über kein nennenswertes Vermögen. Aber dank des Gehaltes ihres Vaters, er ist der oberste Vertreter des Staates in Trier, genießt sie das sorgenfreie Leben einer angesehenen, für damalige Verhältnisse liberal erzogenen Bürgerstochter von Stand – so lange er lebt.

Der Knabe Karl kann mit ansehen, wie sich seine Spielkameradin zu einer anziehenden jungen Frau entwickelt. Während er als Gymnasiast noch im Alter von Jungenstreichen steckt, geht sie tanzen, wird zur Ballkönigin gewählt und wäre für den Mann ihres Lebens beinahe schon verloren gewesen. Als sie sich in einen elf Jahre älteren Seconde-Leutnant von Adel verliebt, der erfolgreich um ihre Hand anhält, ist sie sechzehn.

Nichts scheint den vorgezeichneten Lebenslauf aufzuhalten. Doch schon bald hat »das arme bethörte Mädchen«, so ihre Schwägerin, »den übereilten Schritt bereut«[3]. Nach anfänglicher Euphorie erscheint der Baronesse ihr zackiger Herr von Pannewitz in seiner schneidigen Uniform offenbar als der falsche Karl. Trotz des Geredes in der Kleinstadt fasst sie Mut und löst die Verlobung wieder auf.

Kaum anzunehmen, dass sie da schon ein Auge auf den kleinen Karl geworfen hat. Der zwölfjährige Schulkamerad ihres Bruders steht am Rande der Pubertät, was damals nichts grundlegend anderes bedeutet haben dürfte als heute. Umgekehrt könnte die Sache anders ausgesehen haben. Er wäre nicht der erste Junge, der sich im Gefühlsdurcheinander anbrechender Männlichkeit in ein aufblühendes älteres Mädchen aus seinem Umfeld verliebt. Dass sie mit ihrem schlanken Körper, dem feinen Gesicht, tiefbraunen Augen und dunklem Haar als außergewöhnliche Schönheit bei den Männern begehrt ist, dürfte ihm nicht entgangen sein.

Ohne Zweifel sind sie schon in ihrer Jugend miteinander so vertraut, wie es Eheleute oft nicht mehr werden. Sie sprechen dieselbe Mundart, kennen die gleichen Leute, Witze und typischen Speisen wie etwa den Trierer Teerdisch, ein Durcheinander von Kartoffeln, Sauerkraut und Speck. Er verkehrt regelmäßig in ihrem Elternhaus, wo Vater Ludwig zur prägenden Figur des Heranwachsenden wird. Sie hört und hält mit, wenn Edgar und Karl mit dem Hausherrn über Politik und Weltanschauung diskutieren oder den Meistern der Dichtung frönen.

Dass die beiden politisch harmonieren, geht nicht auf seine Indoktrination, sondern auf ihre eigenen Ansichten zurück. Die literarische und politische Bildung beider verläuft parallel. Dabei erlebt sie, wie er körperlich zu einem stattlichen jungen Mann und geistig zu einem eigenständigen Denker heranreift. Er ist noch keine achtzehn, sie schon einundzwanzig, als sie einander ihre Liebe gestehen.

Da beiden die Unmöglichkeit einer Beziehung klar ist, weiht Jenny zwar Bruder Edgar ein, hüllt sich ihren Eltern gegenüber aber in Schweigen. Niemals würden sie diese Verbindung billigen. Zu groß die Altersdifferenz, zu groß die soziale Distanz. Anders als ihr erster Verlobter stammt Karl aus bürgerlichen Verhältnissen, er ist jüdischer Abstammung, hat noch keinen Beruf und auf länger keine Aussicht, eine Familie zu ernähren. Dennoch ist davon auszugehen, dass sich die beiden einander versprochen haben, bevor er zum Studieren nach Bonn geht.

Über ihr Verhältnis ist viel geschrieben worden. Zu viel sogar, wenn darin das Wesen der Gefährtin fürs Leben zum Bild der dienenden Frau an der Seite des Helden verkümmert. Womöglich haben die Autoren selbst nie die gleichberechtigte Liebe in einer Ehe durch alle Höhen und Tiefen erfahren, wie dieses Paar sie jenseits der üblichen Zweckgemeinschaft gelebt hat. Ihre tiefe Verbundenheit beruht auf einer frühen Zuneigung in gegenseitiger Akzeptanz und Toleranz. Sie verstehen sich im besten Sinn des Wortes. Sie wissen, was sie am anderen haben, machen sich nichts vor, setzen einander Maßstäbe.

Keck und frech, aufmüpfig, ironisch, originell, unkonventionell: Wer solche Eigenschaften nur an ihm festmacht, verkennt ihren Charakter. Spätestens durch ihre Entlobung vom falschen Karl gibt sie zu erkennen, dass sie Gepflogenheiten nicht unbedingt als Gesetze betrachtet. Mit ihrer Entscheidung für den Richtigen, die nicht plötzlicher Verliebtheit, sondern langjähriger Annäherung folgt, nimmt sie den möglichen Verlust von Stand und Ansehen in Kauf.

Ihre Texte verraten schreiberische Talente, die es in Kampfeslust und beißendem Spott mit seinen aufnehmen können. Dann wieder spricht aus ihren Briefen eine Poesie, wie sie Karl nur selten gelingt. Und in ihrer feinen Beobachtungsgabe ist sie ihm eher ein Vorbild als seine Schülerin.

Das alles sagt aber nichts über den Leidensweg, auf den sich Jenny begibt, als sie sich an Karl bindet. Obwohl an baldige Heirat nicht zu denken ist, tut das Paar, als es sich nach Marx' Bonner Studienjahr erstmals wiedersieht, in den Sommerferien 1836 den nächsten Schritt. Bevor er ins siebenhundert Kilometer entfernte Berlin aufbricht, um dort sein Studium fortzusetzen, geloben sie sich ewige Treue und Liebe.

Hätte sie das wohl auch getan, wenn ihr in diesem Moment klar gewesen wäre, dass sie sieben quälend lange Jahre auf ihre Eheschließung warten muss? Dass sie den Geliebten in den folgenden fünf Jahren nur zweimal sehen wird? Was mag die jungen Leute trotz der Bedrohung zu ihrem riskanten Schritt einer heimlichen Verlobung bewegt haben? Ein Spätsommernachtstraum ausgelebter Leidenschaft vielleicht? Ein paar intime Momente, in denen sich der erste Beste als bester Erster erwiesen hat? Hat Marx das gemeint, als er sich später rückblickend auf diese Zeit einen »rasenden Roland«[4] nennt?

Hier schießt die biografische Spekulation gerne ins Kraut. Dabei wissen wir über diese Lebensphase von Marx so gut wie nichts. Das Einzige, wovon einigermaßen sicher auszugehen ist: Das Verlöbnis hat, wenn auch formlos, stattgefunden. Jenny trägt, nachdem das Geheimnis gelüftet ist, ihren Verlobungsring offen an einem Halsband aus schwarzem Samt. Die Geschichte hätte aber auch ganz anders verlaufen können.

Wie viele Treueschwüre sind schon gebrochen worden, wenn einer in die Ferne zieht, während die oder der andere zu Hause ausharren muss. Aber ist ihr Erzeuger ihm nicht als väterlicher Freund zugetan, seine Schwester Sophie ihre beste Freundin, und ihr Bruder Edgar sein Schulkamerad, mit dem er jetzt in Berlin studiert? Gemeinsame Geschichte verpflichtet. Doch das Wagnis liegt eindeutig mehr auf ihrer als auf seiner Seite. Und zwar nicht nur, weil die biologische Uhr tickt, nach damaligem noch schneller als nach heutigem Verständnis.

Der Reisende trägt das kleinere Risiko, am Ende sitzen gelassen zu werden, als die Wartende. Während sie in ihrem Provinznest ohne vergleichbare Kandidaten die Tage und bald die Jahre zählt, eröffnen sich ihm täglich neue Möglichkeiten. Wie leicht könnte er in die Fänge einer faszinierenden Frau geraten, etwa einer bewunderten Schriftstellerin wie der (allerdings 33 Jahre älteren) Bettina von Arnim, mit der er eine Weile verkehrt?

Karl muss dem alten Zauber der Liebe erlegen sein. Genau wie Jenny, die ihn später ihren »Herrn und Gebieter«[5] nennt. Eine Art Erklärung findet sich in seinem berühmten Brief an den Vater:

»Als ich Euch verließ, war eine neue Welt für mich erstanden, die der Liebe, und zwar im Beginne sehnsuchtstrunkner, hoffnungsleerer Liebe. Selbst die Reise nach Berlin, die mich sonst im höchsten Grade entzückt, zu Naturanschauung aufgeregt, zur Lebenslust entflammt hätte, ließ mich kalt, ja sie verstimmte mich auffallend, denn die Felsen, die ich sah, waren nicht schroffer, nicht kecker als die Empfindungen meiner Seele, die breiten Städte nicht lebendiger als mein Blut, die Wirtshaustafeln nicht überladener, unverdaulicher als die Phantasiepakete, die ich trug, und endlich die Kunst nicht so schön als Jenny.«[6]

Von da an bindet ihn ein heimliches Versprechen an seine Herkunft. Die wichtigste Person in seinem Leben verkörpert ein Stück ihrer gemeinsamen Heimat. Die heimliche Verlobung bleibt indes nicht ganz geheim. Neben Jennys Bruder wird auch Familie Marx eingeweiht. Der

Hausherr und Freund des möglichen Brautvaters hält Karl auf dem Laufenden: »Jenny liebt Dich«, berichtet er dem Sohn nach Berlin, und »wenn der Unterschied der Jahre Ihr Kummer macht, so geschieht's Ihrer Eltern wegen.«[7]

Für die Schwiegertochter in spe, die ihre Altvorderen im Unklaren lassen muss, wird Heinrich Marx zum Verbündeten und Vertrauten, bei dem sie sich ausweinen kann. Er nimmt die Rolle des Beschützers an. Seinem Sohn, den er nicht ganz zu Unrecht für einen Hallodri hält, gibt er kurz nach Weihnachten 1836 mit auf den Weg:

»Ich habe mit J[enn]y gesprochen, und ich hätte gewünscht sie ganz beruhigen zu können. Ich that mein Möglichstes, doch alles läßt sich nicht weg räsoniren. Noch weis sie nicht, wie ihre Eltern das Verhältniß aufnehmen würden. Das Urtheil der Verwandten und der Welt ist auch keine Kleinigkeit. Ich fürchte Deine nicht immer gerechte Empfindlichkeit … Sie bringt Dir ein unschätzbares Opfer – sie beweist eine Selbstverleugnung, die nur von der kalten Vernunft ganz gewürdigt werden kann. Wehe Dir, wenn Du je in Deinem ganzen Leben, dies vergessen könntest!«[8]

Statt für die Feiertage heimzureisen, hat Karl via Elternhaus der »teueren, ewig geliebten J.v.W.« drei Gedichtbände geschickt: *Das Buch der Liebe* in zwei Heften, dazu ein *Buch der Lieder*. Der Beschenkten bedeuten die Dichtungen viel. Sie verwahrt sie bis an ihr Lebensende auf. Mit etwas kritischerem Blick hätte sie erkennen können, dass ihr Geliebter sich mit seinen lyrischen Ergüssen künstlerisch auf dem Holzweg befindet. »Jenny, darf ich kühn es sagen,/Daß die Seelen liebend wir getauscht,/Daß in eines sie glühend schlagen,/Daß ein Strom durch ihre Wellen rauscht …«[9]

Anfang Februar lässt der Vater ihn wissen: »Du weißt, lieber Karl, ich habe aus Liebe zu Dir mich in etwas eingelassen, was nicht meinem Charakter ganz anpaßt und … das unbegrenzte Zutrauen Deiner J[enn]y erworben. Aber das gute, liebenswürdige Mädchen peinigt sich unaufhörlich … Drückend ist es für sie, daß ihre Eltern nichts wissen … Sie kann sich selbst nicht erklären, wie sie, die ganz Verstandmensch zu sein glaubt, sich so hinreißen ließ … Ein Brief von Dir …, den aber nicht der phantastische Poet diktieren darf, kann Trost bringen.«[10]

Im November des Jahres insistiert er: »Und hast Du nicht auf die unbegreiflichste Weise das Herz eines Mädchens davongetragen, das Dir Tausende beneiden?«[11] Drei Wochen später erinnert er den Sohn abermals an seine Pflichten als Verlobter: »Ihr eine Zukunft zu schaffen ist die einfache und praktische Auflösung, ihrer würdig, in der wirklichen Welt, nicht im beräucherten Zimmer bei der dampfenden Öllampe neben einem verwilderten Gelehrten.«[12]

Als Marx während der Osterferien 1838 ins heimatliche Trier reist, wo sein Vater im Sterben liegt, sehen sich die Liebenden nach anderthalb Jahren erstmals wieder – und geraten offenbar in einen Streit. In dessen Verlauf beschimpft Karl seine Jenny als »gemeines Mädchen«. »Das konntest Du in Augenblicken der höchsten Liebe«, klagt sie bitter, »was kann ich erwarten, wenn sie einst erkaltet sein wird. Sieh Karl das ist ein Gedanke der Hölle in sich schließt. Ihn Nähren wäre Selbstmord und dazu muß es noch schlimmer kommen. Verzeih, daß ich das geschrieben, aber zuweilen durchzuckt mich noch jetzt der Schmerz.«[13]

Da sich keiner von seinen Briefen an sie aus der Studienzeit erhalten hat, müssen allein ihre an ihn als Stimmungsbarometer ihrer Beziehung dienen. Am Todestag von Heinrich Marx, sie hat ihn zum Schluss wie einen zweiten Vater geliebt, dem sie unverblümt ihre Sorgen anvertrauen konnte, an diesem Tag geht ein Brief nach Berlin. Nachdem sie sich über ihren Schmerz ausgelassen hat, kommt sie auf den Streit zurück:

»Karl hab' ich Dir je etwas ähnliches gesagt? Ich war still, mein Herz hörte auf zu schlagen; da fühltest Du was Du gethan und batest um Verzeihung … Ich sinne hin und her ob ich in meinem letzten Brief nichts kränkendes gesagt! Ich kanns nicht finden und dann wars auch nicht Absicht; die wars aber auch damals nicht, so wahr ein Gott lebt, aber ich war so beleidigt, so aufgeregt und Du weißt ja wie eitel ich bin und Karl verzeih mir nur dies eine Mal noch, verbrenne den Brief und vergiß ihn … Wenn Du nur wieder wohl bist, einziges, einziges Herzchen.«[14]

Ihr nächster erhaltener Brief kommt Ende Juni aus den Vogesen. Jenny hat Trier, »das alte Pfaffennest mit seiner Miniatur-Menschheit«, für einen Erholungsurlaub hinter sich gelassen. Nach üblichem Kosen – »vergebens sucht Dich mein Auge, vergebens breiten sich meine Arme nach Dir aus, vergebens rufe ich Dir sie zu, alle die süßen Namen der zärtlichsten Liebe« – erfährt Marx, wie vertraut sie mit seinem Vater war:

»Später wurde er heiterer, ja sogar so scherzhaft und neckisch, daß er mich immer Frau Präsidentin nannte; die Frau des Präsidenten Rive war nämlich damals so bedeutend krank, daß man täglich ihren Tod erwartete, und da meinte denn Dein Väterchen könne ich in die Stelle treten, ich solle mir ihn als einen Interims-Mann wählen, da es mit Dir doch gar zu lange dauern und diese lange Zwischenzeit als Frau Präsidentin figuriren. Lange lange amüsirte ihn diese Phantasie, und so oft ich zu ihm aufsah, sagte er schelmisch ›wie gehts meine gnädigste Frau Cheffin‹?«[15]

Sie schickt dem Geliebten »einige Haare von dem Theuren, es ist das letzte, was uns von seiner äußern Hülle übrig geblieben, Kummer und Sorge haben sie gebleicht. Ich habe sie mit meinen Küssen bedeckt, meinen Thränen benetzt. Möchten sie Dir ein Talisman durch dieses Leben werden.«[16] Tatsächlich soll Marx die Locke des Toten bis zu seinem eigenen Ende aufbewahrt haben.

Wo die Liebe hinfällt, wächst Eifersucht. Weihnachten 1839 wartet Jenny erneut vergeblich auf ihren Schatz. Das liegt zum einen daran, dass er nach dem Tod des Vaters und Streitereien mit der Mutter über die Regelung der Erbschaft kein sonderliches Interesse an einem Familienbesuch verspürt. Vermutlich bleibt er auch in Berlin, weil ihm zu Ohren gekommen ist, Jenny sei mit einem anderen Mann gesehen worden. Er macht ihr Vorwürfe, sie verschlimmert die Lage noch durch ihre Erklärungen, er wütet, sie besänftigt schließlich:

»Verzeih mir einziges Liebchen, daß ich Dich so ängstigen konnte, aber ich war vernichtet durch Deinen Zweifel an meiner Liebe und Treue. Sag Karl wie konntest Du … mir so trocken das niederschreiben, einen Verdacht äußern blos weil ich etwas länger als gewöhnlich geschwiegen … Ach Karl wie wenig kennst Du mich, wie wenig siehst Du meine Lage, und wie wenig fühlst Du, worin mein Gram besteht, an welcher Stelle mein Herz blutet … Nun aber Karl denke Dir meine Lage, Du achtest mich nicht, vertraust mir nicht, und daß ich Deine jetzige schwärmerische Jugendliebe nicht zu erhalten im Stande bin, hab' ich ja von Anfang gewußt, tief empfunden, noch ehe man mir das so kalt und klug und vernünftig auseinandergesetzt hatte … Sieh Karl die Sorge um die Fortdauer Deiner Liebe raubt mir allen Genuß, ich kann mich Deiner Liebe nicht so ganz freuen, weil ich mich ihrer nicht mehr versichert glaube, es konnte nichts schrecklicheres für mich kommen als das.«[17]

Hier zeigt sich mehr ihre Not als ihr Charakter. Kein Gespräch, kein Blickkontakt, keine Berührung. Dazu das Gerede der Verwandtschaft. Ihr vorrückendes Alter. Sie wird bald sechsundzwanzig. Und: Schwer vorstellbar, dass ein Mann im sexuell aktivsten Alter, Karl geht auf die zweiundzwanzig zu, das Berliner Leben ganz ohne Frauenbekanntschaften verbringt.

Was immer ihr Freund an der Spree auch getrieben hat, er behält es für sich und hält Jenny die Treue. Karl steht zu seinem Wort. Die Erfahrungen mit anderen Vertreterinnen ihres Geschlechts könnten ihn durchaus bestärkt haben: Jenny ist die beste Gefährtin, die es für ihn zu finden gibt. Den nächsten Schritt beschreiben alle Drehbücher ähnlich.

Zunächst verlangt Karl ihr alles an Charakterstärke und Zähigkeit ab, was sie außer ihrer hartnäckigen Liebe zu geben hat. Er hat Berlin verlassen und lebt wieder im Rheinland. Man könnte auch sagen: Er verbummelt ein Jahr in Bonn mit seinem Kumpel Bruno Bauer. Das wäre aber nicht gerecht, da er sich zum Journalisten mausert und mehr und mehr rheinabwärts nach Köln orientiert. Die Verlobte im gar nicht mehr so weit entfernten Trier hat er aber immer noch nicht aufgesucht. Die Reise wäre mit dem Dampfschiff mittlerweile in zwei Tagen zu bewältigen. Trotzdem erhält er einen liebevollen Brief.

»Schwarzwildchen wie freu ich mich, daß Du froh bist und daß mein Brief Dich erheitert, und daß Du Dich nach mir sehnst, und daß Du in tapezirten Zimmern wohnst und daß Du in Cöln Champagner getrunken hast und daß es da Hegelklubbs giebt und daß Du geträumt hast und daß Du, kurz daß Du mein, mein Liebchen, mein Schwarzwildchen bist.… Ach lieb, lieb Liebchen nun mengelirst Du Dich noch gar in die Politik. Das ist ja das Halsbrechendste.«[18]

Offenbar hat er ihr von der neuen Wende in seinem Werdegang berichtet, und sie ahnt die Folgen dieses Schrittes. Aber sie kritisiert ihn nicht weiter, sondern fährt mit der Sache fort, die ihr buchstäblich am Herzen liegt: »Es ist heut gar jämmerlich leer in meinem sausenden, brausenden Köpfchen und fast ist nichts mehr drin als Räder und Klappern und Mühlen. Die Gedanken sind alle raus dafür aber ist das Herzchen so voll so überströmend voll von Liebe und Sehnsucht und heißem Verlangen nach Dir dem unendlich Geliebten… Ich kann nicht mehr, sonst wirds mir ganz wirr im Kopf… Adieu liebes Männchen von der Eisenbahn… Gelt ich kann Dich doch heirathen?«[19]

Jenny will's jetzt endlich wissen. Und Karl erst recht. Aufgefordert von der besorgten Mutter, »nur äußern und innern Anstand zu beobachten«[20], und begleitet als Aufpasser von Bruder Edgar, Karls Freund und Studienkollegen, schließen sich die Liebenden Ende August 1841 in Köln so fest in die Arme, dass Jenny danach schwärmt:

»Und dennoch Karl ich kann, ich fühle keine Reue, halte ich mir die Augen fest, fest zu und seh ich dann Dein selig lächelndes Auge – sieh,

Karl dann bin ich selbst in dem Gedanken selig – Dir alles gewesen – andern nichts mehr zu sein. Ach Karl ich weiß sehr gut was ich gethan und wie ich vor der Welt geächtet wäre, ich weiß das Alles, alles und dennoch bin ich froh und selig und gäb selbst die Erinnerung an jenen Stunden um keinen Schatz der Welt dahin … Aber nie, nie warst Du ja noch so lieb und zärtlich … Ach Karl nicht wahr jetzt bleibst Du mir auch immer und immer treu und machst auch, daß ich bald Dein Frauchen werde … Das Ende Deiner Liebe und das Ende meines Daseins fallen in einen Moment zusammen. Und nach diesem Tod gibt es keine Auferstehung – denn nur in der Liebe liegt der Glaube an Fortdauer. Ach Karl, das Zimmer dröhnt und tanzt um mich herum.«[21]

Damit ist wohl ein wichtiges Fundament jeder guten Ehe über die Interessengemeinschaft hinaus gelegt: für beide befriedigender Sex. Fast unglaublich, dass noch weitere zwei Jahre ins Land ziehen müssen, bis sie sich das Jawort geben können. Nur noch ein weiterer Brief von ihr ist erhalten. Geschrieben Anfang März 1843 in Bad Kreuznach, als die Würfel gefallen sind, die Hochzeit beschlossene Sache ist, hat er von allem etwas: Seligkeit, eine Prise Eifersucht, laszive Formel, kaltes Kalkül.

»Denkst Du noch an unsre Zwielichtgespräche, unsre Winkpartieen unsre Schlummerstunden? … Überall begleit ich Dich hin, und geh Dir vor, und folg Dir nach. Könnt ich Dir doch die Wege all ebnen und glätten und alles wegräumen, was hindernd Dir entgegentreten sollte … Hast Du Dich auf dem Dampfer gut gehalten oder war wieder eine Madame Hermann am Borde. Du böser Schelm. Ich will Dir das mal vertreiben. Immer auf den Dampfschiffen. Dergl. Irrfahrten laß ich im contrat social, in unserm Heirathsact gleich mit Interdict belegen … Ich will Dich schon kriegen … Leb wohl lieb einzig, schwarz süß Heimelmännchen, ›Was, wie!‹ Ei du Schelmengesicht. Talatta, talatta leb wohl schreib bald talatta, talatta.«[22]

Jubelgesang einer geduldigen Siegerin. »Wie Jakob um Rachel«, so die jüngste Tochter Eleanor im Rückblick, »diente Marx um Jenny 7 Jahre.«[23] Was lange währt, wird endlich wahr. Und erzeugt Liebesbriefe, die zu den süßesten in der langen Geschichte dieser Literatursparte gezählt werden. Karl dagegen zeigt sich als gereifter Mann, als er wenige Tage später an Ruge schreibt: »Ich kann Ihnen ohne alle Romantik versichern, daß ich von Kopf bis zu Fuß und zwar allen Ernstes liebe. Ich bin schon über 7 Jahre verlobt, und meine Braut hat die härtesten, ihre Gesundheit fast untergrabenden Kämpfe für mich gekämpft … Ich und meine Braut haben daher mehr unnötige und angreifende Konflikte jahrelang durchgekämpft als manche andre, die dreimal älter sind und beständig von ihrer ›Lebenserfahrung‹ … sprechen.«[24]

Die Vermählung wird drei Monate später in der protestantischen Kirche von Bad Kreuznach vollzogen. Dort wohnt Jennys Mutter seit dem Tod ihres Mannes. Marx, der Atheist, lässt sich christlich trauen. Nach allem, was wir wissen, ist er nie aus der Kirche ausgetreten. Den notariell beglaubigten Ehevertrag zwischen »Herrn Carl Marx, Doktor der Philosophie, wohnhaft in Cöln« und »Fräulein Johanna Bertha Julie Jenny von Westphalen« hat sich die junge Frau ausbedungen.

Womöglich hat Madame Maman das so gewollt. Er regelt, in bürgerlichen Kreisen durchaus üblich, die Gütergemeinschaft des Paares. Darin sollen auch künftige Erbschaften aufgehen, wie sie allerdings nur Marx in nennenswertem Umfang erwartet. Ansonsten werden sie gemeinsame Eigentümer eines Vermögens, das über die meiste Zeit aus Schulden bestehen wird.

Davon ist in diesen glücklichen Stunden noch keine Rede. Immerhin hat der Familiengründer und, wie man hoffen darf, künftige Ernährer der Seinen als Autor und dann Chefredakteur der *Rheinischen Zeitung* sein erstes eigenes Geld verdient. In diesem Zeitfenster, kaum ein halbes Jahr, ist auch die Entscheidung zur Eheschließung gefallen. Außerdem steht die nächste Anstellung im Brotberuf als Mitherausgeber und Redakteur der *Deutsch-Französischen Jahrbücher* in Aussicht.

Für ihre kaum mehr als zweiwöchigen Flitterwochen reisen die frisch Getrauten in die Schweiz. Sie erleben das Tosen des Rheinfalls zu Schaffhausen, flanieren durch die Gassen von Puppenstubenstädtchen, speisen köstlich, fahren schließlich nach Baden-Baden – gut versorgt durch ein kleines Präsent von Jennys Mutter aus einer kürzlich gemachten Erbschaft. Dabei folgen sie einem Muster, dem sie bis ans Ende ihrer Ehe treu geblieben sind – wie gewonnen, so zerronnen:

»Das junge Ehepaar ließ sich alles auszahlen, tat es in einen Kasten mit zwei Handgriffen, den sie mit ins Coupé nahmen, beim Aussteigen zusammen trugen und auf der Hochzeitsreise mit in die verschiedenen Hotels nahmen. Wenn sie nun Besuch von bedürftigen Freunden oder Gesinnungsgenossen bekamen, stellten sie den Kasten offen auf den Tisch ihres Zimmers, jeder konnte sich daraus nach Gefallen nehmen – selbstredend war er bald leer.«[25]

Nachdem die Barschaft aufgebraucht ist, nehmen die Eheleute für ein Vierteljahr bei der Brautmutter Quartier. Der Name Bad Kreuznach steht damals wie heute nicht unbedingt für ein geistiges Zentrum. Doch die örtliche Bibliothek hält alles bereit, was den jungen Gatten die nächste Stufe seiner Entwicklung nehmen lässt. Statt nach all dem Warten die Erwählte noch eine Weile nur auf Rosen zu betten, gibt ihr Karl einen Vorgeschmack auf das, was sie in ihrer Ehe hauptsächlich erwartet. Fieberhaft stürzt er sich in Arbeit.

Einen Großteil der Zeit verbringt er in seiner bevorzugten Haltung, im Sitzen. Darüber geben allein schon die umfangreichen Exzerpte Auskunft, die er während des Vierteljahrs angefertigt hat. Die *Kreuznacher Hefte 1–5* füllen mehr als zweihundertfünfzig Seiten der Gesamtausgabe. Darunter befinden sich Dossiers zur Geschichte europäischer Länder und der USA. Er liest Rousseau, Machiavelli und Montesquieu, um nur einige zu nennen. Und er kommt zu Hegel zurück. Ein weiteres Muster in der Entwicklung seiner philosophischen Gedankenwelt. Er schreibt ein – wie so häufig unvollendetes – Manuskript: *Kritik des Hegelschen Staatsrechts.*[26]

»So schafft nicht die Verfassung das Volk«, heißt es darin, noch an die *Rheinische* erinnernd, »sondern das Volk die Verfassung.«[27] Ohne davon Aufhebens zu machen, tritt hier ein radikalliberaler Demokrat leise aus dem Schatten seines Meisters. »Der Mensch ist nicht des Gesetzes, sondern das Gesetz ist des Menschen wegen da, es ist *menschliches Dasein.*«[28]

Ist es vorstellbar, dass er sich bei den gemeinsamen Mahlzeiten und Spaziergängen bedeckt gehalten hat, statt mit der gebildeten Partnerin seine Gedanken zu teilen und zu diskutieren? Dass eine so kluge, wache und für neue Ideen glühende Frau, wie sie sich in ihren Briefen und späteren journalistischen Arbeiten zeigt, gänzlich unbeteiligt bleibt am geistigen Aufbruch ihres Mannes? Dass ihre »Funktion« im Kreuznacher Intermezzo sich darauf beschränkt, mit dem Gatten das Bett zu teilen – was zweifellos auch geschehen ist, wie die Geburt des ersten Kindes neun Monate später beweist?

Vielmehr lässt sich denken, dass Frau Marx das Pensum ihres rauschhaft arbeitenden Mannes nicht nur begleitet, sondern aktiv unterstützt. Wer sie in den kommenden Monaten in Paris und all den Jahren danach kennenlernt, erlebt eine selbstbewusste Debattiererin, die den Männertisch nicht scheut, sondern mit ihren Beiträgen bereichert.

Erstaunlich vielmehr, wie rasch sie nach Jahren provinzieller Beschaulichkeit in die Rolle der politischen Mitstreiterin rutscht, bereit, sich mit ihrem Geliebten ins Gewühl einer Metropole zu stürzen, die sich als politische Welthauptstadt versteht. Auf das endlich vereinte Paar wartet die Stadt der Liebenden, wo sie nach eigener Einschätzung die glücklichste Zeit ihres Lebens verbringen werden – ganze fünfzehn Monate.

7

»Oder sollen wir es gut pariserisch anfangen?«

Exil als Befreiung

Als »die Wiege des neuen Europas, den weiten Zauberkessel, in dem die Weltgeschichte siedet«, beschreibt Arnold Ruge »das große Tal von Paris«.[1] Ihm und seinem Vermögen verdanken die Marxens, dort vom Oktober 1843 an leben und wirken zu können. Ein Dorado für zwei Frankophile und Verliebte, die in ihrer kurzen Ewigkeit in dieser Stadt ein Kind bekommen und ein weiteres zeugen werden.

Provinzler spüren oft beim ersten Betreten einer Metropole sofort, ob sie dorthin gehören oder Zaungäste bleiben. Das Traumpaar aus Trier scheint wie für das großstädtische Leben mit seiner Vielfalt und Dichte geschaffen. Die beengten Verhältnisse teilt man mit vielen genau wie das überreiche Angebot an Restaurants und Cafés, Veranstaltungen, Begegnungen, Gesinnungsgenossen, Zeitungen, Kultur und Politik.

Nach ihrer Ankunft wohnen sie unter verschiedenen Adressen. Um den Frühlingsbeginn 1844 sollen sie sich, so wird berichtet, auf Vorschlag Ruges auf ein Experiment eingelassen haben. Er hat angeregt, ein »Stück Communismus« zu leben und mit anderen Ehepaaren, darunter Herwegh und Marx, in einer Art Wohngemeinschaft zusammenzuziehen. In der Rue Vaneau 22, einer kleinen Nebenstraße im Faubourg Saint-Germain (die Marxens wohnen Nummer 31), hat Ruge als Redaktionsstube das »Bureau des Annales« eingerichtet.

Ein paar Häuser weiter, in Nummer 38, sind zwei Etagen für die WG angemietet. Ob sie wirklich nach dem Vorbild der Phalanstère funktionieren soll, wie manche behaupten, einem genossenschaftlichen Lebensstil mit freier Liebe, wie ihn Charles Fourier propagiert und vorgelebt hat, erscheint angesichts der durchweg bürgerlichen Lebensweise der Exildeutschen eher zweifelhaft.

Fourier, Gesellschaftstheoretiker und früher Kapitalismuskritiker, stirbt, als Marx neunzehn ist und bereits in Berlin lebt. Er hat 1808 die Idee eines Rechts auf Arbeit formuliert. Auf den utopischen Sozialisten, der erst an seinem Lebensende gefeiert wird, geht auch der Begriff Feminismus zurück. Er kann mit Fug und Recht als Vorreiter im Kampf für die Gleichberechtigung der Geschlechter gelten. »Die Harmonie entsteht nicht, wenn wir die Dummheit begehen, die Frauen auf Küche und Kochtopf zu beschränken. Die Natur hat beide Geschlechter gleichermaßen mit der Fähigkeit zu Wissenschaft und Kunst ausgestattet.«[2]

Dahinter hätten die frischgebackenenen Ehefrauen Jenny Marx und Emma Herwegh, beide intelligent, gebildet und beide schwanger, ein Ausrufezeichen setzen können. Doch so »modern«, wie es dem Sozialrevolutionär vorschwebt, haben sie sich ihr häusliches Leben dann doch nicht vorgestellt. Das Experiment, so heißt es, wird nach zwei Wochen abgebrochen. Womöglich hat es auch gar nicht erst begonnen.

Marcel Herwegh, Sohn des Dichters, erinnert sich später: »Auf den ersten Blick beurteilte Frau Herwegh die Sachlage. Wie konnte Frau Ruge, die nette kleine Sächsin, mit der sehr intelligenten und noch ehrgeizigeren Madame Marx auskommen, die ihr an Wissen weit überlegen war, wie die erst so kurze Zeit verheiratete Frau Herwegh und die jüngste unter ihnen zu diesem gemeinsamen Leben verlockt finden?«[3]

Gut möglich, dass der Verfasser dieser Zeilen nur aus dem Hörensagen schöpft. Aber es scheint tatsächlich so, als hätte sich seine Mutter gar nicht erst auf die Menage eingelassen. Vielmehr hat sie für sich und ihren Mann gleich eine andere Bleibe gesucht und gefunden, wo sie dann ihren bekannten literarischen Salon betreibt.

Demnach haben nur zwei Ehepaare, Marx und Ruge, eine Zeitlang unter einem Dach gewohnt, jedes in seinen eigenen vier Wänden, bevor die Ruges im Oktober in eine andere Wohnung ziehen und nur noch Marx und Anhang die Nummer 38 als Absender auf ihre Briefe schreiben. Soweit ein kleiner Einblick ins Leben der deutschen Vormärzkommunarden an der Seine.

Jenny hat sich mit Emma angefreundet. Gemeinsam erkunden sie die Großstadt, für beide die erste in ihrem Leben. Sie diskutieren über Literatur, begeistern sich für George Sand. Die für ihr freizügiges Liebesleben bekannte sozialistische Schriftstellerin, für Karl wichtiger Quell revolutionärer Energie, verkehrt bei Emma, wo Jenny ihr begegnet sein soll.

Die geschiedene Mutter und Exgeliebte von Frédéric Chopin verkörpert den Typus einer modernen Frau, die sich für sozialkritische und feministische Ziele einsetzt. In ihrem utopischen Roman *Consuela*, der in jenen Monaten in Fortsetzungen erscheint, malt sie das Bild einer Gesellschaft ohne Unterschiede zwischen Klassen und Geschlechtern. Was aber ihren liberalen Lebensstil angeht, kann ihr die in Familiendingen traditionell denkende Jenny nicht folgen.

Die Marxens, in Paris durchgehend mit ordentlichem Einkommen versorgt, begreifen ihr Leben im gediegenen VII. (damals X.) Arrondissement als das einer Boheme mit gutbürgerlichem Lebensstil. Ihnen fehlt es an nichts, sie kleiden sich nach der Mode der Zeit, genießen französische Küche, Wein, Champagner und all die anderen Annehmlichkeiten der *Vie française*.

Als Vertreter der besser gestellten Konsumgesellschaft kaufen sie in den extravaganten Pariser Einkaufspassagen ein, frühen Vorläufern der heutigen Shoppingmalls. Hier könnte Marx auch Anschauung für den berühmten Auftakt seines Epos vom *Kapital* gewonnen haben: »Der Reichtum der Gesellschaften, in welchen kapitalistische Produktionsweise herrscht, erscheint als eine ›ungeheure Warensammlung‹.«[4]

Der Honigmond des politischen Paares dauert eineinviertel Jahre. In dieser Zeit geschieht alles Entscheidende für Marx' künftiges Leben als Theoretiker und Revolutionär: seine Entdeckung der Ökonomie als Motor der Entwicklung, seine Verwandlung in einen Kommunisten, die Begegnung mit Friedrich Engels, dem Gefährten seines restlichen Lebens.

Als die Eheleute an der Seine eintreffen, hat Karl zwei der bedeutendsten Manuskripte seiner ersten Lebenshälfte mehr oder weniger ausformuliert zur Veröffentlichung im Gepäck. Das eine läuft unter dem bis heute brisanten Titel *Zur Judenfrage*. Beim anderen verrät die Überschrift – *Kritik der Hegelschen Rechtsphilosophie. Einleitung* – nichts über ihren unerhörten Inhalt. Sie gehört zum Besten, was Marx in der kurzen Form je zu Papier gebracht hat.

Beide Texte erscheinen in den *Deutsch-Französischen Jahrbüchern* – die ihrem Namen nicht gerecht werden: Die Zeitschrift wird nur in einer Doppelnummer erscheinen und, neben einem Beitrag des Russen Bakunin, ausschließlich Texte deutscher Autoren in ihrer Sprache enthalten: Heine, Herwegh, Hess, Engels, Marx und Ruge. Alle Versuche, auch Franzosen zu beteiligen, stoßen auf deren Desinteresse oder unverhohlene Ablehnung.

Das mag auch an der Umgangsweise des hauptverantwortlichen Redakteurs gelegen haben. »Marx war damals viel weiter als ich«, schreibt rückblickend Bakunin. »Zwar jünger als ich, war er bereits Atheist, ein gebildeter Materialist und bewusster Sozialist … Ich suchte begierig das Gespräch mit ihm, das immer lehrreich und witzig war, wenn er sich nicht gerade von kleinlichem Hass lenken ließ, was leider nur zu oft vorkam … Er nannte mich einen sentimentalen Idealisten und hatte damit Recht. Ich nannte ihn eitel, perfide, durchtrieben und hatte damit ebenfalls Recht.«[5]

Anders als Marx demonstriert Bakunin mit spartanischer Ausstattung seine Überzeugung vom Leben in Freiheit von materiellen Zwängen. Neben seinem Feldbett, seinem Koffer und einem Zinnbecher fehlt es in seinem Zimmer in der Rue de Bourgogne an allem, was auch nur den Verdacht auf Bürgerlichkeit aufkommen lassen könnte. Dort, wo nächtelang geraucht und debattiert wird, findet sich auch der prominente Sozialist Proudhon ein, der ein paar Monate in Paris weilt. Der Franzose freundet sich mit dem Russen an, der ihm Vorlesungen über Hegel hält – in französischer Sprache.

Marx, der den Kreis mit seiner Anwesenheit beehrt, hält das für unzureichend, typisch für einen wie ihn. »Während meines Aufenthalts in Paris, 1844, trat ich zu Proudhon in persönliche Beziehung«, erinnert er sich zwei Jahrzehnte später. »Während langer, oft übernächtiger Debatten infizierte ich ihn zu seinem großen Schaden mit Hegelianismus, den er doch bei seiner Unkenntnis der deutschen Sprache nicht ordentlich studieren konnte.«[6]

Wie dem auch sei: Weder hat sich Proudhon als prominentester Sozialist an den *Jahrbüchern* beteiligt, was deren Beachtung in seiner Heimat sicher gesteigert hätte, noch ist dem Unternehmen ein übermäßiger Erfolg beschieden. Die Exemplare für mögliche deutsche Leser werden an der preußischen Grenze abgefangen, ihre Autoren, neben Marx und Ruge auch Heinrich Heine, zur steckbrieflichen Suche ausgeschrieben. In Preußen werden die Schriften wegen »geradezu verbrecherischen Inhalts«[7] unter Strafandrohung verboten.

Die Texte erreichen auch anderswo keine große Leserschaft. Aber sie sind in der Welt. Ein teuer erkaufter Etappensieg im Kampf um das freie Wort. Der macht aus mutigen Tätern immer wieder Opfer von Übergriffen, von Marx über Journalisten in autokratischen Staaten bis zu den Mitarbeitern der Satirezeitschrift *Charlie Hebdo*. Paris hat ganz eigene Kapitel dieser Geschichte geschrieben. Sollte dort je der Pressefreiheit ein Denkmal gesetzt werden, könnte Marx dafür Pate stehen – als ihr Verfechter und als Opfer ihrer Unterdrückung: *Je suis Charles*.

Wie ungebrochen der Wille, sich das freie Wort nicht nehmen zu lassen, in jeder Generation junger Franzosen wieder auflebt, ist im Frühjahr 2016 auf der Pariser Place de la République mit allen Sinnen zu erfahren. Unter dem Motto *Nuit debout* (etwa: Aufrecht durch die Nacht) treffen sich Abend für Abend Abertausende meist junger Leute, ursprünglich, um gemeinsam Flagge gegen den damaligen, einst als »Linken« gewählten Präsidenten Hollande und seine wirtschaftsfreundlichen Arbeitsgesetze zu zeigen.

Begleitet von martialisch auftretenden Bereitschaftspolizisten mit Schlagstock, Helm und Tränengas, hat sich eine bunte Schar empörter Bürger jedweder Herkunft zum mächtigen Feierabendprotest versammelt. Unter dem reichlich mit Spruchbändern wie »Demokratie, wo bist Du?« behangenen Monument de la République herrscht ein Geschiebe wie auf einem Jahrmarkt. Es riecht nach Gebäck und Gewürzen. Menschen mit Musikinstrumenten sammeln sich unter der stolzen Marianne als Symbol der Republik. Man singt und spielt zusammen, Blasmusik gegen die Blasiertheit der Bourgeoisie. Man gibt einander Rat in Rechts- oder Ernährungsfragen, man kocht und isst, und zwar nicht schlecht, es wird geraucht, getrunken, gelacht, massiert – friedlicher Protest im 21. Jahrhundert.

In der Dämmerung werden Feuer entzündet. Hunderte versammeln sich auf einem tennisplatzgroßen Areal zum täglichen Plenum, die Themen sind vorher per Wandzeitung und Internet angekündigt worden. Dort sitzen sie auf dem Boden, ernst und konzentriert und ohne Zwischenrufe. Man meldet sich durch gereckte Hände zu Wort. Die Diskussionen kreisen um Migration und Frauenrechte, Kapitalismuskritik und kommunale Fragen.

Wie schon die Aktivisten von Occupy Wall Street 2011 in New York, und in der Folge rund um den Globus, oder die Indignados in Spanien, aus deren Protesten die neue Linkspartei Podemos hervorgegangen ist, dienen ihre Zusammenkünfte vor allem dazu, die Herrschenden an die Macht der Straße zu erinnern und dabei neue Formen des Widerstandes auszuprobieren.

Explizit werden keine konkreten Forderungen erhoben. Nicht alle Energien sollen sich auf bestimmte Missstände fokussieren. Vielmehr geht es den Aktivisten wie seinerzeit im Zucotti Park von Lower Manhattan darum, den demokratischen Diskurs im Angesicht des allgemeinen Missstandes wiederzubeleben. Manche sehen darin ein Warmlaufen für den *Kommenden Aufstand*, so der Titel eines einflussreichen Pamphlets, das ein »Unsichtbares Komitee« 2007 von Frankreich aus in der ganzen Welt verbreitet hat.

Im Zentrum steht damals wie heute die zunehmend krasse Ungleichheit der Einkommen und Vermögen, die in der Zahl 99 ihren Ausdruck findet: »Neunundneunzig Prozent«, so der für weltöffentliche Wirkung zugespitzte Slogan, haben nichts, und ein Prozent besitzt alles.

Auch wenn die neuen Bewegungen scheinbar kommen und gehen, könnten sie in den Geschichtsbüchern dereinst als Vorstufe zum globalen Aufbruch einer sozial vernetzten Jugend erscheinen. Mit ihrem starken theoretischen Fundament jenseits flüchtiger Sichtbarkeit erinnern sie an die frühen 1840er-Jahre in Paris, wo sich Marx unversehens im dichten Milieu junger sozialistischer Theoretiker und noch immer aktiver Veteranen der letzten politischen Umwälzung wiederfindet.

Im damaligen Frankreich herrscht nach der Julirevolution von 1830 mit Louis-Philippe I. der letzte König, der dort regieren wird. In den achtzehn Jahren bis zu seiner Vertreibung erlebt das Land einen enormen wirtschaftlichen Aufschwung, begünstigt nicht zuletzt durch den massiven Bau von Eisenbahnen.

Kapitalisten und Couponschneider, Händler und Fabrikanten sind dem Aufruf des Bürgerkönigs gefolgt, der in der neoliberalen Aufbruchphase unter Thatcher, Reagan und auch Helmut Kohl wieder zu »Ehren« kommen wird: *Enrichissez-vous!* – Bereichert euch! Gleichzeitig mit der schwungvollen Industrialisierung wächst jene »Klasse« heran, die Marx in den Mittelpunkt seiner Revolutionstheorie stellen wird: das Proletariat. In Paris ist es nicht mehr zu übersehen.

Hier wird Jenny Zeugin, wie Karl neben aller politischen Beschäftigung seinen Kreuznacher Schaffensrausch fortsetzt. Der erinnert an die »Wunderjahre« Newtons und Einsteins, die jeweils in wenigen Monaten mehrere Arbeiten von Weltbedeutung aufgesetzt haben. Marx nutzt die kreative Atmosphäre »der neuen Hauptstadt der neuen Welt«[8], wie er Paris nennt, und legt den Grundstein für sein gesamtes späteres Lebenswerk – seine *Pariser Manuskripte*.

Unter Biografen ist solch eine Zeit in der Schilderung von Leben und Werk auch als »Bauch« bekannt. So wie sich die Geschichte eines Lebens (und Denkens) verdichtet, so verbreitert sich ihre Beschreibung. In seinen Schriften erleben wir die Verwandlung des demokratisch orientierten Karl Marx in einen Revolutionär und Kommunisten fast wie im Zeitraffer. Bereits im März 1843 hat er an Ruge geschrieben:

»Sie sehen mich lächelnd an und fragen: Was ist damit gewonnen? Aus Scham macht man keine Revolution. Ich antworte: Die Scham ist schon eine Revolution … Und wenn eine ganze Nation sich wirklich schämte, so wäre sie der Löwe, der sich zum Sprunge in sich zurückzieht.«[9]

Da muss Ruge bereits geahnt haben, dass sein publizistischer Partner mehr im Schilde führt als nur intellektuelle Auseinandersetzungen. Ob Marx das wörtlich so geschrieben oder ob der Partner eingegriffen hat, lässt sich nicht mehr mit Sicherheit feststellen. Der Autor ist auf diese in den *Deutsch-Französischen Jahrbüchern* publizierten Briefe nicht mehr zurückgekommen. Noch im September hat Ruge ein Schreiben aus dem Kreuznacher Flitterwochenglück erhalten, in dem Marx sein Programm entwirft:

»Es wird sich dann zeigen, daß die Welt längst den Traum von einer Sache besitzt, von der sie nur das Bewußtsein besitzen muß, um sie wirklich zu besitzen. Es wird sich zeigen, daß es sich nicht um einen großen Gedankenstrich zwischen Vergangenheit und Zukunft handelt, sondern um die *Vollziehung* der Gedanken der Vergangenheit. Es wird sich endlich zeigen, daß die Menschheit keine *neue* Arbeit beginnt, sondern mit Bewußtsein ihre alte Arbeit zustande bringt … Dies ist eine Arbeit für die Welt und für uns. Sie kann nur das Werk vereinter Kräfte sein. Es handelt sich um eine *Beichte,* um weiter nichts. Um sich ihre Sünden vergeben zu lassen, braucht die Menschheit sie nur für das zu erklären, was sie sind.«[10]

Zwischen diesen flammenden Worten und dem Ende der Partnerschaft mit Ruge liegt kaum mehr als ein Jahr. Nachdem der Herausgeber eines Abends beim Wein abfällig über Herwegh, dessen luxuriösen Lebensstil, seine außerehelichen Affären (kurz nach seiner eigenen Vermählung lässt er sich mit der früheren Geliebten von Franz Liszt ein) und seine Faulheit als Mitarbeiter der *Jahrbücher* hergezogen ist, macht Marx kurzen Prozess.

Seiner Mutter schildert Ruge den Hergang so: »Ich nannte ihn« – Herwegh – »im Eifer wiederholt einen Lumpen und erklärte, wenn man heiratete, müßte man wissen, was man täte. Marx schwieg und nahm zärtlich Abschied von mir. Den anderen Morgen schrieb er mir: ›Herwegh sei ein Genie und hätte eine große Zukunft vor sich; es hätte ihn indigniert, daß ich ihn einen Lump genannt, meine Ansichten von der Ehe wären dagegen unmenschlich und philiströs.‹ Seitdem sahen wir uns nicht wieder.«[11]

Der Streit hat aber auch ganz handfeste Gründe: Der wohlhabende Ruge hat nicht nur alle weiteren Investitionen in die *Jahrbücher* gestoppt, die ihm politisch zu heikel geworden sind. Er hat sich auch geweigert, Marx das ihm zustehende Honorar von 1800 Francs auszuzahlen, und stattdessen seine Mitarbeit mit tausend Exemplaren des Druckwerks abgegolten (die diesem dann allerdings über 2000 Francs eingebracht haben sollen).

»Mir erklärte Marx«, klagt Ruge im Jahr nach dem Zerwürfnis, »er könne mit mir, da ich nur Politiker, er aber Kommunist sei, nicht weiter gemeinschaftlich arbeiten. Vom September 1843 bis zum März 1844 hatte er diesen Fortschritt zum ›krassen Sozialismus‹ zurückgelegt.«[12] Die Zeit umfasst das spannendste Halbjahr in Marx' intellektuellem Leben vor dem Brüsseler Schicksalstag im März 1848.

Was Ruge wie ein Umschlagen beschreibt, ist in Wahrheit die Momentaufnahme im rasanten, aber kontinuierlichen Prozess einer geistigen und politischen Entwicklung. Sie hat schon beim Schüler Karl begonnen und mit dem Journalismus erstmals eine praktische Form gefunden. Das Bild vom Sprung entsteht durch das bisweilen atemberaubende Tempo, mit dem Marx seine Verwandlung vollzieht. Ihr Gradmesser ist die Schlagzahl, mit der er Freunde wie Überzeugungen gewinnt und hinter sich lässt. Aber Ruge hätte gewarnt sein müssen:

»Die Reform des Bewußtseins«, hat ihm Marx im September 1843 über die möglichen Absichten der geplanten *Jahrbücher* eröffnet, »besteht *nur* darin, daß man die Welt ihr Bewußtsein innewerden läßt, daß man sie aus dem Traum über sich selbst aufweckt, daß man ihre eignen Aktionen ihr *erklärt*. Unser ganzer Zweck kann in nichts anderem bestehn, wie dies auch bei Feuerbachs Kritik der Religion der Fall ist, als daß die religiösen und politischen Fragen in die selbstbewußte menschliche Form gebracht werden.«[13]

Ruge erlebt mit dem Bruch also keine Ausnahme, sondern die Regel. Was für Marx aber entscheidend ist: Das gemeinsame Projekt ist gescheitert, die *Jahrbücher* sind tot, mit ihnen verliert er seine Stimme in die Welt. Er wird nicht eher ruhen, bis er eine neue gefunden hat.

In Paris stürzt er sich nicht nur in die Arbeit, sondern auch in das Leben der Stadt und ihrer Menschen, darunter unzählige Migranten wie er selbst. Allein die Zahl deutscher Handwerker wird auf bis zu hunderttausend geschätzt. Erstmals, so heißt es, trifft er auf echte Arbeiter – ein Umstand, der in der sozialistischen Geschichtsschreibung wie die Erleuchtung Christi gefeiert wird.

Im Elend der Proletarier, in ihrer Kraft und Kampfbereitschaft habe Marx das Motiv für sein revolutionäres Ringen für die Unterdrückten gefunden. In Wahrheit hat er nicht Arbeiter bei der Arbeit gesehen, schwitzend, leidend und erschöpft, sondern nur ihre organisierten Vertreter, hauptsächlich Handwerksgesellen, mit Hut und Rock, bei ihren Versammlungen. In seinen *Pariser Manuskripten* notiert er:

»Wenn die kommunistischen *Handwerker* sich vereinen, so gilt ihnen zunächst die Lehre, Propaganda etc. als Zweck … Rauchen, Trinken, Essen etc. sind nicht mehr da als Mittel der Verbindung oder als verbindende Mittel. Die Gesellschaft, der Verein, die Unterhaltung, die wieder die Gesellschaft zum Zweck hat, reicht ihnen hin, die Brüderlichkeit der Menschen ist keine Phrase, sondern Wahrheit bei ihnen, und der Adel der Menschheit leuchtet uns aus den von der Arbeit verhärteten Gestalten entgegen.«[14]

Aber kein Malocher von verhärteter Gestalt wird Marx' wichtigste Bekanntschaft unter den Deutschen in Paris, sondern ein kränkelnder Dichter und Denker. Heinrich Heine, dessen politische Lyrik er und Jenny schon lange bewundern, wohnt nur einen Spaziergang entfernt in der Avenue Matignon. Der Titan der deutschen Dichtung, wie Marx ein konvertierter Jude und Mitarbeiter der *Jahrbücher*, wird zum regelmäßigen Hausgast der Eheleute. Er soll sogar der ersten Tochter Jenny als Baby durch beherztes Eingreifen das Leben gerettet haben.

Beim Abschied aus Paris schreibt ihm Marx: »Von allem, was ich hier an Menschen zurücklasse, ist mir die Heinesche Hinterlassenschaft am unangenehmsten. Ich möchte Sie gern mit einpacken.«[15] Familie Marx und er bleiben Freunde bis zu seinem Tod 1856.

Der Dichter der *Schlesischen Weber* denkt zwar ähnlich revolutionär wie Marx, schreckt aber vor den Folgen einer Umwälzung zurück. »Eine unsägliche Betrübnis ergreift mich, wenn ich an den Untergang denke, womit das siegreiche Proletariat meine Gedichte bedroht, die mit der ganzen alten romantischen Weltordnung vergehen werden«, gibt Heine im Jahr vor seinem Ende zu Protokoll.

»Und dennoch, ich gestehe es freimütig, übt ebendieser Kommunismus, so feindlich er allen meinen Interessen und Neigungen ist, auf mein

Gemüt einen Zauber, dessen ich mich nicht erwehren kann.«[16] Seine Sympathie gilt den »mehr oder minder geheimen Führern der deutschen Kommunisten«.

Sie »sind große Logiker, von denen die stärksten aus der Hegelschen Schule hervorgegangen, und sie sind ohne Zweifel die fähigsten Köpfe, die energischsten Charaktere Deutschlands. Diese Doktoren der Revolution und ihre mitleidlos entschlossenen Schüler sind die einzigen Männer Deutschlands, denen Leben innewohnt, und sie sind es, fürchte ich, denen die Zukunft gehört«[17].

Heine, der als mimosenhaft empfindlich geschildert wird, wenn es um seine Texte geht, schätzt das Marxsche Urteil – und zwar das von Jenny nicht minder als das von Karl. Wenn er sich wieder einmal über eine Kritik an seinem Werk ausweinen muss, das ist wörtlich zu nehmen, dann ist sie es, die ihm zur Seite steht – als Freundin und Beraterin. »Heine«, so ihr Schwiegersohn Paul Lafargue, »hegte eine große Bewunderung für den scharfen und feinfühligen Geist«[18] der Frau Marx.

Ihr Mann, so die gängige Version der Heine-Biografik, hat wesentlichen Anteil an dessen Politisierung und Radikalisierung. In seinem Versepos *Deutschland ein Wintermärchen* findet sie ihren vollendeten Ausdruck. Der Poet schickt Marx von Hamburg aus die Druckfahnen. Noch bevor die Leser des Verlegers Campe in den Genuss der Lektüre kommen, soll die Dichtung in Folgen in der deutschen, in Paris verlegten Zeitung *Vorwärts* erscheinen. Als deren Quasiredakteur nimmt Marx die Sendung in Empfang.

Der *Vorwärts* erscheint erst seit Anfang des Jahres. Er ist Marx' nächste Stimme nach draußen geworden. »Vorwärts«, das steht für Fortschritt und Optimismus, die einmal Domäne der Linken waren, und gibt ziemlich genau die mentale Stimmungslage jener Jahre wieder. In dem Blatt hat Heine schon vor ein paar Monaten sein berühmtes Gedicht über den Weberaufstand veröffentlicht. »Altdeutschland, wir weben dein Leichentuch/Wir weben hinein den dreifachen Fluch/Wir weben, wir weben!«

Marx beschäftigt sich in seinem ersten Artikel für die Zeitung ebenfalls mit dem Thema. An dieser Stelle bringt er prominent das Proletariat ins Spiel. Diese schnell wachsende Klasse, davon ist er überzeugt, sei dazu berufen, die Revolution ins Werk zu setzen.

Marx bestimmt nun mehr und mehr die Linie des Blattes. Dabei kommt ihm Chefredakteur Karl Ludwig Bernays zu Hilfe ebenfalls ein ehemaliger Mitarbeiter an den *Jahrbüchern*. Marx ist es auch, der im Namen der Zeitung mit Verleger Campe korrespondiert: »Ist Heine noch in Hamburg, so sagen Sie ihm gefälligst meinen besten Dank für die übersandten Gedichte.«[19] Endlich kann der Journalist wieder Redaktionsluft atmen. Die Atmosphäre schildert Verleger Heinrich Börnstein in seinen Memoiren:

»In diesem Zimmer kamen nun zu den Redaktions-Sitzungen zwölf bis vierzehn Menschen zusammen, die teils auf Bett und Koffer sitzend, teils stehend oder herumgehend, alle furchtbar rauchten, dabei mit der größten Leidenschaftlichkeit debattierten. Die Fenster konnte man nicht aufmachen, weil sich sonst bald ein Volksauflauf auf der Straße gebildet hätte, um die Ursache dieses heftigen Schreiens zu erfahren – und so war denn das Zimmer bald in solche dicke Rauchwolken gehüllt, dass ein Neueintretender keinen der Anwesenden erkannte und wir uns zuletzt gegenseitig selbst nicht mehr sehen konnten.«[20]

Jenny will nicht mit ansehen, wie sich Karl mit seinen Attacken immer tiefer ins Verderben reitet. Doch nichts anderes tut er. »Der Staat ist ein zu ernstes Ding, um zu einer Harlekinade gemacht zu werden«, schreibt er mit Blick auf Preußen. »Man könnte vielleicht ein Schiff voll Narren eine gute Weile vor dem Winde treiben lassen; aber seinem Schicksal trieb es entgegen eben darum, weil die Narren dies nicht glaubten. Dieses Schicksal ist die Revolution, die uns bevorsteht.«[21]

Marx lässt Neigungen und Regungen freien Lauf, obwohl seine familiäre Verantwortung zugenommen hat. Am 1. Mai kommt in Paris ein Töchterchen auf die Welt. Es soll auf den Namen der Mutter hören. Doch »Jennychen« kränkelt. Die Mutter beschließt, mit dem Baby die dreitägige Kutschfahrt in die Heimat auf sich zu nehmen. Dort wird eine Amme in Dienst genommen, und dem Kind geht es bald besser.

Währenddessen wird die deutsche Zensur auf Marx aufmerksam. Im *Vorwärts* hat er die – unter Marxianern hochgehaltenen – *Kritischen Randglossen zu dem Artikel eines Preußen* veröffentlicht (der »Preuße« ist Ruge). Eine letzte Abrechnung mit dem vormals Verbündeten. Darin findet sich auch der häufig zitierte Satz, der keinerlei Zweifel an der Gesinnung des Autors lässt: »Jede Revolution löst die *alte Gesellschaft* auf; insofern ist sie *sozial*. Jede Revolution stürzt die *alte Gewalt*; insofern ist sie *politisch*.«[22]

Die Pressefreiheit in Frankreich kann ihn und seine Kollegen auf Dauer nicht vor den Repressalien der preußischen Journalistenjäger schützen. Die Ausweisung auf deutschen Druck hin wird nicht mehr lange auf sich warten lassen. Jenny ahnt das Ungemach. Aus Trier schreibt sie ihrem Liebsten:

»Ich trete übrigens gegen Jeden üppig auf, und mein äußeres Auftreten rechtfertigt denn auch vollkommen diese Üppigkeit. Einmal bin ich eleganter als Alle und dann hab' ich nie in meinem Leben besser und blühender ausgesehn als jetzt... Trotz dem, daß mein ganzes Sein und Wesen Zufriedenheit und *Fülle* ausspricht, hofft doch Alles daß Du Dich doch noch zu einem ständigen Posten entschließen werdest. O, Ihr Esel, stündet Ihr doch auch nur Alle fest. Ich weiß daß wir nicht grade auf Felsen stehn, aber wo ist jetzt fester Grund und Boden. Zeigen sich nicht überall die Spuren des Erdbebens und des unterminirten Grundes auf dem die Gesellschaft ihre Tempel und Kaufbuden aufgeschlagen hat. Der Maulwurf Zeit, glaub' ich, hört bald auf unterirdisch zu wühlen – in Breslau hat' es ja auch wieder gewetterleuchtet.«

Alle Welt spricht in diesen Tagen vom niedergeschlagenen Weberaufstand in Schlesien, und Jenny fühlt mit ihrem kämpferischen Karl. »Was war mein Herz Dir nah am 19ten Juni!« Nachdem sie ihm die Genesung des Säuglings gemeldet hat – »An unserm Hochzeitstage besserte sich erst unser liebes Kinnichen und sog sich frische gesunde Nahrung« –, ruft sie ihn zu Vorsicht und Mäßigung auf:

»Lieb Herzchen, ich hab' oft gar zu große Sorgen wegen unserer Zukunft, in der Nähe wie in der Ferne, und ich meine, ich bekomme die Strafe für meinen hiesigen Übermut und meine Üppigkeit. Wenn Du es kannst, so beruhige mich darüber. Es spricht alles zuviel vom *ständigen* Einkommen. Ich antworte dann bloß mit meinen roten Backen, meinem weißen Fleisch, meiner Samtmantille, Federhut und Grisikopfputz.«

Darauf folgt eine kluge Mahnung, eine Bitte, ein Appell an seine Vernunft, die Tinte zurückzuhalten: »Schreib nur nicht zu gallicht und gereizt. Du weißt, wieviel mehr Deine andern Aufsätze gewirkt haben. Schreib entweder sachlich und fein oder humoristisch und leicht. Bitte, lieb Herz, laß die Feder mal übers Papier laufen, und wenn sie auch mal stürzen und stolpern sollte und ein Satz mit ihr – Deine Gedanken stehn ja doch da wie Grenadiere der alten Garde, so ehrenfest und tapfer... Laß mal das Riemenzeug los und lüfte die Krawatte und den Tschako – laß die Partizipien laufen und stell die Wörter, wie sie es selber wollen. So ein Kriegsvolk muß nicht so regelrecht marschieren. Und Deine Truppen ziehn doch ins Feld? Glück auf den Feldherrn, meinen schwarzen Herrn.«[23]

Statt auf Jenny zu hören, reizt Marx die Pressefreiheit über ihre Grenzen hinaus aus. Er nutzt den *Vorwärts* zur Agitation gegen Preußen – wohl wissend, dass zwischen den Königreichen beiderseits des Rheins enge Verbindungen bestehen.

Anfangs bleibt es noch ruhig. Marx und Mitstreiter müssen glauben, unbehelligt zu bleiben. Ohne Ahnung vom fernen Gewitter, das sich über ihnen zusammenbraut, macht sich Jenny mit Kind und Amme nach drei Monaten von Trier auf den Weg zurück, hoffnungsfroh, ihren Karl so in die Arme nehmen zu können, wie sie ihn verlassen hat, als hingebungsvolle Gattin.

»Karlchen wie lang wird das Püppchen eine solo Parthie spielen?«, hat sie ihm Ende August geschrieben. »Ich fürchte, ich fürchte, wenn Papa und Mama einmal wieder beieinander sind, in Gütergemeinschaft leben, dann wird bald ein duo aufgeführt. Oder sollen wir es gut pariserisch anfangen? Gewöhnlich giebt es da die meisten kleinen Weltbürger, wo die geringsten Mittel sind.«[24]

Doch dort, im Pariser Paradies, erwartet die Ahnungslose eine neue Überraschung. Während sie zu Hause Zeugin eines der größten Massenaufläufe jener Zeit wird – mehr als eine Million Menschen pilgern nach Trier, um der ausgestellten Reliquie, angeblich der letzte Rock des Heilands, nahe zu sein –, während sie als junge Mutter die Heimat der gemeinsamen Kindheit genießt, hat ihr Ein und Alles einen Mann getroffen, ihn in ihrer Wohnung bewirtet und sich mit ihm angefreundet.

Hier bekommt ihr kurzes Glück bereits seinen ersten Dämpfer. Bis an ihr Ende wird sie ihren Liebsten mit diesem anderen teilen müssen. In ihren Erinnerungen heißt es nur knapp: »September kehrte ich in Begleitung einer deutschen Amme … mit dem vierfach bezahnten Jennychen nach Paris heim. Während meiner Abwesenheit hatte Friedrich Engels Karl besucht.«[25]

Im Augenblick spielt das für sie noch keine größere Rolle. Kommende und Gehende im Leben ihres Mannes hat sie zur Genüge erlebt. Ganz anders die Geister, die er gegen ihre Wünsche geweckt hat. Die preußische Reaktion lässt nicht lange auf sich warten. Hinter den Kulissen braut sich zusammen, was sich im Frühjahr auf die schon bekannte Formel verdichten wird: »Karl Marx hat Paris binnen 24 Stunden zu verlassen.«[26]

8

Trau keinem über dreißig

Die Entwicklung der Marxschen Gedankenwelt

Was wäre, würde heute auf einem Dachboden ein Bündel vergessener, fast unleserlicher Manuskripte eines Unbekannten aus dem 19. Jahrhundert entdeckt, und sie steckten voller Gedanken, die uns noch immer bewegen?

Hätte Anfang März 1848 in Brüssel Marx die Kugel eines Gendarmen getroffen, wäre ein solches Szenario nicht einmal unrealistisch. In seinem Gepäck, mit dem er gerade nach Paris zurückkehren will, liegt der wichtigste Teil seiner frühen Schriften, darunter aus der ersten Pariser Periode die später so genannten *Philosophisch-Ökonomischen* oder *Pariser Manuskripte*, zentraler Text für sein gesamtes weiteres Werk, und die *Thesen zu Feuerbach*, die den jähen Wandel in seinem Weltbild dokumentieren, sowie vermutlich ein Entwurf zur *Deutschen Ideologie*, gemeinsam mit Engels 1845 in Brüssel verfasst.

Im Lichte der tatsächlichen Odyssee der Schriften nach seinem Tod braucht es nicht einmal viel Fantasie, sich vorzustellen, wie sie irgendwie auf einen Dachboden gelangt und dort vergessen worden sind. Abgesehen von den drei Seiten Feuerbachthesen hat es ein geschlagenes halbes Jahrhundert nach Marx' Tod gedauert, bis sie im SPD-Archiv entdeckt und endlich 1932 veröffentlicht werden. Und zwar nicht zuerst in Deutschland, sondern in Russland, wo zehn Jahre nach der Oktoberrevolution Stalin die Alleinherrschaft übernommen hat.

Die Ausführungen des jungen Wilden passen der sowjetischen Führung etwa so gut in den Kram wie dem *Großinquisitor* in Dostojewskis Erzählung die Wiederkehr Jesu. Darin kehrt der Heiland im 16. Jahrhundert auf die Erde zurück, nach Sevilla. Der dortige Chef der Ketzerjäger lässt ihn einsperren, sucht ihn in seiner Zelle auf und herrscht ihn an: »Warum bist du gekommen, uns zu stören? Geh und komm nicht wieder!«

Die Wirklichkeit hat das Drehbuch zu dem Gedankenexperiment vorgezeichnet. David B. Rjasanow, Marx' Nachlassverwalter in Moskau, ein philologisch sauber arbeitender Archivar, kann nicht verhindern, dass die Texte ab 1932 im stalinistischen Sinn verkürzt und verfälscht auf den Markt kommen. Bald wird er verhaftet, verbannt und während des »Großen Terrors« Anfang 1938 erschossen. Da kann man fast von Glück reden, dass die Originale nicht genauso verschwunden sind wie Millionen Sowjetbürger während der säkularen »Säuberungen«.

Der Umgang mit dem »Frühwerk« im Machtbereich des Marxismus-Leninismus spricht eher für als gegen dessen Inhalt. Im Westen wird es begeistert aufgenommen, besonders von Mitarbeitern und Anhängern der »Frankfurter Schule« um Horkheimer, Adorno und Marcuse. Vor allem in den *Pariser Manuskripten* zeigt sich das philosophische Fundament des jungen Marx, das so gar nicht in das Bild der Kaderkommunisten im Osten passen will.

Während dort der »reife« Marx als der einzig wahre gilt, dessen »Jugendsünden« man falsch zitiert oder ganz verschweigt, werden diese auf der anderen Seite des Eisernen Vorhangs zum Stützpfeiler des undogmatischen »westlichen« Marxismus. Ihr Humanismus lässt eine ganze Generation in »konkreter Utopie« schwelgen, weil es »kein richtiges Leben im Falschen« geben kann. Drüben darf die bewegte Jugend unter Hammer und Zirkel einen Frühling lang vom »Sozialismus mit menschlichem Antlitz« träumen, hüben schreibt sich die Bewegung auf die Fahnen: »Trau keinem über dreißig.«

Marx, der Apo-Opa, hat sein drittes Jahrzehnt noch nicht vollendet, als er Hals über Kopf Brüssel verlässt. Manche seiner Interpreten im Westen sagen, da habe er alle wesentlichen Gedanken bereitsbeisammen gehabt. Alles Spätere habe nur ihrer wissenschaftlichen Ausarbeitung gedient.

Andere halten dagegen, hier liege noch keine »vollständig ausgearbeitete und alles erklärende Weltanschauung«[1] vor. Man müsse sich sogar »hüten«, warnt die linke, aus der DDR stammende Theoretikerin und Politikerin Sahra Wagenknecht, »das Marxsche Spätwerk aus der Perspektive dieser Frühschriften zu interpretieren«.[2]

Ganz anders sieht es der polnische Philosoph Leszek Kołakowski, wegen kritischer Haltung seinerzeit aus der kommunistischen Partei seines Landes ausgeschlossen. Für ihn ist das Frühwerk »der erste Umriß eines einzigen Buches, an dem Marx bis an sein Lebensende schreiben wird und dessen Endversion das *Kapital* darstellt«.[3]

Gemäß dieser Lesart wäre der Fund der Dachbodenmanuskripte eine Sensation, nach Kołakowskis deutschem Kollegen Karl Löwith »das bedeutendste Ereignis in der Geschichte der nachhegelschen Philosophie«[4].

Marx' Frühschriften besitzen für sein Werk einen ähnlichen Stellenwert wie für Einstein die *Spezielle Relativitätstheorie*. Die *Allgemeine Relativitätstheorie*, Grundlage der modernen Kosmologie, entspräche dabei dem *Kapital*. Das Zweite wäre ohne das Erste nicht entstanden. Es baut auf dessen fundamentaler Entdeckung auf – hier die Relativität, dort die Herrschaft des Fremden.

Um sich jenseits der Dogmen und Dogmatismen einen freien Eindruck vom Frühwerk zu machen, lohnt es sich, die Texte wie frisch entdeckt zu lesen, um sich dann erst mit ihrer Herkunft und Zukunft zu beschäftigen. Beides umstritten, wie fast alles bei Marx. Wer sich die entscheidenden Abschnitte der Urtexte vornimmt, am besten in kommentierten Studienausgaben[5], vom Umfang eine überschaubare Urlaubslektüre, wird mit hinreißenden Passagen belohnt, Sätzen, wie für die Ewigkeit geschrieben, Wahrheiten, die nach wie vor gültig sind.

Dabei kann man Marx in der Entwicklung seiner Gedankenwelt buchstäblich auf die Finger schauen. Als Bausteine verwendet er durchweg einfache Begriffe wie Arbeit, Anerkennung, Klasse oder Tausch. Philosophisch werden sie oft aber anders gebraucht als im gewöhnlichen Alltag. Sie stammen allesamt aus dem Steinbruch der Geistesgeschichte.

Marx setzt sie zum fundamental Neuen zusammen, das sein Weltgebäude begründet. Sein Ziel: Er will die Gesellschaft verstehen, wie sie wurde, wie sie wird, um sie mit diesem Wissen zu verbessern. Erzählt wird das Epos der Entfremdung im Kapitalismus, wie es dazu kam und wie es enden könnte.

A. Arbeit und Entfremdung

Entfremdet fühlen sich Menschen, wenn ihr Dasein ihrem Wesen widerspricht. Wenn ihre Existenz sich von etwas entfernt hat, das sie unbewusst als Essenz des Menschlichen empfinden. Dieses GATTUNGSWESEN beschreibt Marx so: »Das menschliche Wesen ist kein dem einzelnen Individuum inwohnendes Abstraktum. In seiner Wirklichkeit ist es das ensemble der gesellschaftlichen Verhältnisse.«[6] Das besagt nichts anderes, als dass ein Mensch isoliert und vereinzelt wie das Findelkind Kaspar Hauser auf Dauer nicht existieren kann. »Radikal sein«, sagt Marx, »ist die Sache bei der Wurzel fassen. Die Wurzel für den Menschen ist aber der Mensch selbst.«[7]

Marx will verstehen, wie aus dem ursprünglich vermuteten Gemeinschaftstier der individualistische, vereinzelte, egoistische, gierige, neidische – heute würde man noch hinzufügen: unsolidarische – Mensch geworden ist. Im Mittelpunkt seiner Überlegungen stehen jedoch nicht Geist und Vernunft, Sprache und Bewusstsein, in denen sich die Überlegenheit des Menschen am klarsten ausdrückt, sondern die im junghegelianischen Sinn durch sie vermittelte Tätigkeit:

ARBEIT wird der zentrale Begriff im Marxschen Kosmos. Darunter versteht er nicht zuerst den puren Einsatz von Energie im physikalischen Sinne, sondern die bewusste Verwandlung der Welt durch die Menschen. »Der erste *geschichtliche* Akt dieser Individuen, wodurch sie sich von den Tieren unterscheiden, ist nicht, daß sie denken, sondern, daß sie anfangen, *ihre Lebensmittel zu produzieren.*«[8]

Die Natur hat die Spezies mit der Gabe ausgestattet, über ihre Hände mittels Werkzeugen auch jenseits ihrer natürlichen Kräfte und Möglichkeiten zu wirken. Werkzeuggebrauch setzt Erfindung und Herstellung voraus. Folge: Neue Bedürfnisse entstehen, neue Verfahren, neue Produkte. Als gesellschaftliche Tätigkeit dient Arbeit dem gegenseitigen Nutzen.

Von dort ist es nicht mehr weit zum nächsten Schritt: Der Fluch der Arbeit beginnt nach Marx mit dem Aufkommen der ARBEITSTEILUNG, der sich andrerseits der Segen des Fortschritts verdankt. Befreiung und Vertreibung aus dem Paradies sind demnach zwei Seiten derselben Medaille: Einerseits erhöht sich durch geteilte Arbeit die Produktivität und ermöglicht damit erst Reichtum, Luxus und Muße – Voraussetzung jeder höheren Kultur. Andrerseits schafft sie bislang unbekannte Ungleichheiten zwischen Individuen, aber auch Gruppen, und verleiht dem Recht des Stärkeren einen neuen Sinn jenseits biologischer Rangordnungen.

Vorher undenkbare Formen von Unterdrückung und Ausbeutung werden möglich. Das reicht vom rechtlosen Sklaven als Eigentum eines anderen über den Leibeigenen bis zum industriellen »Arbeitstier« auf Grundlage von Vertrag und Freiwilligkeit, zumindest vor dem Gesetz.

Das Verhängnis der Arbeitsteilung erkennt der junge Marx im TAUSCH – oder besser gesagt: in der Erzeugung von Gütern, die sich sowohl gebrauchen als auch tauschen lassen. Sobald Menschen, was sie sammeln und jagen, bearbeiten und herstellen, nicht mehr einfach selbst benutzen, sondern tauschen statt teilen, entsteht jener dialektische Dipol, dessen Spur sich nach Marx wie ein roter Faden durch die Historie zieht.

»Wie kommt es«, fragt er sich, »daß der Handel, der doch weiter nichts ist als der Austausch der Produkte verschiedner Individuen und Länder, durch das Verhältnis von Nachfrage und Zufuhr die ganze Welt beherrscht – ein Verhältnis, das, wie ein englischer Ökonom sagt, gleich dem antiken Schicksal über der Erde schwebt und mit unsichtbarer Hand Glück und Unglück an die Menschen verteilt, Reiche stiftet und Reiche zertrümmert, Völker entstehen und verschwinden macht.«[9] Adam Smith lässt grüßen.

Wer diese Machtballung verstehen will, findet bei Marx einen Grund in der Tücke des Tauschs: »Die Absicht der *Plünderung*, des *Betrugs* liegt notwendig im Hinterhalt, denn da unser Austausch ein eigennütziger ist, von deiner wie meiner Seite, da jeder Eigennutz den fremden zu überbieten sucht, so suchen wir uns notwendig zu betrügen.«[10]

Das geht jedoch nur, wenn beide Seiten einander als Partner anerkennen. Ihre gemeinsame Ebene ist das Eigentum. Es unterliegt einem stärkeren Tabu als der Inzest. Marx wird es, im Sinne des Zeitgeistes, herausfordern wie keiner vor ihm. Denn er weiß: »Unsere wechselseitige Anerkennung über die wechselseitige Macht unserer Gegenstände ist aber ein Kampf, und im Kampf siegt, wer mehr Energie, Kraft, Einsicht oder Gewandtheit besitzt.«[11] Der Gegner nimmt Gestalt an.

Erst Arbeitsteilung und Tausch haben den Prozess der Zivilisation ermöglicht. Sie sind aber auch für deren Grundübel verantwortlich. »Sowie nämlich die Arbeit verteilt zu werden anfängt, hat Jeder einen bestimmten ausschließlichen Kreis der Tätigkeit, der ihm aufgedrängt wird, aus dem er nicht heraus kann … wenn er nicht die Mittel zum Leben verlieren will.«[12]

Das hat einmal beim gemeinsamen Jagen, Sammeln und Bauen begonnen, wo jedem eine bestimmte Aufgabe zukam. Es mündet in der Fabrikarbeit mit ihren immergleichen mechanischen Verrichtungen, wie es Charlie Chaplin in seinen *Modernen Zeiten* so unnachahmlich vorgeführt hat. Man kann das natürlich auch anders sehen, die Arbeitsteilung als geniale Erfindung betrachten, die uns erlaubt, all das zu besitzen, was wir selbst nicht herstellen könnten.

Doch im Fabriksystem, das heute Bestellvorgänge und Lieferdienste einschließt, droht nach Marx das nächste Ungemach: »Da der Arbeiter zur Maschine herabgesunken ist, kann ihm die Maschine als Konkurrent gegenübertreten.«[13] Einmal mehr durch die Automatisierung in der Industrie 4.0 auf Basis von Big Data und Künstlicher Intelligenz. »Die Arbeit produziert nicht nur Waren; sie produziert sich selbst und den Arbeiter als eine *Ware*, und zwar in dem Verhältnis, in welchem sie überhaupt Waren produziert.«[14]

Da zeigt sich bereits ein Keim jener Idee, die im *Kapital* einen Schwerpunkt der Theorie bilden wird: Arbeit erfordert und erzeugt ihre eigenen Bedingungen. Mit ihren Abläufen bestimmt sie mehr und mehr über Umwelt und Alltag des *Homo laborans* und unterwirft alle der gleichen Logik: Als lebendige Teile des Apparats werden sie und mit ihnen ihre Arbeit zur marktgängigen, käuflichen Größe. Sobald Roboter oder Rechner profitabler produzieren, verlieren die Menschen nicht nur ihre Arbeit. Als Investition in ihr Leben wird auch ihre Qualifikation wertlos.

Lohn- und Honorarabhängige müssen zum Überleben, sofern es nicht von einer Gebührenordnung garantiert ist, ihr Bestes geben. Nämlich das, was sie einerseits den Tieren, andrerseits der Technik voraushaben. Dabei müssen sie sich nicht nur verausgaben, sondern regelrecht entäußern. Das führt Marx zum Schwerpunktthema seiner theoretischen Aufbruchsphase. Der Begriff ENTFREMDUNG gehört neben »Ausbeutung« zu den Vokabeln im Marxschen Kosmos, die bis in die heutige Populärkultur hinein Widerhall finden. Er hat seinen Platz im allgemeinen Wissens- und Wortschatz wie die »Verdrängung« von Freud.

Marx nennt insgesamt vier Dimensionen zunehmender Entfremdung, die wie Schalen einer Zwiebel den Kern jenes Urwüchsigen umgeben, das er »Wesen« nennt. »Der Gegenstand, den die Arbeit produziert, ihr Produkt«, so beschreibt er die erste, »tritt ihr als ein *fremdes Wesen,* als eine von dem Produzenten *unabhängige Macht* gegenüber.«[15]

Hinter dem Zauber der Waren verbirgt sich ein perfider Pakt. Mit der »*Entäußrung* des Arbeiters in seinem Produkt«[16], vermittelt durch Geist und Hände, Werkzeuge und Maschinen, »materialisiert« sich ein Stück seiner Seele. Am Ende steht es vor ihm wie eine Abstraktion, die ihren Ursprung vergessen hat. Kaum je denkt ein Mensch, der selbst in der Produktion steckt, beim Einkauf an den Produzenten der begehrten Ware.

Plötzlich stehen in Vorgarten oder Wohnzimmer Dinge, von denen jeder unbewusst weiß, dass sie menschlichen Ursprungs sind. Das Eigene ist zum Fremden geworden und das Fremde zum Eigenen. Dieser Grundgedanke durchzieht Marx' Werk wie eine Leitschnur. Doch das beschreibt nur die eine Seite der Arbeit, von der die Wissenschaft nach seiner Ansicht keine Kenntnis nehmen will. Es gibt auch eine andere, nämlich die der Ungleichheit auf allen Ebenen.

»Der Arbeiter wird um so ärmer, je mehr Reichtum er produziert, je mehr seine Produktion an Macht und Umfang zunimmt. Der Arbeiter wird eine um so wohlfeilere Ware, je mehr Waren er schafft. Mit der *Verwertung* der Sachenwelt nimmt die *Entwertung* der Menschenwelt in direktem Verhältnis zu.«[17]

Diese Analyse, Grundlage seiner viel gescholtenen »Verelendungstheorie«, beschreibt die tatsächlichen Zustände seiner Zeit: Das Proletariat verarmt im selben Maß, wie sich die Bourgeoisie bereichert.[18] Marx sagt über die Arbeit aber auch:

»Sie produziert Wunderwerke für die Reichen, aber sie produziert Entblößung für den Arbeiter. Sie produziert Paläste, aber Höhlen für den Arbeiter. Sie produziert Schönheit, aber Verkrüppelung für den Arbeiter ... Sie produziert Geist, aber sie produziert Blödsinn, Kretinismus für den Arbeiter.«[19]

In der zweiten Dimension entfremdet sehen sich Arbeitende in ihrem Job durch oft eintönige Tätigkeiten. Produzenten von T-Shirts, Smartphones oder Dienstleistungen im Callcenter erleben das jeden Tag: »Die Entfremdung zeigt sich nicht nur im Resultat, sondern im *Akt der Produktion*.«[20]

In diesem Sinn wird der Begriff heute meistens verstanden, etwa in Gewerkschaftskreisen: Wenn schon Lohnarbeit, so deren Forderung, dann doch wenigstens so, dass man in ihr nicht verblödet oder verroht, sondern sich noch irgendwie »wiederfinden« kann. Oder, nach einem Hegelwort, »bei sich ist«.

Marx stellt fest, »daß die Arbeit dem Arbeiter *äußerlich* ist, d. h. nicht zu seinem Wesen gehört, daß er sich daher in seiner Arbeit nicht bejaht ... Seine Arbeit ist daher nicht freiwillig, sondern gezwungen, *Zwangsarbeit*.«[21] Das mag in einem modernen westlichen Automobilkonzern oder Architekturbüro seltsam klingen. In den *Sweatshops* entlang der Werkbänke der Welt wird die Sprache noch verstanden:

»Es kömmt daher zu dem Resultat, daß der Mensch (der Arbeiter) nur mehr in seinen tierischen Funktionen, Essen, Trinken und Zeugen, höchstens noch Wohnung, Schmuck etc., sich als freitätig fühlt und in seinen menschlichen Funktionen nur mehr als Tier. Das Tierische wird das Menschliche und das Menschliche das Tierische.«[22] Im Job aufs Vieh verkürzt, Saufen und Fressen, Shoppen und Ficken als letztes Refugium der Freiheit, wenn man nicht Pech hat und hungern muss.

Dagegen schickt Marx seine humanistische Überzeugung vom Kern des Menschlichen ins Feld: »Der Mensch macht seine Lebenstätigkeit selbst zum Gegenstand seines Wollens und seines Bewußtseins … Eben nur dadurch ist er ein Gattungswesen.«[23] Je weiter sich »der Mensch« durch Arbeit davon entfernt, was den Mensch zum Menschen macht, desto mehr wird sein Wollen zum Müssen.

Durch abhängige Arbeit rückt anstelle einer Selbst- eine Art Fremdverwirklichung im Dienst des Kapitalisten. Körper und Geist, also Merkmale des »Gattungswesens« mit ihren besonderen menschlichen Qualitäten, werden zu Werkzeugen der Überlebenssicherung degradiert. Diese »Entwirklichung« als dritte Dimension »entfremdet dem Menschen seinen eignen Leib, wie die Natur außer ihm, wie sein geistiges Wesen, sein *menschliches* Wesen«[24].

Schließlich, als vierte Schicht, beschreibt Marx eine Entfremdung im Sinne von Vereinzelung und Konkurrenz, die sich aus den ersten dreien ergibt. »Eine unmittelbare Konsequenz davon, daß der Mensch dem Produkt seiner Arbeit, seiner Lebenstätigkeit, seinem Gattungswesen entfremdet ist, ist die *Entfremdung des Menschen* von dem *Menschen.*«[25] Also von jenem »Ensemble«, das Menschsein überhaupt erst ausmacht. Wo jeder sich selbst zum Nächsten wird und werden muss – im neoliberalen Neusprech »Eigenverantwortung« –, verlieren sich Gemeinschaft und Gemeinsamkeit in Konkurrenz und Einsamkeit.

Den Ursprung des Übels sieht Marx in der PRODUKTION, wie nur Menschen sie vermögen. Damit meint er die Herstellung von Dingen oder Dienstleistungen zum Zweck der Verkaufs. Sie bildet einen archimedischen Punkt seines Denkens. »Zwar produziert auch das Tier. Es baut sich ein Nest, Wohnungen, wie die Biene, Biber, Ameise etc.« Doch »es produziert nur unter der Herrschaft des unmittelbaren physischen Bedürfnisses, während der Mensch selbst frei vom physischen Bedürfnis produziert«[26].

Anders gesagt: Statt auf der faulen Haut zu liegen, wenn alle Bedürfnisse befriedigt sind, produzieren Menschen auch ohne eigenen Bedarf weiter. Weil sie es können, und weil andere, die ähnlich über die Notwendigkeit hinaus arbeiten, Verwendung für die eigenen überzähligen

Dinge haben wie umgekehrt. Von diesem Gedanken reicht die Kette der Argumente bis zur Theorie von Überproduktion und Krise im *Kapital.*

In den vielfach mit theologischem Vokabular aufgeladenen Frühschriften wird Produktion zu einer Art Sündenfall. Wer mehr herstellt, als er verbraucht, setzt die Teufelsspirale des Habens in Gang. Er landet im gleichen irdischen Jammertal wie der Sünder unterm Baum der Erkenntnis, der mehr wissen will, als er glauben kann.

Seele wandert in Sachen, Sachen erzeugen Zwänge, Zwänge verformen Seele. Aber »der sich ganz abhanden gekommene Mensch«[27] weiß nicht mehr, worauf er sich bezieht, wenn er sagt: Das bin ich nicht, darin sehe ich mich nicht. Das Gattungswesen liegt verborgen wie das Innere einer Zwiebel.

Marx fragt sich nun, wie »Entfremdung im Wesen der menschlichen Entwicklung begründet«[28] ist. Er möchte wissen, wie die Menschen infolge der Arbeitsteilung überhaupt dazu gekommen sind, in einer »verkehrten Welt«[29] zu leben. Die Frage steht am Anfang einer psychologischen Erkundung, die seine philosophisch-ökonomischen Überlegungen durchdringt und ihn später zum Fetischcharakter von Ware, Geld und Kapital führen wird, seiner ungewöhnlichsten Entdeckung.

Die Menschen haben ihre Umwelt stets geformt und verändert wie umgekehrt diese immer auch sie. Wer ihre Motive verstehen will, kommt am Modus der Prägung durch gesellschaftlichen Verkehr und gemeinsames Wirtschaften nicht vorbei. Das Verständnis der Verhältnisse wird geformt von Produkt und Produktion im ständigen Wandel. Entfremdung ist dabei begleitet von Gewöhnung. Das Neue wird immer wieder zum Normalen, weil sich die Wahrnehmung mit der Welt verändert, die wir wahrnehmen. Jede Generation sieht, hört und fühlt sie mit anderen Augen, Ohren und Händen.

»Die *Bildung* der 5 Sinne«, sagt Marx, »ist eine Arbeit der ganzen bisherigen Weltgeschichte.«[30] Die Umstände werden Teil des Unbewussten, das sich unablässig weiterentwickelt. Wir spüren vielleicht noch, dass wir beherrscht werden, aber wir könnten nicht mehr genau sagen, wodurch. »Man sieht, wie die Geschichte der *Industrie* und das gewordne *gegenständliche* Dasein der Industrie das *aufgeschlagne* Buch der *menschlichen Wesenskräfte,* die sinnlich vorliegende menschliche *Psychologie* ist.«[31]

Das klingt komplizierter, als es ist. Wir wissen uns als Zahnrad im Weltgetriebe, auch wenn es uns nicht ständig bewusst ist. Marx sieht seine Aufgabe darin, die Machtverhältnisse offenzulegen. In dieser Phase seiner Untersuchung hat er durch seinen Ausgangspunkt, Arbeit und Produktion, vor allem die Angebotsseite im Blick.

Er vernachlässigt das Phänomen der Nachfrage, obwohl er natürlich weiß, dass im Miteinander der Menschen das Habenwollen und Gebenkönnen eine Gleichung bilden. Wer an den Vorlieben und Wünschen der Käufer vorbeiproduziert, bringt das Gleichgewicht aus dem Lot – in planwirtschaftlich organisierten Ökonomien eindrucksvoll zu beobachten, wenn es an Klopapier fehlt, während sich Windeln stapeln.

Marx hilft sich mit der äußerst modernen Feststellung, im Kapitalismus sei auch die Nachfrage erzeugt: »Jeder Mensch spekuliert darauf, dem andern ein *neues* Bedürfnis zu schaffen, um ihn zu einem neuen Opfer zu zwingen, um ihn in eine neue Abhängigkeit zu versetzen und ihn zu einer neuen Weise des *Genusses* und damit des ökonomischen Ruins zu verleiten. Jeder sucht eine *fremde* Wesenskraft über den andern zu schaffen.«[32]

Hier lässt sich erkennen, wie er den Kern seiner Erkenntnis einkreist: Die »fremde Macht«, wie es bald heißt, etwas von Menschen geschaffenes Außermenschliches, beherrscht die Menschen.

Entfremdung ist so vielschichtig, komplex und abstrakt geworden, dass selbst »die Ausdehnung der Produkte und der Bedürfnisse zum *erfinderischen* und stets *kalkulierenden* Sklaven unmenschlicher, raffinierter, unnatürlicher und *eingebildeter* Gelüste wird«[33]. Das klingt, als wäre es gestern geschrieben und nicht vor hundertfünfundsiebzig Jahren, berührt es doch auf erstaunliche Weise einen heutigen Lebensnerv:

Nicht erst in Zeiten individualisierter Werbung in Suchmaschinen, sozialen Medien und bald allüberall leben wir in der Gewissheit produzierter Wünsche. Seit es Reklame gibt, die in Marx' Werk noch keine Rolle spielt, dürfte kaum jemand mehr von der absoluten Unabhängigkeit seiner Kaufentscheidungen ausgehen.

»Jedes Produkt ist ein Köder, womit man das Wesen des andern, sein Geld, an sich locken will, jedes wirkliche oder mögliche Bedürfnis ist eine Schwachheit, die die Fliege an die Leimstange heranführen wird.«[34]

Das ist eine ziemlich gute Beschreibung dessen, was das ursprüngliche Geschäftsmodell von Firmen wie Google oder Facebook so ergiebig macht. In letzter Instanz stehen sie mit ihren Werbeplätzen für die »Leimstange«. Dabei geht es weniger um den Nutzen oder die Qualität von Erzeugnissen als um Marketing. Nicht mehr das Ding ist der

»Köder«, sondern seine Präsentation. Das Grundprinzip aber bleibt das gleiche.

Marx geht in seiner Analyse noch weiter: »Mit der Masse der Gegenstände wächst … das Reich der fremden Wesen, denen der Mensch unterjocht ist.«[35] Damit trifft er das Grundmotiv jenes Teils des heutigen Wirtschafts- und Gesellschaftslebens, den manche Shoppingwahn nennen: Die Menschen umstellen sich mit »Gütern«, in der westlichen Welt durchschnittlich zehntausend Gegenstände pro Kopf, ohne sich einen Sinn dafür zu bewahren, wie das Sein vom Haben erdrückt werden kann.

Dabei haben wir nicht nur das feine Gespür für das Fremde der Dinge verloren. Allzu leicht vergessen wir auch, dass der Tauschwert in keiner Weise dem Gebrauchswert entspricht: Wer es sich leisten kann, hat Dinge oft mehr, um sie zu haben, als um sie zu benutzen. »Alle Leidenschaften und alle Tätigkeit«, sagt Marx, »muß also untergehn in der *Habsucht.*«[36]

Wo wir Heutigen nur nicken können, weil es als unverzichtbare Selbstverständlichkeit gilt, geht Marx gleichsam in theoretische Vorleistung und sagt das Grundgefühl der Konsumgesellschaft voraus: »Die einzig verständliche Sprache, die wir zueinander reden, sind unsre Gegenstände in ihrer Beziehung aufeinander.«[37]

Auto oder Küchenausstattung des Nachbarn bestimmen über eigene Präferenzen. Wir sind Gefangene einer seelenlosen Dingwelt, die unsere Seele kapert, weil sie uns zum Überleben braucht. Bis nicht mehr die Menschen die Produkte, sondern die Produkte die Menschen beherrschen. Und damit das so bleibt und sich möglichst noch steigert, sollen wir glauben, dass wir es sind, die sie, die Dinge, zum Überleben brauchen, und nicht die Dinge uns.

Der »Mensch in der Bestimmung der Ware«, wie Marx es nennt, markiert eine wichtige Wegmarke auf seinem Weg zum Eigentlichen. Auch wenn wir es unmittelbar anders erfahren oder empfinden: Nicht jemand, sondern etwas beherrscht uns. Und zwar etwas Seelenloses, ein Prinzip, das sich mit der gleichen Unerbittlichkeit erfüllt wie ein Algorithmus.

Mit dieser Abstraktion rückt eine Sache ins Zentrum seiner Überlegungen, die eher übersinnliche als sinnliche Qualitäten besitzt: GELD vermittelt zwischen Produzent und Produkt, sobald der Tausch nicht mehr direkt erfolgt. Nur wer Zahlungsmittel als zwischengeschaltete Eigentumstitel akzeptiert, mit dem sich von anderen hergestellte Dinge kaufen lassen, kann umgekehrt anderen seine eigenen Erzeugnisse verkaufen. Als »flüssiges« Privateigentum im Prinzip universell in jeder Höhe einsetzbar, kommt Geld jenes »Maß der Macht« zu, das übermenschliche Dimensionen erreicht.

»Das Geld erniedrigt alle Götter des Menschen – und verwandelt sie in eine Ware«, hat er am Anfang seiner Untersuchungen festgestellt. »Das Geld … hat daher die ganze Welt, die Menschenwelt wie die Natur, ihres eigentümlichen Wertes beraubt. Das Geld ist das dem Menschen entfremdete Wesen seiner Arbeit und seines Daseins, und dies fremde Wesen beherrscht ihn, und er betet es an.«[38]

Im Geld erreicht die »Vergegenständlichung des Gattungswesens« ihren Höhepunkt. Lassen Faustkeil oder Speer, aber auch Kühlschrank und Heimkino noch den Menschen hinter dem Produkt erahnen, verschwindet er im Geld vollends hinter einer Ware, deren einziger, überwältigender Gebrauchswert ihr Tauschwert ist.

»Die Verkehrung und Verwechslung aller menschlichen und natürlichen Qualitäten, die Verbrüderung der Unmöglichkeiten – die *göttliche* Kraft – des Geldes liegt in seinem *Wesen* als dem entfremdeten, entäußernden und sich veräußernden *Gattungswesen* der Menschen. Es ist das entäußerte *Vermögen* der *Menschheit*.«[39]

Im Geld steckt unser Wesen. Ein berührender, unheimlicher Gedanke, bei jedem Griff ins Portemonnaie per Banknote oder Kreditkarte von vergangener und vergegenständlichter, also entfremdeter Arbeit angeblickt zu werden – und dagegen die Macht zu setzen, die es dem verleihen kann, der es besitzt.

»So groß die Kraft des Geldes, so groß ist meine Kraft … Das, was ich *bin* und *vermag*, ist also keineswegs durch meine Individualität bestimmt. Ich *bin* häßlich, aber ich kann mir die *schönste* Frau kaufen. Also bin ich nicht *häßlich*, denn die Wirkung der *Häßlichkeit*, ihre abschreckende Kraft ist durch das Geld vernichtet … Ich bin *geistlos*, aber das Geld ist der *wirkliche Geist* aller Dinge, wie sollte sein Besitzer geistlos sein? Zudem kann er sich die geistreichen Leute kaufen, und wer die Macht über die Geistreichen hat, ist der nicht geistreicher als der Geistreiche?«[40]

Was als Arbeit begonnen hat, tritt im Geld als unkontrollierbarer Kobold wieder auf und verkehrt das Wesensband zwischen den Menschen. »Es verwandelt die Treue in Untreue, die Liebe in Haß, den Haß in Liebe, die Tugend in Laster, das Laster in Tugend, den Knecht in den Herrn, den Herrn in den Knecht, den Blödsinn in Verstand, den Verstand in Blödsinn... Es ist die Verbrüderung der Unmöglichkeiten, es zwingt das sich Widersprechende zum Kuß.«[41]

Könnte man die gegenseitige Abhängigkeit der Antagonisten, des Arbeiters vom Kapitalisten und des Kapitalisten vom Arbeiter, besser beschreiben?

B. Herrschaft und Eigentum

Mit der Entfremdung erkennt Marx eine Konstante der *Conditio humana*, seit Arbeitsteilung und Tausch das Zusammenleben dominieren. Sie geht an die Substanz, die der Mensch mit allen Lebewesen teilt: den Überlebenstrieb. Je arbeitsteiliger und spezialisierter eine Gesellschaft wirtschaftet, desto weniger kann sich der Einzelne die Mittel zum Leben direkt sichern, wie es Jäger und Sammler noch konnten und allenfalls Bauern noch können.

Das Gros der Menschen wäre selbst bei größter Anstrengung und bestem Willen außerstande, sein Überleben zu sichern. Nahrung, Kleidung und Behausung hängen am Lohn für dieselbe Art von entfremdeter Teiltätigkeit, die sie auf der anderen Seite erzeugt.

Abhängigkeit erzeugt Angst. Sie übersetzt sich in Unterwerfung, die zur Unterwürfigkeit führen kann. Und zwar umso bedingungsloser, je härter die Bedingungen auf dem Arbeitsmarkt sind. Der ist beherrscht vom Wettbewerb und der Willkür der Arbeit-Geber, die am Ende allein über die Anstellung entscheiden. Einziges Ziel ist Profit, seine Quelle Produktivität, deren Garant Leistungssteigerung. Individuelles Können ist gefragt, nicht Selbstverwirklichung oder Eigenwille.

Zunehmend tritt der Mensch in Konkurrenz zur Maschine, bis er an seine Grenzen stößt. Sobald Apparate die Arbeit profitabler leisten, wird er überflüssig. Höhepunkt der Entfremdung ist dann die Sehnsucht nach dem, was man hasst: Arbeit, Zwang, Druck und Stress, das Produkt, der Chef, der Betrieb, das System.

Marx will die Phänomene aber nicht nur darstellen, sondern auch ihre Ursachen ergründen. Was hat im Prozess der Zivilisation die Menschen so verändert, »daß ihre Verhältnisse sich gegen sie verselbständigen? daß die Mächte ihres eignen Lebens übermächtig gegen sie werden?«[42]

Von den Ur- über die Sklaven- und Feudalgesellschaften bis zum Kapitalismus stellen sich die Bedingungen, unter denen Arbeit geschieht, immer wieder neu dar. Marx fasst sie als PRODUKTIONSVERHÄLTNISSE zusammen. Wie die Arbeit abläuft, wird andrerseits von den PRODUKTIVKRÄFTEN bestimmt. Damit meint er den Stand von Technik und Ökonomie in der jeweiligen Epoche, wie er sich in Verfahren, Werkzeugen und Maschinen zeigt.

Produktivkräfte und Produktionsverhältnisse bilden gemeinsam die Basis einer Gesellschaft, ihren UNTERBAU. Gewissermaßen Fundament und Kellergeschoss ihres Gebäudes. Darüber erhebt sich nach Marx die Welt der Ideen und Ideale, der herrschenden Vorstellungen, die sich im Zustand des Staatsapparats und seiner Rechtspraxis zeigen: ihr ÜBERBAU, sozusagen die Chefetage im Penthouse.

Deren Bewohner bestimmen den Zeitgeist und damit die Verhältnisse, auch wenn diese längst nicht mehr der Zeit entsprechen. Unten werden Realitäten geschaffen, die sie oben mehr oder weniger lange ignorieren oder negieren. Da werden Feudalismus oder »freier« Markt weiterhin als gottgewollt und alternativlos hingestellt, obwohl die Basis im Kopf und im Handeln schon viel weiter ist. Weil »die Umstände ebensosehr die Menschen, wie die Menschen die Umstände machen«[43].

Während sich die Produktivkräfte durch den Fortschritt in Technik und Wissenschaft, auch etwa in Psychologie und Humanforschung, weiterentwickeln, hängen die Produktionsverhältnisse regelmäßig hinterher. Was heute modern erscheint, ist morgen schon von gestern. Daran hat sich seit damals nicht viel geändert, als es noch darum ging, die Arbeit in Fabriken zu regulieren. Bis sich die Gesetzgebung dem »Neuland« Internet anpasst, bedarf es einiger Zeit, in der die Gegensätze zwischen bestehendem Recht und tatsächlicher Praxis wachsen.

»Mit der Erwerbung neuer Produktivkräfte verändern die Menschen ihre Produktionsweise, und mit der Veränderung der Produktionsweise, der Art, ihren Lebensunterhalt zu gewinnen, verändern sie alle ihre gesellschaftlichen Verhältnisse. Die Handmühle ergibt eine Gesellschaft mit Feudalherren, die Dampfmühle eine Gesellschaft mit industriellen Kapitalisten.«[44]

Entsprechend müssten wir uns heute fragen, welche Gesellschaft die Datenmühle der Digitalisierung nach sich zieht. Die möglichen Antworten reichen von Demokratie in totaler Transparenz bis zur Diktatur mit totaler Kontrolle. Automation durch Künstliche Intelligenz auf Großdatenbasis bedroht zudem die Arbeitswelt.

Seit Marx' Tagen war das Auseinanderklaffen von Verhältnissen und

Kräften nicht mehr so spürbar wie jetzt. Ihm zufolge stehen uns gewaltige Umwälzungen bevor, da »diese drei Momente, die Produktionskraft, der gesellschaftliche Zustand und das Bewußtsein, in Widerspruch untereinander geraten können und müssen.«[45]

In diesem Widerspruch sieht der junge Marx den Beweger der Geschichte. Die zunehmende Spannung führt irgendwann zur gewaltsamen Entladung wie beim Verschieben von Kontinentalplatten im Erdbeben. »Dieses Sichfestsetzen der sozialen Tätigkeit, diese Konsolidation unsres eignen Produkts zu einer sachlichen Gewalt über uns, die unsrer Kontrolle entwächst, unsre Erwartungen durchkreuzt, unsre Berechnungen zunichte macht.«[46]

Auf den Trümmern des Alten wächst das Neue hervor. Damit hat er jene Theorie entworfen, die später das Fundament des Marxismus bildet, den »Historischen Materialismus«.

Darin gleicht der Kapitalismus einer Agave, die am Ende unter ihrer prächtigen Blüte in sich zusammenfallen und sterben muss. Das ist neu, und das ist die Botschaft, die Millionen in ihrem Ringen mit dem System beflügeln soll: Es gibt eine philosophisch fundierte Hoffnung, »sich den ganzen alten Dreck vom Halse zu schaffen«[47]. Die »entmenschten«[48] Menschen können sich aus ihrer selbstverschuldeten Unmündigkeit befreien – aber nur aus eigener Kraft.

»*Die Geschichte* tut *nichts*, sie ›besitzt *keinen* ungeheuren Reichtum‹, sie ›kämpft *keine* Kämpfe‹! Es ist vielmehr *der Mensch*, der wirkliche, lebendige Mensch, der das alles tut, besitzt und kämpft.«[49] Mit dieser anthropologischen Bestimmung ist das Feld abgesteckt: *Actio* und *Reactio* als Grundgesetz der Bewegung. Nur kommt hier der Anstoß von der Masse handelnder Subjekte aus innerem Antrieb.

»Der Mensch als ein gegenständliches sinnliches Wesen ist daher ein *leidendes* und, weil sein Leiden empfindendes Wesen, ein *leidenschaftliches* Wesen. Die Leidenschaft, die Passion ist die nach seinem Gegenstand energisch strebende Wesenskraft des Menschen.«[50] Hier hat Marx die nächste Stufe seiner psychologischen Betrachtungen erreicht: Er setzt auf menschliche Empfindung jenseits der Gewöhnung, auf Empörung und die Entschlossenheit, die Verhältnisse umzuwerfen. Doch »sein Movens ist nicht ein seinsollendes Zukünftiges«, so der Berliner Philosoph Andreas Arndt, »sondern die Erkenntnis dessen, was ist.«[51]

In den Schriften taucht eine neue Figur auf, die ihre Seiten bis ans Ende durchziehen wird: die KLASSE. Dazu fasst Marx einerseits zusammen, was man heute wohl Establishment nennen würde: die Wohlhabenden und wirtschaftlich und politisch Mächtigen der »bürgerlichen Gesellschaft«. Auf deren Interessen, so Marx, sind Recht und Gesetz und der ganze Staat zugeschnitten, obwohl sie klar in der Minderheit sind. Er nennt sie beim damals üblichen Namen: BOURGEOISIE.

Dagegen bringt er die »Bildung einer Klasse mit *radikalen Ketten*« in Stellung, »welche einen universellen Charakter durch ihre universellen Leiden besitzt und kein *besondres Recht* in Anspruch nimmt, weil kein *besondres Unrecht,* sondern das *Unrecht schlechthin* an ihr verübt wird,... welche mit einem Wort der *völlige Verlust* des Menschen ist, also nur durch die *völlige Wiedergewinnung des Menschen* sich selbst gewinnen kann. Diese Auflösung der Gesellschaft als ein besonderer Stand ist das PROLETARIAT.«[52]

In unseren Tagen entspricht dem in etwa die Gruppe der Lohn- oder Honorarabhängigen ohne Vermögen, die mehr oder weniger allein von ihrer Hände oder Köpfe Arbeit leben. Davon unterscheidet Marx noch das »Lumpenproletariat«: Menschen, die nicht einmal Arbeit haben und zum Überleben auf Almosen angewiesen sind. Zusammengenommen bilden sie eine überwältigende Mehrheit, »welche dem Gegner die trotzige Parole entgegenschleudert: *Ich bin nichts, und ich müßte alles sein.*«[53]

In der Marxschen Versuchsanordnung stehen sich unversöhnlich zwei Pole gegenüber. Grob gesagt: Verteidiger gegen Angreifer der alten Ordnung. Die Veränderer sollen das Moment des Motors zu ihren Gunsten nutzen. Das Getriebe übersetzt Kräfte in Verhältnisse, der Turbolader Entfremdung in Empörung. »Die erste Klasse... weiß die Entfremdung als *ihre eigne Macht* und besitzt in ihr den *Schein* einer menschlichen Existenz; die zweite fühlt sich in der Entfremdung vernichtet, erblickt in ihr ihre Ohnmacht und die Wirklichkeit einer unmenschlichen Existenz.«[54]

Erst die Entfremdung, sagt Marx, habe ein Prinzip ermöglicht, das auch der Ungleichheit der Einkommens- und Vermögensverhältnisse zugrunde liegt: das PRIVATEIGENTUM.[55] »Es zeigt sich... daß, wenn das Privateigentum als Grund, als Ursache der entäußerten Arbeit erscheint, es vielmehr eine Konsequenz derselben ist, wie auch die Götter *ursprünglich* nicht die Ursache, sondern die Wirkung der menschlichen Verstandesverirrung sind.«[56]

Dagegen hilft, ob im religiösen oder realen Leben, nur das Überschreiten von Tabus. Wer von Revolution träumt, kommt an der Systemfrage nicht vorbei. Hier Gott, da Geld. Dessen Basis ist das Privateigentum, nicht umgekehrt. Damit meint Marx weder Eigenheim noch Auto, Smartphone oder Tafelsilber. Vielmehr zielt er auf das Eigentum an den PRODUKTIONSMITTELN – und die damit verbundene Macht. Ein Bild aus seiner Zeit mag verdeutlichen, was er damit meint:

Wer große Mengen von Schwergütern wie Erze, Kohle und dann Eisen und Maschinen transportieren will, kommt auf dem bis dahin üblichen Weg mit Kutsche und Pferdekraft nicht weiter. Kanäle, Eisenbahn und Dampfschiffe werden nötig. Sie verändern nicht nur das Transportwesen, sondern auch Landschaft und Städte, die Art, zu wohnen und zu reisen, zu leben, zu denken – und natürlich wiederum: die Bedingungen der Arbeit.

Sie erfordern aber auch Investitionen in einem Ausmaß, das die Möglichkeiten einzelner Vermögender oft weit übersteigt – Kapital, »angelegtes« Geld, zum Beispiel in Aktien. Aus statischem wird dynamisches Privateigentum an Fabriken, Maschinen, Fließbändern, Robotern und Rechnerleistung.

Indem es sich über Profite und Renditen verzinst, haben die Kapitalisten den alten alchemistischen Traum verwirklicht und einen Goldesel gefunden, der ihren Reichtum unendlich vermehren kann – und damit auch ihren Einfluss. »Wir sehn, wie auch nun erst das Privateigentum seine Herrschaft über den Menschen vollenden und in allgemeinster Form zur weltgeschichtlichen Macht werden kann.«[57]

Die Eigentumsverhältnisse haben sich laut Marx aber nicht Cliquen raffgieriger Reicher ausgedacht. Sie ergeben sich aus dem Lauf der ökonomischen Entwicklung. »Das Verhältnis des Arbeiters zur Arbeit erzeugt das Verhältnis des Kapitalisten zu derselben, oder wie man sonst den Arbeitsherrn nennen will.«[58] Der Ausdruck »Kapitalist« scheint damals noch nicht sehr geläufig.

Der Clou an dem Ganzen, darauf weist Marx immer wieder hin: Anders als bei Sklaverei, Leibeigenschaft oder Lehenswesen geht alles buchstäblich mit rechten Dingen zu: Arbeiter und Kapitalisten treten einander als freie Vertragspartner gegenüber. Die Rechtslage, sagt er, verschleiere jedoch die Realität:

»Die Größe des Arbeitslohns wird im Anfang durch die *freie* Übereinkunft zwischen dem freien Arbeiter und dem freien Kapitalisten bestimmt. Hinterher zeigt es sich, daß der Arbeiter gezwungen ist, ihn bestimmen zu lassen, wie der Kapitalist gezwungen ist, ihn so niedrig als möglich zu setzen. An die Stelle der *Freiheit* der kontrahierenden Partei ist der *Zwang* getreten.«[59] Und zwar nicht nur für die unten, sondern auch für die oben.

Zustände von Vollbeschäftigung und Arbeitskräftemangel im Tarifpoker kann Marx sich nicht einmal vorstellen. Was er ebenfalls nicht ahnen kann: Anders als zu seiner Zeit leistet sich das Kapital heute eine Schicht von Spitzenverdienern, die selbst zu Kapitalisten werden. Mit Managergehältern, die das Zweihundertfache des Arbeiterlohns übertreffen, tritt zur Eigentums- die Einkommensfrage.

Um Marx gerecht zu werden, sind seine Worte gleichwohl weniger als Anklage denn als Analyse zu verstehen. Er kritisiert nicht Reichtum, sondern Armut, nicht Kapitalisten an sich, allenfalls Entgleisungen wie Unterdrückung und unbotmäßige Bereicherung. Was er kritisiert, das ist der Kapitalismus, das System und die von ihm bedingte Arbeitswelt. Im Mittelpunkt stehen damit nicht Vermögende, sondern ihre Vermögen als Subjekt:

»Das Privateigentum als Privateigentum, als Reichtum, ist gezwungen, *sich selbst* und damit seinen Gegensatz, das Proletariat, im *Bestehen* zu erhalten.«[60] Nicht Geldbesitzer regieren die Welt, sondern das Geld in ihren Händen. Es zwingt sie ins gleiche Marionettengeschirr wie die Arbeiter. Wer nicht mitspielt, hat verloren. Als Nutznießer zeigen sie naturgemäß nur wenig Neigung, das System zu verändern. Diese Rolle kommt den Benachteiligten zu.

»Das Proletariat vollzieht das Urteil, welches das Privateigentum durch die Erzeugung des Proletariats über sich selbst verhängt.«[61] Damit ist Marx, dem britischen Philosophen Jonathan Wolff zufolge, »der erste bedeutende Theoretiker, der vorschlägt, die Arbeiter müssten ihre eigene Revolution machen«[62]. Das ist neu und historisch von höchster Bedeutung als theoretisches Fundament der kommenden Arbeiterbewegung.

Indem Marx das Privateigentum gleichzeitig als »materiellen sinnlichen Ausdruck des *entfremdeten menschlichen* Lebens«[63] in die Waagschale wirft, wird Entfremdung zur Endfrage von Haben oder Sein. »Die positive Aufhebung des *Privateigentums,* als die Aneignung des *menschlichen* Lebens, ist daher die positive Aufhebung aller Entfremdung, also die Rückkehr des Menschen aus Religion, Familie, Staat etc. in sein *menschliches,* d. h. *gesellschaftliches* Dasein.«[64]

Im Kosmos der Marxschen Frühschriften schließt sich ein Kreis, der in der »Vergegenständlichung des Gattungswesens« seinen Ausgang genommen hat: Mit der – gedachten – Überwindung von Privateigentum fände auch Entfremdung ihr Ende. Ohne Ursache keine Wirkung. Bis dahin herrscht Klassenkampf.

»Nur bei einer Ordnung der Dinge, wo es keine Klassen und keinen Klassengegensatz gibt, werden die *gesellschaftlichen Evolutionen aufhören, politische Revolutionen* zu sein. Bis dahin wird am Vorabend jeder allgemeinen Neugestaltung der Gesellschaft das letzte Wort der sozialen Wissenschaft stets lauten: ›Kampf oder Tod; blutiger Krieg oder das Nichts. So ist die Frage unerbittlich gestellt.‹«[65]

Mit den Worten der sozialkritischen Schriftstellerin George Sand fasst Marx seine historisch-materialistischen Betrachtungen zusammen. Wobei eine klassenlose Gesellschaft nicht zu verwechseln ist mit einem Kollektiv unterschiedsloser, gleichgemachter Individuen. Allerdings wären Unterschiede aufgehoben, die auf dem »Klassengegensatz« beruhen. Ohne dialektische Spannung liefe der revolutionäre Motor leer.

Das Ende des Elends steckt in jenem Wort, mit dem Marx wie kein anderer in Verbindung gebracht wird: KOMMUNISMUS.

C. Kollektiv und Plan

Marx verliert in keinem Moment das Eigentliche, nach dem er sucht, aus dem Blick: Woher kommen wir, wo stehen wir, wohin gehen wir – was treibt uns an. Zu den Seltsamkeiten seiner Lehre, die er mit Hegel teilt, gehört die Vorstellung eines Endes der Entwicklung. »Der *Kommunismus*… die wahre Auflösung des Streits zwischen Existenz und Wesen, zwischen Vergegenständlichung und Selbstbestätigung, zwischen Freiheit und Notwendigkeit, zwischen Individuum und Gattung. Er ist das aufgelöste Rätsel der Geschichte und weiß sich als diese Lösung.«[66]

Kaum etwas bewegt Marx-Kenner, ob Freund oder Feind, mehr als die Frage, was er sich unter einer kommunistischen Gesellschaft vorgestellt haben könnte. Das wiederum hat ihm den Vorwurf eingebracht, die zukünftige Gesellschaft nirgendwo entworfen zu haben. Deshalb sei es geradezu wohlfeil gewesen, sie dem Volk als kommendes Eden wie dem Hund eine Wurst vor die Nase zu halten, die nur duftet, sich aber nicht abbeißen lässt. In Wahrheit stellt sich die Sache ganz anders dar: Marx war klug genug, sich allen Versuchungen zu verweigern, mehr zu wissen, als ein Mensch wissen kann. Über die hat er nämlich so gut wie nichts hinterlassen. Und dafür hat er einen guten Grund:

»Der Kommunismus ist für uns nicht ein *Zustand*, der hergestellt werden soll, ein *Ideal*, wonach die Wirklichkeit sich zu richten haben [wird]. Wir nennen Kommunismus die *wirkliche* Bewegung, welche den jetzigen Zustand aufhebt.«[67] Also keine Utopie, an der sich die Wirklichkeit abarbeiten müsste, sondern etwas wie das Leben, das aus dem Bestehenden das Kommende formt. Programm für einen Prozess, nicht Plan für eine Ordnung.

»Wir treten dann nicht der Welt doktrinär mit einem neuen Prinzip entgegen: Hier ist die Wahrheit, hier kniee nieder! Wir entwickeln der Welt aus den Prinzipien der Welt neue Prinzipien ... Wir zeigen ihr nur, warum sie eigentlich kämpft, und das Bewußtsein ist eine Sache, die sie sich aneignen *muß*, wenn sie auch nicht will.«[68]

Das ist die Melodie, die Marx der Gesellschaft vorspielen will. Sie klingt beruhigend, aber auch ein wenig bedrohlich. Wenn »sowohl zur massenhaften Erzeugung dieses kommunistischen Bewußtseins wie zur Durchsetzung der Sache selbst eine massenhafte Veränderung der Menschen nötig ist«[69], erinnert das an marxistisches Gehirntraining im Großprojekt der sozialistischen Volksbildung.

Als hätte Marx nie vor dogmatischer Umerziehung gewarnt: »Die materialistische Lehre von der Veränderung der Umstände und der Erziehung vergißt, daß die Umstände von den Menschen verändert und der Erzieher selbst erzogen werden muß.«[70] Indoktrination verhindert Innovation. Kopfbeton erzeugt Betonköpfe.

»Die Theorie wird in einem Volke immer nur so weit verwirklicht, als sie die Verwirklichung seiner Bedürfnisse ist ... Es genügt nicht, daß der Gedanke zur Verwirklichung drängt, die Wirklichkeit muß sich selbst zum Gedanken drängen.«[71] Eine Lehre, die nur die Wahrnehmung verändern will, nicht aber die Verhältnisse, »verliert mit der Darstellung der Wirklichkeit ihr Existenzmedium«.[72]

Man beginnt zu ahnen, warum die Frühschriften im sozialistischen Kaderdogmatismus auf so wenig Gegenliebe stoßen. Denn was Marx dem Kapitalismus nachsagt, gilt nicht minder für seinen Antagonisten, Überbau Ost sozusagen: »Die Gedanken der herrschenden Klasse sind in jeder Epoche die herrschenden Gedanken, d. h. die Klasse, welche die herrschende *materielle* Macht der Gesellschaft ist, ist zugleich ihre herrschende *geistige* Macht.«[73]

Das hätten sie in der DDR und ihren Nachbarstaaten durchaus als Warnung verstehen können. Wenn Marx sagt, dass »es stets die schlechte

Seite ist, welche schließlich den Sieg über die gute Seite davonträgt«, dann meint er mit »schlecht« nämlich die Benachteiligten. »Die schlechte Seite ist es, welche die Bewegung ins Leben ruft, welche die Geschichte macht, dadurch, daß sie den Kampf zeitigt.«[74]

Marx wird von seinen Kritikern, die eigentlich den Marxismus und seine Machthaber meinen, regelmäßig Menschenverachtung unterstellt. Der Humanismus seiner Frühschriften spricht eine andere Sprache. »Die einzig *praktisch* mögliche Befreiung«, sagt Marx, »ist die Befreiung auf dem Standpunkt *der* Theorie, welche den Menschen für das höchste Wesen des Menschen erklärt.«[75] Wenn Marx die Verhältnisse umwerfen will, dann nicht, um den Menschen weiter zu »entmenschen«, sondern um ihn ins Zentrum seiner Welt zu rücken.

Um sein Ziel zu erreichen, schwebt dem jungen Wilden ein Bündnis zwischen Arbeitern und Denkern vor: »Wie die Philosophie im Proletariat ihre *materiellen,* so findet das Proletariat in der Philosophie seine *geistigen* Waffen.«[76] Denn »die Philosophie kann sich nicht verwirklichen ohne die Aufhebung des Proletariats, das Proletariat kann sich nicht aufheben ohne die Verwirklichung der Philosophie«[77].

Aus Marx' Sicht ist die Entwicklung unaufhaltsam: »Es handelt sich nicht darum, was dieser oder jener Proletarier oder selbst das ganze Proletariat als Ziel sich einstweilen *vorstellt.* Es handelt sich darum, *was* es *ist* und was es diesem *Sein* gemäß geschichtlich zu tun gezwungen sein wird. Sein Ziel und seine geschichtliche Aktion ist … unwiderruflich vorgezeichnet.«[78] Wohlwollend betrachtet, glaubt da ein Überzeugungstäter an seine Mission. Weniger freundlich gesehen, probt ein kommender Verführer sein Vokabular.

Dabei ist es nach seiner Ansicht »ganz gleichgültig für die praktische Entwicklung, ob die *Idee* dieser Umwälzung schon hundertmal ausgesprochen ist – wie die Geschichte des Kommunismus dies beweist«.[79] Eine Idee ist nur so gut wie die Chance ihrer Verwirklichung. Von Versprechen ist noch keiner satt geworden. Denn »nicht das Bewußtsein bestimmt das Leben, sondern das Leben bestimmt das Bewußtsein«.[80] Ein Vorläufer der bekannten Formel.

Doch wie hat man sich den Kampf vorzustellen, den »der wirkliche, leibliche, auf der festen wohlgerundeten Erde stehende, alle Naturkräfte aus- und einatmende *Mensch*«[81] auszutragen hat? Davon verrät Marx nichts. Hier noch kein Wort von Waffen, Streiks oder Barrikaden als Mittel einer Revolution. Statt vom Wie spricht er immer nur vom Was.

»Der Kommunismus ist die Position als Negation der Negation, darum das *wirkliche,* für die nächste geschichtliche Entwicklung notwendige Moment der menschlichen Emanzipation und Wiedergewinnung.«[82] Das ist Hegel, auf die Spitze getrieben und dann in den Boden der Tatsachen gerammt. Wenigstens wird der Horizont greifbar. Es heißt jetzt »nächste« Entwicklung, nicht mehr »letzte«. Daraus könnte ein Schuh werden, der jedoch nicht jedem passt. Vor allem denjenigen nicht, die eine Fremdbestimmung nicht durch eine andere ersetzen wollen.

»Der Kommunismus unterscheidet sich von allen bisherigen Bewegungen dadurch, daß er die Grundlage aller bisherigen Produktions- und Verkehrsverhältnisse umwälzt und alle naturwüchsigen Voraussetzungen zum ersten Mal mit Bewußtsein als Geschöpfe der bisherigen Menschen behandelt, ihrer Naturwüchsigkeit entkleidet und der Macht der vereinigten Individuen unterwirft.«[83]

Das Kollektiv als »Macht der vereinigten Individuen«: Das lässt die einen erschaudern, die Freiheit mit Individualismus gleichsetzen. Anderen wird warm ums Herz. Wer sich als Einzelner wie ein großer Niemand fühlt, wird in der Gemeinschaft zum kleinen Jemand. Zusammen werden sie zum handelnden Subjekt der Geschichte. Ein kollektiver Überorganismus, dessen gemeinsamer Wille am Rad des Schicksals drehen kann. »Von allen Produktionsinstrumenten ist die größte Produktivkraft die revolutionäre Klasse selbst.«[84]

Daher ist es nur konsequent, wenn Marx seine philosophisch-ökonomischen Thesen nun politisch auflädt, um den »*Umsturz* der bestehenden Gewalt und die *Auflösung* der alten Verhältnisse«[85] aufzuzeigen. Den Grundstock hat er mit Entfremdung, Privateigentum und Proletariat bereits geliefert. Nun formuliert er Bedingungen, unter denen sich das Eruptive im gut geölten Gleichmaß konstanter Entwicklung auflösen kann:

»Diese ›*Entfremdung*‹ … kann natürlich nur unter zwei *praktischen* Voraussetzungen aufgehoben werden … dazu gehört, daß sie die Masse der Menschheit als durchaus ›Eigentumslos‹ erzeugt hat und zugleich im Widerspruch zu einer vorhandnen Welt des Reichtums und der Bildung«[86] steht.

Global gesehen, entspricht das der heutigen Situation. Doch gleich kommt der Einwand, typisch Marx: »Die Organisation der revolutionären Elemente als Klasse setzt die fertige Existenz aller Produktivkräfte voraus, die sich überhaupt im Schoß der alten Gesellschaft entfalten konnten.«[87]

Auch wenn er diesen Endzustand mitunter zum Greifen nahe glaubt: Aus heutiger Sicht stellen sich seine Bedingungen so besonders dar, dass sich eigentlich niemand vor dieser Revolution oder vor ihm als Anstifter fürchten müsste. Wann wäre denn »die fertige Existenz aller Produktivkräfte« erreicht, so dass die revolutionäre Klasse siegen kann?

In diesem Punkt bleibt Marx merkwürdig ambivalent. Mal klingt er fast, als wollte er den Aufstand ausrufen: »Die Waffe der Kritik kann allerdings die Kritik der Waffen nicht ersetzen, die materielle Gewalt muß gestürzt werden durch materielle Gewalt, allein auch die Theorie wird zur materiellen Gewalt, sobald sie die Massen ergreift.«[88]

Dann wieder spricht er von der Reife der Verhältnisse, die erst erreicht sein muss, bevor die Frucht der Revolution geerntet werden kann. »Damit die *Revolution eines Volkes* und die *Emanzipation einer besondern Klasse* der bürgerlichen Gesellschaft zusammenfallen..., dazu muß eine besondre soziale Sphäre für das *notorische Verbrechen* der ganzen Sozietät gelten, so daß die Befreiung von dieser Sphäre als die allgemeine Selbstbefreiung erscheint.«[89]

Er geht sogar noch weiter: »Der Kommunismus ist empirisch nur als die Tat der herrschenden Völker ›auf einmal‹ und gleichzeitig möglich, was die universelle Entwicklung der Produktivkraft und den mit ihm zusammenhängenden Weltverkehr voraussetzt.«[90] Also alle oder nichts, wobei Marx mit den »herrschenden Völkern« im imperialistischen Zeitgeist nur die großen europäischen Nationen meint. Kein Grund dort aufseiten der Bewahrer, sich Sorgen zu machen. Internationale Solidarität gibt es nur auf dem Papier.

Im Kapitalismus spielt den »Herrschenden« die Vereinzelung, die das System verursacht, direkt in die Hände: Ausgebeutete Billiglohnarbeiter, Bildungsverlierer oder betrogene Kleinsparer sind heute weit davon entfernt, ihrer »ursprünglichen Bestimmung« als Gemeinschaftswesen zu folgen und schlagkräftige Koalitionen zu bilden. Gegen wen auch? Gewinner und Verlierer der heutigen internationalen Weltordnung sind kaum als Gruppen festzumachen.

Kapitalismuskritiker, die über Weltrevolution reden, müssten nach Marx jeden Fortschritt der Globalisierung, jedes Handelsabkommen begrüßen, weil sie das System schneller zur weltweiten Blüte bringen, nach der es verwelkt. »Das Freihandelssystem«, sagt er 1848 in einer Rede, »zersetzt die bisherigen Nationalitäten und treibt den Gegensatz zwischen Proletariat und Bourgeoisie auf die Spitze. Mit einem Wort, das

System der Handelsfreiheit beschleunigt die soziale Revolution. Und nur in diesem revolutionären Sinne, meine Herren, stimme ich für den Freihandel.«[91]

Mit seiner Plattentektonik der Gesellschaft wirkt Marx wie ein Erdbebenforscher oder Vulkanologe, der die Katastrophe zwar voraussehen, aber nicht datieren kann. Es kann morgen passieren oder erst in hundert Jahren. Oder nie? Indem er den Ausbruch an Wenn-dann-Bedingungen knüpft, revolutioniert er den Begriff der Revolution. Als »Lokomotiven der Geschichte«, wie er sie bald nennen wird, brauchen sie ordentlich Dampf im Kessel, um sich in Bewegung zu setzen.

Im Kommunismus soll der Mensch zu sich zurückfinden, sich selbst verwirklichen können. Tauschen als typische Gattungstätigkeit dient nicht mehr dem Haben, sondern dem Sein. »Das Bedürfnis oder der Genuß haben darum ihre *egoistische* Natur und die Natur ihre bloße *Nützlichkeit* verloren, indem der Nutzen zum *menschlichen* Nutzen geworden ist.«[92]

Marx findet irdische Ursachen für die irdischen Zwänge. Sein Gegenentwurf zielt auf die Frage, wie sie die meisten »Lohnabhängigen« nach wie vor umtreibt: Arbeiten sie, um zu leben, oder leben sie, um zu arbeiten? »Meine Arbeit wäre« – im Kommunismus – »*freie Lebensäußerung*, daher *Genuß* des *Lebens*. Unter der Voraussetzung des Privateigentums ist sie *Lebensentäußrung*, denn ich arbeite, *um zu leben*, um mir ein *Mittel* des Lebens zu verschaffen.«[93]

Wohlweislich lässt sich der Autor nicht auf nähere Bestimmungen der Zukunft ein. Das geht weit über seinen wie über jedermanns Horizont hinaus. Er verrät nur so viel, dass »in der kommunistischen Gesellschaft, wo jeder nicht einen ausschließlichen Kreis der Tätigkeit hat, sondern sich in jedem beliebigen Zweige ausbilden kann, die Gesellschaft die allgemeine Produktion regelt und mir eben dadurch möglich macht, heute dies, morgen jenes zu tun, morgens zu jagen, nachmittags zu fischen, abends Viehzucht zu treiben, nach dem Essen zu kritisieren, wie ich gerade Lust habe, ohne je Jäger, Fischer, Hirt oder Kritiker zu werden«[94].

Diese häufig zitierte Passage aus der *Deutschen Ideologie* eignet sich eher, die Humorfestigkeit der Zitierenden einzustufen, als Marx' Ideen zu konkretisieren. Die allermeisten Autoren nehmen sie, eine der wenigen Skizzen einer kommunistischen Gesellschaft in seinem Werk, wörtlich – als hätte ihr Urheber eine Rückkehr zum Leben am Anfang des Zivilisationsprozesses im Sinn geführt und nicht eher das Freizeitverhalten arbeitsscheuer englischer Aristokraten aufs Korn genommen.

Mit dem Bild ist, so schwammig formuliert, weniger gemeint, dass wir unsere Brötchen wieder selber backen sollen. Sondern ein Ziel, das ein Großteil der Menschheit teilt: Selbstverwirklichung in der Arbeit statt Fremdbestimmung – erreichbar durch gesellschaftlich geregelte Planwirtschaft.

Schlüssel ist die – aus heutiger Sicht geradezu utopische – Aufhebung der Arbeitsteilung. Aber auch eine heute in unseren Breiten teilweise realisierte Formel: Freiheit gleich Freizeit. Doch wo jeder alles kann, kann keiner nichts wirklich. »In einer kommunistischen Gesellschaft gibt es keine Maler, sondern höchstens Menschen, die unter Anderm auch malen.«[95] Das sehen die meisten Maler sicher anders.

In der heutigen Viele-Ich-Welt moderner Gesellschaften zeichnet sich indessen eine Entwicklung ab, die einer Multifunktionalität des Menschen immer näher rückt. In ihrer – oft erzwungenen – Vielseitigkeit unter der verführerischen Überschrift »Autonomie« werden Konsumenten zu Produzenten und Dienstleistern, die ihre Einkäufe, Flugbuchungen oder Banküberweisungen selbst tätigen. Die Arbeit erledigt die App und dahinter das Rechenzentrum. Dafür stellen sie gratis zur Verfügung, was mittlerweile als wertvollster Rohstoff gilt: ihre persönlichen Daten.

Wer sich auf den Betriebsgeländen der Profiteure dieser zunehmenden Selbstausbeutung umschaut, im Silicon Valley oft hochtrabend »Campus« genannt, fühlt sich fatal an die Marxsche Formel für eine kommunistische Zukunft erinnert: »Jeder nach seinen Fähigkeiten, jedem nach seinen Bedürfnissen.« Wie ein Ersatzstaat nimmt die Firma den Großverdienern ihren Alltag ab, vom Transport zur Arbeit über die Wäsche bis zum Haarschnitt – behält sie dabei aber möglichst immer im Auge.

Dave Eggers hat das in seinem Roman *The Circle* anschaulich geschildert. Wer will, kann seine Tätigkeit, ob Programmieren von Algorithmen oder Design von Produkten, nach Maßgabe seiner Termine unterbrechen und morgens schwimmen, nachmittags Volleyball oder Tischtennis spielen und abends interessante Vorträge hören oder einfach nur bei Gratismusik und -filmen abhängen. Schleicht sich da eine neue Art Kommunismus im Zeichen des Lustprinzips gleichsam durch die Hintertür ein?

Dem bei Marx fast kitschig skizzierten Kommunismus – »als vollendeter Naturalismus = Humanismus, als vollendeter Humanismus = Naturalismus«[96] – haftet noch nichts von den Schrecken an, die seit seiner »realen Existenz« mit ihm verbunden werden. Im Gegenteil: Marx beschwört, zumindest was das Fehlen der Selbstentfremdung des Menschen betrifft, sozusagen einen paradiesischen Urzustand in moderner Neuauflage herauf, ohne sich die bitteren, lebensbedrohlichen Begleitumstände jener fernen Vorzeit zurückzuwünschen.

Anders als bei den real erfolgten Revolutionen des 20. Jahrhunderts in seinem Namen geht Marx in seinen Frühschriften nicht von der Bildung einer neuen Führungsschicht aus. »Heißt dies, daß es nach dem Sturz der alten Gesellschaft eine neue Klassenherrschaft geben wird, die in einer neuen politischen Gewalt gipfelt? Nein.«[97] Mit schönem Gruß an die späteren sozialistischen Machthaber.

Marx verspricht vielmehr das Ende jeder Klassengesellschaft: »Wenn das Proletariat siegt, so ist es dadurch keineswegs zur absoluten Seite der Gesellschaft geworden, denn es siegt nur, indem es sich selbst und sein Gegenteil aufhebt. Alsdann ist ebensowohl das Proletariat wie sein bedingender Gegensatz, das Privateigentum, verschwunden.«[98]

Versöhnung statt Verhärtung der Verhältnisse also. So ziemlich das Gegenteil von dem, was sich den »sozialistischen Menschen« mit der vom Volksvotum nicht legitimierten, nicht abwählbaren »neuen politischen Gewalt« der Zentralkomitees und Politbüros geboten hat.

Ihre »Demokratischen« (Volks-)Republiken sind weder demokratisch noch vom Volk bestimmt, noch Republiken gewesen, wie sie Marx vorgeschwebt haben – auch wenn das Privateigentum dort »offiziell« abgeschafft worden ist. Das ist zwar eine notwendige, aber keine hinreichende Bedingung.

Der junge Marx meint es bei aller Entfremdungsromantik mit Freiheit und Befreiung ernst. Die Freiheit der Kunst und der Wissenschaft, der Presse, des Wortes, der Gedanken steht bei ihm, dem freien Schriftsteller, nicht zur Disposition. Unter Befreiung versteht er, dass niemand mehr allein das Mittel von anderen wäre, sondern alle gleichzeitig Mittel und Zweck für alle anderen. Einen solchen Kommunismus hat die Welt allerdings noch nicht gesehen.

D. Welt und Gott

Die Entwicklung der Marxschen Gedankenwelt lässt sich nur aus seiner metaphysischen Skepsis verstehen. Sie klingt bereits in den frühesten Schriften an. Sein gesamtes Werk geht auf die religionskritischen Wurzeln seiner Studienzeit zurück. Sie nähren das Gewächs seiner Kritik an den Verhältnissen, das schließlich in seiner Systemkritik am Kapitalismus zur Blüte kommt.

Ausgangspunkt seiner Überlegungen ist die junghegelianische Religionskritik. Sie beschreibt Gott als Erfindung des Menschen, in der er sich selbst entfremdet. Was er anbete und verehre, sei nur sein besseres Ich. Am Ende holt Marx den Herrscher vom Himmel auf die Erde. Die wirklich herrschende Macht, sagt er, sei kein Hirngespinst, sondern ein reales, von Menschen gemachtes höheres Wesen, allgegenwärtig, allmächtig, ohne fassbaren Körper, aber körperlich fassbar. Die Stimmung jener Zeit drückt treffend Goethe aus, der am 23. Okrober 1828 über die Welt zu Eckermann sagt: »Ich sehe die Zeit kommen, wo Gott keine Freude mehr an ihr hat und er abermals alles zusammenschlagen muss zu einer verjüngten Schöpfung[99]«.

Marx versteht sich als Aufklärer gegen jede Form von Aberglauben – einer, dem Physik mehr bedeutet als Metaphysik. Sein philosophisches Denken ist naturwissenschaftlich geprägt – und damit »natürlich« materialistisch. Sein Atheismus steht in der Tradition abendländischer Denker von Hobbes bis Heine. Gott ist bei ihm schon tot, als Nietzsche noch nicht geboren ist.

Der Sozialismus erhebt nach Marx den Anspruch auf Wissenschaftlichkeit. Das Spekulative lehnt er ebenso ab wie die Utopie in ihrer quasireligiösen Verfasstheit und die leeren Versprechungen der Heilslehren unterschiedlicher Glaubensrichtungen. In den Worten des Oxforder Politologen David Leopold ist er regelrecht »utopophob«[100]. Sollte es ein Paradies geben, dann nur auf Erden und nur mit irdischen Mitteln zu erreichen. An erster Stelle mit Vernunft und Erkenntnis.

»Ich habe es jetzt schlimm«, klagt Arnold Ruge im September 1841 einem Bekannten. »Bauer, Marx und Christiansen und Feuerbach werden oder haben schon ... den Atheismus und die Sterblichkeit zur Fahne erhoben. Gott, Religion und Unsterblichkeit wird abgesetzt und die philosophische Republik, die Menschen die Götter, proklamiert.«[101]

Einen Monat später wendet sich Georg Jung in der gleichen Sache an Ruge: »Dr. Marx, Dr. Bauer und L. Feuerbach assoziieren sich zu einer theologisch-philosophischen Zeitschrift, dann mögen alle Engel sich um den alten Herrgott scharen und er selbst gnädig sein, denn diese drei schmeißen ihn gewiß aus seinem Himmel heraus und hängen ihm noch obendrein einen Prozeß an den Hals, Marx wenigstens nennt die christliche Religion eine der unsittlichsten.«[102]

Heinrich Heine erinnert sich später an diese Zeit wie an ein böses Märchen: »Wie oft … denke ich an die Geschichte dieses babylonischen Königs, der sich selbst für den lieben Gott hielt, aber von der Höhe seines Dünkels erbärmlich herabstürzte, wie ein Tier am Boden kroch und Gras aß … In dem prachtvoll grandiosen Buch Daniel steht die Legende, die ich nicht bloß dem guten Ruge, sondern auch meinem noch viel verstockteren Freunde Marx, ja auch den Herren Feuerbach, Daumer, Bruno Bauer, Hengstenberg und wie sie sonst heißen mögen, diese gottlosen Selbstgötter, zur erbaulichen Beherzigung empfehle.«[103]

Marx durchläuft im Schnelldurchgang die metaphysische Evolution vom Judaismus über das Christentum zur Gottlosigkeit als final wünschenswertem Zustand. Obwohl er der Verweltlichung das Wort redet wie kein Zweiter, bleibt er in sich ein tiefreligiöser Atheist – dem schließlich sogar der Atheismus zu religiös wird. In seinen *Pariser Manuskripten* gibt er zum Besten:

»Der *Atheismus* … hat keinen Sinn mehr, denn der Atheismus ist eine *Negation des Gottes* und setzt durch diese Negation das *Dasein des Menschen;* aber der Sozialismus als Sozialismus … ist *positives,* nicht mehr durch die Aufhebung der Religion vermitteltes *Selbstbewußtsein* des Menschen, wie das *wirkliche Leben* positive, nicht mehr durch die Aufhebung des Privateigentums, den *Kommunismus,* vermittelte Wirklichkeit des Menschen ist.«[104]

Wie kein anderer nimmt der christlich erzogene Jurist und Atheist Marx das Verhältnis von Recht und Religion, Gesetz und Glauben aufs Korn. Bereits in der *Rheinischen Zeitung*, gleich zu Beginn seiner Journalistenkarriere, fragt er:

»Hat nicht vor allem das Christentum Staat und Kirche gesondert? Leset den heiligen Augustinus ›De civitate Dei‹, studiert die Kirchenväter und den Geist des Christentums, und dann kommt wieder und sagt uns, ob der Staat oder die Kirche der ›christliche Staat‹ ist! Oder straft nicht jeder Augenblick eures praktischen Lebens eure Theorie Lügen? Haltet ihr es für Unrecht, die Gerichte in Anspruch zu nehmen, wenn ihr übervorteilt werdet? Aber der Apostel schreibt, daß es Unrecht sei. Haltet ihr euren rechten Backen dar, wenn man euch auf den linken schlägt, oder macht ihr nicht einen Prozeß wegen Realinjurien anhängig? Aber das Evangelium verbietet es.«[105]

Die Logik der Bibel, aber ebenso die von Talmud oder Koran, und damit Gottes Wort, steht im Gegensatz zum Regelwerk des Zusammenlebens, das sich die Menschen gegeben haben. Wer in Fragen des Eigentums, etwa beim Wohn- oder Verkehrsrecht, auf die »atheistischen« Gesetze des Staates setzt, auf dessen Gebiet er zu Hause ist, kann sich bei Scheidung oder Beschneidung nicht auf Scharia oder Halacha berufen und einfach am Türhüter vorbeimogeln, den Kafka vors Gesetz stellen wird. Das Recht folgt nicht den Regeln eines Marktes, auf dem man sich für das günstigere Angebot entscheiden kann. Über seine Einhaltung haben allein weltliche Gerichte zu wachen.

»Verlangt ihr vernünftiges Recht auf dieser Welt, murrt ihr nicht über die kleinste Erhöhung einer Abgabe, geratet ihr nicht außer euch über die geringste Verletzung der persönlichen Freiheit? Aber es ist euch gesagt, daß dieser Zeit Leiden der künftigen Herrlichkeit nicht wert sei, daß die Passivität des Ertragens und die Seligkeit in der Hoffnung die Kardinaltugenden sind. Handelt der größte Teil euerer Prozesse und der größte Teil der Zivilgesetze nicht vom Besitz? Aber es ist euch gesagt, daß eure Schätze nicht von dieser Welt sind.«[106]

Wer Marx zum Antichristen stempelt, der seine Religionskritik nur gegen den vorherrschenden Glauben im Abendland richtet, verfehlt die Pointe seiner grundsätzlicheren atheistischen Position. Kaum irgendwo wird sie klarer als in seinem Aufsatz *Zur Judenfrage* in den *Deutsch-Französischen Jahrbüchern*. Darin übt er Kritik am ähnlich betitelten Buch *Die Judenfrage* von Bruno Bauer, einem während der ersten Hälfte des 19. Jahrhunderts in ganz Europa heiß diskutierten Thema.

»Die *politische* Emanzipation des Juden, des Christen, überhaupt des *religiösen* Menschen«, heißt es da zunächst grundsätzlich, »ist die *Emanzipation des Staats* vom Judentum, vom Christentum, überhaupt von der *Religion.* In seiner Form, in der seinem Wesen eigentümlichen Weise, als *Staat* emanzipiert sich der Staat von der Religion, indem er sich von der *Staatsreligion* emanzipiert, d. h., indem der Staat als Staat keine Religion bekennt, indem der Staat sich vielmehr als Staat bekennt.«[107] Laizismus in Reinform, als Religionsfreiheit, als Freiheit von der Religion.

Marx sagt: »Wie Christus der Mittler ist, dem der Mensch seine ganze Göttlichkeit, seine ganze *religiöse Befangenheit* aufbürdet, so ist der Staat der Mittler, in den er seine ganze Ungöttlichkeit, seine ganze *menschliche Unbefangenheit* verlegt.«[108] In diesem Aufsatz, kurz nach Hochzeit und Flitterwochen geschrieben, wird fast mit Händen der Weg des philosophischen (und juristischen) zum politischen Marx greifbar, den er als Autor der *Rheinischen* eingeschlagen hat.

»Wo der politische Staat seine wahre Ausbildung erreicht hat, führt der Mensch nicht nur im Gedanken, im Bewußtsein, sondern in der *Wirklichkeit,* im *Leben* ein doppeltes, ein himmlisches und ein irdisches Leben, das Leben im *politischen Gemeinwesen,* worin er sich als *Gemeinwesen* gilt, und das Leben in der *bürgerlichen Gesellschaft,* worin er als *Privatmensch* tätig ist, die andern Menschen als Mittel betrachtet, sich selbst zum Mittel herabwürdigt und zum Spielball fremder Mächte wird.«[109]

Hier spielt Marx auf die Doppelexistenz des Menschen an. Einerseits ist er als politisches »Gattungswesen« Staatsbürger, und damit »moralische Person«.[110] Andrerseits ist er als Teil der bürgerlichen Gesellschaft aber Privatwesen, »das *egoistische unabhängige* Individuum«.[111] Das dialektische Motiv des »Doppelcharakters« wird bald zum Leitbild seiner politisch-ökonomischen Theorie, in der er das Wesen der »fremden Mächte« aufdeckt.

»Der politische Staat verhält sich ebenso spiritualistisch zur bürgerlichen Gesellschaft wie der Himmel zur Erde. Er steht in demselben Gegensatz zu ihr, er überwindet sie in derselben Weise wie die Religion die Beschränktheit der profanen Welt, d. h., indem er sie ebenfalls wieder anerkennen, herstellen, sich selbst von ihr beherrschen lassen muß.«[112]

Bei seiner offen antireligiösen Einstellung wird gerne übersehen, dass Marx in der Trennung von Staat und Religion keineswegs die allein seligmachende Lösung sieht: Als atheistisches Gebilde schafft der Staat eine Kluft zum religiösen Leben, das er, so der Clou der Marxschen Argumentation, in gleicher Weise schützt wie das Eigentum. Mit dem einen wie dem anderen kann der Mensch im Rahmen des Erlaubten anstellen, was er will: zum Gottesdienst gehen oder in ein Rockkonzert, die Regierung dulden und den Heiland verehren.

Erst eine politisch befreite Religion kann so vollends zur Privatsache werden, dass ihre Ausübung oder Nichtausübung den Staat nichts angeht und in einem solchermaßen säkularisierten Staat auch der Atheismus seinen gleichberechtigten Platz erhält. Das kann sogar so weit gehen, dass der Laizismus selbst religiösen Charakter annimmt.

Marx' Ausführungen erhalten eine überraschende Aktualität im Zusammenhang mit der heutigen Integrationsdebatte. Gerade die scharfe Trennung zwischen Staat und Religion, wie etwa in den USA per Verfassung zementiert, vertieft den Antagonismus, statt ihn zu entschärfen. »Der Konflikt, in welchem sich der Mensch als Bekenner einer *besondern*

Religion mit seinem Staatsbürgertum, mit den andern Menschen als Gliedern des Gemeinwesens befindet, reduziert sich auf die *weltliche* Spaltung zwischen dem *politischen* Staat und der *bürgerlichen Gesellschaft.*«[113]

Dem wachsenden Einfluss der Religionen und des Religiösen allein mit einer Stärkung der laizistischen Prinzipien zu begegnen birgt demnach erhebliche Brisanz. Ausgerechnet die Demokratie lädt Skeptiker und Gegner der von ihr garantierten Rechte dazu ein, den Staat und seine Verfassung, auf denen diese demokratischen Privilegien basieren, an der Wahlurne geheim, gleich und frei in seinem Bestand zu gefährden. Eine literarische Blaupause hat Michel Houellebecq in seinem Roman *Unterwerfung* geliefert.

Solange religiöses Denken im Leben der Leute eine entscheidende Rolle spielt, so lässt sich Marx lesen, führt die Abgrenzung von außen zu einer Ausgrenzung von innen. Bis sich der Glaube im Fundamentalismus, ob christlich, jüdisch, islamisch oder hinduistisch, radikalisiert und die staatliche Ordnung als Ganzes infrage stellt – und mit ihr paradoxerweise die Freiheit, die diesen Angriff erst ermöglicht. Bis die Werte der Aufklärung, übersetzt in demokratische Rechte, in die Freiheit des Wortes, der Kunst und der Wissenschaft, aus religiösen Motiven bekämpft und schließlich Ausstellungen oder Schauspielpremieren aus erzwungener Rücksichtnahme abgesagt werden. So kann die Trennung der Sphären zur Spaltung der Gesellschaft führen.

»Die Christen wohnen in Staaten von verschiedenen Verfassungen«, hat Marx 1842 in der *Rheinischen* erklärt, »die einen in einer Republik, die andern in einer absoluten, die dritten in einer konstitutionellen Monarchie. Das Christentum entscheidet nicht über die *Güte* der Verfassungen, denn es kennt keinen Unterschied der Verfassungen, es lehrt, wie die Religion lehren muß: Seid Untertan der Obrigkeit, denn *jede Obrigkeit* ist von Gott. Also nicht aus dem Christentum, aus der eigenen Natur, aus dem eigenen Wesen des Staates müßt ihr das Recht der Staatsverfassungen entscheiden, nicht aus der Natur der christlichen, sondern aus der Natur der menschlichen Gesellschaft.«[114]

Marx kritisiert jede Religion auf ihre Weise. Über den Islam sagt er einmal, und es klingt, als wäre es gestern geschrieben: »Der Koran und die auf ihm fußende muselmanische Gesetzgebung reduzieren Geographie und Ethnographie der verschiedenen Völker auf die einfache und bequeme Zweiteilung in Gläubige und Ungläubige. Der Ungläubige ist ›harby‹, d.h. der Feind. Der Islam ächtet die Nation der Ungläubigen und schafft einen Zustand permanenter Feindschaft zwischen Muselmanen und Ungläubigen.«[115]

Das heutige Wiedererstarken der Religionen und des religiösen Fanatismus, angefangen mit den Muslimbruderschaften in Ägypten, hat mit der Errichtung eines Gottesstaates im Iran 1979 seinen ersten Höhepunkt erreicht. »Der wahrhaft religiöse Staat ist der theokratische Staat«, warnt Marx, »der Fürst solcher Staaten muß entweder, wie im jüdischen der Gott der Religion, der Jehova selbst sein oder, wie in Tibet der Stellvertreter des Gottes, der Dalai Lama.«[116]

Vor diesem Hintergrund sind Marx' umstrittene Äußerungen »zur Judenfrage« zu verstehen. Entscheidend dabei, dass er von Anfang an »den wirklichen weltlichen Juden … den *Alltagsjuden*« vom »Sabbatjuden«[117] unterscheidet. »Suchen wir das Geheimnis des Juden nicht in seiner Religion, sondern suchen wir das Geheimnis der Religion im wirklichen Juden.«[118] These und Antithese überkreuzt im dialektischen Chiasmus, da ist noch viel vom junghegelianischen Sturm und Drang zu spüren.

Marx malt ein Bild des »Alltagsjuden«, das den Seismografen für antisemitische Äußerungen ausschlagen lässt: »Welches ist der weltliche Grund des Judentums? Das *praktische* Bedürfnis, der *Eigennutz.* Welches ist der weltliche Kultus des Juden? Der *Schacher.* Welches ist sein weltlicher Gott? Das *Geld.* Nun wohl! Die Emanzipation vom *Schacher* und vom *Geld,* also vom praktischen, realen Judentum wäre die Selbstemanzipation unsrer Zeit.«[119]

Die eigentliche Plage ist der Kapitalismus, der sich ohne die typisch jüdische Geschäftemacherei, wie das damals hieß, nicht hätte entwickeln können. »Die Emanzipationsfähigkeit des heutigen Juden ist das Verhältnis des Judentums zur Emanzipation der heutigen Welt. Dies Verhältnis ergibt sich notwendig aus der besondern Stellung des Judentums in der heutigen geknechteten Welt.«[120]

»Jude« wird hier, wie Heine einmal über die Hamburger »Pfeffersäcke« sagt, gleichbedeutend mit Händler und Geschäftsmann benutzt: »Alle Hamburger nenne ich Juden«[121], so der Dichter, der wie Marx vom Juden- zum Christentum übergetreten ist und dann seinen Glauben verloren hat. Nur dass sich der Dichter auf dem Sterbebett doch wieder Gott zuwendet – ohne sich allerdings auf eine Konfession zu beziehen.

»Wir erkennen also im Judentum«, fährt Marx fort, »ein allgemeines *gegenwärtiges antisoziales* Element, welches durch die geschichtliche Entwicklung, an welcher die Juden in dieser schlechten Beziehung eifrig mitgearbeitet, auf seine jetzige Höhe getrieben wurde, auf eine Höhe, auf welcher es sich notwendig auflösen muß. Die *Judenemanzipation* in ihrer letzten Bedeutung ist die Emanzipation der Menschheit vom *Judentum.*«[122] Harter Tobak, genießbar nur durch den Filter der Geschichte – und aus der Perspektive seiner Biografie.

Als Marx kurz zuvor, siebzehn Jahre nach seiner Konversion, kirchlich den Bund fürs Leben geschlossen hat, werden Ehen zwischen Jüdischstämmigen und »reinen« Deutschen noch argwöhnisch beobachtet. Ungefähr zu dieser Zeit erscheint eine Schrift unter dem Titel *Die Judensucht christlicher Frauen und Jungfrauen verhindert christliche Heiraten.*[123] Weil jüdischen Männern eine größere Potenz unterstellt wird, empfiehlt der Autor, sie zu kastrieren, um die »Blutschande« zu vermeiden. Damals unterscheiden nicht wenige Leute tatsächlich zwischen »christlichen« und »jüdischen Juden«[124] und charakterisieren Juden insgesamt als »asiatische Fremdlinge«.

In diesem geistigen Klima schreibt Marx über »Juden« und die »Praxis … in ihrer schmutzig-jüdischen Erscheinungsform«.[125] Der Anklang von Rassismus meint hier weniger Blut als Geld, nicht Hautfarbe oder Nasenform, sondern die gesellschaftliche Rolle. Und am Ende nicht einmal Juden im engeren, sondern im weiteren Sinn als Typus: »Aus ihren eignen Eingeweiden erzeugt die bürgerliche Gesellschaft fortwährend den Juden.«[126]

Die Topoi reichen vom kleinen Wucherer bis zur Macht des Finanzkapitals, für die stellvertretend der Name Rothschild steht. »Der Jude hat sich auf jüdische Weise emanzipiert, nicht nur, indem er sich die Geldmacht angeeignet, sondern indem durch ihn und ohne ihn *das Geld* zur Weltmacht und der praktische Judengeist zum praktischen Geist der christlichen Völker geworden ist. Die Juden haben sich insoweit emanzipiert, als die Christen zu Juden geworden sind.«[127] Von da ist es nicht mehr weit bis zur »jüdischen Weltverschwörung«.

Ohne seine jüdischen Financiers und ihre christlichen Bankierskollegen, so ein damals gängiger Vorwurf fortschrittlicher Kräfte, wäre das Feudalsystem, wie es nicht nur in Deutschland nach wie vor besteht, längst am Ende. Insofern lässt sich Marx' Auseinandersetzung mit dem Judentum genauso gut im Zusammenhang mit seinem Übergang zum Kommunismus verstehen.[128]

Seine harte Gangart in der »Judenfrage« verbirgt, dass Marx Judentum nicht völkisch meint, sondern ökonomisch und politisch, als Ausdruck des Systems, das er zu überwinden trachtet. Nur so lassen sich seine Ausführungen und Ausfälle richtig einordnen.

»Das Geld ist der eifrige Gott Israels, vor welchem kein andrer Gott bestehen darf. Das Geld erniedrigt alle Götter des Menschen – und verwandelt sie in eine Ware … Das Geld ist das dem Menschen entfremdete Wesen seiner Arbeit und seines Daseins, und dies fremde Wesen beherrscht ihn, und er betet es an. Der Gott der Juden hat sich verweltlicht, er ist zum Weltgott geworden. Der Wechsel ist der wirkliche Gott des Juden.«[129]

Wer das wörtlich nimmt – aber warum sollte man es nicht? –, übersieht allzu leicht, dass Marx hier ein erstes Etappenziel in seiner Suche nach dem Eigentlichen erreicht: Geld nimmt die Rolle Gottes als »fremdes Wesen« ein, das die Geschicke der Menschen lenkt.

Bruno Bauer und andere sehen im Judentum vor allem eine Vorstufe des Christentums und in der Assimilation die Voraussetzung der Emanzipation. Marx ficht für die Überwindung des »weltlichen Systems Judentum«, wie es sich im Finanzkapitalismus zeigt, durch die politische Emanzipation der Juden.

Sie, die von vielen Rechten ausgeschlossen und dadurch zu Geschäften gezwungen sind, für die man sie dann anprangert. Nachdem in Frankreich 1840 der Sonntag zum gesetzlichen Feiertag erklärt worden ist, fragt Marx: »Hätte der jüdische Sabbat nicht dasselbe Recht?«[130] Nicht der Jude sei das Problem, sondern derjenige, der die Judenfrage stelle.

Die »religiöse Beschränktheit«, namentlich ihrer alttestamentarischen Ideologie, würde sich von selbst aufheben, wenn die gesellschaftlichen Schranken fallen. So verwandelt Marx die theologische in eine weltliche Frage.[131] Nur indem das Judentum = Kapitalismus an sein Ende kommt, kann die Judenfrage gelöst werden. Genau so haben auf zynischste Weise allerdings auch die Nazis argumentiert.

»Wenn ihr Juden politisch emanzipiert werden wollt, ohne euch selbst menschlich zu emanzipieren, so liegt die Halbheit und der Widerspruch nicht nur in euch, sie liegt in dem *Wesen* und *der Kategorie* der politischen Emanzipation. Wenn ihr in dieser Kategorie befangen seid, so teilt ihr eine allgemeine Befangenheit. Wie der Staat *evangelisiert,* wenn er, obschon Staat, sich christlich zu dem Juden verhält, so *politisiert* der Jude, wenn er, obschon Jude, Staatsbürgerrechte verlangt.«[132]

Marx nimmt das virulente Thema der Emanzipation und Gleichberechtigung zum Anlass, die Forderung zu erheben, im Sinne seines Verständnisses von Recht, Revolution und Geschichte mehr Demokratie zu wagen. Nicht Ausgrenzung, sondern Anerkennung und Gleichberechtigung mache Juden zu Staatsbürgern und beende ihren Sonderweg. Dem Recht auf Religion steht dann die justiziable Pflicht gegenüber, sie nicht gegen die geltende verfassungsmäßige Grundordnung in Stellung zu bringen. Marx geht aber noch weiter:

»Der Mensch in seiner *nächsten* Wirklichkeit, in der bürgerlichen Gesellschaft, ist ein profanes Wesen. Hier, wo er als wirkliches Individuum sich selbst und andern gilt, ist er eine *unwahre* Erscheinung. In dem Staat dagegen, wo der Mensch als Gattungswesen gilt, ist er das imaginäre Glied einer eingebildeten Souveränität, ist er seines wirklichen individuellen Lebens beraubt und mit einer unwirklichen Allgemeinheit erfüllt.«[133] Das führt ihn schließlich zu jenem Standpunkt, der den Übergang seines Denkens zum Kommunismus einleitet:

»Erst wenn der wirkliche individuelle Mensch den abstrakten Staatsbürger in sich zurücknimmt und als individueller Mensch in seinem empirischen Leben, in seiner individuellen Arbeit, in seinen individuellen Verhältnissen, *Gattungswesen* geworden ist« – also Teil eines kooperativen Kollektivs –, »erst wenn der Mensch seine ›forces propres‹ als *gesellschaftliche* Kräfte erkannt und organisiert hat und daher die gesellschaftliche Kraft nicht mehr in der Gestalt der *politischen* Kraft von sich trennt, erst dann ist die menschliche Emanzipation vollbracht.«[134]

Objektiv vergesellschaftet, subjektiv vergemeinschaftet – nur so kann der Mensch sein Schicksal in die Hände nehmen und die Welt zurückgewinnen.[135] Hier sieht Marx sich auf einer Linie mit Rousseau, aus dessen 1762 erschienener, dann bald verbotener Schrift zum *Gesellschaftsvertrag* er zitiert:

»Wer den Mut hat, einem Volke eine Rechtsordnung zu geben, muß sich fähig fühlen, sozusagen die *menschliche Natur* zu *ändern*, jedes Individuum, das in sich selbst und für sich allein ein vollkommenes Ganzes ist, in den *Teil* eines größeren Ganzen umzuwandeln, von dem dieses Individuum in gewisser Weise sein Leben und Sein empfängt, an die Stelle einer physischen und unabhängigen eine *moralische Teilexistenz* zu setzen. Er muß *dem Menschen seine eigenen Kräfte* nehmen, um ihm fremde dafür zu geben, die er nur mit Hilfe anderer gebrauchen kann.«[136]

In seinem gleichzeitig zur *Judenfrage* erschienenen Aufsatz *Zur Kritik der Hegelschen Rechtsphilosophie. Einleitung* (die Fortsetzung hat er nie geliefert) stellt Marx junghegelianisch religionskritisch fest:

»Der *Mensch macht die Religion*, die Religion macht nicht den Menschen ... Die Religion ist die allgemeine Theorie dieser Welt, ihr enzyklopädisches Kompendium, ihre Logik in populärer Form, ihr spiritualistischer Point-d'honneur, ihr Enthusiasmus, ihre moralische Sanktion, ihre feierliche Ergänzung, ihr allgemeiner Trost- und Rechtfertigungsgrund. Sie ist die *phantastische Verwirklichung* des menschlichen Wesens, weil das *menschliche Wesen* keine wahre Wirklichkeit besitzt. Der Kampf gegen die Religion ist also mittelbar der Kampf gegen jene Welt, deren geistiges Aroma die Religion ist.«[137]

Der Essay beginnt mit der apodiktischen Feststellung: »Für Deutschland ist die *Kritik der Religion* im wesentlichen beendigt, und die Kritik der Religion ist die Voraussetzung aller Kritik.«[138] Deshalb geht er nun über das Motiv reiner Religionskritik hinaus: »Das *religiöse* Elend ist in einem der *Ausdruck* des wirklichen Elendes und in einem die *Protestation* gegen das wirkliche Elend.«

Darauf folgt ein Satz, der bis heute zum Kern der Marke Marx gehört: »Die Religion ist der Seufzer der bedrängten Kreatur, das Gemüt einer herzlosen Welt, wie sie der Geist geistloser Zustände ist. Sie ist das *Opium* des Volkes.«[139] Religion ist für Marx nicht Ursache, sondern Symptom der Entfremdung.

Damit kommt er dem Eigentlichen näher, jener herrschenden Instanz in der »wirklichen Welt« statt eines Gottes als Herrscher – und sei er auch nur in der menschlichen Einbildung existent. Folglich fordert er, »die Religion mehr in der Kritik der politischen Zustände, als die politischen Zustände in der Religion zu kritisieren«[140].

Das führt ihn schließlich zur Auffassung: »Der Mensch, der in der phantastischen Wirklichkeit des Himmels, wo er einen Übermenschen suchte, nur den *Widerschein* seiner selbst gefunden hat, wird nicht mehr geneigt sein, nur den *Schein* seiner selbst, nur den Unmenschen zu finden, wo er seine Wirklichkeit sucht und suchen muß.«[141] Mit dieser Absetzbewegung vom Junghegelianismus gelangt er an einen Umschlagpunkt:

»Die Kritik des Himmels verwandelt sich damit in die Kritik der Erde, die *Kritik der Religion* in die *Kritik des Rechts*, die *Kritik der Theologie* in die *Kritik der Politik*.«[142] Es sei »*Aufgabe der Philosophie*, die im Dienste der Geschichte steht, nachdem die *Heiligengestalt* der menschlichen Selbstentfremdung entlarvt ist, die Selbstentfremdung in ihren *unheiligen Gestalten* zu entlarven.«[143]

Und von der Erkenntnis ist es nur einen Schritt zur Tat: »Die Kritik der Religion endet mit der Lehre, daß der *Mensch das höchste Wesen für den Menschen* sei, also mit dem *kategorischen Imperativ, alle Verhältnisse umzuwerfen*, in denen der Mensch ein erniedrigtes, ein geknechtetes, ein verlassenes, ein verächtliches Wesen ist.«[144]

Mit Marx' Diktum im Hinterkopf, dass die herrschenden Interessen stets die Interessen der Herrschenden sind und der Staat den Schutz des Privateigentums zu seinen privilegierten Aufgaben zählt, schließt sich einmal mehr ein Kreis der Argumente: Religions- und Eigentumsfrage bilden ein Paar von Analoga. Der Glaube (oder Unglaube) gehört dem Bürger, als Privatsache vom Staat geschützt, genau wie sein Häuschen.

Allgemeines statt Klassenwahlrecht, das vom Stand und den Vermögensverhältnissen abhängt, schmälert die Bedeutung des Eigentums in der Politik, vergleichbar einer politisch zurückgedrängten Religion im säkularen System. Nur unter solchen Voraussetzungen sind tatsächlich alle Bürger vor dem Gesetz gleich, wie es sich die Revolutionäre in den Vereinigten Staaten 1776 und Frankreich 1789 auf die Fahnen geschrieben haben.

»Die Aufhebung der Religion als des *illusorischen* Glücks des Volkes ist die Forderung seines *wirklichen* Glücks. Die Forderung, die Illusionen über seinen Zustand aufzugeben, ist die *Forderung, einen Zustand aufzugeben, der der Illusionen bedarf.* Die Kritik der Religion ist also im *Keim* die *Kritik des Jammertales,* dessen *Heiligenschein* die Religion ist.«[145]

Was Marx hier aufruft, ist ein Gefühl, das sich heute unter weltoffenen Geistern angesichts der Renaissance von Religion, Aberglaube und Irrationalität wieder breitmacht. Die allgemeine Säkularisierung, in seinen Tagen begonnen, hat ihren Höhepunkt offenbar überschritten. Vernunft und die Werte der westlichen Aufklärung befinden sich auf dem Rückzug, während gleichzeitig Wissenschaft, medizinischer und technischer Fortschritt die fernsten Weltregionen erreichen. Religion wird zur unantastbaren Privatsache erklärt, sie zu kritisieren in die Tabuzone des politisch Korrekten gerückt.

»Die Kritik hat die imaginären Blumen an der Kette zerpflückt, nicht damit der Mensch die phantasielose, trostlose Kette trage, sondern damit er die Kette abwerfe und die lebendige Blume breche. Die Kritik der Religion enttäuscht den Menschen, damit er denke, handle, seine Wirklichkeit gestalte wie ein enttäuschter, zu Verstand gekommener Mensch, damit er sich um sich selbst und damit um seine wirkliche Sonne bewege.

Die Religion ist nur die illusorische Sonne, die sich um den Menschen bewegt, solange er sich nicht um sich selbst bewegt.«[146]

Kein Denker seiner Zeit hat die Brücke zwischen Religion und Philosophie auf der einen und Politik, Recht und dann auch Ökonomie auf der anderen Seite derart konsequent geschlagen wie Marx. Nach seinem Gesellschafts- und Weltverständnis sind Befreiung und Fortschritt nur im Ganzen zu haben. Dem Sturz der Götter und ihrer Ordnung folgt zwangsläufig die Aufhebung der Entfremdung im einstmals ständischen Staat und schließlich in der Produktion.

Die Vollendung der Wende im Marxschen Denken hin zum Materialismus markiert schließlich eine äußerlich unscheinbare Ideenskizze, geschrieben Anfang 1845, die in den *Gesammelten Werken* nur drei Druckseiten umfasst. Engels hat sie nach dem Tod des Freundes in dessen handschriftlichen Hinterlassenschaften entdeckt und sogleich als Grundstein des gemeinsam formulierten »Historischen Materialismus« erkannt und veröffentlicht.

In den *Elf Thesen zu Feuerbach* wendet sich Marx gegen den metaphysischen Charakter von dessen Materialismus. Der lange verehrte Philosoph habe sich zwar vom Hegelschen Idealismus entfernt, wenn er feststelle: »Der Anfang der Philosophie ist nicht Gott … – der Anfang der Philosophie ist das Endliche, das Bestimmte, das Wirkliche.«[147] Doch wenn er Sinn und Sinnlichkeit statt des Geistes in den Mittelpunkt rücke, dann erfasse er nur den passiven Akt der Vernunft, mit dem Menschen außerhalb ihrer selbst liegende Objekte wahrnehmen.

Nach Marx ist Sinnlichkeit aber von Praxis geprägt, von aktiver menschlicher Tätigkeit, mit der wir die Welt gestalten. Je mehr sie sich dann den Sinnen in Form von Gegenständen und Strukturen präsentiert, die Menschen und Menschengemeinschaften mit ihren Sinnen geschaffen haben, desto mehr verliert die Sinnlichkeit den Charakter einer rein objektiven Gegenständlichkeit. Unsere eigenen Schöpfungen formen unseren Blick.

Feuerbach betone zwar die Wichtigkeit der Wirklichkeit. Er sehe Entfremdung aber nur im Bewusstsein. Tatsächlich zeige sie sich im realen Leben. Marx überträgt das Motiv der Entfremdung des Menschen im Göttlichen auf irdische Verhältnisse. In der Folge des ökonomischen Fortschritts entlarvt er deren vier Formen des menschlichen Rückschritts als das Kleingedruckte im Faustschen Vertrag.

Feuerbach sehe nicht, so die siebte These, »daß das ›religiöse Gemüt‹

selbst ein *gesellschaftliches Produkt* ist und daß das abstrakte Individuum, das er analysiert, in Wirklichkeit einer bestimmten Gesellschaftsform angehört.« Jede Religion ergebe sich aus dem »Sichselbstwidersprechen« gesellschaftlicher Verhältnisse, ihrer »weltlichen Grundlage«. »Diese selbst muß also in sich selbst sowohl in ihrem Widerspruch verstanden als praktisch revolutioniert werden.«[148]

Zum Wirklichen, das Marx als Gegenposition zum Idealistischen ins Zentrum seiner Untersuchungen stellt, gehören die Produktion und mit ihr die Dichotomie von Produktionskräften und -verhältnissen. Die dadurch bedingten sozialen Probleme lassen sich nicht durch theoretische Kritik und Erziehung in der Tradition der Aufklärung lösen, wohl aber durch Praxis.

»Der Standpunkt des alten Materialismus«, so die zehnte These, »ist die ›*bürgerliche*‹ Gesellschaft; der Standpunkt des neuen, die *menschliche* Gesellschaft, oder die vergesellschaftete Menschheit.« Da spricht, dialektisch überkreuzt, bereits der Kommunist. Erst wenn das Ich gelernt hat, sich gleichsam automatisch als Teil eines Wir zu verstehen, wenn alle für alle arbeiten, nicht jeder für sich, wenn das Wir zum allgemeinen Bewusstsein wird, erst dann lassen sich Wesen und Existenz des Menschen versöhnen.

Wandeln sich die Umstände, dann wandeln sich auch die Menschen, so Marx' Schlussfolgerung aus der Dialektik von Denken und Sein. Die Quintessenz seiner neuen Gesinnung steckt in der elften und letzten Feuerbach-These: »Die Philosophen haben die Welt nur verschieden *interpretiert*, es kömmt drauf an, sie zu *verändern.*«[149] Nicht mehr die Philosophie aus den Angeln heben, wie noch in der Doktorarbeit, sondern die ganze Welt. Möge die Eule der Minerva in der Dämmerung folgen.

E. Kopie und Original

In der Kritik an Marx und seinem Werk wiegt vielleicht am schwersten der Vorwurf des geistigen Diebstahls. »Möglicherweise«, schreibt der 1997 verstorbene russisch-britische Philosoph Isaiah Berlin, »gibt es nicht eine einzige seiner Anschauungen, deren Keim nicht bei einem früheren Denker zu finden wäre.«[150] Manche Stimmen unterstellen, Marx habe die Werke anderer skrupellos ausgeschlachtet, Bekanntes zu Neuem zusammen- und sich dann an die Spitze der Bewegung gesetzt.

Beträchtliche Mengen an Forscherschweiß sind in Versuche geflossen, ihm mit immer neuen Fundstellen das Plagiat im Kleinen auf Satz- oder auch nur Wortebene nachzuweisen. Wenn Marx etwa die Religion das Opium des Volkes nenne, dann habe er diesen wunderbar formulierten Gedanken so ähnlich schon bei Bruno Bauer nachlesen können. Der hat einmal den »opiumartigen Einfluss« der Theologie auf die Menschen beschrieben und ein andermal analysiert, wie Religion »in dem Opiumrausche ihrer Zerstörungssucht von einem künftigen Zustande spricht, wo alles neue erfunden«.[151]

Hat Marx abgeschrieben? Wer das sagt, muss im gleichen Atemzug feststellen, dass dann alle Geistesarbeiter irgendwie immer »abschreiben«. Marx hat sich eher bedient. Er bewegt sich, mit Foucault gesprochen, im dichten Diskursraum einer philosophisch und politisch aufgeladenen Zeit und jongliert mit einschlägigen Begriffen und Ideen. Bei ihm steht Opium nicht für eine Rauschdroge. Er meint es als Schmerzmittel, mit dem sich die Realität besser ertragen lasse.

Wie jeder bedeutende Denker weiß Marx sich auf den Schultern von Riesen. Er hat ihre Werke verschlungen, verdaut und verarbeitet, bis er sie freihändig kritisieren kann. Kritik in dem Sinn, wie sich ein Theaterkritiker eine Inszenierung vornimmt. Seine wichtigsten Stichwort- und Ideengeber in dieser Phase sind vor allem Junghegelianer, die er kennt und mit denen er korrespondiert. Ihre Texte geraten in seine Verwertungsmaschine, er weidet sie aus, dekonstruiert, rekonstruiert, greift sie an und lässt sie hinter sich.

Getrieben werden die Bewegten seiner Generation vor allem von der Frage nach der Ursache der sozialen Missstände, der Ungleichheit, der grassierenden Armut unter Arbeitern – aber genauso vom Glauben an einen radikalen Bruch mit der Vergangenheit, an die mögliche, nötige, bald realisierbare Emanzipation des Menschen. Dabei blicken Marx und Mitstreiter auf eine lange Kette kritischer Gedanken zurück.

Dreieinhalb Jahrhunderte vor unserer Zeitrechnung sagt etwa Platon: »In einem Gemeinwesen, in dem Reichtum und Armut fremd sind, wird auch die beste Gesittung zu finden sein.«[152] 1516 schreibt Thomas Morus: »Überall dort, wo es Privateigentum gibt und als Maßstab für alles nur das Geld gilt, gibt es keine Gerechtigkeit.«[153] Rund zweihundertfünfzig Jahre danach verkündet Rousseau: »Kein Staatsbürger darf so reich sein, um sich einen anderen kaufen zu können, und keiner so arm, um sich verkaufen zu müssen.«[154]

Wenige Jahre nach der Französischen Revolution stellt François N. Babeuf fest: »In einer wahrhaften Gesellschaft darf es weder Reiche noch Arme geben. Ungleichheit und Unterdrückung sind gleichbedeutend. Unglück und Sklaverei kommen von der Ungleichheit und diese vom Eigentum. Das Eigentum ist also die schlimmste Geißel der Gesellschaft.«[155]

Oder Charles Fourier, als der kleine Karl gerade zehn ist: »Jeder Produzent liegt im Krieg mit der Masse der Bevölkerung und ist ihr aus persönlichem Interesse feindlich gesonnen.«[156] Dann im selben Jahr Saint-Simon, der die »fortgesetzte Ausbeutung des Menschen durch den Menschen«[157] anprangert und gleichzeitig den Optimismus seiner Zeit zum Ausdruck bringt: »Das Goldene Zeitalter der Menschheit liegt nicht hinter uns, sondern vor uns.«[158]

»Ich bin nichts, und ich müßte alles sein« – Worte nicht von Marx oder Proletariern, sondern von Bürgern aus den heißen Tagen der Französischen Revolution. Das Gattungswesen des Menschen? Ein Feuerbachscher Begriff. Kritik des Privateigentums? Schon ausgearbeitet bei Proudhon. Die Arbeit als das Wesen des Reichtums geht auf Adam Smith und nach ihm alle Nationalökonomen bis Marx zurück.

»Leben ist Austausch produktiver Lebenstätigkeit«[159], sagt Moses Hess, und vom Geld, »es ist der Stempel unserer Sklaverei«.[160] Der Satz findet sich in seinem Aufsatz *Über das Geldwesen*[161], den Marx (als Redakteur der *Jahrbücher*) zwar gelesen, aber nicht publiziert hat. Während der Text in der Schublade schmort, macht Marx sich einige seiner Thesen zu eigen, etwa die von der Überproduktion als wesentlicher Schwäche der kapitalistischen Wirtschaftsweise. Oder der vom Geld als »der in Zahlen ausgedrückte menschliche Wert«[162].

Von Hess übernimmt er auch, dass Geld zum veräußerten Vermögen des Menschen geworden ist, zum Tauschmittel für die Lebenstätigkeit, zum Produkt einander entfremdeter Menschen, die ihre Freiheit gegen die Befriedigung ihrer individuellen Bedürfnisse eintauschen.[163] Selbst Grundgedanken des »Historischen Materialismus« wie etwa das Verhältnis von Basis und Überbau nimmt Hess vorweg, also die Pointe der Marxschen Geschichtsphilosophie.

Von Adam Smith entleiht er das Periodisierungsschema von der Urgesellschaft bis zum Kapitalismus. Wo der Brite aber von technisch-ökonomischen Erwerbsformen ausgeht, stellt Marx die Herrschaftsverhältnisse in den Vordergrund. Das ist typisch für ihn: Er benennt, stellvertretend,

Ross und Reiter, Ausbeuter und Ausgebeutete. Auf dieser Grundlage nimmt er sich die Wortführer der Wirtschaftsforschung vor:

»Das wahre Gesetz der Nationalökonomie ist der *Zufall*, aus dessen Bewegung wir, die Wissenschaftlichen, einige Momente willkürlich in der Form von Gesetzen fixieren.«[164] So Marx über das Wirken des Marktes, das dessen Gläubige wie eine Monstranz vor sich hertragen. »Die einzigen Räder, die der Nationalökonom in Bewegung setzt, sind die *Habsucht* und der *Krieg unter den Habsüchtigen, die Konkurrenz.*«[165]

Was er aber am schärfsten kritisiert, ist der apologetische – entschuldigende – Charakter ihrer Schriften: »Die Nationalökonomie geht vom Faktum des Privateigentums aus. Sie erklärt uns dasselbe nicht. Sie … gibt uns keinen Aufschluß über den Grund der Teilung von Arbeit und Kapital, von Kapital und Erde … sie unterstellt, was sie entwickeln soll.«[166]

Daran hat sich bis heute nicht viel geändert. Ökonomen, zumindest die mächtigen im Mainstream, sehen die kapitalistische Ordnung als *Conditio sine qua non* des Fortschritts quasi als gesetzt. Indem sie das Privateigentum als historische Konstante voraussetze und nicht, wie Marx, als Variable behandle, habe die Zunft »die *entfremdete* Form des geselligen Verkehrs als die *wesentliche* und *ursprüngliche* und der menschlichen Bestimmung entsprechende *fixiert*«.[167]

So neu der Begriff Entfremdung in der Ökonomie ist, so lang ist seine Geschichte in der Philosophie. Nach Lage der Quellen beginnt sie bei Aristoteles und erreicht Marx über so bedeutende Stationen wie das Neue Testament, Augustinus, Luther, Rousseau, Fichte und Hegel, um nur die wichtigsten zu nennen. In seiner Sichtweise der vierfachen Entfremdung verbindet Marx dann die Lehren von Smith mit denen von Feuerbach.

Vor ihm hat aber schon Hess, selbst kein Junghegelianer, sondern »der erste deutsche Kommunist«, den Begriff auf die Ökonomie angewandt. Von ihm übernimmt Marx auch die Erkenntnis, Privateigentum und Staat seien Ausdruck menschlicher Selbstentfremdung. Er nennt sogar den Urheber: »An die Stelle *aller* physischen und geistigen Sinne ist daher die einfache Entfremdung *aller* dieser Sinne, der Sinn des *Habens* getreten … (Über die Kategorie des *Habens* siehe *Heß*).«[168]

Indem Hess eine Brücke zwischen deutscher Philosophie und dem französischen Kommunismus schlägt, hat er auch entscheidenden Anteil an Marx' (und Engels') Wandel vom radikalen Demokraten zum Kommunisten. Damit gerät Marx wiederum auf eine Linie mit Feuerbach, der in seinem Tagebuch notiert:

»Was mein Prinzip ist? ›Egoismus‹ und ›Kommunismus‹, denn beide sind unzertrennlich wie Kopf und Herz. Ohne Egoismus hast du keinen Kopf, und ohne Kommunismus kein Herz.«[169] Marx seinerseits greift auf den Vergleich zurück, gibt dem Prinzip aber ein Subjekt, um es in die Wirklichkeit zu versetzen: »Der *Kopf* dieser Emanzipation ist die *Philosophie,* ihr *Herz* das *Proletariat.*«

Er übernimmt Begriffe und Bilder von anderen, deutet sie um und entwickelt sie weiter. So steht er gleichzeitig für die Kontinuität des Denkens in der Tradition der abendländischen Ideengeschichte und für deren Erneuerung. Er bestätigt alte Weisheiten wie die der Genies, die nicht vom Himmel fallen, oder die des Erfolgs, der viele Väter hat.

Hess verdankt seine Kritik am Erbrecht Saint-Simon. Wenn er natürliche Gleichheit betont, folgt er Rousseau. Von Fourier übernimmt er die Kritik an der Konkurrenz als Wesensmerkmal kapitalistischen Handels und »das Recht auf Arbeit«, wie es der Franzose bereits 1808 gefordert hat. So geht das immer weiter, alles scheint in dieser geistig aufgeputschten Epoche mit allem zusammenzuhängen, und jeder will den anderen übertrumpfen.

Wer als Erster ein Flugzeug baut, muss keine neue Werkstatt einrichten, sondern kann eine vorhandene nutzen, etwa die eines Automobilbauers. Darin verwendet er die vorgefundenen Elemente wie etwa Blech und Stahlholme, Fahrwerk und Motor. Nur formt er sie anders und fügt sie zu etwas Neuem zusammen. Und siehe da: Das Ding fliegt.

Das Fahrwerk muss Marx nicht neu erfinden. Das kommt von Hess, die Karosse von Bauer, die Flügel hat Feuerbach vorgedacht. Und den Motor hat ihm Hegel geliefert. Nur treibt er jetzt keine Räder mehr an, sondern einen Propeller. Der allerdings ist wirklich neu, zumindest in seiner Funktion als Luftschaufel oder, übertragen auf das Marxsche System, als wirklicher Beweger der Geschichte. Der erste Propeller wird – zufällig? – um 1840 ausgerechnet von einem Österreicher vorgestellt: die Schiffsschraube, wie sie bis heute im Einsatz ist.

So in etwa muss man sich die Situation vorstellen, als Marx seine Gedanken zum Fliegen bringt. Als Ingenieur der Gesellschaft, der auf einen großen Schatz von Erfindungen zurückgreifen kann. Er »entwickelt der Welt aus den Prinzipien der Welt neue Prinzipien«. Den Werkzeugkasten dazu liefert ihm die Philosophie. Und zwar im Wesentlichen die Hegelsche und deren junghegelianische Derivate.

Von Hegel übernimmt Marx gewissermaßen den gesamten philosophischen Apparat, überträgt und erweitert ihn aber auf Politik und Wirtschaft. Manches lässt die Einflüsse nur mittelbar erkennen und ist daher schwerer zu dechiffrieren als anderes, das seine Bezüge direkt verrät. So hat das Verhältnis von Herr und Knecht in Hegels *Phänomenologie* unmittelbar Pate gestanden für den Antagonismus von Kapitalist und Proletarier. Seine Pointe ist in gewisser Weise die Umkehrung der Verhältnisse, die dem Schwächeren Macht über den Stärkeren verleiht.

Ausgehend von der Frage, wie sich Selbstbewusstsein »an und für sich« herausbildet, stellt Hegel fest, dass dazu immer mindestens zwei Subjekte nötig sind, die einander in ihrer Rolle akzeptieren müssen. Ohne die Anerkennung durch den Knecht wäre der Herr kein Herr und umgekehrt. Während sich aber der Herr nur den unwesentlichen Kopf eines Knechtes zerbrechen kann, darf der sich umgekehrt am Bewusstsein eines wesentlichen Herrn aufrichten.

Die asymmetrische Beziehung erfährt ihre Umkehrung im Verhältnis der gegenseitigen Abhängigkeit. Der Herr ist in seiner Position abhängiger vom Knecht als der Knecht in seiner Negation vom Herrn. In seiner passiven Untätigkeit muss der Herr zusehen, wie der arbeitende, aktive Knecht Herrschaft über die Natur gewinnt. »Was der Knecht tut«, sagt Hegel, »ist eigentlich Tun des Herrn.« Dadurch ist es der Knecht, bei Marx das Proletariat, die »schlechte Seite«, dem die historische Rolle zukommt, die Welt zu verändern.

Selbst für seine philosophische Kritik der politischen Ökonomie hat ihm Hegel Vorlagen geliefert: »Das Bedürfnis und die Arbeit«, liest Marx, »bildet so für sich in einem großen Volk ein ungeheures System von Gemeinschaftlichkeit und gegenseitiger Abhängigkeit, ein in sich bewegendes Leben des Toten, das in seiner Bewegung blind und elementarisch sich hin und her bewegt und als ein wildes Tier einer beständigen Beherrschung und Bezähmung bedarf.«[170] *Marx as Marx can*, so scheint's. Nur ist es von Hegel.

Dessen Betonung der Rolle der Arbeit fasst Marx in einer viel zitierten Passage zusammen: »Das Große an der Hegelschen ›*Phänomenologie*‹ … ist …, daß er also das Wesen der *Arbeit* faßt und den gegenständlichen Menschen, wahren, weil wirklichen Menschen, als Resultat seiner *eignen Arbeit* begreift.«[171]

Genau damit hat der Meister dem Eleven eine wichtige Grundlage für sein Lebenswerk geliefert. Doch, kritisiert er, Hegel »sieht nur die positive Seite der Arbeit, nicht ihre negative«.[172] Vehement ablehnen wird er auch Hegels Bestimmung des Staates als »Wirklichkeit der sittlichen Idee«[173], sogar als »der erscheinende Gott«, und erst recht seine »wichtige Lehre von der Notwendigkeit des Privateigentums«[174].

Nach eigenen Worten startet Hegel den »Versuch, den Staat als ein in sich Vernünftiges zu begreifen und darzustellen«.[175] Marx dagegen sieht im Staat und der Bürokratie, die diesen als ihren Besitz ansieht, einen weiteren Ausdruck von Entfremdung. Und das, was Hegel mit dem bis heute gebräuchlichen Begriff »bürgerliche Gesellschaft«[176] bezeichnet, ist für ihn eine Bande egoistischer Bourgeois.

So seien auch die »Errungenschaften« der Französischen Revolution, als Bürger aufbegehrten, den damaligen Verhältnissen geschuldet: »Der Mensch wurde … nicht von der Religion befreit, er erhielt die Religionsfreiheit. Er wurde nicht vom Eigentum befreit. Er erhielt die Freiheit des Eigentums. Er wurde nicht von dem Egoismus des Gewerbes befreit, er erhielt die Gewerbefreiheit.«[177]

Anders als die meisten Geistesgroßen seiner an brillanten Denkern nicht gerade armen Zeit bleibt Marx immer ein Theoretiker mit Praxisbezug. Und einer, der in bester Hegelscher Denkart weiß, dass nicht Momentaufnahmen, sondern nur deren Abfolge etwas über die Gesetzmäßigkeiten der Geschichte verraten: Jeder Zustand ergibt sich aus dem vorhergehenden und bildet die Vorrausetzung des kommenden.

Während die Natur als Zusammenspiel von Kräften erscheint, die sich mit den Gesetzen von Physik, Chemie und Biologie beschreiben lassen, wirken in der Gesellschaft soziale, politische und ökonomische Mechanismen. Philosophie, sagt Hegel, fasst ihre Zeit in Gedanken. *But the times, they are changing.*

Nicht minder wichtig als Hegels Werk werden für Marx die Kritiker desselben. Vor allem Feuerbach. Der hat sich bleibende Verdienste mit dem Vorwurf erworben, die Philosophie seines Lehrers habe »den Menschen sich selbst entfremdet«.[178] Genau jenem Mann, den er in seinen elf *Thesen* schon wieder überwunden hat, gilt eine Lobeshymne, wie man sie bei Marx nur selten findet:

»Wer hat denn das Geheimnis des ›Systems‹ aufgedeckt? *Feuerbach.* Wer hat die Dialektik der Begriffe, den Götterkrieg, den die Philosophen allein kannten, vernichtet? *Feuerbach.* Wer hat … ›*den Menschen*‹ an die Stelle des alten Plunders, auch des ›unendlichen Selbstbewußtseins‹, gesetzt? *Feuerbach* und nur *Feuerbach.*«[179]

Der Bewunderer glaubt sogar, in ihm einen neuen Luther zu erkennen: »Wie damals der *Mönch*, so ist es jetzt der *Philosoph*, in dessen Hirn die Revolution beginnt.«[180] Marx ist seinem frühen Vorbild nie persönlich begegnet. Anders als der notorische Großstädter lebt und arbeitet Feuerbach in einem beschaulichen fränkischen Dorf bei Nürnberg.

Wenn Feuerbach sagt: »Das Wesen des Menschen ist nur in der Gemeinschaft, in der *Einheit des Menschen mit dem Menschen* enthalten«[181], dann sind Ähnlichkeiten mit Marx' zweitem Aufsatz in den *Jahrbüchern* nicht zufällig: »Aber *der Mensch*, das ist kein abstraktes, außer der Welt hockendes Wesen. Der Mensch, das ist *die Welt des Menschen*, Staat, Sozietät.«[182] Andrerseits hat auch schon Sokrates gewusst: »Der Mensch ist ein Gemeinschaftstier.«

Begeistert schreibt Marx an Feuerbach: »Sie haben … in diesen Schriften dem Sozialismus eine philosophische Grundlage gegeben … Die Einheit der Menschen mit den Menschen, die auf dem realen Unterschied der Menschen begründet ist, der Begriff der Menschengattung aus dem Himmel der Abstraktion auf die wirkliche Erde herabgezogen, was ist er anders als der Begriff der *Gesellschaft*!«[183]

Feuerbach stellt der junghegelianischen Beschränkung des Menschenbildes auf das abstrakte Selbstbewusstsein den »wirklichen Menschen« als sinnlich-gegenständliches Wesen gegenüber: »Das Sein, mit dem die Philosophie beginnt, kann nicht vom Bewusstsein, das Bewusstsein nicht vom Sein abgetrennt werden.«[184]

Das Original der Kopie. Marx geht einen Schritt weiter, indem er aus dem sinnlich-gegenständlichen Wesen das praktisch-tätige macht. Wenn er sagt: »Das Sein bestimmt das Bewusstsein«, dann muss sich das Sein ändern, und zwar durch Tat und Praxis, um zu einem anderen Bewusstsein zu gelangen. Eine Art Vorlage dazu liefert ihm – wiederum – Feuerbach: »Die Zweifel, die die Theorie nicht löst, löst Dir die Praxis.«[185]

Ähnliche Gedanken verfolgt auch Hess. Ursprünglich gehen sie, wie der wiederum betont, auf August Cieszkowskis *Philosophie der Tat* zurück. Insofern schreiben alle irgendwie immer von allen ab. Hier zeigt sich der Zeitgeist von seiner produktivsten Seite. All die Gedanken sind innerhalb eines Jahrzehnts des Aufbruchs entstanden.

Gerade im Bereich von Wirtschaft und Produktion ist vieles im Marxschen Gedankengang von anderen Autoren vorgedacht und vorformuliert, vor allem von Smith und David Ricardo. Ökonomen beschreiben in der materialistisch-mechanistischen Tradition gleichsam nur das Uhrwerk, seine Teile und ihre Funktion: Marktgeschehen, Wertbildung, Profitrate etc. Kritische Denker im Politischen stellen eher Ungleichheit, Bereicherung, Ausbeutung in den Vordergrund. Marx verwendet beider Vokabular, schaut dabei aber dem Dämon ins Gesicht, dem Geist aus der Flasche, losgelassen von der bürgerlichen Gesellschaft, die ihn nicht mehr einfangen kann.

Dass er sich dabei stillschweigend wiederum auf das »System der Bedürfnisse« Hegels beruft, in dem dieser eine ausführliche Philosophie der Wirtschaft formuliert und dabei auch das Auseinanderdriften von Armut und Reichtum in den Blick nimmt, steht auf einem anderen Blatt.

»Wenn die bürgerliche Gesellschaft sich in ungehinderter Wirksamkeit befindet«, schreibt der Meister, »vermehrt sich die *Anhäufung der Reichtümer* … auf der einen Seite, wie auf der anderen Seite die *Vereinzelung* und *Beschränktheit* der besonderen Arbeit und damit die Abhängigkeit und *Not* der an diese Arbeit gebundenen Klasse … Das Herabsinken einer großen Masse unter das Maß einer gewissen Subsistenzweise … bringt die Erzeugung des *Pöbels* hervor, die hinwiederum zugleich die größere Leichtigkeit, unverhältnismäßige Reichtümer in wenigen Händen zu konzentrieren, mit sich führt.«[186]

Klingt verdammt aktuell. Könnte von Marx stammen. Tut es aber nicht. Hat er von seinem Lehrer. Und das vergisst er keinen Moment. Hegel sieht durchaus auch die andere Seite der Medaille: »Es gibt auch reichen Pöbel. Denn der Reichtum ist eine Macht, und diese Macht des Reichtums findet leicht, daß sie auch die Macht ist über das Recht, der Reichre kann sich aus vielem herausziehen, was anderen übel bekommen würde … Man kann dies dann auch Verdorbenheit nennen, daß der Reiche sich alles für erlaubt hält.«[187]

Während der dialektische Vordenker daraus jedoch in keiner Weise revolutionäre Schlüsse zieht, sondern lieber im Wirklichen das Vernünftige am Werk sieht, zielt Marx' Kritik der Ökonomie auf eine Umwälzung der Verhältnisse. Dabei kommt ihm seine romantische Vorprägung entgegen, nachzulesen in der sehnsuchtsvoll schwülstigen Prosa und Poesie seiner Jugend. Nur wer im Kopf mit Monstern gekämpft hat, kann auch den Kapitalismus – nicht die Kapitalisten – als ein solches begreifen.

In Wahrheit hat Marx nämlich alles in sich: Neben Rationalität und Materialismus auch Romantik, Idealismus und Utopie. Also das, was er vordergründig bekämpft. Im Hintergrund bedient er sich permanent der Ängste, Sehnsüchte und Hoffnungen auf Veränderung, wie sie auch heute viele Menschen umtreiben.

Das Wort »Kapitalismus« spielt in den frühen Analysen keine besondere Rolle. Doch wenn Marx die Subjekte der Geschichte benennt, vordergründig Bourgeoisie und Proletariat als dialektisches Gegensatzpaar, dann steht dahinter das verselbständigte System und sucht seinerseits nach einem Gegenpol.

Die wichtigste Bedeutung für sein gesamtes weiteres Schaffen haben aber die Schriften eines Mannes, der nicht einmal das Abitur, geschweige denn eine akademische Ausbildung aufzuweisen hat. Der jedoch etwas mitbringt, was den Denkern und Theoretikern mehr oder weniger fehlt: direkte Anschauung von Arbeitswelt und Unternehmertum.

Dieser Selfmade-Autor liefert Marx mit einem einzigen Text das Thema seines weiteren Lebens: *It's the economy, stupid.*

9

Bis dass der Tod euch scheidet

Das Kreativteam Marx & Engels

Das Leben kennt jene seltenen Momente, die ihm wie von der Vorsehung bestimmt eine neue Richtung geben. Solch einen Augenblick erlebt der fünfundzwanzigjährige Marx Anfang 1844. Er sitzt im Pariser Stadtteil Saint-Germain in seiner Redaktionsstube und liest einen Text, der eben aus England eingetroffen ist. Der Artikel soll in derselben ersten Ausgabe der *Deutsch-Französischen Jahrbücher* erscheinen wie seine Aufsätze zur Hegelkritik und zur Judenfrage.

Gerade einmal sechsundzwanzig Druckseiten umfassen die *Umrisse zu einer Kritik der Nationalökonomie*, aber die haben es in sich. Schon die ersten Zeilen müssen den Redakteur elektrisiert haben: »Die Nationalökonomie entstand als eine natürliche Folge der Ausdehnung des Handels, und mit ihr trat an die Stelle des einfachen, unwissenschaftlichen Schachers ein ausgebildetes System des erlaubten Betrugs, eine komplette Bereicherungswissenschaft.«[1]

Marx braucht sicher nicht mehr als eine Stunde, um die klar und verständlich formulierte Arbeit zu überfliegen. Aber dabei muss etwas passiert sein, vielleicht der Heureka-Moment seines Lebens, oder zumindest seiner ersten Lebenshälfte. Es muss irgendwie klick gemacht haben, und von nun an weiß er, was er zu tun hat. Die »geniale Skizze«, wie er später sagt, kann es an theoretischer Tiefe mit seinen Texten für die *Jahrbücher* zwar nicht aufnehmen. Aber sie birgt ein Geheimnis, das den philosophischen Heißsporn unmittelbar in Bann schlägt. Als hätten die Mächte des Schicksals ihm einen Weckruf geschickt, oder besser gesagt: einen Augenöffner.

Er kommt von einem Mann, den Marx bisher nur einmal flüchtig gesehen hat, ein linker Journalist, der in Manchester als Kapitalist sein Geld verdient. Der Name des Mannes wird ihm zum Omen: Sein Schicksal hat ihm einen Engel geschickt. Dieser Friedrich Engels fügt mit einer Leichtigkeit Argumente zu einer Analyse, wie Marx sie nie zuvor gelesen hat.

»Man sah ein, daß das Kapital im Kasten tot daliegt, während es in der Zirkulation sich stets vermehrt. Die Ökonomen selbst gestehen, Kapital sei ›aufgespeicherte Arbeit‹ … wie das Kapital … im Prozesse der Produktion sogleich wieder zum Substrat, zum Material der Arbeit gemacht … wird … Wie in letzter Instanz das Privateigentum den Menschen zu einer Ware gemacht hat, deren Erzeugung und Vernichtung auch nur von der Nachfrage abhängt … Weil das Privateigentum jeden auf seine eigne rohe Einzelnheit isoliert und weil jeder dennoch dasselbe Interesse hat wie sein Nachbar, so steht ein Grundbesitzer dem andern, ein Kapitalist dem andern, ein Arbeiter dem andern feindselig gegenüber … Die Ökonomie ließ sich nicht einfallen, nach der *Berechtigung des Privateigentums* zu fragen … Die Konkurrenz hat alle unsre Lebensverhältnisse durchdrungen und die gegenseitige Knechtschaft, in der die Menschen sich jetzt halten, vollendet … Ihr habt die Enden der Erde zivilisiert, um neues Terrain für die Entfaltung eurer niedrigen Habsucht zu gewinnen; ihr habt die Völker verbrüdert, aber zu einer Brüderschaft von Dieben … Es war der letzte Schritt zur Selbstverschacherung, die Erde zu verschachern, die unser Eins und Alles, die erste Bedingung unsrer Existenz ist … In diesem fortwährenden Auf und Ab *muß* jeder suchen, den günstigsten Augenblick zum Kauf und Verkauf zu treffen, jeder muß Spekulant werden, d. h. ernten, wo er nicht gesäet hat, durch den Verlust anderer sich bereichern, auf das Unglück andrer kalkulieren oder den Zufall für sich gewinnen lassen … Die Unsittlichkeit des Zinsenverleihens, des Empfangens ohne Arbeit, für das bloße Borgen, ist … doch zu augenscheinlich und vom unbefangenen Volksbewußtsein, das in diesen Dingen meistens recht hat, längst erkannt … Großer Besitz vermehrt sich überhaupt viel rascher als kleiner … Die Mittelklassen müssen immer mehr verschwinden, bis die Welt in Millionäre und Paupers, in große Grundbesitzer und arme Taglöhner geteilt ist … [und] die Leute vor lauter Überfluß verhungern … [und das im] großen Umschwung, dem das Jahrhundert entgegengeht, der Versöhnung der Menschheit mit der Natur und mit sich selbst.«[2]

Hier liegt vor Marx das Spektrum seines späteren Werks ausgebreitet da. »M war damals Hegelianer«, erinnert sich Engels im Alter, »von Ökonomie wußte er absolut nichts, konnte sich also bei einem Wort wie ›Wirtschaftsform‹ gar nicht einmal etwas denken.«[3]

Nun macht sich der Dilettant daran, das ökonomische mit seinem philosophischen System zu vereinen: In wenigen Monaten entstehen die *Pariser Manuskripte*. Dieser Engels, daran besteht kein Zweifel, will mehr als Texte über Texte schreiben. Er hat nicht nur Bücher gelesen, er hat vor den Fabriktoren die Warteschlangen von Menschen gesehen, die ihre Arbeit zu Markte tragen und jeden Ausschlag von Konjunktur und Krise am eigenen Leib zu spüren bekommen, den er im Comptoir in seinen Büchern verzeichnet.

Seine Analyse verbindet Anschauung und Hintergrund, Empörung und Erwartung, er glaubt an Aufbruch, Umbruch, Durchbruch. Auf dieser Grundlage stellt er die Systemfrage und sieht in der Abschaffung des Privateigentums ihre Lösung. Bei ihm liest Marx wenig später auch noch, in einer Artikelserie für den *Vorwärts*: »Der Mensch hat sich nur selbst zu erkennen, alle Lebensverhältnisse an sich selbst zu messen, nach seinem Wesen zu beurteilen, die Welt nach den Forderungen seiner Natur wahrhaft menschlich einzurichten, so hat er das Rätsel unserer Zeit gelöst.«[4]

Auf Engels geht schließlich die anthropologische Bestimmung zurück, mit der Marx die Entfremdung als Ausgangspunkt und Herz seines Werks hinter sich lässt und die »gesellschaftliche Praxis« in den Vordergrund rückt: *»Die Geschichte* tut *nichts«*, werden sie schon bald gemeinsam formulieren. »Es ist vielmehr *der Mensch,* der wirkliche, lebendige Mensch, der das alles tut.«[5] Da haben sie sich gerade erst getroffen und den Grundstein ihrer lebenslangen symbiotischen Beziehung gelegt. Ohne diese Begegnung wäre die Weltgeschichte wohl anders verlaufen.

Sie ereignet sich am 28. August 1844, einem Mittwoch. In Paris herrscht die Leichtigkeit eines Sommertages voll stiller Musik, wie nur die französische Hauptstadt sie kennt. Unweit des Louvre und der Tuilerien-Gärten, im Café de la Régence, 161 Rue Saint-Honoré, sitzen zwei bärtige junge Männer an einem Tisch ins Gespräch vertieft. So wollen es Schilderungen der Geschehnisse. Doch obwohl sie auf Zweitquellen beruhen (»Engels erzählte mir, dass Marx 1844 …«[6], erinnert sich Paul Lafargue 1905): Die Szene ist zu schön, um nicht immer wieder erzählt und ausgemalt zu werden.

Die jungen Männer sprechen Deutsch, beide mit rheinischem Akzent, der eine im Tonfall der Mosel-Eifel, beim anderen verrät sich die Herkunft aus dem Bergischen Land. Ab und zu bestellen sie einen Aperitif. Ansonsten nehmen sie, versunken im Dialog, immer weniger wahr vom quirligen Treiben des Kaffeehauses, wo Billard gespielt wird und Dame und vor allem Schach.

Das Café ist berühmt für das königliche Brettspiel. Es ist gerade ein

Jahr her, dass sich die zwei führenden Schachchampions der Welt, ein Brite und ein Franzose, hier tagelang einen Zweikampf geliefert haben, vergleichbar dem heutigen Duell um die Weltmeisterschaft. Der Mann von der Insel gewinnt. Bereits Napoleon, daran erinnert ein marmorner Schachtisch die Gäste, hat in dieser Arena seinen König verteidigt und den gegnerischen attackiert, bevor er sich zum Kaiser machte.

Die beiden Deutschen stehen eher in der Tradition der Geistesgrößen, die hier im 18. Jahrhundert verkehrten. Benjamin Franklin, Architekt der amerikanischen Unabhängigkeit, gab sich im Régence ebenso ein Stelldichein wie Rousseau und besonders Diderot, der dem Café in seiner Schrift *Rameaus Neffe* ein Denkmal gesetzt hat.

Die Satire, in Form eines geistreichen Dialogs verfasst, beginnt mit dem Ausruf: »Ach, mein Herr Philosoph, treff' ich Euch auch einmal! Was macht Ihr denn hier unter den Taugenichtsen?« So ähnlich dürfen wir uns den Anfang des Austauschs zwischen den rheinischen Landsmännern, der eine Fabrikant, der andere Philosoph, als dessen ferne Fortsetzung vorstellen.

Zehn Tage dauert die Partie, deren Auftakt das damals berühmteste Schachcafé der Welt erlebt. Sie endet mit zwei Gewinnern, die unterschiedlicher kaum sein könnten. Für diese Freundschaft müsste ein neues Wort erfunden werden, so einmalig – aber nicht immer einmütig – ist sie von Beginn an bis an ihr Ende.

Symbiose unter Artgleichen vielleicht, aber Artgleichen wie These und Antithese. Hier der etablierte Kaufmann von Gedankentiefe, der Politik und Publizistik als heimliches Hobby betreibt. Dort der weniger lebenstüchtige Theoretiker, Journalist und Schriftsteller, dessen Lebenskampf ab 1850 nur durch die Überweisungen seines Engels überhaupt zu bestehen ist.

Was läse man jetzt lieber als das Protokoll des privaten Sitzungsmarathons in Paris, bei dem die beiden eine »vollständige Übereinstimmung auf allen theoretischen Gebieten« feststellen? So sieht es später der Größere, Großbürgerlichere der beiden. Er befindet sich auf der Durchreise von Manchester in seine elterliche Heimat im Wuppertal. Sie seien, so erklärt es im Rückblick der Gastgeber, »auf anderem Wege … zu demselben Resultat gelangt«[7].

Wie die Bahnen von Gestirnen treffen zwei Lebensläufe und Ideenwege aufeinander, die nicht mehr zu trennen sein werden. Bei Marx, von Beginn an *primus inter pares*, zeigt sich die Fortsetzung eines schon bekannten Musters. Wieder spielt ihm die List der Geschichte im richtigen Augenblick den passenden Partner zu. Und zwar nicht irgendeinen. So wie er in Jenny die einzig angemessene Frau an sich binden konnte, so erscheint Engels als der allein mögliche Mann, einen Bund fürs Leben zu schmieden.

Niemand weiß, wie es zu dem Treffen in Paris gekommen ist. Es heißt, Engels habe die Initiative ergriffen. Wenn man bedenkt, dass sich Marx und Darwin nie begegnet sind, die über drei Jahrzehnte nur wenige Meilen voneinander entfernt gelebt und geforscht haben, dann spricht der Charakter der Zusammenkunft für Wunsch, Bedürfnis, Notwendigkeit. Oder aus Sicht der Vorsehung: für Fügung und beidseitiges Glück.

Vom Ende her betrachtet, als Marxens Tod die beiden scheidet, stellt sich die Verbindung als Männerfreundschaft dar, wie die Geschichte wohl keine zweite hervorgebracht hat. Das ist sie aber erst geworden, als beide auf der Britischen Insel leben. Vorher hat es immer wieder Verstimmungen gegeben, nicht zuletzt über private Dinge. Doch darüber lässt sich nur schwer Klarheit erzielen.

Marx' Töchter Eleanor und Laura haben nach seinem Tod alle Briefe verbrannt, die ein schlechtes Licht auf ihre Eltern und das Verhältnis zwischen den Freunden werfen könnten. Engels, der den Nachlass ebenfalls ausgewertet hat, könnte ein Übriges geleistet haben. Neben den dokumentierten viertausend Briefen von Marx und Engels, darunter zweieinhalbtausend an einander, gibt es Hinweise auf sechstausend weitere, die sich nicht erhalten haben. Mit ein wenig Spürsinn lassen sich allerdings aus Andeutungen in anderen Briefen Rückschlüsse ziehen. So schreibt Heinrich Bürgers als Antwort auf einen Brief von Marx aus Brüssel, der sich nicht erhalten hat:

»Dein Urtheil über E.'s geistigen Zustand hat mich weniger in Erstaunen gesetzt, als sein sonstiges Treiben. Seine Abneigung gegen Philosophie und Spekulation ist viel weniger aus einer Einsicht in ihr Wesen hervorgegangen, als aus der Unbequemlichkeit, die sie seinem wenig ausdauernden Geiste verursachen mußte. Als der Augenblick gekommen war, die Last vom Halse zu werfen, mag er sich vorgenommen haben, sich künftig durch den Exorcismus der Verachtung dagegen zu schützen.«[8] So viel zum Beginn einer intellektuellen Partnerschaft, die ihresgleichen sucht.

Das sprechende Symbol der Verpaarung besteht aus zwei Buchstaben: M und E. Im Unzertrennlichen des ME drückt sich der Preis aus, den Marx, nicht Engels, für das gemeinsame Geistesabenteuer bezahlt. Kein Denker seiner Größe und Bedeutung, dessen Gesamtwerk nicht unter alleiniger Autorschaft erschienen wäre. Kein ungeteilter Ruhm für ihn, Marx-Engels statt Marx, MEW statt MW, MEGA statt MGA. Weil es schlicht unmöglich wäre, die beiden in ihren Schriften vollständig auseinanderzubringen. Und weil ihr Briefwechsel, angeblich der umfangreichste dokumentierte und veröffentlichte aller Zeiten, unverzichtbare Einsichten über Marx' Biografie und sein Denken liefert.

Die Ungleichheit der auf ewig Vereinten drückt sich kaum irgendwo angemessener aus als im gemeinsamen Denkmal, das ihnen die Führung der SED wenige Jahre vor dem Untergang der DDR auf dem eigens dafür geschaffenen Marx-Engels-Forum am Berliner Alexanderplatz aufstellen ließ. Der Weisheit des Bildhauers Ludwig Engelhardt ist es zu verdanken, dass wir heute noch die wahre Relation in Augenschein nehmen können: Auf den ersten Blick überragt Engels Marx um ein Drittel. Der einfache Grund: Er steht, der andere sitzt.

Mit knapp einem Meter achtzig nicht einmal zehn Zentimeter größer als sein Pendant, wirkt Engels mit seinen langen Beinen und seiner aufrechten, militärisch anmutenden Haltung deutlich höher gewachsen als der eher kurzbeinige, untersetzte Marx. Engels treibt Sport – Reiten, Tanzen, Wandern, Schwimmen, Fechten. Bei Marx beschränkt sich Bewegung im Wesentlichen auf gelegentliche Fußmärsche.

Indem der Künstler den Sitzriesen Platz nehmen lässt, setzt er ihn auf einen Thron und stellt ihn als Herrscher dar, neben dem selbst dessen nächster Verbündeter auf seinen Beinen bleiben muss. Hätte er beide aufgerichtet, wäre Marx der etwas Kleinere unter zwei Gleichen geworden. Das ist, wenn man so will: Dialektischer Materialismus, in zehn Tonnen Bronze gegossen.

Es gibt in der ME-Welt nicht wenige, die E als dem Umgänglicheren, Sympathischeren den Vorzug geben vor dem schwierigen, mitunter schwermütigen M. Allein schon weil E, oberflächlich gesehen, die weitaus spannendere Biografie zusammengelebt hat als M. Weil E in sauberer Handschrift schnell und eingängig schreiben kann, statt wie M im unlesbaren Gekrakel mit vielen Durchstreichungen und Korrekturen komplizierte Konvolute zu komponieren. Darunter auch Texte, die Generationen Kopfzerbrechen bereiten und noch heute Professoren ihre Studierenden warnen lassen, sein Werk sei mehr Baustelle als Gebäude. Und nicht zuletzt, weil E ein gesunder Lebemann ist, der ein Pferd besitzt und jagen geht. Ein Schürzenjäger auch, der das Junggesellentum der Ehe vorzieht und auf einer Wanderung durch Frankreich in gallischem Wein und Weib das Paradies zu sehen glaubt.

M dagegen hat sich eher als notorisch kränkelnder Stubenhocker hervorgetan, der als Ehemann und Vater dem Idealbild der bürgerlichen Familie anhängt und Seitensprünge, sofern er sie sich überhaupt leistet, heimlich austrägt. E dagegen gibt Marx und Genossen in einem Brief freimütig zur Kenntnis, wie er den gemeinsamen Freund Hess mit dessen Frau betrügt.

Entscheidend für diesen Teil der Geschichte ist aber, was die beiden verbindet. Und das ist nicht wenig. Sie glauben an die historische Mission der arbeitenden Klasse. Sie teilen ihre Bereitschaft zum Kampf gegen Andersmeinende, besonders die aus ihrem eigenen, linken Lager, mit einer bisweilen nur schwer nachvollziehbaren Kompromisslosigkeit. Sie verstehen sich als Gleichgesinnte und hassen das zaristische, ewig vorgestrige Russland. Und sie haben sich jeder auf seine Weise von Gott und der Religion ihrer Kindheit losgesagt – wobei beider Texte in Sprache und Metaphern die Verdrängung der religiösen Prägung geradezu ausleben.

Intellektuell geben sie sich alles und nehmen sich nichts. Da ist auch kein Augenblick erkennbar, wo der eine dem anderen etwas nicht gönnt. Dafür muss man sich aber nicht lieben. Respekt ist schon mehr als genug. Das hat es in der Geistesgeschichte so nie zuvor und nie wieder gegeben. Nur Goethe und Schiller kommen dem entfernt nahe.

Es scheint, als hätten die beiden im Miteinander jenen Konkurrenzinstinkt überwunden, der Engels in der Wirtschaft so fesselt. Wobei Dr. Marx als Weltversteher und Mr. Engels als Marxversteher offenbar genau wissen, was sie aneinander haben. In dem Sinne, in dem Freundschaften Abhängigkeitsverhältnisse darstellen, gründet sich in jenem August 1844 in Paris ein Bündnis gegenseitiger Verstrickung. Sie bedingt die Unauflöslichkeit des ME-Komplexes im Nachleben.

Was ist nicht alles gedeutet und gedichtet worden über dieses mythische Verhältnis, das laut Lenin »die rührendsten Sagen der Alten über menschliche Freundschaft in den Schatten stellt«. Einmal dient Engels als »Ersatzmutter« für Marx, dann wieder ist Marx die »väterliche Autorität«[9], der sich Engels unterworfen habe, was ihm bei seinem eigenen Vater nicht gelungen sei. In Wahrheit findet tatsächlich eine Unterwerfung statt, aber sie ist vor allem geistiger Natur.

»Marx war ein Genie«, schreibt Engels nach dessen Tod 1883, »wir anderen höchstens Talente.«[10] Und als er 1888 die *Feuerbach-Thesen* präsentiert, lässt er die Leser wissen: »Marx stand höher, sah weiter, überblickte mehr und rascher als wir alle.«[11] Wer daraus aber auf eine einseitige Beziehung schließt, liegt falsch. Auf seine Weise hat der Bewunderer zur Verbindung ebenso beigetragen wie der Bewunderte.

»Nun lebe wohl, lieber Karl«, schreibt Engels zwei Wochen nach seinem Abschied in seinem ersten erhaltenen Brief an den neuen Freund, »und schreibe recht bald. Ich bin seitdem doch nicht wieder so heiter und menschlich gestimmt gewesen, als ich die zehn Tage war, die ich bei Dir zubrachte.«[12]

Von Paris ist er nach Barmen weitergefahren. In dem heutigen Stadtteil von Wuppertal hat er Kindheit und Jugend verbracht. Das großbürgerliche Geburtshaus ist erhalten und für die Öffentlichkeit zu besichtigen: weite helle Salons mit erlesenem Mobiliar, Landschaftsmalerei und Gemälden der Ahnen an den Wänden. Dagegen wirkt das Marxsche Elternhaus in Trier wie eine enge, kleinbürgerliche Behausung.

Wie Marx wächst auch Engels wohlbehütet auf, dazu im ungetrübten Wohlstand einer aufstrebenden Unternehmerfamilie. Den hat schon sein Urgroßvater begründet. Beide erleben die Zeit ihrer Reife vom Knaben zum Erwachsenen ohne nennenswerte Krisenerlebnisse, sieht man von den möglichen Traumata ab, die der eine durch die jähe Abkehr seiner Familie von der jüdischen Tradition einer Rabbinerfamilie und der andere durch die kompromisslos christliche Erziehung erlitten hat, von der er sich bald völlig lossagt.

Anders als Marx im beschaulichen Moselstädtchen links des Rheins hat Engels im »deutschen Manchester« an der rechtsrheinischen Wupper von Kindesbeinen an Kontakt zur Welt der Arbeiter, zu Fabriken, ihrem Krach und ihren Ausdünstungen. Einer Welt, wo die streng protestantische Ethik des Erfolgs und der Bereicherung durch Fleiß, Arbeit und Industrialisierung im Geiste des noch jungen Kapitalismus in voller Blüte steht – während gleichzeitig Goethe als »gottloser Mann« verabscheut wird.

Pietismus und puritanische Sittlichkeit bestimmen das Wuppertal mit seinen schnell wachsenden Städten Barmen und Elberfeld, in gewisser Weise Ausgangsort des späteren Zentrums deutscher Schwerindustrie im Ruhrgebiet. Sie prägen den Heranwachsenden wie seine drei Brüder und vier Schwestern. Die familiären Verhältnisse verraten sich schon am 28. November 1820 bei seiner Geburt als erster Sohn, der als Stammhalter den Namen seines Erzeugers erhält:

»Der liebe Gott«, schreibt Friedrich senior seinem Schwager, »hat uns einen gesunden, wohlgestalteten Knaben geschenkt.«[13] Tatsächlich auf die Welt gebracht hat ihn unter erheblichen Wehen die Pastorentochter Elise Engels, geborene van Haar, deren frommer Vater dem Enkel später die antike Mythologie näherbringen wird.

Mit vierzehn zieht Friedrich von zu Hause aus. Er wohnt zur Pension beim Direktor des relativ liberalen Elberfelder Gymnasiums. Er besucht es, ohne mit dem Abitur abzuschließen. Nach dem Willen seines »fanatischen und despotischen Alten«[14] soll er Kaufmann werden und nicht, wie ursprünglich geplant, Jura studieren. Der Vater bescheinigt dem »mittelmäßigen« Schüler gegenüber seiner Frau: »Trotz der frühern strengen Züchtigungen scheint er selbst aus Furcht vor Strafe keinen unbedingten Gehorsam zu lernen.«[15] In puncto eisernem Willen zeigt sich hier bereits früh eine Wesensverwandtschaft zu Marx.

Aber anders als Karl fügt sich Friedrich der väterlichen Vorgabe und reist mit dem Alten nach England. In Manchester betreibt die Firma Ermen & Engels eine Baumwollspinnerei. Dort bekommt der junge Mann buchstäblich Tuchfühlung mit den schlimmsten Auswüchsen jener Industrie, deren dampfgetriebene Maschinen wie etwa die *Spinning Jenny* das kapitalistische Zeitalter Mitte des 18. Jahrhunderts eingeläutet haben. Der französische Publizist und Politikwissenschaftler Alexis de Tocqueville hat von seinem Aufenthalt in der namengebenden Stadt des Manchesterkapitalismus eine eindrucksvolle Schilderung hinterlassen:

»Ein dichter, schwarzer Qualm liegt über der Stadt. Durch ihn hindurch scheint die Sonne als Scheibe ohne Strahlen. In diesem verschleierten Licht bewegen sich unablässig dreihunderttausend menschliche Wesen. Tausend Geräusche ertönen unablässig in diesem feuchten und finsteren Labyrinth. Aber es sind nicht die gewohnten Geräusche, die sonst aus den Mauern großer Städte aufsteigen. Die Schritte einer geschäftigen Menge, das Knarren der Räder, die ihre gezahnten Ränder gegeneinander reiben, das Zischen des Dampfes, der dem Kessel entweicht, das gleichmäßige Hämmern des Webstuhles, das schwere Rollen der sich begegnenden Wagen – dies sind die einzelnen Geräusche, die das Ohr unentwegt treffen … Inmitten dieser stinkenden Kloake hat der große Strom der menschlichen Industrie seine Quelle, von hier aus wird er die Welt befruchten. Aus diesem schmutzigen Pfuhl fließt das reine Gold. Hier erreicht der menschliche Geist seine Vollendung und hier seine Erniedrigung; hier vollbringt die Zivilisation ihre Wunder, und hier wird der zivilisierte Mensch fast wieder zum Wilden.«[16]

Auf dem Rückweg von England lässt Vater Engels seinen Filius in Bremen zurück. Dort soll der Junior im Kontor eines Handelshauses eine kaufmännische Lehre absolvieren. Während Marx in Berlin seine erste Erweckung im Doktorklub erfährt, darf Engels an der Weser bei aller auch dort herrschenden Frömmigkeit die freiheitliche Atmosphäre hanseatischer, durch den Hafen geprägter Weltoffenheit genießen. Neben praktischen Kenntnissen in Sachen des Handels erwirbt sich der Lehrling erste Erkenntnisse der Wirkungsweise des kapitalistischen Systems. Sie werden ihm nicht nur in seinem Beruf, sondern auch in seiner Berufung zum führenden Kommunisten überaus nützlich sein.

Hier zeigt sich, lebenspraktisch gesehen, ein wesentlicher Unterschied zwischen den Gesinnungsgenossen und baldigen Kampfgefährten: Während sich Marx aus dem System von geregelter Arbeit und Broterwerb verabschiedet, in dem ihn sein Vater so gerne sähe, so dass er sich und seine Familie ohne Zuwendungen nicht ernähren kann, bleibt Engels gewissermaßen innerhalb des familiär vorgegebenen Erwerbssystems und unterwirft sich dem »Joch« eines Brotjobs. Während Marx dann seinen Journalismus zeitweise als einzig erwähnenswerte Einnahmequelle betreibt, leistet ihn Engels in seiner Freizeit.

Was die beiden jedoch eint, sind ihre Liebe zur Literatur und eigene schriftstellerische Ambitionen. Sie nutzen, wenn auch weit entfernt vom Niveau bewunderter Heroen wie Heine oder Herwegh, die Dichtung als eine Art letztes Refugium des freien Wortes. Es hat gleichwohl etwas Befremdliches, in der *Gesamtausgabe* über zig Seiten ihre lyrischen Ergüsse ausgebreitet zu sehen. Sie unterstreichen eher ihre literarischen Schwächen, als dass sie sich am späteren Prosaschaffen messen könnten. Weitaus wichtiger, trägt es doch zu ihrer allmählichen Politisierung bei, ist das, was die beiden in frühen Jahren lesen – der eine mehr aus französischen, der andere eher aus englischen Quellen.

Engels bewundert die Dichtungen von Byron, Coleridge und vor allem Shelley, dessen »Ode an die Freiheit« ihn zutiefst aufwühlt. Darüber hinaus hat es ihm besonders die lose gesellschaftskritische Schriftstellervereinigung der »Jungen Deutschen« angetan. In deren Zentrum wirkt der radikalliberale Dichter und Journalist Ludwig Börne. Die deutschen »Jungen«, Teil einer europaweit aktiven Bewegung, wollen die romantische Epoche hinter sich lassen, die sie als konservativ kritisieren.

Wortreich träumen sie von einem Zeitalter der Tat. Neben einem vereinten Deutschland – Engels trägt einen Geldbeutel in den Farben Schwarz-Rot-Gold – liebäugeln sie mit der konstitutionellen Monarchie, wie sie in Frankreich durch die bürgerliche Julirevolution 1830 erkämpft worden ist.

Das revolutionäre Nachbarland gilt den jungen Deutschen als Hort der Freiheit und des Fortschritts. Sie verschlingen die philosophischen und politischen Schriften von jenseits des Rheins, die ihnen mit jeder Zeile neue Horizonte eröffnen. »Ich kann des Nachts nicht schlafen vor lauter Ideen des Jahrhunderts«[17], gesteht Engels seinem Jugendfreund Wilhelm Graeber. Nach dem eingestandenen Scheitern seiner lyrischen Versuche verlegt er sich auf feuilletonistische Kulturkritiken, die er – mit Rücksicht auf seine Familie – unter dem Pseudonym Friedrich Oswald veröffentlicht.

Während Marx, gerade einundzwanzig, in die philosophischen Tiefen seiner Doktorarbeit steigt, schreibt sich, gleichsam an der Oberfläche der Wirklichkeit, der neunzehnjährige Engels als Oswald durch Texte frei, die gemessen an seinem Alter von erstaunlicher Analysefähigkeit und Reife zeugen. Seine *Briefe aus dem Wuppertal* lesen sich bis heute als ätzend scharfe Sozialreportagen, in denen die Zu- und Missstände und häufig auch die Verantwortlichen beim Namen genannt werden.

»Die ganze Gegend liegt von einem Meer von Pietismus und Philisterei überschwemmt.«[18] So drückt Engels seinen Überdruss am orthodoxen Bildungsgehabe der Elterngeneration aus. Welch heuchlerische Frömmelei, wenn gerade die frommsten Fabrikanten sich als schärfste Ausbeuter ihrer Arbeiter entpuppen.

Der Aufschrei der Empörung in seiner Heimat, wo er nach der Bremer Lehre einer Arbeit im Comptoir der väterlichen Baumwollspinnerei nachgeht, löst bei dem unerkannten Autor diebische Freude aus. Würde er enttarnt, »ich käm in höllische Schwulitäten«[19].

Im September 1841 tritt Engels seinen Militärdienst in der preußischen Hauptstadt an. Dort hat die Prachtarchitektur August Wilhelm Schinkels inzwischen jene Plätze und Gebäude geschaffen, die, soweit erhalten, noch heute das Stadtbild der Mitte prägen. Im Alter erinnert er sich an »das damalige Berlin … mit seiner kaum entstehenden Bourgeoisie, seinem maulfrechen, aber tatfeigen, kriechenden Kleinbürgertum, seinen noch total unentwickelten Arbeitern, seinen massenhaften Bürokraten, Adels- und Hofgesindel, seinem ganzen Charakter als bloße ›Residenz‹«[20].

Marx hat die Hohenzollernmetropole schon vor einer Weile verlassen. In gewisser Weise übernimmt der Jüngere dort den Platz des Älteren. Er nutzt seine – neben dem militärischen Drill offenbar reichlich vorhandene – Freizeit, um als Gasthörer an der Universität philosophische Vorlesungen zu belegen.

Da sitzt er, in voller Uniform, im Auditorium Nr. 6 und hört, wie der alte Schelling seinem Helden Hegel und dessen pantheistischen Lehren die Leviten liest. Im Publikum, »erlesen, zahlreich und bunt gemischt«[21], finden sich auch zwei bekannte Geistesgrößen des 19. Jahrhunderts: der spätere Anarchist Michail Bakunin und der Philosoph Søren Kierkegaard.

Engels hat nie einen Zweifel daran gelassen, auf wessen Seite er steht: »*Unsere* Sache wird es sein«, schreibt er unter Pseudonym im *Telegraph für Deutschland*, »des großen Meisters Grab vor Beschimpfungen zu schützen. Wir scheuen den Kampf nicht.«[22] Wenige Wochen später gibt er Freund Graeber bekannt: »Ich bin nämlich auf dem Punkte, ein Hegelianer zu werden. Ob ich's werde, weiß ich freilich noch nicht, aber Strauß hat mir Lichter über Hegel angesteckt, die mir das Ding ganz plausibel darstellen. Seine (Hegels) Geschichtsphilosophie ist mir ohnehin wie aus der Seele geschrieben.«[23]

Wie viele Bewegte seiner Generation erfährt Engels sein atheistisches Erweckungserlebnis, als ihm *Das Leben Jesu* von David Friedrich Strauß in die Hände fällt. Da »muss« er, wie er Graeber mitteilt, »anfangen, an seinem Wuppertaler Glauben zu zweifeln«[24]. Die Zweifel halten sich nur noch eine kurze Weile, dann heißt es: »Adios Glauben!«[25]

Während Engels Marx in Sachen Anschauung und Durchblick beim kapitalistischen System einiges voraushat, stolpert er ihm in seiner hegelianischen Entwicklung gleichsam hinterher. Er lässt die »jungen Deutschen« hinter sich, schließt sich der Vereinigung der »Freien« an – jener Gruppe in Nachfolge des Doktorklubs, mit der sich Marx als Mitarbeiter der *Rheinischen Zeitung* bald überwerfen wird. Zu ihr gehören Arnold Ruge, Max Stirner und die Gebrüder Bauer.

Gemeinsam mit Edgar Bauer verfasst Engels gegen die Entlassung von dessen Bruder Bruno jenes bereits erwähnte *Christliche Heldengedicht*, in dem er Marx noch vor ihrer ersten Begegnung als »schwarzen Kerl aus Trier, ein markhaft Ungetüm« auftreten lässt. Unaufhaltsam nähern sich die Kreise der beiden an.

Marx dürfte wenig glücklich gewesen sein, in Engels' zweitem Artikel für die *Rheinische Zeitung*, dem »Tagebuch eines Hospitanten« an der Uni, eine Lobpreisung des rechtshegelianischen Theologen Marheineke zu lesen. Für ihn gehört der ihm noch unbekannte Autor einem Kreis an, dessen Ansichten er selbst überwunden hat und mit der ihm typischen Härte bekämpft.

Daraus erklärt sich auch, was Engels als »kühlen« Empfang in der Kölner Redaktion im November 1842 geschildert hat. Er kann von Glück sagen, dass der als »diktatorisch« beschriebene Chefredakteur ihn nicht in einer seiner üblen Launen mit schneidender Arroganz für immer abserviert hat.

An dieser Stelle kommt eine bekannte Figur ins Spiel, die beider Lebenswege gelenkt hat: Moses Hess, als gebürtiger Bonner ebenfalls Rheinländer und wie der sechs Jahre jüngere Marx Abkömmling einer langen Reihe von Rabbinern. Sein Vater hat sich nicht vom Glauben, wohl aber vom Synagogendienst abgewandt, eine Zuckerraffinerie gegründet und es damit zu erheblichem Reichtum gebracht.

Der »kommunistische Rabbi«, wie Hess genannt wird, hat als einer der ersten deutschen Vordenker in Paris bei den dortigen Geheimgesellschaften Bekanntschaft mit linkem Gedankengut gemacht. Nach einer Phase schmerzlicher Loslösung vom jüdischen Glauben – »Nichts, gar nichts blieb mir mehr; ich war der Elendeste auf der Welt – ich war Atheist«[26] – schreibt er sich 1837 seine geistige Bekehrung zum Sozialismus von der Seele. Dabei bezieht er in seiner *Heiligen Geschichte der Menschheit* bereits eindeutig Stellung und prangert den Antagonismus von Armut und Geldaristokratie an.

Nachdem auch er mit Begeisterung Cieszkowskis *Philosophie der Tat* zu seiner eigenen Idee gemacht hat, schreibt Hess 1841: »Das Wesen des Menschen … ist das gesellschaftliche Wesen, das Zusammenwirken der verschiedenen Individuen für einen und denselben Zweck … und die wahre Lehre vom Menschen, der wahre Humanismus, ist die Lehre der menschlichen Gesellschaftung, d.h. *Anthropologie* ist *Sozialismus*.«[27] Wer Wurzeln des Marxschen und Engelsschen Denkens sucht, hier liegen sie offen zutage.

Hess gebührt das Verdienst, das französische Gedankengut mit dem deutschen Junghegelianismus zusammengeführt zu haben. Er ist es, der »die soziale Frage« thematisiert und die Abschaffung des Privateigentums proklamiert, um die Entfremdung des Menschen durch das Geldwesen zu beenden. Engels folgt der Hessschen Linie noch vor Marx. In deren Geist erlebt er seine nun beginnende Arbeit in der Spinnerei in Manchester. Zu der hat ihn als Teilhaber der Firma sein Vater verdonnert. Den Konflikt mit dem »Alten« wird er stellvertretend im Kampf gegen das brutale Fabriksystem austragen.

Vor der Abreise nach England sucht er Hess in Köln auf. Der »bekehrt« ihn und schildert ihn danach als »Anno I Revolutionär« und »allereifrigsten Kommunisten«[28]. Auf der Insel angekommen, gewinnt Engels in direkter Anschauung wirtschaftlicher und sozialer Wirklichkeit den Vorsprung, in dessen Gefolge Marx wie auf Siebenmeilenstiefeln seinen Weg vom philosophischen zum politisch-ökonomischen Denken vollzieht.

»Ich war in Manchester mit der Nase darauf gestoßen worden«, erinnert sich Engels nach Marx' Tod, »daß die ökonomischen Tatsachen, die in der bisherigen Geschichtsschreibung gar keine oder nur eine verachtete Rolle spielen, wenigstens in der modernen Welt eine entscheidende geschichtliche Macht sind; daß sie die Grundlage … der gesamten politischen Geschichte sind.«[29]

In dieser Zeit beginnt für ihn, was sich mit Fug und Recht als Schizophrenie seines weiteren Daseins darstellen lässt. Der eine Teil seines Denkens befasst sich mit dem, was der andere auslöschen will. Indem er als Mitglied des Establishments, das ihm den Job erst ermöglicht hat, die Mechanismen der Ausbeutung im Dienst des Privateigentums erlernt und bald auch ausübt, und andrerseits immer tiefgründiger Stellung gegen die Prinzipien bezieht, tritt er sich selbst wie sein eigener Feind gegenüber. Einen solchen Konflikt innerer Gespaltenheit hat Marx nie erlebt. Aber wie Engels gehört auch er zu den Söhnen, die es ihren Vätern selbst nach deren Tod noch beweisen müssen.

Das Verhältnis der beiden vor ihrer Vereinigung in Paris erhellt wohl kaum etwas besser als der Umstand, dass sie sich auf Augenhöhe erstmals nicht Aug' in Aug', sondern auf dem Papier begegnet sind. Vor den Menschen aus Fleisch und Blut treffen ihre Schriften in den *Jahrbüchern* aufeinander.

Jeder ist mit zwei Aufsätzen vertreten. Engels lässt in seinem zweiten über den schottischen Gelehrten Thomas Carlyle Sätze fallen, die bei Marx auf fruchtbaren Boden fallen müssen: »Die Auflösung der Menschheit in eine Masse isolierter, sich abstoßender Atome ist an sich selbst schon die Vernichtung aller korporativen, nationalen und überhaupt besonderen Interessen und die letzte notwendige Stufe zur freien Selbstvereinigung der Menschheit.«[30]

Ohne Marx kein Engels, ohne Engels kein Marx: Hier nimmt die Formel Gestalt an. Die beiden gleichen zwei Reitern, die sich gegenseitig den Steigbügel halten. Als Engels am Ende seiner Lehrzeit von Manchester nach Barmen zurückreist und in Paris Station macht, sind Marx' Vorbehalte gegen ihn sofort verflogen. Im Café de la Régence treffen zwei Gleichgesinnte aufeinander, die aus unterschiedlichen Richtungen kommen und gemeinsam in eine neue aufbrechen. Ob sie dort auch Schach gespielt haben, ist nicht bekannt. Aus etlichen Schilderungen wissen wir aber, dass Marx bei dem Spiel ein schlechter Verlierer war.

Es fügt sich gut ins Bild der historisch unvergleichbaren zehn Tage in Paris, dass sich die beiden frischgebackenen Lebensgefährten gleich zusammen in die Schlacht »gegen Bruno Bauer und Konsorten« stürzen. So lautet der Untertitel ihres ersten gemeinsam unter ihren Namen veröffentlichten Buches: *Die Heilige Familie – oder Kritik der kritischen Kritik*. Es geht gegen »die Charlottenburger«, neben Bruno auch dessen Brüder Edgar und Egbert Bauer, und ihre Gesinnungsfreunde. Eine ironische Abrechnung mit den bis vor kurzem noch geschätzten Genossen, ganz in der Art, wie sie das Marxsche Schaffen in den kommenden Jahren prägen wird.

Hier zeigt sich erstmals eine wesentliche Differenz in der Arbeitsweise der zwei Verfasser, die viel über ihre unterschiedlichen Wesen verrät. Engels schwebt eine knackige Broschüre vor. Sie soll sich mit der »kritischen Kritik« auseinandersetzen, jener aus heutiger Sicht unbedeutenden Berliner Bewegung, die sich auf die Fahnen geschrieben hat, alles und alle zu kritisieren, auch die Arbeiter als »Masse«.

Als er aus Paris abreist, hat er, wie er glaubt, seine Hälfte geleistet, etwa anderthalb Druckbogen. Doch er hat die Rechnung ohne Marx gemacht. Ein paar Wochen später hält er in Händen, was der Ko-Autor mit dem Manuskript angestellt hat. Hier macht er zum ersten Mal die Erfahrung, die andere ihm bereits voraushaben. »Er liest sehr viel«, hat Ruge ein halbes Jahr zuvor über ihn an Feuerbach geäußert, »er arbeitet mit ungemeiner Intensivität… aber er vollendet nichts, er bricht überall ab und stürzt sich immer von neuem in ein endloses Büchermeer.«[31] Marx glaubt an das geschriebene Wort. Er begreift, dass die Menschen zwar ihre Sprache machen, aber die Sprache umgekehrt auch die Menschen formt. »Die Ideen«, sagt er, »existieren nicht getrennt von der Sprache.« Seine Devise, frei nach Wittgenstein: Wovon man nicht schweigen kann, darüber muss man schreiben.

Als Engels schließlich im März die Druckfahnen in der Hand hält, lobt er den Text zwar als »ganz famos«, kritisiert aber gleichzeitig die literarische Inkontinenz des Freundes: »Aber bei alledem ist das Ding zu groß. Die souveräne Verachtung, mit der wir beide gegen die ›Literatur-Zeitung‹« – das Blatt der Bauer-Brüder – »auftreten, bildet einen argen Gegensatz gegen die 22 Bogen, die wir ihr dedizieren. Dazu wird doch das meiste von der Kritik der Spekulation und des abstrakten Wesens überhaupt dem größeren Publikum unverständlich bleiben und auch nicht allgemein interessieren. Sonst aber ist das ganze Buch prächtig geschrieben und zum kranklachen.«[32]

Der Band endet mit einer hämischen »Historischen Nachrede«: »Wie wir nachträglich erfahren haben, ist nicht die Welt, sondern die kritische ›Literatur-Zeitung‹ untergegangen.«[33] Also das, wogegen der Text mehr als zweihundert Seiten lang polemisiert, ist bei seinem Erscheinen schon gar nicht mehr existent.

Für die Marx-Forschung ist die *Heilige Familie*, wenn auch nur in engen Grenzen, gleichwohl als »intellektueller Statusbericht«[34] von Interesse: Bauer ist überwunden, Proudhon, zwei Jahre später selbst eines der nächsten Marx-Opfer, wird noch gegen dessen Kritik verteidigt und Feuerbach in höchsten Tönen gefeiert. Wenig später bekommt auch der sein Fett weg, wenn auch nicht öffentlich.

Kaum weniger aufschlussreich ist den Forschern Engels' Serie *Die Lage Englands* in der deutschen Exilzeitung *Vorwärts*, eine Art Fortsetzung seines zweiten Aufsatzes in den *Jahrbüchern*. Folge eins kommt drei Tage nach seiner Ankunft in Paris heraus. Da haben die frischen Freunde, mittlerweile in Marx' Wohnung in der Rue Vaneau mit Rotwein und Rauchwaren in ihrer Arbeit vergraben, gleich schon etwas zu feiern. Die lose Artikelfolge ist indes nur eine Art Fingerübung für das Buch, mit dem Engels auf einen Schlag berühmt wird.

Nur wenige Tage nachdem er daheim in Barmen die Druckfahnen der *Heiligen Familie* erhalten hat, schließt er sein Buchmanuskript ab: *Die Lage der arbeitenden Klasse in England* wird ein internationaler Bestseller, wie Marx ihn zu seinen Lebzeiten nie zustande gebracht hat, sieht man von seiner Broschüre *Der Bürgerkrieg in Frankreich* von 1871 ab. Kein Werk von Marx und Engels ist überdies so häufig und so gründlich besprochen worden wie diese flammende Anklageschrift gegen den Frühkapitalismus.[35] Sie endet mit der Vorhersage einer kommunistischen Revolution.

Im Gegensatz zu Marx' (und zum geringen Teil Engels') ausuferndem Machwerk kommt die Studie als spannender, zupackender und schnörkelloser Text daher, der sein Geheimnis in der Unterzeile verrät: »Nach eigner Anschauung und authentischen Quellen.« Hier spricht ein Mann der Praxis und zugleich mitfühlender Reporter, der seine lebendige Schilderung mit Statistiken, Tatsachenberichten und Kartenskizzen unterlegt. Nicht zu Unrecht wird dieses Buch, das Marx zum Vorbild besonders für sein *Kapital* wird, als eine Art Gründungsdokument der empirischen Sozialforschung gefeiert. Engels' Bild von Manchester übertrifft das von Tocqueville an Empörung:

»Wenn man sehen will, wie wenig Raum der Mensch zum Bewegen, wie wenig Luft – und welche Luft! – er zum Athmen im Nothfall zu haben braucht, mit wie wenig Civilisation er existiren kann, dann hat man nur hierher zu kommen ... Alles, was unsren Abscheu und unsre Indignation hier am heftigsten erregt, ist neueren Ursprungs, gehört der industriellen Epoche an ... nur die Industrie hat sie [die Häuser] mit den Schaaren von Arbeitern vollgepfropft, die jetzt in ihnen beherbergt werden ... nur die Industrie gestattet es den Besitzern dieser Viehställe, sie an Menschen für hohe Miethe zur Wohnung zu überlassen, die Armuth der Arbeiter auszubeuten, die Gesundheit von Tausenden zu untergraben, damit nur sie sich bereichern – nur die Industrie hat es möglich gemacht, daß der kaum aus der Leibeigenschaft befreite Arbeiter wieder als ein bloßes Material, als Sache gebraucht werden konnte.«[36]

Das Honorar lässt der Autor großzügig seinem neuen Freund zukommen. »Die Hunde sollen wenigstens das Pläsier nicht haben, Dich durch ihre Infamie in pekuniäre Verlegenheit zu bringen.«[37] Damit setzt er schon in diesem frühen Stadium ihrer Beziehung einen Mechanismus in Gang, der für Jahrzehnte bestimmend bleibt und die Symbiose von Beginn an in ein schräges Licht setzt: Engels versorgt Marx mit Geld. Böse könnte man auch sagen, er habe ihn »angefüttert« und damit von sich abhängig gemacht. Marx jedenfalls kann sich für die nächsten fünfundzwanzig Jahre in der Regel darauf verlassen, dass ihn sein Mäzen nicht hängen lässt. Das schafft Verhältnisse, Leistung ohne Gegenleistung, die dem Charakter der Kameradschaft ein Moment von Einseitigkeit verleihen.

Marx braucht Geld. Ein Satz, der nicht nur für den größten Teil seines Lebens gültig bleibt. Er findet seine Pikanterie auch in der Tatsache, dass er gerade begonnen hat, über die Rolle von Geld in der Welt nachzudenken. Hier aber geht es erst einmal um ganz praktische Bedürfnisse. Marx hat mit den *Jahrbüchern* Anstellung und Einkommen verloren. Mit dem *Vorwärts* hat er zwar wieder eine Plattform für seine Politprosa gefunden. Aber von Honoraren zum Lebensunterhalt einer Familie kann keine Rede sein. Dazu kommt erschwerend seine latente Aggressivität.

Elf Tage vor dem Treffen mit Engels ist im *Vorwärts* ein Artikel von Marx erschienen, der sich über den preußischen König und seine Redensarten lustig macht. Da versteht Friedrich Wilhelm IV., gerade knapp einem Mordanschlag entgangen, jedoch keinen Spaß. Er schickt keinen Geringeren als Alexander von Humboldt nach Paris. Der Gesandte wird am 7. Januar 1845 beim Monarchenkollegen Louis-Philippe vorstellig. Dem überreicht er eine wertvolle Porzellanvase sowie eine Protestnote. Schon bald danach ergeht an Marx und andere Autoren des linken Exilantenblattes der Ausweisungsbefehl, beruhend auf Zeugenaussagen wie dem Bericht eines Pariser Polizeispitzels:

»Es ist ein wirklich bejammernswerter Zustand, wenn man hier sieht, auf welche Weise einige Intriganten die armen deutschen Handwerker hier irreführen … Hier kommen oft 30, oft 100, 200 deutsche Kommunisten zusammen … Es werden Reden gehalten, offen Königsmord, Abschaffung alles Besitzes, herunter mit den Reichen usw. gepredigt; dabei *keine* Religion mehr, kurz, der krasseste, abscheuliche Unsinn … Ich schreibe dies in aller Eile damit die Marx, Heß, Herwegh … nicht fortfahren, also junge Leute ins Unglück zu stürzen.«[38]

Am 1. Februar 1845 bricht Marx in Begleitung seines Genossen Heinrich Bürgers nach Brüssel auf. Die belgische Hauptstadt gilt als letzte halbwegs sichere Zufluchtsstätte für kritische Geister auf dem europäischen Kontinent. Jenny, erneut schwanger, kann ihre Enttäuschung kaum verbergen. Muss sie tatsächlich ihr geliebtes Paris, mondän wie modern, gegen das altmodische Brüssel eintauschen?

Das wirft die Frage auf, ob sie in diesem Moment nicht erneut Zweifel an der unzähmbaren Rauflust ihres Gatten empfunden hat. War die Majestätsbeleidigung wirklich nötig? Was hat sie mit dem Eigentlichen zu tun, nach dem ihr Karl so eindringlich sucht? Wem will er damit was beweisen?

Jenny hat sich für das streitbare Genie entschieden, mit allem, was dazugehört. Aber vielleicht wäre ihr in diesem Moment, zumindest was das Resultat betrifft, ein Mann wie Engels lieber gewesen. Sie hat den neuen Freund ihres Mannes noch nicht kennengelernt, aber wohl manches über ihn gehört. Der Frauenheld, dessen Lebensstil einer Ehe ohne Trauschein sie vehement ablehnt, wäre sicher nicht ihr Typ gewesen. Aber sein konsequenter Arbeitsstil hätte ihr womöglich ebenso zugesagt wie seine Bereitschaft, ein offenes Wort der Polemik hinter einem Pseudonym zu verstecken.

Es wird vermutet, dass Marx der Ausweisung durch Aussitzen hätte entgehen können – so wie es Ruge, Heine und *Vorwärts*-Herausgeber Börnstein gelungen ist. Warum er dem gerade einmal fünfzehn Monate alten Exil ein neues vorzieht, lässt sich nicht mehr nachvollziehen. In der Logik seiner Biografie hat Paris seine Aufgabe erfüllt. Nach Deutschland kann er nicht zurück. Aber er steht kurz vor einem Vertrag mit dem deutschen Verleger Carl Friedrich Julius Leske in Darmstadt. Der hofft vergebens bis zum Ende des Sommers auf das Manuskript einer *Kritik der Politik und Nationalökonomie*. Marx bringt nicht mehr als ein Inhaltsverzeichnis zusammen.

Aber nicht nur Leske sieht sich getäuscht. »Mach, daß Du mit Deinem nationalökonomischen Buch fertig wirst, wenn Du selbst auch mit vielem unzufrieden bleiben solltest, es ist einerlei, die Gemüter sind reif, und wir müssen das Eisen schmieden, weil es warm ist«[39], hat Engels den Freund schon im Januar bedrängt.

Doch auf diesem Ohr ist und bleibt Marx taub. Zwar stürzt er sich gleich nach seiner Ankunft in Brüssel in die Arbeit. Er verbringt den Großteil seiner Zeit in der königlichen Bibliothek – nur um festzustellen, dass seine nationalökonomischen Studien noch in den Kinderschuhen stecken. An Gründlichkeit und Gewissenhaftigkeit hat es ihm nicht gefehlt. Das Buch, von dem sich der diszipliniert arbeitende, pünktlich liefernde Engels eine Art theoretisches Gegenstück zu seinem Werk über die englischen Arbeiter erhofft, wird schließlich mit mehr als zwei Jahrzehnten Verspätung beim Hamburger Verleger Otto Meißner unter dem Titel *Das Kapital* erscheinen.

Die große und die kleine Jenny fahren in die belgische Hauptstadt, nachdem die ehemalige Baronesse von Westphalen in Paris einen Teil ihrer Habseligkeiten »für einen Spottpreis« verkauft hat, besser: verkaufen musste, um die Reise zu finanzieren. So schildert sie ihre Gefühlslage in ihren Erinnerungen: »Krank und in grimmiger Kälte folgte ich Anfang Februar Karl.«[40]

Die Marxens quartieren sich im Hotel Bois Sauvage ein, bevor sie eine feste Bleibe im Arbeitervorort Faubourg St. Louvin finden. Währenddessen tritt Engels, als wollte er dem Freund in nichts nachstehen, in seiner deutschen Heimat als rebellischer Autor und Redner aus seiner Anonymität – und riskiert den Bruch mit seiner Familie.

Gemeinsam mit Hess organisiert er im Wuppertal eine Reihe von Veranstaltungen, bei denen sie dem Publikum ihr kommunistisches Gedankengut näherzubringen hoffen. Zum dritten Vortragsabend kommen über zweihundert Menschen, darunter Gerichtsbeamte und Direktoren der ortsansässigen Fabriken und Handelsunternehmen.

»Ganz Elberfeld und Barmen, von der Geldaristokratie bis zur epicerie« – der Krämerschaft – »... war vertreten«, berichtet er nach Brüssel. »Nur das Proletariat ausgeschlossen.« Ausgerechnet die Arbeiter, auf denen die Hoffnungen auf Umwälzung ruhen, sind in den feinen Gasthäusern nicht zugelassen. »Das Proletariat«, schreibt Engels an Marx, »tut, wir wissen nicht was, und können's kaum wissen.«[41]

Fast atemlos schildert er dem Freund Anfang März 1845 den Ablauf der Ereignisse: »Nachher diskutiert bis ein Uhr. Das Ding zieht ungeheuer. Man spricht von nichts als vom Kommunismus, und jeden Tag fallen uns neue Anhänger zu. Der Wuppertaler Kommunismus ist une vérité« – eine Wirklichkeit – »ja beinahe schon eine Macht. Was das für ein günstiger Boden hier ist, davon hast Du keine Vorstellung.«[42]

Wie mag Marx diese Zeilen aufgenommen haben? Aus der fraglichen Zeit existieren keine Briefe oder Aufzeichnungen, die darüber Auskunft geben könnten. Hat er sich von der Euphorie anstecken lassen? Oder hat er den Bericht als das erkannt, was er darstellt: eine Übertreibung und Fehleinschätzung der Lage, die vermutlich Engels' Begeisterung angesichts seiner ersten öffentlichen Agitation zuzuschreiben ist.

»Es ist übrigens doch ein ganz anderes Ding, da vor den wirklichen leibhaftigen Menschen zu stehen und ihnen direkt, sinnlich, unverhohlen zu predigen, als dies verfluchte abstrakte Schreibertum mit seinem abstrakten Publikum vor den ›Augen des Geistes‹ zu treiben.«[43] Doch genau das steht dem Dreiundzwanzigjährigen nun in einer Art und Weise bevor, die seine gesamte bisherige Schriftstellerei in den Schatten stellt: Er überwirft sich mit seiner Familie und folgt Marx nach Brüssel, wo die beiden ihre gemeinsame schriftstellerische Arbeit fortsetzen.

Vorher erklärt Friedrich jr. seinen Altvorderen, »den Schacher definitiv dranzugeben«, also nicht weiter im Familienunternehmen wirken zu wollen. »Der Schacher ist zu scheußlich«, schreibt er Marx, »Barmen ist zu scheußlich, die Zeitverschwendung ist zu scheußlich, und besonders ist es zu scheußlich, nicht nur Bourgeois, sondern sogar Fabrikant, aktiv gegen das Proletariat auftretender Bourgeois zu bleiben.«[44]

Der Senior stellt die Unterhaltszahlungen an seinen Sohn ein. Doch nicht nur das. »Durch die Versammlungsgeschichten ... ist der ganze religiöse Fanatismus meines Alten wieder erweckt«, berichtet der Abtrünnige kurz vor seiner Abreise nach Belgien. »Durch mein offnes Auftreten als Kommunist hat sich nebenbei noch ein glänzender Bourgeoisfanatismus in ihm entwickelt.«[45]

Anders als Marx, der seine Ablösung in der Ferne vollzogen und seinen Vater nur noch einmal kurz am Sterbebett aufgesucht hat, kämpft Engels gleichsam mit offenem Visier an der familiären Front. Dadurch hält er sich trotz des Zerwürfnisses die spätere Rückkehroption offen: Zwei Jahrzehnte lang, zwischen 1850 und 1870, wird er in Manchester als Kapitalist sein Geld verdienen, seinem Vater viel Freude machen und nur durch dieses »Opfer« dem Freund in London das Überleben sichern können. Ein erstaunliches Comeback, führt man sich die Stimmung im Elternhaus kurz vor seinem Auszug vor Augen:

»Bekomm' ich einen Brief, so wird er von allen Seiten beschnüffelt, eh' ich ihn erhalte. Da man weiß, daß es all Kommunistenbriefe sind, so wird dabei jedesmal ein gottseliges Jammergesicht aufgesetzt ... Ich kann nicht essen, trinken, schlafen, keinen Furz lassen oder dasselbe vermaledeite Kindergottesgesicht steht mir vor der Nase ... Gestern abend mit Heß in Elberfeld, wo wir bis zwei Uhr Kommunismus dozierten. Natürlich heute lange Gesichter ... Endlich faßt man Courage zu fragen, wo ich gewesen sei. – Bei Heß. – ›Bei Heß! Großer Gott!‹ – – Pause, Steigerung der christlichen Verzweiflung im Gesicht – ›Was für eine Umgebung hast Du Dir gewählt!‹ – Seufzen usw. Es ist rein zum Tollwerden.«[46]

Kurz darauf sind Marx und Engels in Brüssel wieder vereint. Ihre große gemeinsame Zeit beginnt. Obwohl sie sich noch kaum kennen, treten sie gleich im Doppelpack auf. Am Ende, am Vorabend der Revolutionen von 1848, sind sie Anführer der kommunistischen Bewegung, der sie mit ihrem Manifest ein bleibendes Denkmal setzen. Der Brennofen gemeinsamer Geschichte schweißt sie für den Rest ihres Daseins unzertrennlich zusammen.

1 Erste bekannte Fotografie von Marx (1861)

2 Marx als Student (Bleistiftzeichnung)

3 Junghegelianer beim Umtrunk (Zeichnung von Friedrich Engels)

4 Wohnhaus der Familie Marx, Trier, Simeongasse (heute Simeonstraße 8)

5 Geburtshaus von Marx, Trier, Brückenstraße

6 Jenny von Westphalen (1840)

7 Jenny Longuet, geb. Marx

8 Familie Marx (propagandistische Darstellung aus der Volksrepublik China, undat.)

9 Jenny Marx (1875)

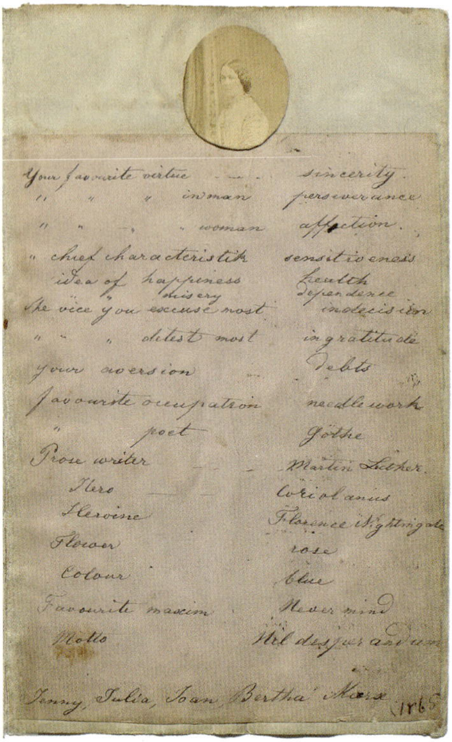

Your favourite virtue	sincerity.
" " " in man	perseverance
" " " woman	affection.
" chief characteristic	sensitiveness
idea of happiness	health
" misery	dependence
The vice you excuse most	indecision
" " detest most	ingratitude
your aversion	Debts
favourite occupation	needlework
" poet	Göthe
Prose writer	Martin Luther.
Hero	Coriolanus
Heroine	Florence Nightingale
Flower	rose
Colour	blue
Favourite maxim	Never mind
Motto	Nil desperandum

Jenny, Julia, Joan Bertha Marx 1865

10 Im März 1865 schreibt Jenny Marx in das Poesiealbum ihrer Tochter Jenny.

Ihre Lieblingstugend:
Aufrichtigkeit

Lieblingstugend beim Mann:
Beharrlichkeit

Lieblingstugend bei der Frau:
Zuneigung

Haupteigenschaft:
Empfindsamkeit

Auffassung vom Glück:
Gesundheit

Auffassung vom Unglück:
Abhängigkeit

Das Laster, das Sie am ehesten entschuldigen:
Unentschlossenheit

Das Laster, das Sie am meisten verabscheuen:
Undankbarkeit

Ihre Abneigung:
Schulden

Lieblingsbeschäftigung:
Handarbeit

Lieblingsdichter:
Göthe

Lieblingsschriftsteller:
Martin Luther

Lieblingsheld:
Coriolan

Lieblingsheldin:
Florence Nightingale

Lieblingsblume:
Rose

Lieblingsfarbe:
Blau

Maxime:
Alles halb so schlimm

Motto:
Nil desperandum
[Es gibt keinen Grund zur Verzweiflung]

Ihre Lieblingstugend:
Einfachheit

Lieblingstugend beim Mann:
Kraft

Lieblingstugend bei der Frau:
Schwäche

Hauptеigenschaft:
Zielstrebigkeit

Das Laster, das Sie entschuldigen:
Leichtgläubigkeit

Das Laster, das Sie verabscheuen:
Kriecherei

Abneigung:
Martin Tupper [ein englischer Dichter, Zeitgenosse von Marx], Veilchenpuder

Lieblingsbeschäftigung:
bookworming

Lieblingsdichter:
Dante, Aeschylus, Shakespeare, Göthe

Lieblingsschriftsteller:
Diderot, Lessing, Hegel, Balzac

Lieblingsheld:
Spartacus, Keppler

Lieblingsheldin:
Gretchen

Lieblingsblume:
Lorbeer

Lieblingsfarbe:
Rot

Lieblingsaugen- und -haarfarbe:
Schwarz

Lieblingsnamen:
Jenny, Laura

Lieblingsgericht:
Fisch

Maxime:
Nihil humani a me alienum puto [Nichts Menschliches ist mir fremd]

Motto:
De omnibus dubitandum [An allem ist zu zweifeln]

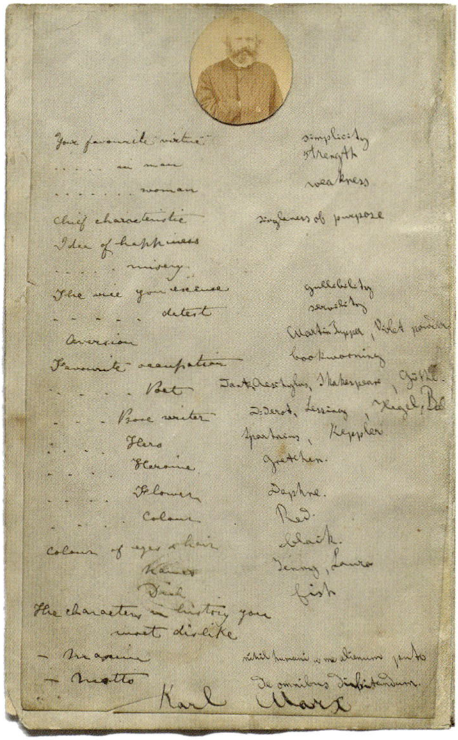

11 Im März 1865 schreibt Karl Marx in das Poesiealbum seiner Tochter Jenny.

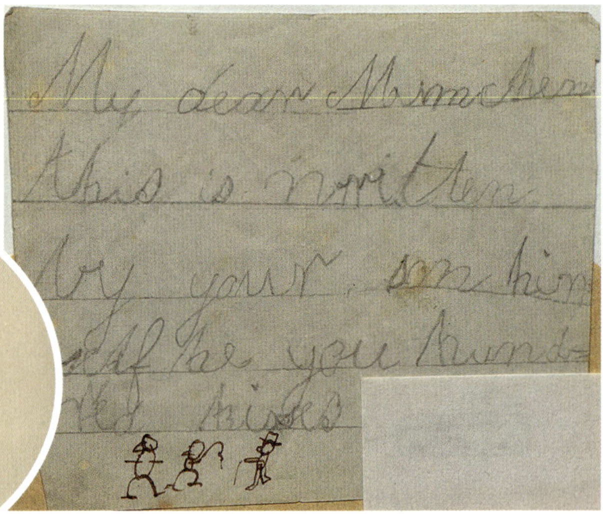
My dear Mimchen
this is written
by your son him
self he you hund-
red kisses

12–15 Kinder Jenny, Laura und Edgar »Musch« Marx; Kinderhandschrift von Edgar

16 Eleanor Marx (1880)

17 Laura Marx (undatiert)

18 Helena Demuth (undatiert)

19 Frederick Demuth (undatiert)

20 Marx, Engels, Marx-Töchter (London, 1864)

21 Marx und Tochter Jenny (1867)

22 Karl Marx im Erscheinungsjahr des *Kapital* (1867)

23 Einziges Profilbild von Marx (1867)

24 1872

25 1875

26 Letztes Porträt von Marx (Algier 1882)

10

Brüsseler Spitzen

Wie Marx und Engels zu Kommunistenführern werden

»Sire,

Der unterzeichnete Karl Marx, Doktor der Philosophie, sechsundzwanzig Jahre alt, aus Trier, Königreich Preußen, nimmt sich, da er die Absicht hat, sich mit seiner Frau und seinem Kinde in den Staaten Ew. Majestät niederzulassen, ehrerbietigst die Freiheit, Ew. Majestät untertänigst zu bitten, ihm die Genehmigung geben zu wollen, seinen Wohnsitz in Belgien zu nehmen.«[1]

Eine Woche nach seiner Ankunft in Brüssel richtet der Exilant sein förmliches Gesuch an den belgischen König. Dem Antrag wird bald stattgegeben, wenn auch nur unter Auflagen: Der Petent muss sein Einkommen erklären. Zum Glück kann er den Vertrag mit dem Darmstädter Verleger Leske vorlegen. Bis zum Erhalt des Honorars, so versichert er, lebe er vom Geld seiner Frau. In diesem Punkt müssen sich die Behörden im Moment tatsächlich keine Sorgen machen.

Finanzielle Engpässe sind noch nicht das beherrschende Thema der Familie. Dank des Vorschusses für Marx' – nie geliefertes – Buch zur Politischen Ökonomie (1500 Francs) und Engels' hergeschenktem Honorar für *Die Lage der arbeitenden Klasse in England* (750 Taler = 2250 Francs) sowie der großzügigen Spende aus einer Sammlung unter Genossen in Deutschland (die Angaben schwanken zwischen 750 und mehreren Tausend Francs) herrscht fürs Erste keine Geldnot.

So hätte es auch bleiben können, beliefen sich Marx' sonstige Einnahmen aus selbständiger Arbeit während der drei belgischen Jahre nicht auf null. Schon im Mai 1846 sieht er sich genötigt, das letzte Familiengold und -silber und sogar die meiste Bettwäsche ins Pfandhaus zu tragen – eine Form von Bußgang, die sein und der Familie Leben für Jahrzehnte bestimmen wird.

Aus Sicht einer Mutter, die ihren Nachwuchs vor allem nach außen im besten Licht erscheinen lassen will, stellt sich das freilich anders dar: »Marx verdient so viel«, schreibt Caroline von Westphalen einem Bekannten, »daß er sich, bei Einschränkung, mit seiner Familie durchhilft, und Jenny sehr sehr glücklich macht, weil er einen vortrefflichen Charakter hat, und Jennys hohen Werth zu schätzen weiß. Und so leben denn meine lieben Kinder ein recht angenehmes Familienleben.«[2]

Noch in Paris haben die Eheleute ihr zweites Kind gezeugt. Als Jenny wenige Tage nach Karl in Brüssel eintrifft, ist sie wieder schwanger. Nach einigen provisorischen Unterkünften finden die Eheleute eine Bleibe in der Rue d'Alliance. Die befindet sich in der Vorstadt Ixelles. Dort werden sie mehr als ein Jahr wohnen.

Seit 1921 heißt das Sträßchen Rue Jean d'Ardenne, das Marxsche Domizil trägt nun die Hausnummer 50 und eine Plakette: »Ici vecut…« – hier lebte… »Karl Marx.« Es liegt unweit des heutigen Szeneviertels Flagey, wo sich abends Praktikanten der Europäischen Institutionen unter das bunte Jungvolk mischen, das auf einen Urkern afrikanischer Studenten zurückgeht, die meisten aus dem Kongo.

Jennys Mutter macht der Familie das vielleicht größte »Geschenk« in dieser Zeit: Sie überlässt ihnen ihr Hausmädchen Helene Demuth. Die fünfundzwanzigjährige Bäckerstochter, sie stammt aus der Nähe von Trier, dient bereits seit über zehn Jahren in ihrem Haus.

Das »Lenchen«, so wird sie allgemein genannt, lebt sich schnell ein und wird zum unverzichtbaren Mitglied des bürgerlichen Haushalts von Karl und Jenny – in guten wie in schlechten Zeiten. Ihre Ankunft bringt Glück und Erleichterung für die junge Familie, vor allem für die in Haushaltsdingen überforderte Baronesse an der Seite ihres mindestens ebenso unpraktischen Literatengatten.

Besonders ein Umstand macht das Wohlbefinden fast perfekt und lässt Marx nebst Anhang die Sehnsucht nach dem quirligen Paris trotz der »Langeweile« Brüssels fast vergessen: Als Engels im April ankommt, zieht er ins Nebenhaus Nummer 7. »Kurze Zeit darauf traf auch Hess mit seiner Frau ein, und ein gewisser Sebastian Seiler schloß sich dem kleinen deutschen Kreise an«, so Jenny in ihren Erinnerungen, »und die kleine deutsche Kolonie lebte hier gemütlich zusammen.«[3]

Das Idyll trüben aus ihrer Sicht allerdings zwei Frauen oder, besser gesagt, deren Beziehungsverhältnisse. Engels, dem sie hier erstmals begegnet, und Hess, den sie aus Paris kennt, leben jeweils mit einer Proletarierin in wilder Ehe zusammen. Frau Marx lehnt diese Form des Konkubinats aufs Entschiedenste ab. Sie wird lange brauchen, um Mary Burns zu akzeptieren, die irische Arbeiterin an Engels' Seite.

Da hilft es nichts, dass er der Gefährtin auch ohne Trauschein bis an ihr Ende treu bleiben wird – so treu wie seinem Junggesellentum mit regelmäßigen Seitensprüngen. Seine »Maitresse«[4] hindert ihn auch nicht daran, andere leichtlebige Geliebte wie die »Mademoiselles« Felice und Josephine mit seinen Genossen bekannt zu machen.

Als Engels eine seiner Freundinnen zu einem sozialistischen Bankett mitgebracht hat, berichtet der Schriftsetzer Stephan Born: »Unter den Anwesenden befand sich Marx mit seiner Frau und Engels mit seiner – Dame. Die beiden Paare waren durch einen großen Raum voneinander getrennt. Als ich zu Marx herankam, um ihn und seine Frau zu begrüßen, gab er mir durch einen Blick und ein vielsagendes Lächeln zu verstehen, dass seine Frau eine Bekanntschaft mit jener – Dame auf das strengste ablehne.«[5]

Ihre Abneigung gegen Hess' Gefährtin Sibylle Pesch, die beiden leben im Haus Nummer 3, wird sich Jenny Marx auch noch nach deren Vermählung bewahren. »Ein wohlbekanntes Gesicht glotzte mich an und wen erkannte ich im deftigen Seidenkleide, dem modernen grauen Schal? Das ehemalige enfant du peuple, Kölnische Drückeschen, jetzt Gommunistencheffin die Mösin.«[6] Ihr Mann wird bei Marxens nur »Mösi« genannt.

Die meisten Freunde oder Gesinnungsgenossen, die Marx verbunden bleiben, hat er in Paris und Brüssel kennengelernt. Zur dortigen Kolonie stoßen neben Jennys Bruder Edgar bald auch Joseph Weydemeyer und Wilhelm Wolff, die beide zu Marx' und Engels' engsten Vertrauten werden: »Weywey«, wie Marx den gleichaltrigen Kommunisten in seiner Vorliebe für Spitznamen nennt, wird in den USA nach seiner Auswanderung Marx' historisches Meisterwerk *Der achtzehnte Brumaire des Louis Bonaparte* herausgeben. Das *Kapital* wird Marx 1867 nicht Freund Engels widmen, sondern posthum dem drei Jahre zuvor verstorbenen Wolff, »Lupus« genannt, der ihn als Erben eingesetzt hat.

Kaum wiedervereint, unternehmen die zwei Freunde von Brüssel aus eine folgenreiche Reise: Sie fahren nach Manchester. Bei diesem ersten Besuch in seiner späteren Heimat England holt Marx dank Engels jene Erfahrungen nach, die der Partner ihm voraus hat: Wohl erstmals hat er in ihrer wahren Wucht die Maschinerie vor Augen, die das Kapital in

Bewegung setzen kann. Er verschafft sich ein Gefühl für das arbeitende Proletariat und seine Lebensbedingungen.

In der Chetham's Library lernt Marx den Wert britischer Bibliotheken schätzen. Hier findet er Schriften jener Ökonomen, die Engels in seinen ökonomischen Beiträgen zitiert, die aber in Brüssel nicht oder nur in Übersetzungen zugänglich sind. Er liest und exzerpiert und bringt sich in kurzer Zeit auf den Wissensstand seines Begleiters.

In dem kleinen Erker hinter farbigen Butzenscheiben, den Besucher heute noch besichtigen können, auch hier ehrfürchtige Chinesen vorneweg, an dem massiven Holztisch für schwere Folianten schmieden Marx und Engels Anker und Kette des ME-Komplexes, der ihre Leben zusammenschweißt. Sie sitzen nicht nur zusammen, sie benutzen hier und da sogar dieselben Hefte für ihre Notizen.

Marx beschäftigt sich besonders mit dem Werk von Robert Owen und seiner sozialistischen Weltanschauung, die, wie er notiert, »die Vorstellungskraft der breiten Massen fesselte«[7]. Die Abschriften aus Texten des Briten nehmen mehr als ein Drittel der Exzerpte ein. Erstmals hält er auch die legendären *Blaubücher* in Händen, in denen Fabrikinspektoren für das Parlament ungeschönt die Lage in der englischen Industrie aufzeigen. Sie werden später zu einer der zentralen Quellen für das *Kapital*.

Seine Exzerpte verraten einen häufig übersehenen, wesentlichen Ursprung seiner Kritik der Politischen Ökonomie: Intensiv wertet er die Schrift *Labour's wrongs and labour's remedy* des radikalen britischen Autors John Francis Bray aus. Der gehört zu den wenigen, die der Wirtschaftswissenschaft, wie Marx im *Kapital* sagen wird, »den Fehdehandschuh hinwarfen«[8]. Gleich zu Beginn zitiert er Bray in seinen radikalen Ansichten:

»Wenn wir zum Ursprung der Dinge fortgehn, werden wir finden, daß jede Form der Regierung … schuldet seinen Ursprung dem existirenden socialen System – der Institution des Eigenthums, wie es gegenwärtig besteht – u. daß daher, wollen wir unsere Leiden u. Elend auf einmal u. für immer enden, die gegenwärtigen arrangements der Gesellschaft vollständig umgestürzt werden müssen.«[9] Die Systemfrage muss Marx nicht erfinden.

Von Bray entlehnt Marx auch die Idee des »ungleichen Tausches« von Wertäquivalenten zwischen Arbeiter und Kapitalist. »Die ganze Transaction zwischen Producenten u. Kapitalisten ist ein palpabler« – offenbarer – »Betrug, eine reine farce«,[10] hält er fest. Die »Ungleichheit des Austausches als Ursache der Ungleichheit des Besitzes ist der geheime Feind, der uns verzehrt«[11]. Spuren der Selbstverständigung, die in Manchester ihren Ausgang nimmt, reichen bis ins Alterswerk.

Auf dem Rückweg legen die beiden in London einen Zwischenstopp ein. Während des zweiwöchigen Aufenthaltes stellt Engels dem Partner seine Bekanntschaften unter deutschen Oppositionellen vor. Sie gehören dem geheimen »Bund der Gerechten« an, der öffentlich als Arbeiterbildungsverein auftritt. Zwei Jahre später wird er auf Marx' und Engels' Betreiben »Bund der Kommunisten« heißen. Die Führung dieses Handwerkervereins haben drei Deutsche inne, von denen zwei noch eine Rolle in Marx' Leben spielen werden: Der Uhrmacher Joseph Moll und der von Historikern als »Berufsrevolutionär« und »Arbeiterführer« eingestufte Exstudent Karl Schapper.

Wieder befindet sich Marx, diesmal dank Engels, zur richtigen Zeit am rechten Ort. Über Engels und Schapper lernt er Radikale und Sozialisten aus ganz Europa kennen. Er trifft führende Vertreter der Chartisten-Bewegung, benannt nach der *Magna Charta des Volkes*, mit der sie für ein demokratisches Großbritannien kämpfen. Die meisten sind Pragmatiker des Arbeitskampfes und scheren sich nur wenig um Theorien.

Der Anführer des linken Flügels der Bewegung, George Julian Harney, tritt im selben Jahr dem »Bund der Gerechten« bei. In seiner Zeitschrift *The Red Republican*, die auch Engels als Forum dient, wird er 1850 die erste Übersetzung des *Kommunistischen Manifests* ins Englische veröffentlichen. In Ernest Jones finden die Freunde einen der wenigen unbeugsamen Getreuen späterer Jahre.

Während Marx mit Engels England bereist, bricht Jenny mit »Jennychen« und Hausmädchen nach Trier auf. Ihre Mutter lebt dort allein, seit Helena weg ist. Zwei Wochen nach ihrer Rückkehr, am 26. September 1845, bringt sie in Brüssel die Tochter Laura zur Welt. Bereits von der Mosel aus hat sie versucht, ihren Mann auf das Kommende vorzubereiten:

»Wenn ich dann die große affaire im obern Stock absolviert habe, ziehe ich dann wieder herunter. Dann kannst Du in Deinem jetzigen Studierzimmer schlafen und im salon immense Dein Zelt aufschlagen: das macht sich ganz gut. Unten ist dann der Kinderlärm ganz abgesondert, Du bist oben ungestört, ich kann in ruhigen Momenten zu Dir kommen und man kann das Zimmer ja immer ein bischen in Ordnung halten.«[12]

Seine Schreibtischtätigkeit geht vor. Aber nicht nur sie. Rue d'Alliance Nummer 5, ein dreistöckiges Haus in einem nicht gerade wohlhabenden Wohnviertel, entwickelt sich zur Keimzelle dessen, was bald »Partei Marx« genannt wird. Wenn man so will, gehen die »marxistischen« Revolutionen des 20. Jahrhunderts allesamt auf diese Adresse zurück. Zu dem Kreis gesellen sich im Laufe der Monate neben anderen auch die Dichter Georg Weerth und Ferdinand Freiligrath, der Schriftsetzer Stephan Born sowie der Journalist Karl Heinzen.

»Wenn ich dir berichte, was für ein Leben wir hier führen, würdest du sicher über die Kommunisten überrascht sein«, schreibt Weydemeyer im Februar 1846 seiner Verlobten. »Um den Albernheiten die Krone aufzusetzen, verbrachten Marx, Weitling« – Wilhelm W., von dem bald die Rede sein wird –, »Marx' Schwager und ich die ganze Nacht mit Spielen. Weitling wurde als Erster müde. Marx und ich schliefen ein paar Stunden auf dem Sofa und verbummelten dann zusammen mit seiner Frau und seinem Schwager den ganzen folgenden Tag auf die köstlichste Weise. Zuerst suchten wir eine Taverne auf und fuhren dann mit dem Zug nach Villeworde, einem nahe gelegenen kleinen Ort, wo wir Mittag aßen. Danach kehrten wir in bester Stimmung mit dem letzten Zug zurück.«[13]

Nur einer wird von den abendlichen Diskussionsrunden und Sauftouren durch die Lokale der Stadt ausdrücklich ausgeschlossen: Michail Bakunin, der ebenfalls in Brüssel Zuflucht gefunden hat. »Die Deutschen«, beklagt er sich bei Herwegh, »und vor allen Marx, treiben hier ihr gewöhnliches Unheil. Eitelkeit, Gehässigkeit, Klatscherei, theoretischer Hochmut und praktische Kleinmütigkeit … alle selbst aber vom Kopf zu den Füßen durch und durch kleinstädtische Bourgeoisie.«[14]

Seine provinzielle Herkunft hat Marx nie daran gehindert, über Grenzen hinweg zu denken. Er gehört zum kleinen Kreis weltbürgerlicher Nomaden seiner Zeit, Künstler, Autoren, Wissenschaftler, Revolutionäre, denen Nationalität politisch etwas bedeuten mag, persönlich aber eher nicht. Diese damaligen Internationalisten schaffen eine Grundlage für den grenzenlosen Geist, der zwei Jahrzehnte später die Internationale zusammenführen wird.

Um einer Auslieferung in seine Heimat zu entgehen, die zu seiner Inhaftierung führen würde, beantragt Marx im Herbst 1846 »einen Auswanderungsschein nach den Vereinigten Nordamerikanischen Staaten«[15]. Er hat wohl nie wirklich vor, in die USA zu emigrieren. Und hätte er es getan, wäre die Weltgeschichte womöglich anders verlaufen.

Drei Wochen später bittet er »um Entlassung aus dem Königl. Preuß. Untertanenverband«[16]. Bis an sein Lebensende wird er Staatenloser bleiben – ein hoher Preis für einen, der nie als Gewalttäter aufgefallen oder wegen einer Straftat verurteilt worden ist. Das sieht der preußische Regierungspräsident freilich anders. Er zeigt sich äußerst zufrieden, »dem des versuchten Hochverrats und des Majestätsverbrechens schuldigen Literaten Marx die Rückkehr in die diesseitigen Staaten gänzlich und für immer abzuschneiden«[17].

Marx ist nun zwar vor einer Ausweisung nach Preußen sicher, nicht aber vor einer aus Belgien. Mit drei Jahren wird das dortige Exil für ihn das längste – vor London. Engels hat ihm schon kurz nach seiner Ankunft in Brüssel prophezeit: »Ich fürchte aber, man wird Dich am Ende in Belgien auch molestieren, so daß Dir zuletzt nur England übrigbleibt.«[18]

Nach der Rückkehr von ihrem Besuch auf der Insel setzen sich die beiden zusammen, zeitweise ist Hess mit von der Partie, und verfassen ihr wichtigstes gemeinsames, in ihrer Lebenszeit aber unveröffentlichtes Werk: *Die Deutsche Ideologie*. Als »philosophisches System« beschreibt Julian Harney ihre Arbeitsweise, »als Paar bis drei oder vier Uhr früh zu schreiben«[19]. Das kann nicht darüber hinwegtäuschen, dass Engels das mehr als fünfhundert Druckseiten starke Manuskript ohne Marx nicht hätte schreiben können, Marx aber wohl ohne Engels.

Als der in Brüssel eintrifft, so erinnert er sich später, habe Marx »seine materialistische Geschichtstheorie in den Hauptzügen fertig herausentwickelt«[20]. Tatsächlich greift Marx auf seine im Vorjahr zu Papier gebrachten *Pariser Manuskripte* zurück und zieht alle Register von Produktion über Entfremdung bis zur Aufhebung der Arbeitsteilung – wobei er »*Entfremdung*« schon in An- und Abführung schreibt, »um den Philosophen verständlich zu bleiben«[21].

Seinen Verleger in Darmstadt, der ein anderes Buch von ihm erwartet, lässt er wissen: »Es schien mir nämlich sehr wichtig, eine polemische Schrift gegen die deutsche Philosophie und gegen den seitherigen *deutschen Sozialismus* meiner *positiven* Entwicklung *vorherzuschicken*... Wenn es darauf ankäme, könnte ich Ihnen durch mir zahlreich aus Deutschland und Frankreich zugegangenen Briefe beweisen, daß man diese Schrift mit großer Spannung im Publikum erwartet.«[22]

Das ist, je nach Sichtweise, optimistisch oder dreist. Wenn ein Buch von Marx »erwartet« wird, dann ist es seine *Politische Ökonomie*, und zwar von keinem mehr als von Leske – und nicht zuletzt von Jenny, die auf Einkünfte hofft. Fast unverschämt, wie er den Verleger mit der angekündigten Lieferung eines druckfertigen Textes vertröstet, von dem er weiß, dass er ihn weder fertigstellen kann noch will:

»Da das fast beendigte Manuskript des ersten Bandes meiner Schrift« – damit kann er nur seine in Paris geschriebenen philosophisch-ökonomischen Skizzen meinen – »schon so lange Zeit hier liegt, werde ich es nicht drucken lassen, ohne es noch einmal sachlich und stilistisch umzuarbeiten. Es versteht sich, daß ein Schriftsteller, der fortarbeitet, nach 6 Monaten nicht mehr *wörtlich* drucken lassen kann, was er vor 6 Monaten geschrieben hat… Die Umarbeitung des ersten Bandes wird zum Druck fertig sein *Ende November.* Der 2te Band, der mehr historisch ist, kann rasch folgen.«[23]

Seiner Chuzpe die Krone setzt die Ankündigung auf, »durch das in England neu hinzugekommene Material« werde sich das Buch um ein Drittel verlängern, und seine Forderung, »daß die über die verabredete Bogenzahl zugefügten Druckbogen mir nach demselben Maßstab honoriert werden«. Soweit bekannt, lässt sich Leske darauf nicht ein. So liefert er Marx eine willkommene Begründung, ihn sitzen zu lassen. Am Ende wird der Verleger weder ein Buch von Marx drucken lassen können noch das bereits ausgezahlte Honorar zurückerhalten.

Der Autor und sein Freund haben Wichtigeres zu tun. In weniger als sechs Monaten bauen sie den ersten wesentlichen Stützpfeiler ihrer Lehre: Aufhebung der »Fremdheit, mit der sich die Menschen zu ihrem eigenen Produkt verhalten«, Abschaffung des Privateigentums und gesellschaftliche Lenkung der Produktion – wesentliche Merkmale des Kommunismus als »wirkliche Bewegung«.

Wenn als Kernsatz des Konvoluts die Aussage gelten kann, nicht das Bewusstsein bestimme das Sein, sondern das Sein das Bewusstsein des Menschen, dann verrät es auch manches über das damalige Selbstverständnis seiner Verfasser: Ein Großteil des Textes dient wie schon in der *Heiligen Familie* der Kritik und Polemik gegen Andersdenkende.

In ihren Brüsseler Spitzen ziehen sie erneut vernichtend gegen die deutsche Denkerschaft der »Jung-« oder »Linkshegelianer« zu Felde, einmal mehr gegen »Sankt Bruno« Bauer und seine *Kritische Kritik*, dann über weit mehr als die Hälfte des gesamten Textes gegen »Sankt Max« Stirner. Dem schleudern sie entgegen: »Philosophie und Studium der wirklichen Welt verhalten sich zueinander wie Onanie und Geschlechtsliebe.«[24] Er hat es gewagt, in seinem Buch *Der Einzige und sein Eigentum* Marx direkt anzugehen und die »Zerrissenheit des Menschen in ›Naturtrieb‹ und ›Gewissen‹« in das dialektische Spannungsfeld aus »innerem Pöbel« und »innerer Polizei«[25] zu übersetzen.

Nun widmen sie Stirner Seite um Seite, so wichtig ist er ihnen. Sie vergeuden Monate ihrer wertvollen Arbeitskraft, die Marx doch viel sinnvoller in seine *Ökonomie* stecken würde. Nicht einmal das Ergebnis gibt ihnen recht. Der Totalverriss löst die bekannten Gefühle von Ermüdung und Überdruss aus, die sich bei ihren Spiegelfechtereien immer wieder einstellen. Wenigstens haben die Freunde, so wird berichtet, dabei viel zu lachen gehabt.

Marx verhält sich wie ein Sportler in der Form seines Lebens, der im Stadion souverän seine Rennen bestreitet, sich zwischendurch außerhalb der Arena aber fast zwanghaft überflüssige Wettkämpfe mit Gegnern liefern muss, die ihm nicht gewachsen sind. Dieses zermürbende Verhalten ergibt weder einen Sinn, wenn Marx das Wissen um seine haushohe Überlegenheit abgesprochen, noch wenn es ihm zugestanden wird, was die wahrscheinlichere Variante darstellt.

Ob sich allerdings für einen Statusbericht »zur Selbstverständigung« wirklich ein voluminöses Werk eignet, das dann trotz aller Anstrengungen vermutlich zu Recht keinen Verleger findet und nach sechs fehlgeschlagenen Anfragen »der nagenden Kritik der Mäuse überlassen« werden muss, ob einer sein grandioses ironisch-satirisches Talent tatsächlich in brotloser Kunst vergeuden muss, statt es zum Broterwerb für die bald schon wieder prekäre Familie zu verwenden, darüber gibt es zwischen Bürger und Bohemien unterschiedliche Auffassungen. Marx findet zwischen seinen beiden Existenzweisen den denkbar ungünstigsten Kompromiss, zwar bürgerlich zu leben, aber bohemisch für seinen und der Seinen Unterhalt sorgen zu wollen: im wesentlichen als Schnorrer.

Eigentlich jammerschade, dass Freund und Feind keinen Anteil am Wesentlichen der *Deutschen Ideologie* nehmen können. Die Vorrede und das erste Kapitel über Feuerbach gehören zum Besten aus Marx' (und Engels') Feder. Das Buch beginnt ohne Umschweife mit einer jener Verallgemeinerungen, die er so liebt, erfrischend wie der Sprung ins kalte Wasser:

»Die Menschen haben sich bisher stets falsche Vorstellungen über sich selbst gemacht, von dem, was sie sind oder sein sollen. Nach ihren Vorstellungen von Gott, von dem Normalmenschen usw. haben sie ihre Verhältnisse eingerichtet. Die Ausgeburten ihres Kopfes sind ihnen über den

Kopf gewachsen. Vor ihren Geschöpfen haben sie, die Schöpfer, sich gebeugt.«[26]

In dieser Skizze steckt der ganze Marx. Sie vereint das, was ihn unsterblich macht: Der Geist ist aus der Flasche. Die Schöpfer werden von ihren Geschöpfen beherrscht. Was mit der Entfremdung begonnen hat, Fremdbestimmung durch Dinge, findet zum ersten Mal seine abstrakte Form. Marx im Blickkontakt mit dem Eigentlichen. Zur Illustration des Gedankens endet die Vorrede mit einer Parabel:

»Ein wackrer Mann bildete sich einmal ein, die Menschen ertränken nur im Wasser, weil sie vom *Gedanken der Schwere* besessen wären. Schlügen sie sich diese Vorstellung aus dem Kopfe, etwa indem sie dieselbe für eine abergläubige, für eine religiöse Vorstellung erklärten, so seien sie über alle Wassersgefahr erhaben. Sein Leben lang bekämpfte er die Illusion der Schwere, von deren schädlichen Folgen jede Statistik ihm neue und zahlreiche Beweise lieferte. Der wackre Mann war der Typus der neuen deutschen revolutionären Philosophen.«[27]

Mit Vehemenz wenden sich die Autoren gegen die »Konsequenz dieser gesamten Deutschen Geschichtsschreibung, in der es sich nicht um wirkliche, nicht einmal um politische Interessen, sondern um reine Gedanken handelt«[28]. Dagegen setzen sie – oder besser: setzt Marx – jene Geschichtsauffassung, welche »die Entwicklung der ökonomischen Gesellschaftsformation als einen naturgeschichtlichen Prozeß auffaßt«[29]. Der hier skizzierte »Historische Materialismus« hat alle spätere Geschichtsschreibung geprägt. Und das gelingt den Autoren auf weniger als fünfzig Seiten.

Auf denen beschreiben sie nicht nur wie viele schon vor ihnen, am prominentesten Smith und Hegel, ein Stufenmodell des Eigentums als Abfolge von Gesellschaftsformen: von Stämmen ohne staatliche Strukturen über Städte und Staatstaaten mit Sklaven und Feudalismus mit Lehnsherren und Leibeigenen bis zum Kapitalismus mit seinen Fabrikherren und Lohnarbeitern. Sie prangern, aus heutiger Sicht wieder höchst aktuell, auch das Primat der Ökonomie an.

Mit ihrer neuartigen Sicht auf »Produktivkräfte« und »Produktionsverhältnisse« begründen sie ihre Auffassung vom Ende der Geschichte: Sie findet nicht, wie es etwa nach 1989 heißt, im finalen Triumph des Kapitalismus ihren Abschluss. Die kapitalistische »Produktionsweise« ist nach Marx und Engels, wie die drei vorangegangenen Stufen, nur eine vorübergehende Erscheinung, wenn auch die bei weitem produktivste.

Erst in der historisch unvermeidlichen Weltgemeinschaft des Kommunismus mit Planwirtschaft, wo »die Gesellschaft die allgemeine Produktion regelt«[30], sieht sich die Menschheit am Ziel ihres Weges. Einmal abgesehen davon, ob die Spezies wirklich den Traum vom »Säurebad des Kollektivs« träumt, als das Kritiker die totale Vergesellschaftung anprangern: Hier wird eine verständliche und mitreißende Geschichtstheorie formuliert – ganz im Sinne der Proletarier.

Damit ist das Fundament zu jenem Text gelegt, von dem es heißt, er habe bis heute höhere Auflagen erzielt als die Bibel. Zum *Kommunistischen Manifest* fehlt nur noch ein wesentliches Element, das es erst zum Jahrhundertwerk machen wird: Marx muss die Dialektik zwischen den Lagern ausleben, den Antagonismus auf die Spitze treiben und den Kapitalismus als die größte Produktivkraft aller Zeiten begreifen. Sie allein, das ist das Paradox in der Pointe des Marxschen Systems, kann Produktionskräfte hervorbringen, die zur Überwindung der scheinbar zementierten Eigentumsordnung führen, auf der sie beruht.

Im Märchen der Menschheit hat die Spezies mit dem Kapitalismus nach einem Stern gegriffen, der irgendwann verglühen muss. Dann heißt die Alternative: Wiedergeburt oder Schwarzes Loch – beziehungsweise nach Rosa Luxemburg: Sozialismus oder Barbarei. Man könnte es auch so sagen: Der Kapitalismus kann sich nur selbst besiegen. Dem Kommunismus käme dann die Aufgabe zu, die Zivilisation bei dessen Verlöschen vor seinem eigenen zerstörerischen Potenzial zu bewahren.

Auf die vollständige Veröffentlichung der *Deutschen Ideologie* muss die Öffentlichkeit bis 1932 warten. Der Leistung der Herausgeber der Marx-Engels-Gesamtausgabe (MEGA) verdanken wir die Erkenntnis, dass es das Buch so, wie es seit nunmehr über achtzig Jahren in Umlauf ist, nie gegeben hat. Was lange als Gründungsdokument der neuen Weltanschauung des Marxismus gehandelt wurde, ist in Wahrheit ein editorisches Artefakt stalinistischer Theoriebildung.

Das Manuskript ist noch nicht abgeschlossen, da muss Jenny erneut nach Trier. Ihre Mutter ist schwer erkrankt. Doch dann kommt es nicht so arg wie befürchtet. »Ich hatte mich auf alles gefaßt und hätte für das Schlimmste Trost und Beruhigung genug gefunden, aber dennoch jubelt jetzt mein Herz vor lauter Frühlingslust und Wonne.«[31] Kaum in Brüssel zurück, kann sie diese Lust endlich wieder gemeinsam mit Karl ausleben. Nach wenigen Wochen ist sie erneut schwanger.

Doch das Glück erfährt einen erheblichen Dämpfer. Erstmals bekommen es Marxens mit ernsten Geldschwierigkeiten zu tun. Sie werden das Familienleben im Exil bald wie ein periodisch wiederkehrender Fluch belasten. Vorübergehend wohnen sie erneut möbliert und günstiger im Bois Sauvage, bevor sie in einem bescheidenen Haus in der Rue d'Orléans unterkommen.

Jenny wächst nun mehr und mehr in die Rolle einer Sekretärin für ihren Mann, die neben ihren familiären Pflichten einen Teil der Korrespondenz erledigt. Vor allem verbringt sie endlose Stunden damit, seine unleserlichen Manuskripte ins Reine zu schreiben. Das meiste, was Marx publiziert, erreicht die Verlage in der Handschrift seiner Gattin. Sie ist dazu auserkoren oder verdammt, das Diagramm seiner Gehirnströme, die kein Setzer entziffern kann, in lesbare Zeilen zu übertragen.

An Wilhelm Liebknecht, lange ein Hausfreund der Familie, schreibt sie einmal: »Uns Frauen fällt in allen diesen Kämpfen der schwerere, weil kleinlichere Teil zu. Der Mann, er kräftigt sich im Kampf mit der Außenwelt, erstarkt im Angesicht der Feinde, und sei ihre Zahl Legion, wir sitzen daheim und stopfen Strümpfe.«[32]

Ihre eigene schreiberische Gabe blitzt in Briefen an Freunde und Genossen auf, bei denen sie aber auch nicht davor zurückschreckt, schon mal ganze Passagen wörtlich von ihrem Mann zu übernehmen. Oder verhält es sich, wenigstens gelegentlich, auch umgekehrt?

Höhepunkt des gesellschaftlichen Lebens der kleinen Kommunistengemeinde in Brüssel sind die Bankette, besonders aber die Silvesterfeiern im Vereinslokal der Arbeiterassoziation. Auf der Fassade des barocken Gebäudes von 1698 an der Grand Place erinnert heute eine Plakette an den prominenten Gast, der hier das Glas erhoben hat. Bis ins hohe Alter sind die Eheleute begeisterte Tänzer gewesen. Bei der Feier Ende 1846 lässt sich Madame Marx, obwohl hochschwanger, nicht zweimal bitten, die Menge zu unterhalten. So beherzt und gekonnt trägt sie Balladen und Gedichte vor, dass ihr dramatisches Talent sogar in der Zeitung Erwähnung findet.

Am 17. Februar 1847 bringt sie – zur glückseligen Freude ihres in Familiendingen ziemlich traditionellen Gatten – ihren ersten Sohn zur Welt: Charles Louis Henry Edgar, kurz Edgar oder mit Spitznamen »Musch« gerufen. In seinen Taufnamen sollen die wichtigen Männer im Leben der Mutter fortleben: ihr Vater, ihr Bruder und neben Karl dessen Vater.

Marx und Engels erleiden mit ihrer *Deutschen Ideologie* eine schmerzliche Niederlage. Statt dass sie ihre Schrift stolz präsentieren können, verschwindet sie im Nirwana, ohne in ihrer Lebenszeit noch je das Licht der Welt zu erblicken. Wer aber die Dinge einmal so weit zu einem Ende hin gedacht hat wie Marx, und das ist nicht vielen gegeben, wer eine so überzeugende These formuliert, dass sie zur eigenen Überzeugung wird, entwickelt oft gleichzeitig zwei Instinkte. Beide richten sich nach außen, der eine offensiv, der andere defensiv, aber beide aggressiv.

Die Verteidigung geht besonders gegen alle vor, die in ähnlicher Richtung unterwegs sind. So wie der moderne Mensch im Laufe der Jahrtausende alle anderen Hominiden ausgestochen hat, um am Ende konkurrenzlos zurückzubleiben, soll auch in diesem Prozess hektischer kultureller Evolution nur ein Deutungssystem überleben.

Die Spielart des Theorie-Imperialismus, der sich nach innen absolutistisch gibt, nach außen aber auf Ausdehnung des Herrschaftsgebiets drängt, kennt wiederum zwei Wege: den schriftlichen und den mündlichen. Für Letzteren steht am Beginn von Marx' politischer Karriere beispielhaft Wilhelm Weitling. Dieses aus Sicht des Giganten tapfere Schneiderlein hat sich angemaßt, sich mit seinen Schriften zum sozialistischen deutschen Arbeiterführer aufzuschwingen.

Seit seinem ersten Buch 1838 über *Die Menschheit, wie sie ist und wie sie sein sollte* feiert Weitling Erfolge unter Intellektuellen wie Arbeitern. Mit seinem Text wird er als Gründungsmitglied des »Bundes der Gerechten« dessen »unangefochtener Chefdoktrinär« und »führender Mann«[33]. In seinem Folgebuch über *Garantien der Harmonie und Freiheit*, das er 1842 veröffentlicht, benennt auch er das Privateigentum als Herd des Übels.

Noch 1844 hat Marx »Weitlings geniale Schriften«[34] gepriesen und den Lesern des *Vorwärts* erklärt: »Vergleicht man die nüchterne, kleinlaute Mittelmäßigkeit der deutschen politischen Literatur mit diesem *maßlosen* und brillanten literarischen Debüt der deutschen Arbeiter… so muß man dem *deutschen Aschenbrödel* eine *Athletengestalt* prophezeien.«[35]

Weitling zu Ehren veranstalten sozialistische Anführer Festessen. Als Redner wirkt er wie ein Publikumsmagnet und spricht vor Mengen, denen Marx nie gegenübersteht. Seine Schriften erreichen Auflagen, von denen Marx nur träumen kann. Sie werden besprochen und gepriesen, seine kaum wahrgenommen. Das allein reicht schon, die Krallen auszufahren – und zwar nicht nur im Gestus des Alphatiers, das sich allen anderen überlegen fühlt, sondern auch im Duktus eines Zukurzgekommenen.

Was aber noch schwerer wiegt, wenn der Spaltpilz aktiv ist: Der studierte Doktor der Philosophie und der dilettierende Handwerksgeselle stehen sich in vielen Punkten näher, als es Marx lieb sein kann. Beide sprechen vom Klassenkampf. Beide glauben an die Solidarität der Arbeiter aller Länder. Beide sehen den Nutzen der Tat in der Praxis.

Nur im Wesentlichen stehen sie diametral gegeneinander: Der Unstudierte hat – aus Marx' Sicht – keine Theorie im Rücken. Seine Vorstellungen basieren auf Gefühlen und Erfahrungen, nicht auf Wissenschaft. Und er entwickelt, nachdem er in Zürich verhaftet worden ist und während seiner zehn Monate im Schweizer Knast einen Knacks erlitten hat, immer wirrere Ideen. Er will Umsturz ohne Umstand, will Bewaffnung und Losschlagen und Kampf bis zum Sieg. »Die Menschheit«, sagt er, »ist immer reif für die Revolution oder nie.«[36] Dazu fordert er sogar, eine Armee aus vierzigtausend Kriminellen aufzustellen, Desperados, die nichts zu verlieren haben.

Wie der Gekreuzigte zeigt Weitling jedem die Narben der Wunden, die ihm während seiner Haft zugefügt worden sind, und schwärmt von christlichen Gütergemeinschaften. Heine, den er in Hamburg trifft, zeigt sich beeindruckt. Wie auch Feuerbach und Gottfried Keller begeistert sich der Fürst des Schmähgedichts für *Garantien der Harmonie und Freiheit*, das er den »Katechismus der deutschen Kommunisten«[37] nennt.

Der Abstieg des fahrenden Gesellen vollzieht sich noch schneller als sein Himmelssturm. Als er die Führer des »Bundes der Gerechten« in London aufsucht, um sich offiziell an die Spitze der geheimen Vereinigung zu setzen, zeigen sie ihm die kalte Schulter. Enttäuscht reist er ab und versucht sein Glück in Brüssel.

Dort aber haben bereits Marx und Engels, noch bevor sie mit der *Deutschen Ideologie* fertig werden, einen entscheidenden Schritt auf dem Weg zur Wortführerschaft unter den Kommunisten unternommen: Im Geiste des Austausches mit den »Gerechten« während ihres Englandbesuchs gründen sie ein »Kommunistisches Korrespondenz-Komitee«. Damit beginnt ein Unternehmen, das sich im Laufe der Jahre zu einem gigantischen internationalen Netzwerk mit nahezu zweitausend Briefpartnern rund um den Erdball entwickeln wird. Das schaffen mit E-Mail und sozialer Vernetzung selbst heute nur die wenigsten.

Nicht erst das 21., sondern bereits das 19. Jahrhundert steht im Zeichen einer rasant zunehmenden globalen Kommunikation – und ihrer atemberaubenden Beschleunigung.[38] Braucht die Nachricht vom englischen Sieg in der Seeschlacht von Trafalgar 1805 noch siebzehn Tage, bis ihn die Zeitungen auf der Insel melden können, so erfahren die dortigen Leser 1870/71 bereits nach sechsunddreißig Stunden vom deutschen Sieg über Frankreich.

Der elektrische Telegraf, ab Mitte des Jahrhunderts dafür wesentlich zuständig, steht für private Korrespondenz allerdings noch nicht zur Verfügung. Die wird nach wie vor über handgeschriebene Briefe erledigt (die Schreibmaschine findet erst nach Marx' Tod ihre Verbreitung), gestützt von einem Postwesen, dessen Effizienz bis heute Maßstäbe setzt.

Weitling kommt gerade rechtzeitig, um an einer der ersten Sitzungen des Komitees teilzunehmen. Marx, der am Tischende thront, geht sofort mit scharfen Worten auf ihn los. Sein »leeres und gewissenloses Spiel mit Predigten«[39] werde die Arbeiter nicht befreien, sondern noch tiefer ins Elend stürzen. Weitling wehrt sich, was Marx nur noch rasender macht. Schließlich »schlug Marx, nun vollends wütend geworden, mit der Faust auf den Tisch, daß die Lampe danach klirrte und ins Schwanken geriet, und aufspringend rief er: ›Niemals noch hat die Unwissenheit jemandem genützt!‹«[40] Diskussion beendet.

Musste das wirklich sein? Was hätte dagegen gesprochen, mit Weitling in einen fairen Dialog zu treten und ihn, gerade ihn, den Handwerker, von den eigenen Ideen zu überzeugen, ihn zum Mitstreiter zu machen? Hält Marx das Aschenbrödel in Athletengestalt plötzlich nicht mehr für satisfaktionsfähig – und serviert ihn deshalb ab? Oder sieht er in ihm tatsächlich eine Gefahr? Der russische Schriftsteller Pawel Wassiljewitsch Annenkow hat die Sitzung beobachtet. Er liefert eine plastische Beschreibung des achtundzwanzigjährigen Wortführers:

»Marx stellte den Typus eines Menschen dar, der aus Energie, Willenskraft und unbeugsamer Überzeugung zusammengesetzt ist, ein Typus, der auch der äußeren Erscheinung nach höchst merkwürdig war. Eine dichte schwarze Mähne auf dem Kopf, die Hände mit Haaren bedeckt, den Rock schief geknöpft, hatte er dennoch das Aussehen eines Mannes, der das Recht und die Macht hat, Achtung zu fordern, wenn sein Aussehen und sein Tun auch seltsam genug erscheinen mochten. Seine Bewegungen waren eckig, aber kühn und selbstgewiss, seine Manieren liefen geradezu allen gesellschaftlichen Umgangsformen zuwider. Aber sie waren stolz, mit einem Anflug von Verachtung, und seine scharfe

Stimme, die wie Metall klang, stimmte merkwürdig überein mit den radikalen Urteilen über Menschen und Dinge, die er fällte. Er sprach nicht anders als in imperativen, keinen Widerspruch duldenden Worten, die übrigens noch durch einen mich fast schmerzlich berührenden Ton, welcher alles, was er sprach, durchdrang, verschärft wurden. Dieser Ton drückte die feste Überzeugung von seiner Mission aus, die Geister zu beherrschen und ihnen Gesetze vorzuschreiben. Vor mir stand die Verkörperung eines demokratischen Diktators.«[41]

Moses Hess, dem der düpierte Weitling den Hergang brühwarm schildert, wendet sich wütend an Marx: »Ihr habt ihn ganz toll gemacht, und wundert Euch nun darüber, daß er es ist. Ich mag nichts mehr mit der ganzen Geschichte zu thun haben; es ist zum Kotzen. Scheiße nach allen 10 Dimensionen.«[42] Der »kommunistische Rabbi« zieht sich zurück. »Mit Deiner Partei will ich nichts mehr zu thun haben.«[43] Doch in diesem Fall lässt sich das Zerwürfnis bald überwinden: Nach wenigen Monaten sind beide Seiten zur Versöhnung bereit.

Rückblickend schreibt Hess über Marx: »Schade, jammerschade, daß das Selbstgefühl dieses unbestreitbar genialsten Mannes unserer Partei sich nicht mit der Anerkennung begnügt, die ihm verdientermaßen von allen denen, welche die Leistung kennen und zu würdigen scheinen, gezollt wird, sondern eine persönliche Unterwerfung zu fordern scheint, zu der ich wenigstens mich nie einem einzelnen gegenüber herablassen werde.«[44]

In diesem Licht erscheint Marx' Leben wie ein einziger Abwehrkampf. Aber gibt ihm das Ergebnis nicht auch recht? Am Ende heimst er die Lorbeeren ein. Seine Lehre allein hat sich durchgesetzt, sieht man von seinem unvermeidlichen Kompagnon ab. Die anderen gucken in die Röhre.

Weitling, dem noch eben Gefeierten, gehen bald die Freunde aus. Nur einer hält ihm noch die Stange: Hermann Kriege, ebenfalls Gründungsmitglied des ursprünglich achtzehnköpfigen Brüsseler Korrespondenz-Komitees – mit Jenny Marx als einziger Frau. Der Journalist ist zwischenzeitlich nach New York ausgewandert, wo er die linke Zeitung *Der Volkstribun* herausgibt.

Marx und Engels verfassen und verbreiten eine Rundschrift, die als *Zirkular gegen Kriege* in die unendliche Geschichte ihrer Scharmützel eingegangen ist. Gegen Weitlings Stimme beschließt der allmählich schrumpfende Brüsseler Kommunistenkreis, dem einstigen Genossen öffentlich die »Verwandlung des Kommunismus in Liebesduselei«[45] vorzuwerfen und ihn über ein paar Seiten im gewohnt hämischen Stil herunterzuputzen. Wenig später verabschiedet sich auch der gescholtene Schneidergeselle in die USA, um nur noch einmal, anlässlich der 1848er-Revolution, kurz nach Deutschland zurückzukehren.

Marx und Engels sind nun richtig in Fahrt. Gegen ihre wahren Feinde, Rechte und Reaktionäre, werden sie selten so gallig wie gegen die Konkurrenz im eigenen Lager. Je näher ihnen andere kommen, die auch auf dem sozialistischen oder kommunistischen Ticket fahren, desto schroffer fällt ihre Abrechnung aus. Die Liste der Opfer ihres Um-sich-Schlagens lässt sich mühelos fortsetzten. Erwähnt seien Karl Heinzen, Karl Grün und nicht zuletzt der in der *Heiligen Familie* noch gefeierte Pierre-Joseph Proudhon. Auch diese drei werden mit spitzer Feder aufgespießt.

Heinzen, in der Redaktion der *Rheinischen Zeitung* noch Marx' Stellvertreter, kriegt als Letzter sein Fett weg. Seine Hinrichtung findet öffentlich auf den Seiten der *Deutschen-Brüsseler-Zeitung* statt. Marx und Engels haben sich des fortschrittlich gesinnten Emigrantenblattes für ihre Agitation mehr und mehr bemächtigt. Marx schreibt gleich eine ganze Serie von Artikeln, um »Herrn Heinzen« und seine »grobianischen« Ansichten bloßzustellen – in Anspielung auf dessen Körperfülle und seine an die drastische Literatur der Lutherzeit erinnernde Schreibe.

Und was hat sich der Gescholtene zuschulden kommen lassen? Er hat gegen die Gewalt des Geldes zur Gewalt gegen das Geld und seine Besitzer aufgerufen. Für den Sieg der Revolution, sagt er nach 1848, sei es unumgänglich, erst einmal ein oder zwei Millionen Aristokraten und Adlige zu beseitigen. Marx ist keineswegs ein Pazifist. Aber er hält nichts von blindwütigem Aktionismus und Anarchie.

Seinen militanten Gegnern in den Reihen der »wahren Kommunisten« muss der Kopfarbeiter wie ein Weichei erscheinen, das vor der »Verwirklichung des Kommunismus« ernsthaft fordert: »Die Bourgeoisie muss erst ans Ruder kommen.« So mokiert sich in seinem Brief an Hess der Schneider Weitling, dessen kurze politische Karriere nach dem Showdown mit Marx ihr vorläufiges Ende findet.

Aus ganz anderem Holz geschnitzt: Karl Grün. Mit dem Übersetzer der Schriften Proudhons und späteren Nachlassverwalter und Biografen Feuerbachs bekommt es Marx mit einem Mann auf Augenhöhe zu tun. Die beiden kennen einander schon aus Bonner und Berliner Zeiten. Beide hat das Exilantenschicksal erst nach Paris, dann nach Brüssel geführt. Beide haben eine ähnliche Schule des Denkens durchgemacht, mit dem Junghegelianismus als prägendem Prinzip. Beide sehen sich in der Rolle des sozialistischen Cheftheoretikers, der Ideen aus Frankreich nach Deutschland importiert – und zwar auch handfest in Form einer Schriftenreihe großer französischer Autoren in deutscher Übersetzung. Konkurrenz auf allen Ebenen also.

»Dem besondern Abdruck der durchaus nicht zensurwidrigen Rezension des Grünschen Buches«, giftet Marx in der *Deutschen-Brüsseler-Zeitung*, »stand nichts im Wege als das kleine Hindernis, daß man dieses Buch keines besonderen Angriffs werthielt und nur in einer Schilderung der gesamten faden und geschmacklosen Literatur des deutschen Sozialismus die Bezugnahme auf Herrn Grün nicht umgehen zu können glaubte.«[46]

Marx reagiert auf Vorwürfe in einem Artikel Grüns in der *Trierschen Zeitung*. In dem kritischen Blatt aus seiner Heimatstadt hat er lesen müssen, niedere Motive und sein »Dünkel« hätten ihn jenes Buch schreiben lassen, mit dem er gegen den größten Gegner jener Jahre zu Felde zieht: Proudhon, der unbestrittene Vordenker des französischen Sozialismus.

In Paris haben sich Marx und Proudhon noch glänzend verstanden, haben nächtelang diskutiert, auch wenn der Franzose die Mitarbeit an den *Jahrbüchern* verweigert hat. Von Brüssel aus unternimmt Marx erneut einen Versuch und ersucht Proudhon, fast wie in einem Bittbrief, aus Paris an der »fortlaufenden Korrespondenz« der deutschen Sozialisten und Kommunisten mitzuwirken: »So glauben wir alle, daß wir dort keinen besseren Korrespondenten finden können als Sie.«[47]

Dem Brief folgt ein Postskriptum, das nicht nur eine gewisse Ahnungslosigkeit der Verhältnisse zwischen den betroffenen Personen verrät, sondern auch zeigt, wie Marx im Nahkampf über Bande zu spielen versucht: »PS. Ich warne Sie hiermit vor Herrn Grün in Paris. Dieser Mensch ist nichts weiter als ein literarischer Hochstapler, eine Art Scharlatan, der mit modernen Ideen hausieren möchte. Er versucht, seine Unwissenheit hinter hochtrabenden und anmaßenden Redensarten zu verbergen.«[48]

Die Antwort Proudhons signalisiert ihm, dass er es hier mit einem ebenbürtigen Gegner zu tun hat, der seine Freunde zu schätzen und schützen weiß. Sie liest sich im französischen Original noch pointierter als in der deutschen Übersetzung. Einmal mehr löst sie Marx' Beißreflex aus:

»Ich begrüße von ganzem Herzen Ihre Idee, Ansichten aller Couleurs auf den Plan zu rufen ... geben wir der Welt ein Beispiel sachkenntnisreicher und weitsichtiger Toleranz, aber machen wir uns nicht – nur weil wir an der Spitze einer Bewegung stehen – selbst zu Wortführern einer neuen Intoleranz, posieren wir nicht als die Apostel einer neuen Religion, und mag es sich um die Religion der Logik, die Religion der Vernunft handeln. Lassen Sie uns zusammentreten und alle anderen Ansichten fördern, als Exklusivität, allen Mystizismus aber ächten ... Unter diesen Bedingungen mache ich bei Ihrem Unternehmen mit. Andernfalls – nein!«[49]

Eine Absage erster Klasse, die nichts von Proudhons Ärger über die Verunglimpfung seines Freundes Grün enthält, aber in der Aufforderung zum geistigen Duell mit dem Satz endet: »Das, mon cher philosophe, ist derzeit mein Standpunkt – natürlich nur so lange, bis er sich als falsch herausstellt und es dazu kommt, daß Sie mich stäupen, was ich aber mit guter Manier hinnehmen werde, derweil ich auf meine Gelegenheit zur Revanche warte.«[50]

Das lässt sich Marx nicht zweimal sagen. Er nutzt den Titel des Proudhonschen Buches, *Die Philosophie des Elends*, als Steilvorlage und verfasst – auf Französisch, damit der Widersacher gleich reagieren kann – ein gut hundertseitiges Werk, das auf die Vernichtung des Gegners angelegt ist: *Das Elend der Philosophie*.

Es beginnt mit einer knappen »Vorrede«, die keinen Zweifel an den Absichten lässt: »Herr Proudhon genießt das Unglück, auf eigentümliche Art verkannt zu werden. In Frankreich hat er das Recht, ein schlechter Ökonom zu sein, weil man ihn für einen tüchtigen deutschen Philosophen hält; in Deutschland dagegen darf er ein schlechter Philosoph sein, weil er für einen der stärksten französischen Ökonomen gilt. In unserer Doppeleigenschaft als Deutscher *und* Ökonom sehen wir uns veranlaßt, gegen diesen doppelten Irrtum Protest einzulegen.«[51]

Das Buch, das Marx auf eigene Kosten hat drucken lassen, findet in Frankreich so wenig Beachtung, dass Proudhon wohlweislich auf Revanche und öffentliche Reaktion verzichtet. Warum erst das Publikum aufschrecken? Bis zu seinem Tod 1865 veröffentlicht der Autor von *Was ist Eigentum?* weiter viel beachtete Bücher und erfreut sich ungebrochener Verehrung bei seinen Landsleuten. Solch einen Status hätte Marx unter den Deutschen womöglich bis heute nicht erreicht, wäre er in der DDR nicht vorübergehend zum Volksheiligen erklärt und in der BRD zur Leitfigur der Achtundsechziger gemacht worden.

Für den Normalleser bietet *Misère de la Philosophie*, im Gegensatz zum attackierten Werk, nur wenig Reizvolles. Der Text liest sich über weite Strecken eher wie eine handwerklich-philosophische Kritik denn als große inhaltliche Auseinandersetzung. Es geht um Methoden, Kategorien, Hypothesen, um Wirklichkeit und Abstraktion und um das richtige Hegel-Verständnis. Hauptvorwürfe sind unsaubere Dialektik und Moralismus. Marx schulmeistert, er macht sich lustig und den anderen lächerlich.

»Ein Machwerk der Vulgarität, der Verleumdung, der Verfälschung und des literarischen Diebstahls«[52], schreibt Proudhon in sein persönliches Exemplar. Hier stellt sich erneut die Frage, ob Marx' Schrift der Mühe und des finanziellen Aufwandes wert gewesen ist. Die Antwort fällt nur befriedigend aus, wenn auch sie vor allem als weiterer Schritt zur Selbstfindung verstanden wird. Das wird besonders am Schluss deutlich, wo Marx auf wenigen Seiten seinen Standpunkt zum Klassenkampf zusammenfasst.

Dabei hilft ihm neben all den Auseinandersetzungen auch ein Moment von Vereinigung: Die Handwerker vom Londoner Bund der Gerechten erkennen, dass ihnen kein Weitling (und wohl auch kein Proudhon) das wissenschaftliche Rüstzeug für ihren Kreuzzug gegen das Kapital liefern kann, wohl aber ein Marx im Tandem mit Engels. Sie schicken Moll nach Brüssel, um bei den beiden anzuklopfen.

Der Uhrmacher überbringt ihnen nicht nur die Einladung, in den Bund einzutreten, sondern bietet auch an, wie sich Marx später erinnert, dass »die von uns geltend gemachten kritischen Ansichten in einem öffentlichen Manifest als Bundesdoktrin aufgestellt werden sollten«[53]. Gemeint ist der Auftrag zum *Kommunistischen Manifest*, dem schriftstellerischen Höhepunkt seiner ersten Lebenshälfte.

Im Juni 1847 kommt es in London zu einem denkwürdigen Kongress, den Marx beherrscht, obwohl er ihn nicht besucht. Angeblich, weil er knapp bei Kasse ist. Statt seiner reist für die Brüsseler Wilhelm Wolff an. Engels, der ein Jahr zuvor zum Agitieren nach Paris gegangen ist, vertritt die dortigen Kommunisten, einen überschaubaren Kreis deutscher Handwerker.

In der französischen Hauptstadt herrscht um diese Zeit ein regelrechter Wettkampf um Ideen für eine neue Gesellschaft. In der Nachfolge von Babeuf, Fourier und Saint-Simon müht sich ein ganzes Spektrum sozialistischer Theoretiker um die Sympathie der Arbeiter. Zu den prominentesten Vertretern gehören neben Proudhon fortschrittliche Vordenker wie Etienne Cabet, Louis Blanc und George Sand. Ihr Angebot reicht von kooperativen Strukturen und Lebensgemeinschaften, angelehnt an die Ideen Robert Owens, bis hin zum kompromisslosen Kommunismus, wie ihn mit Erfolg die »wahren Sozialisten« Grün und Weitling propagiert haben. Von ihnen sind besonders die deutschen Handwerker an der Seine infiziert.

Während Marx in Brüssel mithilfe der Feder ficht, kämpft Engels in Paris mit markigen Reden. Wie rüde der Fabrikantensohn sich durchzusetzen versucht, verraten seine Berichte an den Freund in Brüssel: »Die hiesigen Straubinger bellen fürchterlich gegen mich… Aber ich bin vermöge einiger Geduld und etwas Terrorismus durchgedrungen, die große Menge geht mit mir. Der Grün hat sich vom Kommunismus losgesagt, und diese ›Gebildeten‹ hatten große Lust, mitzugehen. Da hab' ich grade durchgehauen… und den *Kommunismus* oder *Nicht-Kommunismus* kontradiktorisch diskutieren lassen. Heut abend wird abgestimmt… Die Majorität ist mir sicher. Ich hab' erklärt, wenn sie nicht *Kommunisten* wären, könnten sie mir gestohlen werden, da käm' ich nicht mehr.«[54]

So weit, so selbstherrlich. Elf Tage später berichtet er: »Mit den Straubingern hier denk' ich durchzukommen. Die Kerle sind freilich gräßlich unwissend… Selbst die Schreiner… schließen sich… lieber der größten Duselei, friedlichen Beglückungsplänen usw. an, als diesem ›Löffelkommunismus‹. Es herrscht eine grenzenlose Konfusion hier vor.«[55]

Im »Löffelkommunismus« drückt sich die damals unter Arbeitern verbreitete »abergläubische Gespensterfurcht«[56], so Engels, vor Verarmung in einer kommunistischen Gesellschaft aus. Nichtsdestotrotz kann er schließlich Vollzug melden: Mit überwältigender Mehrheit stimmt die Versammlung – nicht mehr als fünfzehn Hansel – seiner Definition von Kommunismus zu: Proletarier gegen Bourgeoisie; Aufhebung des Privateigentums zugunsten der Gütergemeinschaft; gewaltsame demokratische Revolution.[57]

»Ich habe mir hier in Paris einen sehr unverschämten Ton angewöhnt, denn Klimpern gehört zum Handwerk, und man richtet mit selbigem manches bei Frauenzimmern aus.«[58] Neben dem politischen Agitieren unter deutschen Arbeitern findet Engels genug Zeit für andere Formen der Betätigung:

»Du mußt platterdings mal wieder aus dem ennuyanten Brüssel weg und nach Paris«, rät er Marx. »Hätt' ich 5000fr. Renten, ich tät' nichts als arbeiten und mich mit den Weibern amüsiern, bis ich kaputt wär'. Wenn die Französinnen nicht wären, wär' das Leben überhaupt nicht der Mühe wert.«[59] Wer Gemeinsamkeiten und Unterschiede zwischen den Freunden sucht: Hier treten sie offen zutage.

Der Kongress in London, auf dem Engels sein agitatorisches Talent unter Beweis stellen kann, beschert ihm und Marx den erhofften Erfolg, ja den Durchbruch ihrer Ansichten. Am Ende haben sich die »Gerechten« in »Bund der Kommunisten« umbenannt, gegen die Geheimbündelei und für öffentliche Aktion ohne Visier ausgesprochen und in diesem Sinn Marx und Engels den Auftrag erteilt, nunmehr den tatsächlichen »Katechismus des Kommunismus« zu verfassen.

Statt des alten Wahlspruchs »Alle Menschen sind Brüder!« taucht nun ein neuer auf, der Weltkarriere machen wird: »Proletarier aller Länder, vereinigt euch!« Angeblich habe Marx vorher eingewandt, er kenne viele bewegte Männer, die er nicht als Brüder betrachte. Beschlossen wird außerdem, den Bund in Gemeinden, Kreisen und einer Zentralbehörde neu zu organisieren. In ihnen soll Engels' Entwurf für das »Glaubensbekenntnis« diskutiert werden, der Vorläufer zum *Manifest*.

Daraufhin veranlasst Marx, das Korrespondenz-Komitee in Brüssel in eine Bundesgemeinde mit ihm selbst als Vorsitzendem umzuwidmen. Parallel gründen die Brüsseler, quasi als legalen Arm, nach Vorbild der Londoner einen »Deutschen Arbeiterverein«, der bald an die hundert Mitglieder zählt. »Es wird hier ganz parlamentarisch diskutiert«, freut sich Marx, »und daneben auch gesellige Unterhaltung von Gesang, Deklamation, Theaterspiel u. dgl.«[60]

Jeden Sonntag gibt es eine politische Wochenübersicht mit Wolff, Mittwochabend Vorträge. Einige hält auch Marx, der feststellen muss, dass »die öffentliche Tätigkeit unendlich erfrischend auf jeden wirkt«[61]. Ende September lädt der Arbeiterverein zu einem festlichen Bankett, bei dem sich mehr als hundert Gäste aus etlichen Ländern Europas einfinden. Es endet mit dem Beschluss, eine internationale »Demokratische Gesellschaft« zu gründen. Vorbild: die *Fraternal Democrats* in England. Im November hat sich der eher bürgerlich orientierte Verein dann konstituiert. Einer der beiden Vizepräsidenten: Karl Marx.

In diesen Wochen scheint sich die Kette der Ereignisse zu verdichten, schon im Geiste der vorrevolutionären Stimmung, die sich in ganz Europa regt. Ende November 1847 reisen Marx und zwei weitere Delegierte der »Association démocratique« nach London zum zweiten Kongress des Kommunistenbundes. Zehn Tage ziehen sich Debatten hin, bei denen Marx mit der »neuen Theorie« zu überzeugen weiß.

Das Ziel der »Gütergemeinschaft« wird aus den Statuten gestrichen. Stattdessen lautet Artikel 1 nun im Sinne der Freunde: »Der Zweck des Bundes ist der Sturz der Bourgeoisie, die Herrschaft des Proletariats, die Aufhebung der alten, auf Klassengegensätzen beruhenden bürgerlichen Gesellschaft und die Gründung einer neuen Gesellschaft ohne Klassen und Privateigentum.«[62]

Friedrich Leßner, dessen Schneiderkünsten Marx im gemeinsamen Londoner Exil bald manch eleganten Zwirn verdanken wird, hat den Sitzungen beigewohnt und ein weiteres Porträt des Protagonisten geliefert:

»Marx war damals noch ein junger Mann; er zählte ungefähr 28 Jahre, dennoch hat er uns allen mächtig imponiert. Marx war mittelgroß, breitschultrig, von kräftigem Körperbau und energischer Haltung. Die Stirn war hoch und fein ausgearbeitet, das Kopfhaar dicht und rabenschwarz, der Blick durchdringend. Der Mund zeigte schon zu jener Zeit jenen sarkastischen Zug, den die Gegner so fürchteten. Marx war zum Volksführer geboren. Seine Rede war kurz, bündig und von zwingender Logik. Er machte keine überflüssigen Worte; jeder Satz – ein Gedanke, und jeder Gedanke – ein notwendiges Glied in der Kette seiner Beweisführung. Marx hatte nichts Träumerisches an sich. Je mehr ich den Unterschied zwischen dem Kommunismus der Weitlingschen Periode und dem des ›Kommunistischen Manifestes‹ erkannte, desto klarer wurde es mir, daß Marx das Mannesalter des sozialistischen Gedankens repräsentierte.«[63]

Hier nun schließt sich der Kreis im Brüsseler Kapitel der Marxschen Biografie: Der Kongress erteilt ihm und Engels den Auftrag, die neuen Ansichten des Bundes für die Öffentlichkeit in Form jenes Manifestes zusammenzufassen, dessen Manuskript ein Vierteljahr später der Herrenschneider Leßner in London zum Drucker tragen wird.

11

»Alles Ständische und Stehende verdampft«

Das Kommunistische Manifest

Karl Marx geht auf die dreißig zu, als er den Text seines Lebens zu Papier bringt. Eine unbezahlte Auftragsarbeit, die anonym erscheint und trotz ihres weltgeschichtlich perfekten Timings im Vorfeld der kommenden Revolution für Jahrzehnte in der Versenkung verschwinden wird. Erst posthum bringt sie ihm den verdienten Autorenruhm ein. Für den dann einsetzenden Lobgesang reicht ein Buchrücken nicht aus:

»Packende und prächtige Schilderung … von unübertrefflicher Wahrheit … eine weltgeschichtliche Urkunde.« *Franz Mehring* 1919

»Er beobachtet … zählt … fühlt … sieht … fast visionär … so unmittelbarstes Heute, als wäre es gestern aus der Feder des besten Kenners unserer Zeit hervorgegangen.« *Otto Rühle* 1929

»Das genialste Pamphlet der Weltliteratur.«[1] *Otto Mänchen-Helfen* mit *Boris Nikolajewski* 1936

»Seine Wirkung auf nachfolgende Generationen kennt keine Parallele außerhalb der Religionsgeschichte; hätte sein Verfasser nichts anderes geschrieben, so würde dies allein ihm schon unsterblichen Ruhm eingetragen haben.«[2] *Isaiah Berlin* 1939

»Die kraftvolle, allumfassende Synthese und die konsequente materialistische Methode stellen … etwas ganz Neues dar.«[3] *David McLellan* 1973

»Die rund 9600 Wörter des ›Kommunistischen Manifests‹ werden eine stärkere Wirkung haben als alle Gebete, Gebote und Gesetze je zuvor.«[4] *Fritz J. Raddatz* 1975

»Die geschlossenste, wuchtigste und geformteste Arbeit, die er je vorgelegt hat.«[5] *Richard Friedenthal* 1981

»Nie wurde die kapitalistische Globalisierung, kaum daß sie begonnen hatte, grandioser besungen als im Februar 1848.«[6] *Mathias Greffrath* 1998

»Wie in einer einzigen schöpferischen Eruption geschrieben, in lapidaren Sätzen, die sich fast wie von selbst in die unvergesslichsten Aphorismen verwandeln.«[7] *Eric Hobsbawm* 1998

»Wenn man für Bourgeoisie den Ausdruck ›die reichsten 20 Prozent‹ und für Proletariat den Ausdruck ›die übrigen 80 Prozent‹ einsetzt, klingen die meisten Sätze des *Manifests* immer noch wahr.«[8] *Richard Rorty* 1998

»Das *Manifest* wird ein Klassiker bleiben, und wenn auch nur aufgrund seiner kurzen, aber unübertroffenen Darstellung des modernen Kapitalismus.«[9] *Gareth Stedman Jones* 2002

»Ein literarisches Meisterwerk, kompakt, markig, elegant, wortmächtig und unterhaltsam sarkastisch … ein zutiefst persönliches Zeugnis von Marx' Werdegang und intellektueller Entwicklung.«[10] *Jonathan Sperber* 2013

Nichts würde man dem Autor mehr wünschen, als dass er auch nur einen Teil dieser Jubelarien hätte hören oder lesen können. Doch das würde seiner Motivlage gar nicht unbedingt gerecht. Der Text, schneller als jedes andere seiner Werke vom ersten Satz am Schreibtisch (in Brüssel) zum Druck (in London) gekommen, zielt in erster Linie auf den Zuspruch der Kampfgenossen, nicht auf den Beifall der Kritik. Es richtet sich als Appell und düstere Prognose an Unterdrückte und Unterdrücker, wenn man so will: an die ganze verfluchte Menschheit.

Als Pamphlet für den Klassenkampf markiert das *Kommunistische Manifest* den ersten Höhepunkt im Leben des Politikergespanns M und E. Es fasst ihr bisheriges theoretisches Schaffen zusammen und verknüpft es mit dem sozialistischen Gedankengut ihrer Zeit. Die Idee geht auf Engels zurück, der aus Paris an Marx kurz vor dessen Abreise zum Londoner Kongress schreibt:

»Überleg Dir doch das Glaubensbekenntnis etwas. Ich glaube, wir tun am besten, wir lassen die Katechismusform weg und titulieren das Ding: Kommunistisches *Manifest*. Da darin mehr oder weniger Geschichte erzählt werden muß, paßt die bisherige Form gar nicht.«[11] Ein »Glaubensbekenntnis« hätte der Bewegung zudem einen nicht erwünschten religiösen Zug verliehen.

Viel ist in diesem Zusammenhang über die tatsächliche Urheberschaft am Original diskutiert worden. Ganz sicher hat Marx die Vorlage des Freundes benutzt und auch die Reihenfolge der von Engels in Frage- und Antwortform ausgearbeiteten »Grundsätze« übernommen. Unverkennbar beruht der später gedruckte Text in vieler Hinsicht auf Anregungen, die Marx aus Engels' Schriften vor Beginn ihrer Zusammenarbeit übernommen hat und die sie gemeinsam in der *Deutschen Ideologie* ausgearbeitet haben. Es atmet auch dessen Entschlossenheit.

»Kämpft also nur mutig fort, ihr gnädigen Herren vom Kapital!«, schreibt Engels wenige Tage vor Ausbruch der Achtundvierziger-Revolution. »Wir haben euch vorderhand nötig, wir haben sogar hie und da eure Herrschaft nötig. Ihr müßt uns die Reste des Mittelalters und die absolute Monarchie aus dem Wege schaffen ... Zum Lohn dafür sollt ihr eine kurze Zeit herrschen ... aber, vergeßt es nicht – ›Der Henker steht vor der Türe.‹«[12] Ein Heine-Zitat.

Da die beiden einige Tage in London und dann zehn weitere gemeinsam in Brüssel verbringen, bevor Engels noch einmal nach Paris aufbricht, dürften sie das Vorhaben auch ausgiebig besprochen haben. Was aber die Schlussfassung angeht, die den Weltruhm des Pamphlets begründet, herrscht unter den Experten weitgehend Einigkeit: »Es ist davon auszugehen, dass Marx die endgültige Version im Januar 1848 allein niederschrieb.«[13] Wohl sicher allein auf Marx' Mist gewachsen ist das Epos von den epochalen Erfolgen des Kapitalismus in den Händen der »Bourgeoisie«, die dem Kommunismus den Weg bereiten soll.

Marx scheint es mit der Abfassung des Textes trotz des vereinbarten Termins nicht sonderlich eilig gehabt zu haben. Er nimmt sich die Zeit, seine Rolle als Redner zu genießen, und hält vor dem Arbeiterverein seine Vortragsreihe »Lohnarbeit und Kapital«. Die Texte, vorbildlich verständlich auch für weniger gebildete Handwerker, hat er 1849 als Artikelserie noch kurz vor deren Ende in der *Neuen Rheinischen Zeitung* untergebracht. In ihnen zeigt sich, wie ernst er auch seine pädagogische Pflicht genommen hat, dem Proletariat seine Sicht von Politischer Ökonomie näherzubringen. »Wenn die ganze Klasse der Lohnarbeiter durch die Maschinerie vernichtet würde, wie schrecklich für das Kapital, das ohne Lohnarbeit aufhört, Kapital zu sein?«[14]

Die Londoner werden allmählich ungeduldig. Am 25. Januar 1848 schicken sie eine Art Ultimatum inklusive Androhung von Sanktionen: »Die Centralbehörde beauftragt hiemit die Kreisbehörde Brüssel dem B[ruder] Marx anzuzeigen, daß, wenn das Manifest der kommunistischen Partei, dessen Abfassung er auf *letztem* Kongreß übernommen, nicht bis Dienstag 1. Februar d. J. in London angekommen ist, weitere Maßregeln gegen ihn ergriffen werden. In dem Fall, daß B[ruder] Marx das Manifest nicht abfaßt, verlangt die Centralbehörde augenblickliche Zurücksendung der ihm vom Kongreß zugestellten Dokumente.«[15]

Der Ton dürfte Marx nicht überrascht haben. Den beherrscht er selbst zur Genüge. Nur solchen Termindruck kennt er sonst nicht. Doch offenbar ist er mit dem Schreiben weit genug gediehen, dass sie mit ihrer Mahnung bei ihm offene Türen einrennen. Jedenfalls hat er ausreichend Zeit, sein Manuskript abzuschließen, es von Jenny leserlich abschreiben zu lassen und pünktlich zum 1. Februar nach England zu liefern.

Um sich die Wirkung dieses Textes vor Augen zu führen, mag man sich ein Bild von seinen ersten Lesern machen: den drei Empfängern vom Bund in London, wie sie den Brief öffnen und zu lesen beginnen. Dem Schneider Leßner, der die Blätter zur Druckerei trägt und vielleicht einen flüchtigen Blick darauf wirft. Den Drucker schließlich, der in den letzten Februartagen 1848 die Andruckbogen aus der Maschine nimmt, Schriftbild und Zeilenfall überprüft und sich festliest und nicht mehr aufhören kann bis zum großen Finale.

Allesamt einfache Leute, jedenfalls keine Akademiker, aber Männer, denen Bücher nicht fremd sind: Sicher erkennen sie die Einzigartigkeit des Dokuments, auch wenn sie das nicht unbedingt in Worte fassen könnten: seine geniale Komposition, die moderne, neuartige Tonlage und Sprachkraft und vor allem seine unnachahmlich vielfältige Rhetorik.

Vom Manuskript hat sich nur eine Seite erhalten. Sie zeigt eindrucksvoll, wie Marx an dem Text gefeilt hat und dabei sogar auf Betonung und Versmaß geachtet hat. Oben auf der Seite findet sich ein Satz in der Handschrift von Frau Marx. Nicht unwahrscheinlich, dass Jenny angesichts ihrer schreiberischen Fähigkeit die eine oder andere Formulierung beigetragen hat.

Der Text von gerade einmal dreißig Druckseiten besticht neben seinem Inhalt durch seine literarische Brillanz. Sein klarer Aufbau, seine mal feinen, mal drastischen Veränderungen in Ton und Perspektive, seine Empörung wie seine humorvollen Seiten[16] dienen allesamt seiner zentralen Aussage. Die lässt in ihrer konsequenten Argumentation und unmissverständlichen Positionierung dann auch nichts zu wünschen übrig.

Weniger Projektion als Prophezeiung, weniger Fortführung der Gegenwart als Vorstellung der Zukunft, weniger jedoch einer kommunistischen als der real existierenden kapitalistischen, die sich erst in unserer Zeit so zeigt, wie Marx sie beschreibt. So vieles steckt darin, in dem sich heutige Menschen wiedererkennen können, einschließlich ihrer Träume von Chancengleichheit und Selbstbestimmung. Niemand, schon gar nicht in seiner Zeit, hat den globalisierten Kapitalismus so klar vorausgesehen wie er. Ohne zu fantasieren, malt er das Panorama einer fantastischen Welt ohne Grenzen mit Weltmarkt, Weltverkehr und Weltliteratur.

Gleichzeitig schafft er es mit Worten, die Erde so klein und verwundbar zu zeichnen, wie sie den Menschen erstmals Heiligabend 1968 vom Mond aus fotografiert aufgegangen ist. Naturzerstörung, Rohstoffausbeutung, Verwüstung als mitlaufender Unterton. Und im selben Atemzug folgt eine Drohung wie mit erhobener Faust, die dem Feind den Fehdehandschuh vor die Füße wirft und mit der Verheißung endet, sein Niedergang sei unvermeidbar. Den proletarischen Adressaten aber sollen sie signalisieren: Kommunisten sind Männer wie ihr, die Einblicke in die Verhältnisse gewonnen haben und ihrem historischen Auftrag folgen.

Seine wichtigste Botschaft kreist um einen Gedanken, den Marx vorher selbst so klar noch nicht ausgedrückt hat: Das System hat sich verselbständigt wie ein Geist, der aus der Flasche entwichen ist. Angetrieben durch einen Treibstoff namens Kapital, das auf Vermehrung drängt, entzieht es sich der Kontrolle seiner Erschaffer. Der Mensch als Zauberlehrling, als Schöpfer eines Monsters, das ihm entglitten ist – nicht der einzelne Mensch, sondern die ganze Spezies (europäischer Menschen) als Hexenmeister oder Dr. Frankenstein. Etwas, das über dem Willen zu stehen scheint, so kalt wie eine Formel, hat Macht über sie ergriffen. Und dieses Etwas, gleichsam der Algorithmus des Kapitalismus, trägt den Keim von dessen Kollaps in sich.

Was aber sollten die Menschen mehr fürchten als den Zusammenbruch? Hält man nicht trotz aller Nachteile lieber am Bestehenden fest, als sich der Angst vor einer ungewissen Zukunft auszusetzen? Das *Manifest* entwirft dagegen, wenn auch in Honig gezeichnet, einen Horizont namens Kommunismus, in dem aus Gesellschaft Gemeinschaft wird, aus vielen Ichs ein großes Wir. Dem freien Markt, auf dem das Monster tanzt, hält es die geplante Produktion entgegen, organisiert nach dem freien Willen demokratisch verfasster freier Menschen – weil sie die Freiheit des Einzelnen als Voraussetzung der Freiheit aller begreifen. Die Verheißung schließt das Ende aller Entfremdung, Ausbeutung und Unterdrückung ein, allerdings auch den Einsatz von Gewalt.

Große Oper also, in der die Apokalypse des einen den Urknall des anderen auslösen soll. Sie bringt den Traum des Menschen auf die Bühne, sein Dasein im Einklang mit seiner Heimat Erde selbst zu bestimmen, statt irgendwelchen fremden Mächten ausgeliefert zu sein. Ein *Theatrum mundi* als Welt des Überflusses, in der sich Arbeit nicht mehr wie Pflicht, sondern wie Kür anfühlen soll. Wer wollte angesichts der immensen, für jeden spürbaren Fortschritte jener Zeit daran zweifeln, dass der Menschheit im Prinzip jeder Weg offen stand, warum nicht auch dieser?

Marx fängt Schwingungen ein, deren Resonanzen sich noch in unseren Tagen in Stimmungen übersetzen. Das unterstreicht die zeitlose Modernität des Manifestes. Wir erkennen uns wieder. Und fragen uns, warum sich in diesen hundertsiebzig Jahren so wenig geändert hat. Obwohl sich doch so vieles verändert hat. Wohl weil die Systemfrage, die Marx schonungslos stellt, noch genauso im Raum steht wie zu seiner Zeit: Wem gehört die Welt?

Dahinter steckt ein bestechend humanistischer Gedanke: Warum sollte nicht jeder Mensch, bei allen biologischen Unterschieden, unter gleichen Bedingungen ins Dasein starten? Mag jede und jeder dann in seinem Leben so erfolgreich sein, wie sie oder er will und kann. Und mögen sie im Fall des Erfolgs auch den Vorteil von Annehmlichkeiten genießen, welche anderen verschlossen bleiben: Das rechtfertigt noch nicht, dass sie kraft ihrer Vermögen andere ausbeuten, und erst recht nicht, dass ihre Nachkommen ohne eigenes Zutun davon profitieren.

In der vergleichbaren Behandlung von Eigentum und Genen beim Übergang in die nächste Generation liegt eines der Grundübel, die Marx und Co. aus der Welt schaffen wollen. Für diesen Schritt müsste sie nicht einmal aufhören, kapitalistisch zu sein, sondern lediglich die Toten enteignen. Mit der Forderung nach Abschaffung des Erbrechts steht das Manifest in der Tradition vieler, nicht einmal unbedingt kommunistischer Bewegungen.

Das gilt nicht minder für sein zentrales Anliegen, die Aufhebung des Privateigentums, die als prominentester Fürsprecher bereits 1840 Proudhon gefordert hat – allerdings in kleinen Schritten. »Ich ziehe vor, das Eigentum bei kleinem Feuer zu verbrennen, statt ihm durch eine Bartholomäusnacht der Eigentümer eine neue Kraft zu geben.«[17]

Beide – Erbrecht und Privateigentum – stehen bis heute in der absoluten Tabuzone nicht nur antilinker und kommunismuskritischer Haltungen. Enteignung und der Mob, der sie durchkämpfen soll, gelten in weiten Kreisen als Schreckgespenster dessen, was man für Kommunismus hält. Keine Umwälzung hat jemals dauerhaft an diesen Grundfesten und Ewigkeitsrechten der Zivilisation rütteln können. So ist es nur folgerichtig, wenn Marx das *Manifest* wie ein Horrordrama beginnen lässt:

»Ein Gespenst geht um in Europa – das Gespenst des Kommunismus. Alle Mächte des alten Europa haben sich zu einer heiligen Hetzjagd gegen dies Gespenst verbündet … Es ist hohe Zeit, daß die Kommunisten ihre Anschauungsweise, ihre Zwecke, ihre Tendenzen vor der ganzen Welt offen darlegen und dem Märchen vom Gespenst des Kommunismus ein Manifest der Partei selbst entgegenstellen.«[18] Das nennt man realistisch: Mit dem Kommunismus jagen die Mächte ein Gespenst, das nur in ihrer Einbildung existiert. Der Autor zieht daraus den selbstbewussten Schluss: »Der Kommunismus wird bereits von allen europäischen Mächten als eine Macht anerkannt.«

Nach der kurzen Vorrede gliedert sich der Text in vier Abschnitte, von denen der erste, »Bourgeois und Proletarier«, und die letzten Absätze des vierten seinen Ewigkeitsanspruch als Weltkulturerbe am deutlichsten rechtfertigen. Im zweiten, »Proletarier und Kommunisten«, verbindet sich ein Angebot an die Arbeiter mit einem Angriff gegen die herrschenden Verhältnisse als Verhältnisse der Herrschenden. Dagegen werden »Maßregeln« aufgezählt, die sich wie die Zehn Gebote des Kommunismus lesen.

Darunter befinden sich neben der Enteignung des Bodens und dem Ende des Erbrechts manche, deren Erfüllung selbst in erzkapitalistischen Ländern längst Wirklichkeit ist – oder bis vor kurzem noch war. Etwa »starke Progressivsteuer«, »Zentralisation des Kredits in den Händen des Staats durch eine Nationalbank mit Staatskapital und ausschließlichem Monopol«, »Zentralisation des Transportwesens in den Händen des Staats« oder »Öffentliche und unentgeltliche Erziehung aller Kinder«.

Der dritte Teil, »Sozialistische und kommunistische Literatur« ist für heutige Laienleser nur mäßig interessant. In ihm spiegeln sich die Abwehrkämpfe gegen verwandte Gesinnungen und Strömungen wider, oft auch gegen Standpunkte, die Marx und Engels einmal selbst vertreten haben. Gerade jene Linken seien die schlimmsten Feinde des Proletariats, die sich als dessen Bundesgenossen verstünden, ihm aber undurchdachte, unerreichbare Lösungen vorgaukelten.

Nach der Gespenster-Präambel geht der Text gleich in medias res mit einem kurzen Abriss des später so genannten »Historischen Materialismus«. In seiner kürzesten Fassung genügen dafür anderthalb Zeilen: »Die Geschichte aller bisherigen Gesellschaft ist die Geschichte von Klassenkämpfen.«

Über »Freier und Sklave, Patrizier und Plebejer, Baron und Leibeigener, Zunftbürger und Gesell, kurz, Unterdrücker und Unterdrückte« geht es in die »moderne bürgerliche Gesellschaft«. Den Satz hat er fast wörtlich von seinem Universitätslehrer Eduard Gans übernommen. Die Bourgeoisie »hat die Klassengegensätze nicht aufgehoben. Sie hat nur neue Klassen, neue Bedingungen der Unterdrückung, neue Gestaltungen des Kampfes an die Stelle der alten gesetzt«.

Und weiter: »Die Bourgeoisie, wo sie zur Herrschaft gekommen, hat alle feudalen, patriarchalischen, idyllischen Verhältnisse zerstört. Sie hat die buntscheckigen Feudalbande, die den Menschen an seinen natürlichen Vorgesetzten knüpften, unbarmherzig zerrissen und kein anderes Band zwischen Mensch und Mensch übriggelassen als das nackte Interesse, als die gefühllose ›bare Zahlung‹. Sie hat die heiligen Schauer der frommen Schwärmerei, der ritterlichen Begeisterung, der spießbürgerlichen Wehmut in dem eiskalten Wasser egoistischer Berechnung ertränkt. Sie hat die persönliche Würde in den Tauschwert aufgelöst und … an die Stelle der mit religiösen und politischen Illusionen verhüllten Ausbeutung die offene, unverschämte, direkte, dürre Ausbeutung gesetzt. Die Bourgeoisie hat alle bisher ehrwürdigen und mit frommer Scheu betrachteten Tätigkeiten ihres Heiligenscheins entkleidet. Sie hat den Arzt, den Juristen, den Pfaffen, den Poeten, den Mann der Wissenschaft in ihre bezahlten Lohnarbeiter verwandelt.«

Doch statt das Freund-Feind-Schema reicher Mann gegen armen Lazarus weiter auszuführen, Herr und Knecht ins Rennen zu schicken, wird erst einmal der »aufkommenden Bourgeoisie« als »revolutionärem Element« eine Hymne gesungen. Das ist nicht nur böse ironisch, diejenigen selbst zu Revolutionären zu erklären, die sich vor Revolutionären fürchten. Das schafft auch die Fallhöhe für das Beil der Geschichte:

»Sie hat ganz andere Wunderwerke vollbracht als ägyptische Pyramiden, römische Wasserleitungen und gotische Kathedralen, sie hat ganz andere Züge ausgeführt als Völkerwanderungen und Kreuzzüge … Alle festen eingerosteten Verhältnisse mit ihrem Gefolge von altehrwürdigen Vorstellungen und Anschauungen werden aufgelöst, alle neugebildeten veralten, ehe sie verknöchern können. Alles Ständische und Stehende verdampft, alles Heilige wird entweiht, und die Menschen sind endlich gezwungen, ihre Lebensstellung, ihre gegenseitigen Beziehungen mit nüchternen Augen anzusehen.«

Wo nichts mehr unmöglich ist, wird alles möglich. Genau nach dem

Geschmack von Menschen unter dreißig. Marx hat, als der Text erscheint, noch zwei Monate bis zum runden Geburtstag, zum Sprung über die unsichtbare Mauer. Da spannt er ein Bild von der Welt auf, das bei allem Vernichten des Alten und Vertrauten auch die Möglichkeit der Menschheit als Weltgesellschaft zeichnet:

»Das Bedürfnis nach einem stets ausgedehnteren Absatz für ihre Produkte jagt die Bourgeoisie über die ganze Erdkugel. Überall muß sie sich einnisten, überall anbauen, überall Verbindungen herstellen. Die Bourgeoisie hat durch ihre Exploitation des Weltmarkts die Produktion und Konsumption aller Länder kosmopolitisch gestaltet.«

Damals erreicht das Reisen ein nie gekanntes Tempo. Nur noch ein Vierteljahrhundert, da geht es bereits *In achtzig Tagen um die Welt.* Heute schafft man es bequem in achtzig Stunden und findet dabei noch genügend Zeit zum Shopping. Von Dubai bis Schanghai, von Sydney, Seoul, Rio, Johannesburg bis Prag: An jedem Ort die gleichen Malls, die gleichen Filialen von Ketten und Konzernen, das gleiche Warenangebot. Vom Smartphone bis zum SUV, vom Snack zum Restaurantmenü: globale Konsumkultur, um den ganzen Erdball beworbene Marken, genormte Weltprodukte, deren Herstellung sich längst nicht mehr an einem Ort festmachen lässt.

»Die uralten nationalen Industrien sind vernichtet worden und werden noch täglich vernichtet. Sie werden verdrängt durch neue Industrien, deren Einführung eine Lebensfrage für alle zivilisierten Nationen wird, durch Industrien, die nicht mehr einheimische Rohstoffe, sondern den entlegensten Zonen angehörige Rohstoffe verarbeiten und deren Fabrikate nicht nur im Lande selbst, sondern in allen Weltteilen zugleich verbraucht werden.«

Das, wovon er spricht, ist damals erst in seinen ersten Anfängen erkennbar, ausgeprägt eigentlich so nur in Baumwollwirtschaft und Textilindustrie. Umso mehr besticht seine (Marx würde das Wort nicht zulassen) Vision. Mit bewegenden Worten sagt er die Globalisierung voraus:

»Und wie in der materiellen, so auch in der geistigen Produktion. Die geistigen Erzeugnisse der einzelnen Nationen werden Gemeingut. Die nationale Einseitigkeit und Beschränktheit wird mehr und mehr unmöglich, und aus den vielen nationalen und lokalen Literaturen bildet sich eine Weltliteratur.«

Hollywood, Random House und CNN lassen grüßen. Und mit ihnen Harry Potter, Lady Gaga und Christo. Und Marx. Nicht der Kommunismus ist nach Marx der große Gleichmacher, sondern der Kapitalismus. Es gibt keine genauen Angaben über die Anzahl der Übersetzungen des *Manifests*. Aber sicher ist, dass sie die der 193 Vereinten Nationen weit hinter sich lässt. In diesem Geist schreibt der vielleicht meistgelesene Autor aller Zeiten (die Bibel hat ja keinen alleinigen):

»Die Bourgeoisie reißt durch die rasche Verbesserung aller Produktionsinstrumente, durch die unendlich erleichterte Kommunikation alle, auch die barbarischsten Nationen in die Zivilisation … Mit einem Wort, sie schafft sich eine Welt nach ihrem eigenen Bilde.«

Das – kann – doch – sonst – nur – (ein) – Gott!? Marx spricht der Bourgeoisie und ihrem Geschöpf, dem Kapitalismus, göttliche Kräfte zu. Wenn aber Gott abgeschafft ist oder auch nur, wie Atheist Marx bei Atheist Feuerbach gelernt hat, als Projektion entlarvt, in welcher der Mensch sein besseres Ich verehrt, wenn nicht Idee und Weltgeist, wie bei Hegel, sondern Praxis und Tat über Wohl und Wehe der Spezies bestimmen, dann besitzen Bourgeoisie und Kapitalismus selbst schöpferische wie zerstörerische Energien. Sie können die Erde in ein Paradies verwandeln oder in die Hölle.

Wer denkt da nicht an Treibhauseffekt und Klimawandel oder Atomkraft, Gentechnik und die übrigen Beispiele der Hybris des Menschen. Die er sich leistet, so wie er es leistet, sieben Milliarden zu ernähren und dabei Millionen verhungern zu lassen, Seuchen auszurotten und gleichzeitig resistente Erreger zu züchten, zum Mars zu fliegen und auf der Erde im Verkehr zu ersticken. Wer so denkt, der erkennt Marx' Bewunderung für die Macht einer Klasse, zu der er sich in ihrer kleinbürgerlichen Lebensform heimlich sogar hingezogen fühlt.

Doch im Gegensatz zur heutigen Stimmung aus Skepsis und Pessimismus sagt sie auch viel aus über den Optimismus und die verbreitete Alles-ist-möglich-Haltung seiner Zeit, vor allem jener im Lichte des rasanten Fortschritts der Technik. Die moderne Industrie verspricht Fülle und Überfluss. Die unmittelbare »Verwandlung der Welt« scheint nur noch eine Frage der Zeit zu sein. Auf dieser Wellenlänge dichtet Marx:

»Die Bourgeoisie hat in ihrer kaum hundertjährigen Klassenherrschaft massenhaftere und kolossalere Produktionskräfte geschaffen als alle vergangenen Generationen zusammen. Unterjochung der Naturkräfte, Maschinerie, Anwendung der Chemie auf Industrie und Ackerbau, Dampfschiffahrt, Eisenbahnen, elektrische Telegraphen, Urbarmachung ganzer Weltteile, Schiffbarmachung der Flüsse, ganze aus dem Boden hervorgestampfte Bevölkerungen – welches frühere Jahrhundert ahnte, daß solche Produktionskräfte im Schoß der gesellschaftlichen Arbeit schlummerten.«

Diese mitreißenden Sätze aus dem *Kommunistischen Manifest* gehörten eigentlich als Schrift an die Wand jeder Vorstandsetage – wären da nicht auch die folgenden Passagen. In einer überraschenden Volte dreht Marx den Spieß herum. Er richtet sich nun gegen das eben noch hymnisch Gefeierte, beschwört die Bedrohungen durch den Kapitalismus herauf und stellt ihm seinen Widersacher in den Ring:

»Die moderne bürgerliche Gesellschaft, die so gewaltige Produktions- und Verkehrsmittel hervorgezaubert hat, gleicht dem Hexenmeister, der die unterirdischen Gewalten nicht mehr zu beherrschen vermag, die er heraufbeschwor.« Wollte man einen einzigen Satz hervorheben, in dem sich Marx' epochal neues Weltverständnis ausdrückt, dann wäre es dieser. Er steht, passend zum Ende seiner ersten Lebenshälfte, auf halbem Weg zwischen seiner Analyse der Entfremdung in den Frühschriften und dem Fetischcharakter der Ware im *Kapital*, der Ausformulierung seiner *Grande Idée*.

Wie sich das System selbst gefährdet, hat kaum etwas von seiner Aktualität eingebüßt: »Es genügt, die Handelskrisen zu nennen, welche in ihrer periodischen Wiederkehr immer drohender die Existenz der ganzen bürgerlichen Gesellschaft in Frage stellen. In den Handelskrisen wird ein großer Teil nicht nur der erzeugten Produkte, sondern der bereits geschaffenen Produktivkräfte regelmäßig vernichtet ..., bricht eine gesellschaftliche Epidemie aus, welche allen früheren Epochen als ein Widersinn erschienen wäre – die Epidemie der Überproduktion. Die Gesellschaft findet sich plötzlich in einen Zustand momentaner Barbarei zurückversetzt; eine Hungersnot, ein allgemeiner Vernichtungskrieg scheinen ihr alle Lebensmittel abgeschnitten zu haben; die Industrie, der Handel scheinen vernichtet, und warum? Weil sie zuviel Zivilisation, zuviel Lebensmittel, zuviel Industrie, zuviel Handel besitzt.«

Hier könnte das Narrativ der Krise von 2007/8 direkt einsetzen: Zu viel Kapital, das Anlage »sucht«, zu viel Schulden, die ganze Länder gefährden, zu viel Macht der Monopolisten, die Zulieferer wie Konkurrenten per Preis-»Kampf« ruinieren. Die Geister, die wir riefen. Das Gespenst des Kommunismus hat seine Zeit gehabt. Es ist an der Krise seiner Wirtschaft krepiert. Das Gespenst des Kapitals hat obsiegt. Vielleicht aber nur, weil in dem gespenstischen Gefecht einer zuerst gehen muss, bevor der andere folgt. So sieht es Marx.

Heute, wo der Kapitalismus ohne Gegengewicht durch das All der Geschichte taumelt wie ein einsamer Stern, heute kann er sich nur noch selbst vernichten. Kein Mensch auf Erden macht sich eine Vorstellung davon, was das real bedeuten würde. Wäre es da nicht historisch geboten, dass der Mensch wieder das Kommando übernimmt? Genau das beschreibt Marx, wenn er an dieser Stelle in perfekter Dialektik den Gegenspieler der Klasse nennt, die in seiner Sicht auf ihr Ende zusteuert.

»Die Waffen, womit die Bourgeoisie den Feudalismus zu Boden geschlagen hat, richten sich jetzt gegen die Bourgeoisie selbst. Aber die Bourgeoisie hat nicht nur die Waffen geschmiedet, die ihr den Tod bringen; sie hat auch die Männer gezeugt, die diese Waffen führen werden – die modernen Arbeiter, die *Proletarier* … Diese Arbeiter, die sich stückweis verkaufen müssen, sind eine Ware wie jeder andere Handelsartikel und daher gleichmäßig allen Wechselfällen der Konkurrenz, allen Schwankungen des Marktes ausgesetzt.«

Das mag sich in gewerkschaftlich organisierten Tarifgebieten mitunter anders darstellen. Weltweit ist es ein Faktum geworden. Ganze Landstriche veröden, wenn Unternehmer mit ihrer Produktion dem billigeren Lohn folgen. Firmenfusionen und Standortschließungen lassen die Forderung aus Marx' Tagen nach Recht auf Arbeit wieder aufflammen. Aber er denkt noch weiter:

»Ist die Ausbeutung des Arbeiters durch den Fabrikanten so weit beendigt, daß er seinen Arbeitslohn bar ausgezahlt erhält, so fallen die anderen Teile der Bourgeoisie über ihn her, der Hausbesitzer, der Krämer, der Pfandleiher usw.« Steigende Kosten, stagnierende Einkünfte, bis die Kreditkrise der kleinen Leute zur großen Bedrohung durch die nächste »Blase« wird.

Zuerst wird die Bourgeoisie bzw. der Kapitalismus als Weltenbauer gefeiert, wenn auch als einer mit Faustischem Vertrag, dem die Kontrolle entgleitet. Dann folgt die Konfrontation mit dem Feind und Totengräber. Schließlich spricht Marx im Namen aller Kommunisten (nach seiner Lehre) und geht Großbürger und Kapitalisten direkt an:

»Ihr entsetzt euch darüber, daß wir das Privateigentum aufheben wollen. Aber in eurer bestehenden Gesellschaft ist das Privateigentum für neun Zehntel ihrer Mitglieder aufgehoben, es existiert gerade dadurch, daß es für neun Zehntel nicht existiert. Ihr werft uns also vor, daß wir ein Eigentum aufheben wollen, welches die Eigentumslosigkeit der ungeheuren Mehrzahl der Gesellschaft als notwendige Bedingung voraussetzt.«

Das könnte auch von kapitalismuskritischen Bewegungen des 21. Jahrhunderts an das eine Prozent der Reichen und Superreichen gerichtet sein, die als »Familienunternehmer«, Aktionäre oder Investoren die Menschheit dominieren. Den letzten Schritt fordern dagegen heute kaum noch Ultraradikale.

Dafür müsste sich, ganz im Sinne von Marx, der Kapitalismus erst selbst zerlegen. Wenn er im Folgenden die Argumente der Gegenseite auf- und auseinandernimmt, glaubt man Einwände gegen »Sozialschmarotzer«, staatliche Kindererziehung oder den sozialistischen Schlendrian nach Einführung des bedingungslosen Grundeinkommens zu vernehmen – und Marx liefert die passenden Erwiderungen:

»Man hat eingewendet, mit der Aufhebung des Privateigentums werde alle Tätigkeit aufhören, und eine allgemeine Faulheit einreißen. Hiernach müßte die bürgerliche Gesellschaft längst an der Trägheit zugrunde gegangen sein; denn die in ihr arbeiten, erwerben nicht, und die in ihr erwerben, arbeiten nicht… Eure Ideen selbst sind Erzeugnisse der bürgerlichen Produktions- und Eigentumsverhältnisse, wie euer Recht nur der zum Gesetz erhobene Wille eurer Klasse ist, ein Wille, dessen Inhalt gegeben ist in den materiellen Lebensbedingungen eurer Klasse… Werft ihr uns vor, daß wir die Ausbeutung der Kinder durch ihre Eltern aufheben wollen? Wir gestehen dieses Verbrechen ein.

Aber, sagt ihr, wir heben die trautesten Verhältnisse auf, indem wir an die Stelle der häuslichen Erziehung die gesellschaftliche setzen. Und ist nicht auch eure Erziehung durch die Gesellschaft bestimmt? Durch die gesellschaftlichen Verhältnisse, innerhalb derer ihr erzieht, durch die direktere oder indirektere Einmischung der Gesellschaft, vermittelst der Schule usw.? Die Kommunisten erfinden nicht die Einwirkung der Gesellschaft auf die Erziehung; sie verändern nur ihren Charakter.«

Bei diesen Worten muss sich bei Bürgern der ehemaligen Staaten des Ostblocks, die auf ihre doktrinäre Erziehung im Dogma des Marxismus zurückblicken, alles zusammenziehen. Die Bildung mag vielleicht gut gewesen sein, aber frei war sie bestimmt nicht.

»Aber ihr Kommunisten wollt die Weibergemeinschaft einführen, schreit uns die ganze Bourgeoisie im Chor entgegen.« Damit ist nicht eine Form von Frauentreff gemeint, wie man sie von den öffentlichen Waschorten damals kennt oder von Kaffeekränzchen. Vielmehr steht der Terminus für ein Zusammenleben der Geschlechter, in dem Frauen nicht wie in der bürgerlichen (und heute noch in mancher traditionellen und radikal religiösen) Gesellschaft auf Gebärmaschinen reduziert werden.

Der Kommunismus, so lautet der Vorwurf seiner damaligen Gegner, fördere die Emanzipation der Frau und billige ihr die gleichen politischen Rechte zu wie dem Mann. Aus dieser Sicht herrscht heute in mehr als der Hälfte der Welt Kommunismus. Tatsächlich hat sich mit den kommunistischen Bewegungen und ihren Revolutionen im 20. Jahrhundert die Gleichberechtigung der Frau schneller entwickelt als in der bürgerlich-kapitalistischen Welt. In den Führungsetagen ist das allerdings hier wie dort lange kaum bemerkbar gewesen.

»Der Bourgeois sieht in seiner Frau ein bloßes Produktionsinstrument... Es versteht sich übrigens von selbst, daß mit Aufhebung der jetzigen Produktionsverhältnisse auch die aus ihnen hervorgehende Weibergemeinschaft, d.h. die offizielle und nichtoffizielle Prostitution, verschwindet.« Zumindest das ist erreicht: Nein heißt Nein, lautet heute die Antwort auf die sexuelle Ausbeutung der Frau. Davon können Frau Marx und ihre damaligen Geschlechtsgenossinnen nur träumen. Aber die Grundlage ist formuliert.

»Den Kommunisten ist ferner vorgeworfen worden, sie wollten das Vaterland, die Nationalität abschaffen. Die Arbeiter haben kein Vaterland. Man kann ihnen nicht nehmen, was sie nicht haben.« Mit dem Aphorismus, aus dem seine Gegner den »vaterlandslosen Gesellen« machen, zielt Marx auf den internationalen Aspekt des Kommunismus, wie er im Schlussappell an die Arbeiter aller Länder zum Tragen kommt. Er beschreibt das Gegengewicht zum grenzüberschreitenden Kapitalismus und seinen nivellierenden Tendenzen – die indes einseitig dem Kommunismus vorgeworfen wurden.

»Die kommunistische Revolution ist das radikalste Brechen mit den überlieferten Eigentumsverhältnissen; kein Wunder, daß in ihrem Entwicklungsgange am radikalsten mit den überlieferten Ideen gebrochen wird... Wir sahen schon oben, daß der erste Schritt in der Arbeiterrevolution die Erhebung des Proletariats zur herrschenden Klasse, die Erkämpfung der Demokratie ist.« Volksherrschaft, aber nicht Diktatur.

Hier zeigt sich, gut verhüllt, die Ambivalenz der Kommunisten Marx und Engels anno 1848: Einerseits sollen die Arbeiter mithilfe der Bourgeoisie demokratische Verhältnisse schaffen, um ihr dann mit ihrer Mehrheit (als könnten sie nicht auch anders wählen) die Macht zu entreißen. Andrerseits werden sie im *Manifest* wenig später unmissverständlich zu revolutionärer Gewalt aufgerufen. Genau diese Frage nach dem richtigen Weg gehört zum unerledigten Erbe, das Marx den Marxisten hinterlassen hat. Die Kampfansage ist klar. Sogar aus der Strategie wird kein Geheimnis gemacht:

»In Deutschland kämpft die Kommunistische Partei« – die in der Form gar nicht existiert – »sobald die Bourgeoisie revolutionär auftritt, gemeinsam mit der Bourgeoisie gegen die absolute Monarchie, das feudale Grundeigentum und die Kleinbürgerei. Sie unterläßt aber keinen Augenblick, bei den Arbeitern ein möglichst klares Bewußtsein über den feindlichen Gegensatz zwischen Bourgeoisie und Proletariat herauszuarbeiten, damit die deutschen Arbeiter sogleich die gesellschaftlichen und politischen Bedingungen, welche die Bourgeoisie mit ihrer Herrschaft herbeiführen muß, als ebenso viele Waffen gegen die Bourgeoisie kehren können, damit, nach dem Sturz der reaktionären Klassen in Deutschland, sofort der Kampf gegen die Bourgeoisie selbst beginnt.«

Dem Feind liefert Marx damit die schlagendsten Argumente, demokratische Verhältnisse so lange wie möglich zu verhindern – wenigstens solange sich die Mächtigen im Besitz überlegener Feuerkraft wissen.

»Das Proletariat wird seine politische Herrschaft dazu benutzen, der Bourgeoisie nach und nach« – also nicht auf einen Schlag? – »alles Kapital zu entreißen, alle Produktionsinstrumente in den Händen des Staats, d. h. des als herrschende Klasse organisierten Proletariats, zu zentralisieren und die Masse der Produktionskräfte möglichst rasch zu vermehren. Es kann dies natürlich zunächst nur geschehen vermittelst despotischer Eingriffe in das Eigentumsrecht und in die bürgerlichen Produktionsverhältnisse, durch Maßregeln also, die ökonomisch unzureichend und unhaltbar erscheinen, die aber im Lauf der Bewegung über sich selbst hinaustreiben und als Mittel zur Umwälzung der ganzen Produktionsweise unvermeidlich sind.«

Welch ein Eingeständnis! »Ökonomisch unzureichend und unhaltbar.« Wird nicht genau das der Planwirtschaft vorgeworfen? Ein ausgearbeiteter Schlachtplan sieht anders aus. So changiert der Text auch immer wieder zwischen Wollen und Wolke. Man darf Marx unterstellen, dass dies mit Absicht geschieht.

»Sind im Laufe der Entwicklung die Klassenunterschiede verschwunden und ist alle Produktion in den Händen der assoziierten Individuen konzentriert, so verliert die öffentliche Gewalt den politischen Charakter … An die Stelle der alten bürgerlichen Gesellschaft mit ihren Klassen und Klassengegensätzen tritt eine Assoziation, worin die freie Entwicklung eines jeden die freie Entwicklung aller ist.«

Besser lässt sich das Leitbild der Aufklärung nicht in einer Zeile zusammenfassen: Kants kategorischer Imperativ in die Dynamik gesellschaftlicher Evolution übertragen. Und dieses Ziel soll, trotz aller Repressionen, nicht mehr geheimbündlerisch subversiv, sondern offensiv, mit offenem Visier, angestrebt werden:

»Die Kommunisten verschmähen es, ihre Ansichten und Absichten zu verheimlichen. Sie erklären es offen, daß ihre Zwecke nur erreicht werden können durch den gewaltsamen Umsturz aller bisherigen Gesellschaftsordnung. Mögen die herrschenden Klassen vor einer kommunistischen Revolution zittern. Die Proletarier haben nichts in ihr zu verlieren als ihre Ketten. Sie haben eine Welt zu gewinnen.«

I have a dream, Jahrgang 1848. So klingt die moderne Auflösung des Diktums, das Rousseau ein knappes Jahrhundert davor in die Welt gesetzt hat: »Der Mensch ist frei geboren, und überall liegt er in Ketten«, heißt es in der ersten Zeile des *Contrat social.*

Marx weiß natürlich, was solche Sätze in einem Bourgeois auslösen können. Unverhohlener kann eine Kampfansage kaum sein. Dahinter steckt ein verborgener Zweck. Unterschwellig hält das ganze *Manifest* Zwiesprache mit der »herrschenden Klasse«. Erst im allerletzten Satz, und nur hier, in dieser Schlusssentenz, spricht Marx seine eigentlichen Adressaten direkt an und ruft sie zum Kampf auf: *»Proletarier aller Länder, vereinigt euch!«*

So müßig es ist, die Ungereimtheiten und Fehler im *Manifest* aufzudecken, allen voran die Behauptung, die später als »Verelendungstheorie« bekannt wird (»In demselben Maße, in dem die Widerwärtigkeit der Arbeit wächst, nimmt daher der Lohn ab«), so erhellend kann der Vergleich seiner Aussagen mit den heutigen Zuständen sein. Bei der Neuauflage 1872 räumen Marx und Engels in ihrem Vorwort zwar ein, »dieser Passus« – die am Ende von Abschnitt II vorgeschlagenen revolutionären Maßregeln – »würde heute in vieler Beziehung anders lauten«[19], ist doch »dies Programm stellenweise veraltet«[20]. Aber die »allgemeinen Grundsätze behalten im ganzen und großen auch heute noch ihre volle Richtigkeit«[21]. Das gilt, mit Einschränkungen, fast hundertsiebzig Jahre später immer noch.

Marx' wahrer Gegner ist nicht die bürgerliche Gesellschaft, in der es sich unter den gegebenen Umständen einigermaßen gut aushalten lässt.

Er fordert das System hinter dem System des Kapitalismus heraus, den er als Übergangsstufe betrachtet: das Prinzip Privateigentum. In den klassischen Denkschulen des Abendlandes gilt dieses vielleicht älteste Rechtsverhältnis zwischen Mensch und Ding als notwendige Voraussetzung für den Prozess der Zivilisation. Und für die Entstehung des Staates, der es mit komplexen Gesetzen absichert. Es hat, wo etabliert, alle politischen und gesellschaftlichen Revolutionen überlebt: ein vorjuristisches Regelwerk der Menschheit, vielfach gebrochen, aber bis dahin nie dauerhaft außer Kraft gesetzt, jedenfalls nicht gegen die Habenden. Wer daran rüttelt, rüttelt an den Grundfesten jeder modernen Gesellschaft.

Marx weiß um das Tabu. Aber seit das Prinzip im Kapitalismus durch Eigentum an den Produktionsmitteln und »arbeitendes« Kapital entartet ist, sich verselbständigt hat, zum Instrument von Unterdrückung und Ausbeutung geworden ist, sieht er es zum Abschuss freigegeben. Dass er seine ersten Anregungen dazu dem »elenden« Philosophen Proudhon verdankt, dessen System er bis hinein ins *Manifest* glaubt bloßstellen zu müssen, gehört zu den eigentümlichen Widersprüchen seines intellektuellen und politischen Werdegangs.

Zum ersten Mal seit seiner Entstehung wird das heilige Prinzip – im Namen von Marx – im 20. Jahrhundert durch massive Enteignungen ernsthaft außer Kraft gesetzt. Das Experiment Lenins und seiner Nachfolger zieht sich über etliche Jahrzehnte hin. Es geht schließlich schief, und hätte man Marx dazu befragt, so wäre seine Einschätzung der Möglichkeiten wohl zu keinem anderen Ergebnis gelangt. Nicht zuletzt waren weder die Revolutionen noch die ihnen folgenden Regime in seinem Sinne. Vom Leben gestraft, weil zu früh gekommen.

Das gilt auch für das *Manifest*. Die Weltgeschichte hat sich ein solches Zusammentreffen eines Jahrhundertdokuments mit einem Jahrhundertereignis kein zweites Mal einfallen lassen. Das aufrührerische Manuskript liegt gerade beim Drucker in London, im »Office des Deutschen Arbeitervereins«, da gehen in Paris die ersten Barrikaden in Flammen auf.

»Eine aus allen Klassen zusammengewürfelte Menschenmenge füllte den Bahnhof und wartete begierig auf das Eintreffen neuer Nachrichten«, schildert Engels, vier Wochen zuvor aus Paris ausgewiesen, die dramatischen Ereignisse des 25. Februar 1848 aus Brüsseler Sicht. »Nachts um halb eins traf der Zug mit der erhebenden Nachricht von der Donnerstag-Revolution ein, und die ganze Menge rief in einem spontanen Ausbruch der Begeisterung: ›*Vive la Republique!*‹«[22]

Kurz vor Ausbruch der Kämpfe hat Louis-Philippe seinen Anhang noch zu beruhigen versucht: »Im Winter machen die Pariser keine Revolution.« Als dann die Barrikaden brennen, hat der König am 24. Februar einen letzten Versuch unternommen, das Unvermeidliche zu verhindern. In wenigen handgeschriebenen Zeilen überträgt er die Krone seinem Sohn. Der Zettel hat sich als Archivstück erhalten. Die Aufständischen hat er nicht erreicht. Sie rufen die Zweite Republik aus. Die Herrscherfamilie flüchtet, sie findet Aufnahme in England. *Vive la Révolution.*

12

Revolutionäre Ernüchterung

Ein Monat in Paris

Noch am 4. März, dem Tag seiner Ausweisung aus Belgien, erreicht Marx mit der Eisenbahn jene Stadt, »in der alle Nervenfasern der europäischen Geschichte sich vereinigen und von der in gemessenen Zeiträumen die elektrischen Schläge ausgehn, unter denen eine ganze Welt erbebt.«[1] So Engels in seinem Tagebuch einer Reise durch Frankreich.

Paris, Paradies der Revolution, politische Hauptstadt der Welt! Der deutschen Schriftstellerin Fanny Lewald verdanken wir eine lebendige Schilderung der Verhältnisse in jenen Tagen: »An den Straßenecken waren die Pflastersteine erst lose hingelegt, nicht eingerammt; zerbrochene Brotwagen und umgestürzte Omnibusse bezeichneten hier und da die gewesenen Barrikaden... Im Palais royal – oder Palais national, wie es jetzt laut der Überschrift hieß – waren alle Scheiben, viele Fensterrahmen und Gerüste zerbrochen... Auf den Boulevards waren die Bäume umgehauen, die Brunnenröhren und Säulen niedergerissen. In den Tuilerien flatterten zerfetzte weiße Vorhänge aus den scheibenlosen Fenstern.«[2]

Marx hat keine vergleichbaren Berichte hinterlassen. Seine Briefe an den Freund in Brüssel verraten eher Atemlosigkeit und eine gewisse Enttäuschung. »Zentralbehörde ist hier konstituiert worden«, schreibt er acht Tage nach seinem Eintreffen. »Man hat mich zum Präsidenten... ernannt.«[3] Vier Tage später erkennt er bereits die Bedrohung der Revolution: »Hier wird die Bourgeoisie wieder gräßlich frech und reaktionär, mais elle verra«[4] – aber sie wird noch was erleben.

An der Seine hält Marx sich nur einen Monat auf. Er trifft sich mit »echten« Revolutionären, Mitgliedern der provisorischen Regierung. Und er macht dem schwerkranken Dichter des »Weberliedes« in dessen »Matratzengruft« seine Aufwartung.

»Heine ist am Kaputtgehen«, hat Engels ihm schon im Januar geschrieben. »Vor 14 Tagen war ich bei ihm, da lag er im Bett und hatte einen Nervenanfall gehabt. Gestern war er auf, aber höchst elend. Er kann keine drei Schritt mehr gehen, er schleicht, an den Mauern sich stützend, vom Fauteuil bis ans Bett und vice versa. Dazu Lärm in seinem Hause, der ihn verrückt macht, Schreinern, Hämmern usw. Geistig ist er auch etwas ermattet.«[5]

Dem Verfasser der *Nachtgedanken* – »Denk ich an Deutschland in der Nacht, bin ich um den Schlaf gebracht« – bleibt Marx bis zu dessen Tod, 1856 in Paris, auch aus der Ferne in treuer Freundschaft verbunden. Doch seinem bekannten Muster folgend, überwirft er sich mit einem anderen bedeutenden Poeten: Georg Herwegh, den er als Mitarbeiter der *Jahrbücher* und Freund seiner Familie so heftig gegen Arnold Ruge verteidigt und ein Genie genannt hat.

Bei einer Versammlung von etwa viertausend »deutschen Demokraten« in Paris am 6. März 1848 hat der Dichter Marx noch einen Platz auf der Ehrentribüne besorgt. Von dort darf der Gast nicht nur mitansehen, wie die Anwesenden eine von Herwegh formulierte Dankesadresse verabschieden, die zwei Tage später etwa sechstausend Deutsche feierlich der revolutionären Regierung übergeben. Er erlebt auch die Gründung einer neuen Vereinigung.

Diese »Deutsche Demokratische Gesellschaft« tritt bereits acht Tage später mit Plänen an die Öffentlichkeit, die Marx als »wahnsinnig« ablehnt. Sie wollen die Revolution gewaltsam nach Deutschland tragen. Herwegh verfolgt das Vorhaben gemeinsam mit einem weiteren publizistischen Bundesgenossen, Adalbert von Bornstedt, Herausgeber der *Deutschen-Brüsseler-Zeitung*, die Marx und Engels als Plattform für ihre journalistische Agitation gedient hat.

»Bornstedt und Herwegh benehmen sich als Lumpen«, berichtet Marx Engels, der noch in Brüssel weilt. »Sie haben hier einen schwarz-rot-goldnen Verein contre nous gestiftet. Erstrer wird heut aus dem Bund ausgestoßen«[6]. Nach dem Ausschluss von Karl Grün, Wilhelm Weitling und ihren Anhängern zählt der kommunistische Bund damit gerade noch dreißig Mitglieder.

Chaos, zerstrittene Revolutionäre, und weit und breit keine Diktatur des Proletariats in Sicht. Die Trikolore, nicht die rote Fahne, dominiert das Stadtbild. Der kommunistische Bund, als dessen »Präsident« Marx agiert, hat für das revolutionäre Geschehen in Paris so gut wie keine Bedeutung. Und das *Kommunistische Manifest*?

Jeder effektheischende Spielfilm ließe das Pamphlet jetzt unter den Leuten von Hand zu Hand gehen. Die Revolutionäre läsen sich Passagen zur Aufmunterung vor. Und der Autor blickte stolz auf sein vollbrachtes Werk. Nichts dergleichen ist überliefert. Keiner der Pariser Aufständischen, von denen sich die allerwenigsten als Kommunisten verstehen, nimmt das *Manifest* wahr. Nach allem, was wir wissen, findet es im europäischen Revolutionsjahr 1848 kaum Beachtung. Und in den nächsten fünfundzwanzig Jahren auch nicht.

Die *Deutsche Londoner Zeitung* beginnt zwar am 3. März 1848 mit dem Abdruck des Textes – auf Deutsch – als Serie, deren letzte Folge im Juli erscheint. Von bedeutenden Reaktionen der Leser ist jedoch nichts bekannt. Es gibt auch keine Besprechungen des literarischen Meisterwerks. Eigentlich müsste es *the talk of the town* sein, oder in seinem Fall wohl besser: *of Europe*. Genauso zielgenau wie zufällig trifft es ins Herz des Geschehens.

Und vom Verfasser? Kein Wort. Keine geäußerte Enttäuschung über mangelnde Resonanz. Kein Schmollwinkel des verkannten Sprachkünstlers. Marx verhält sich als Schriftsteller eher wie jene Kollegen, für die ein Text hinter ihnen liegt, sobald er gedruckt und ausgeliefert ist.

Gerade hat Familie Marx begonnen, sich an der Seine zu akklimatisieren, da überschlagen sich die Ereignisse in Europa. Drei Tage nach dem Brief an Engels trifft in Paris eine Nachricht ein, die Marx und alle Gleichgesinnten elektrisiert und ihre Blicke nach Osten lenkt: Vor einer Woche ist Fürst Metternich, erzkonservativer Architekt der postnapoleonischen Nachkriegsordnung in Europa, aus Wien verjagt worden. Der österreichische Kaiser hat den Forderungen der Aufständischen nachgeben müssen und fürchtet nun um Kopf und Krone.

Einen Tag später kommt auch aus Berlin die Meldung von Aufständen: Die Märzrevolution ist ausgebrochen, an der Spree wie zuvor an der Seine ausgelöst durch Schüsse auf wehrlose Demonstranten. Kein Wunder, dass es Marx nicht mehr lange in Paris hält. Doch bevor er die Stadt verlässt, trifft Engels ein – dreieinhalb Jahre nach ihrem denkwürdigen ersten Treffen dort.

Schon zwei Wochen vorher haben Unruhen im Westen Preußens den Aufstand angekündigt. Genau an jenem Schicksalstag im Frühjahr Achtundvierzig, als Marx Post vom belgischen König bekommt, versammeln sich vor dem Kölner Rathaus gegen Abend rund zweitausend Menschen. Die meisten sind Arbeiter. Gemeinsam rufen die Demonstranten ihre

Forderungen in die anbrechende Nacht. Neben höheren Löhnen, verbesserten Arbeitsbedingungen und Schutz vor Konkurrenz durch Maschinen verlangen sie eine neue Verfassung, die Vereins-, Versammlungs- und Pressefreiheit garantiert.

Als daraufhin preußische Truppen aufmarschieren, sucht ein Teil der Menge Zuflucht im Gebäude der Stadtregierung. Zwei Ratsherren, die sich noch im Innern aufhalten, geraten in Panik und retten sich durch einen Sprung ins Freie. Einer bricht sich dabei beide Beine. Das Ereignis geht als »Kölner Fenstersturz« in die Geschichte ein.

Wenn das Wort von der Heimat, die einen ruft, je einen Sinn besessen hat, dann in diesem Moment für Marx und Konsorten. Ihn zieht es nicht in die preußische Hauptstadt im fernen Osten, deren Universität ihm zur Schule des Leben geworden ist. Er will ja nicht zurück, sondern nach vorn. Sein Ziel ist das radikale Rheinland, von wo er stammt, besser gesagt der linksrheinische Teil Preußens, wo sich die Menschen dem Nachbarn Frankreich nicht nur geografisch am nächsten fühlen.

Um sich auf ihre gemeinsame Rückkehr in das revolutionär bewegte Vaterland vorzubereiten, verfassen Marx und Engels wenige Tage vor ihrer Abreise ein Papier, das ihnen dort bei der Agitation helfen soll: die *Forderungen der Kommunistischen Partei in Deutschland* – einer Organisation also, die als Geheimbund bis dahin öffentlich nicht in Erscheinung getreten ist.

Die Liste erscheint wie eine weichgespülte Fassung der zehn Punkte im *Kommunistischen Manifest* vom Anfang desselben Monats. Unterschrieben vom »Komitee«, bestehend aus Moll und Schapper, Marx und Engels sowie Heinrich Bauer und Wilhelm Wolff, als Flugblatt gedruckt am 30. März und im revolutionär aufgewühlten Deutschland in vielen Zeitungen abgedruckt, lautet der erste von siebzehn Punkten: »Proletarier aller Länder, vereinigt euch!« Und weiter: »Ganz Deutschland wird zu einer einigen, unteilbaren Republik erklärt.«

Statt von der »Abschaffung« ist nun nur noch von der »Beschränkung des Erbrechts« die Rede. Nicht mehr aller Grundbesitz soll vergesellschaftet werden, sondern nur noch »die fürstlichen und andern feudalen Landgüter«. Daneben treten die Kommunisten für Dinge ein, die heute jeder kapitalistisch-demokratische Staat zu seinen Grundfesten zählt: allgemeines aktives und passives Wahlrecht mit besoldeten Volksvertretern etwa, kostenlose Gerichtsbarkeit sowie »völlige Trennung der Kirche vom Staate«[7].

Mit diesem Papier, zuerst in Paris verbreitet, sowie eintausend Exemplaren des *Manifests* im Gepäck reisen Familie Marx und Engels am 2. April von Paris nach Deutschland ab. In die gleiche Richtung bewegen sich auf verstreuten Wegen drei- bis vierhundert Arbeiter, unter ihnen etliche Genossen vom Kommunistenbund. Jenny, Lenchen und die Kinder fahren nach Trier, Engels geht ins elterliche Barmen, Schapper nach Nassau, Wolff nach Breslau und Marx nach Köln. Jeder soll an seinem Einsatzort, für die meisten der Ort ihrer Herkunft, im Dienste der gemeinsamen Sache tätig werden und »in Städten und Dörfern Arbeitervereine« gründen, die »so schnell als möglich miteinander in Verbindung treten«[8] sollen.

»Auch die Deutschen verlassen Paris«, notiert ein zweiundzwanzigjähriger Student, »jeder auf seine Faust, vereinzelt und nach verschiedenen Punkten, Reisende, die das Heil der Welt in ihrer Brust tragen.«[9] Der Name des jungen Chronisten: Wilhelm Liebknecht. Später wird er mit August Bebel Gründer und Führer der ersten europäischen Arbeiterpartei von Gewicht, stolzer Vorläufer der heutigen SPD.

Zu seinen Landsleuten, die in diesen Stunden aufbrechen, gehören auch die höchstens tausend Mann der »Deutschen Legion« Bornstedts und Herweghs. In einer ehemaligen Reithalle haben sie sich im Waffengebrauch geübt und auf dem Pariser Marsfeld den Einmarsch nach Deutschland geprobt. Die französische Regierung lässt die Heißsporne gewähren, froh, sich dieser unsicheren Kantonisten bald entledigt zu wissen. Sie zahlt ihnen sogar ein Reisegeld aus, als sie am 1. April gen Osten losmarschieren.

Hätten sie nur auf Marx gehört. Der erwartet – nicht ganz unrichtig – in Paris den offenen Kampf zwischen Bourgeoisie und Proletariat und fordert die Männer vergeblich auf, wenn schon, dann an der Seite der Franzosen zu kämpfen.

In der Nacht vom 23. auf den 24. April setzt die »Legion« über den Rhein. Ihr Schlachtruf: »Nach Deutschland ziehen wir in Massen.« Vier Tage nach Überschreiten der deutschen Grenze werden die miserabel ausgestatteten Freischärler von Württemberger Regierungstruppen fast vollständig aufgerieben. Ein Vorgeschmack auf das Blutbad, das den Pariser Aufständischen in wenigen Wochen blühen soll.

Doch da hat Marx die Stadt schon längst verlassen. Er hat weder die Revolution noch ihre Niederschlagung erlebt. Aber er wird ihnen zwei Jahre später mit seiner Schrift über *Die Klassenkämpfe in Frankreich* ein bleibendes Denkmal setzen. Darin spricht er erstmals von der »Diktatur des Proletariats« (eine von den Blanquisten, französischen Frühsozialisten, geprägte Formel; Diktatur im Sinne der Römischen Republik als zeitlich begrenzte Notstandsregierung), das er zur »Revolution in Permanenz« aufruft.

Bis dahin durchläuft seine Metamorphose im revolutionären, dann immer reaktionäreren und gefährlichen Deutschland eine Phase, die man realpolitisch nennen könnte. Das klingt dann bald so: »Es handelt sich daher auch nicht um die Verwirklichung dieser oder jener Meinung, dieser oder jener politischen Idee; es handelt sich um die Einsicht in den Gang der Entwicklung.«[10]

Mit seinem Abschied von Paris beginnt für Marx die lange Zeit der zweiten Reife, von Ernüchterung geprägt und von einem Verständnis der Verhältnisse, wie es die sich auf ihn berufenden Marxisten kaum je aufgebracht haben. Die Umstände sind nicht reif für eine Proletarische Revolution.

13

Der kurze Weg zum langen Abschied

Das »rasende Jahr« 1848/49

»Hegel bemerkt irgendwo, daß alle großen weltgeschichtlichen Tatsachen und Personen sich sozusagen zweimal ereignen. Er hat vergessen hinzuzufügen: das eine Mal als Tragödie, das andere Mal als Farce.«[1] So beginnt Marx 1852 seine unübertroffene Studie zur Machtübernahme Napoleons III., *Der Achtzehnte Brumaire des Louis Bonaparte*.

Die Tragödie wiederholt sich als Farce: Treffender lassen sich die beiden Hälften des Marxschen Lebens kaum gegenüberstellen. Die ersten drei Jahrzehnte enden in der enttäuschten Hoffnung auf gesellschaftlichen Neuanfang. Er teilt sie mit einer ganzen Generation in Europa. Die folgenden fünfunddreißig Jahre gleichen mitunter einer absurden Komödie, in der Marx (mit Engels) die vermeintlichen Todesrufe des Kapitalismus als dessen Geburtsschreie begreifen lernt.

Nach seinem Schicksalstag am 3. März 1848 und der Ausweisung aus Belgien scheint die Geschichte zunächst in spiegelverkehrter Abfolge rückwärts zu laufen: Aus Köln–Paris–Brüssel wird Brüssel–Paris–Köln. In der Domstadt macht Marx genau da weiter, wo er vor seinem Abschied 1843 aufgehört hat – und doch ist jetzt alles anders.

Fünf Jahre nach Untergang der *Rheinischen Zeitung* opfert er fast sein gesamtes (ererbtes) Vermögen. Zusammen mit Engels und anderen gründet er, finanziell unterstützt durch einige Verbündete von damals sowie sympathisierende Aktionäre, deren Nachfolgeblatt. Sie nennen es stolz und trotzig *Neue Rheinische Zeitung*. Zwei Jahre später erinnert Jenny in einem Bittbrief um Geld Freund Weydemeyer daran, »welche Opfer mein Mann der Zeitung brachte, Tausende steckte er baar hinein, das Eigenthum der Zeitung übernahm er, beschwatzt durch die democratischen Biedermänner«[2].

Nach Marx' Tod schildert Engels die feindliche Übernahme: »In 24 Stunden hatten wir, namentlich durch Marx, das Terrain erobert, das Blatt ward unser.«[3] Auf der Generalversammlung der Aktionäre der Zeitung Ende Mai 1848 wird Marx zum »Redakteur en chef« berufen. Er erhält einen Dreijahresvertrag mit einem jährlichen Gehalt von 1500 Talern.

Er ist in seiner zweiten Lebenshälfte angekommen. Der Politiker und der Publizist gehen in gewisser Weise getrennte Wege zum vereinten Ziel. Wo er in der *Rheinischen* mit der messerscharfen Objektivität eines analytischen Journalisten vor allem für die Pressefreiheit und gegen das herrschende Recht als Recht der Herrschenden anschrieb, nehmen er und seine Redaktion nun meinungsfreudig Stellung zur Politik der preußischen Regierung und vor allem zu den revolutionären Ereignissen in Europa, die sich in diesen Tagen überschlagen.

Die Franzosen kämpfen für die Republik, die Österreicher gegen Metternich, die Deutschen für eine parlamentarische Monarchie, so wie sie einst die Briten durchgesetzt haben. Und die Leute von der Insel selbst? Das kühle London kennt den Widerspruchsgeist der sogenannten Untertanen vielleicht besser als jedes andere Machtzentrum in Europa. Aber ihnen fehlt das Revolutionsgen. Sie lösen ihre Probleme lieber durch Konsens.

Auch die Radikalsten unter ihnen haben kaum je vor, die bestehende Ordnung zu zerschlagen. Da gilt die eiserne britannische Regel: Was sich bewährt hat, das wird bewahrt. Zwar kommt es am 10. April in London zur Massendemonstration von Hunderttausenden. Dem britischen Parlament wird eine Petition zur Reform des Wahlrechts mit angeblich sechs Millionen Unterschriften überreicht. Doch das Hohe Haus zeigt sich unbeeindruckt. Stoff für eine neue linke Publikation.

Hinter der Linie der *Neuen Rheinischen* steckt blanker Realismus und die Einsicht, dass die Bourgeoisie weit davon entfernt ist, »ihren eigenen Totengräber« produziert zu haben. Trotz gelegentlicher Aufstände ist das zersplitterte Proletariat noch meilenweit davon entfernt, Revolutionstruppen von Durchschlagskraft bilden zu können. Marx zieht daraus den in seinen Augen einzig richtigen Schluss: Bevor die Arbeiter das Kommando übernehmen können, müssen sie mit radikalen Bürgern gemeinsame Sache machen. Nach dem Vorbild der Französischen Revolution müssen erst Feudalismus und Monarchie aus dem Weg geräumt, muss eine Republik gegründet werden. Das aber könne nur einer breiten Koalition aus Mittelstand und Arbeiterschaft gelingen.

Erst dann, in einer einheitlichen demokratischen Republik, könnte das Proletariat dank seiner demografischen Mehrheit der Bourgeoisie die Macht entreißen, wie bereits im *Manifest* beschrieben. Das Scheitern der Revolution vor Augen, in drastischer Form durch die blutige Zerschlagung der Juniaufstände in Paris, wendet sich Marx gegen alle Bestrebungen der Arbeiter, es auf eigene Faust zu versuchen.

Deshalb wird die *Neue Rheinische* zum Sprachrohr nicht der kommunistischen Bewegung, sondern, so heißt es auf dem Titelblatt, ein radikales »Organ der Demokratie«. Gleichwohl hat der Staat von Anfang an sein kritisches Auge auf die kleine Redaktion. Vorladungen, manchmal im Wochentakt, Durchsuchungen, Schikane. Um ihre Räumlichkeiten notfalls mit Waffen zu verteidigen, besorgen sich die Blattmacher acht Bajonettgewehre und zweihundertfünfzig Schuss Munition.

Dass es auch mit den erhofften bürgerlichen Verbündeten nicht ganz einfach werden würde, hat Engels schon gleich nach seiner Ankunft im heimatlichen Wuppertal erkannt: »Die Sache ist au fond die, daß auch diese radikalen Bourgeois hier in uns ihre zukünftigen Hauptfeinde sehen und daß sie uns keine Waffen in die Hand geben wollen, die wir sehr bald gegen sie selbst kehren würden.«[4]

In Deutschland, wo Begriffe wie »Republik« und erst recht »Kommunismus« starke Abwehrgefühle auslösen, zeichnet sich im Zuge der Revolution ein vorsichtiger demokratischer Frühling ab. Für die Wahlen zur Nationalversammlung Anfang Mai bilden sich Parteien und Vereine. Schon zwei Tage nach Marx' Ankunft in Köln konstituiert sich dort unter Leitung des jüdischen Armenarztes Andreas Gottschalk und des ehemaligen Artillerieleutnants August von Willich ein Arbeiterverein. Er liegt auf Linie der Ansichten von Moses Hess und Karl Grün mit eindeutig sozialrevolutionären und republikanischen Zielen. Achttausend Männer schließen sich ihnen an.

Gottschalk und Willich haben an Marx' Schicksalstag, am 3. März 1848, zu den Anführern gehört, die vor dem »Kölner Fenstersturz« im Rathaus die Forderungen der Demonstranten vortragen. Zusammen mit dem ebenfalls zum Sozialismus übergetretenen Exleutnant Friedrich Anneke werden sie eingesperrt, kommen aber bereits nach vierzehn Tagen durch die Märzrevolution wieder frei.

Ein Zeitzeuge zeichnet eine Skizze von Gottschalk, »wie zum Diktator geschaffen, mit eiserner Energie und einem Verstand so schneidend scharf wie eine Guillotine, ein Bild von Robespierre«[5]. Das hätte er so ähnlich auch über Marx schreiben können.

Dessen radikaldemokratischer Mitstreiter Carl Schurz, der es nach seiner Auswanderung in die USA bis zum Innenminister bringt, erinnert sich an eine Begegnung auf einem Kongress in Köln. »Er besaß den Ruf eines in seinem Fache sehr bedeutenden Gelehrten … Was Marx sagte, war in der Tat gehaltreich, logisch und klar. Aber niemals habe ich einen Menschen gesehen von so verletzender, unerträglicher Arroganz des Auftretens.«[6]

Ende März hat sich aus Versammlungen im Café des Konditors Franz Stollwerk die »eher bürgerliche Kölner Demokratische Gesellschaft«[7] gegründet, deren Kongress Schurz besucht hat. Dieser Gesellschaft und nicht etwa Gottschalks Arbeiterverein, immerhin aus der Kölner kommunistischen Bundesgemeinde hervorgegangen, schließen sich Marx und Engels an. Was wie eine Rolle rückwärts erscheint, symbolisiert eine Wende zu neuem Wirklichkeitssinn nach außen und Machtanspruch innerhalb der Bewegung: Marx und Engels wollen nicht Mitglieder in einem Verein sein, den ein anderer dominiert. Bald sind sie die unübersehbaren Wortführer der Kölner Demokraten.

Und das *Kommunistische Manifest* oder die *Forderungen der Kommunistischen Partei*? Scheinen vergessen. »Wenn ein einziges Exemplar unsrer 17 Punkte hier verbreitet würde«, hat Engels bereits zwei Wochen nach seiner Ankunft aus dem Wuppertal gemeldet, »so wär hier alles verloren für uns. Die Stimmung bei den Bourgeois ist wirklich niederträchtig. Die Arbeiter fangen an, sich etwas zu regen, noch sehr roh, aber massenhaft. Sie haben sofort Koalitionen gemacht. Das aber ist uns gerade im Wege.«[8]

Gottschalk, der Arzt und Volksheld, hält Marx vor: »Das Elend des Arbeiters, der Hunger der Armen hat für Sie nur wissenschaftliches, doktrinäres Interesse. Sie sind erhaben über solche Misere. Als gelehrter Sonnengott bescheinen Sie bloß die Parteien.«[9] Wie mag es Marx damit ergangen sein? Wie denkt er über Arbeiter, die skandieren: »Preßfreiheit? Wir wollen Freßfreiheit!« Die Liebe zum einfachen Volk steht wohl eher im Hintergrund seines Handelns.

Wenigstens als Schriftsteller zeigt er so etwas wie ein Herz für die Unterdrückten. In seinem Artikel »Die Junirevolution« über das blutige Ende der Pariser Aufstände schreibt er in der *Neuen Rheinischen*: »Die Plebejer, vom Hunger zerrissen, von der Presse geschmäht, von den Ärzten verlassen, von den Honetten Diebe gescholten, Brandstifter, Galeerensklaven, ihre Weiber und Kinder in noch grenzenloseres Elend gestürzt, ihre besten Lebenden über die See deportiert – ihnen den Lorbeer um die drohend finstere Stirn zu winden, das ist das *Vorrecht,* das ist das *Recht der demokratischen Presse*.«[10]

Der Nachruf auf die Verbannten und Gefallenen von Paris liest sich wie ein Requiem auf die begrabene Hoffnung, eine erfolgreiche proletarische Revolution zu erleben. Als die Kämpfe im Gange waren, hat Engels, »der verhinderte Jakobiner«[11], noch gejubelt: »Der Aufstand ist ein reiner Arbeiteraufstand.«[12] Und dann hat er geschwärmt: »*Paris in Blut schwimmend, die Insurrektion* entwickelt zur *größten Revolution, die je stattgefunden,* zur *Revolution des Proletariats gegen die Bourgeoisie*.«[13]

Gottschalk legt den Finger in die offene Wunde: Marx glaube »nicht an die Permanenz der Revolution … nicht einmal an die eigene revolutionäre Befähigung«[14]. Haben er und Engels aufgehört, Kommunisten zu sein? Fast könnte es so erscheinen.

Nachdem Gottschalk seinen Austritt aus dem Bund erklärt, löst Marx kurzerhand den Verein auf. Der sei nun »überflüssig«. Als ihn die alten Londoner Bundesgenossen Ende des Jahres wiederbeleben, weigern sich Marx und Engels zunächst, jener Vereinigung beizutreten, die ihnen noch ein Jahr zuvor so viel bedeutet hat. Eine atemberaubende Entwicklung wenige Monate nach dem *Manifest.*

Die *Neue Rheinische* begreift sich als kritische, aber durchaus parteiische Begleiterin einer Revolution, die eigentlich schon verloren ist, ehe sie beginnt. Als sein wichtigstes Ziel sieht das Blatt die »einige unteilbare deutsche Republik«. So denken auch viele andere »in der ungeheuren, plötzlich in Bewegung geschleuderten Masse«, so Engels im Rückblick, in der die »paar hundert vereinzelten Bundesmitglieder« geradezu verschwänden. »Damit war uns … die Fahne von selbst gegeben. Es konnte nur die Demokratie sein … Wollten wir das nicht … so blieb uns nichts, als Kommunismus in einem kleinen Winkelblättchen dozieren … Dazu hatten wir unser Programm nicht entworfen.«[15]

Das heißt für die Zeitung: Kärnerarbeit, Kritik an der preußischen Regierungspolitik, an der »Verpreußung der Rheinprovinz«[16], begleitet von der immer wieder erhobenen Forderung nach einem »Krieg mit Rußland, der Wiederherstellung Polens einschloß«[17]. Denn nur »im Kriegs- und Revolutionssturm« könnten die »Elemente zu dieser Einheit« Deutschlands »zusammengeschmiedet werden«[18]. Nur in dem »Krieg des revolutionären Deutschlands« könne es »die Sünden der Vergangenheit abwaschen«.[19] Da erscheint es fast folgerichtig, dass polnische Arbeiter sammeln und der Zeitung in ihrer dauernden finanziellen Notlage durch eine großzügige Spende von zweitausend Talern helfen.

Größere theoretische Abhandlungen sucht man in den dreihundert Ausgaben der *Neuen Rheinischen* vergebens. Marx ist jetzt Publizist, kein forschender Philosoph. Entsprechend bringt das Blatt vor allem Nachrichten und Tatsachenberichte – jedoch keine aufwühlenden Reportagen über die Lage der Arbeiter in Deutschland, wie sie Engels so glänzend zu schreiben versteht.

In der öffentlichen Wahrnehmung sind die Freunde nun Demokraten. Als solcher wendet sich Marx erneut gegen Wilhelm Weitling, der auf einer Generalversammlung der Gesellschaft eine Übergangsdiktatur als »wünschenswertheste Verfassungsform«[20] befürwortet hat. Stattdessen plädiert Marx in einer Rede am 4. August für eine Soziale Republik, gestützt auf Mittelstand und Arbeiterschaft. Er setzt auf Koalitionen fortschrittlicher Kräfte, die der Monarchie den Kampf angesagt haben. Deshalb macht er mobil gegen Gottschalks Forderung, die Wahlen zum ersten gesamtdeutschen Parlament in Frankfurt zu boykottieren.

Eine neue Situation ergibt sich, als Gottschalk und Anneke Anfang Juli erneut verhaftet werden. Sechs Monate bleiben sie hinter Gittern. Es entbehrt nicht einer gewissen Chuzpe, dass sich Dr. Marx, wenn auch nur, um »provisorisch bis zur Freilassung Dr. Gottschalks dem Wunsche der Arbeiter nachzukommen«[21], anstelle des allseits beliebten Volksführers zum Vorsitzenden des Arbeitervereins wählen lässt. Und dann als »Präsident« auch noch beginnt, die Organisation, die er und Engels vorher gemieden haben, nach ihren Vorstellungen umzugestalten.

Und die Zeitung? Sie hat als Antwort auf das »erneute freche Auftreten der Reaktion« bereits mit ihrer ersten Nummer vom 1. Juni 1848 die ursprünglich beabsichtigte Überparteilichkeit aufgegeben und setzt auf Konflikt. Gegner ist nicht nur der Staat, Gegner sind auch die Mitstreiter in der demokratischen Arena.

In Paris ist die Revolution zuerst demokratisch untergegangen, weil vor allem die Bauern konservativ wählen, dann erst in Gewalt, als die Aufständischen sich noch einmal aufbäumen. Nach der blutigen Niederschlagung der von Marx so genannten Juniaufstände heißt es, die Presse habe »nicht nur das Recht, sie hat die Pflicht, die Herren Volksrepräsentanten auf's genaueste zu überwachen«[22].

Hart gehen sie mit der Frankfurter Nationalversammlung ins Gericht, die sich selbst ständig lähme und auf Kompromisse »mit dem alten Polizei- und Feudalstaate«[23] einlasse. Über die »gewählten Pfahlbürger«, darunter ähnlich wie heute viele Lehrer und Juristen, aber nur vier Handwerker und keine Arbeiter, ist zu lesen: »Man unterhält sich hierüber, man spricht, man bleibt stecken, man lärmt, man vertrödelt die Zeit und vertagt die Abstimmung.«[24]

Allein dieser Bericht, schätzt Engels nach Marx' Tod, »kostete uns die Hälfte der Aktionäre«[25]. Die »Schwatzbude« in der Paulskirche braucht dann tatsächlich an die hundert Sitzungen, bis sie im Oktober endlich mit den Beratungen über eine neue Verfassung beginnt. Da ist die monarchistische Konterrevolution bereits in vollem Gange.

Mehr als Marx tritt nun Engels öffentlich in Erscheinung. Die größte Protestversammlung im Rheinland am 17. September auf der Worringer Heide bei Köln mit geschätzten zehntausend Teilnehmern wählt ihn zum Sekretär. Sie wenden sich gegen die vom König berufene neue Regierung des reaktionären Generals Ernst von Pfuel. Drei Tage später hält Engels in Köln die Hauptrede auf einer Kundgebung von zweitausend Menschen. Sie demonstrieren gegen die Zustimmung der Paulskirchenversammlung zum preußischen Waffenstillstand mit Dänemark und die Niederschlagung des darauffolgenden Aufstandes in der Mainstadt.

Öffentliche Aktivisten wie Engels werden verfolgt. Kurz vor Verhängung des Belagerungszustands über Köln am 27. September flieht er nach Brüssel und, von dort ausgewiesen, wieder nach Paris. Am 3. Oktober schreibt ihn der preußische Staat per Haftbefehl zur Fahndung aus. Auch gegen weitere Redakteure der Zeitung, die zwei Wochen lang nicht erscheinen darf, ergeht Anklage. Marx bleibt verschont, weil er auf der Worringer Heide nicht in Erscheinung getreten ist. Bei einer Rede auf dem Alten Markt warnt er im Gegenteil die Arbeiter davor, wegen der Polizeiprovokation loszuschlagen.

Kaum hat die Zeitung mit unzweideutigen Worten gegen die Übergriffe der Militärs während der Besatzungswoche gewettert, schreiten diese zur Tat. Zwei bewaffnete Soldaten suchen Marx in seiner Wohnung auf und drohen ihm offen Gewalt an. Doch auch hier weiß sich der Chefredakteur zu wehren. »Marx kam ihnen im Schlafrock entgegen«, erzählt Engels, »in dessen Tasche er eine ungeladene Pistole so gesteckt hatte, daß der Kolben hervorsah. Dieser Anblick genügte, daß die Herren Unteroffiziere auf weitere Auseinandersetzungen verzichteten und kleinlaut abzogen, trotzdem sie ihre Seitengewehre bei sich hatten.«[26]

Nach Wiedererscheinen des Blattes ist von der Redaktion nur noch

Feuilletonchef Weerth an Marx' Seite, verstärkt um dessen Dichterkollegen Freiligrath. Der Poet schmiedet Zeilen der Solidarität, als sich das revolutionäre Wien im Oktober des »rasenden Jahres« noch einmal gegen die Habsburger erhebt: »Wenn wir noch knien könnten, / wir lägen auf den Knien, / wenn wir noch beten könnten, / wir beteten für Wien.«[27]

Doch die deutschen Aufständischen kommen ihren österreichischen Gesinnungsgenossen in keiner Weise zu Hilfe. Einen Tag nach Einzug der Kaiserlichen Truppen in die Donaumetropole Anfang Oktober 1848, sechzigtausend Soldaten unter dem Kommando des Fürsten Windisch-Graetz, wechselt der preußische König die Regierung aus. Von Pfuel ist ihm nicht mehr rechts genug.

Der noch reaktionärere Ministerpräsident Brandenburg weist seine Garderegimenter an, das preußische Parlament aus Berlin zu verjagen. Es geht in die Provinz – und löst sich auf. Einen Monat später holt sich die Regierung in einem Staatsstreich die absolute Macht zurück.

Daraufhin ändert Marx seinen Ton, sein Blatt wird radikal und militant. Unter dem Schlachtruf der Konterrevolution »Vae Victis!« – Wehe den Besiegten! – lässt er seine Leser aufhorchen: »Die resultatlosen Metzeleien seit den Juni- und Oktobertagen, das langweilige Opferfest seit Februar und März, der Kannibalismus der Kontrerevolution selbst wird die Völker überzeugen, daß es nur ein Mittel gibt, die mörderischen Todeswehn der alten Gesellschaft, die blutigen Geburtswehn der neuen Gesellschaft *abzukürzen*, zu vereinfachen, zu konzentrieren, nur *ein Mittel – den revolutionären Terrorismus.* Est-ce clair, messieurs?«[28]

Ist das klar, meine Herren? Marx schreit seine Wut mit Worten heraus und schreibt sich um Kopf und Kragen. Spätestens als er sich einer Steuerverweigerungskampagne anschließt und jede Ausgabe seiner Zeitung mit dem Aufruf »Keine Steuern mehr!« versieht, steht er im juristischen Fadenkreuz des verhassten Regimes.

Am 14. November muss er vor dem Instruktionsrichter erscheinen. Er wird nach einem Behördenbericht »von mehreren hundert Personen bis zum Justizgebäude begleitet, ... welche ihn, als er zurückkehrte, mit einem donnernden Hoch empfingen und kein Geheimnis daraus machten, daß sie ihn gewaltsam befreit haben würden, falls er verhaftet worden wäre.«[29]

Marx daraufhin an Engels: »La révolution marche.«[30] Mut oder Wut der Verzweiflung? Wo geistert das Gespenst, das eben noch umging in Europa? Eingemottet für die nächsten Jahrzehnte. Innerlich verabschiedet er sich von dem Gedanken, in Deutschland sei ein Umsturz in absehbarer Zeit möglich. Äußerlich dagegen verbreitet er einen Optimismus, der das Gegenteil besagt.

In einem Artikel zum Jahreswechsel 1848/49 zitiert er Schillers *Ode an die Freude*: »Seid umschlungen Millionen – diesen Kuss der ganzen Welt.« Er zieht eine Bilanz des abgelaufenen Jahres: »Nie wurde eine revolutionäre Bewegung mit so erbaulicher Ouvertüre eröffnet wie die revolutionäre Bewegung von 1848.«[31] Um schließlich in der Manier einer Neujahrsansprache zu enden: »Revolutionäre Erhebung der französischen Arbeiterklasse, Weltkrieg – das ist die Inhaltsanzeige des Jahres 1849.«[32] Krieg als *Ultima ratio* der Revolution – glaubt er das wirklich? Zumindest schreckt er nicht davor zurück, es auszusprechen.

Zwei Wochen später heißt es im gleichen Duktus: »Der nächste Weltkrieg wird nicht nur reaktionäre Klassen und Dynastien, er wird auch ganze reaktionäre Völker vom Erdboden verschwinden machen. Und das ist auch ein Fortschritt.«[33] Für die Zeitung verläuft das neue Jahr aber alles andere als triumphal. Kaum hat Friedrich Wilhelm IV. Anfang Dezember 1848 endgültig wieder die alleinige Macht im Staate übernommen, müssen die Leitartikler resigniert feststellen:

»Die Geschichte des preußischen Bürgertums, wie überhaupt des deutschen Bürgertums von März bis Dezember, beweist, daß in Deutschland eine rein *bürgerliche Revolution* und die Gründung der *Bourgeoisherrschaft* unter der Form der *konstitutionellen Monarchie* unmöglich, daß nur die feudale absolutistische Kontrerevolution möglich ist oder die *sozial-republikanische Revolution.*«[34]

Je aussichtsloser die Sache der Revolution, desto angriffslustiger wird die *Neue Rheinische*. Über das Hauptübel, »die Herrschaft der großen Kapitalisten«, heißt es, dass sie »zwar unvermeidliche Durchgangspunkte sein können, aber keineswegs letzte Resultate sind«.[35] Das ist Marx pur. Er allein bestimmt die Linie. »Die Verfassung der Redaktion war die einfache Diktatur Marx«, schreibt Engels in seinen Erinnerungen, »von uns allen gern anerkannt«[36].

Doch sosehr der Freund dem Chef »sichere Haltung, die das Blatt zur berühmtesten deutschen Zeitung der Revolutionsjahre gemacht«[37] habe, zugesteht, so deutlich äußert er Zweifel an dessen handwerklicher Eignung. »Er ist kein Journalist«, soll er laut Stephan Born gesagt haben, der die Redaktion im Januar 1849 besucht, »und wird nie einer werden.« Für »einen Leitartikel, den ein anderer in zwei Stunden schreibt, hockt er einen ganzen Tag, als handle es sich um die Lösung eines tiefen philosophischen Problems; er ändert und feilt und ändert wieder das Geänderte und kann vor lauter Gründlichkeit niemals zur rechten Zeit fertig werden.«[38]

Während Born Engels, dem »Hauptmitarbeiter«, seinerseits »eine große Leichtigkeit in der Produktion«[39] bescheinigt, soll der als Redaktionsleiter eher schwierig gewesen sein. Regelmäßig versinkt der Laden im Chaos. Nachdem Marx im Spätsommer 1848 von einer Reise zur Geldbeschaffung nach Wien und Berlin zurückkehrt, findet er »die Redaktion so zerstritten vor, dass man die Gegensätze nur durch Duelle lösen zu können glaubte«[40]. Doch er hält an seinem Gefährten fest.

»Engels war der Mann, den er für fähig hielt, sein Mitarbeiter zu sein«, erinnert sich Marx' Schwiegersohn Lafargue, »Engels' Meinung zu gewinnen war ihm ein Triumph.«[41] Als einmal Zweifel an seiner Loyalität gegenüber dem Freund aufkommen, lässt Marx ihn wissen: »Daß ich einen Augenblick Dich im Stich hätte lassen können, ist reine Phantasie. Du verbleibst stets mein Intimus, wie ich hoffentlich der Deine.«[42]

Engels hat sich, statt in der Ferne die Trübsal des Verbannten zu blasen, auf eine vierwöchige Lusttour durch Frankreich über das Loiretal bis in die Schweiz aufgemacht. »Auf jedem Schritt fand ich die heiterste Gesellschaft, die süßesten Trauben und die hübschesten Mädchen.«[43] Während es in der Heimat zu Verhaftungswellen kommt, gerät der Flüchtling in wahres Entzücken ob der französischen Winzerkunst, die ihn »mit einer Flasche Champagner wieder in die heiterste Karnevalslaune von der Welt versetzen kann!«[44]

Erst am 24. Januar 1849, nachdem Gottschalk und Anneke wieder in Freiheit sind, traut Engels sich zurück in die Handels- und Festungsstadt am Rhein. Kurz vor dem Jahreswechsel hat er an Marx geschrieben: »Wenn genügender Grund vorhanden, daß kein Untersuchungsarrest zu befürchten, komm ich sofort. Nachher können sie meinetwegen mich vor 10000 Jurys stellen, aber im Untersuchungsarrest kann man nicht rauchen, und da geh' ich nicht hinein.«[45] Der Prozess findet statt und endet mit Engels' Freispruch.

Nach seiner Rückkehr aus Wien und Berlin, wo er mit linken Abgeordneten der Preußischen Nationalversammlung zusammengekommen ist, äußert Marx mit Engels noch die Hoffnung, das Parlament könnte den König zum »bezahlten Diener des Volks«[46] machen. Dennoch sind sie überzeugt, so Engels: »Berlin ist nicht und wird nie werden der Sitz der Revolution, die Hauptstadt der Demokratie.«[47]

In alledem schwingt immer auch der »Haß gegen das Beamten- und Stockpreußenthum« als »Charakterzug der Rheinlande«[48] mit. Tatsächlich versuchen die Abgeordneten der Paulskirche, den preußischen König Ende März 1849 zum Kaiser zu krönen. Der Monarch lehnt aber ab. »Diese sogenannte Krone« sei »ein Hundehalsband, mit dem man mich an die Revolution von 48 ketten wollte.«[49]

Für die anstehenden Wahlen Anfang Februar 1849 hat Marx nichts dagegen, »daß man sich mit einer anderen Partei, die ebenfalls Opposition macht, vereinige«[50]. Damit meint er keineswegs sozialistische Gruppierungen, sondern die radikale Bourgeoisie, der die *Neue Rheinische* noch immer freundlich gesinnt ist. Köln entsendet schließlich zwei Demokraten nach Berlin in den Preußischen Landtag.

Noch am 22. Januar 1849 schreibt Marx in seinem Blatt: »Wir sind sicher die letzten, die die Herrschaft der Bourgeoisie wollen ... Aber wir rufen den Arbeitern und Kleinbürgern zu: Leidet lieber in der modernen bürgerlichen Gesellschaft, die durch ihre Industrie die materiellen Mittel zur Begründung einer neuen, euch alle befreienden Gesellschaft schafft, als daß ihr zu einer vergangenen Gesellschaftsform zurückkehrt, die unter dem Vorwand, eure Klassen zu retten, die ganze Nation in mittelalterige Barbarei zurückstürzt!«[51]

Der Dreißigjährige, wie er leibt und lebt: Der Kapitalismus soll die Waffen schmieden, die ihn vernichten. Gottschalks Antwort lässt an Deutlichkeit nichts zu wünschen übrig. »Müßten wir wirklich, wie Sie, Herr Prediger, uns verkünden, um der Hölle des Mittelalters zu entgehen, uns freiwillig in das Fegefeuer einer dekrepiden Kapitalherrschaft stürzen, um von dort in den nebelhaften Himmel Ihres kommunistischen Glaubensbekenntnisses zu gelangen?«[52] Es ist die Haltung, die Marx schon von Weitling kennt und die ihm immer wieder begegnen wird: Revolutionäre wollen losschlagen, nicht warten.

Eine Woche später kommt die Anklage wegen »Preßvergehen« gegen Marx zur Verhandlung. Es geht um die angebliche Beleidigung eines Staatsanwalts. Der gelernte Jurist hält ein fulminantes Plädoyer in eigener Sache und im Geiste der Bewegung. »Die erste Pflicht der Presse ist nun, *alle Grundlagen des bestehenden politischen Zustandes zu unterwühlen.*« Das Protokoll vermerkt »Beifallsruf im Auditorium«[53].

Bravo, Maulwurf. Die Geschworenen – Marx profitiert vom napoleonischen *Code pénal*, der im Rheinland gilt – sprechen ihn frei.

Am folgenden Tag geht es weiter. Nun steht er wegen Unterstützung der Steuerverweigerungskampagne vor dem Kadi, angeklagt der »Aufreizung zur Rebellion«. Erneut verteidigt er sich selbst. Er spricht fast eine Stunde – ein Lehrstück in Sachen Historischer Materialismus, gesellschaftlicher Unterbau und Überbau inklusive. Am Ende bedankt sich der Obmann der Geschworenen für die lehrreichen Ausführungen, darunter der Absatz:

»Die Behauptung der alten Gesetze ... will Gesetzgeber in Funktion halten, die nur noch Sonderinteressen verfolgen, sie will die Staatsmacht mißbrauchen, um gewaltsam die Interessen der Minorität den Interessen der Majorität überzuordnen. Sie tritt also jeden Augenblick in Widerspruch mit den vorhandenen Bedürfnissen, sie hemmt den Verkehr, die Industrie, sie bereitet *gesellschaftliche Krisen* vor, die in *politischen Revolutionen* zum Ausbruch kommen.«[54]

Marx beendet seinen Flirt mit den Demokraten. Am 14. April 1849 treten er, Schapper, Anneke und Wilhelm Wolff aus dem Kreisausschuss der demokratischen Vereine aus, den Marx bis dahin dominiert hat. Sie suchen wieder Anschluss an den Bund der Kommunisten, der sich in London neu organisiert hat. Karl Marx, ein Wendehals? Oder eher ein verzweifelter Stratege am Ende eines nunmehr ein Jahr währenden Rückzugsgefechts?

In seiner Zeitung, die kurz vor dem Bankrott steht, macht Marx munter weiter. Acht Tage nach dem Ende seiner Zeit als Demokrat setzt er sich wieder mit dem Zarenreich, engster Verbündeter Preußens, auseinander:

»Wir kommen noch dahin, daß die Regierung und die Bourgeoisie *die Russen ins Land ruft*, wie vor kurzer Zeit dies in Siebenbürgen geschah. Und dahin muß es mit uns kommen. Der Sieg der Wiener und Berliner Kontrerevolution hat für uns noch nicht hingereicht. Aber wenn Deutschland erst einmal die russische Knute gefühlt hat, wird es sich doch etwas anders betragen.«[55] Hat er vergessen, wie es sechs Jahre zuvor mit der *Rheinischen* zu Ende ging?

Als die Paulskirchenversammlung dem König endlich eine Verfassung vorlegt, lehnt der das Werk im Bewusstsein seiner wiedererlangten Stärke rundweg ab. »Gegen Demokraten helfen nur Soldaten.« Ein letztes Aufbäumen in Dresden, eine Woche Barrikadenkampf mit Bakunin, Gottfried Semper und Richard Wagner, niedergeschlagen mit überlegener Feuerkraft – so haucht die Revolution bald ihren letzten Atem aus. Nun sieht sich die Exekutive im Besitz der Macht, dem staatenlosen Chefredakteur die Tür zu weisen, ohne gefährliche Proteste fürchten zu müssen.

»Es scheint mir endlich an der Tagesordnung«, schreibt der stellvertretende Kommandant der Kölner Garnison nach Marx' Freispruch an den Oberpräsidenten der Rheinprovinz, »denselben auszuweisen, da man von einem bloß geduldeten Fremden es sich nicht gefallen zu lassen braucht, dass er alles mit Gift begeifert, da ohnehin inländisches Geschmeiß dies hinlänglich tut.«[56]

Der erneute Rauswurf erfolgt *in absentia*. Der »geduldete Fremde« befindet sich auf einer dreiwöchigen Betteltour durch Westfalen und Norddeutschland, um Geld für sein Unternehmen am Rande der Pleite aufzutreiben. Während seiner zwei Wochen in Hamburg, wo er in »einem first-rate Hotel«[57] logiert, haben die dortigen Behörden seine Aufenthaltsgenehmigung nicht verlängert, ihm stattdessen nur einen für Paris gültigen Reisepass für ein Jahr ausgestellt. Als Marx am 9. Mai nach Köln zurückkehrt, weiß er, was die Stunde geschlagen hat. Genau eine Woche dauert es noch, bis man ihm, zum dritten Mal in seinem jungen Leben, eine Frist setzt, das Land zu verlassen, diesmal ist es Preußen, der Staat, in dem er geboren wurde.

»In ihren neuesten Stücken tritt die ›N[eue] Rh[einische] Z[eitung]‹ mit der Aufreizung zur Verachtung der bestehenden Regierung, zum gewaltsamen Umsturz und zur Einführung der sozialen Republik immer entschiedener hervor. Es ist daher ihrem Redakteur en chef, dem Dr. *Karl Marx,* das Gastrecht, welches er so schmählich verletzt, zu entziehen.«

Wieder wird Marx gezwungen, das Land »binnen 24 Stunden zu verlassen. Sollte er der an ihn ergehenden Aufforderung nicht freiwillig Genüge leisten, so ist derselbe zwangsweise über die Grenze zu bringen.«[58]

Aus der Traum. Marx, Engels und ihre Redakteure, gegen die ebenfalls Ausweisungs- oder Haftbefehle vorliegen, verschaffen ihrer Zeitung nach einem knappen Jahr der Existenz aber noch einen denkwürdigen Abschied: Die letzte Nummer erscheint am 18. Mai 1849 komplett in roter Farbe gedruckt. Die Auflage von zwanzigtausend Exemplaren – vorher hat sie sechstausend erreicht – ist im Handumdrehen vergriffen. Als Sammlerstück erreicht sie bald schon das Zehnfache ihres Verkaufspreises. Das »Abschiedswort« schreibt Dichter Freiligrath in Versform. Seine erste Strophe endet mit den Zeilen:

»Aus dem Dunkel flog der tötende Schaft,
aus dem Hinterhalt fielen die Streiche –
Und so lieg ich nun da in meiner Kraft,
eine stolze Rebellenleiche!«[59]

Marx beendet seinen Abschiedsartikel mit einer kaum versteckten Drohung: »*Wir sind rücksichtslos, wir verlangen keine Rücksicht von euch. Wenn die Reihe an uns kömmt, wir werden den Terrorismus nicht beschönigen.* Aber die *royalistischen Terroristen,* die Terroristen von Gottes- und Rechts-Gnaden, in der Praxis sind sie brutal, verächtlich, gemein, in der Theorie feig, versteckt, doppelzüngig, in beiden Beziehungen *ehrlos.*«[60]

Doch damit will die Zeitung ihre treuen Leser nicht entlassen. Am Ende richtet die Redaktion noch einen dringenden Aufruf »An die Arbeiter Kölns«:

»Wir warnen Euch schließlich vor jedem Putsch in Köln ... Die Preußen werden an Eurer Ruhe verzweifeln.« Und schließlich ein letzter Gruß: »Die Redakteure der ›Neuen Rheinischen Zeitung‹ danken Euch beim Abschiede für die ihnen bewiesene Teilnahme. Ihr letztes Wort wird überall und immer sein: *Emanzipation der arbeitenden Klasse!*«[61]

So baut man einem Presseorgan ein Denkmal. Es ist »mit seinen 301 Nummern«, so Marx-Biograf Werner Blumenberg, bis heute »die beste deutsche sozialistische Tageszeitung geblieben«[62]. Der Preis ist schmerzlich hoch. Das Projekt hat das ganze Vermögen der Familie Marx verschlungen. Nachdem der Chef auf die Schnelle den Betrieb abgewickelt, alles Verkäufliche an den Mann gebracht und – so anständig ist nicht jeder – alle Löhne ausgezahlt hat, bleibt ihm: nichts. Seine gesamte Erbschaft, von der er noch Jahre sorgenfrei hätte leben und seinen Forschungen nachgehen können, hat sich in Luft aufgelöst.

Und was sagen die Seinen dazu? Große und kleine Jenny, Laura, »Musch« und Lenchen kommen in gängigen Schilderungen des »rasenden Jahres« in Marx' zweitem Kölner Leben so gut wie nicht vor. Wir wissen nicht einmal genau, wann sich Frau Marx nebst Anhang von der Mosel an den Rhein begeben haben. Im Mai oder Juni 1848 treffen sie in der Domstadt ein. Dort bezieht die Familie eine Wohnung in der Cäcilienstraße 7, unweit der Redaktion.

Der Frau des Chefs und ihren Kindern wird es an nichts gefehlt haben. Sein Blatt floriert: »Wenigen Zeitungen dürften in so kurzer Zeit so viele Abonnenten zugeströmt seyn, wie gerade der N.RH.Z«[63], heißt es im *Frankfurter Journal*. In der Geschäftsbilanz lebt Marx freilich von der Masse und zahlt sich sein Gehalt aus eigener Erbschaft aus.

Mit dem Ende der Zeitung ist für Jenny und die Ihren auch die längste Zeit eines materiell sorglosen Lebens endgültig Vergangenheit. Wie ein surreales Finale feiert sie »die berühmte ›rote Nummer‹« als »Feuerbrand in Form und Inhalt«[64]. Am Tag danach beginnt für sie die eher tragische zweite Hälfte ihres Lebens.

Nur in einer Weise ist sie wieder guter Hoffnung: Als sie nach Karls Ausweisung von Köln nach Trier zurückreist, ist sie im vierten Monat schwanger. Doch noch mit ihrem vierten Kind im Bauch beginnt der Abstieg. Auf der Reise muss sie, um die Kosten zu bestreiten, ihr »eben erst aus dem Brüsseler Pfandhaus erlöstes Silbergeschirr wieder von neuem in flüssiges Silber«[65] umsetzen.

Von der Mosel meldet sie: »Ich gehe hier nicht auf Rosen.«[66] Sie erlebt ihre Heimatstadt nun als »das kleinste, erbärmlichste Nest, voll von Klatsch und lächerlicher Lokalvergötterung«[67]. Als sie »mit meiner ganzen Bagage« ihren Mann am 7. Juli 1849 in Paris wieder in den Arm nehmen kann, wohnt er wie ein gesuchter Gauner unter falschem Namen im Hotel Voltaire in der Rue de Lille 45.

Das Schicksal ist ein sonderbarer Regisseur. Es hat Jenny – sechs Jahre verheiratet, drei Kinder – noch ein knappes gutes Jahr gegönnt vor dem langen Jammertal, das sie nie wieder ganz verlassen kann. Die Bilanz einer Beziehung und Ehe: sieben Jahre Einsamkeit, sieben mehr oder weniger glückliche Jahre, gefolgt von mehr als drei Jahrzehnten mit deutlich weniger Licht als Schatten.

Die Mutter in Trier macht eine andere Rechnung auf: »Jenny hat wohl das merkwürdigste Schicksal von tausend ihres Geschlechts. Immer ist sie an dem Ort, wo das Treiben und die Bewegung am größten ist. Es geht ihr mit ihrem Mann zu meiner höchsten Freude recht wohl.«[68]

So wie die Frau an seiner Seite für seine Sache und »unsere Partei«[69] brennt und dabei mit ihm gleichsam im Zentrum des Weltgeschehens steht, dürfte das Wort »erfüllt« ihr Jahr am Rhein ganz gut beschreiben.

Nach dem Kölner Intermezzo, das die beiden Teile seiner Biografie wie ein Scharnier verbindet, beginnt das zweite Leben des Karl Marx.

Er zieht sich mehr oder weniger aus der aktiven Politik zurück. Alles in allem ein recht kurzer Ausflug, der da zu Ende geht. Um eine Zeitung und seine letzte Festanstellung ärmer und nahezu mittellos, geht er aus dem zweiten Kölner Abenteuer in eine ungewisse Zukunft.

Paris, vor einem Jahr noch willkommene Zuflucht, befindet sich bereits tief in seiner nachrevolutionären Phase. Zehntausend Aufständische sind gefallen, weitere Tausende hingerichtet oder auf ferne Inseln verbannt worden. Kein idealer Ort für notorische Rebellen. Der zweite Kaiser – die »Farce« – steht vor der Tür: Binnen weniger Monate wird sich Napoleon III. erst wählen und dann krönen lassen.

Der Bärtige mit dem Feuerblick, der sich im Voltaire einmietet, nennt sich »Monsieur Ramboz«. Und schreibt seinem Kumpel, als lebte er im falschen Film: »Es herrscht hier eine royalistische Reaktion … Trotzdem stand ein kolossaler Ausbruch des Revolutionskraters nie näher bevor als jetzt zu Paris. Die Details dazu später. Ich komme mit der ganzen revolutionären Partei zusammen und werde in einigen Tagen *sämtliche* Revolutionsjournale zu meiner Verfügung haben.«[70] Nur eine Woche später sind die Blätter Geschichte.

Da sitzt Engels noch mittendrin in der spätrevolutionären Realität. »Besondere Kennzeichen: spricht sehr rasch und ist kurzsichtig«[71], heißt es auf einem neuen Steckbrief. Zusammen mit Willich ist er in den Süden Deutschlands gereist. Sie schließen sich den Badischen Aufständischen an, der letzten Front der deutschen Revolution. Seit seiner Rekrutenzeit ist Engels, von Marx und Familie später nur »General« genannt, dem Militärischen zugetan.

Während des Waffengangs dient er Willich als Adjutant. Er erlebt das Ende des Achtundvierziger-Traums auf dem Schlachtfeld, überlebt und kann fliehen. Uhrmacher Moll vom Kommunistenbund fällt im Feld, von einer Kugel in die Stirn getroffen. Willich, erst Kommunistenfreund, dann aber als politischer Gegner von Marx und Engels erbittert bekämpft, wandert bald in die USA aus. Dort macht er sich als Brigadegeneral aufseiten der Union im Sezessionskrieg einen Namen.

Enorme Zentrifugalkräfte in politisch bewegten Zeiten. Explosion, Revolution, Implosion. Und alles fliegt in alle Winde auseinander. Nachrevolutionäre Normalität. Aus Heimat wird Exil, aus Gemeinschaft ein Haufen Vereinzelter. Die einen wollen noch immer ihr Ding machen. Die anderen, in der Mehrzahl, eben nicht.

Genau vor dieser Situation steht Marx, als man ihn, in seiner wahren Identität enttarnt, in Paris aufstöbert. »Eines schönen Morgens«, so Jenny in ihren Erinnerungen, »trat wieder die bekannte Figur des Polizeisergeanten bei uns ein mit der Meldung, ›Karl et sa dame‹ hätten Paris binnen 24 Stunden zu verlassen.«[72]

Er und seine Familie dürften gerne in Frankreich bleiben, so die Regierung, müssten aber in eine gottverlassene Gegend übersiedeln. Die Morbihan-Marsche in der Bretagne entsprechen in etwa den verhassten Pontinischen Sümpfen im alten Rom. Die feine französische Art der Ausweisung. Marx lehnt dankend ab, so viel Realitätssinn ist ihm geblieben.

Dabei lebt er weiter im Nachbild seiner revolutionären Nebelwelt. »Les choses marchent tres bien«, liest Anfang August Weydemeyer, die Dinge gehen sehr gut voran, »und das Waterloo, das die offizielle Demokratie erlebt hat, ist als ein Sieg zu betrachten. Die Regierungen von Gottes Gnaden übernehmen die Rolle, uns an der Bourgeoisie zu rächen und sie zu züchtigen.«[73]

Zum Glück – man stelle sich vor, wenn nicht – gehört zu Europa auch ein Land, das nach eigenem Verständnis nicht Teil des Kontinents sein kann, weil es sein eigener Kontinent ist: das Vereinigte Königreich. Brexitannien bietet von jeher auch den Feinden seiner Feinde großzügig Asyl. Hauptsache, sie machen sich nicht an der Krone zu schaffen (auch das wird Marx einmal vorgeworfen). Soll doch jeder nach seiner eigenen Vorstellung glücklich werden. Im Vereinigten Königreich ist im gesamten 19. Jahrhundert kein politischer Flüchtling vom Kontinent an der Einreise gehindert oder abgeschoben worden.

Für Marx gibt es, biografisch retrospektiv, keinen geeigneteren Ort für seine geistige Suche nach dem Eigentlichen. Für seine Familie, und damit lebenspraktisch auch für ihn, ließe sich kaum ein schlimmerer nennen. Was bisher wie eine Irrfahrt erschien, war nur die Vorstufe der nun beginnenden Odyssee, gefangen in einem fremden Land. Der frankophile Marx kann kaum ein paar Brocken Englisch, als er die Fahrkarte nach England löst.

»Die Geschichte ist gründlich und macht viele Phasen durch, wenn sie eine alte Gestalt zu Grabe trägt«, heißt es in einer seiner frühen Schriften. »Die letzte Phase einer weltgeschichtlichen Gestalt ist ihre *Komödie*… Warum dieser Gang der Geschichte? Damit die Menschheit *heiter* von ihrer Vergangenheit scheide.«[74]

Er reist mit leeren Taschen. Das Fahrgeld bringen Unterstützer zusammen. Unter ihnen ein junger Mann, der in den kommenden Jahren zu Marx' Leidwesen als Arbeiterführer und Parteigründer in Deutschland Furore machen wird: Ferdinand Lassalle. Kaum hat der Löwe sein Territorium freigeben müssen, wird es von anderen erobert.

Zweiter Teil

14

Aufbruch mit offenem Ziel

Der multiple Marx

»Wer einmal ins Exil gezwungen wurde«, schreibt im epochalen Flüchtlingsjahr 2015 der afghanische, in Paris lebende Dichter Atiq Rahimi in seiner *Heimatballade*, »bleibt ein labyrinthisches Wesen, ganz im Hier, aber nie vollends da.« Das trifft ziemlich genau die Lage und das Naturell von Marx, als die Odyssee der Zufluchten im Dauerzustand des Exils in England ihr Ende findet.

Setzen wir die biografische Zeitmaschine noch einmal ein kurzes Stück zurück. Genauer gesagt auf Freitag, den 24. August 1849. In Venedig schlagen österreichische Truppen unter Feldmarschall Radetzky die »Repubblica di San Marco« nieder. Mit der letzten Bastion von Aufständischen gegen die alten Regime Europas muss sich die Revolution von 1848/49 nach eineinhalb Jahren Kampf endgültig der Reaktion geschlagen geben. Sie hat das 19. Jahrhundert dennoch geprägt wie kaum ein anderes Ereignis.

Bei ihrer Eroberung der Lagunenstadt setzen die Habsburger zum ersten Mal in der Geschichte eine Waffe ein, die im 20. Jahrhundert zum verheerenden Werkzeug modernen Kriegsterrors wird: Bomben aus der Luft. Damals noch per Ballon mit passendem Wind zum Zielort befördert, zielen sie gefüllt mit Schrapnellen und Sprengstoff bereits auf die Tötung von Zivilisten.

In Paris geht am selben Tag der dritte Internationale Friedenskongress zu Ende. Victor Hugo als Präsident der Tagung hat dort sein neues Konzept der »Vereinigten Staaten von Europa« vorgestellt. Karl Marx, der Internationale, hätte das sicher gerne kommentiert. Doch an diesem Tag hat er andere Sorgen. Um nicht in die Morbihan-Sümpfe deportiert zu werden, beugt er sich dem Ausweisungsbefehl, packt seine Siebensachen und verlässt die französische Hauptstadt in der gesetzten Frist. Seine Familie muss er vorerst zurücklassen. Auf dem Dampfschiff City of Boulogne setzt er über den Ärmelkanal. Zwei Tage später erreicht er London auf dem damals schnellsten Weg über die Themse.

Die größte Stadt auf Erden bevölkern seinerzeit zweieinhalb Millionen Menschen. Das Häusermeer erstreckt sich von West nach Ost über fünfzehn, von Nord nach Süd über elf Kilometer. Darin blendender Reichtum neben krassester Armut, hier Paläste, dort Elendsquartiere, akademische Hochbildung für die einen, Analphabetentum bei den anderen. Ein unfassbares Babylon der Gegensätze, kosmopolitisch, geschäftig und prächtig, brutal, laut, stinkend – und teuer.

Marx kommt zunächst in Camberwell bei Karl Blind unter. Der Achtundvierziger-Revolutionär ist durch Heirat zu Geld gekommen. Heute würde man freundlich von Couchsurfing sprechen. Für eine anständige Bleibe fehlen dem Ankömmling die Mittel. Kaum hat die Tragödie der ersten Lebenshälfte furios in feuerroten Lettern ihr Finale gefeiert, nimmt die absurde Komödie der zweiten im nebelgrauen London ihren Lauf. Die »schlaflose Nacht des Exils«[1], wie Engels einmal sagt, hat begonnen.

Leere Taschen zwingen Marx und Familie, von der Herkunft Mittelschicht, zwei Jahrzehnte lang zu einem Leben auf Pump, die Anfangsjahre am unteren Ende der sozialen Stufenleiter. Damit sind sie beileibe nicht allein. Nach dem Zusammenbruch der Revolution haben Flüchtlinge vom Kontinent die Großstadt überflutet. Sie stecken alle mehr oder weniger im gleichen Schlamassel. Armut als wiederkehrendes Muster der Londoner Zeit gehört zum Mythos des aufopferungsvollen Revolutionärs wie Bart und Haarschopf zur Ikone.

Eine Begegnung mit Marx im biografischen Zeitreisezug dürfen wir uns gleichwohl als unvergesslich vorstellen. Um die dreißig schon längst eine Erscheinung mit einnehmender Präsenz, klug, gebildet und ironisch mit zugekniffenem Auge hinterm goldnen Monokel, kompromisslos, kampfeslustig und zupackend, dabei ruhig und entschlossen, ein sprechendes Pokerface mit blitzenden Augen in bewegten Schlitzen. Und wenn er einmal sein Mienenspiel einsetzt, dann so ausdrucksstark, dass es der Bart nicht versteckt, sondern verstärkt. Marx macht Eindruck, das steht außer Zweifel. Doch das zählt jetzt nicht.

Kaum ist er angekommen, zeigt sich ein weiteres Wesensmerkmal seines künftigen Daseins. Wegen Brechdurchfalls kann er das Haus nicht verlassen. Das Martyrium von Armut und Krankheit gepaart mit der Verzweiflung des Emigranten hat begonnen. Es wird ihn, von kurzen Erholungsphasen abgesehen, den Rest seiner Erdenjahre begleiten.

Niemand sollte Verstorbenen posthum leichtfertig Diagnosen stellen. Aber passt er nicht in das Bild von Persönlichkeiten mit vielen Ichs?[2] Solche Menschen, deren Selbst die unterschiedlichsten Gesichter annehmen kann, sind nicht ein bisschen böse und ein bisschen gut, halb mutig und halb ängstlich. Sie sind alles in voller Ausprägung, mal das eine, mal das andere. Als Chef ein Arschloch, als ehrenamtlicher Helfer ein Engel, als Patient ein heulendes Elend.

Marx' sprunghaftes Verhalten je nach Situation und Umfeld hat in zahlreiche Berichte über seinen persönlichen Umgang mit Familie, Freund und Feind Eingang gefunden. Hier der liebevolle, liebenswerte »Mohr«, von seinen Nächsten so genannt wegen seiner maurisch anmutenden Erscheinung, dort der Berserker im Beharren auf eigene Unfehlbarkeit, da der Kämpfer gegen feindliche Windmühlen, die oft nur er selber sieht. Dann wieder der scharfsinnige Denker, dem auch ärgste Feinde Anerkennung zollen müssen. Und in allem am liebsten extrem. Das könnte auch die unterschiedlichen Sichtweisen seiner Biografen erklären. Da schillert Marx wie ein vielseitiger Kristall, der von jeder Seite anders erscheint. Nach übereinstimmenden Schilderungen seiner Familie und seiner Freunde muss er ein heiterer, stets zu Späßen aufgelegter Mann gewesen sein, einer, der gern und viel gelacht hat, selbst wenn es für ihn nicht viel zu lachen gab.

Die Grenzen zwischen Leiden und Charakterzug verlaufen wie so oft fließend. Wie sich die Extremform der »Dissoziativen Identitätsstörung« als unheilbare Erkrankung auswirken kann, hat Robert Louis Stevenson in seiner unvergessenen Doppelgängernovelle *Der seltsame Fall von Dr. Jekyll und Mister Hyde* drei Jahre nach Marx' Tod in die Annalen der Weltliteratur eingeschrieben. In der kräftig-gesunden Ausprägung gilt das multiple Ich heute als Stärke und Vorteil. Marx könnte davon – auch darin seiner Zeit voraus – enorm profitiert haben.

Sollte er sein wandelbares Ich eingesetzt und so seine Kräfte konzentriert haben, dann könnte das auch die außergewöhnliche Entwicklung seiner Gedankenwelt erklären helfen. Da liefert der Historiker dem Philosophen zu, arbeitet der Ökonom mit dem Soziologen zusammen, und jeder lässt seine Spezialität in den Bau des Gebäudes einfließen.

Entsprechend fällt das Marx-Bild aus, je nachdem, ob es eher den Ökonomen zeichnet, den Politiker, den Kommunisten, den Zeithistoriker oder Journalisten, den Stinkstiefel und Spaltpilz oder den treuen Freund. Jedes Einzelne greift jedoch zu kurz. Es gibt nicht den einen

Marx, sondern eher einen multiplen, menschlich wie fachlich, als hätte da einer tatsächlich ein Doppelleben zwischen Mr. Karl und Dr. Marx geführt.

Kein Spezialist, kein Schubladendenker, kein Star einer Einzeldisziplin, die nicht über den Tellerrand hinauszublicken vermag: Er sucht den Überblick, will das Ganze erfassen. Als Zusammendenker, interdisziplinär im besten Sinn, ähnelt er einem modernen Zehnkämpfer. Ein Enzyklopädist in der Tradition Diderots und Universalgelehrter vom Schlage eines Goethe, einer der Letzten seiner Art. Ein Panoramamaler auch, der das Gesamte im Auge behält, aber nicht als stehendes Bild, sondern wie einen Film als lebendiges, dynamisches Ding, das mit seiner Zeit geht und lebt.

Wer seine Genialität sucht, wird sie nicht in einer Schublade finden. Sie steckt, um im Bilde zu bleiben, im ganzen Schrank. Oder besser noch: im gesamten Möbelhaus. Sein Lebens- gleicht einem Gesamtkunstwerk, das einen höheren Wert besitzt als die Summe seiner Teile. Abertausende vollgekritzelte Blätter – Exzerpte aus Büchern aus der Bibliothek, die er sich bei mehr Wohlstand hätte leisten können – verraten seine vielseitigen Interessen auch über die bekannten Fächer hinaus: Er hat sich mit Geologie und Biologie und Medizin beschäftigt, mit Mathematik und Physik, Landwirtschaft und Elektrotechnik, um nur einige zu nennen. Um Originaltexte zu lesen, hat er sich Sprachen angeeignet, als wäre es nichts, darunter auch Spanisch und Russisch.

In der Geschichte der Biografik gibt es wohl kaum einen Zweiten, dessen Lebensschilderungen derart extreme Widersprüche zutage fördern. Zwischen Unmensch und Übermensch, Realist und Traumtänzer ist fast alles im Angebot. Hier das nicht nur von Lenin gefeierte »Genie«, dort »ein Scharlatan«, »der destruktivste Spekulant der Weltgeschichte«.[3] Versteher und Verdreher kreuzen unversöhnlich die Klingen. Man findet Hasspamphlete, historische Relativierungen, Hagiografien, aber selten einfühlsame Schilderungen eines Mannes, der sicher auch nicht von Selbstzweifeln verschont geblieben ist.

Einig sind sich alle, Verfechter wie Verächter, die sich mit den schriftlichen Hinterlassenschaften des immens fleißigen Autors herumschlagen dürfen, über seine saumäßige, schier unleserliche Klaue. Die Schreibmaschine ist noch nicht erfunden, Pech für alle Nachgeborenen. Zeitungen und Bücher können in Auflagen von Hunderttausenden gedruckt werden. Aller übrige Schriftverkehr läuft wie seit Jahrhunderten über Manuskripte, also Hand-Schriften ab.

Mit seiner Krakelschrift erweist sich Marx darin als wahrer Meister der Heimtücke. Fast so, als wollte er sich hinter dem Schriftbild seiner Gedanken verstecken. Er muss sie allerdings auch noch mit Federkiel und Tinte aus dem Fass aufs Papier kratzen. Dabei entpuppt sich der verbale Giftspritzer als veritabler Tintenkleckser. Eine Kostprobe mag genügen – das Original der elften These zu Feuerbach:

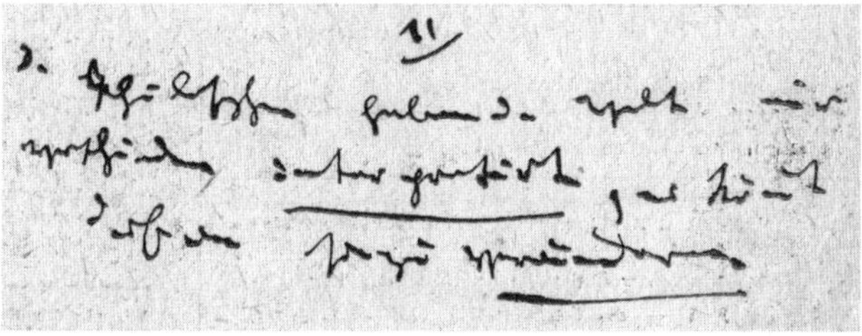

Deutlich erkennbar, wie »interpretirt« ohne das »e« geschrieben ist, dass es »kömmt« heißt statt »kommt« und das Wort »aber« fehlt. Eine redaktionelle Veränderung, die sein posthumer Bauchredner Engels vorgenommen hat.

Ausgerechnet seit dem Jahr des Volksaufstandes in der DDR 1953 prangt der Satz als Motto am Treppenaufgang im Hauptgebäude der Berliner Humboldt-Universität. Vierzig Jahre danach, als die letzten Mauerreste gerade verschwinden und die alten Marxismen unter sich begraben, brechen Bilderstürmer ein paar der Buchstaben aus dem Marmor. Ihr Protest gegen den sozialistischen Geist bleibt erfolglos. Die restaurierte Inschrift dient heute als beliebter Hintergrund touristischer Gruppenfotos. Man stelle sich dazu einen Komponisten vor, dessen später millionenfach gesungene Melodie in seiner Lebenszeit nie erklungen ist.

Schon bald nach seiner Ankunft in London nimmt Marx seine wissenschaftliche Arbeit wieder auf. Die Bibliothek des Britischen Museums wird zu seinem zweiten Wohn- und Arbeitszimmer. Hier soll das große Werk Formen annehmen. Er nutzt die weltgrößte Sammlung ökonomischer Literatur[4], um sich eine eigene handgeschriebene Materialsammlung zu verschaffen. Bevor er sich zur Politischen Ökonomie äußert, muss er sie sich erst erschließen.

Niemand hat die Buchseiten gezählt, die er dazu während oft zwölf Stunden währender Sitzungen durchgearbeitet und ausgewertet hat. Dazu die tägliche Lektüre von *Times* und *Economist* und jeder Menge weiterer Periodika. Erhalten haben sich aus diesen Jahren insgesamt vierundzwanzig umfangreiche, fortlaufend nummerierte Exzerpthefte, auf die er immer wieder zurückgreifen kann. Zwischen 1838 und 1882 hat Marx, zählt man nur die erhaltenen, etwa zweihundert Notizbücher mit solchen Auszügen gefüllt, rund dreißigtausend Seiten. Gedruckt wären das mehr als fünfzig Bücher vom Umfang des hier vorliegenden, geschrieben in acht Sprachen.

Zettels Albtraum, seit 1938 im Amsterdamer International Institute of Social History aufbewahrt und ausgewertet. Gleichmäßig kühle, trockene Luft in einem ehemaligen Kakaolager am Hafen der Grachtenstadt hinter einer tresorartig gesicherten Schleuse sorgt dafür, dass die Dokumente so haltbar wie möglich für die Nachwelt aufbewahrt werden. Der Gang durch die heiligen Hallen der Marxschen Handschriften vermittelt einen Eindruck der schier unmenschlichen Anstrengung, die er im Verborgenen geleistet hat. Gleichwohl hat Marx in seiner Zeit auf Erden zwar viel geleistet, aber nur wenig erreicht. »Nach den Maßstäben seiner Zeitgenossen«, resümieren die MEGA-Mitarbeiter Regina Roth und Jürgen Herres, »muss man Marx wahrscheinlich als eine gescheiterte Existenz bezeichnen.«[5]

In Schilderungen seiner intellektuellen Entwicklung heißt es oft, Marx habe jahrelang die Suche nach dem Eigentlichen vernachlässigt. Das verkennt seine unermüdlichen Bemühungen, dem Wesen der Dinge auf den Grund zu gehen. Vom Recht auf Faulheit hat er jedenfalls keinen Gebrauch gemacht. Sein Schneider und Mitstreiter Friedrich Leßner erinnert sich, Marx habe oft gesagt: »Wir erstreben den achtstündigen Arbeitstag, aber wir selbst arbeiten oft mehr als zweimal so lang innerhalb von 24 Stunden.«[6]

»Im Privatleben«, heißt es in einem der vielen Spitzelberichte der preußischen Polizei aus Marx' Londoner Anfangsjahren, »ist er ein höchst unordentlicher, zynischer Mensch, ein schlechter Wirt; er führt ein wahres Zigeunerleben. Waschen, Kämmen und Wäschewechsel gehört bei ihm zu den Seltenheiten; er berauscht sich gern. Oft faulenzt er tagelang, hat er aber viel Arbeit, dann arbeitet er Tag und Nacht mit unermüdlicher Ausdauer fort; eine bestimmte Zeit zum Schlafen und Wachen gibt es bei ihm nicht; sehr oft bleibt er ganze Nächte auf, dann legt er sich wieder mittags ganz angekleidet aufs Kanapee und schläft bis abends, unbekümmert um die ganze Welt, die bei ihm frei aus- und eingeht.«[7] Die Schatten wissen alles.

»Er arbeitete immer«, notiert Wilhelm Liebknecht, »wenn es nur irgend möglich war. Auch beim Spazierengehen hatte er sein Notizbuch bei sich, und jeden Augenblick machte er Einträge.«[8]

In Bilanzen der Marxschen Biografie kommen Erfahrungen des Alltags regelmäßig zu kurz. Kaum ein Aspekt seines Lebens und Schaffens wird ähnlich verkannt wie der einfache Blick eines Menschen auf seine Umwelt. Als sei Marx blind durch die Wirklichkeit spaziert. Tatsächlich geht er mit wachen Augen auf sie zu. Ohne begleitende Anschauung wäre er vielleicht nie zu den Einsichten gelangt, die uns bis heute bewegen. Sie erst bietet seinen vielgestalteten Interessen den idealen Nährgrund.

Wohl kein Ort der Welt hätte einem notorisch Neugierigen und chronisch mittellosen Wahrheitssucher dafür ein besseres Umfeld bieten können als das babylonisch-labyrinthische London des 19. Jahrhunderts. Dort verkehrt er – als Intellektueller geachtet, aber kaum beachtet – meist unter Leuten, die man eher im Pfandhaus antrifft als in einer Geschäftsbank. Da er sich Fahrten mit der Droschke in der Regel nicht leisten kann, legt er seine Wege zu Fuß zurück. Sie führen ihn durch eine Weltstadt, die ihm den Alltag der Menschen vor Augen führt.

Während der ersten sieben Jahre in Soho braucht Marx keine zehn Minuten zu Fuß bis zum Hauptportal der Bibliothek an der Great Russell Street. Am Grundriss von Whitechapel hat sich seit jenen Tagen nichts wesentlich geändert. Die Gegend hat ihr Gepräge, wenn auch weiter verdichtet durch moderne Bürobauten und Hochhäuser, im Großen und Ganzen beibehalten. Quartiere mit Gassen und engen Straßen, durchschnitten von Trassen für den Ausfallverkehr. Omnibusse und Privatkutschen, seinerzeit von starken Pferden, heute von Pferdestärken angetrieben, machen das Überqueren von Traversen wie der Tottenham Court Road schon damals zum Abenteuer.

Heute bieten jeden Sonntag geübte Stadtführer kommentierte »Marx Walks« an. Sie geleiten Interessierte zu den Wohn- und Wirkstätten des Exilanten im Zentrum. Der Gang durch das Viertel führt vorbei an Marx Hair Salon und dem ersten Zuhause der Gestrandeten im Leicester Haus, wo heute eine feine Fastfoodkette namens Le Bun – »London's Best Burgers« – eine Filiale unterhält, vorbei an 64 Dean Street, wo die erste Marxsche Notunterkunft bis zu ihrem Abriss stand, bis Hausnummer 28, die erhalten ist, mit Marx-Plakette auf der Fassade und dem eingeführten italienischen Edelrestaurant Quo vadis im Parterre.

Die Marxsche Wohnung in Soho besticht schon damals weniger durch ihren Schnitt als durch die Lage. Quirliges Leben, Vielvölkergemisch, Theater zuhauf, verrauchte Pubs, Läden mit Kauf auf Kredit, Treffpunkt der Exilanten und Arbeitervereine. Heute können Leute seiner Einkommensklasse von einer Unterkunft in der hippen Nachbarschaft nur träumen. Vor den Häusern reihen sich teure Sportwagen und SUVs. Die Etagen beherbergen bald mehr Boni-Empfänger aus der City als Bewohner mit alten Rechten. Die Kulis in den Gassen des nahen chinesischen Viertels kommen längst aus Polen und der Ukraine, die Millionäre in Covent Garden zunehmend aus China, Russland oder Arabien. Nicht nur der Arbeiter, auch das Kapital kennt kein Vaterland.

Marxistisch geschult, schaffen die Tour-Guides Verbindungen zwischen seinem Leben und Denken. »Das Wertgesetz regiert. Kapitalismus kann nur bei Profitwachstum überleben. Bleibt es aus, dann …« – der Rest geht unter im Lärm eines Wirtshauses, wo sich ein schnelles Mittagsbier genehmigt wird. Dazu passend Liebknechts Schilderung einer »Bierreise«, wie er sie mit Marx und Edgar Bauer erlebt hat:

Als die drei ihren Plan, sich »in jedem Wirtshaus zwischen Oxford Street und Hampstead Road ›etwas‹ zu ›genehmigen‹«[9], bereits reichlich erfüllt haben, geraten sie mit einer Gruppe Briten aneinander. »Marx ließ eine enthusiastische Rede auf die deutsche Wissenschaft und *Musik* vom Stapel … die Engländer, die keine Musik hätten, stünden im Grunde tief unter den Deutschen … So fließend habe ich nie englisch sprechen gehört … Die Mienen unserer Gastfreunde verfinsterten sich … die Köpfe erhitzten sich, Fäuste fuchtelten in der Luft und – wir waren vernünftig genug, den besseren Teil des Muts zu erwählen, und bewerkstelligten, nicht ganz ohne Schwierigkeit, einen passablen würdigen Rückzug … bis Edgar Bauer über einen Haufen Chausseesteine stolperte. ›Hurra, eine Idee!‹ … und kladderadatsch! eine Gaslaterne flog klirrend in Scherben. Unsinn steckt an – Marx und ich blieben nicht zurück, und wir zerbrachen vier oder fünf Laternen.«[10] O happy days.

Wer sich eine Vorstellung vom Zentrum der damals größten Stadt der Welt machen will, muss sich dazu einen Kosmos aus olfaktorischen Reizen zusammenreimen. Wo sich heute Dieselschwaden ins Duftbouquet aus Pubs und Restaurants und tausendundirgendeiner Imbissbude mischen, zieht in jenen Tagen der nasebetäubende Dung einer unübersehbaren Herde von Zugrossen zusammen mit dem beißenden Gestank menschlicher Exkremente aus ungeklärten Kloaken um die Ecken.

Der »Great Stink« im Juni 1858 zwingt schließlich sogar das Parlament, seine Arbeit einzustellen. Vergeblich wird noch versucht, das Unterhaus durch Laken, getränkt mit kochsalzsaurem Kalk, gegen die Ausdünstungen der Themse zu schützen. Als drei Jahre danach Prinz Albert, geliebter Ehemann von Königin Victoria, mit nur zweiundvierzig Jahren vermutlich an Typhus stirbt, schreitet die Stadtverwaltung zur Tat und beginnt mit dem Bau eines Abwassersystems.[11]

Zum Mief aus Mensch und Tier dickt Kohlerauch aus unzähligen Feuerstellen bei winterlichen Wetterlagen die Luft fast bis zur Undurchsichtigkeit ein. Da ergibt das Bild von der reinigenden Kraft des Regens, den London so reichlich genießt, noch echten Sinn. Ein Luftkurort sieht aber anders aus. Diesen Titel verdient, im Vergleich, eher das frisch erschlossene Neubaugebiet in Kentish Town unweit der Hampstead Heath, wo Familie Marx ab 1856 an verschiedenen Adressen wohnt.

Dort, die ersten Jahre in der Grafton Terrace, verfügt Marx endlich über ein eigenes Arbeitszimmer. Wie es darin aussieht und wie er darin arbeitet, schildert Schwiegersohn Paul Lafargue: »Es war im ersten Stock gelegen und das breite Fenster, durch welches der Raum sein reichliches Licht erhielt, ging in den Park. Zu beiden Seiten des Kamins und dem Fenster gegenüber waren an den Wänden Bücherschränke, die mit Büchern gefüllt und bis zur Decke mit Zeitungspaketen und Manuskripten überladen waren. Gegenüber dem Kamin und an einer Seite des Fensters standen zwei Tische voll mit Papieren, Büchern und Zeitungen; in der Mitte des Raumes und im günstigsten Lichte befand sich der sehr einfache und kleine Arbeitstisch (3 Fuß lang, 2 Fuß breit)« – also etwa ein Meter mal sechzig Zentimeter – »und der Lehnstuhl aus Holz; zwischen dem Lehnstuhl und dem Bücherschrank, dem Fenster gegenüber, stand ein Ledersofa, auf dem Marx sich von Zeit zu Zeit ausstreckte, um zu ruhen. Auf dem Kamin lagen noch Bücher, dazwischen Zigarren, Zündhölzchen, Tabaksbehälter, Briefbeschwerer, Fotografien seiner Töchter, seiner Frau, Wilhelm Wolffs und Friedrich Engels'. Er war ein starker Raucher: ›Das ‚Kapital' wird mir nicht einmal so viel einbringen, als mich die Zigarren gekostet, die ich geraucht‹, sagte er mir ... Er ruhte aus, indem er im Zimmer auf und ab schritt; von der Tür bis zum Fenster zeigte sich auf dem Teppich ein total abgenutzter Streifen, der so scharf begrenzt war wie der Fußpfad auf einer Wiese.«[12]

Das klingt größer, als es war. Und ist. Das Haus 46 Grafton Terrace steht noch, kaum breiter als eine geräumige Garage und vier Stockwerke hoch. Doch nichts erinnert hier an den prominentesten Bewohner von

Kentish Town. Der heutige Eigentümer scheint Marx am liebsten vergessen machen zu wollen. Er soll sich geweigert haben, eine Gedenktafel anbringen zu lassen.

Heute wohnt dort ein Mann mittleren Alters. Er nennt sich Colin, macht keinen besonders wohlhabenden Eindruck und weiß den ungebetenen Gast gleich richtig einzuschätzen. »Sie sind wegen Marx hier, richtig? Da kommen viele. Ich lasse niemanden rein.« Sagt's, steigt die Treppe hinauf, schließt die knallrote Haustür auf und lässt den Besucher draußen stehen. Der ruft ihm nach: »Entschuldigen Sie bitte, aber könnte ich vielleicht kurz Ihre Toilette benutzen?« Da stockt der Mann, dreht sich kurz um, nickt, bittet wortkarg hinein, wehrt alle Fragen ab.

»Kein Kommentar zu Marx.« Er zieht alle Türen zu, »wegen der Unordnung«, und zeigt übers Treppenhaus hinauf den Weg zum Bad. Bevor sich der Türspalt schließt, ein kurzer Blick in den Raum, der Marx' Arbeitszimmer war. Es liegt im ersten Stock auf der Eingangsebene. Zimmerfluchten sehen anders aus. Aber für den Hausherrn muss es die Erfüllung gewesen sein. Endlich ungestört zu Hause arbeiten.

Ihre Mahlzeiten nimmt die Familie, wie bei diesem Bautyp bis heute üblich, im Erdgeschoss ein, das im Souterrain liegt. Das Bad befindet sich über dem Salon im zweiten Stock, mit Blick auf einen bescheidenen Garten. Ein winziger Raum, damals mit fließendem Wasser der letzte Schrei. Echte Marxianer würden in diesem Moment vielleicht die Kloschüssel küssen. Dem einfachen Gast genügt der Eindruck des Orts, an dem der Herr seine Hosen herunterließ.

Von hier braucht Marx bei zügigem Schritt eine Dreiviertelstunde bis zum Museum. Der Weg führt ihn über die Brücke am Schleusenhafen von Camden. Heute ist der Kanal mit seinen alten Kähnen nur noch Teil der Kulisse einer touristisch beliebten Kommerzzone aus Flohmarkt, Cafés, Shoppingmalls und Billigläden für Schuhe und Klamotten. Wie würde Marx wohl auf den Anblick der Industriekultur reagieren, auf die Nutzung ehemaliger Fabriken, Brauereien und Lagerhallen als Spielstätten der Spaßgesellschaft mit ihrem Dienstleistungsproletariat?

Marx besitzt einen sicheren Blick für Veränderungen. Die Verwandlung der Welt vollzieht sich vor seinen Augen. Was gestern unverzichtbar war, wird morgen überflüssig. Schiffbares Wasser war ein entscheidender Faktor für die Ausbreitung des Kapitalismus in der ersten Hälfte des 19. Jahrhunderts. Zwischen den Kontinenten ist es das bis heute.

Nur wer seine Waren und Gerätschaften im industriellen Maßstab transportieren kann, hat Aussicht auf eine profitable kapitalistische Produktion. Da das auf dem Landweg mit Pferdekraft unmöglich wird, bleibt nur: Wasser. Das Netz aus Kanälen legt bis heute Zeugnis davon ab. Sie verlieren ihre exklusive Bedeutung, sobald die Eisenbahn allmählich fast jeden Fleck auch für Schwertransporte zugänglich macht.

Marx hat den Übergang bei seinem Marsch in die Bibliothek täglich im Blick. Hier das Gewusel der Schauerleute und Schlepper am Kai, dort die Schotterschaufler, Schwellen- und Schienenleger auf der neuen Trasse nach St. Pancras Station. Die Bahn schlägt gewaltige Schneisen in die Städte, die für die neue Mobilität bis zu zehn Prozent ihrer Flächen opfern. Auch wenn es in seinen Schriften nur selten Ausdruck findet: Als sinnlicher Mensch, der Marx *in privatim* geblieben ist, kann er sich der Wirkung des Eindrucks kaum entziehen. Der Kapitalismus produziert seine eigenen Verhältnisse. Waren müssen wandern. Er sieht es jeden Tag. In London erlebt er ab 1860 auch den Bau der ersten Untergrundbahn der Welt.

Heute könnte er auf seinen ausgedehnten Gängen durch die Stadt ein neues Phänomen bestaunen, das weltweit besonders in Metropolen um sich greift. London gerät mehr und mehr in den Griff vor allem ausländischer Investoren, die sich Immobilien als reine Wertanlagen zulegen. Manche »bessere« Wohngegenden wirken bereits wie Geisterviertel, während sich immer weniger Alteingesessene Kauf oder Miete leisten können.

»Vater Marx«[13], wie sie ihn in den Straßen seines Viertels nennen, könnte hier neue Bewertungen von Tausch und Kauf vornehmen. Inzwischen bauen internationale Konsortien ganze Stadtteile neu, deren Wohnraum nur noch für Multimillionäre und Milliardäre erschwinglich ist.

Um das alte Hauptquartier des Ölkonzerns Shell nahe der Waterloo Station am Ufer der Themse schafft der Staatsfonds des Ölstaates Katar sieben Büro- und Apartmenthäuser. Die kleinste Einzimmereinheit – »der Inbegriff von Luxus« – ist für eineinhalb Millionen Pfund zu haben. Die Katarer haben bereits profitable Erfahrungen mit dem »Shard« gemacht, der »Scherbe«, einem Luxusbau der Superlative, der ein Stück flussabwärts an der London Bridge pyramidal dreihundert Meter steil in den Himmel ragt und zur Geldmaschine der City hinüberwinkt.

Gen Westen, vorbei am St. Thomas Hospital mit Blick hinüber nach Westminster, sind es noch ein paar Hundert Meter auf der Southbank bis zum ehemaligen Kohlekraftwerk von Battersea. In dem gigantischen Ziegelsteinbau und auf den umliegenden Brachen baut ein Konsortium aus Malaysia für fünfzehn Milliarden Pfund das komplett neue Stadtviertel »Nine Elms« für die oberen Zehntausend – sofern sie überhaupt einziehen wollen.

Arbeiter berichten von ganzen Neubaufluchten, in denen die Luxus-Apartments nach Fertigstellung und Bauabnahme tipptopp ausgestattet, herausgeputzt und dann versiegelt werden. Immer häufiger wollen Investoren gar nicht in ihrer Immobilie wohnen oder sie auch nur vermieten. Jungfräuliche Wohnungen lassen sich wie Neuwagen, so heißt es, besser zu Geld machen als gebrauchte. Bezahlbarer Wohnraum für Normalverdiener oder gar für die wachsende Reservearmee der Verarmten wird dagegen so knapp, dass sie ständig weiter ausweichen müssen. So entsteht bei vollen Portfolios eine Form von Leerstand, bis »die Leute vor lauter Überfluß verhungern«[14], wie Engels einmal sagt. Die »Marx Guides« übersetzen das Grabsteinmotto »Rest in Peace«, R.I.P., entsprechend in »rent, interest, profit«.

Für Marx wird zeitgleich mit dem Umzug nach Norden auch der Besuch der Bibliothek zu einem neuen Erlebnis. Ab dem 11. Juli 1856 verschafft ihm sein Nutzerausweis Zutritt zum brandneuen Lesesaal unter der gewaltigen Kuppel, die das Universum der Schriften im damals größten und großartigsten Bauwerk bibliophiler Architektur überwölbt.

Seit der Jahrtausendwende bildet sie das Herz einer hypermodernen Stahl-Glas-Konstruktion von Norman Foster. Er hat den gesamten Innenhof des Musums zum größten überdachten öffentlichen Platz Europas gemacht. Besuchern wird auf Nachfrage Marx' Stammplatz präsentiert. »Hier hat Karl Marx gesessen, als er…« Platz G 7, neben den Nachschlagewerken. Ein Stuhl am Tisch wie alle anderen. So eine Bibliothek macht auf angenehme Weise gleich. Ob er tatsächlich immer dort gesessen hat, gilt allerdings keineswegs als sicher.

»Manchmal hatte man keinen Bissen im Leibe«, erinnert sich Liebknecht, »allein, vom Gang ins Museum hielt das nicht ab – hatte man dort doch bequeme Stühle zum Sitzen und im Winter eine behagliche Wärme – was zu Haus fehlte, wenn man überhaupt ein ›Zuhaus‹ oder ›Heim‹ hatte.«[15] Die Marx-Kinder haben dem Freund des Hauses den Spitznamen »Library« gegeben.[16]

Hier also verbringt Marx seine Stunden, hier sammelt er die Bausteine für sein Weltgebäude, hier formuliert er den Grundstock an Gedanken, die bis heute lebendig sind. Er liest Theorie und erlebt Praxis. Der Heimweg nimmt ihm die letzte Illusion. Am Ende tastet er sich über Baustellenschutt durch das Dunkel eines Neubaugebietes: Suburbia, nicht von kleinen Bauherrn zum Eigennutz errichtet, sondern von Bauträgern im großen Stil zum Zweck der Spekulation. Den falschen Eingang erkennt er oft erst, wenn der Schlüssel nicht passt.

Hat er schließlich heimgefunden, ist sein Arbeitstag noch lange nicht zu Ende. »Zu Hause angelangt«, berichtet Leßner, »nahm er seine Mahlzeit ein, nach welcher er kurze Zeit ruhte, um dann wieder von neuem an die Arbeit zu gehen, welche oft, nur gar zu oft, bis spät in die Nacht, ja nicht selten bis in den frühen Morgen fortdauerte.«[17]

15

Being Jenny Marx

Das Drama der begabten Gattin

Die Liebe zwischen Menschen, ob leise begonnen oder in Leidenschaft, kennt zwei äußerste Verläufe: Entweder sie blüht und vergeht, bis sie ein natürliches Ende findet. Oder sie bleibt durch alle Höhen und Tiefen bestehen, bis der Verbliebene sie mitnimmt ins Grab. Von dieser Sorte Liebe soll hier die Rede sein.

Zu erzählen ist der zweite, eher tragische Teil der Geschichte zwischen Jenny und Karl. Nach sieben Jahren Einsamkeit und sechs weiteren, oft glücklichen gemeinsamen in Paris, Brüssel und Köln verlangt das Dasein Frau Marx vom ersten Tag in London alles ab, was einem der Bund fürs Leben zumuten kann.

Als sie am 17. September 1849, im achten Monat schwanger, im Themsehafen einläuft, steht statt ihres bettlägerigen Mannes der Dichter Georg Weerth am Kai. Mit dessen Hilfe wird sie, wie sie sich später erinnert, »krank und matt mit den drei kleinen hin und her gehetzten Kindern in einem kleinen Boardinghouse bei einem Schneidermeister am Leicester Square untergebracht. In aller Eile wurde nun eine größere Wohnung in Chelsea aufgetrieben, denn die Zeit, ein ruhiges Obdach zu bedürfen, rückte näher und näher heran.«[1]

Die zwei Zimmer in der Anderson Street, unweit des Sloane Square, werden Zeugen eines freudigen Ereignisses mit traurigem Nachspiel: »Am 5. November, während draußen die Volksstimmen mit dem Ruf Guy Fawkes for ever ertönten und kleine Jungen barock maskiert auf künstlich fabrizierten Eseln in den Straßen auf und ab zogen, während des Getöses war mein armer kleiner Heinrich geboren. Zu Ehren des großen Konspirators ward unser kleiner Ankömmling Föxchen genannt.«[2] Mit richtigem Namen heißt der kleine Fuchs Henry Edward Guy.

Das Datum 5. November steht für die »Pulververschwörung« des Fähnrichs Guy Fawkes, der an diesem Tag 1605 versuchte, König und

Oberhaus mit Sprengstoff in die Luft zu jagen. Im Andenken daran ziehen bis heute in ganz England Menschen in Fackelzügen mit Feuerwerk durch die Straßen. In jüngster Vergangenheit haben das Internetkollektiv Anonymus und die Occupy-Bewegung Guy Fawkes mit ihren Masken mit dem breiten Grinsen und hochgezogenen Schnurrbart wieder zum Symbol ihrer Proteste gemacht.

Dem neuen Erdenbürger hat sein Geburtsdatum kein Glück gebracht: »Ich schreibe Dir nur zwei Zeilen«, teilt der Vater seinem Freund in Manchester am 19. November 1850 mit. »Heute morgen um zehn Uhr ist unser kleiner Pulververschwörer Föxchen *gestorben.* Plötzlich, durch einen der Krämpfe, die er oft gehabt hatte. Einige Minuten vorher lachte und schäkerte er noch. Die Sache kam ganz unverhofft. Du kannst Dir denken, wie es hier aussieht. Durch Deine Abwesenheit sind wir grade in diesem Moment sehr vereinsamt.«[3]

Nur ein Jahr und vierzehn Tage hat der Junge gelebt – eines von vier toten Kindern, die das Ehepaar zu beklagen hat. Die Todesursache, die im Totenschein fehlt: Entbehrung, Enge und materielles Elend der Eltern. Sechs Pfund Monatsmiete für die Wohnung im Zentrum des heute schicken und quirligen Chelsea haben den Ausschlag gegeben. Als die Marxens nicht mehr bezahlen können, zieht der Vermieter die Konsequenzen. In ihrer Not schreibt sich Jenny in einem Bittbrief an Joseph Weydemeyer ihren ganzen Frust von der Seele.

»Ich werde Ihnen nur *Einen* Tag aus diesem Leben schildern, so wie er war, und Sie werden sehen, daß vielleicht wenig Flüchtlinge ähnliches durchgemacht haben. Da die Ammen hier unerschwinglich sind, entschloß ich mich, trotz beständiger schrecklicher Schmerzen in der Brust und im Rücken, mein Kind selbst zu nähren. Der kleine arme Engel trank aber mir so viel Sorgen und stillen Kummer ab, daß er beständig kränkelte, Tag und Nacht in heftigen Schmerzen lag. Seit er auf der Welt ist, hat er noch keine Nacht geschlafen, höchstens 2 bis 3 Stunden. In der letzten Zeit kamen nun noch heftige Krämpfe hinzu, so daß das Kind beständig zwischen Tod und elendem Leben schwankte. In diesen Schmerzen sog er so stark, daß meine Brust wund ward und aufbrach; oft strömte das Blut ihm in sein kleines bebendes Mündchen … So saß ich eines Tages da, als plötzlich unsre Hauswirtin … eintrat und den Kontrakt leugnete, die 5£, die wir ihr noch schuldeten, forderte, und als wir sie nicht gleich hatten …, traten zwei Pfänder ins Haus, legten all meine kleine Habe mit Beschlag, Betten, Wäsche, Kleider, alles, selbst die

Wiege meines armen Kindes, die beßren Spielsachen der Mädchen, die in heißen Tränen dastanden. In 2 Stunden drohten sie alles zu nehmen – ich lag dann auf der flachen Erde mit meinen frierenden Kindern, meiner wehen Brust... Den Tag drauf mußten wir aus dem Hause, es war kalt und regnerisch und trüb, mein Mann sucht uns eine Wohnung, niemand will uns nehmen, wenn er von 4 Kindern spricht. Endlich hilft uns ein Freund, wir bezahlen und ich verkaufe rasch alle meine Betten, um die vom Skandal der Pfändung ängstlich gemachten Apotheker, Bäcker, Fleischer, Milchmann zu bezahlen, die plötzlich mit ihren Rechnungen auf mich losgestürmt kommen. Die verkauften Betten werden vor die Tür gebracht, auf eine Karre geladen – was geschieht? – Es war spät nach Sonnenuntergang geworden, das englische Gesetz verbietet das, der Wirt dringt mit Konstablern vor, behauptet, es könnten auch von seinen Sachen dabei sein, wir wollten durchgehn in ein fremdes Land. In weniger als 5 Minuten stehen mehr als 2-3hundert Menschen gaffend vor unsrer Tür, der ganze Mob von Chelsea... Ich weiß nur zu gut, wie unser Kämpfen kein isoliertes ist und wie ich namentlich noch zu den auserwählt Glücklichen, Begünstigten gehöre, da mein teurer Mann, die Stütze meines Lebens, noch an meiner Seite steht. Allein was mich wirklich bis ins Innerste vernichtet, mein Herz bluten macht, das ist, daß mein Mann so viel Kleinliches durchzumachen hat, daß ihm mit so wenig zu helfen gewesen wäre, und daß er, der so vielen gern und freudig half, hier so hilflos stand... Aber mein Mann denkt anders. Er hat noch nie, selbst in den schrecklichsten Momenten, die Sicherheit der Zukunft, selbst den heitersten Humor verloren und war ganz zufrieden, wenn er mich heiter sah und unsere lieblichen Kinder um ihr liebes Mömchen herumschmeichelten.«[4]

Das »Mömchen«, so heißt Jenny bespitznamt, mag etwas heftig auf die Tränendrüse gedrückt haben. Aber wer wollte es ihr verübeln? Sie hofft schließlich auf Geld. Ihre Schilderung macht vor allem deutlich, welch tapfere und leidensfähige Gefährtin Marx an seiner Seite weiß. Genau wie er zeigt sie Größe, wenn das Leben sie kleinmachen will. Stärke, Elastizität, Flexibilität und Resilienz als schützende Faktoren.

Was immer ihnen zustößt, sie lassen den Faden ihres Gesprächs unter Gefährten nie abreißen – Merkmal jeder guten Ehe. Trotz drückender Enge bieten sie in ihren zwei Zimmern immer wieder befreundeten Flüchtlingen wie Liebknecht oder August Willich Quartier. Damit ist es jetzt erst einmal vorbei.

Mehr oder weniger ohne Habe, findet die Familie – Eheleute, Hausmädchen und vier Kinder – Unterschlupf im Deutschen Hotel am Leicester Square. Doch da sie auch dort die fünf Pfund Wochenmiete nicht zahlen können, kündigt ihnen der Wirt bereits nach sieben Tagen. Mit etwas Glück und einer kleinen Finanzspritze von Jennys Mutter landen sie nicht auf der Straße. Ein jüdischer Spitzenhändler in Soho bietet ihnen eine Notunterkunft in der Dean Street 64, wo sie ein halbes Jahr hausen müssen. Dort geschieht auch das scheinbar Unvermeidliche.

Frau Marx hat einen ziemlich virilen Mann zu ihrem Gatten gemacht. Das muss ihr spätestens seit den ersten Intimitäten klar gewesen sein. Was sie in den anfänglichen, trotz fortgesetzter Flucht relativ unbeschwerten Ehejahren offenbar noch genossen hat, wird nun mehr und mehr zur Last. Er lässt ihr kaum eine Atempause. Als sie Weydemeyer ihre Lage schildert, verheimlicht sie ihm bei aller Offenheit von Frau zu Mann eine nicht ganz unerhebliche Tatsache: Sie ist zum fünften Mal »in guter Hoffnung«. Kaum etwas könnte ihr in dieser Lage unpassender sein.

Marx ist mütterlicherseits mit der reichen jüdischen Familie Philips in den Niederlanden verwandt, bekannt durch den Weltkonzern gleichen Namens, Ende des 19. Jahrhunderts gegründet. Trotz der schwierigen Lage mit dem kranken Baby beschließen die Eheleute, den Haushaltsvorstand in seiner Arbeit nicht weiter zu behelligen und statt seiner die schwangere Hausfrau nach Holland zu schicken. Sie soll dort Onkel Lion um einen Kredit oder Vorschuss auf Karls väterliches Erbe angehen. Die Reise wird zum Reinfall, und zwar in mehrfacher Hinsicht.

»Nach einer sehr schlimmen stürmischen Fahrt, 15 stündigem Schaukeln auf der See und 15 stündigem entsetzlichen Unwohlsein bin ich denn endlich gestern Mittag hier bei Sturm und Donnerwetter und von einem Platzregen durchweicht, matt und beklommen eingerückt … Dein Onkel, äußerlich alt und innerlich etwas grießgrämisch geworden schien gleich zu merken, welchen genres mein Besuch war … Es war nirgends anzukommen, wo und wie ich auch versuchte, umsonst … Ach, lieber, theurer Karl, ich fürchte, ich fürchte ich habe die ganze Anstrengung umsonst gemacht, und bringe am Ende nicht einmal die Productionskosten der Reise heraus. Ich glaube Du hättest mehr, viel mehr ausgerichtet.«[5]

Bitter beschwert sich Jenny über das gespreizte Getue des reichen Händlers. Frust und Wut sitzen so tief, dass sie sogar Gewaltfantasien hegt: »Im Übrigen möchte ich wenn ich die hiesige Idylle sehe, die doch rein auf Caffesäcken, Theekisten, Häringstonnen und Ölflaschen basirt, Mordbrenner werden und mit der Brandfackel durchs Land ziehn!«[6]

Aber schließlich muss sie sich geschlagen geben: »Ich glaube theurer Karl ich kehre ganz resultatlos, ganz getäuscht, zerrissen in Todesangst gefoltert wieder zu Dir heim. Wenn Du wüßtest wie mir nach Dir und den kleinen Köpfchen bangt. Ich kann nicht von den Kindern schreiben – die Augen fangen an zu zittern und ich muß mich hier tapfer halten – Also küsse sie, küsse sie die kleinen Engel tausend mal von mir. Ich weiß wie Du und Lehnchen für sie sorgen werden. Ohne Lehnchen hätt' ich gar keine Ruhe hier. Sie hat es jetzt gar zu schwer – ach wie sehn ich mich in unser kleines Dasein zurück.«[7] Der Sprengstoff steckt in drei unscheinbaren Wörtern: Du und Lehnchen.

Als Frau Marx wieder in London ist, trifft es sie Schlag auf Schlag. Nach wenigen Wochen stirbt ihr »Föxchen«. »Es war das erste Kind, das ich verlor. Ach, ich ahnte damals nicht, welch andres Leid mir bevorstand, vor dem alles, alles in nichts versank.«[8]

Wem das Schicksal besonders übel mitspielen will, dem verschafft es zunächst scheinbare Erleichterung, um die Fallhöhe zu steigern. Bei den Marxens hat das erstens mit der raschen Abfolge von Tod und Geburt zu tun: Jenny trauert um ein Kind mit dem nächsten im Bauch. Und zweitens spielt Freund Engels eine Rolle, der nach kurzem Aufenthalt in London wieder in Manchester wohnt.

Nachdem auch ihm, mangels Unterstützung aus dem Elternhaus, das Geld ausgegangen ist, hat er Konsequenzen gezogen, die Marx nicht zu Gebote stehen, und wenn sie es täten, wäre Marx dazu nicht bereit gewesen: Über seine Schwester Marie hat der gelernte Kaufmann den Kontakt zu seinen Altvorderen im Wuppertal wiederaufleben lassen und Interesse an einer Beschäftigung im englischen Zweig des Familienunternehmens bekundet.

Vater Engels ist vor allem froh, dass sein Sohn die Revolution unbeschadet überstanden hat. Er lässt sie ihm als Jugendsünde durchgehen und gibt ihm eine zweite Chance: Friedrich jr. darf im Betrieb von Ermen & Engels in Manchester wieder als Kaufmann arbeiten. Unter der Bedingung einer kurzen Vertragsdauer, jeweils mit Verlängerungsoption, um im Falle des Falles wieder in den Kampf ziehen zu können, unterwirft sich der Sohn dem Joch eines – anständig bezahlten – Jobs.

Der ermöglicht ihm seinen großbürgerlichen Lebensstil, der einerseits den Unterhalt für seine Freundin Mary und deren Schwester Lizzy einschließt, andrerseits die Unterstützung seines Freundes in London. Gleich in seinem ersten Brief an die Eheleute Marx, sechs Tage nach dem Tod ihres Sohnes, stellt er ihnen die erste Zahlung in Aussicht: zwei Pfund Sterling.

»Mein Mann und wir alle haben Sie recht sehr vermißt und uns oft nach Ihnen gesehnt«, schreibt Jenny daraufhin Anfang Dezember 1850 an »Herrn Engels«, wie sie den Freund ihres Mannes bis zum Ende nennen wird. »Dennoch freue ich mich sehr, daß Sie hier fort und auf dem besten Wege sind, ein großer Cotton-lord zu werden … Das Beste dabei ist natürlich, daß Sie trotz Cotton-trade und alledem der alte Fritze bleiben und sich … ›*der heiligen Sache der Freiheit* nicht entfremden‹ werden.«[9]

Einen Monat nach »Föxchens« Tod zieht Familie Marx in eine Mietwohnung, ein Stück weiter dieselbe Straße hinauf: 28 Dean Street wird für mehr als fünf Jahre ihre Adresse. Zweieinhalb Zimmer, das eine als Wohnzimmer zugleich Spielplatz der Kinder und Arbeitsplatz des Vaters.

»In der ganzen Wohnung ist nicht ein reines und gutes Stück Möbel zu finden«, heißt es in einem Spitzelbericht der preußischen Polizei, »alles ist zerbrochen, zerfetzt und zerlumpt, überall klebt fingerdicker Staub, überall die größte Unordnung. In der Mitte des Salons steht ein altväterlicher großer Tisch, mit Wachsleinwand behangen. Auf diesem liegen seine Manuskripte, Bücher, Zeitungen, dann die Spielsachen der Kinder, das Fetzenwerk des Nähzeugs seiner Frau, dann einige Teetassen mit abgebrochenen Rändern, schmutzige Löffel, Messer, Gabeln, Leuchter, Tintenfaß, Trinkgläser, holländische Tonpfeifen, Tabakasche, mit einem Wort alles drunter- und drüber gehäuft, und alles dies auf einem einzigen Tisch … Alles dies bringt aber Marx und seine Gattin durchaus in keine Verlegenheit. Man empfängt auf das freundlichste, man trägt Pfeife, Tabak und was eben da ist mit Herzlichkeit an. Eine geistreiche angenehme Konversation ersetzt endlich die häuslichen Mängel, macht das Ungemach erst erträglich. Man söhnt sich mit der Gesellschaft sogar aus, findet diesen Zirkel interessant, ja originell. Das ist das getreue Bild von dem Familienleben des Kommunistenchefs Marx.«[10]

Immerhin, für etwas Lebensfreude und Gastlichkeit findet sich Platz auch in der kleinsten Behausung. Eine Gemeinschaftstoilette liegt im Erdgeschoss – Luxus im Vergleich zur Nachbarschaft. Die meisten dort müssen ihre Notdurft in öffentlichen Bedürfnisanstalten verrichten. Das Wasser zum Waschen und Kochen kommt ebenfalls ins Haus, muss mangels ausreichenden Wasserdrucks aber die Treppe hinaufgeschleppt werden. Über einen Mangel an Arbeit kann sich Lenchen nicht beklagen. Zumal die Mühsal täglich zunimmt. Genau wie die Hausherrin befindet sie sich in anderen Umständen. Den Namen des Erzeugers will sie aber partout nicht verraten.

Zunächst wird Jenny am 28. März 1851, wie sich Marx gegenüber Engels ausdrückt, »leider von einem Mädchen nicht von einem garçon entbunden. Was noch schlimmer ist: Sie ist sehr angegriffen«[11]. Die Mutter sieht sich außerstande, das Neugeborene bei sich zu Hause zu behalten. »Das arme kleine Ding ward bei einer Amme untergebracht, da es unmöglich war, das Kind in den 3 engen Räumen mit aufzubringen.«[12] Drei Tage nach der Geburt des Töchterchens, das auf den Namen Franziska hören soll, lässt Marx seinen ganzen Frust bei Engels ab:

»Du wirst zugeben, daß diese Gesammtscheisse passablement angenehm ist und daß ich bis an die Wirbelspitze meines Schädels im kleinbürgerlichen Dreck stecke... Aber endlich, um der Sache eine tragikomische Spitze zu geben, kömmt noch ein Mystère hinzu, das ich Dir jezt en très peu de mots enthüllen werde. Doch eben werde ich gestört und muß zu meiner Frau zur Krankenleistung. Also das andre, worin Du auch eine Rolle spielst, das nächste Mal.«[13] Alles Weitere mündlich.

In ihrem Zustand darf die große Jenny auf keinen Fall erfahren, was ihr Mann seinem Freund »in ganz wenigen Worten« zu sagen hat: Drei Monate nach Franziskas Geburt wird ihr Karl noch einmal Vater. In ihren Erinnerungen macht Frau Marx ebenfalls nur eine Andeutung. Die Sache ist viel zu heikel, um sie direkt anzusprechen und eines Tages vor der ganzen Welt ausgebreitet zu sehen. »In den Frühsommer des Jahres 1851 fällt noch ein Ereignis, welches ich nicht näher berühren will, das aber sehr zur Vermehrung unsrer äußren und innren Sorgen beitrug.«[14]

Der Tag lässt sich genau benennen. Am 23. Juni bringt Helena Demuth einen gesunden Jungen zur Welt. Der Knabe wird auf den Namen Henry Frederick getauft. Henry wie Heinrich, wie Marx und sein Vater, Frederick wie Friedrich. Engels, Patron des Rufnamens, übernimmt die Vaterschaft, ohne sie allerdings eintragen zu lassen. So weit geht seine Opferbereitschaft für den Freund dann doch nicht. Er zahlt aber offenbar die Alimente.

Wer den Kleinen einmal sieht, hat keinen Zweifel an der wahren Vaterschaft. »Freddy sieht Marx lächerlich ähnlich«, berichtet Engels' spätere Sekretärin. Ihrem Chef gleiche er überhaupt nicht. Eine Fotografie, auf der Lenchens Sohn im vorgerückten Alter mit hoher Stirn und dickem Schnauzbart zu sehen ist, stützt die Ansicht.

Dieses Kind gehört lange zum blinden Fleck in der Tabuzone gläubiger Marxisten. Totgeschwiegen im Sinne des Wortes. Die deutsche Sozialistin Clara Zetkin berichtet im Februar 1929 David B. Rjasanow, Marx' Nachlassverwalter in Moskau, von einem lange zurückliegenden Gespräch mit der gleichaltrigen Eleanor. Dabei soll die jüngste Marx-Tochter gesagt haben, »dass Vater und ›General‹ aus Rücksicht auf unsere Mutter gelogen und geschwiegen haben«[15]. »General« ist Engels' Spitzname im Haus der Familie Marx.

Nach Lage der Dinge – die Kontroverse darüber füllt Ordner des Pro und Kontra – hat Marx mit seiner Hausangestellten geschlafen, während sich seine schwangere Frau in Holland von seinem Onkel beim Betteln um Geld abfertigen lassen muss. Ob sie einmal oder mehrmals Sex gehabt haben, er sie gezwungen oder sie ihn verführt hat (was kaum je erwogen wird), spielt dabei keine Rolle. So oder so: Der Vorgang erfüllt den Tatbestand sexueller Ausbeutung, die Marx an anderer Stelle vehement anprangert. Mit seiner eigenen Bediensteten, einer Proletarierin ohne Schulbildung ein Kind gezeugt – das passt weder ins Marx-Bild der jungen SPD noch in das des Bolschewismus und seiner Satelliten. Es kratzt am Heiligenschein.

Angeblich hat spätestens seit Engels' Tod 1895 die gesamte sozialistische Führungsriege Kenntnis von dem Vorgang gehabt. Auf seinem Sterbebett, schon außerstande zu sprechen, soll der falsche Vater auf eine Schiefertafel geschrieben haben: »Frederick Demuth ist der Sohn von Marx.« Mit einer Lüge im Raum will er nicht abtreten.

Zeuge dieser Szene, so heißt es, sei Samuel Moore gewesen, ein Freund und Übersetzer von Band 1 des *Kapital* ins Englische. Er habe daraufhin Eleanor in Kenntnis gesetzt, worauf die jüngste Marx-Tochter gesagt haben soll, dass »der General lüge und daß er stets selbst gesagt habe, er sei der Vater«. Am Tag vor Engels' Tod sei sie dann zu ihm gegangen, und er habe sie von allen Zweifeln befreit.

»Tussy kam so erschüttert heraus, daß sie all ihren Haß gegen mich vergaß und an meinem Hals bitterlich weinte.«[16] So schreibt es Louise Freyberger-Kautsky im September 1898 an den SPD-Vorsitzenden August Bebel. Die Exfrau des Marxisten und späteren Revisionisten Karl

Kautsky hat nach ihrer Scheidung für etliche Jahre als Engels' letzte Sekretärin in dessen Haushalt gelebt. Auch wenn die Verlässlichkeit ihrer Erinnerung mitunter angezweifelt wird: Das Faktum der Vaterschaft gilt allgemein als anerkannt.

»Für Marx«, sagt sie, »stand die Scheidung von seiner Frau, die furchtbar eifersüchtig war, immer vor seinen Augen; er liebte den Buben nicht, der Skandal wäre zu groß gewesen, er wagte nicht, für den Buben etwas zu tun.«[17]

Auf die Betrogene kommt nun eine der schwersten Aufgaben ihres Lebens zu. Um einen Skandal zu vermeiden, muss sie das Unverzeihliche verzeihen, gute Miene machen zum bösen Spiel. Und das heißt: Nichts darf nach außen dringen, die Verhältnisse im Hause Marx dürfen sich nicht sichtbar verändern. Verdecken, vertuschen, das Kind muss weg, aber seine Mutter darf bleiben. Nur so lässt sich der Ruf ihres Mannes und damit auch ihr eigener und der ihrer Familie schützen.

Kümmert sich Marx um den Jungen? Davon ist nichts bekannt. Gerüchteweise soll er im Jahr vor seinem Tod in dem Haus, wo Frederick zur Miete wohnt, mindestens einmal genächtigt haben. Der Sohn eines Nachbarn in Hackney erinnert sich, sein Vater habe daraufhin ein Schild mit der Aufschrift »Karl Marx schlief hier« auf der Fassade angebracht – ohne damals von einer möglichen Verwandtschaft der beiden wissen zu können. Der Hausbesitzer habe die Plakette aber sofort entfernen lassen.

Lange nach dem Tod ihres Vaters hat sich Tochter Eleanor in ihrer wachsenden Verzweiflung – sie litt an einer Nervenkrankheit – regelrecht an ihren Halbbruder geklammert. Sie besucht ihn regelmäßig in der Gransden Avenue und weint sich bei ihm aus. Ziemlich unwahrscheinlich, dass sie ihm angesichts der wachsenden Vertrautheit seine wahre Herkunft verschwiegen hat. Neun ihrer Briefe an den »lieben Freddy« haben sich erhalten. Sie stammen alle aus den letzten sieben Monaten vor dem Suizid der unglücklichen Frau 1898.

»Manchmal habe ich das gleiche Gefühl wie Du, Freddy, dass für uns nichts jemals richtig kommt. Ich meine Dich und mich … Ich denke nicht, dass Du und ich besonders schlechte Menschen gewesen sind – und doch, lieber Freddy, scheint es tatsächlich so, als ob wir bestraft würden.«[18]

Kaum ist der Kleine aus dem Haus entfernt, versucht Marx zu retten, was zu retten ist: seine Ehe. Eine treue, aufopferungsvolle Frau wie Jenny kostet es mehr als ein wenig Überwindung, solch einen doppelten Verrat wegzustecken. Es sieht so aus, als hätte sie dem Mädchen eher vergeben als dem Mann. Für eine Weile scheint zwischen den Eheleuten zumindest körperlich Funkstille geherrscht zu haben.

Doch gemeinsames Schicksal verbindet, und so sind es neben permanenter Geldnot und Exilantenelend die familiären Tragödien, die das Paar wieder zusammenschweißen. Am 14. April 1852, kaum mehr als ein Jahr nach ihrer Geburt, stirbt Franziska. Die Familienkasse gibt nicht einmal das Geld für einen Kindersarg her. Jenny sucht in ihrer Not einen französischen Flüchtling auf, der ihr die nötigen zwei Pfund überlässt.

Verglichen mit der nach »Föxchens« Tod hält sich Marx' Trauer in engen Grenzen. Sechs Wochen nach Ableben der Tochter gönnt er sich einen Tapetenwechsel und fährt zu Engels nach Manchester. Dort lässt er es sich mit dem Freund gutgehen, die Familie bleibt im Londoner Elend zurück. Doch wie so oft schafft äußere Distanz innere Nähe. Jennys Briefe verraten, wie sie der Zeit erlaubt, die ehelichen Wunden zu heilen. Mit jedem Schreiben wird sie wieder mehr die liebende Gefährtin früherer Jahre.

»Doch, lieb Herzchen gelt, was schwatz ich Dir Unsinn und Lapalien vor. Ich mein aber ich mußte mit Dir plaudern und so betrug ich mich denn ein wenig um die Längen der Zeit und die Lücken des Lebens die nur Deine Nähe auszufüllen vermag ... Übrigens bin ich froh, daß Du fort bist und nicht auch den kleinlichen Dreck wieder durchzumachen hast, denn so schwer und lang mir auch die Tage ohne Dich sind, so freue ich mich doch sehr Dich bei Frederik« – Engels – »zu wissen. Grüße ihn aufs Herzlichste von mir. Die Kinder plaudern beständig von Dir und wollten gestern absolut ich solle ein Stück Schinken für Dich mit in den Brief legen. Musch fragt jeden Morgen: kommt heute der Mohr? Sind die 4 Wochen noch nicht um? ... Leb wohl Herzlieber Schatz. Deine Jenny.«[19]

Karl macht sich rar, Jenny fühlt sich an das alte Muster aus den Anfangsjahren ihrer Beziehung erinnert. Er geht seiner Arbeit nach, sie schlägt sich mit Metzger und Bäcker herum, die ihre Schulden eintreiben wollen. Und als aus Manchester Geld eintrifft, bittet sie ihn auch noch um Entschuldigung für ihre berechtigten Notrufe:

»Noch einmal, lieber Herzens Karl, verzeih mir, daß ich mich gestern so gehn ließ. Es stürmte alles so auf mich ein und ich wußte keinen Rath mehr nah und fern. Dennoch war es abscheulich Dich so zu quälen. Ich weiß wie Du alles gethan und nichts versäumt hast.«[20]

Was hat sie ihm angetan? Sie hat geklagt, wohl aus gutem Recht, weil sie nicht mehr weiß, wie sie die Kinder satt bekommen soll: »Und unterdessen sitze ich hier und gehe zu Grunde. Karl, es ist jetzt auf den höchsten Punkt gekommen. Die vorige Woche konnten mich 5 £ noch retten. Jetzt nützen sie nichts mehr. Ich bin so angegriffen, daß ich kaum schreiben kann … Ich sitze hier und weine mir fast die Augen aus und weiß keine Hülfe … Mein Kopf hält nicht mehr zusammen. 8 Tage hab' ich wieder meine Kräfte gesammelt nun kann ich nicht mehr.«[21]

Kaum ein Jahr liegt die Katastrophe zurück, an der unter anderen Umständen vielleicht die Ehe zerbrochen wäre. Zu ihrer Rettung läuft das Stück der ungleichen Annäherung wie schon millionenfach vorher in der Geschichte patriarchalisch geprägter Paarbeziehungen. Bis die Verzeihende um Verzeihung bittet und der Täter dem Opfer gönnerhaft die Hand reicht:

»Du brauchst Dich übrigens gar nicht zu geniren, mir immer alles mitzutheilen«, schreibt er zurück. »Wenn Du armes Teufelchen die bittre Realität durchmachst, ist es nichts weniger als billig, als daß ich wenigstens ideal die Qual mitdurchlebe. Ich weiß übrigens, wie unendlich elastisch Du bist und wie das geringste Günstige Dich wieder neu belebt.«[22]

Die Liebe folgt einer Formel, die in der Theorie Ungleichung heißt und in der Praxis Unterwerfung bedeutet. »Ich habe Dir heute wenig zu sagen, als daß ich recht, recht traurig war als ich Deine Briefe las, nicht über Dich, sondern über mich, nicht weil sie ›kahl‹ waren wie Du meinst an klingender Münze, sondern weil sie ›kahl‹ waren an Freundlichkeit und Liebe. Und daß sie so waren, daran bin ich ja nur allein Schuld. Ich habe Dir Dein kurzes Entrinnen aus der Londoner Misere, so verbittert, Dir Deinen Aufenthalt bei Fr. so vergällt und Dich so gereizt und so geängstigt, daß ich mich wirklich *fürchte* und *scheue* Dich wiederzusehn. Du kannst Dich nicht mehr auf *mich* freuen, ich habe Dich so gequält, so kleinlich Dich verfolgt und gemartert; aber nicht wahr Du freust Dich wenigstens auf die lieben, freundlichen Kinder auf ihre unschuldig harmlosen Gesichtchen? Du komst doch gerne zurück? Und die lieben Kinder sind ja auch ein Theil von mir und Du wirst ihrer Mutter vergeben, was sie an Dir sich vergessen. Liebes, theures Herz. Sei mir nicht mehr böse.«[23]

Verkehrte Welt: Sie bittet ihn um Vergebung. Die Ungleichung ist aufgegangen, die Liebe wiederhergestellt, der Preis liegt im Bereich des Unaussprechlichen. Was immer dem im Einzelnen zugrunde gelegen haben mag, die Worte lassen wittern: Für Frau Marx, sie steht kurz vor ihrem Vierzigsten, geht bald die bislang längste Phase ihrer Ehe ohne Schwangerschaft zu Ende. Aber nicht ohne Sorgen. Durchweg Krankheiten, drückende Geldnot, gelegentlich gelindert durch Engels, an den sich nach Karl nun auch Jenny wendet:

»Es ist mir furchtbar unangenehm in Geldsachen an Sie schreiben zu müssen. Sie haben uns nur schon zu oft geholfen. Aber diesesmal weiß ich keine Rettung keinen Ausweg... Können Sie etwas uns schicken? Für Freitag hat der Bäcker das Brod gekündigt. Gestern hat der Musch ihn noch abgewehrt, indem er dem Bäcker auf seine Frage: Is Mr. Marx at home, antwortete: No he ai'nt upstairs! Und dann mit seinen 3 Broden unter dem Arm pfeilschnell davon lief und seinem Mohr erzählte.«[24]

Wer soll da nicht weich werden? »Onkel Fritz« schickt Geld, der Familienfriede ist wiederhergestellt, nur der *Pater familias* kann noch keine Entwarnung geben: »Jetzt, wo ich wieder auf dem Damme und die Kinder wieder alle aus dem Bette sind, wenn auch noch nicht aus dem Hause, ist meine Frau, wahrscheinlich in Folge der Nachtwachen und Krankheitspflege, sehr herunter und das Schlimmste ist, daß sie den Doktor nicht consultiren will, sondern sich selbst Medicinen administrirt.«[25]

Den Grund des Unwohlseins kennt er genau. Er hat ihn verursacht: Jenny ist, zum sechsten Mal, in anderen Umständen. Und wie bei früheren Schwangerschaften fährt sie zu ihrer Mutter. »Ende dieser Woche, wenn meine Frau sich stark genug fühlt, wird sie mit den Kindern und Lenchen auf 2 Wochen in der Villa des Herrn Seiler, Edmonton, zubringen. Sie ist dann durch die Landluft vielleicht so weit hergestellt, um nach Trier zu können. Ich versichre Dich, daß durch diese letzten petites miseres ich a very dull dog geworden bin. Beatus ille, der keine Familie hat.«[26]

»Glücklich jener« – das kann der Freund direkt auf sich münzen. Engels schätzt die Vorteile einer Frau an seiner Seite, genauer gesagt einer Ménage-à-trois mit deren Schwester, ohne die Nachteile des ehelichen Anhangs. Doch es gibt, nach langen entbehrungsreichen Jahren, endlich auch gute Nachrichten:

»Das Weihnachtsfest dieses Jahres war das erste heitere Fest, das wir in London begingen«, schreibt Jenny Marx in ihren Erinnerungen. »Unsere

Freunde brachten dem lieben Kleeblatt allerlei hübsche Geschenke. Da gab's Puppen und Flinten und Küchengerät und Trommeln und Trompeten, und Dronke« – ein Mitstreiter – »kam noch spät am Abend, um das Weihnachtsbäumchen zu schmücken. Es war ein glücklicher Abend.«[27]

Am 17. Januar 1855 berichtet Marx in der Manier eines enttäuschten Erzeugers nach Manchester, dass »gestern zwischen 6 und 7 Uhr Morgens meine Frau von einem bona fide traveller – leider of the ›sex‹ par excellence – genesen ist. Wäre es ein männliches Wesen, so ginge die Sache schon eher.«[28] Schon wieder »nur« ein Mädchen: Jenny Julia Eleanor, Letzteres als Rufname, in der Familie nur »Tussy« genannt. »Das Kind«, heißt es später, »ist Karls wahrer Liebling und lacht und schwatzt ihm manche Sorge weg.«

Die heitere Zeit, von der Frau Marx in ihren Erinnerungen schreibt, währt kaum länger als drei Monate. Die Familie erlebt ihre nächste Tragödie, die größte, Mitte März. Engels erhält aus London einen Brief von nur drei Zeilen: »Ich glaube nicht, daß der gute Musch« – Sohn Edgar – »Herr über die Krankheit wird. Du begreifst, wie diese Aussicht hier zu Haus wirkt. Meine Frau wieder ganz down. Indeß muß sich die Sache jetzt bald entscheiden.«[29] Damit wird er leider recht behalten.

Am Karfreitag, den 6. April 1855, macht Marx seinem Freund die bis dahin traurigste Mitteilung, seit die zwei sich kennen: »Der arme Musch ist nicht mehr. Er entschlief (im wörtlichen Sinne) in meinen Armen heute zwischen 5 und 6 Uhr.«[30]

Es heißt, Marx' Haar sei an diesem Tag völlig erbleicht. Wenig später spricht er vom »Verlust eines Freundes, den ich mehr als jeden andern persönlich geliebt habe«[31]. Seine Frau beklagt in ihrem Rückblick die materielle Not: »Hätten wir damals die kleine ungesunde Wohnung verlassen und das Kind an die See bringen können – vielleicht wäre es zu retten gewesen. Doch, dahin ist dahin.«[32]

Wilhelm Liebknecht, ständiger Gast im Hause Marx, hat einen erschütternden Bericht jener Stunden hinterlassen: »Ich vergesse die Szene nicht: die Mutter stumm weinend über das tote Kind gebeugt, Lenchen schluchzend daneben stehend, Marx in erschrecklicher Aufregung, jeden Zuspruch heftig, fast zornig zurückweisend, die beiden Mädchen leise weinend sich an die Mutter schmiegend, die in ihrem Schmerz sie krampfhaft umfaßte, als wolle sie sich an sie klammern, sie gegen den Tod verteidigen, der ihr den Knaben geraubt.«[33]

Als Liebknecht Marx zwei Tage später auf dem Weg zur Beerdigung trösten will, stöhnt der nur: »Ihr könnt mir den Jungen nicht wiedergeben!« Beim endgültigen Abschied verlassen ihn fast die Kräfte: »Als der Sarg in das Grab gesenkt werden sollte, war Marx so aufgeregt, daß ich mich neben ihn stellte, weil ich fürchtete, er werde dem Sarg nach ins Grab springen.«[34]

»Ich habe schon allerlei Pech durchgemacht«, schreibt er dem Freund in Manchester nach der Beerdigung, »aber erst jetzt weiß ich, was ein wirkliches Unglück ist. Ich fühle mich broken down.«[35] Insgesamt hat sich seine Frau in sieben Schwangerschaften verbraucht. Doch der männliche Nachkomme ist ihm, ganz Patriarch und Pascha, mehr wert gewesen als die drei überlebenden Töchter.

Alle, die ihn nur als gefühlskalt und herzlos beschreiben, haben diese Seite an ihm nicht erlebt oder gekannt. Sein erstes Ich lässt sich schutzlos von Emotionen wie Mitgefühl, Trauer und Treue überwältigen. Wenige Tage nach dem schweren Gang zum Friedhof geht der nächste erschütternde Lagebericht nach Manchester: »Das Haus ist natürlich ganz verödet und verwaist, seit dem Tode des theuren Kindes, das seine belebende Seele war. Es ist unbeschreiblich, wie das Kind uns überall fehlt.«[36]

Doch bei aller Niedergeschlagenheit findet Marx auch in dieser Lage Worte des Dankes und der Zuversicht, die im Abschied Aufbruch, im Verlust ein Vermächtnis sehen: »Unter all den furchtbaren Qualen, die ich in diesen Tagen durchgemacht habe, hat mich immer der Gedanke an Dich und Deine Freundschaft aufrecht gehalten und die Hoffnung, daß wir noch etwas Vernünftiges in der Welt zusammen zu tun haben.«[37]

Nur so lässt sich dem Tod die Stirn bieten: durch Pläne, Vorhaben, Optimismus. Marx hat an seiner Frau stets deren Stehauf-Qualitäten bewundert. Er selbst besitzt sie ebenfalls in hohem Maße. Mag er auch jammern, jämmerlich wirkt er nie. Allenfalls bejammernswert. Ein eigenes Kind zu verlieren gehört zum Schlimmsten, was Menschen erleben können. Ein älteres allemal, zu dem neben der Verbindung der Herzen auch eine in Worten bestand. Für Marx kommt noch ein Weiteres hinzu: Er hat, nachdem er Freddy verstoßen musste, seinen einzig verbliebenen Sohn verloren.

Noch Monate nach dessen schmerzlichem Dahinscheiden schreibt er an Ferdinand Lassalle: »Bacon sagt, daß wirklich bedeutende Menschen so viel Relationen zur Natur und der Welt haben, so viel Gegenstände des Interesses, daß sie jeden Verlust leicht verschmerzen. Ich gehöre nicht zu diesen bedeutenden Menschen. Der Tod meines Kindes hat mir Herz und Hirn tief erschüttert, und ich fühle den Verlust noch so frisch wie am ersten Tag. Meine arme Frau ist auch völlig downbroken.«[38]

Sechs Jahre später gesteht Jenny demselben Adressaten, unter ihren verlorenen Kindern vermisse sie am meisten »das Liebste, das ich auf der Welt hatte, meinen lieben einzigen Edgar! Das ist ein Schmerz, der nie heilt, der nie vernarbt.«[39]

Um diese Lücke zu schließen, gibt es eigentlich nur einen Weg: Die Eheleute müssen es noch einmal miteinander probieren. Mit Eleanor hat es doch auch geklappt. Die kleine Tussy »gedeiht nun auch ganz prächtig und ist wirklich ein ganz wunderniedliches baby.«[40] Also ein letzter Versuch. Dazu setzt Marx seine wichtigste Waffe ein: Worte. Von Manchester aus, wo er sich einmal mehr die Einsamkeit mit seinem Freund vertreibt, schreibt er seiner Frau einen Liebesbrief, wie ihn nur wenige Menschen im Leben bekommen:

»Mein Herzensliebchen. Ich schreibe Dir wieder, weil ich allein bin und weil es mich geniert, immer im Kopf Dialoge mit Dir zu halten, ohne daß Du etwas davon weißt oder hörst oder mir antworten kannst. Schlecht, wie Dein Porträt ist, leistet es mir die besten Dienste, und ich begreife jetzt, wie selbst ›die schwarzen Madonnen‹, die schimpfiertesten Porträts der Mutter Gottes, unverwüstliche Verehrer finden konnten … Jedenfalls ist keins dieser schwarzen Madonnenbilder je mehr geküßt und angeäugelt und adoriert worden als Dein Photograph …

Ich habe Dich leibhaftig vor mir, und ich trage Dich auf den Händen, und ich küsse Dich von Kopf bis Fuß, und ich falle vor Dir auf die Knie, und ich stöhne: ›Madame, ich liebe Sie.‹ Und ich liebe Sie in der Tat, mehr als der Mohr von Venedig je geliebt hat. Falsch und faul faßt die falsche und faule Welt alle Charaktere auf. Wer von meinen vielen Verleumdern und schlangenzüngigen Feinden hat mir je vorgeworfen, daß ich berufen sei, eine erste Liebhaberrolle auf einem Theater zweiter Klasse zu spielen? Und doch ist es wahr. Hätten die Schufte Witz besessen, sie hätten ›die Produktions- und Verkehrsverhältnisse‹ auf die eine Seite gemalt und mich zu Deinen Füßen auf der andern. Look to this picture and to that – hätten sie drunter geschrieben. Aber dumme Schufte sind es und dumm werden sie bleiben, in seculum seculorum.

Momentane Abwesenheit ist gut, denn in der Gegenwart sehn sich die Dinge zu gleich, um sie zu unterscheiden … Du brauchst mir nur durch den bloßen Traum entrückt zu sein, und ich weiß sofort, daß die Zeit ihr nur dazu gedient hat, wozu Sonne und Regen den Pflanzen dient, zum Wachstum. Meine Liebe zu Dir, sobald Du entfernt bist, erscheint als was sie ist, als ein Riese, in die sich alle Energie meines Geistes und aller Charakter meines Herzens zusammendrängt. Ich fühle mich wieder als Mann, weil ich eine große Leidenschaft fühle ... Die Liebe, nicht zum Feuerbachschen Menschen, nicht zum Moleschottschen Stoffwechsel, nicht zum Proletariat, sondern die Liebe zum Liebchen und namentlich zu Dir, macht den Mann wieder zum Mann.

Du wirst lächeln, mein süßes Herz, und fragen, wie ich auf einmal zu all der Rhetorik komme? Aber könnte ich Dein süßes weißes Herz ans Herz drücken, so würde ich schweigen und kein Wort sagen. Da ich nicht küssen kann mit den Lippen, muß ich mit der Zunge küssen und Worte machen. Ich könnte in der Tat sogar Verse machen und Ovids ›Libri Tristium‹, zu teutsch Bücher des Jammers, nachreimen. Er war bloß vom Kaiser Augustus verbannt. Ich aber bin von Dir verbannt, und das begriff Ovid nicht.

Es gibt in der Tat viele Frauenzimmer auf der Welt, und einige darunter sind schön. Aber wo finde ich ein Gesicht wieder, wo jeder Zug, selbst jede Falte die größten und süßesten Erinnerungen meines Lebens wieder erweckt? Selbst meine unendlichen Schmerzen, meine unersetzlichen Verluste lese ich in Deinem süßen Antlitz, und ich küsse mich weg über den Schmerz, wenn ich Dein süßes Gesicht küsse. ›Begraben in ihren Armen, auferweckt von ihren Küssen‹ – nämlich in Deinen Armen und von Deinen Küssen, und ich schenke den Brahmanen und dem Pythagoras ihre Lehre von der Wiedergeburt und dem Christentum seine Lehre von der Auferstehung ... Ade mein süßes Herz. Ich küsse Dich viel tausendmal und die Kinder.

Dein *Karl*«[41]

Literarisch ein Meisterstück, ernsthaft, scherzhaft, eine Epistel, die alle Register zieht. Ovid und Shakespeare (Hamlet: »Seht hier, auf dies Gemälde und auf dies«) werden bemüht, Uhland (*Begraben* lag ich. In *ihren Armen*; *Erweckt* ward ich. Von *ihren Küssen)*, und auch der gute alte Freund Heine, im Februar des Jahres in Paris gestorben, kommt gebührlich zu Wort. Ein Gedicht aus seinem Zyklus *Die Heimkehr* von 1824, das die Eheleute seit ihrer Jugend kennen, liefert die Vorlage:

»Nur einmal noch möcht ich dich sehen
Und sinken vor dir aufs Knie,
Und sterbend zu dir sprechen:
Madame, ich liebe Sie!«

Das schwingt mit, das zielt aufs Mark und trifft ins Herz. Ein Spiel mit Worten vom Spiel der Liebe, fühlbare Hülle enthüllter Gefühle.

Das rechte Wort zur rechten Zeit erleichtert es Jenny, den nächsten Verlust zu tragen. Im Beisein ihrer Kinder feiert sie noch den 81. Geburtstag ihrer inzwischen halbseitig gelähmten Mutter. Wenige Tage danach segnet die alte Dame das Zeitliche. Mit ihr verliert die Tochter die Stätte der letzten Zuflucht in Deutschland. Nun heißt ihr einziges Zuhause England, an der Seite von Karl und ihren Kindern in einer Stadt, die in ihrer Größe jeden kleinmachen kann.

Einer Freundin schreibt sie, »daß London so kolossal ist, daß man in Nichts verschwindet. Hier gilt das Individuum nichts, und eben deshalb hört man auf, sich und den anderen wichtig zu sein – man kann sich in sich selbst und sein Schneckenhaus zurückziehn –, und niemand bekümmert sich um einen, während man in Deutschland am andern Morgen weiß, was auf dem Tische gestanden und wieviel ›Einnahme der Herr Gemahl‹ hat.[42]«

Als es später einmal gerüchtehalber heißt, Marx wolle mit seiner Familie nach Deutschland zurückkehren, schreibt seine Frau an Ferdinand Lassalle: »Aufrichtig gestanden ist mir das Vaterland ›das teuer‹, ganz abhanden gekommen. Ich habe in allen den kleinsten und entferntesten Winkeln des Herzens gesucht und kein Vaterland gefunden.«[43]

Ihrer Freundin teilt sie mit: »Alle 3 Kinder hängen mit Leib und Seele an London und sind... zu vollständigen Engländern geworden, und es giebt für sie nichts schrecklicheres als der Gedanke, England einmal mit Deutschland vertauschen zu müssen.«[44] An Frau Liebknecht schließlich: »Die Kuchen sind jedenfalls besser als hier – das glaube ich, ist aber auch alles, was besser ist – u. ich möchte das harte Steinpflaster Londons, mit all seinen troubles u. drawbacks nicht vertauschen mit den Berliner duftenden Rinnen u. Sandwirbeln u. seinen grienen Bäumen.«[45]

Die kleine Erbschaft der Mutter erlaubt den Sprung nach vorn: »Wir haben endlich«, berichtet sie einem Freund, »nach langen, mühevollen Entdeckungswanderungen ein ganz besonders schönes Haus gefunden. Es... hat die 4 Eigenschaften, die Engländer an einem Haus lieben, es ist airy, sunny, dry und auf gravely soil gebaut.«[46] Die drei wichtigsten erwähnt sie nicht: Lage, Lage, Lage. Kentish Town, die neue Nachbarschaft im Norden, liegt damals noch am Rand der Metrople. *Suburbia at its worst.*

Wie Jenny sich erinnert, »war unser kleines, niedliches Haus, das uns trotz seiner diminutiven Verhältnisse wie eine Art Palast erschien, verglichen mit den früher bewohnten Räumen, beinahe unzugänglich. Kein geebneter Weg führte zu uns, alles war im Entstehen und Bauen begriffen, über angehäufte Schuttmassen musste man sich hindurcharbeiten, und der rotlehmige schwere Fußboden hing sich in regnerischem Wetter fest an den Fußsohlen an, so daß man nach mühseligem Kampf oft zentnerschwer beladen nach Haus kam. Dabei herrschte Finsternis aus den barbarischen Regionen, und ehe man sich des Abends dem Kampf mit Nacht, Schutt, Lehm und Steinhaufen aussetzte, blieb man lieber am warmen Kaminfeuer sitzen.«[47]

Aber erstmals kann sie selbst ihr Heim ausstatten. Alles, was sie dazu braucht, besorgt sie beim Trödler. Nicht lange nach dem Einzug ins »Zauberschloss« zeugen die Eheleute noch einmal Nachwuchs. Es muss um Jennys 42. Geburtstag geschehen sein. Die schon bekannten Folgen: »Den ganzen Winter sehr leidend.«[48]

Die kalte Jahreszeit bringt auch Einsamkeit. Karl geht in die Bibliothek und trifft sich im Zentrum mit Freunden. Aber kaum ein Bekannter macht sich auf den Weg hinaus. Jenny sehnt sich »oft nach meinen langen Spaziergängen in den belebten Straßen des West End zurück, nach meinen Meetings, unsern Klubs und der gewohnten Kneipe mit ihrem Geplauder, bei dem ich so oft die Sorgen des Lebens eine Zeitlang vergessen hatte«[49].

Anfang 1857 ist das Erbe erneut aufgebraucht. »Bald mußte ein Stück nach dem anderen wieder ins ›Pop-Haus‹ (so nennen die Kinder den geheimnisvollen Drei-Kugel-Shop).«[50] Engels hört wieder die alte Leier:

»Ich sitze also vollständig auf dem Sand in einer Wohnung, worin ich mein weniges Baares gesteckt und worin es unmöglich ist sich von Tag zu Tag durchzupissen, wie in Deanstreet; ohne Aussicht und mit wachsenden Familienausgaben. Ich weiß absolut nicht, was ich anfangen soll, und bin in der That in einer verzweifelteren Situation als vor 5 Jahren. Ich glaubte die Quintessenz des Drecks verschluckt zu haben. Mais non. Dabei ist das Schlimmste, daß diese Crise nicht temporär ist. Ich sehe nicht, wie ich mich herausarbeiten soll.«[51]

In ihren Erinnerungen zieht auch Jenny eine ernüchternde Bilanz des kurzen Glücks – die Falle des verarmten Mittelstands: »So entstand wieder von Tag zu Tag und Jahr zu Jahr eine neue Schuldenlast, die um so empfindlicher war, als mit dem alleinigen Besitz eines Hauses der Weg zur ›Respektabilität‹ angebahnt war. La vie de bohème hatte ein Ende, statt daß man bisher frei und offen den Kampf der Armut im Exil gekämpft hatte, galt es von neuem, den *Schein* der Ehrbarkeit wenigstens aufrechtzuerhalten. Wir segelten mit vollen Segeln ins Philisterium hinein.«[52]

Bis zur Niederkunft am 6. Juli 1857 ist Jenny permanent krank und schwach, »sehr herunter«. »Meine Frau geht mehr und mehr der Catastrophe entgegen«[53], lässt Marx Engels Anfang Mai wissen. Sechs Wochen später: »Meine Frau sehr leidend. Aber die Trompete hat sie zu früh geblasen, und noch hat sich nichts ereignet.«[54] Jenny erlebt mit der siebten ihre schlimmste Schwangerschaft. Bei der Entbindung erfahren die Eheleute den Grund.

»Meine Frau ist endlich niedergekommen. Das child jedoch nicht lebensfähig, starb gleich. Dieß an und für sich kein Unglück. Jedoch theils Umstände unmittelbar damit verbunden, die furchtbaren Eindruck auf meine Phantasie gemacht.«[55] Und ein paar Tage später: »Die Umstände, die die Entbindung meiner Frau begleiteten und die mich unnerved for some days, kann ich nur mündlich mittheilen. Ich kann diese Dinge nicht schreiben.«[56]

Offenbar hat Jenny ein behindertes Kind auf die Welt gebracht. Es hat gelebt, wie sie sich erinnert, »aber nur, um einmal aufzuatmen und dann hinausgetragen zu werden«.[57] Möglicherweise haben die vielen Medikamente den Fötus geschädigt, die sie – »beständig von Medizinbatterien umgeben«[58] – als werdende Mutter genommen hat, darunter reichlich Chloralhydrat.

Das älteste synthetische Schlafmittel der Welt, erstmals 1832 von Justus Liebig hergestellt, darf Schwangeren und stillenden Müttern heute schon seit langem nicht mehr verabreicht werden. Davon wissen Jenny und Mitfrauen natürlich nichts. Welche Behinderungen oder Entstellungen das Baby, dessen Name und Geschlecht nicht überliefert sind, ums Leben bringen, ist unbekannt.

Jenny braucht eine Weile, sich von der äußerst schmerzhaften Geburt zu erholen. »Meine Frau körperlich besser; liegt jedoch noch; und außerordentlich verstimmt, was ich ihr au fond de coeur, under present auspices, nicht verdenke, obgleich es mich ennuyiert.«[59] Doch es gibt auch einen kleinen Lichtblick: Mit Lenchens Schwester Marianne wird ein zweites Hausmädchen in Dienst genommen. Bald geht das Leben wieder seinen alltäglichen Gang. Die Töchter wachsen kräftig heran, die älteren machen sich gut in der Schule und bei den »vielen Privatstunden«[60], nur fehlt es weiter ständig an Geld, im Winter 1857/58 sogar an Heizmaterial.

Man bittet um Hilfe: »Die grosse Kälte, die hier hereingebrochen ist, u. der *reelle Kohlenmangel in unsrer Behausung* zwingt mich – obgleich v. allen Dingen in der Welt es mir das fatalste ist – wieder zu pressen auf Dir.«[61] Und man bekommt Hilfe. Aber nie genug. Die Schulden wachsen, die Mittellosigkeit drückt, und wenn bei leerer Kasse nichts mehr zu versetzen ist, kommt es zu wiederkehrenden Ausbrüchen von Verzweiflung:

»Wenn dieser Zustand fortdauert, möchte ich lieber 100 Klafter tief unter der Erde liegen, als so fortvegetieren. Immer andern lästig fallen und dabei beständig selbst mit dem kleinsten Dreck gequält sein, ist auf die Dauer unerträglich. Ich, persönlich, arbeite mir die Misere weg durch starke Beschäftigung mit allgemeinen Dingen. Meine Frau, of course, hat nicht dieselben Ressourcen usw. etc.«[62]

Dann wieder genügt das »geliehene« Geld für einen vierwöchigen Kuraufenthalt von Frau Marx an der See, zu dem sie Lenchen und Kinder nachkommen lässt. Das Leben plätschert so dahin, dass zwölf Monate in einen Satz passen: »Das Jahr 1858 brachte für uns weder Gutes noch Böses; es war ein Jahr, in dem ein Tag dem andern völlig gleich war.«[63]

Weihnachten 1859 erfährt Engels, dass sein Freund nun auch die älteren Mädchen, dreizehn und vierzehn Jahre alt, in seine Arbeit einzuspannen beginnt. Und Jenny verrät ihm: »Ich glaube, meine Töchter werden mich bald außer Dienst setzen, und ich werde dann in die Liste der ›Versorgungsberechtigten‹ kommen. Schade, daß keine Aussichten auf Pension da sind für meine langjährigen Sekretariatsdienste.«[64]

Über viele Jahre hinweg hat sie den unbezahlten Nebenjob ausgeübt. »Mein Mann hat mich heute zu seinem Stellvertreter ernannt«, hat sie 1852 an Adolf Cluß geschrieben, »und so trete ich denn meine Funktionen als secretaire intime in aller Eile an.«[65] Im Rückblick erscheint diese Tätigkeit wie eine Seligkeit: »Die Erinnerung an die Tage, an denen ich in Karls kleinem Stübchen saß, seine kritzligen Aufsätze kopierte, gehören zu den glücklichsten meines Lebens.«[66]

Sie verschweigt, was jeder weiß, dass sie neben der unvermeidlichen

Büroarbeit ein aktives Mitglied der Bewegung ist, ihre eigene Korrespondenz mit den Mitstreitern unterhält, an Sitzungen teilnimmt, sich zu Wort meldet und dabei als ebenbürtige politische Partnerin unter all den Männern agiert.

»Sie war«, erinnert sich Leßner, der Mann, der Ende Februar 1848 in London das Manuskript des *Kommunistischen Manifests* zum Drucker brachte, »für die Sache der Arbeiterbewegung voller Begeisterung und jeder, selbst der kleinste Erfolg im Kampfe gegen die Bourgeoisie verursachte ihr die größte Genugtuung und Freude.«[67]

16

Marx' verdammte Männer

Der Abwickler

Marx kommt als Staatenloser in London an. Er wird es trotz zweier Anläufe, das zu ändern – einer in Preußen, einer in England –, bis zu seinem Ende auch bleiben. Sein biografisches Unglück ist aber zugleich sein Glück. Auf der Insel wird er mehr oder weniger bedingungslos geduldet. Dabei hilft es ihm, dass er, anders als vor seiner letzten Flucht, seine politischen Aktivitäten allmählich gen null herunterfährt.

Doch so weit ist er bei seiner Ankunft noch nicht. Zunächst macht er dort weiter, wo er aufgehört hat. Schon bald steht er wieder im Geschehen. Drei Wochen nach seiner Ankunft in London nimmt er erstmals an einer Generalversammlung des dortigen Arbeiterbildungsvereins teil, dem legalen Arm des Kommunistenbundes.

Er lässt sich in den »Ausschuss zur Unterstützung deutscher Flüchtlinge« wählen. Zu seinen Aufgaben gehören Spendensammeln, Unterstützung beim Suchen von Unterkünften, schließlich sogar die Einrichtung eines Wohnheims. Sobald er selbst etwas Geld in der Tasche hat, teilt er bereitwillig mit anderen.

Der Verein veranstaltet Schachabende, Fechtübungen und Bankette, an denen neben Karl auch Jenny Marx teilnimmt. Als hätte er nur eine Kunstpause eingelegt, knüpft er an seine Lehrtätigkeit aus Brüsseler Tagen an. Im brechend vollen Vereinslokal Great Windmill, Ecke Archer Street, heute Heimat der angesagten Cocktailbar »Be at one«, unterrichtet er Nationalökonomie für Arbeiter: »Was ist bürgerliches Eigentum?«

Bei einer Landpartie lernt er Liebknecht kennen. Der schildert ihn in seinen Erinnerungen als hingebungsvollen Lehrer – eine weitere Seite seiner Persönlichkeit.

»Marx ging methodisch vor. Er stellte einen Satz auf – möglichst kurz, und erläuterte ihn dann in einer längeren Ausführung, bei der er sich mit äußerster Sorgfalt bemühte, alle den Arbeitern unverständlichen Ausdrücke zu vermeiden. Dann forderte er die Zuschauer auf, Fragen an ihn zu richten. Geschah dies nicht, so fing er an zu examinieren, und das tat er mit solchem pädagogischen Geschick, daß ihm keine Lücke, kein Mißverständnis entging … Er benützte beim Lehren auch eine schwarze Holztafel, auf die er die Formeln schrieb.«[1]

Aus polizeilicher Sicht sieht die Sache freilich anders aus: »Lebt fort in seinem kommunistischen Schmutz«, heißt es in einem Spitzelbericht, »hält alle Woche seine Vorlesungen über die erbärmlichen Anordnungen des ›Mein‹ und ›Dein‹ und hetzt unermüdlich. Agitiert in den Kreisen der schmutzigen Handwerker gegen Gott, die bestehende Ordnung und die Reichen – ist aber deshalb nicht gefährlich, weil sein System jedem besser fühlenden zum Ekel sein muss und sich die Gesellschaft, sei sie auch was immer für einer politischen Ansicht ergeben, doch gewiß stets gegen das Ansinnen des Marx mit aller Kraft verteidigen wird.«[2]

Der Flüchtlingsausschuss ist schon nach zwei Monaten am Ende. Zwei Mitglieder haben sich abgemeldet, es gab Streit um die Ausrichtung. Bei der Neugründung als »Sozial-Demokratisches Unterstützungskomitee« kommen zwei Londoner Neuankömmlinge zum Zuge: Engels und August Willich, jener Ex-Offizier, dem der Freund im revolutionären Badenfeldzug als Adjutant gedient hat. Willich, der seinen Adelstitel abgelegt hat, will Revolutionen mit Waffen gewinnen, nicht mit Worten.

Marx nimmt den Faden der Fehde genau da wieder auf, wo er ihn vorher fallen gelassen hat. Für alle, die ihm im Weg stehen, und das ist am Ende fast jeder, hat er nur Hohn und Häme übrig. Die Destruktivität, die er dabei an den Tag legt, kann sadistische Formen annehmen. Zurück bleibt eine Strecke erledigter Gegner, in der Mehrzahl einstige Genossen und Freunde, die zu Feinden werden. Ungerührt sagt er: »Ich übe historische Gerechtigkeit; ich gebe jedem, was ihm gebührt.«[3]

Je weniger sich die nachrevolutionäre Welt für die gescheiterten Weltveränderer interessiert, desto heftiger geraten sie im Treibhaus des Exils aneinander. Alte Rivalitäten brechen wieder auf, neue entstehen, ausgetragen in Streitschriften, Wortgefechten, Koalitionen, Intrigen, Spaltungen: Spiegelfechtereien bis zur finalen Resignation in postrevolutionärer Ernüchterung. Wie ein heiß gelaufener Muskel, der sich erst allmählich entspannen kann.

»Der gewaltsame Niederschlag einer Revolution«, schreibt Marx 1875, und es klingt wie ein selbstkritisches Resümee, »läßt in den Köpfen ihrer Mitspieler, namentlich der vom heimischen Schauplatz ins Exil geschleuderten, eine Erschütterung zurück, welche selbst tüchtige Persönlichkeiten für kürzere oder längere Zeit sozusagen unzurechnungsfähig macht. Sie können sich nicht in den Gang der Geschichte finden, sie wollen nicht einsehen, daß sich die Form der Bewegung verändert hat.«[4]

In den Akten der Überwachungsbehörden liest sich das dann etwa so: »Der Geheimausschuß gliedert sich wiederum in 2 Abteilungen. Die eine setzt sich zusammen aus den Führern und die andere aus den sogenannten ›Blinden‹: 18 bis 20 besonders mutigen und unerschrockenen Männern. Diese sollen sich weniger an Unruhen beteiligen, sondern sich vielmehr für große Gelegenheiten bereithalten, vorrangig für Attentate auf regierende Häupter.«[5]

Im Bericht des Agenten Wilhelm Stieber, später Chef der Bismarckschen Geheimpolizei, heißt es ergänzend: »Vor Abschluss der Versammlung erklärte Marx den Zuhörern, sie könnten ganz ruhig sein, ihre Männer stünden überall auf ihrem Posten. Der entscheidende Augenblick sei nahe und man treffe wirksame Maßnahmen, damit kein einziger der gekrönten Henker Europas entkomme.«[6]

Hätte Marx seine Akte gelesen, wäre er vermutlich in schallendes Gelächter ausgebrochen. Schärfer hätte man die Diskrepanz zu den wirklichen Verhältnissen kaum zeichnen können. Die britische Regierung bleibt entsprechend entspannt, als ihr aus Preußen und Österreich nahegelegt wird, »die namentlich bekannten Hauptrevolutionäre als erklärte Feinde der europäischen Staatenordnung und bürgerlichen Gesellschaft« zu verfolgen und auszuweisen.

Mit dem gleichen Laisser-faire dürften die Großmachthaber die zweiwöchigen Sitzungen der Splittergruppe namens Zentralbehörde des Kommunistenbundes verfolgt haben, wo Marx agiert. Später wird er sogar Präsident der, wie er sagt, »geheimen Propagandagesellschaft« – nur um sie schließlich aufzulösen.

Berühmt wird seine als Rundschreiben verbreitete *Ansprache der Zentralbehörde an den Bund vom März 1850*: »Statt sich abermals dazu herabzulassen, den bürgerlichen Demokraten als beifallklatschender Chor zu dienen, müssen die Arbeiter, vor allem der Bund, dahin wirken, neben den offiziellen Demokraten eine selbständige geheime und öffentliche Organisation der Arbeiterpartei herzustellen … Während die demokratischen Kleinbürger die Revolution möglichst rasch und unter Durchführung höchstens der obigen Ansprüche zum Abschlusse bringen wollen, ist es unser Interesse und unsere Aufgabe, die Revolution permanent zu machen... nicht nur in einem Lande, sondern in allen herrschenden Ländern der ganzen Welt.«[7]

Ein schöner Plan. Nur ohne jede Bodenhaftung. Seinen Höhepunkt erreicht das Muskelspiel im Niemandsland des politischen Leerlaufs im April 1850 mit der Gründung einer »Weltgesellschaft der revolutionären Kommunisten«. Zu Engels, Marx und Willich gesellen sich ausgewiesene Führer der Partei Blanquis aus Frankreich und Vertreter des linken Flügels der in Auflösung befindlichen Chartistenbewegung in England.

»Das Ziel der Association ist der Sturz aller privilegierten Klassen, ihre Unterwerfung unter die Diktatur der Proletarier, in welcher die Revolution in Permanenz erhalten wird.«[8] Das alte Lied. Man kann sich weitere Ausführungen sparen. Der Vereinigung ist kein langes Dasein beschieden. Bemerkenswert bleibt sie aber als erster Vorläufer der Internationale, in der sich Marx' politisches Lebenswerk Jahre später vollendet.

Sein Einsatz lässt sich als Teil seiner Versuche verstehen, die »Partei Marx« durch Neuorganisation des Kommunistenbundes wiederzubeleben. Endete die Tragödie seiner ersten Lebenshälfte im Untergang des Aufstands, so beginnt die Farce seiner zweiten wie im Wiederholungszwang mit dem gleichen Aktivitätsmuster wie zuvor. Symptomatisch für die Situation, in der sich die politischen Exilanten wiederfinden: Mag der Kampf vorüber sein, der Kampfmodus ist es nicht. Je frustrierter, desto streitbarer.

Die Auseinandersetzung zwischen dem Theoretiker Marx und dem Macher Willich, der sich eine Zeitlang in der Enge der Marxschen Behausung »eingenistet« hat und sogar »versuchen wollte, den Wurm, der in jeder Ehe stecke, auch bei uns herauszulocken«[9], so Jenny, sie endet beinahe in einer Tragödie. Während der ehemalige Leutnant am liebsten seine – nicht vorhandenen – Truppen um sich gesammelt und losgeschlagen hätte, beharrt Marx auf seiner Ansicht, erst eine ökonomische Krise schaffe Voraussetzungen für eine erfolgreiche Revolution.

Bei einer Versammlung treiben die beiden Streithähne ihren Konflikt derart auf die Spitze, dass Willich den Kontrahenten zum Duell fordert. Marx hat für solche Mätzchen nichts übrig. Aber der Journalist Conrad Schramm, als Heißsporn bekannt, beleidigt Willich daraufhin so, dass der nun von ihm Genugtuung verlangt.

Die Absurdität erreicht ihren Höhepunkt in der Tatsache, dass England solche Zweikämpfe strikt untersagt und die streitenden Parteien samt Sekundanten eigens auf den Kontinent reisen müssen, um ihren Ehrenhandel auszutragen. Schließlich stehen sich die Duellanten auf einem belgischen Strand mit Pistolen gegenüber. Willich gilt als ausgezeichneter Schütze, Schramm hat noch nie eine Waffe geführt. Am Tag nach dem Showdown betritt ein Zeuge das Marxsche Haus und meldet das mit Schrecken Erwartete: »Schramm hat eine Kugel im Kopf!«

»Natürlich gaben wir Schramm verloren«, berichtet Liebknecht. »Anderen Tags, während wir gerade trauernd von ihm sprachen, öffnet sich die Tür, und herein tritt, den Kopf verbunden, aber lustig lachend der Totgeglaubte und erzählt, daß er einen Streifschuß bekommen, der ihn betäubte.«[10] Sein Gegner und dessen Sekundant, die den Blutenden für erledigt hielten, haben ihn zurückgelassen und das nächste Schiff zurück auf die Insel genommen.

Die endgültige Spaltung des Bundes bahnt sich beim letzten Treffen der Londoner Zentralbehörde am 15. September 1850 an. Keiner bringt sie so klar auf den Punkt wie Marx: »Während wir den Arbeitern sagen: Ihr habt 15, 20, 50 Jahre Bürgerkriege und Völkerkämpfe durchzumachen, nicht nur um die Verhältnisse zu ändern, sondern um euch selbst zu ändern und zur politischen Herrschaft zu befähigen, sagt ihr im Gegenteil: ›Wir müssen gleich zur Herrschaft kommen, oder wir können uns schlafen legen.‹«[11]

Daraufhin Karl Schapper: »Wollt ihr die Trennung, gut, so gehen wir allein, und ihr geht allein. Dann aber sollen 2 Bünde gegründet werden. Der eine für die, welche mit der Feder wirken, der andere für die, welche anders wirken.«[12] Aus Genossen werden Gegner. Der Eindruck des biografischen Déjà-vu kommt nicht von ungefähr. Wobei sich die Fraktion Willich–Schapper eher selbst treu bleibt als Marx mit Engels, die sich weiterentwickelt haben.

Hat er gegen Ende seiner Kölner Zeit noch offenes Visier gepredigt, lässt er nun auch das Gegenteil gelten und die Bildung von Geheimbünden zu. Damit rückt er ganz auf die Linie der vor Jahresfrist noch bekämpften Moses Hess und Andreas Gottschalk, der bereits im Januar 1849 die »Revolution in Permanenz« gefordert hat.

Wie Marx seine Rivalen einschätzt, verrät ein saftiger Brief an Weydemeyer: »Willich, trotz seiner biedermännisch-edlen, spartanersuppenartigen Unteroffiziers-Sittenheuchelei, ist ein ganz ordinärer, merke Dir wohl, *ganz ordinärer* chevalier d'industrie, pillier d'estaminet« – ein Hochstapler – »und – letztres verbürge ich nicht, obgleich mir von einem respektablen Philister mitgeteilt – *falscher* Spieler. Der Bursche liegt den ganzen Tag in der Kneipe, aber natürlich *demokratischen*, wo er gratis konsumiert, und als bare Zahlung Gäste zuführt und sie unterhält mit seinen stereotyp-revolutions-zukunftslüstigen Phrasen, an die dieser Ritter selbst nicht mehr glaubt... Der Kerl ist ein *Schmarotzer* der gemeinsten Sorte – alles natürlich unter patriotischen Vorwänden.«[13]

In dem nun entbrannten »Machtkampf getrennter Führungscliquen«[14] geht es um einen Gegensatz, der in gewisser Weise Marx' politische Lebensfrage ausmacht und bis heute radikal linkes Denken bestimmt: Folgt eine Revolution allein den Gesetzmäßigkeiten der Entwicklung? Oder gilt es, sie herbeizuführen? Abwarten oder eingreifen oder auch nur: den richtigen Zeitpunkt kennen, wo die Macht der Straße etwas ausrichten kann. Dafür glaubt Marx mit der permanenten Revolution eine Art Kompromissformel gefunden zu haben.

Man kann sich derart in die Abfolge von Auseinandersetzungen, Intrigen, Abwerbungen der beiden verfeindeten Kommunistenbünde vertiefen, dass man das Wesentliche aus den Augen verliert: Fürs Erste ist der Kommunismus am Ende. Marx' Totenrede im November 1852 in einem Brief an Engels bildet nicht mehr als einen formalen Abschlussakt: »Der Bund hier hat sich vergangnen Mittwoch auf meinen Antrag hin *aufgelöst* und die Fortdauer des Bundes auch auf dem Kontinent für *nicht mehr zeitgemäß erklärt.*«[15]

So hätte das kurze Comeback von Marx als Kommunistenführer enden können. Doch dann zwingen ihn Ereignisse in Deutschland noch einmal, wie man im Rheinland sagt, »in die Bütt«. Nach einem versuchten Attentat auf den preußischen König und der spektakulären Befreiung des Dichters Gottfried Kinkel durch seinen Freund Carl Schurz mithilfe eines Gefängniswärters aus dem Spandauer Zuchthaus ziehen die Behörden die Zügel an und machen Jagd auf Regimegegner.

Beim Schneidergesellen Peter Nothjung, im Auftrag der Kölner Zentralbehörde unterwegs, werden neben anderen Schriften Exemplare des *Kommunistischen Manifests*, der *Ansprache des Zentralkomitees* sowie eine Adressliste gefunden. Die Verhaftungswelle trifft auch Weggefährten von Marx und Engels. So etwa Heinrich Bürgers, den Schneider Leßner und den Arzt Roland Daniels. Sie werden in feuchte Zellen eingesperrt, die meisten erkranken, bei Widerstand drohen Einzelhaft und Essensentzug. Der Vorwurf lautet »Landesverrat«.

Ferdinand Freiligrath gelingt in letzter Minute die Flucht nach London. Dort kann er Familie Marx und die Ihren dabei unterstützen, Material für das anstehende Verfahren zu sammeln, das als »Kölner Kommunistenprozess« in die Geschichte eingegangen ist.

»Alles, was die Polizei vorgebracht, ist Lüge«, schreibt Jenny Marx an Adolph Cluß. Tatsächlich arbeitet Polizeirat Stieber mit allen erlaubten und unerlaubten Mitteln. Den folgenden Passus übernimmt sie wörtlich aus einem Brief, den ihr Mann am Vortag von Engels erhalten hat: »Sie stiehlt, fälscht, erbricht Pulte, schwört falsche Eide, zeugt falsch … Dies und die Manier, wie die Polizei … unbeglaubigte Zettel, bloße Gerüchte, Rapporte, Hörensagen als wirklich gerichtlich erwiesene Tatsachen, als Beweise vorbringt, ist wahrhaft haarsträubend. Von hier aus mußten sämtliche Beweise der Fälschung beigebracht werden. Mein Mann hatte also den ganzen Tag bis in die Nacht hinein zu arbeiten.«[16]

Tatsächlich hat sich der Häscher nicht entblödet, eine komplette Sammlung angeblicher Protokolle von Treffen der Kommunistenführer vorzulegen. Doch die sind weder, wie behauptet, von Liebknecht geschrieben, wofür Marx sogar beglaubigte Handschriftenproben einreichen kann, noch sind solche Protokolle je verfasst worden.

Die Zweizimmerbehausung des Sechspersonenhaushalts im Flüchtlingsviertel Soho gleicht bisweilen einem Bienenhaus, von dem Jenny im Brief an Cluß ein lebendiges Bild hinterlässt: »Dann mußten sämtliche Sachen, 6–8mal abgeschrieben, auf den verschiedensten Wegen nach Köln spediert werden, über Frankfurt, Paris etc., da alle Briefe an meinen Mann sowie alle Briefe von hier nach Köln erbrochen und unterschlagen werden. Das Ganze ist jetzt ein Kampf zwischen der Polizei einerseits und meinem Mann andrerseits, dem man alles, die ganze Revolution, selbst die Leitung des Prozesses in die Schuhe schiebt … Bei uns ist jetzt ein ganzes Büro etabliert. Zwei, drei schreiben, andre laufen, die andren schrappen die Pennies zusammen, damit die Schreiber fortexistieren und Beweise des unerhörtesten Skandals gegen die alte offizielle Welt beibringen können. Dazwischen singen und pfeifen meine 3 fidelen Kinder und werden oft hart angerannt von ihrem Herrn Papa. Das ist ein Treiben.«[17]

Ein Spitzelbericht, der nach Preußen geht, zeichnet die Briefschreiberin überraschend günstig: »Seine Gattin ist … eine gebildete und angenehme Frau, die aus Liebe zu ihrem Mann sich an dieses Zigeunerleben gewöhnt hat und sich in diesem Elend nun ganz heimisch fühlt.«[18]

Auch wenn er den angeklagten Gefährten in Deutschland helfen will:

Marx geht es immer auch um Selbstverteidigung. Und darin ist er stark. Er arbeitet wie ein Enthüllungsjournalist und trägt erdrückende Belege gegen die Anklage zusammen. Doch wo er in seinen eigenen Kölner Prozessen noch auf den Napoleonischen *Code pénal* mit einer unabhängigen Jury bauen konnte, steht den Kommunisten in Köln eine handverlesene Geschworenenschaft gegenüber, die komplett aus den herrschenden Klassen stammt. Denen gegenüber argumentiert Ermittler Stieber nicht juristisch, sondern politisch.

»Der eigentliche Unterschied zwischen der Partei Marx–Engels und Willich–Schapper«, sagt er, bestehe »bloß darin, ob nach der nächsten gelungenen Revolution Herr Marx oder Herr Willich Diktator… werden soll.«[19] Allem Optimismus im Kampagnezentrum in der Dean Street zum Trotz fällt das Urteil bitter aus. Die Angeklagten werden zu empfindlichen Haftstrafen verurteilt. Einige werden sie nicht überleben.

Schon vor dem Urteil hat Marx dem Freund in Manchester verkündet: »Sobald der Prozeß vorüber ist, er mag nun ausfallen, wie er will, müssen wir beide 1 oder 2 Druckbogen: ›An das Publikum zur Aufklärung‹ drucken lassen. Ein günstigerer Moment, zur nation en large zu sprechen, kömmt nicht wieder.«[20]

Die »ganze Nation« besteht da freilich maximal aus ein paar Handvoll Unerschrockener, an deren Spitze Marx sich wähnt. Noch 1856 schreibt er über die deutschen Arbeiterführer an Engels: »Sie fühlen natürlich das Bedürfnis politischer und militärischer Chefs.«[21]

Immer mehr Männer im Exil wenden sich vom Kommunismus ab und einem mehr oder weniger bürgerlichen Leben zu, in dem der Brotjob im Mittelpunkt steht. Nicht so Marx. Seine *Enthüllungen über den Kommunistenprozeß zu Köln* gehören zu seinen publizistischen Glanzstücken. Darin rechnet er nicht nur mit der Gegenseite der Putschisten ab und bezeichnet seine eigene Spaltgruppe als »Oppositionspartei der Zukunft«[22]. Vor allem zeigt er in der Broschüre brillant die finsteren Machenschaften vor und während des Prozesses auf.

Seine »Brandmarkung der preußischen Regierung« schlägt indes mangels Publikum fehl. Ein Großteil der Auflage von zweitausend Exemplaren wird an der Grenze beschlagnahmt. Von der ersatzweise gestarteten amerikanischen Ausgabe erreicht kein einziges Exemplar das Vaterland.

Es fällt nicht leicht, von einer Zäsur im Leben eines Menschen zu sprechen. Doch es gibt kaum ein besseres Wort, den Einschnitt in Marx' Biografie durch das Ende des Kommunistenbundes zu beschreiben. Zwölf

Jahre lang wird er keiner politischen Organisation angehören. Ein neuer Lebensabschnitt fängt an.

Marx beginnt mit den Vorarbeiten zu seinem Opus magnum. Er verbringt mehr Zeit im Lesesaal der Bibliothek als im Bett oder gar auf politischen Versammlungen. Doch das hält ihn nicht davon ab, weiter mit der Konkurrenz die Klingen zu kreuzen wie ein unermüdlicher Don Quijote.

Es wirkt, als folgte er einem unhintergehbaren Reflex, wenn er sich noch einmal mit Figuren wie Ruge, Heinzen und Kinkel auseinandersetzt. In wenigem wird die Lage am Anfang seiner zweiten Lebenshälfte deutlicher als in der Steigerung von Hass und Hetze, die er für einst Verbündete übrighat. Ging es in der *Heiligen Familie* und der *Deutschen Ideologie* noch um Positionen, die er am besten in wüsten Polemiken entwickeln kann, so geht es jetzt fast nur noch gegen Personen und ihr Handeln.

Wenigstens haben er und Engels »Tränen gelacht« bei ihrem Gefecht im Vergangenen. Hemmungslos giften verbindet. Aber womöglich wählen sie auch nur die einzig richtige Methode, sich über *Tempi passati* hinwegzutrösten. Im Grunde ziehen sie, als sie sich an die »Einmarinierung dieser Stockfische«[23] machen, über das her, was sie selbst darstellen: *Die großen Männer des Exils*. So lautet der ironische Titel ihres zweiten gemeinsam verfassten, zu ihren Lebzeiten unveröffentlichten Buches.

Marx führt das Wort. Er wütet gegen die »Ausdünstungen der demokratischen Pestkloake«[24]. Besonders scharf gehen er und Engels mit Kinkel ins Gericht, den er »Gottfried Christus« nennt, weil er überall die Male seiner Schussverletzungen vorzeigt. Anders gelesen halten sie sich selbst den Spiegel vor.

»Es mußte um jeden Preis der Schein verhindert werden, als bewege sich die Weltgeschichte voran auch ohne das Zutun dieser Gewaltigen. Je mehr dieser Menschenkehricht durch eigne Impotenz wie durch die bestehenden Verhältnisse außerstand gesetzt war, irgend etwas Wirkliches zu tun, desto eifriger mußte jene resultatlose Scheintätigkeit betrieben werden, deren eingebildete Handlungen, eingebildete Parteien, eingebildete Kämpfe und eingebildete Interessen von den Beteiligten so pomphaft ausposaunt worden sind. Je ohnmächtiger man war, wirklich eine neue Revolution herbeizuführen, desto mehr mußte man sich diese zukünftige Eventualität im Geiste diskontieren, im voraus die Stellen verteilen und im antizipierten Genuß der Macht schwelgen.«[25]

Im Treibhaus des Londoner Exils suhlen sich die Entmannten im

Schlamm, aus dessen Asche sie eines Tages wie Phönix aufzusteigen hoffen. Wenn es denn losgeht, möchte man doch gerne vorn mit dabei sein. Marx und Engels sind beileibe nicht die Einzigen, die ihren Beißreflex ausleben müssen. So zerlegen sich etwa auch Kinkel und Ruge in zwei verfeindete Lager, die sich rücksichtslos bekämpfen und beschimpfen.

Die beiden Freunde machen aus der Not eine Tugend und ziehen sich, nach dem Schlagabtausch im Briefverkehr verbandelt, in ihr Schneckenhaus zurück. Wie Marx Engels wissen lässt, »gefällt mir sehr die öffentliche, authentische Isolation, worin wir zwei, Du und ich, uns jetzt befinden. Sie entspricht ganz unsrer Stellung und unsern Prinzipien. Das System wechselseitiger Konzessionen, aus Anstand geduldeter Halbheiten, und die Pflicht, vor dem Publikum seinen Teil Lächerlichkeit in der Partei mit all diesen Eseln zu nehmen, das hat jetzt aufgehört.«[26]

Splendid isolation auf der Insel, die sich mit diesem Slogan ihrer Unabhängigkeit rühmt. Daraufhin Engels: »Wir sind von jetzt an nur noch für uns selbst verantwortlich, und wenn der Moment kommt, wo die Herren uns nötig haben, sind wir in der Lage, unsre eignen Bedingungen diktieren zu können.« So sprechen sonst die Eingeschlossenen im Bunker.

»Bis dahin haben wir wenigstens Ruhe. Freilich auch eine gewisse Einsamkeit – mon Dieu, die hab' ich hier in Manchester seit 3 Monaten bereits genossen und mich daran gewöhnt ... Wir können uns übrigens im Grund nicht einmal sehr beklagen, daß die petits grands hommes uns scheuen; haben wir nicht seit soundsoviel Jahren getan, als wären Krethi Plethi unsre Partei ... Was soll uns, die wir auf die Popularität spucken, die wir an uns selbst irre werden, wenn wir populär zu werden anfangen, eine ›Partei‹, d.h. eine Bande von Eseln, die auf uns schwört, weil sie uns für ihresgleichen hält?«[27]

Vielleicht ist es die Isolation, die Marx verleitet, sich auf einen Mann namens János Bangya einzulassen – gegen alle Warnungen seiner Freunde, hier handle es sich um einen ungarischen Spion. Immerhin hat der Mann als Oberst in der Armee des Revolutionsführers Kossuth gekämpft – sich nach deren Niederlage allerdings als Polizeiagent verdingt.

Marx glaubt dessen halbseidenen Versprechungen, in Deutschland einen Verleger für *Die großen Männer des Exils* aufgetrieben zu haben. Er vertraut Bangya das Manuskript an, der sich die Hände reibt und es an die deutsche Polizei verkauft. Veröffentlicht wird der Text erst im 20. Jahrhundert.

In England leben natürlich nicht nur große Männer im Exil, sondern auch solche, die dort zu Hause und politisch umtriebig sind. Eine Weile versucht Marx, sich mit den Chartistenführern George Julian Harney und Ernest Jones gemein zu machen. Es dauert nicht lange, bis er sich von Harney distanziert, jenem Mann, der in seiner Zeitung *The Friend of the People* die erste englische Übersetzung des *Kommunistischen Manifests* veröffentlicht hat:

»Ich bin fatigue von diesem öffentlichen Weihrauch, womit Harney nicht müde wird les petits grands hommes einzuräuchern.«[28] Was ist geschehen? Der Gescholtene hat es gewagt, in seinem Blatt unterschiedliche Gruppen deutscher und europäischer Flüchtlinge zu Wort kommen zu lassen und dann auch noch auf einem Bankett unter dem Vorsitz Schappers zu sprechen.

»Harney hat sich in diese Geschichte hineingeritten einmal aus dem Bewundrungstrieb für offizielle große Männer … Er ist unbedingt gefallsüchtig, ich will nicht sagen vaniteux. Er … entwickelt sehr reichhaltige pathetische Gase. Steht tiefer in dem demokratischen Dreck, als er Wort haben will.«[29]

Mit Jones geht es länger gut. In seiner Zeitung *The People's Paper* redet er, anders als Harney, aber im Marxschen Sinn, vom Klassenkampf und der Notwendigkeit, die Arbeiter müssten politische Macht erringen. Allerdings hat er die Rechnung ohne die britische *Working Class* gemacht. Die wollen das System nicht abschaffen, sondern im gewerkschaftlichen Geiste für die Verbesserung der Arbeitsbedingungen kämpfen.

Dann beginnt auch Jones' Stern zu sinken. Diesmal geht Marx auf Distanz, weil er sich vom anderen ausgenutzt fühlt. »E. Jones ist ein durch und durch egoistischer Bengel«, schreibt er Engels. »Endlich habe ich, da sein Journal zu miserabel wurde, einige Wochen ihm editorial support gegeben, und wirklich wuchs die Scheiße um einige 100 Abonnenten in London … Ich habe ihm gesagt, es sei ganz gut, daß er Egoist sei, aber er solle es in zivilisierter Weise sein und nicht so albern. Da das Blatt indes das einzige Chartistenorgan, so werde ich nicht brechen.«[30]

Marx steuert sogar ein paar Artikel bei. Jones gehört dann zu der kleinen Gruppe Auserwählter, denen Marx und Engels, obwohl sie ihn für einen »Opportunisten« halten, bis zu dessen Tod 1869 freundschaftlich verbunden bleiben.

Ganz anders ein gewisser Carl Vogt. Der ehemalige liberale Abgeordnete im Paulskirchenparlament hat es gewagt, Marx zu verleumden – in einem Büchlein, dem niemand eine Träne nachweinen sollte. Das Gleiche gilt eigentlich auch für Marx' bitterböse Antwort, die 1860 unter dem Titel *Herr Vogt* erscheint. Allerdings enthält sie einige interessante autobiografische Passagen, in denen der Autor haarklein den Werdegang des Kommunismus nachzeichnet.

Vogt, Professor für Naturwissenschaften an der Universität Bern, wehrt sich in seinem Machwerk *Mein Prozess gegen die Allgemeine Zeitung* gegen die darin von einem Flugblatt zitierte Behauptung, er beziehe Geld von Napoleon III. Marx hat den Tratsch bei Karl Blind aufgeschnappt, jenem Mann, den er bei anderer Gelegenheit eine »wasserköpfige Filzlaus« nennt, die »Talent in der Wichtigmacherei entwickelt.[31]« Dennoch hat er das Gerücht weitergetragen. Ein Londoner Emigrantenblatt tischt es seinen Lesern auf. Sich gegenseitig als bezahlter Spion zu denunzieren ist fast so etwas wie ein Volkssport unter den Männern im Exil.

Blind wiederholt die Aussage auf einem anonymen Flugblatt, aus dem wiederum die *Augsburger Allgemeine* zitiert. Vogt vermutet fälschlicherweise Marx hinter der Angelegenheit. Er verurteilt ihn als Scharlatan, der den Arbeitern Wasser predige, sie um ihr Geld betrüge, aber mit den Reichen Wein trinke. »Nichts als Scheiße. Spielerei«[32], urteilt Marx.

Dummerweise wird Vogts Pamphlet in Deutschland zum Bestseller. So sieht sich der Beleidigte, der doch eigentlich Besseres zu tun hätte, gezwungen, ein geschlagenes Jahr seines Lebens auf eine Replik zu verwenden, für die zehn Tage und zwanzig Druckseiten ausgereicht hätten. Es bedarf wohl keiner Erwähnung, dass seine Gegenattacke den Umfang des Vogtschen Textes bei weitem übertrifft und zum Rundumschlag gegen alle möglichen Feinde wird. Monatelang werden Beweise gesammelt, Briefe von Mitstreitern angefordert und ein bombastischer Fall aufgerollt, wo keiner ist. Eine Kostprobe mag genügen:

»Vermittelst künstlich geheimer Röhrenleitung leeren alle Abtritte von London ihren physischen Unrat in die Themse aus. So spuckt die Welthauptstadt täglich durch ein System von Gänsekielen all ihren sozialen Unrat in eine große papierne Zentralkloake – den ›Daily Telegraph‹. Liebig tadelt mit Recht jene sinnlose Verschwendung, die dem Wasser der Themse seine Reinheit und dem Land von England seinen Dünger raubt. Levy aber, der Eigentümer der papiernen Zentralkloake, versteht sich nicht nur auf Chemie, sondern sogar auf Alchimie. Nachdem er den sozialen Unrat Londons in Zeitungsartikel verwandelt hat, verwandelt er die Zeitungsartikel in Kupfer und schließlich das Kupfer in Gold.«[33]

Ein hübscher Hieb gegen das Boulevardblatt, der sich leicht auf heutige Nachfolgepublikationen in der britischen Hauptstadt und ihre Eigentümer anwenden ließe. Doch dabei lässt Marx es nicht bewenden. Irgendein innerer Drang oder Zwang verleitet den gebürtigen Juden, nun selbst tief in die antisemitisch-rassistische Kloschüssel zu greifen.

So »will Levy durchaus zur angelsächsischen Race zählen … Aber was nützt es dem Levy, … ein Y für ein I zu machen, da Mutter Natur seinen Stammbaum in tollster Frakturschrift ihm mitten ins Gesicht geschrieben hat. Die Nase des geheimnisvollen Fremden (bildet) das Jahresgespräch der City von London … Die große Kunst von Levys Nase besteht in der Tat darin, mit Faulgeruch zu kosen, ihn auf hundert Meilen herauszuschnüffeln und heranzuziehn. So dient Levys Nase dem ›Daily Telegraph‹ als Elefantenrüssel, Fühlhorn, Leuchtturm und Telegraph. Man kann daher ohne Übertreibung sagen, daß Levy seine Zeitung mit seiner Nase schreibt.«[34]

Wieder einmal findet Marx für *Herr Vogt* keinen Verleger. Er bettelt sich das nötige Geld zusammen und lässt den Schinken in London auf eigene Kosten drucken. Auch wenn Engels darin »sicher die beste polemische Schrift, die Du noch geschrieben«[35], erkennen will, findet das Werk kaum Beachtung. Zur traurigen Ironie dieser Geschichte gehört die Genugtuung im Hause Marx ein paar Jahre nach den Ereignissen, als Recherchen in französischen Archiven zweifelsfrei ergeben, Vogt habe in der Tat Geld von Bonaparte erhalten.

Über die Jahre trifft Marx' Bannstrahl nicht nur politische Gegner, sondern immer wieder auch Verbündete und nahe Freunde. Die Anlässe erscheinen oft nichtig, die Gründe mitunter vorgeschoben, aber das Urteil wird in der Regel konsequent vollzogen.

Es trifft sogar den Dichter Freiligrath, weil er gegen Marx' erklärte Abneigung beim Schillerfest zum hundertsten Geburtstag auftritt. Er kriegt die Kurve, leistet Abbitte, worauf er überraschend zu Antwort erhält: »Dein Brief war mir sehr lieb, da ich nur mit sehr wenigen Menschen Freundschaft schließe, dann aber auch sie festhalte. Meine Freunde von 1844 sind es noch jetzt.«[36]

17

Zwischen allen Zeilen

Noch einmal Zeitungsmacher

»In London habe ich positive Aussicht, ein deutsches Journal zu stiften. Ein Teil der Gelder ist mir *sicher*«[1], gibt Marx einen Tag vor seiner Abreise aus Paris Freund Engels bekannt. Der ist nach Niederschlagung des Badischen Aufstandes außer Landes geflüchtet. »Du *kannst* nicht in der Schweiz bleiben. In London werden wir Geschäfte machen.«[2]

Fast reflexhaft greift Marx nach dem Strohhalm, der ihn schon zweimal gerettet hat. Der Name der geplanten Zeitung verrät die Treue zur Tradition: *Neue Rheinische Zeitung – Politisch-ökonomische Revue.* Hinter dem Zusatz steckt die Absicht, Steckenpferd und Schwerpunktthema weiter zu verfolgen.

Das Vorhaben steht von Anfang an unter keinem guten Stern. Das liegt, wie die Ausschreibung zur Aktienzeichnung zeigt, nicht zuletzt an der Konstruktion: »Die Zeitung kann zunächst nur als Revue in monatlichen Heften von ca. fünf Bogen erscheinen.« Es sei aber geplant, »sobald die Mittel es erlauben, die ›Neue Rheinische Zeitung‹ in vierzehntägigen Heften von fünf Bogen oder womöglich als großes wöchentliches Blatt nach Art der amerikanischen und englischen Wochenblätter erscheinen zu lassen und, sobald die Verhältnisse ihr die Rückkehr nach Deutschland gestatten, das Wochenblatt sofort wieder in eine tägliche Zeitung zu verwandeln.«[3]

Welcher Investor soll sich darauf einlassen: »Sobald die Verhältnisse gestatten«? Marx' Optimismus wirkt im Rückblick geradezu rührend: »Ich zweifle kaum«, schreibt er im Dezember 1849 an Weydemeyer, »daß nach Erscheinung von 3, vielleicht 2 Monatsheften, der Weltbrand interveniert.«[4] Die Wirklichkeit sieht indes anders aus. Die Wirtschaft, deren Schwäche mit Armut und Arbeitslosigkeit im Vormärz zu den Erhebungen geführt hat, ist längst wieder auf Erholungs- und Wachstumskurs.

Einen Verleger in Deutschland zu finden, wo das Blatt in deutscher

Sprache erscheinen soll, fällt ebenso schwer, wie ausreichend Abonnenten zu gewinnen. Der preußische Staat beobachtet die Aktivitäten mit äußerstem Argwohn. Schließlich erklärt sich ein »fragwürdiger«[5] Mann namens Julius Schuberth im liberalen Hamburg unter denkbar schlechten Vertragsbedingungen bereit, die Zeitung zu drucken und zu vertreiben. Die Buchhändler sollen, entgegen üblichen Gepflogenheiten, in Vorkasse gehen. Das schreckt viele ab.

Die Suche nach Kapital, wie man es zur Gründung einer Zeitung braucht, gestaltet sich ähnlich schwierig wie die nach Mitarbeitern – obwohl, wie Engels sich mit Marx freut, »die ganze ›Neue Rheinische Zeitung‹ diesen Sommer in London zusammensitzen wird«[6]. Dronke, Schapper, Freiligrath und Wilhelm Wolff sind bereits da, Weydemeyer und Willich stoßen bald dazu, schließlich gesellt sich zu ihnen noch der radikale Nachwuchs um Liebknecht, Wilhelm Pieper und Peter Imandt. An Namen fehlt es nicht, an Autoren sehr wohl. So dass Marx und Engels das Gros der Artikel selbst beisteuern müssen.

Schließlich doch noch die gute Nachricht: Die *Revue* erscheint. Gedruckte Auflage 2500, verkaufte wohl weit darunter. Bis zum Sommer 1850 kommen vier Ausgaben heraus, dann zum Ende des Jahres noch eine letzte Doppelnummer. Die von Engels und Marx in diesen wenigen Heften abgedruckten Essays und Analysen liefern unverzichtbare Zeugnisse ihrer theoretischen und politischen Entwicklung.

Schon in der Ankündigung des neuen Blattes in der *Westdeutschen Zeitung* stellen die Macher ihren Standpunkt klar: »Eine Zeit des scheinbaren Stillstandes, wie die jetzige, muß eben benutzt werden, um über die durchlebte Periode der Revolution aufzuklären, über den Charakter der ringenden Parteien, über die gesellschaftlichen Verhältnisse, welche das Dasein und den Kampf dieser Parteien bedingen.«[7]

Seit Marx mit dem Epochenbruch der gescheiterten Revolution aus der Geschichte heraus- und neben sie getreten ist, lebt er eher nach als vor dem Geschehen, verschlingt Bücher zur Historie der großen Länder Europas und im Rest der Welt, zu Amerika, Russland, Asien. Kaum in London, setzt er sich hin und bringt selbst zwei bahnbrechende historische Arbeiten zu Papier, die gleichsam en passant seinen Entwicklungsstand widerspiegeln: *Die Klassenkämpfe in Frankreich* mit seiner Bewertung der gescheiterten Achtundvierziger-Revolution und *Der Achtzehnte Brumaire des Louis Bonaparte* zum Gegenschlag des Pendels Richtung Reaktion.

In seiner Arbeit als Historiker lässt Marx das Vergangene gegenwärtig werden und erzählt Geschichte in Geschichten, die seine Sicht unterstützen. Aufgeführt wie Shakespearesche Dramen, mit Schurken und Helden und Opfern, mit Intrige, Kabale und reichlich Machtpolitik im Bannkreis des Geldes. Im Lichte seiner weiteren Biografie ideale schriftstellerische Fingerübungen für *Das Kapital*.

Klarnamen werden genannt und Protagonisten hervorgehoben, entlarvt, vorgeführt, karikiert, so wie er es in seinen Verrissen und Spotttexten schon reichlich geübt hat. Dabei scheinen Zusammenhänge auf, die dem Ablauf der Geschehnisse einen scheinbar verständlichen Sinn verleihen. Allein für diese wenig beachtete Leistung hätte er einen Eintrag im Lexikon der Historiker verdient. Die gesamte spätere Geschichtsschreibung wäre ohne ihn eine andere geworden.

»Was mich nun betrifft, so gebührt mir nicht das Verdienst, weder die Existenz der Klassen in der modernen Gesellschaft, noch ihren Kampf unter sich entdeckt zu haben. Bürgerliche Geschichtsschreiber hatten längst vor mir die historische Entwicklung dieses Kampfes der Klassen, und bürgerliche Ökonomen die ökonomische Anatomie derselben dargestellt«, zieht er im März 1852 in einem Brief an Joseph Weydemeyer Bilanz des Bisherigen. »Was ich neu that war 1) nachzuweisen, daß die *Existenz der Klassen bloß an bestimmte historische Entwicklungsphasen der Production* gebunden ist; 2) daß der Klassenkampf nothwendig zur *Diktatur des Proletariats* führt; 3) daß diese Diktatur selbst nur den Übergang zur *Aufhebung aller Klassen* und zu einer *klassenlosen Gesellschaft bildet.*«[8]

Als Marx zunächst *Die Klassenkämpfe in Frankreich* als Artikelserie für seine *Revue* schreibt, ist die Geschichte noch taufrisch und ihr Ausgang offen. Er verzichtet ganz auf die Stimme des Unmittelbaren. Vielmehr sucht er Distanz und schildert die Ereignisse wie aus einer ferneren Zukunft. Zwischendurch schwingt er die Fahne, als stünde er noch mitten in der Schlacht. Dabei entsteht eine Analyse der Vorgänge, ihrer Ursachen und der Versäumnisse, die wie eine Handlungsanleitung für kommende Aufstände gelesen werden kann. Die marxistische Doktrin deutet sie dann auch als prophetischen Auftrag, eiserne Marxisten verstehen sie noch heute so.

Das Vorwort beginnt wie das Eingeständnis eines Scheiterns: »Mit Ausnahme einiger weniger Kapitel trägt jeder bedeutendere Abschnitt der Revolutionsannalen von 1848 bis 1849 die Überschrift: *Niederlage der Revolution!*«[9] Da gibt es nichts zu beschönigen. Der eine hockt weiter auf seinem Thron, der andere schreibt am Küchentisch bleibende Sätze, mit feinem Gehör dem noch jungen Eisenbahnzeitalter abgelauscht: »Die Revolutionen sind die Lokomotiven der Geschichte.«[10]

Marx will aber auf etwas anderes hinaus. Er denkt weiter, sieht das eben Vergangene nur als den ersten Schritt auf einem langen Weg. Was er in diesen Monaten aufs Papier kritzelt und dann in Satz gibt (es kommt wegen seiner unleserlichen Handschrift zu erheblichen Verzögerungen in der Auslieferung), Lektionen aus der Geschichte als Lehrbeispiele für kommende Zeiten, wird zum Grundstock für das historische Bewusstsein der halben Welt.

»Was in diesen Niederlagen erlag, war nicht die Revolution. Es waren die vorrevolutionären traditionellen Anhängsel, Resultate gesellschaftlicher Verhältnisse, die sich noch nicht zu scharfen Klassengegensätzen zugespitzt hatten – Personen, Illusionen, Vorstellungen, Projekte, wovon die revolutionäre Partei vor der Februarrevolution nicht frei war.«[11]

Wie viele, vor allem linke Projekte sind daran gescheitert, dass nach erfolgreichem Aufbruch sich alle auf einen gesonderten Weg gemacht haben, den jeder für den einzig richtigen hält. Marx gesteht in der *Revue* auch seinen Fehler ein, dem Proletariat ein zeitweises Zusammengehen mit der Bourgeoisie empfohlen zu haben. Am Ende behalte die Gegenseite doch immer die Oberhand: Bei den französischen Wahlen im Mai 1849 unterliegen die Aufständischen. Die Bürgerlichen siegen mit großer Mehrheit – durch die Stimmen der Bauern.

Dagegen zu revoltieren sei zwar unmittelbar vergebens, für den Gang der Geschichte aber unverzichtbar. Auch verlorene Schlachten bringen sie voran: »Erst in das Blut der *Juniinsurgenten* getaucht, wurde die Trikolore zur Fahne der europäischen Revolution – zur *roten Fahne!* Und wir rufen: *Die Revolution ist tot! – Es lebe die Revolution!*«[12]

Marx begreift die rasche, geradezu revolutionäre Veränderung von Welt, Wirtschaft und Gesellschaft und überträgt sie auf seine Theorie. An die Stelle des abrupten Umbruchs tritt allmähliche Entwicklung. So wie Kommunismus die »wirkliche Bewegung« ist, so soll die Revolution zum Dauerzustand werden – in gewisser Weise die *Raison d'Être* der späteren marxistischen Staatenwelt.

»Dieser Sozialismus ist die *Permanenzerklärung der Revolution,* die *Klassendiktatur* des Proletariats als notwendiger Durchgangspunkt zur *Abschaffung der Klassenunterschiede überhaupt,* zur Abschaffung sämtlicher Produktionsverhältnisse, worauf sie beruhen, zur Abschaffung sämtlicher gesellschaftlichen Beziehungen, die diesen Produktionsverhältnissen entsprechen, zur Umwälzung sämtlicher Ideen, die aus diesen gesellschaftlichen Beziehungen hervorgehen.«[13]

Als Engels *Die Klassenkämpfe in Frankreich* kurz vor seinem Tod noch einmal zusammenhängend herausgibt, stellt er in seiner Einleitung fest, sie seien »Marx' erster Versuch, ein Stück Zeitgeschichte vermittelst seiner materialistischen Auffassungsweise aus der gegebenen ökonomischen Lage zu erklären.«[14]

So wird die *Revue* zum unverzichtbaren Element der Marxschen Biografie. Sie kanalisiert seine revolutionäre Nachglühphase und kühlt sie ab. Mit dem jähen Ende seiner Vorgängerzeitung in Köln hat er noch nicht alles öffentlich ausgesprochen. Hier kann er eine erste Runde seiner Argumentation an ihr Ende führen. Man kann es auch den ersten Baustein einer Revolutionstheorie nennen: Auf den Zeitpunkt kommt es an! »Eine neue Revolution ist nur möglich im Gefolge einer neuen Krisis. Sie ist aber auch ebenso sicher wie diese.«[15]

Zwei Jahre vor seinem Tod resümiert Marx seine Haltung in einem Brief an Ferdinand Domela Nieuwenhuis, Gründer der sozialdemokratischen Partei in Holland: »Was in einem bestimmten, gegebnen Zeitmoment der Zukunft zu tun ist, *unmittelbar* zu tun ist, hängt natürlich ganz und gar von den gegebnen historischen Umständen ab, worin zu handeln ist.«[16]

Nach der Fingerübung zur Junirevolution in der *Neuen Rheinischen* und dem Gesellenstück über *Die Klassenkämpfe in Frankreich* in der *Revue* bleibt er dem gallischen Hahn treu und verfasst sein historisches Meisterwerk. *Der Achtzehnte Brumaire des Louis Bonaparte* hat sich bis heute nicht aus den Regalen der Buchhandlungen verdrängen lassen. Das spricht für die zeitlose Lesbarkeit und Modernität des Textes.

Er erscheint zuerst 1852 in der deutschsprachigen Zeitschrift *Die Revolution*, die Joseph Weydemeyer in Amerika publiziert. Umso tragischer für den Urheber, dass auch dieses Glanzstück seines Schaffens fast keine Beachtung findet, weder am Erscheinungsort in New York noch in seiner deutschen Heimat. Dem Publizisten fehlt das Publikum.

Das wird dem Buch alles andere als gerecht. Es liest sich wie die astreine Analyse eines alten Weisen und zugleich wie die lustvolle Vivisektion der noch lebendig erinnerten Geschichte durch einen jungen Wilden. Mit diesem Text kommt Marx dem Eigentlichen, nach dem er sucht, wieder ein entscheidendes Stück näher. Der Bogen, den er dabei schlägt, reicht von der Vergangenheit in die eben vergangene Gegenwart, vom Staatsstreich Napoleons bis zur Machtübernahme von dessen Enkel und weit in die Zukunft.

Im Resultat, sagt Marx, »mußte der Abenteurer siegen, der die Komödie platt als Komödie nahm«[17]. Schritt für Schritt schildert er das Versagen der Parteien und des Parlaments, die einem autokratischen Herrscher schließlich den roten Teppich ausrollen. Die Botschaft hat später auch Lenin vernommen. »In diesen großartigen Ausführungen«, ist in seinen Werken zu lesen, »macht der Marxismus im Vergleich zum ›Kommunistischen Manifest‹ einen gewaltigen Schritt vorwärts… Alle früheren Revolutionen haben die Staatsmaschinerie vervollkommnet, man muß sie aber zerschlagen, zerbrechen. Diese Folgerung ist das Hauptsächliche, das Grundlegende in der Lehre des Marxismus vom Staat.«[18]

Marx begreift Bürokratie und Beamtenschaft als Machtfaktor, vergleichbar den Streitkräften. Ein Umsturz kann allein erfolgreich sein, wenn nicht nur das Kommando über die Armee und der Zugriff auf die Staatskasse gesichert sind, sondern wenn er auch den riesigen Verwaltungsapparat überwindet, der das Ganze zusammenhält und sich vor Veränderungen schützt.

»Die Bürokratie gilt sich selbst als der letzte Endzweck des Staates«, heißt es in der unveröffentlichten *Kritik des Hegelschen Staatsrechts* von 1843[19]. Schon im Gerichtsprozess gegen die *Neue Rheinische Zeitung* hat Marx den Geschworenen zugerufen: »Woran ist die *Märzrevolution*« – der Aufstand in Deutschland – »gescheitert? Sie reformierte nur die höchste politische Spitze, sie ließ alle Unterlagen dieser Spitze unangetastet, die alte Bürokratie, die alte Armee, die alten Parquets, die alten, im Dienste des Absolutismus gebornen, herangebildeten und ergrauten Richter. Die erste Pflicht der Presse ist nun, *alle Grundlagen des bestehenden politischen Zustandes zu unterwühlen.*«[20]

Der *Achtzehnte Brumaire* liest sich wie ein Lehrstück als Parabel auf die Kabale im Handgemenge der Revolution. Wer wann wo was mit wem. Wohl dem, der seinen Shakespeare und Schiller kennt. Der kann das Drama entfalten, das sich zwischen der Februarrevolution in Paris und einem neuen Kaiserreich abgespielt hat. Die Tapferkeit der Aufständischen preisen, ihnen aber gleichzeitig bescheinigen, dass sie keine Chance hatten. Den Sieger als Parvenü entlarven, aber seinen Machtinstinkt anerkennen. Bei aller Ironie, und kein Marx-Text spielt die Karte souveräner als dieser[21], geht es hier immer auch um kühle Analyse. Nur wer versteht, wie der Hase läuft, kann ihn am Ende erlegen.

Nicht von ungefähr kommt der Einstieg – für Schriftsteller oft der Schlüssel in ihr Stück – wie die Ouvertüre zu einer großen Komposition daher. Sätze, die im Gedächtnis bleiben. »Die Menschen machen ihre eigene Geschichte, aber sie machen sie nicht aus freien Stücken, nicht unter selbstgewählten, sondern unter unmittelbar vorgefundenen, gegebenen und überlieferten Umständen.«[22]

Welcher Fachhistoriker würde es heute wagen, solch einen geschichtsphilosophischen Pflock an den Anfang seiner Untersuchung zu stellen, wenn er ihn überhaupt zur Hand hätte? Marx kennt die Konventionen, aber er kümmert sich nicht um sie. Er geht ein ziemliches Wagnis ein und sucht das Muster der Gemeinsamkeit zwischen zwei historischen Ereignissen, von denen jeder weiß, dass sie viel mehr Eigenheiten aufweisen.

Der Trick dieses »literarischen Meisterwerks«[23] zeigt sich schon in der Anfangssentenz. Dort zitiert Marx Hegels Satz, die Geschichte einer Tragödie erscheine in der Wiederholung wie eine Farce: Am 2. Dezember 1851 hat sich der frei gewählte Louis Bonaparte durch einen Staatsstreich zum Konsul gemacht und kurz darauf zum Kaiser krönen lassen.

Das Tragikomische drückt sich schon in der Namenswahl aus. Der Neffe schreckt nicht davor zurück, in die viel zu großen Fußstapfen seines berühmten Onkels zu treten und sich Napoleon III. zu nennen. Die Wähler »haben nicht nur die Karikatur des alten Napoleon, sie haben den alten Napoleon selbst karikiert, wie er sich ausnehmen muß in der Mitte des neunzehnten Jahrhunderts«[24].

Marx hält den Aufständischen von Paris vor, die Französische Revolution von 1789 als Blaupause für 1848/49 verwendet zu haben. Die Geschichte kann sich, aber man sie nicht wiederholen. Denn frei nach Marx' Zeitgenossen Wilhelm Busch kommt es erstens anders, und zweitens als man denkt. Was war, lässt sich nicht einfach abschütteln wie ein lästiges Insekt.

»Die Tradition aller toten Geschlechter lastet wie ein Alp auf dem Gehirne der Lebenden«, so weiter im Text. »Und wenn sie eben damit beschäftigt scheinen, sich und die Dinge umzuwälzen, noch nicht Dagewesenes zu schaffen, gerade in solchen Epochen revolutionärer Krise beschwören sie ängstlich die Geister der Vergangenheit zu ihrem Dienste herauf, entlehnen ihnen Namen, Schlachtparole, Kostüm, um in dieser altehrwürdigen Verkleidung und mit dieser erborgten Sprache die neue Weltgeschichtsszene aufzuführen.«[25]

Man ahnt: Das kann nicht gutgehen. In gewisser Weise begeht Marx hier Verrat an den eigenen Ideen. Hat er vor weniger als zwei Jahren in Köln nicht noch selbst im Geiste der 1789er-Revolution empfohlen, eine Zeitlang mit dem radikalen Bürgertum zusammenzugehen? Jetzt hat sich bei ihm die Einsicht festgesetzt, dies sei der falsche Weg. Zweihundert Jahre nach seiner Geburt könnte er kaum zeitgenössischer klingen:

»Die soziale Revolution des neunzehnten Jahrhunderts kann ihre Poesie nicht aus der Vergangenheit schöpfen, sondern nur aus der Zukunft. Sie kann nicht mit sich selbst beginnen, bevor sie allen Aberglauben an die Vergangenheit abgestreift hat.«[26]

Die Welt ist kein Kreisel und auch kein Karussell, auf das man nach Belieben aufspringen kann. Sie ähnelt eher einer Geisterbahn, die führerlos durchs Dunkel rauscht. Immer nur in eine Richtung, hin zum Licht, das erst zu leuchten beginnt, wenn man da ist. Wer den Zug verpasst, den überholt die Geschichte. Und am Bahnsteig warten die Irren, die sich einbilden, nicht der Zug bewege sich, sondern sie selbst.

»Die Nation kömmt sich vor wie jener närrische Engländer in Bedlam« – einer bekannten Nervenheilanstalt –, »der zur Zeit der alten Pharaonen zu leben meint und täglich über die harten Dienste jammert, die er in den äthiopischen Bergwerken als Goldgräber verrichten muß.«[27]

Jeder Ausbruch aus dem babylonischen Irrenhaus führt nur in ein neues. Niemand kann dem eigenen Schatten entgehen, auch nicht durch die Hintertür. Man nimmt sich immer selbst mit. Erfolgreiche Revolutionäre fahren auf Sicht, ohne ihr Ziel aus den Augen zu verlieren.

»Bürgerliche Revolutionen, wie die des achtzehnten Jahrhunderts, stürmen rascher von Erfolg zu Erfolg, ihre dramatischen Effekte überbieten sich, Menschen und Dinge scheinen in Feuerbrillanten gefaßt ...; aber sie sind kurzlebig, bald haben sie ihren Höhepunkt erreicht, und ein langer Katzenjammer erfaßt die Gesellschaft ... Proletarische Revolutionen dagegen, wie die des neunzehnten Jahrhunderts, kritisieren beständig sich selbst, unterbrechen sich fortwährend in ihrem eignen Lauf, kommen auf das scheinbar Vollbrachte zurück, um es wieder von neuem anzufangen, verhöhnen grausam-gründlich die Halbheiten, Schwächen und Erbärmlichkeiten ihrer ersten Versuche ..., bis die Situation geschaffen ist, die jede Umkehr unmöglich macht, und die Verhältnisse selbst rufen: Hic Rhodus, hic salta! Hier ist die Rose, hier tanze!«[28]

Noch einmal Hegel, der den lateinischen Satz im Vorwort seiner Rechtsphilosophie aus einer Fabel des Äsop entlehnt. Unter dem Titel *Der Fünfkämpfer als Prahlhans* hat der griechische Dichter und Begründer des europäischen Fabulierens einen Hochstapler bloßgestellt, der behauptet, auf Rhodos weiter gesprungen zu sein als jeder andere. Daraufhin fordern ihn die Umstehenden auf, seine Leistung zu wiederholen: »Hier ist Rhodos, hier springe!« Hegel ersetzt Rhodos durch *rhodon*, Rose. Marx in seiner Version fordert die Leser auf, das Glück nicht in der Zukunft, sondern im Diesseits zu erstreben.[29]

»Einer Nation und einer Frau«, schreibt er allegorisch, »wird die unbewachte Stunde nicht verziehen, worin der erste beste Abenteurer ihnen Gewalt antun konnte. Das Rätsel wird durch dergleichen Wendungen nicht gelöst, sondern nur anders formuliert. Es bliebe zu erklären, wie eine Nation von 36 Millionen durch drei Industrieritter überrascht und widerstandslos in die Gefangenschaft abgeführt werden kann.«[30]

Das ist die zentrale Botschaft, die nichts von ihrer Bodenlosigkeit eingebüßt hat: Jeder Versuch einer Neuauflage des Vergangenen gleicht dem einer rückwärtsgewandten Zeitreise mit dem Ziel, das Tote wieder zum Leben zu erwecken. »Die Revolution selbst paralysiert ihre eigenen Träger und stattet nur ihre Gegner mit leidenschaftlicher Gewaltsamkeit aus. Wenn das ›rote Gespenst‹, von den Kontrerevolutionären beständig heraufbeschworen und gebannt, endlich erscheint, so erscheint es nicht mit anarchischer Phrygiermütze auf dem Kopfe, sondern in der Uniform der Ordnung, in *roten Plumphosen.*«[31]

Wenn es heißt, Marx sei in dieser Zeit erwachsen geworden, dann trifft das nicht die richtige Kategorie. Reife aus Einsicht passt da schon besser. Im Scheitern der bürgerlichen Revolution, die dem Sturm auf die Bastille folgte, sieht er eine Tragödie. Ihre Helden waren tragisch, weil sie dem Ruf der Geschichte nach menschlicher Emanzipation folgten und Recht, Staat und Gesellschaft tatsächlich modernisierten. Selbst die alte Zeitrechnung wurde durch einen Revolutionskalender ersetzt. Der 18. Brumaire des Jahres VIII entspricht darin dem 9. November 1799, jenem Tag, als Napoleon, der Onkel, noch kurz vor der Jahrhundertwende die Macht an sich riss.

Der Versuch der »Klassenkämpfer in Frankreich«, in einer Art Wiederholungszwang an das historische Vorbild anzuknüpfen, gerät zur Farce, einer komischen, clownesken Tragödie, ohne die Fallhöhe der echten erreichen zu können. Bis die alten Mächte »*ihre* Aufschrift: liberté, egalité, fraternité, ersetzen durch die unzweideutigen Worte: Infanterie, Kavallerie, Artillerie!«[32]

Die revolutionär-republikanische Forderung nach allgemeinem (Männer-)Wahlrecht erweist sich als Bumerang: Das Proletariat, also nach Marx die »Guten«, befindet sich so weit im Hintertreffen, dass es zahlenmäßig nicht einmal an die Beamtenschaft heranreicht. Die will den Staat naturgemäß am allerwenigsten abschaffen. Die Aufständischen von Paris, wo sie sich stark genug fühlen, sich gegen das System zu erheben, haben die Rechnung ohne den Rest des Landes gemacht, wo die Bauern dank 1789 auf eigener Parzelle wirtschaften dürfen.

»So wird die große Masse der französischen Nation gebildet durch einfache Addition gleichnamiger Größen, wie etwa ein Sack von Kartoffeln einen Kartoffelsack bildet... Sie sind daher unfähig, ihr Klasseninteresse im eigenen Namen, sei es durch ein Parlament, sei es durch einen Konvent geltend zu machen. Sie können sich nicht vertreten, sie müssen vertreten werden.«[33] Im Kommunismus des 20. Jahrhunderts durch die Partei.

Ohne Klasse kein Klassenkampf, schon gar nicht, wenn sich die Profiteure der Revolution ihrer Großväter gegen deren halbherzigen Wiederaufguss stellen. Da spielt auch die damals vom Establishment geschürte Angst vor dem Kommunismus hinein. Von dem heißt es bis heute, er wolle die Menschen um die Früchte ihrer und ihrer Vorfahren Arbeit bringen.

Kein Neffe mag immer nur Neffe sein. Irgendwann fühlt man sich selbst zum Onkel berufen. »Bonaparte der Kleine«, als den Marx den »Wursthelden« 1856 in *The People's Paper* verhöhnen wird, habe drei Putschversuche gebraucht, Boulogne, Straßburg und Paris. Das hat ihm, nach den Anfangsbuchsilben der Städte, seinen Spitznamen »Boustrapa« eingebracht.

Seinen Erfolg habe er »als *Chef des Lumpenproletariats*« errungen, »neben verkommenen und abenteuernden Ablegern der Bourgeoisie Vagabunden, entlassene Soldaten, entlassene Zuchthaussträflinge, entlaufene Galeerensklaven, Gauner, Gaukler, Lazzaroni, Taschendiebe, Taschenspieler, Spieler, Maquereaus« – Zuhälter – »Bordellhalter, Lastträger, Literaten, Orgeldreher, Lumpensammler, Scherenschleifer, Kesselflicker, Bettler, kurz, die ganze unbestimmte, aufgelöste, hin- und hergeworfene Masse, die die Franzosen la boheme nennen; mit diesem ihm verwandten Elemente bildete Bonaparte den Stock der Gesellschaft vom 10. Dezember.«[34]

In der marxistischen Terminologie ist vom »Bonapartismus« die Rede, wenn sich Leute vom Schlage Trump oder Putin durch Plebiszit zu autokratischen Herrschern machen lassen.

»Das allgemeine Wahlrecht«, sagt Marx, »scheint nur einen Augenblick überlebt zu haben, damit es eigenhändig vor den Augen aller Welt sein Testament mache und im Namen des Volkes selbst erkläre: ›Alles, was besteht, ist wert, daß es zugrunde geht‹.«[35]

Mit diesem Zitat aus Goethes *Faust* fasst er treffend die Haltung heutiger apokalyptischer Glücksritter zusammen, die sich den Staat zur Beute machen wollen. Hellsichtig beschreibt er schon damals die Rolle der »Finanzaristokratie«, die letzten Endes über Wohl und Wehe von Revolution und Republik richtet.

»So befestigte und erweiterte die Februarrevolution unmittelbar die Bankokratie, die sie stürzen sollte. Unterdessen krümmte sich die provisorische Regierung unter dem Alp eines wachsenden Defizits … Während die Revolution von 1789 damit begann, den Bauern die Feudallasten abzuschütteln, kündigte sich die Revolution von 1848, um das Kapital nicht zu gefährden und seine Staatsmaschine im Gange zu halten, mit einer neuen Steuer bei der Landbevölkerung an. Nur durch *ein* Mittel konnte die provisorische Regierung alle diese Ungelegenheiten beseitigen und den Staat aus seiner alten Bahn herausschleudern – durch *die Erklärung des Staatsbankerotts.*«[36]

Ähnlichkeiten mit der heutigen Lage – Stichwort Eurokrise und Griechenland-»Hilfe« – sind nicht zufällig. All die Milliarden, die der griechische Staat erhält, kommen nicht seinen angeblich faulen Bürgern zugute, sondern den faulen Krediten privater Gläubiger aus der Bankenkrise. Gegen alle Regeln des Geschäftes müssen diese nicht für die Risiken haften, die sie um höherer Renditen willen eingegangen sind.

Der Schuldendienst wird von der Gemeinschaft bedient, also überwiegend von Leuten, die derartige Deals nie machen würden oder auch nur dürften. Bürger haften für ihre Banken. Vor 2008 hätten das die allermeisten für altlinke Rhetorik gehalten. Heute wissen wir, dass es eine halbwegs exakte Zusammenfassung der Zustände darstellt. Daran kommt auch eine marxistisch geschulte Administration wie die in Athen nicht vorbei.

»Indem die provisorische Regierung die Wechsel anerkannte«, so Marx im *Achtzehnten Brumaire*, »welche die alte bürgerliche Gesellschaft auf den Staat gezogen hatte, war sie ihr verfallen. Sie war zum bedrängten Schuldner der bürgerlichen Gesellschaft geworden, statt ihr als drohender Gläubiger gegenüberzustehen, der vieljährige revolutionäre Schuldforderungen einzukassieren hatte. Sie mußte die wankenden bürgerlichen Verhältnisse befestigen, um Verpflichtungen nachzukommen, die nur innerhalb dieser Verhältnisse zu erfüllen sind. Der Kredit ward zu ihrer Lebensbedingung.«[37]

Das hat in dieser Deutlichkeit und klaren Sprache als Erster Marx der »Bankokratie« und den »Börsenwölfen« bescheinigt. In der extremen Variante dieser einseitigen Abhängigkeit darf das Volk nur noch die Darsteller wählen, die den Deals mit den wortreichsten, am besten vorgetragenen Begründungen zustimmen dürfen. Ihnen jedoch bleibt dann keine Wahl mehr. Noch nie war der Satz vom Geld, das die Welt regiert, so wahr im erdumspannenden Sinn wie heute.

Die Muster der Macht, wie Marx sie im demokratischen Coup Napoleons III. erkennt, sind so zeitlos, dass sie sogar Donald Trumps Regierungsübernahme noch erstaunlich gut treffen: »Von den widersprechenden Forderungen seiner Situation gejagt, zugleich wie ein Taschenspieler in der Notwendigkeit, durch beständige Überraschung die Augen des Publikums auf sich ... gerichtet zu halten, also jeden Tag einen Staatsstreich en miniature zu verrichten, bringt er die ganze bürgerliche Wirtschaft in Wirrwarr, tastet alles an ... und erzeugt die Anarchie selbst im Namen der Ordnung, während er zugleich der ganzen Staatsmaschine den Heiligenschein abstreift, sie profaniert, sie zugleich ekelhaft und lächerlich macht.«[38] So endet der Essay.

18

Honorarkraft

Der Korrespondent

Der Journalist Charles Dana hat das Revolutionsjahr 1848 als Korrespondent der *New York Tribune* in Europa hautnah miterlebt: die Unruhen in Berlin, die Zerschlagung des Aufstandes in Paris. Als Anhänger des französischen Sozialisten Fourier hat er vier Jahre in einer Phalanstere, einer genossenschaftlich organisierten Lebensgemeinschaft nach dessen Vorbild gelebt. Dana ist nicht nur Beobachter, er fiebert auch mit.

In dieser Stimmung hat er damals den Kollegen Marx in dessen Redaktion der *Neuen Rheinischen Zeitung* in Köln besucht, begeistert vom wichtigsten radikal-demokratischen Blatt auf dem Kontinent. Kaum hat er dessen Chefredakteur die Hand entgegengestreckt, erkennt er den Grund: Ihm gegenüber steht kein wild entschlossener Umstürzler, vielmehr ein ebenso besonnener wie kämpferischer *Homme de lettres*, der mit Worten ficht und mit seiner Sprache alle Wahrheiten der Welt aufs Papier bringen kann. Und das vereint in einem glühenden Journalisten und Leitartikler, der seine Beobachtungen und Kommentare auf saubere Quellen stützt.

Die *New York Tribune* ist in jener Zeit mit zweihunderttausend verkauften Exemplaren die auflagenstärkste Zeitung der Welt. Als Marx schon längst nicht mehr Chefredakteur ist, hat Dana diesen Posten in seiner Redaktion übernommen. Im Sommer 1850 erinnert er sich seiner bewegenden Tage in der Alten Welt und seines Besuchs bei Marx. Er schreibt ihm einen Brief, der verrät, wie sehr sein Herz noch in Achtundvierziger-Stimmung schlägt:

»Since we met in Cologne the world has made many gyrations and not a few of our friends have been flung quite off its surface by the process. The play is not yet over thank God! … I have kept myself well informed of your whereabouts and as far as possible of your *Wirken* und *Treiben.*«

Er hat offenbar ein wenig Deutsch gelernt. Umgekehrt besitzt Marx in diesem Moment kaum mehr als rudimentäre Englischkenntnisse.

Da macht ihm, *nomen est omen*, jener Amerikaner namens Dana ein Jobangebot, von dem Journalisten nur träumen können: Marx soll regelmäßig über die politische und wirtschaftliche Lage in Europa, vor allem in Deutschland und England berichten.

Über Deutschland! Als Deutscher, der dort nicht mehr lebt. Über England! Als Emigrant! Auf Englisch! Bevor ihm das Danaergeschenk schlaflose Nächte bereitet, findet er Abhilfe:

»Die ›New-York Tribüne‹ hat mich… gegen Honorar zum Mitarbeiten aufgefordert. Sie ist das verbreitetste Journal in Nordamerika. Wenn es Dir möglich ist, mir einen englisch geschriebnen Artikel über die *deutschen* Verhältnisse bis *Freitag morgen* (15. August) zu liefern, so wäre das ein famoser Anfang.«[1]

Engels! Aber natürlich, er soll die Artikel schreiben! Gesagt, getan. Marx sagt zu in New York, Engels in Manchester schreibt, Marx in London kassiert. Erstklassiger Deal. »Was nun die ›New-York Tribüne‹ betrifft«, heißt es eine Woche später. »Schreibe eine Reihe von Artikeln über Germanien, von 1848 an. Jeistreich und ungeniert. Die Herren sind sehr *frech* im ausländischen Departement.«[2]

Ein Schuft, wer Böses dabei denkt. Der »Auftrag« an den Freund wiederholt sich Dutzende Male. »Dear Frederic, Ich muß Dich noch einmal um die Tribune treten, da ich täglich von Johnson getreten werde.«[3] So in dieser Art.

Aber Marx als Sprachentalent holt den Rückstand auf. Er kniet sich in die Eigenheiten des angelsächsischen Idioms. Autodidaktisch, versteht sich, zwischen Wirtshaus und Wissenschaft. Ende Januar 1853 meldet er Vollzug: »Gestern habe ich zum erstenmal riskiert, selbst einen Artikel *englisch* zu schreiben für Dana. Pieper« – sein Sekretär – »spielte den Korrektor, und wenn ich nur erst eine ordentliche Grammatik angeschafft und beherzt drauflosschreibe, wird's passablement gehn.«[4]

Das nennt man mutig. Was nun folgt, erzählt eine beispiellose Geschichte, die im Schatten der Marxschen Biografie oft zu kurz kommt: Sie trägt, so ein häufig angeführter Grund, nichts wesentlich bei zu dem, was uns Marx noch heute zu sagen hat. Doch das ist nur die halbe Wahrheit.

Jeder Feature-Korrespondent möge sein Artikelarchiv befragen und seinen Output mit den dreihundertfünfzig meist umfangreichen Texten vergleichen, die Marx innerhalb eines Jahrzehnts im Druck gesehen hat.

Brillante Analysen darunter, kleine Meisterstücke politischer Publizistik, Aufklärung und Enthüllung, und sämtlich in einer Fremdsprache verfasst. Wenn er von einer Sache wie Militärstrategie keine Ahnung hat, lässt er liefern.

Engels steuert etwa hundert eigene Beiträge bei, die Marx größtenteils für sich reklamiert. Wegen der Abrechnung. Ihre veröffentlichten Arbeiten füllen mehr als drei faustdicke Bände der Gesamtausgabe seiner Werke. Doch was für seine Biografie und sein Lebenswerk mehr zählt als das, was man sieht, ist das, was man nicht sieht: der Input.

Die Recherchen für seine Artikel liefern ihm entscheidende Bausteine für seine ökonomische Theorie. Erst die Unmenge an Beispielen, Daten, Einzelfällen und Zustandsberichten macht *Das Kapital* zu jenem unvergleichlichen Stück Weltliteratur, das es bis heute geblieben ist. Und nebenbei helfen sie mit, aus einem realitätswachen Revolutionär einen revolutionären Realpolitiker zu machen. Der in seinen Briefen zwar weiter Zusammenbruchsfantasien schürt und phantasmagorische Revolutionshoffnungen hegt, dabei aber mehr und mehr seinen Glauben in die Logik von Krise und Umsturz verliert.

Seine Zusage zwingt Marx zum Spagat. Auf der eigenen Wiese, in der *Revue*, genießt er jede Freiheit. Auf fremdem Terrain unterliegt er dem Diktat der redaktionellen Linie. Durch die Umstände dieser Tätigkeit kommt er der »entfremdeten Arbeit« näher als sonst je in seinem Leben. Das anfängliche Honorar von zwei Pfund pro Stück reicht einer kleinbürgerlichen Familie, wie man sagt, nicht zum Leben und nicht zum Sterben.

Er produziert überdies für einen mehr oder weniger fremden Markt. In London nimmt das Blatt fast niemand wahr. Die wenigen Exemplare kommen mit Verspätung einer Dampferfahrt über den Atlantik. So wird er zum Rufer in einen Raum ohne Echo. Seine amerikanischen Leser aber bewegen die Verhältnisse in Europa mindestens so sehr wie die Storys vom eigenen Boulevard. Dort, woher die meisten stammen, spielt damals die Musik der Weltgeschichte. Erst das 20. wird das amerikanische Jahrhundert. Doch es bereitet sich im 19. vor. Bei manchen Marx-Texten fällt es schwer, sie nicht ins Heute zu übersetzen:

»Der Schwerpunkt des Weltverkehrs, im Mittelalter Italien, in der neueren Zeit England, ist jetzt die südliche Hälfte der nordamerikanischen Halbinsel. Die Industrie und der Handel des alten Europa müssen sich gewaltig anstrengen, wenn sie nicht in denselben Verfall geraten wollen wie die Industrie und der Handel Italiens seit dem 16. Jahrhundert, wenn nicht England und Frankreich dasselbe werden soll, was Venedig, Genua und Holland heute sind. In wenig Jahren werden wir eine regelmäßige Dampfpaketlinie haben von England nach Chagres, von Chagres und San Franzisco nach Sydney, Kanton und Singapore. Dank dem kalifornischen Golde und der unermüdlichen Energie der Yankees werden beide Küsten des Stillen Meers bald ebenso bevölkert, ebenso offen für den Handel, ebenso industriell sein, wie es jetzt die Küste von Boston bis New Orleans ist. Dann wird der Stille Ozean dieselbe Rolle spielen wie jetzt das Atlantische und im Altertum und Mittelalter das Mittelländische Meer – die Rolle der großen Wasserstraße des Weltverkehrs; und der Atlantische Ozean wird herabsinken zu der Rolle eines Binnensees, wie sie jetzt das Mittelmeer spielt.«[5]

Was das Durchschauen nationaler und globaler Zusammenhänge angeht, ist Charles Dana bei der Bestimmung seines Europakorrespondenten ein echter Glückgriff gelungen. »Was die gegenwärtige Periode der Spekulation in Europa kennzeichnet«, so Marx im Oktober 1856, »ist die Allgemeinheit des Fiebers. Auch früher hat es Spekulationsfieber gegeben – um Getreide, Eisenbahnen, Bergwerke, Banken und Baumwollspinnereien – kurz, Spekulationsfieber jeder möglichen Art ... Obgleich alle Zweige der Wirtschaft vom Geist der Spekulation durchdrungen waren, beschränkte sich doch jeder Spekulant auf seine Branche. Hingegen ist das herrschende Prinzip des Crédit mobilier, des Trägers der gegenwärtigen Manie, nicht die Spekulation auf einem gegebenen Gebiet, sondern die Spekulation an sich und die allgemeine Ausbreitung des Schwindels in dem gleichen Maße, wie ihn die Gesellschaft zentralisiert.«[6]

Was dem Chefredakteur dieser Autor, zum Teil mithilfe von Engels' Hand, über die Jahre liefert, nötigt ihm wenigstens Respekt ab. Zehn Jahre nach der ersten Kontaktaufnahme stellt er Marx, in der unseligen Affäre um »Herrn Vogt« darum gebeten, das einzige Zeugnis in dessen Leben aus:

»Vor fast 9 Jahren habe ich Sie engagiert, für die New York Tribune zu schreiben, und der Vertrag hält seither an. Sie haben durchgehend für uns geschrieben, ohne eine Woche Unterbrechung, an die ich mich erinnern kann, und Sie sind nicht nur einer der höchst geschätzten, sondern einer der bestbezahlten Autoren, die an die Zeitung gebunden sind.«[7]

Alles ist relativ, das ist bekannt, und Zeugnisse neigen zu Übertreibungen. Versetzt man Marx in die heutige Zeit, dann verfügte er als Europakorrespondent der größten amerikanischen Zeitung über ein Büro mit Sekretariat, erhielte täglich mehr Einladungen zu Empfängen, als er annehmen könnte, und träfe regelmäßig mit den Größen der Londoner Gesellschaft zusammen. Allein seine Visitenkarte öffnete ihm alle Türen, und wenn er sie durchschritten hätte, würde er verehrt und gefürchtet.

In seiner Wirklichkeit ist nichts davon wahr. Er betreibt ein *Home Office*, als Sekretärin fungiert hauptsächlich Ehefrau Jenny, die seine Texte in Reinschrift übertragen darf, und zunehmend werden auch die älteren Töchter eingespannt.

Der Versuch, dem vielfältigen Inhalt seiner Beiträge auch nur annähernd gerecht werden zu wollen, erscheint müßig. Zusammen ergeben sie mehr Text, als Marx ansonsten in seiner ganzen Karriere veröffentlicht hat. Um sich ein Bild von der Größenordnung dieser Leistung zu machen, kann man sich vor Augen führen, dass allein die Aufzählung der Überschriften fünfundzwanzig Buchseiten füllen würde. Dazu kommen rund fünfzig eigenständige Aufsätze für *Die Presse* in Wien, an die hundert in der *Neuen Oder-Zeitung* und Dutzende in diversen anderen Blättern. Man muss sich, wie bei jedem Publizisten, die Rosinen herauspicken. Sie bieten immerhin einen Einblick in die Entwicklung seiner (außen-)politischen Ansichten, reichlich versetzt mit Engels' Positionen.

Ausführlich beschäftigt sich Marx in seinen Analysen für die *Tribune* mit dem Krimkrieg von 1853 bis 1856 sowie dem von 1856 bis 1860 ausgetragenen zweiten Opiumkrieg Englands in China. Für amerikanische Leser ist er nahe am Geschehen. Tatsächlich bleibt auch ihm nichts anderes übrig, als Ferndiagnosen zu liefern. Der Korrespondent als Kommentator ferner Ereignisse, über die er aus Sekundärquellen berichtet, nutzt die Gelegenheit, meinungsfreudig und unterhaltsam auf alle denkbaren Aspekte der Weltpolitik einzugehen.

Dabei liegen ihm zwei Themen besonders am Herzen, deren untrennbaren Zusammenhang er fein seziert: der Freihandel und der Kolonialismus. Damit trifft er den Nerv der einstigen Kolonie und aufstrebenden Wirtschaftsmacht jenseits des Atlantiks. Sie bekommt die negativen Auswirkungen des freien Handels, ausgelöst durch die Überproduktion der britischen Industrie, am deutlichsten zu spüren.

»Als die englischen Fabrikanten ihre Güter nicht mehr im Inland absetzen konnten oder vorzogen, das nicht zu tun, um nicht die Preise herabzusetzen, nahmen sie zu dem absurden Mittel ihre Zuflucht, die Waren ins Ausland zu schicken, insbesondere nach Indien, China, Australien und Kalifornien.«[8]

Überproduktion spielt in Marx' ökonomischer Analyse eine entscheidende Rolle. Sie spiegelt bis heute die Lage der hochindustrialisierten und -digitalisierten Welt im Verhältnis zu »rückständigen« Regionen wider. Selbst überschuldeten Ländern werden Kredite geradezu aufgedrängt, um dem »Westen« weiter Waren abzunehmen, die auf dessen gesättigten Märkten nicht mehr abzusetzen sind. Darunter auch billige Lebensmittel aus industrieller Produktion, die einheimische Landwirtschaften in den Ruin treiben, oder Waffen und sonstige Rüstungsgüter, die bestenfalls sinnlos an Wert verlieren, allzu oft aber in ruinösen Kriegen zum tödlichen Einsatz kommen.

»Die Freihandelsdoktoren«, sagt Marx, »sind nichts weiter als Quacksalber.«[9] Getreu seiner Vorhersage im *Kommunistischen Manifest*, der Kapitalismus müsse erst weltumspannend herrschen, bevor er sich selbst erledigt, sieht er die imperialistischen Feldzüge und erzwungenen Umwälzungen seitens der europäischen Länder, allen voran England, gleichwohl im günstigen Licht.

Ohne Einschränkungen erkennt er die Überlegenheit der europäischen »Rasse« an, die der Welt, wenn auch mit Gewalt, die Segnungen einer modernen Zivilisation bringe. Er ist da ganz ein Kind seiner Zeit, mit dessen Ausführungen die Marxisten in späteren Jahren ihre liebe Not haben werden.

»England hat in Indien eine doppelte Mission zu erfüllen: eine zerstörende und eine erneuernde – die Zerstörung der alten asiatischen Gesellschaftsordnung und die Schaffung der materiellen Grundlagen einer westlichen Gesellschaftsordnung in Asien... Der Tag ist nicht mehr fern, an dem dank dem Zusammenwirken von Eisenbahnen und Dampfschiffen die Entfernung zwischen England und Indien auf ein Zeitmaß von acht Tagen verkürzt und so dies einstige Märchenland wirklich an die Welt des Westens angeschlossen sein wird.«[10]

Da ist fast zu spüren, wie sich einer die Hände reibt, weil sich die Welt in die von ihm gewünschte Richtung bewegt. Der letzte Satz des Artikels lässt keine Zweifel übrig: »Erst wenn eine große soziale Revolution die Ergebnisse der bürgerlichen Epoche, den Weltmarkt und die modernen Produktivkräfte, gemeistert und sie der gemeinsamen Kontrolle der am weitesten fortgeschrittenen Völker unterworfen hat, erst dann wird der menschliche Fortschritt nicht mehr jenem scheußlichen heidnischen Götzen gleichen, der den Nektar nur aus den Schädeln Erschlagener trinken wollte.«[11]

Filtert man den Unterton eurozentrischer Überheblichkeit heraus, dann macht Marx hier die globale Gleichschaltung der Kulturen zur Voraussetzung einer friedlichen Weltgesellschaft. Die Reihenfolge bleibt immer die gleiche: Erst darf der Kapitalismus der Zukunft den Boden bereiten, dann soll er abtreten und ins Grab sinken, das er sich selbst geschaufelt hat. Geradezu lustvoll nimmt der Autor die sich bereits Ende 1856 abzeichnende Wirtschaftkrise des folgenden Jahres zum Anlass, seine Untergangsszenarien wissenschaftlich begründet darzulegen:

»Die Besorgnis der oberen Klassen Europas ist so groß wie ihre Enttäuschung. Da seit Mitte 1849 alles ganz nach ihren Wünschen ging, war der Krieg bisher die einzige Wolke an ihrem sozialen Horizont... In der Absicht, ihr Eigentum zu retten, taten sie alles, was in ihren Kräften stand, um die Revolution niederzuwerfen und die Massen zu unterdrücken. Jetzt stellen sie fest, daß sie selbst die Werkzeuge einer Revolution der Eigentumsverhältnisse waren, die größer ist als jene, die die Revolutionäre von 1848 im Auge hatten... Die Börsenspekulanten Europas... wissen, daß alle Märkte mit Importen übersättigt sind, daß alle Schichten der besitzenden Klassen, selbst jene, die vorher noch nicht angesteckt waren, in den Wirbel des Spekulationsfiebers hineingezogen worden sind, daß ihm kein europäisches Land entronnen ist und daß die Forderungen der Regierungen an ihre Steuerzahler bis zum letzten angespannt worden sind... Demnach erweist sich die ganze Periode seit Mitte 1849 bis heute nur als ein Aufschub, den die Geschichte der alten europäischen Gesellschaft gewährt hat, um ihr eine letzte konzentrierte Entfaltung all ihrer Tendenzen zu ermöglichen. In der Politik die Anbetung des Schwertes, in der Moral die allgemeine Korruption und heuchlerische Rückkehr zu überlebtem Aberglauben, in der politischen Ökonomie die Sucht, reich zu werden ohne Aufwand an Arbeit – das waren die Tendenzen, die jene Gesellschaft während ihrer konterrevolutionären Orgien von 1849 bis 1856 offenbarte.«[12]

Das beschreibt in etwa die Lage 1979ff. Die wiederkehrende, beinahe manische Beschwörung der kapitalistischen Katastrophe als Katalysator der unmittelbar bevorstehenden Weltrevolution folgt einem geradezu apokalyptischen Lustprinzip. Die Ähnlichkeit der Verhältnisse ist erschreckend. Über den fast blinden Optimismus lässt sich hundertsechzig Jahre später nur leise lächeln. Schon 1855 hat er, noch ganz der alte Marx von 1848/49, seinen treuen Lesern versprochen:

»In wenigen Monaten wird die Krise an einem Höhepunkt angelangt sein… Dann wird die Maske, die bisher die wirklichen Züge der politischen Physiognomie Großbritanniens verbarg, heruntergerissen werden und die beiden wirklich kämpfenden Parteien in diesem Lande sich Auge in Auge gegenübertreten – die Mittelklasse und die Arbeiterklasse, die Bourgeoisie und das Proletariat, und England wird dann endlich gezwungen sein, an den allgemeinen sozialen Entwicklungen der europäischen Gesellschaft teilzunehmen.«[13]

Marx lebt eigentlich lange genug auf der Insel, um zu wissen, dass sich mit den dortigen Arbeitern zwar jede Menge Rabatz, aber keine Revolution veranstalten lässt. Die *Working Men* begreifen den Kapitalismus als eine Art Naturerscheinung, die man kultivieren kann wie englische Landschaften, aber nicht abschaffen. Als früheste Opfer der Entartungen durch mechanisierte Fabrikarbeit sind sie im zähen Gewerkschaftskampf auch die Vorreiter sozialer Errungenschaften wie der Begrenzung des Arbeitstages und steigender Reallöhne.

Bei der Marxschen Analyse könnte man meinen, da habe einer trotz gegenteiliger Beteuerungen den eigenen Schuss nicht gehört. Hat er nicht selbst den Arbeitern einen langen Marsch durchs Fegefeuer der kapitalistischen Vervollkommnung verkündet, bevor das Paradies am Horizont erscheinen kann?

Hält man jedoch Wirkung und Ursache auseinander, die Revolutionserwartung auf der einen und die Bestandsaufnahme auf der anderen Seite, dann erscheint die Therapie durch Theorie so unzeitgemäß wie die Diagnose der praktischen Umstände aktuell. Heutige Zeitzeugen der größten ökonomischen Verunsicherung seit Jahrzehnten, deren Lösung längst nicht in Sicht ist, können die Parallelen zur damaligen Zeit kaum übersehen.

»In der Tat kündigt der chronische Charakter, den die gegenwärtige Finanzkrise angenommen hat, nur einen heftigeren und unheilvolleren Ausgang dieser Krise an. Je länger die Krise andauert, um so schlimmer wird die Abrechnung. Europa befindet sich augenblicklich in der Lage eines Menschen am Rande des Bankrotts, der gezwungen ist, zugleich alle Unternehmungen weiter zu betreiben, die ihn ruiniert haben, und zu allen möglichen verzweifelten Mitteln zu greifen, mit denen er den letzten furchtbaren Krach aufzuschieben und zu verhindern hofft. Es ergehen neue calls zur Zahlung auf das Kapital von Gesellschaften, die in der Mehrzahl nur auf dem Papier existieren. Große Summen Bargeld werden in Spekulationen investiert, aus denen sie niemals zurückgezogen werden können.«[14]

Marx zu lesen gleicht immer wieder dem Gang zum Doktor, der einem nach homöopathischer Anamnese haarklein auseinanderlegen kann, was aus dem Lot ist, um dann zur Lösung auf die Selbstheilungskräfte des Systems zu verweisen. Doch allein schon zu wissen, womit man es zu tun hat, weil das Leiden plötzlich einen Namen bekommt, verringert das Gefühl der Hilflosigkeit.

Aus dem Dilemma bleibt nur der Ausweg, Zusammen- und Aufbruch als zwei Seiten desselben Vorgangs zu begreifen. Auf diesem Grundverständnis beruht Marx' wesentliche Leistung der zweiten Lebenshälfte. Der Tod des einen als Geburtshelfer des anderen. So wie die Saurier erst aussterben mussten, bevor die Säugetiere bis hin zum Menschen ihren Siegeszug über den Planeten antreten konnten.

Wobei Marx weniger auf eine Katastrophe baut, wie der Einschlag eines Meteoriten vor fünfundsechzig Millionen Jahren den Großteil der Spezies auf Erden aussterben ließ. Er setzt auf innere Abläufe wie beim programmierten Zelltod, wo sich ein lebendiges System nach einem eingebauten Mechanismus selbst ans Ende bringt. Und dieses System ist der Kapitalismus, der schließlich an Überernährung und Geldvergiftung zugrunde gehen soll.

Jede Information, die seiner Beweiskette dient, kommt Marx daher recht. Seine publizistischen Arbeiten liefern ihm reichlich Material. Sie bringen ihn mit Quellen in Berührung, die ihm die Details der Abläufe vor Augen führen wie dem Zellforscher der Blick durchs Mikroskop. Seine Arbeitsweise ist mindestens so interessant wie seine Inhalte und Interpretationen für das Publikum.

Ohne eine Bibliothek wie die des Britischen Museums wäre der Korrespondent Marx, aber auch der Verfasser des *Kapital*, nicht möglich gewesen. Es dürfte nur wenige Autoren seines Schlages gegeben haben, die Regierungsschriften, Parlamentsprotokolle, Untersuchungsberichte oder freigegebene Archivakten des Diplomatischen Dienstes so eingehend studiert und ausgewertet hätten wie er.

In den Blaubüchern und Reports von Regierungskommissionen findet er neben Schilderungen von Einzelfällen auch Daten und Statistiken über so unterschiedliche Gebiete wie den Zustand der öffentlichen Erziehung, die Erhöhung der Arbeitszeit bei Verringerung der Löhne, die Arbeitsbedingungen in Bergwerken oder die Ernährung verschiedener Bevölkerungsgruppen. Seit 1838 führt das Public Record Office diese ersten modernen Statistiken, ohne die Marx das *Kapital* so nicht hätte schreiben können, wie wir es kennen.

»Eine sorgfältige Vergleichung«, zitiert er darin, »zwischen der Diät der Verbrecher in den Gefängnissen von England und der der Paupers in Workhouses und der freien Landarbeiter desselben Landes zeigt unstreitig, daß die ersten viel besser genährt sind als irgend eine der beiden andren Klassen.«[15]

Neben anderen Organen und Publikationen nutzt Marx als hauptsächliche Nachrichtenquelle Tageszeitungen, besonders die *Times*, für seine ökonomischen Analysen den *Economist* und für Berichte etwa über den Gesundheitszustand der Arbeiter auch das Medizinerblatt *Lancet*. Aus allem saugt er Honig, den er aber nur zu einem Teil seinen Lesern präsentiert. Den Rest lagert er in den Waben seines Archivs und in seinem allseits bestaunten Gedächtnis. Davon kann er später zehren. Für die Artikel allein hätte sich der Aufwand kaum gelohnt.

»Das beständige Zeitungsschmieren ennuyiert mich«, gesteht er Adolf Cluß schon 1853. »Es nimmt mir viel Zeit weg, zersplittert und ist schließlich doch nichts. Unabhängig, soviel man will, man ist an das Blatt und das Publikum desselben gebunden, speziell, wenn man Barzahlung erhält wie ich. Rein wissenschaftliche Arbeiten sind etwas total andres.«[16]

Das heißt aber nicht, dass er damit aufgehört hätte. Im Gegenteil: Soweit Zeit und Gesundheit es erlauben, laufen die Recherchen in der Wissenschaft weiter auf Hochtouren. Seine Umgebung und besonders Freund Engels macht er sogar immer wieder glauben, seine große ökonomische Arbeit stehe kurz vor der Vollendung:

»Ich wäre längst auf der Bibliothek fertig. Aber die Unterbrechungen und Störungen sind zu groß, und zu Haus, wo alles immer im Belagerungszustand sitzt und Tränenbäche mich ganze Nächte durch ennuyieren und wütend machen, kann ich natürlich nicht viel tun. Meine Frau tut mir leid. Auf sie fällt der Hauptdruck, und au fond hat sie recht... Trotz alledem erinnerst Du Dich, daß ich von Natur tres peu endurant« – sehr wenig geduldig – »bin und sogar quelque peu dur« – ein wenig hart – »so daß von Zeit zu Zeit mein Gleichmut verlorengeht.«[17]

Die Not nimmt der Lüge das Sündhafte der Täuschung. Doch Marx macht sich nichts vor, wenn er dem anderen etwas vormacht. Angesichts der erdrückenden Fülle des Materials kann selbst dem größten Verleugner nicht entgehen, welch enormes Pensum er noch vor sich hat, will er genügend Steine für sein Gebäude zusammenbekommen. So trägt seine Prophezeiung im *Achtzehnten Brumaire* fast autobiografische Züge:

»Aber die Revolution ist gründlich. Sie ist noch auf der Reise durch das Fegefeuer begriffen. Sie vollbringt ihr Geschäft mit Methode … Und wenn sie diese … Vorarbeit vollbracht hat, wird Europa von seinem Sitze aufspringen und jubeln: Brav gewühlt, alter Maulwurf!«[18] Hamlet als Überbringer der guten Botschaft vom finalen Vollzug.

Das Gewerbe, sagt er in seinem Klagebrief an Engels noch, müsse produktiver sein als die Ehe. Doch es gibt kaum ein besseres Wort als Produktivität, um seine journalistischen Tätigkeiten vor allem im ersten Londoner Jahrzehnt zu würdigen. Marx schreibt in dieser Zeit nebenbei für etliche Blätter, allen voran die *Neue Oder-Zeitung* in Breslau. Sie beschert uns das seltene Vergnügen, Marx einmal als Berichterstatter vom Ort des Geschehens zu hören. Von einer Demonstration gegen das Verbot sonntäglichen Alkoholausschanks liefert er den schlesischen Lesern eine höchst vergnügliche Reportage.

»Das Publikum bestand zu etwa 2/3 aus Arbeitern, zu 1/3 aus Mitgliedern der Mittelklasse, alle mit Weibern und Kindern. Die Schauspieler wider Willen, elegante Herrn und Damen, ›Gemeine und Lords‹ in hohen Staatskarossen, galonierte Dienerschaft vorn und hinten, einzelne ältliche, von Portwein erhitzte Herrn zu Pferde, passierten diesmal nicht Revue. Sie liefen Spießruten. Ein Babylon aller höhnenden, provozierenden, übelklingenden Laute, an denen keine Sprache so reich wie die englische, umwogte sie bald von beiden Seiten. Da das Konzert improvisiert war, fehlte es an Instrumenten. Der Chor mußte daher von seinen eignen Organen Gebrauch machen und sich auf Vokalmusik beschränken. Und ein diabolisches Konzert war es von grunzenden, zischenden, pfeifenden, schnarrenden, knurrenden, murrenden, quäkenden, gellenden, ächzenden, rasselnden, quirksenden, knirschenden Tönen. Eine Musik, Menschen rasend zu machen und Steine zum Bewußtsein zu bringen.«[19]

Die Demonstration mit fünfzigtausend Teilnehmern ist am Ende von Erfolg gekrönt, das Verbot wird aufgehoben. Dennoch kann keine Rede davon sein, »daß *gestern im Hyde Parc die englische Revolution begonnen hat*«[20].

Gäbe es von Marx nichts als seine journalistischen Texte, würde heute kein Mensch mehr von ihm reden. Brillant schreibende Journalisten, oft weit unterschätzt im Bohei um die Schriftstellerei, hat die Geschichte zuhauf hervorgebracht. Marx hat auf beiden Gebieten geglänzt. Überleben wird er nur als wissenschaftlicher Autor, der zugleich ein literarisch schreibender Wissenschaftler ist. Alle Schulen hat er durchlaufen, vom kontemplativen Essay bis zum Tagesjournalismus. In Lyrik und Drama gescheitert, läuft er in seiner Prosa zu Hochform auf.

Als die *Tribune* in der Wirtschaftkrise 1857 ihren Korrespondenten kündigen muss, behält Marx als Einziger seinen Job. Charles Dana weiß, was er an ihm hat. Das erspart dem Chefredakteur nicht die Härte, seinem Londoner Mitarbeiter das Honorar zu halbieren. Besäße Marx die nötigen Mittel, würde er das Zeug hinschmeißen. Einmal mehr klagt er gegenüber Engels:

»Es ist in der Tat ekelhaft, daß man verdammt ist, es als ein Glück zu betrachten, wenn ein solches Löschpapier einen mit in sein Boot aufnimmt... Als Esel bin ich mir zugleich bewußt, nicht grade in dieser letzten Zeit, aber während Jahren, den Burschen zuviel für ihr Geld geliefert zu haben.«[21]

Ja, das hat er. Hätte Marx den Sinn seines Schaffens nur ähnlich infrage gestellt, als er sich auf einen Mann namens Urquhart[22] einlässt, wäre ihm einiger Ärger erspart geblieben. »Viel Menschenkenntnis im gewöhnlichen Sinne des Wortes hatte Marx nicht«,[23] erinnert sich Liebknecht.

Der schottische Politiker und Publizist David Urquhart, Leiter der Londoner Zeitung *The Free Press*, wird auf Marx aufmerksam, als er in der *Tribune* dessen Bericht über Lord Palmerston liest. Der Premierminister, das versucht Marx darin anhand von Parlamentsquellen nachzuweisen, sei ein Agent im Dienste des Zaren. Das passt prächtig ins Weltbild des Türkenbewunderers, Palmerston- und Russenhassers Urquhart, der die britische Einmischung in den Krimkrieg zugunsten des Zaren scharf verurteilt.

Er gibt Marx die Gelegenheit, den Standpunkt in seinem Blatt weiter zu vertiefen. Der nimmt freudig an, obwohl er um den Ruf des Ex-Diplomaten als verwirrter Exzentriker weiß. Urquhart lehnt das allgemeine Wahlrecht ab und führt die Revolution von 1848 auf eine russische Verschwörung zurück. Marx kniet sich noch tiefer in sein Material und liefert eine zwölfteilige Artikelserie, die unzensiert ihre Leser findet. Sie unterstreicht sein biografisches Glück, im Land mit der am wenigsten eingeschränkten Pressefreiheit in Europa sein letztes Exil gefunden zu haben.

Die Serie findet so viel Zuspruch, dass sie, in einem Bändchen zusammengefasst, in einer Auflage von fünfzehntausend gedruckt und verkauft wird – ohne dass Marx dafür allerdings irgendeine Vergütung erhält. Aber sie verschafft ihm in England mehr Bekanntheit, als er sie bisher hatte.

Persönlich hält sich Marx wie Engels fern von dem als wiedergeborener Don Quijote charakterisierten Wirrkopf und Verfechter der Werte des Osmanischen Reichs. Publizistisch ist er Urquhart näher gekommen, als es seinem Ruf guttut. Als hätte er nichts Besseres zu tun.

Die Zusammenarbeit mit der *Tribune* endet 1862, bevor sie einschlafen kann. Der Amerikanische Bürgerkrieg ist ausgebrochen und hält die Leser in Bann. Europa wird plötzlich zum Nebenschauplatz. Marx, der sich von Anfang an auf die Seite der Nordstaaten schlägt und die Sklaverei verurteilt, fehlt es nun zwar noch mehr an Geld, aber nicht an Beschäftigung.

19

»Der jüdische Nigger«

Marx und Lassalle

Marx hat die Sozialdemokratie gehasst und bewundert. Um dieses Knäuel aufzulösen, müsste man beide, Fan und Feind, die er in sich vereint, trennen, auf zwei Freudsche Couchen legen, sich dazwischensetzen und zuhören. Es gibt jedenfalls kaum ein zweites Verhältnis in seinem Leben, das ähnlich viele Deutungen hervorgerufen hat. Das hat – bis heute – mit Personen und Persönlichkeiten und ihren Animositäten zu tun.

Für die Ressentiments, bisweilen sogar den Hass von Linken gegen Linke müsste man im Buch der politischen Kontroversen ein eigenes Kapitel reservieren. Marx fügt dem eine eigene Variante hinzu. Im Mittelpunkt steht ein Mann, den die Sozialdemokratie bis heute als Urgründer verehrt: Ferdinand Lassalle.

Wäre sein Text über ihn ein Film, müsste ihm eine Warnung vor drastischen Inhalten vorangestellt werden. So hässlich und voller Verbalinjurien schreibt Marx über niemanden anders. Und dann noch über einen, der seine Gunst sucht und sich als sein Freund und Schüler versteht. Einmal mehr scheint eher Nähe als Ferne, mehr Ähnlichkeit als Fremdsein den Ausschlag für seine Ausfälle zu geben – und dazu eine gehörige Portion Neid.

Lassalle, wie Marx in einem jüdischen Bürgerhaushalt aufgewachsen, und zwar in Breslau, lässt schon in seinen Briefen an seinen Vater als Fünfzehnjähriger eine Attitüde erkennen, die an den Trierer Gymnasiasten erinnert: »Jetzt ist die Zeit, in der man um die heiligsten Zwecke der Menschheit kämpft. Der Kampf wird auf edelste Weise geführt. Freilich muß später durch die physische Gewalt die Wahrheit unterstützt werden, denn sie wollen es nicht anders, die Leute auf den Thronen.«[1]

Mit zwanzig verfasst er ein »Kriegsmanifest gegen die Welt«, in dem es heißt: »Gleich vor mir sind alle Mittel, nichts ist so heilig, dass ich es schone, und ich habe errungen das Recht des Tigers, das Recht zu zerreißen… So weit ich die Macht habe über das Innere eines Menschen, werde ich sie schonungslos missbrauchen… Von Kopf bis zur Zeh' hin bin ich nichts als Wille.«[2]

Wie Marx: Hegelstudium in Berlin, Geld frei Haus vom Vater, Reise nach Paris und Bekanntschaft mit Heine. Der gibt ihm ein Empfehlungsschreiben mit auf den Weg, das Lassalle fortan wie den Ausweis eines Auserwählten präsentiert. »Ein junger Mann«, heißt es darin, »mit der gründlichsten Gelehrsamkeit, mit dem weitesten Wissen, mit dem größten Scharfsinn, der mir je vorgekommen.«[3] Als die *Neue Rheinische* den Brief öffentlich macht, geht der alte, kranke Dichter auf Distanz.

Doch da hat sich Lassalle bereits einen Namen gemacht, der seine Biografie unauflösbar an eine reife, verheiratete Dame bindet: Die zwanzig Jahre ältere Gräfin Sophie von Hatzfeld kämpft mit ihrem Mann um die Scheidung. Der mächtige Graf will sie um jeden Preis verhindern, um die fälligen Zahlungen zu vermeiden. Bei dieser in allen lesenden Kreisen beachteten Gesellschaftsaffäre spielt Lassalle die Rolle des Helden, der die Hintergründe aufklärt, sich Beweismaterial besorgt und dabei auch vor Straftaten nicht zurückschreckt.

Wegen einer aus dem Hause des Grafen gestohlenen Kassette wird er im Februar 1848 inhaftiert, erlebt den deutschen März im Knast, kommt im August wieder auf freien Fuß, erwartet von einer jubelnden Menge. Kein Geringerer engagiert sich während der Zeit für ihn als Marx. Kaum in Köln eingetroffen, leiht er der mittellosen Gräfin Geld. Er nimmt gemeinsam mit ihr an Demonstrationen zugunsten des Gefangenen teil. Im Herbst desselben Jahres erlebt Marx Lassalle, der ihn bereits in Brüssel flüchtig kennengelernt hat, bei der Großkundgebung auf der Worringer Heide bei Köln als feurigen Redner, der die Massen bewegen kann.

Wie Marx steht auch Lassalle 1849 vor Gericht, erreicht mit einer brillanten Verteidigungsrede seinen Freispruch. »Das Gesetz ist nur der Ausdruck und geschriebene Wille der Gesellschaft, nie ihr Meister.«[4] Wahrscheinlich ist der junge Mann, gerade vierundzwanzig, um diese Zeit in Deutschland bereits bekannter als der umstrittene Chefredakteur.

Endgültig berühmt wird er 1853, als er den Sieg für die Gräfin erringt. Er kann beweisen, dass der Graf seiner Mätresse einen beträchtlichen Teil seines Vermögens versprochen hat und deshalb die Scheidung ablehnt.

Endlich im Besitz des ihr zugesprochenen Anteils, setzt die Gräfin ihrem Helden eine stattliche Rente aus. Der Lohn wird für alle sichtbar in seinem luxuriösen Lebensstil. Ob die beiden eine Affäre haben, was als wahrscheinlich gilt, bleibt dem Getuschel des Publikums überlassen. Als sie sich kennenlernen, ist sie vierzig und er zwanzig. Immerhin verkehrt und lebt er sogar eine Weile in ihrem Haus in Düsseldorf. Dann geht er nach Berlin, bezieht dort ein stattliches Heim unweit von Schloss Bellevue, dem heutigen Sitz des Bundespräsidenten.

Marx und Lassalle – das hätte das Traumpaar der deutschen Linken werden können. Schaut man sich das Gedenkblatt zum Vereinigungsparteitag der Sozialdemokraten 1875 in Gotha an, das die beiden Schulter an Schulter ins Zentrum der versammelten Männer rückt, scheinen sie es sogar gewesen zu sein. Doch kaum etwas wäre weiter von den wahren Verhältnissen entfernt. Marx hat sich seine Ablehnung der Lassalleschen Vorstellungen lebenslang bewahrt.

Der Jungstar in Berlin verfolgt Wege und Ziele, die mit denen von Marx zwar vergleichbar, aber nicht kompatibel sind. Politisch erkennt er früh das Potenzial einer rasch wachsenden Arbeiterschaft, die sich nicht mehr beim Bürgertum anbiedern muss, um gemeinsam die Umwälzung zu erreichen. Er sieht in der Gründung einer eigenen Arbeiterpartei die Chance, das System zu erobern und im Sinne der Werktätigen zu verändern, ohne es zu zerstören.

Wenn Lassalle predigt, dann vor vollem Haus. Seine Anhängerschaft geht in die Zehntausende. Davon kann bei Marx keine Rede sein. Wie schwer muss es ihm gefallen sein, allein diese Kröte zu schlucken? Skatblätter mit dem Kopf des jungen Arbeiterführers erscheinen, er wird in Romanen gewürdigt.[5] Dann lebt er Marx auch noch seinen eigenen Traum vor und feiert viel beachtete Erfolge als Schriftsteller. Er hat Leser. Nicht nur seine Broschüren finden reißenden Absatz. Eine zweibändige philosophische Schrift über Heraklit hält, wie er Marx gegenüber prahlt, Berlin in Atem.

Ein »läppisches Machwerk«, findet Marx gegenüber Engels. »Jeder Kenner weiß aber, wie wohlfeil es ist, wenn man Zeit und Geld hat und wie Herr Lassalle direkt die Bonner Universitätsbibliothek ad libitum ins Haus geschickt bekommt, derartige Zitatenschaustellung zusammenzubringen.«[6]

Dem Autor schreibt er: »Ich habe während meiner Leidenszeit Deinen ›Herakleitos‹ durchstudiert und finde die Wiederherstellung des Systems aus den zerstreuten Reliquien meisterhaft, wie mich nicht minder der Scharfsinn in der Polemik angesprochen. Was ich auszusetzen habe, ist hauptsächlich nur formell.«[7]

Am selben Tag an Engels: »Ich habe endlich an Lassalle geschrieben: Du mußt mir Absolution geben wegen der Elogen... In einigen unscheinbaren Nebenremarks – da das Lob doch durch tadelnde Schattierung erst sich ernsthaft ausnimmt – habe ich einigermaßen das wirklich Mangelhafte an der entreprise leise, leise angedeutet.«[8]

Tief in seine ökonomischen Studien versunken, erfährt Marx 1859 von Lassalle, auch der plane ein nationalökonomisches Buch. Ausgerechnet diesen Überflieger hat Marx gebeten, ihm für sein Werk einen Verleger zu suchen. Und Lassalle hat geliefert: Er vermittelt Franz Duncker, seinen eigenen Verleger, in dessen Haus er zeitweise sogar wohnt – und mit dessen Frau er ein Verhältnis gehabt haben soll.

Marx bedankt sich artig – und schäumt. Im Zeitplan des Verlags wird er hinter Lassalle platziert. »Es ist also jetzt evident«, schreibt er an Engels, »daß auf meine Sache 14 Tage neues Embargo gelegt wurde, um Herrn Lassalle Platz zu machen... Der verfluchte eitle Narr hat das Embargo verordnet, damit die Aufmerksamkeit Publici nicht geteilt würde. Duncker, der Schweinhund, aber ist seelenvergnügt, daß er neuen Vorwand hat, die Zahlung meines Honorars aufzuschieben. Ich vergesse dem Jüdchen diesen Streich nicht... Dabei ist das Vieh so verliebt in seine Ausschweißungen, daß er es für selbstverständlich hält.«[9]

Hier klingen bereits die schwärzesten Stellen im Katalog der antisemitischen Äußerungen des Karl Marx an. »Der letzte Brief von Itzig«, heißt es Anfang Februar 1860, »den Du als *eine Rarität* aufheben mußt, einliegend. Dieser Objektive! Man denke sich die Plastizität dieses ungriechischsten aller Wasserpolackischen Juden.«[10] Das wiegt umso schwerer, als Lassalle den Meister, den er verehrt, bis zum Schluss für seinen Verbündeten hält.

Wie Marx ihn umgekehrt einschätzt, vertraut er nur Engels an. »Also bei klugem management gehört uns der Mann mit Haut und Haar, so viele ›zündende‹ Bocksprünge er immer machen... mag.«[11] Wie er das Verhältnis von Herr und Knecht mit seinem Stammesbruder in Berlin zu exekutieren versucht, geht aus dem Briefwechsel der beiden im Februar 1860 hervor. Marx an Lassalle:

»Was ich von Dir wünsche und was von der höchsten Wichtigkeit für mich ist«, ergeht der Auftrag von London nach Berlin, »ist, herauszubringen, *wer* der *Berliner Korrespondent* des *›Daily Telegraph‹*... ist, und wo das Vieh wohnt, Straße und Hausnummer. Ich glaube, es ist ein Jude, der Meier heißt... Ich bitte, es mir sofort anzuzeigen.«

Dem Anliegen folgt ein »*P.S.* Was mein *Mißtrauen* angeht … Ich schicke Dir z. B. einliegenden Zettel von Baltimore (United States) zu. Diesen Zettel erhielt ich privatim. Die offiziellen Anklagen gegen Dich (darunter die Aussage einer Arbeiterdeputation von Düsseldorf) befinden sich in den Bundesakten, die nicht in meinem Besitz sind und worüber ich nicht verfügen kann.«[12]

Will sagen: Ich habe hier das Sagen. Und wenn es hart auf hart kommt, habe ich was gegen dich in der Hand. Was auf dem Zettel stand, ist nicht bekannt, Lassalle versteht es genau so wie gemeint. Er schreibt empört zurück und fügt einen weiteren Baustein ins Psychogramm des Meisters:

»Wozu schickst Du mir denn das Zeug mit so triumphirender Miene, so süperbem Gestus? Um mir zu zeigen daß Du wenigstens gegen mich sehr wenig oder gar nicht mißtrauisch seiest! Hilf Himmel! Eine solche Beutelschneiderei nicht hinterrücks von einem zu glauben – das ist doch die ordinärste ethische *Pflicht* von Jedem gegen Jeden … – Und darauf thust Du Dir etwas zu gute? … *Mir* geht daraus nur ein sehr großer Beweis Deiner Geneigtheit hervor, alles mögliche schlimme von Jedermann ohne Weiteres zu glauben, wenn Du Dir es für *irgend etwas anrechnest, irgend etwas damit beweisen willst,* daß Du es in *diesem* Fall nicht gethan!«[13]

Man muss diese Vorspiele kennen, um den endgültigen Hassausbruch seitens Marx einordnen zu können. Er geht auf zwei Begegnungen zurück, bei denen die so verschiedenen Gleichen einander zu nahe kommen. Dazu sollte man auch wissen, dass Lassalle zuvor mit seinem *Franz von Sickingen* ein ziemlich erfolgreiches Theaterstück zur Aufführung gebracht hat, während Marx' unreife Vorstufe zum *Kapital* unter dem Titel *Zur Kritik der Politischen Ökonomie* gleichzeitig floppt.

Vom niederländischen Zalt-Bommel, wo er Onkel Lion Philips um Bares erleichtert, kündigt Marx Lassalle seinen Besuch an: »Ich bezwecke, wie ich Dir schon früher schrieb, von hier nach Berlin zu kommen, um mit Dir persönlich über etwaige gemeinschaftliche literarisch-politische Unternehmungen zu sprechen, namentlich aber auch, um Dich wiederzusehn.«[14]

Lassalle, dank Gräfin bei Geld, hat angefragt: »Wieviel Kapital ist nötig, hier ein Blatt zu stiften?«[15] Für ein paar Momente könnte Marx der Gedanke, nach Berlin zurückzukehren und wieder Zeitungsmacher in Deutschland zu werden, sogar gereizt haben. Er versucht dort immerhin die Rückkehr in die preußische Staatsbürgerschaft.

Aber, um eine lange Geschichte kurz zu erzählen: Daraus wird ebenso nichts wie aus dem Projekt eines neuen radikal linken Blattes. Abgesehen davon, dass die vorhandenen Mittel – im Wesentlichen Zinsen aus dem Vermögen der Hatzfeld – niemals ausgereicht hätten, um davon eine Tageszeitung zu gründen und zu unterhalten: Die Bedingungen wären für Marx und Engels auch jenseits der finanziellen Hürden unannehmbar gewesen: Lassalle will an der Seite der beiden als gleichberechtigter Chefredakteur fungieren mit hälftigem Stimmanteil. Zweite Geige hinter Lassalle? Nur über ihre Leichen.

Mit Bildern von Marx' Berlin-Reise im Frühjahr 1861, seine erste »Heimkehr« nach Deutschland nach so langer Zeit, ließe sich ein kurzweiliges Heftchen bestücken. Ein längeres Zitat soll indes genügen. Kein Brief an Engels aus diesen Wochen ist seltsamerweise erhalten, dafür aber ein Schreiben an seine Cousine Antoinette Philips in Holland:

»›Ans Vaterland, das teure, schließ dich an‹, ist ein sehr schöner Satz, aber ganz im Vertrauen möchte ich Dir sagen, daß Deutschland ein so schönes Land ist, daß man am besten außerhalb seiner Grenzen lebt. Ich für meinen Teil würde, wenn ich ganz frei wäre und außerdem nicht durch etwas belästigt, das Du ›politisches Gewissen‹ nennen kannst, niemals England verlassen, um nach Deutschland zu gehen und noch weniger nach Preußen und am allerwenigsten nach diesem *affreux*« – abscheulichen – »Berlin mit seinem ›Sand‹ und seiner ›Bildung‹ und ›seinen überwitzigen Leuten‹. In Berlin ist natürlich jeder, der etwas Geist zu verspritzen hat, außerordentlich begierig nach Leidensgefährten.«[16]

Nichts zu spüren von Marx' angeblichem Willen, dorthin alsbald zurückzukehren. Eher sieht er sich von den Daheimgebliebenen wie ein exotisches Gewächs herumgereicht. Er sucht das Weite. Schließlich »versuchte … Lassalles Egeria« – die Gräfin – »alles, um meinen Aufenthalt in der Metropole … zu verlängern. Gestern machte sie ihre letzte Anstrengung, und wir führten folgendes leichtfertige Gespräch:

Sie: ›Das ist also der Dank für die Freundschaft, die wir Ihnen erwiesen haben, daß Sie Berlin verlassen, sobald es Ihre Geschäfte erlauben?‹

Ich: ›Ganz im Gegenteil. Ich habe meinen Aufenthalt hier über Gebühr verlängert, weil Ihre Liebenswürdigkeit mich an diese Sahara fesselte.‹

Sie: ›Dann werde ich noch liebenswürdiger werden.‹

Ich: ›Dann bleibt mir nichts anderes übrig, als wegzulaufen. Sonst würde ich niemals mehr nach London zurückkehren können, wohin mich meine Pflicht ruft.‹

Sie: ›Das ist ein sehr schönes Kompliment, einer Dame zu sagen, daß ihre Liebenswürdigkeit derart ist, Sie zu vertreiben!‹

Ich: ›Sie sind nicht Berlin. Wenn Sie mir die Aufrichtigkeit Ihrer Liebenswürdigkeit beweisen wollen, so laufen Sie mit mir zusammen weg.‹

Sie: ›Aber ich fürchte, Sie werden mich auf der ersten Station verlassen.‹

Ich: ›Ich bin nicht ganz sicher, ob ich nicht auf der nächsten Station das Mädchen zurücklasse‹. Sie wissen, daß, als Theseus mit der griechischen Schönheit entflohen war und sie auf der einen oder anderen Station verließ, sofort Gott Bacchus vom Olymp herabstieg und die Verlassene in seinen Armen zu der Stätte ewiger Freuden trug. Nun, ich zweifle nicht, daß ein Gott schon auf der ersten Eisenbahnstation hinter Berlin auf Sie wartet, und ich wäre der grausamste aller Sterblichen, Ihnen ein solches Rendezvous zu vereiteln.«[17] Schriftstellerisch beherrscht Marx alle Tonlagen.

Derweil dreht Lassalle das große Rad. Berlin mondän. Marx erlebt Diners »zu Ehren meiner Rückkehr«[18]. Er sitzt mit prominenten Preußen zu Tisch. Er geht in die Oper, die Loge liegt gleich neben der des Königs. Er hält Hof am Hof eines anderen, der ihn wie einen Onkel aus dem fernen Britannien seinem Establishment präsentiert. Mit dem Mann, das hat Lassalle längst kapiert, ist kein Staat zu machen, jedenfalls keiner, wie er ihn sich vorstellt.

Marx, so der schönste Satz in Fritz J. Raddatz' Biografie von 1975, »hat Lassalle seine Gastfreundschaft und Hilfe nie verziehen«[19]. Kaum wieder in London, lässt er sich bei Engels aus: »Lazarus, der Aussätzige, ist also der Urtyp des Juden und Lazarus-Lassalle. Nur ist unsrem Lazarus der Aussatz ins Hirn geschlagen. Seine Krankheit war ursprünglich schlecht kurierte sekundäre Syphilis.«[20]

Tatsächlich soll der Mann mit seinen vielen Liebschaften infolge der »Franzosenkrankheit« an schweren Depressionen gelitten haben. »Zu seinem eignen Leibesschaden lebt unser Lazarus nun so luxuriös wie sein Gegenbild, der reiche Mann... Er hat sich überhaupt zu sehr vervornehmt und würde es für einen Raub halten, z. B. in eine Bierkneipe zu gehn.«[21]

Die Unterschiede der Vermögensverhältnisse treten bei Lassalles Gegenbesuch im kommenden Sommer erst recht zutage. Wie fünf Millionen weitere Besucher ist er nach London gereist, um dort die Weltausstellung im Hyde Park zu bewundern. Ein Event wie heute die Consumer Electronic Show in Las Vegas oder die Internationale Funkausstellung in Berlin, wo der neueste Schrei der Technik zu bewundern ist.

Der Gast gibt an einem Tag mehr für Zigarren und Droschken aus, als Familie Marx in einer Woche für das Frühstück benötigt. Und er ist, zumindest in der Nähe des Gastgebers, ein ausgeprägter Prahlhans. Marx an Engels:

»Der jüdische Nigger Lassalle, der glücklicherweise Ende dieser Woche abreist, hat glücklich wieder 5000 Taler in einer falschen Spekulation verloren. Der Kerl würde eher das Geld in den Dreck werfen, als es einem ›Freunde‹ pumpen … Denk Dir, daß der Kerl … die Frechheit hatte, mich zu fragen, ob ich eine meiner Töchter als ›Gesellschafterin‹ der Hatzfeldt übergeben wolle.«[22]

Man darf vermuten, dass Lassalle sein Angebot freundlich gemeint hat, um Marx zu entlasten. Dessen Haushalt ist in einer Notlage wie seit den Fünzigerjahren nicht mehr. Aber wenn es einer ihm nie recht machen kann, dann Lassalle.

»Der Kerl hat mir Zeit gekostet und, meinte das Vieh, da ich ja jetzt doch ›kein Geschäft‹ habe, sondern nur eine ›theoretische Arbeit‹ mache, könne ich ebensogut meine Zeit mit ihm totschlagen! Um gewisse dehors« – gesellschaftlichen Anstand – »dem Burschen gegenüber aufrechtzuhalten, hatte meine Frau alles nicht Niet- und Nagelfeste ins Pfandhaus zu bringen!«[23]

Kurz vor seiner Abreise hat Lassalle die Not im Hause seines Gastgebers mit eigenen Augen erlebt. Vermieter, Steuereintreiber und der Lebensmittelhändler wollen Marx vor den Kadi zerren, falls er nicht sofort seine Schulden begleicht. Der Gast leiht der Familie Geld und erlaubt Marx, Wechsel auf ihn zu ziehen, sofern Engels für Sicherheit bürge.[24] Er verhält sich korrekt, aber nicht unbedingt so großzügig, wie Marx es gewohnt ist, der solche »Kredite« von Freunden kaum je mit Rückzahlungsverpflichtungen verbindet.

Der Empfänger nutzt das Angebot großzügig aus, ohne allerdings seine Zusage zu erfüllen und den Bürgen in Manchester zu informieren. Der Spender ist sauer, Marx entschuldigt sich, halbgar in der ihm typischen Mischung aus Angriff und Ausrede, Lärm und Larmoyanz: »Sollen wir uns nun deswegen positiv entzweien? Ich denke, das Substantielle in unsrer Freundschaft ist stark genug, um auch solchen chock ertragen zu können ... Ich hoffe also, daß unser altes Verhältnis ›trotz alledem‹ ungetrübt fortdauert.«[25]

Doch zu einer Versöhnung wird es nicht mehr kommen. Der Kontakt reißt ab. Wahrscheinlich wäre Lassalle von vornherein weniger »großmütig« gewesen, hätte er Marx' Zeilen über sich an Engels nach seiner Abreise lesen können:

»Er ist nun ausgemacht nicht nur der größte Gelehrte, tiefste Denker, genialste Forscher usw., sondern außerdem Don Juan und revolutionärer Kardinal Richelieu. Dabei das fortwährende Geschwätz mit der falschüberschnappenden Stimme, die unästhetisch demonstrativen Bewegungen, der belehrende Ton! ... das wüste Fressen und die geile Brunst dieses ›Idealisten‹.«[26]

Auch das ginge noch durch, so kennt man den wütenden Zeus. Doch dann greift Marx noch tiefer in die dunkle Kiste: »Es ist mir jetzt völlig klar, daß er, wie auch seine Kopfbildung und sein Haarwuchs beweist, – von den Negern abstammt, die sich dem Zug des Moses aus Ägypten anschlossen ... Die Zudringlichkeit des Burschen ist auch niggerhaft.«[27]

Welches schleichende Gift mag im Kopf eines Mannes wirken, den Freund und Familie nur »Mohr« nennen, wenn er so etwas so zügellos aufs Papier kritzelt? Einen Aufschluss gibt ein Text seiner Vertrauten und Gemahlin. Die Tage mit dem Gast in ihrem, im Vergleich zu Lassalles Berliner Residenz höchst bescheidenen Nordlondoner Reihenhaus müssen für die Eheleute derart traumatisch gewesen sein, dass Jenny der Episode in ihren Erinnerungen breiten Platz einräumt. Im Spöttischen steht sie ihrem Mann in nichts nach:

»Im Juli 1862 hatte uns Ferdinand Lassalle besucht. Er war fast erdrückt von der Last des Ruhms, den er sich als Gelehrter, Denker, Dichter und Politiker errungen. Die frische Lorbeerkrone ruhte noch auf der olympischen Stirn und dem ambrosischen Lockenhaupt oder vielmehr dem starren steifen chevelure« – Haarschopf – »des Niggers ... Mit vollen Segeln durchstrich er unsere Räume so laut perorierend, gestikulierend, die Stimme oft zu einer ... Höhe emporschraubend, daß unsere Nachbarn über das Riesengeschrei erschreckt bei uns erkundigten, was bei uns los sei. Es waren die inneren Kämpfe des großen Mannes ... Lassalle eilte von uns, wo er wenig Sympathie für seine Großmannsideen gefunden hatte, nach der Schweiz, wo er in dem dortigen Kreise großer Männer mehr Empfänglichkeit und größere Bewunderung, wonach seine

Seele lechzte, fand ... Er kehrte nach Berlin zurück und ... wählte ... den noch nicht betretenen Pfad – der Messias der Arbeiter zu werden.«[28]

Jenny macht keine klammheimlichen Geständnisse. Was sie aufschreibt, ist der Widerhall des täglichen Gesprächs am Küchentisch. Das steht wohl nicht von ungefähr im krassen Gegensatz zu dem Licht, in dem der Mann sich gerade sonnt. Auf dem Höhepunkt seiner agitatorischen Laufbahn hält Lassalle eine denkwürdige Rede beim Berliner Arbeiterverein. Manchen gilt sie als »Ausgangspunkt der sozialdemokratischen Bewegung in Deutschland«[29]. Anderen ist sie zu nahe an Marx, vor allem dem selbst.

Lassalle sagt, ohne sich explizit auf Marx zu berufen, obwohl er es tut: »Nichts ist mehr geeignet, einem Stande ein würdevolles und tiefsittliches Gepräge aufzudrücken, als das Bewußtsein, daß er zum herrschenden Stande bestimmt, daß er berufen ist, das Prinzip seines Standes zum Prinzip des gesamten Zeitalters zu erheben, seine Idee zur leitenden Idee der ganzen Gesellschaft zu machen und so diese wiederum zu einem Abbild seines eigenen Gepräges zu gestalten.«[30]

Mit dem »Stand« umreißt Lassalle keine klar abgrenzbare Gruppe, sondern ein unabweisliches Lebens- und Zugehörigkeitsgefühl, das sich bei allen unscharfen Rändern bis heute erhalten hat. Das Sein eines Richters, Arztes oder Ingenieurs erzeugt ein anderes Bewusstsein als das von Bauarbeitern, VerkäuferInnen oder Paketauslieferern.

Dieses bei allen Differenzen Gemeinsame, vom Marxschen Grundgedanken der Entfremdung gar nicht so weit entfernt, umrahmt das Spielfeld einer erfolgreichen »linken« Volkspartei. Aber erst wenn sie nicht mehr »Arbeiter« denkt, sondern »Arbeitende«, also Menschen, die vom »Lohn«, Gehalt oder Honorar ihren Lebensunterhalt bestreiten. Sie stellen, mit ihrem Anhang, in jedem Land der Erde die Mehrheit. Nur aus der Spannung von deren Belohnungssystem und Gerechtigkeitsempfinden lässt sich die Energie ziehen, die es für eine soziale Umwälzung braucht.

Riefe man einen Wettbewerb aus, dessen Teilnehmer raten müssen, ob ein Text von Lassalle oder Marx stammt, bliebe außer echten Kennern wohl keiner fehlerfrei. »Du weißt«, liest Engels, »daß die Sache nichts ist als schlechte Vulgarisation des ›Manifests‹ und andrer von uns so oft gepredigten Sachen, daß sie gewissermaßen schon Gemeinplätze geworden sind. (Der Bursche nennt z.B. ›Stand‹ die Arbeiterklasse.) ... Ist diese Schamlosigkeit nicht baumhoch? Der Kerl denkt offenbar, er sei der Mann, um unser Inventarium anzutreten.«[31]

Wäre das nicht eigentlich ein Grund zur Freude: Zu sehen, wie sich die eigenen Ideen durchsetzen? Oder wird das Richtige automatisch falsch, wenn der Falsche es sagt? Er fürchte, so Marx im März 1863, »daß ... die ganze Arbeiterbewegung, die ich hinter den Kulissen influenziere, in sehr schlechte Hände und auf Abwege geraten würde«[32].

Glaubt er wirklich an seinen Einfluss? Es wäre eine groteske Fehleinschätzung. Kein Arbeiter in Deutschland interessiert sich in diesem Moment für Marx. Er hat das Urheber-, aber kein ausschließliches Nutzungsrecht an seinen Ideen. Der Schuh drückt woanders:

»*Itzig*«, erregt sich Marx, »gebärdet sich – sehr wichtig mit den uns abgeborgten Phrasen um sich werfend – ganz als künftiger Arbeiterdiktator.«[33] Genau, das, was man ihm vorgeworfen hat. Marx steckt in einer Zwickmühle: Einerseits verschmäht er Lassalles Haltung. Andrerseits wirft er ihm vor, sich der eigenen Ideen bemächtigt zu haben. Instinktiv klug vermeidet er die direkte Konfrontation. In England würde sich niemand dafür interessieren. In Deutschland zöge er den Kürzeren.

»Ich habe mich seit Anfang dieses Jahrs nicht entschließen können, dem Kerl zu schreiben«, teilt er Engels im Juni 1863 mit. »Kritisiere ich sein Zeug, so wäre das Zeitverlust; außerdem eignet er sich jedes Wort als ›Entdeckung‹ an. Auf seine Plagiats ihn mit der Nase zu stoßen, wäre lächerlich, da ich ihm unsre Sachen in der Form, worin er sie verschmiert hat, nicht abnehmen will ... Um also dem ›Kommunismus‹ nichts zu vergeben und ihn nicht zu lädieren, hätte ich ihn ganz ignoriert. Übrigens macht der Kerl aus bloßer Eitelkeit den ganzen Lärm.«[34] Wenn Eitle Eitlen Eitelkeit vorwerfen.

Lassalles Schriften tut Marx gegenüber Engels als »Schülerpensa«[35] ab, in der sein Widersacher »mit der widerlichsten, spreitspurigsten Waschweiberei Sätze in die Welt posaunt – als seine neuste Entdeckung die wir vor 20 Jahren zehnmal besser schon als Scheidemünze unter unsere partisans verteilten. Derselbe Itzig sammelt auch sonst unsre vor 20 Jahren abgesonderten Parteiexkremente in seine manurefabrik, mit der die Weltgeschichte gedungen werden soll.«[36]

Die beiden großen Männer des Exils, allein zu Haus. Dort, wo sie gern wirken würden, wohin ihre Energie eigentlich zielt, dort ist ein anderer unterwegs, und zwar immer erfolgreicher. Lassalle verdankt es seinen mitreißenden Reden, seinem organisatorischen Talent sowie, gegenüber Marx, seinem buchstäblichen Standortvorteil, das Fundament der ersten echten Arbeiterpartei gelegt zu haben.

Der Allgemeine Deutsche Arbeiter-Verein, ADAV, 1863 aus der Taufe gehoben, steht am Anfang der sozialdemokratischen Bewegung. Nicht Marx, sondern Lassalle schreibt »Weltgeschichte« – durch Tat, nicht Theorie. Der entscheidende Wiederaufstieg der deutschen Arbeiterbewegung findet ohne Mitwirkung von Marx und Engels statt.[37]

Lassalle sieht sich im Zenit. Dem preußischen Ministerpräsidenten Bismarck schreibt er im Juni 1863 triumphierend, »wie wahr es ist, dass sich der Arbeiterstand instinktmäßig zur Diktatur geneigt fühlt, wenn er erst mit Recht überzeugt sein kann, dass dieselbe in seinem Interesse ausgeübt wird, und wie sehr er daher, wie ich Ihnen schon neulich sagte« – die beiden haben sich vorher schon einmal zu einem Spaziergang getroffen – »geneigt sein würde, trotz aller republikanischen Gesinnungen – oder vielmehr gerade aufgrund derselben – in der Krone den natürlichen Träger der sozialen Diktatur, im Gegensatz zu dem Egoismus der bürgerlichen Gesellschaft, zu sehen«[38].

Für Bismarck ist der Sozialist »einer der geistreichsten und liebenswürdigsten Menschen, mit denen ich je verkehrt habe, ein Mann, der ehrgeizig im großen Stil war«[39]. Lassalle, der Volksheld, geachtet bis in höchste Kreise. Im marxistischen Diskurs: ein Verräter mit seinem, wie Marx und Engels sagen, »königlich-preußischen Regierungssozialismus«[40]. Der vor der letzten Konsequenz zurückschreckt, das Bestehende zu zerschlagen, um das Neue wachsen zu lassen. Der die Macht bekämpft, sich aber arrangieren will mit ihren Verhältnissen. Der vielleicht einfach nur radikal und zugleich realistisch agiert.

Sein früher Tod passt ans Ende seines operettenhaften Lebens. Er verliebt sich in ein Fräulein von Dönniges, sie wollen heiraten. Doch der strenge Vater der Braut, ein Diplomat, will keinen nichtadligen Juden zum Schwiegersohn. Er verspricht sein Kind einem rumänischen Jurastudenten seines und ihres Standes. Lassalle fordert ihn zum Duell. Statt aber selbst zu erscheinen, schickt der Alte den Verlobten der Tochter, offenbar einen guten Schützen.

»Lassalle benahm sich«, zitiert Marx einen Berichterstatter, »wie es einem Manne von seinem Rufe und seiner politischen Stellung geziemt, ebenso mutig als würdevoll. Er ward in den Bauch geschossen und liegt nun zwischen Leben und Tod im Hotel Victoria darnieder … Ich besuchte ihn gleich nach meiner Ankunft, fand ihn sein Testament diktieren, sonst aber ruhig und auf seinen Tod gefaßt.«[41]

Tags drauf ist er tot, gerade einmal neununddreißig geworden. Engels an Marx zurück: »Lassalle mag sonst gewesen sein, persönlich, literarisch, wissenschaftlich, wer er war, aber politisch war er sicher einer der bedeutendsten Kerle in Deutschland. Er war für uns gegenwärtig ein sehr unsichrer Freund, zukünftig ein ziemlich sichrer Feind, aber einerlei, es trifft einen doch hart, wenn man sieht, wie Deutschland alle einigermaßen tüchtigen Leute der extremen Partei kaputtmacht.«[42] Späte Einsicht, zu spät. Und Warnung an alle Heutigen.

Augenzeugen haben berichtet, der unterlegene Duellant habe nicht einmal seine Pistole gehoben, sondern nur verklärt gelächelt, als könnte ihm nichts etwas anhaben. »Das konnte«, so Engels, »nur dem L passieren bei dem sonderbaren Gemisch von Frivolität und Sentimentalität, Judentum und Chevaleresktuerei, das ihm ganz allein eigen war.«[43]

Daraufhin drei Tage später wiederum Marx: »Das Unglück des L ist mir dieser Tage verdammt durch den Kopf gegangen. Er war doch noch immer … der Feind unsrer Feinde. Dabei kam die Sache so überraschend, daß es schwierig ist zu glauben, daß ein so geräuschvoller, stirring, pushing Mensch nun maustot ist und altogether das Maul halten muß. Was seinen Todesvorwand« – großes Wort! – »angeht, so hast Du ganz recht. Es ist eine der vielen Taktlosigkeiten, die er in seinem Leben begangen hat. With all that tut's mir leid, daß in den letzten Jahren das Verhältnis getrübt war, allerdings durch seine Schuld … Der Teufel mag wissen, der Haufen wird immer kleiner, neu kommt nichts zu.«[44]

Echte Trauer sieht anders aus. Sie ist umso ausgeprägter bei seinen Anhängern. Sie singen dem Hingeschiedenen das Lied des ADAV, die Arbeiter-Marseillaise: »Nicht zählen wir den Feind/Nicht die Gefahren all'./Der Bahn, der kühnen folgen wir/Die uns geführt Lassall'.«

Der trauernden »Witwe«, die er andernorts »die alte Hure Hatzfeldt«[45] nennt, kondoliert Marx in würdiger Form: »Seien Sie überzeugt, daß niemand tiefern Schmerz über Lassalles Weggerafftsein empfinden kann … Freuen Sie sich über eines. Er ist jung gestorben, im Triumph, als Achilles.«[46] Im November ist der Verstorbene immer noch Thema. Engels glaubt nun den wahren Grund für dessen Unglück zu kennen:

»Der L ist offenbar daran kaputtgegangen, daß er das Mensch« – die junge Frau, um die es ging – »nicht sofort in der Pension aufs Bett geworfen und gehörig hergenommen hat, sie wollte nicht seinen schönen Geist, sondern seinen jüdischen Riemen. Es ist eben wieder eine Geschichte, die nur dem L passieren konnte. Daß er den Walachen zum Duell zwang, ist doppelt verrückt.«[47]

20

Selbstbild und Fremdbild

Der ewige Jude

Über kaum ein Thema herrscht unter Marxianern eine, gelinde gesagt, größere Meinungsvielfalt als über sein Verhältnis zur Religion seiner Geburt. Wie tief sitzt seine jüdische und religiöse Prägung? Hat er sich seines Judentums bis zum Selbsthass geschämt? Trägt seine Ablehnung des »Semitischen« rassistische Züge? Sieht er sich selbst – unbewusst oder insgeheim – als jüdischen Propheten?

Ist Kommunismus bei Marx ein religiös motiviertes Projekt – so wie der Marxismus als »umgekehrtes theologisches System«[1] beschrieben wird? Wie sähe Marx die heutige Bedrohung der – in der abendländischen Welt entstandenen – Werte der Aufklärung durch radikal rückständige Orthodoxien, sei es im Islam, im Christen- oder Judentum? Und schließlich: Wie geht die Welt mit einem Ungläubigen um, der einen neuen Glauben verbreitet?

Nichts davon ist aus der Luft gegriffen. All das wird diskutiert. Wer sich aber ein abschließendes Bild erhofft, wird enttäuscht. Selbst wenn die angesehenen *Blätter für deutsche und internationale Politik* zwei Experten die gleiche Frage stellen: »War Marx Antisemit?«, dann könnten die Antworten der Kontrahenten kaum gegensätzlicher ausfallen. Der eine spricht von seiner »gesinnungsbezogenen Judenfeindschaft«[2], der andere »entdeckt … in Marx einen entschiedenen Kritiker des Antisemitismus«[3]. Beide berufen sich im Wesentlichen auf den Aufsatz *Zur Judenfrage* im Werk des jungen Marx.

Doch auch der reife Marx hat Sätze über das Jüdische abgesondert, die seinen Landsnachfahren und erst recht ihren Freunden auf dem Boden Israels aufrichtige Empörung abnötigen können. Es muss einen Grund haben, warum er sich, wenn auch vorwiegend im privaten Postverkehr, ausgerechnet seinen Stammesbrüdern und manchmal auch -schwestern gegenüber so ausgesucht abstoßend ausdrückt. Jedenfalls meint er nicht nur den Kapitalistenjuden, wenn er sich ein ums andere Mal über Abkömmlinge des Volkes Israel auslässt.

Mal moniert er die »kleinjüdische Kalkulationsgabe«[4], mal mokiert er sich über die »jüdischen ultrareaktionären Wiener Bankiers«[5] oder lästert über einen »süßgrinsenden Schacherer«[6], dann wieder reibt er sich an einer »jüdisch-genäselten Bemerkung«[7], an der »zynisch schmierzudringlichen Marquis-Judenmanier«[8], und im *Kapital* ist zu lesen, »daß alle Waren, wie lumpig sie immer aussehn oder wie schlecht sie immer riechen, im Glauben und in der Wahrheit Geld, innerlich beschnittne Juden sind.[9]«

Engels meldet er aus dem Urlaub in Ramsgate: »Viel Juden und Flöhe hierselbst.«[10] Seiner Tochter Jenny erzählt er über das Altern der Frau seines Arztes: »Die Heuchelei einer griechischen Nase ist dem treu-jüdischen Typ gewichen; alles an ihr sieht ziemlich verschrumpelt und vertrocknet aus, und die Stimme hat den gutturalen Klang, mit dessen Fluch das auserwählte Volk bis zu einem bestimmten Grade beladen ist.«[11]

Was mag er selbst von Kind an erlebt haben an Verachtung und Ausgrenzung wegen seiner jüdischen Herkunft? Welche Verletzungen muss er ob seines Aussehens einstecken, seiner »Art«, die in Berichten über ihn immer wieder hervorgehoben wird? Marx kann seinem Jüdischsein nicht entgehen, und das weiß er auch. Er sieht es im Spiegelbild, auf das er mit den gleichen Augen blickt wie auf andere Juden. Wenn er sie verhöhnt, verspottet er sich selbst mit den altbekannten Vorurteilen.

Der häufig beschriebene Selbsthass kommt nicht aus sich und bleibt nicht bei sich. Er saugt sein Gift im Vergleich und zielt auf Verwandte. Das lässt sich genauso wenig abschütteln wie die eigene Haut. Der Historiker und frühe Engels-Biograf Gustav Mayer urteilt 1920: »Ungerechter und einseitiger als Marx hat kein Fremdblütiger über das Judentum abgeurteilt.«[12] »Fremdblütig« klingt erstens wie aus dem Wörterbuch der Xenophoben. Im jüdischen Sinne ist Marx das zweitens ebenso wenig gewesen wie im Nazi-System der »Rassenreinheit«.

Der Begriff »Antisemitismus« kommt erst nach Marx' Tod auf, das Wort »Rassismus« stammt aus dem 20. Jahrhundert. So heikel und verächtlich seine Haltungen zum Judentum auch daherkommen, so knifflig ist es, sie über diese Leisten zu schlagen. Marx ist genauso Antisemit wie Macho oder Frauenausbeuter: aus heutiger Sicht ein klarer Fall, in seiner Zeit ein Mann des Mainstreams. Er ist mit seinen Ansichten beileibe nicht allein. Das macht es nicht besser. Aber vielleicht weniger schlimm.

Genau wie in seinen eigenen Bemerkungen zeigt sich der alltägliche Rassismus – die Ausgrenzung anderer aufgrund abweichender biologischer Merkmale – umgekehrt in Skizzen über den »Israeliten« Marx. Das ist umso bemerkenswerter, als er seine jüdische Herkunft nie prominent proklamiert hat. Oder gar problematisiert.

Gerade zweimal, in Briefen an seinen – jüdischen – Onkel Lion Philips, also Schriften mit äußerst begrenztem Leserkreis, bekennt er sich: »Unser Stammgenosse *Benjamin Disraeli* hat sich in dieser Woche wieder sehr blamiert.«[13] Und ein andermal, noch deutlicher: »Seitdem jedoch Darwin unsre gemeinschaftliche Abkunft von den Affen bewiesen hat, kann kaum noch any shock whatever ›unsern Ahnenstolz‹ erschüttern.«[14]

Es geht um Biologie, nicht um Glauben. Ums Anderssein einer Minderheit aus Sicht der Mehrheit. So schmerzlich das heute daherkommt, so herzlich normal ist es für Zeitzeugen. Wenn sie Marx mal mehr, mal weniger wohlwollend als Juden malen, meinen sie nicht den Kapitalistentypen, dazu gibt er nichts her. Sie zielen auf Eigentümlichkeiten einer elitären Abstammungsgemeinschaft, als die sich der Judaismus ja auch versteht.

Dieses kleine Volk hat eine so ungewöhnlich hohe Zahl an bedeutenden Denkern, Wissenschaftlern und Künstlern hervorgebracht, dass es sich nicht einfach ignorieren lässt. Drei der Großen Vier der Neuzeit – Darwin, Marx, Freud und Einstein – gehören dazu. Das passt nicht in die Durchschnittsformel, damals so wenig wie heute. So wie Marx seinesgleichen sieht, so sehen andere ihn – als irgendwie unterschiedlich vom Rest. »Natürlich, Marx war Jude«, so der spätere englische Sozialistenführer Henry Mayers Hyndman, »und mir schien, als vereinigte er in seiner eigenen Persönlichkeit und Gestalt – mit der gebieterischen Stirn und den starken, überhängenden Brauen, den feurig blitzenden Augen, der breiten, sinnlichen Nase und dem beweglichen Mund, das Ganze umrahmt von ungepflegtem Haar und Bart – den gerechten Zorn der großen Propheten seiner Rasse mit dem kalten analytischen Verstand eines Spinoza und der jüdischen Doktoren.«[15]

Seiner Mutter klagt Armold Ruge, Marx sei »ein ganz gemeiner Kerl und ein unverschämter Jude«[16]. Eduard von Müller-Tellering, für Marx' *Neue Rheinische Zeitung* als Wiener Korrespondent tätig, nennt ihn nach seiner Abkehr einen »aufgeblasenen Juden«, der »demokratischen Knoblauch ... ausdunstet«.[17] Die wiederkehrende Thematisierung seines Judentums wirft Licht auf das europäische Menschenbild jener Tage.

Bei Katholiken oder Protestanten, wie Marx auf dem Papier einer ist, und nicht einmal bei Atheisten wie ihm wird die Glaubensrichtung vergleichbar häufig erwähnt. Sie gehören zu keiner einheitlichen Volksgruppe mit Minderheitenstatus und Wiedererkennungswert. Die Juden offenbar schon.

Jenseits seines Jüdischseins ist Marx halb Deutscher, halb Holländer. Doch kaum jemand käme auf die Idee, das zu betonen. »Marx blieb, ob getauft oder ungetauft, Jude«, stellt sein früher Biograf Otto Rühle 1929 fest, »als solcher ohne weiteres erkennbar und darum, wo er ging und stand, belastet mit dem Odium seiner Rasse.«[18] Einmal Jude, immer Jude, egal, woran einer glaubt oder nicht.

»Er hat einen Intellektuellen-Kopf«, wiederholt ein Reporter, der ihn im Alter interviewt, das Klischee, »und das Äußere eines gebildeten Juden. Haar und Bart sind lang und eisengrau, die schwarzfunkelnden Augen werden von buschigen Brauen überschattet.«[19]

Bakunin schildert seinen Widersacher weniger freundlich:

»Marx ist seiner Herkunft nach Jude. Man kann sagen, daß er alle Vorzüge und alle Nachteile dieser begabten Rasse in sich vereint. Empfindlich und nervös bis zur Feigheit, wie einige behaupten, ist er außerordentlich ehrgeizig und eitel, streitsüchtig, unduldsam und absolut, wie Jehova, der Herrgott seiner Vorväter, und wie dieser rachsüchtig bis zum Wahnsinn.«[20]

Solcherart Typologien berühren in keiner Weise den Alltagsjuden, wie Marx ihn stellvertretend für den Kapitalisten anführt, aber erst recht nicht den Sabbatjuden der Thora. Sie klassifizieren eine Sorte Mensch, die sich in Physiognomie und Verhalten bemerkbar macht.

Die Achtung vor dem außergewöhnlichen Intellekt – »seinem unerbittlichen jüdischen Scharfsinn«[21] – steht auf einem anderen Blatt als die Anschauung eines Menschen, der äußerlich einem Muster entspricht, das natürlich auch Marx kennt.

Paul Lafargue schreibt im Porträt seines Schwiegervaters: »Er war auch in der Tat sehr kräftig, seine Größe ging über das Mittelmaß, die Schultern waren breit, die Brust gut entwickelt, die Glieder wohl proportioniert, obgleich die Wirbelsäule im Vergleich zu den Beinen etwas zu lang war, wie es bei der jüdischen Rasse häufig zu finden ist.«[22]

Was dir in Gesicht und Körper geschrieben steht, das kannst du nicht abschütteln. So wenig wie die Hautfarbe. Bei Marx ist dann gern vom »dunklen Teint« die Rede – deshalb sein Spitzname »Mohr« im Kreise seiner Nächsten. Das erschwert, trotz Konversion und Abkehr, die Abgrenzung und erhöht die Möglichkeit einer Insel der Stigmatisierung.

Vermutlich hat Marx nicht viele Tage erlebt, an denen er sich nicht auch seines Judentums bewusst war. Und was macht das mit ihm? Eine Tabu-Frage der Marx-Forschung. Mit der traurigen Pointe, dass Sowjetbeamte unter dem Konterfei des Juden Marx die Judenverfolgung verwalteten. Nicht weniger entschlossen, aber nicht ganz so perfektionistisch perfide und preußisch wie am anderen Ende des Hitler-Stalin-Pakts. Im Ungeist der nationalsozialistischen Rassenlehre wäre Marx ein Jude reinster Art, einer, dessen Bücher verbrannt gehörten. So ist es am 10. Mai 1933 dann ja auch geschehen. Er hätte die Tat verurteilt, über die Haltung aber gelacht. Als ließen sich Gedanken verbrennen.

In der Familienfolge ist Marx durch die Konversion, konservativ betrachtet, der Betrogene, um das ihm zustehende Rabbineramt gebracht. Für einen wie ihn bedeutet es aber Befreiung, diese Bürde nicht mehr fürchten zu müssen. Sondern es auf dem ihm gemäßen Weg zum »Oberhaupt der Synagoge«[23] zu bringen, wie Dichter Freiligrath bemerkt, ohne die Anspielung zu scheuen.

Der Weg lässt sich, vom Ausgangspunkt seiner jüdischen Herkunft gedacht, auch als biblische Erlösergeschichte darstellen. In dieser Perspektive ist der Posten eines Rabbi für Marx ein paar Nummern zu klein. Er habe sich, wie schon in seinem Abitur-Aufsatz angekündigt, innerlich zum Anführer berufen gesehen, der für die Menschheit arbeitet.

Die messianischen Aufgaben, die er sich dieser gewagten These zufolge stellt, sind einer irdischen Gottheit würdig: Der Menschheit das Narrativ zur Selbstbefreiung schreiben, inklusive Erlösung von Not, Ungerechtigkeit, Staat und Religion. Eine plausible, wissenschaftlich fundierte Geschichte erzählen, die den Menschen einen Ausweg aus ihrer Misere verheißt. Den Himmel auf die Erde holen und den Rest den Astronomen und Nachtschwärmern überlassen. Den letztmöglichen Glauben säen, den Glauben des Menschen an sich selbst.

Die dunkle Seite des hellen Bildes zeigt Abkehr und Abwehr bis hin zu Selbstverleugnung und Antisemitismus. Taufe allein genügt nicht, sich loszusagen. Die dunkle Seite erzählt von der Rache an der Religion, nicht dieser oder jener, sondern Religion als solcher. Bereits den jungen Studenten müssen solche Gedanken umgetrieben haben. Aus seiner poetischen Phase stammt das Gedicht *Des Verzweifelnden Gebet*:

»Hat ein Gott mir alles hingerissen,
Fortgewälzt in Schicksalsfluch und Joch,
Seine Welten – alles – alles missen!
Eines blieb, die Rache blieb mir doch.«[24]

Romantische Entschlossenheit. Im Unterschied zu vielen seiner Zeit- und Sinnesgenossen hat er sie sich bewahrt, zeitlebens im Herzen ein Romantiker geblieben, der seiner Vernunft gelegentlich einen Vorschlag machen darf. Er hat das Feuer dazu, weil er das Rationale und das Irrationale gleichermaßen durchschaut. Nur die Einsicht in tiefe seelische Prozesse, die etwa Fremd- und Selbsthass, Eifersucht und Machtgier erklären, ist ihm und seiner Zeit noch weitgehend fremd.

In den Anmerkungen zu seiner Dissertation fühlt er sich bereits berufen, die große Keule zu schwingen: »Die Philosophie, solange noch ein Blutstropfen in ihrem weltbezwingenden, absolut freien Herzen pulsiert, wird stets den Gegnern mit Epikur zurufen: ›Gottlos aber ist nicht der, welcher mit den Göttern der Menge aufräumt, sondern der, welcher die Vorstellungen der Menge den Göttern andichtet.‹«[25]

Da hat ein junger Mann Großes vor. Statt auch gegen die inneren Dämonen wendet er sich gegen den Gott im Himmel wie gegen den irdischen Gott seiner Zeit und Zunft: Hegel, dessen Dialektik ihm als »in Philosophie umgewandelte biblische Heilsgeschichte … zu einer Offenbarung«[26] wird.

Neben Attitüde und Habitus wird Marx auf eine zweite Weise mit dem Judentum in Verbindung gebracht: als jüdischer Prophet. In dieser Perspektive erscheint er wie ein moderner Moses, der das geknechtete Volk der Arbeiter aus der Gefangenschaft des Kapitalismus durch das Jammertal der permanenten Revolution in die Freiheit führt, die seltsamerweise auf den Namen Kommunismus hört. Dazu präsentiert er ihnen die Tafeln seiner Theorie.

In seiner Schrift *Der Jude in Karl Marx* schreibt Gustav Mayer zu dessen hundertstem Geburtstag 1918: »Alle, die Marx bekämpfte – und wen bekämpfte er nicht? –, schalten den verbohrten Fanatismus, mit dem dieser einzelne Mann, unbekümmert davon, daß fast noch niemand auf ihn hören wollte, sich zu einem einzigen Gedanken bekannte, und über seine unbegreifliche Besessenheit, der an der Sieghaftigkeit dieses einzigen Gedankens niemals, auch nicht nach der Niederlage, ein Zweifel kam. Wo anders hat solche starre Gläubigkeit, die den Zeitgenossen lächerlich, der Nachwelt erhaben vorkommt, ihre Vorbilder als bei den Propheten Israels und Judas?«[27]

Marx weiß, wie es heute heißt, wo man die Menschen »abholen« muss, nämlich da, wo sie sind: im Spannungsfeld zwischen Glauben, Kirche und Staat, nicht bei dessen Verneinung. Sein Wüten gegen die ganze Welt nutzt auch die christliche Religion als Ventil. Wiederum in einem publizistischen Text, 1847 für die *Deutsche-Brüsseler-Zeitung* geschrieben, macht er seinem Herzen stellvertretend Luft:

»Die sozialen Prinzipien des Christentums haben jetzt achtzehnhundert Jahre Zeit gehabt, sich zu entwickeln, und bedürfen keiner ferneren Entwicklung durch preußische Konsistorialräte. Die sozialen Prinzipien des Christentums haben die antike Sklaverei gerechtfertigt, die mittelalterliche Leibeigenschaft verherrlicht und verstehen sich ebenfalls im Notfall dazu, die Unterdrückung des Proletariats, wenn auch mit etwas jämmerlicher Miene, zu verteidigen. Die sozialen Prinzipien des Christentums predigen die Notwendigkeit einer herrschenden und einer unterdrückten Klasse und haben für die letztere nur den frommen Wunsch, die erstere möge wohltätig sein … Die sozialen Prinzipien des Christentums erklären alle Niederträchtigkeiten der Unterdrücker gegen die Unterdrückten entweder für gerechte Strafe der Erbsünde und sonstigen Sünden oder für Prüfungen, die der Herr über die Erlösten nach seiner unendlichen Weisheit verhängt. Die sozialen Prinzipien des Christentums predigen die Feigheit, die Selbstverachtung, die Erniedrigung, die Unterwürfigkeit, die Demut, kurz alle Eigenschaften der Kanaille, und das Proletariat, das sich nicht als Kanaille behandeln lassen will, hat seinen Mut, sein Selbstgefühl, seinen Stolz und seinen Unabhängigkeitssinn noch viel nötiger als sein Brot. Die sozialen Prinzipien des Christentums sind duckmäuserisch, und das Proletariat ist revolutionär.«[28]

Vom Judentum hier keine Rede. Jeder lässt im Leben Dinge hinter sich, ohne dass sie dafür an Wert einbüßen müssten. Die Juden als Volk ohne Vaterland könnten zwar Vorbild für Marx' auserkorenes Volk gewesen sein. Aber sie sind nicht es selbst. Diesen Part übernimmt bei ihm das Proletariat.

Weder in Bauern- noch Bürgerschaft sieht Marx die revolutionäre Reservearmee der Zukunft, sondern in der schnell wachsenden Arbeiter-»Klasse«. Mit dieser Begriffsschöpfung adelt er sie in gewisser Weise und verleiht ihr ein gemeinsames Wir – bereit für den Klassenkampf, im Elend vereint. Zwei Jahre später, in den *Kritischen Randglossen*, die er in

Paris für den *Vorwärts* scheibt, wird er in zynischer Zuspitzung deutlicher:

»Gute *reine Luft* die Pestatmosphäre der englischen Kellerwohnungen! *Große Naturschönheit* die phantastische Lumpenkleidung der englischen Armen und das welke, zusammengeschrumpfte Fleisch der Weiber, die von Arbeit und Elend verzehrt sind; die Kinder, die auf dem Mist liegen; die Mißgeburten, welche die Überarbeitung in der einförmigen Mechanik der Fabriken erzeugt! Allerliebste *letzte Details der Praxis:* die Prostitution, der Mord und der Galgen!«[29]

In tiefenpsychologisch gründelnden Moses-Versionen der Marxschen Geschichte erscheint er gleichzeitig als Führer ins Gelobte Land, als moderner Prophet der Erfüllung und damit als Letzter seiner Art.

»Er war«, schreibt der jüdische Autor Richard Friedenthal in seiner unvollendet gebliebenen Marx-Biografie, »von sich überzeugt bis zur Selbstvergottung und zum Messianismus, der nun bei ihm nicht auf das jüdische Volk bezogen, sondern auf das Proletariat übertragen wurde, das ihm als das von der ›Geschichte‹ auserwählte Volk galt. Diese Deutung … führt bei Marx nicht zu innerer Unsicherheit und Zerrissenheit, wie manche vermuten, sondern eher zu größerer Sicherheit und Überzeugung, er habe ein für alle Male das ›Welträtsel‹ gelöst.«[30]

Sollte irgendetwas in Marx ihn in diese Richtung getrieben haben, dann war dieses Etwas sehr erfolgreich, zieht man sein Nachleben in Betracht. In den Augen seiner Bewunderer ist er schon zu Lebzeiten der jüdische Prophet und Autor einer Art Heiliger Schrift. Die Religion, als die der Marxismus vielfach eingeordnet wird, hat mit dem Christentum gemeinsam, dass sie wie bei Jesus erst von Nachfahren geschaffen wird.

Zu diesem Drehbuch passt das Bild des Deserteurs, der das Judentum hinter sich lässt. Der sich über die Religion seiner Altväter hinwegsetzt. Der einen völlig neuen Weg weist, welcher zwar wie Utopie daherkommt, aber keine ist, sondern als gangbar erscheint.

Damit aber folgt er dem uralten Muster der Söhne, die sich ihren Vätern beweisen müssen. Es kommt dabei nicht darauf an, ob man die kleinen Kämpfe verliert, sondern ob man den großen gewinnt, in dem es ums Ganze geht: Staat, Gesellschaft, Wirtschaft, Menschheit, Religion – das sind die Felder, auf denen Marx seine Einsätze platziert. Damit positioniert er sich selbst im Olymp, bevor ihn andere dorthin befördern können.

21

Gedankenexperimente

Der Visionär

Wäre Theorie ein Sport und Marx ein Athlet, dann käme seinen ökonomischen Erkundungen im Londoner Exil der Charakter einer Ausnahmeleistung im Ausdauerlauf zu. Wie Kurzstrecken erscheinen die Vorarbeiten zu seinen Frühschriften bis 1848 verglichen mit dem Marathon, auf den er sich nun begeben hat. Am Anfang stehen Fragen von Geld, Kredit und Krise. Noch denkt er im Bann der eben gescheiterten Revolution. Deren Ursache sieht er in der Wirtschaftskrise 1847/48 mit Massenarbeitslosigkeit, Hunger und Aufständen. Er ist überzeugt, die nächste kommt bestimmt.

Über die Langstrecke in weitgehender Isolierung hält er sich mit Ankündigungen des kommenden Kollaps bei Laune. Der Bielefelder Historiker Heiner Schulz hat insgesamt mehr als dreitausend Krisen- und Revolutionsprognosen in Marx' Schriften gezählt.[1] Adressat ist häufig Engels, der als Kapitalist in Manchester den Puls der Wirtschaft spürt und seinerseits fast ebenso zwangsneurotisch die Erlösungsfantasien nährt. »So wäre die Zeit vom Novbr. 1852–Febr. 1853 wohl die wahrscheinlichste für den Ausbruch«, schreibt er Anfang März 1852. »Das ist aber alles guess-work, und wir können sie ebensogut schon im September haben. Sie wird aber schön werden.«[2]

Haben die beiden wirklich, wie es heißt, die Lernfähigkeit des Kapitalismus unterschätzt? Oder gleichen ihre Beschwörungen des Untergangs dem Pfeifen im dunklen Walde, mit dem sich die einsamen Wanderer in der »langen Nacht des Exils« Mut zu machen versuchen? Wie auch immer: Als dann 1857 die erste echte Weltmarktkrise ausbricht, eine Krise der Überproduktion, wie von Marx vorhergesagt, werden sie von der Heftigkeit des Einbruchs trotz aller Unkenrufe kalt erwischt.

Praktiker Engels zeigt neben dem lachenden auch ein weinendes Auge. Er selbst gehört zu den Verlierern, die Rede ist von der Halbierung seines Vermögens. Im Hause Marx herrscht Hochstimmung. »Was haben Sie denn zu dem allgemeinen Kladderadatsch gesagt?«, fragt Jenny Ende des Jahres Conrad Schramm. »Nicht wahr, an dem allgemeinen Krach und Zusammenrumpeln des alten Drecks hat man doch noch eine Freude.«[3]

Ihrem Mann kann es nun nicht schnell genug gehen, sein Werk voranzutreiben. »Ich arbeite wie toll die Nächte durch an der Zusammenfassung meiner Ökonomischen Studien«, meldet er dem Freund am selben Tag, »damit ich wenigstens die Grundrisse im klaren habe bevor dem déluge«[4] – der erwarteten Sintflut.

Diese »Grundrisse«, ein achthundertseitiges Forschungsmanuskript, nicht für die Veröffentlichung bestimmt, gelten als Schlüsseltext in der Entwicklung der Marxschen Gedankenwelt. In kaum mehr als einem halben Jahr hingeworfen, lesen sie sich wie ein innerer Monolog, bei dem sich dem Autor gleichsam beim Denken zusehen lässt.

Sie sind eigentlich nur für einen Leser bestimmt: Karl Marx. Ihm dienen sie, wieder einmal, vor allem zur Selbstverständigung. Engels hat sie nie zu sehen bekommen. Sie werden erst im 20. Jahrhundert wiederentdeckt und zwischen 1939 und 1941 in Moskau veröffentlicht.

Der Text, in dem Marx ohne echte Ordnung mehr oder weniger alle relevanten Themen anspricht, gleicht einer gewaltigen Baustelle, die nur wenig vom geplanten Gebäude erkennen lässt. Er bildet weder, wie vielfach behauptet, den Schlüssel zum *Kapital*, noch sind in ihm »alle Elemente von Marx' ökonomischer Theorie bereits … enthalten«.[5] Vielmehr bezeichnen die *Grundrisse* einen unverzichtbaren Zwischenschritt auf seinem Weg dorthin – und gehen auch darüber hinaus. Die mitunter ausufernde Meditation behandelt etliche Bereiche, die später keine Erwähnung mehr finden.

Das Konvolut steht im Spagat zwischen Vorgriff auf das kommende und Rückgriff auf das geleistete Werk. Viele Themen und Stichworte kommen bereits in den *Frühschriften* von 1844 vor. Während dort aber Ökonomie und Philosophie noch wie zwei Hälften auseinanderfallen, unternimmt Marx hier erstmals den Versuch, die beiden zu vereinen. Das erlaubt ihm, die Dinge von einer weit höheren Warte[6] in Augenschein zu nehmen – aber immer noch unter Verwendung hegelianisch aufgeladener Begriffe wie Entfremdung, Vergegenständlichung oder Gattungswesen.

Von »völliger Entleerung« spricht Marx hier noch, wo er die »totale Vergegenständlichung als totale Entfremdung« sieht. Im *Kapital* werden solche Begriffe dann keine große Rolle mehr spielen. »In der *Methode* des Bearbeitens« jedoch, wie er Engels schreibt, »hat es mir großen Dienst geleistet, daß ich by mere accident … Hegels ›Logik‹ wieder durchgeblättert hatte.«[7] Das gilt dann auch fürs Opus magnum.

»Gesellschaftlich bestimmte Produktion der Individuen ist natürlich der Ausgangspunkt«[8], stellt er in einer vorweg geschriebenen »Einleitung« klar. Damit verwirft er die Ansätze von Smith, Ricardo und auch Rousseau, die vom isolierten Individuum ausgehen. »Die Produktion des vereinzelten einzelnen außerhalb der Gesellschaft … ist ein ebensolches Unding als Sprachentwicklung ohne zusammen lebende und zusammen sprechende Individuen.«[9]

Das Kaspar-Hauser-Argument kommt nicht von ungefähr. Anselm von Feuerbach, Vater des von Marx verehrten und dann kritisierten Philosophen, hat den Fall des Findelkindes 1832 berühmt gemacht. Auf die Erzeugung von Gütern zum Zweck des Tauschs übertragen, bedeutet es: Nur wenn sich viele beteiligen und ein Netzwerk bilden, entsteht ein Markt. Wert und Ware, Geld und Kapital, Kredit und Krise sind gesellschaftlich.

Anders als im frühen Wurf geht Marx nun nicht mehr von einer Betrachtung der Marktmechanismen des Austauschs aus, sondern von einer Untersuchung der Herstellung von Gütern – um erst später auf deren Tausch einzugehen. Durch die Wahl der Produktion als Ausgangspunkt gelingt es ihm, die Produzenten – Kapitalisten und Fabrikarbeiter – in den Vordergrund seiner Überlegungen zu rücken und damit einen zentralen Gedanken seiner späteren Ausführungen im *Kapital* zu entwickeln: Was tauschen Arbeiter ein für ihren »Lohn«? Eben nicht, wie es auf den ersten Blick erscheinen mag und so noch bei Smith und Hegel steht, ihre Arbeit.

Vielmehr ist es, angelehnt an die physikalische Theorie der Zeit, mit dem Energieerhaltungssatz als bahnbrechende Erkenntnis: ihre Arbeitskraft. Nur diese spezielle Form von Energie, in der sich Kraft mit Wissen und Willen, Geschick und Intelligenz verbindet, kann Formen und Funktionen von Waren schaffen. Nur sie hat, aus Sicht des Arbeiters, einen Wert in dem Sinne, dass sie sich auf dem Markt anbieten und gegen Geld eintauschen lässt.

Dieser erstmals bei Marx vollzogene Perspektiv- oder, besser gesagt: Kategorienwechsel erlaubt es ihm, gleichzeitig die Quelle der Ausbeutung zu bestimmen und die Grundlage seiner Werttheorie zu legen: Der

Kapitalist als Arbeitgeber verpflichtet den Arbeitnehmer, ihm für eine vereinbarte Zeit seine Arbeitskraft zur Verfügung zu stellen. Schafft dieser in seiner Arbeitszeit mehr Wert, als es dem Lohn, also dem Wert seiner eingesetzten Arbeitskraft, entspricht, dann steht jenem der »Mehrwert« zu – ein heute gängiger Begriff, den Marx als Erster eingeführt hat.

Das »Surplus« stammt aus der Mehrarbeit, die ein Arbeiter über den Punkt hinaus leistet, an dem er sein Geld »eigentlich« schon verdient hat. Und doch geht im Sinne des Vertragsrechtes und der grundsätzlich freien Entscheidung der Partner alles mit rechten Dingen zu – auch wenn es besonders den Ausgebeuteten anders erscheint. Marx spricht von »Gleichheit und Freiheit, die sich ausweisen als Ungleichheit und Unfreiheit«[10].

Wer sich darauf einlässt, ihn auf die lange Reise seiner Ideenentwicklung zu begleiten, erlebt hier hinreißende Momente des Fortschritts an allen Fronten. Wege verbinden und verlieren sich, Begriffe tauchen auf, verschwinden wieder oder verfestigen sich zu Konzepten. Mit einem Bein noch im Alten, mit dem anderen schon im Neuen, schreibt er über das Kapital, »daß das Produkt der Arbeit, vergegenständlichte Arbeit mit einer eignen Seele von der lebendigen Arbeit selbst begabt ist und sich ihr gegenüber als fremde Macht festsetzt«[11].

Da hat der Philosoph den Fang an der Angel, das Eigentliche, nach dem er sucht: Die »fremde Macht«, seine zentrale Entdeckung, hat bereits in den *Frühschriften* ihren Auftritt gehabt – nicht als himmlischer, sondern irdischer, von Menschen gemachter Herrscher: Hegels »Weltgeist«, wie er es im Nachwort zur zweiten Auflage des *Kapital* formuliert, »vom Kopf auf die Füße gestellt«. Damit schlägt er den Bogen von der Entfremdung als Gegenstand zum Gegenstand der Entfremdung. Die Macht, von Menschen geschaffen, hat sich verselbständigt.

Welcher Forscher wäre da nicht versucht, diese scheinbar von außen, tatsächlich aber von innen wirkende Macht näher zu untersuchen? Was im Text manchmal wie metaphysisches Raunen daherkommt, das an Seelenwanderung erinnert, bildet die Basis einer glasklaren ökonomischen Analyse – die allerdings das menschliche Wirtschaften wiederum auf den Kopf stellt: Am Ende entscheiden keine objektivierbaren Maßstäbe, sondern gemeinsame Vorstellungen über den Wert der gesellschaftlichen Arbeit.

Vieles ist in den *Grundrissen* an-, aber noch nicht zu Ende gedacht. »Das Kapital ... ist destruktiv ... und beständig revolutionierend, alle Schranken niederreißend.«[12] Da schwingen noch die Hymnen aus dem

Manifest nach, aber auch die Idee einer »Revolution in Permanenz«, nun auf die Seite der Ausbeuter projiziert. Doch Marx weiß bereits: »Das Kapital ist kein einfaches Verhältnis, sondern ein Prozeß, in dessen verschiednen Momenten es immer Kapital ist.«[13] Mit dieser Sicht auf die Dynamik des Systems nimmt er, auf Hegels Spuren, eine seiner wichtigsten Erkenntnisse vorweg: Kapital ist kein Haufen Geld, sondern dessen Bewegung.

Im Dschungel des hingekrakelten Konvoluts gibt Marx ein paar – oft übersehene – Einblicke in seine Vorstellungen der kommenden, kommunistischen Welt. Er spricht davon, dass dort »die Arbeit travail attractif, Selbstverwirklichung des Individuums sei, was keineswegs meint, daß sie bloßer Spaß sei, bloßes amusement, wie Fourier es sehr grisettenmäßig naiv auffaßt. Wirklich freie Arbeiten, z. B. Komponieren, ist grade zugleich verdammtester Ernst, intensivste Anstrengung.«[14]

Da schüttet der spätere Komponist des *Kapital* sein Herz aus über seiner Komposition. Wie viele Blätter sind in der Geschichte schon zerknüllt worden, wie viele Tondichter oder Schriftsteller haben ganze Manuskripte weggeworfen und ein frisches Blatt vor sich gelegt oder eingespannt?

Marx hat längst nicht alle, aber ausreichend viele Zettel aufbewahrt, damit wir uns ein Bild vom Schwungrad seiner Gedanken machen können. Da geht es auch um Freizeit als Freiheit, um Kreativität und das Ideal freiwilliger Volksbildung. Und irgendwo im Nebel seiner Vorstellung taucht bereits die kommende Version des Systems auf, das zu beschreiben er sich die nächsten zehn Jahre bemühen wird.

Wäre er ein Maler, würden wir von einer genialen Skizze für ein Panorama sprechen – ähnlich wie sie der russische Künstler Wassily Kandinsky als Avantgardist des Abstrakten in »Improvisationen« als Vorstudien seiner »Kompositionen« geliefert hat.

»Das Kapital treibt seiner Natur nach über jede räumliche Schranke hinaus. Die Schöpfung der physischen Bedingungen des Austauschs – von Kommunikations- und Transportmitteln – wird also für es in ganz andrem Maße zur Notwendigkeit – die Vernichtung des Raums durch die Zeit.«[15] Das lässt sich heute kaum besser formulieren. Zeit schluckt Raum. Die sofortige Verfügbarkeit jeder Ware im digitalen Kosmos macht Raumzeit zum Erlebniselement.

In Marx' *Grundrissen* findet sich ein häufig übersehener Zukunftsentwurf von etwa zwanzig Seiten. Seit dem späteren 20. Jahrhundert wird er in Fachkreisen als *Maschinenfragment* heiß diskutiert: Die philosophisch-ökonomische Vision geht auf Gedanken David Ricardos zurück und beschäftigt sich mit der Produktion durch »ein automatisches System der Maschinerie«[16]. Heute betrifft das längst nicht mehr nur die Herstellung materieller, sondern auch die geistiger Güter.

Gleich am Anfang kommt Marx auf den Punkt: »In dem Maße aber, wie die große Industrie sich entwickelt, wird die Schöpfung des wirklichen Reichtums abhängig weniger von der Arbeitszeit und dem Quantum angewandter Arbeit als … vom allgemeinen Stand der Wissenschaft und dem Fortschritt der Technologie, oder der Anwendung dieser Wissenschaft auf die Produktion.«[17] Das sei bereits, kommentiert der italienische Politikwissenschaftler Antonio Negri, »Marx jenseits Marx«. Der unmittelbare Wert der Arbeit, Kerngedanke im *Kapital*, verringert sich mit weitreichenden Folgen.

»Die Surplusarbeit der Masse hat aufgehört, Bedingung für die Entwicklung des allgemeinen Reichtums zu sein … Die freie Entwicklung der Individualitäten und … der notwendigen Arbeit der Gesellschaft zu einem Minimum, der dann die künstlerische, wissenschaftliche etc. Ausbildung der Individuen durch die für sie alle freigewordne Zeit und geschaffnen Mittel entspricht.«[18]

Als höchste Stufe der kapitalistisch-technischen Entwicklung kommt die Tragweite des Textes erst im 21. Jahrhundert so recht zum Tragen. Marx untersucht darin, »bis zu welchem Grade das allgemeine gesellschaftliche Wissen, knowledge, zur unmittelbaren Produktivkraft geworden ist und daher die Bedingungen des gesellschaftlichen Lebensprozesses selbst unter die Kontrolle des general intellect gekommen und ihm gemäß umgeschaffen sind.«[19]

Übersetzt bedeutet das etwa, was sich heute unter dem Stichwort »Industrie 4.0« als fortschreitende Automatisierung von Herstellung und Dienstleistung, Handel und Transport im Zeichen von Digitalisierung und globaler Datenverarbeitung, Künstlicher Intelligenz und Robotik abzeichnet: Ob Lieferdrohne oder 3-D-Drucker, selbstfahrende Autos oder Expertensysteme zur Kundenkommunikation, sie verdanken ihre »Produktivkräfte« weniger dem einmal investierten Erfindergeist, wie es frühere Maschinen taten.

Vielmehr fließt in ihre Funktion beständig »Humankapital« in Form von Daten, Wissen und Kenntnissen ein – »geronnenes soziales Leben«[20], wie der weißrussische Publizist Evgeny Morozov es nennt. In der Maschine verrichtet es seine Arbeit. In Software verwandelt, erscheint das

Expertenwissen, über Generationen angehäuft, schließlich als Eigenschaft des Kapitals selbst. So »verschwinden jetzt«, sagt der Soziologe Mathias Greffrath, »die Arbeitsroutinen und der Erfahrungsschatz ganzer Berufe in den Algorithmen der Informationsmaschinen und werden als ›geistiges Eigentum‹ patentiert«[21]. Das *Wall Street Journal* spricht sogar von Software, »die Welt auffrisst«[22].

»Die Tätigkeit des Arbeiters«, heißt es im *Maschinenfragment*, »auf eine bloße Abstraktion der Tätigkeit beschränkt, ist nach allen Seiten hin bestimmt und geregelt durch die Bewegung der Maschinerie, nicht umgekehrt. Die Wissenschaft, die die unbelebten Glieder der Maschinerie zwingt, durch ihre Konstruktion zweckgemäß als Automat zu wirken, existiert nicht im Bewußtsein des Arbeiters, sondern wirkt durch die Maschine als fremde Macht auf ihn, als Macht der Maschine selbst.«[23]

Dieser Gedanke zeigt die zukunftsweisende Tiefenschärfe seiner Analyse. Das Eigentliche, das er eingekreist hat wie keiner vor ihm, die »fremde Macht«, bekommen die Menschen mit dem Internet als »Macht der Maschine selbst« täglich deutlicher zu spüren. Die Gewissheit, selbst über sein Schicksal entscheiden zu können, wird mehr und mehr zur Illusion.

Wie von Marx vorhergesagt, braucht es zur Herstellung digitaler Waren auch keine Arbeitermassen mehr. »Das Detailgeschick des individuellen, entleerten Maschinenarbeiters verschwindet als ein winzig Nebending vor der Wissenschaft, den ungeheuren Naturkräften und der gesellschaftlichen Massenarbeit, die im Maschinensystem verkörpert sind und mit ihm die Macht des ›Meisters‹ (master) bilden.«[24]

Das Master-System als Gemeinschaftswerk der Menschheit macht den Einzelnen mit jedem Schritt kleiner. Er wird zum Bestandteil eines Ganzen, ein austauschbares Ersatzteil, das genauso lange Bestand hat, bis der Automat seine Aufgaben profitabler leisten kann. In ihm steckt die Summe der Menschheitsleistung, die diesen Stand der Entwicklung vorbereitet hat. Nun aber wird sie zur herrschenden Instanz über die Nachfahren.

Je mehr die Funktion der Produktionsmittel von ihrem Anschluss an die Weltmaschine des »gesellschaftlichen Wissens« abhängt, desto stärker wendet sich Automatisierung gegen Autonomie. Das Personal in weitgehend menschenleeren Fabriken und Rechenzentren beschränkt sich mehr und mehr auf Wartungsarbeiter und technische Fachleute, die den störungsfreien Ablauf sicherstellen, in Marx' Tagen noch vorwiegend

Männer mit Werkzeug und Ölkännchen. Heute ist – in der Produktion – ein Heer hoch bezahlter Programmierer dazugekommen, die den Code ständig verbessern und vor Angriffen schützen müssen.

Gegen die Maschinerie, die sie am Laufen halten, und gegen das Kapital, das dahintersteht, werden einzelne freischaffende Gewerbetreibende machtlos. Zeitgeist äußert sich in Sachzwang. Wer nicht mitmacht, etwa bei der Digitalisierung, kämpft auf verlorenem Posten. Die Offline-Welt der Schrauber stirbt aus, selbst Brötchenbäcker oder Buchhändler können nur online überleben. Die SIM-Karte im Bordrechner automatischer Autos wird dafür zum versteckten Symbol. Genau wie ihre menschlichen Benutzer werden sie zu Gratislieferanten von Daten und zugleich von deren verarbeiteten Produkten abhängig.

Millionenschaften werden im Zuge der *Sharing Economy* zu Händlern, Vermietern und Verleihern oder teilen ihr Wissen unvergütet über unzählige Portale im Internet. Bereitwillig überlassen sie börsennotierten, gewinnorientierten Unternehmen ihre Adressbücher, Bewegungsprofile, Kundendaten – im Austausch, nicht aber im Ausgleich, für Erleichterungen durch Technologie. Im Gegenzug gaukeln ihnen die Nutznießer der Big Data mit Werbung und Kaufempfehlungen ein Schlaraffenland vor, das ihnen die Wünsche gleichsam von den Augen abzulesen scheint.

Jeder Nutzer von Lernprogrammen auf Leasingbasis, der den Provider obligatorisch an seinem Fortschritt teilhaben lässt, sorgt für deren Aufwertung. Jeder Kauf per Klick, jede Kartensuche, jedes Posting in sozialen Netzwerken schafft Werte, deren Nutzen in der Zukunft liegt.

Denn der Wert der verarbeiteten Daten liegt im Wesentlichen in ihrer Vorhersagekraft. Sie steigt mit der Menge verfügbarer Information und führt zu immer präziseren »Empfehlungen«. Das reicht von einfachen Korrelationen im Kaufverhalten – Kunden, die dies bestellt haben, kaufen gern auch jenes – bis zur präzisen Schnittführung chirurgischer Eingriffe: Die computergesteuerte Herzoperation gelingt nur, weil in sie die Daten unzähliger früherer, von Menschen ausgeführter Eingriffe einfließen. Facharbeiter können Roboter nur bauen, weil in ihnen jede Menge wertbildender Vorarbeit steckt. Hinter jeder Küchenmaschine und jedem Algorithmus verbirgt sich die Arbeit von Köpfen und Händen der Vorfahren. Mehrwert ist nach Marx nicht nur eine ökonomische Kategorie, sondern auch eine historische.

Mit der seinerzeit noch futuristischen Idee im *Maschinenfragment* wirft Marx eine neuartige Eigentumsfrage auf: Wenn die Erde nur sich selbst gehört und wir sie nur geliehen haben, wem gehört dann die von Menschen auf ihr gemachte Welt? Müsste sie nicht allen gehören, die sie gemeinsam geschaffen haben, und damit ihren Nachkommen? Auf die heutige Situation übertragen würde er seine Frage vielleicht so formulieren: Wem gehört Information, von Menschen geschaffenes Wissen, wem gehören die von ihnen erzeugten »Datenspuren«?

Nie war der Punkt klarer als in unseren Tagen, wo sogar »Echtzeitdaten« über menschliches und zunehmend auch maschinelles Verhalten unmittelbar in die Produktion sekundenaktueller Angebote einfließen. Findet da nicht eine allgemeine Enteignung statt, die nicht nur eine Klasse betrifft, sondern alle?

Philosophisch predigt Marx, die Ahnen zu ehren, ihren Beitrag anzuerkennen zur Welt, die uns umgibt. Juristisch bedeutet das ein Erbrecht, das die Errungenschaften der Spezies berücksichtigt. Gehören sie und die mit ihnen erzielten Gewinne nicht allen wie das Kulturerbe der Menschheit? Rechtfertigt das nicht auch Teilhabe, damit alle vom Sieg der Maschinen profitieren? Wenn wir uns ihrer Herrschaft beugen, dann ist die Frage umso entscheidender, ob sie uns beherrschen oder wir sie, wem sie gehören, wer sie kontrolliert und wem die Gewinne aus ihrer Wertschöpfung zustehen.

Der Gedanke wird spätestens plausibel, wenn man sich den idealen Zielpunkt einer vollautomatischen Welt vorstellt, an dem alle Arbeit automatisiert wäre, Dinge und Dienstleistungen sämtlich von Maschinen hergestellt und geleistet würden. Hier arbeitet die Geschichte Marx gleichsam entgegen. Im Zuge der digitalen Revolution ist eine weitgehend automatisierte Produktion mittlerweile in den Bereich des Möglichen gerückt, wie Marx sie im *Maschinenfragment* vorgedacht hat, einschließlich Vertrieb, Verkauf und Transport.

»Der Diebstahl an fremder Arbeitszeit«, sagt er zukunftsweisend, »worauf der jetzige Reichtum beruht, erscheint miserable Grundlage gegen diese neuentwickelte, durch die große Industrie selbst geschaffne.«[25] Den nächsten Quantensprung erleben wir gerade mit der digitalen Revolution.

Keinen dieser visionären Gedanken hat Marx zur Publikation gebracht. Sie gehören zu seinen unerledigten Aufgaben. Um sie zu bewältigen, hätte er mehr als ein Leben gebraucht. Unmittelbar nach dem Verscheiden des Freundes sagt Engels: »Zu leben, mit den vielen unvollendeten Arbeiten vor sich, mit dem Tantalusgelüst, sie zu vollenden und der Unmöglichkeit, es zu tun – das wäre ihm tausendmal bittrer gewesen, als der sanfte Tod, der ihn ereilt.«[26]

In jenem Moment, Ende der 1850er-Jahre, als er seine *Grundrisse* zu den Akten legt, drückt Marx der Schuh woanders: Dank Unterstützung Lassalles hält er einen Vertrag für sein ökonomisches Werk in Händen. Er steht in der Pflicht, ohne einen auch nur im Entferntesten druckreifen Text produziert zu haben. Was tun? Er lässt die *Grundrisse* liegen und schreibt ab Sommer 1858 in sechs Monaten einen neuen Text: *Zur Kritik der politischen Ökonomie*, unter Marxologen kurz *Kritik* genannt.

»Die Arbeit, um die es sich zunächst handelt«, lässt er im Februar 1858 Lassalle wissen, »ist *Kritik der ökonomischen Kategorien* oder, if you like, das System der bürgerlichen Ökonomie kritisch dargestellt. Es ist zugleich Darstellung des Systems und durch die Darstellung Kritik desselben.«[27]

Damit hat er bereits die Methode skizziert, die fortan sein gesamtes theoretisches Werk bis zum *Kapital* bestimmt. »Der doppelte Sinn seines Programms ist gewollt«, schreibt der Münsteraner Philosoph und Marx-Experte Michael Quante. Wie schon in seinen *Pariser Manuskripten* stehe die Politische Ökonomie für die »Verhältnisse und für ideologische Theorien über die Verhältnisse«[28].

Womöglich glaubt Marx sich tatsächlich »nach 15jährigen Studien so weit, Hand an die Sache legen zu können«. Wobei er fürchtet, wie er Lassalle gesteht, dass »stürmische Bewegungen von außen wahrscheinlich interfere werden. Never mind. Wenn ich zu spät fertig werde, um noch die Welt für derartige Sachen aufmerksam zu finden, ist der Fehler offenbar my own.«[29] Es wird sich zeigen, dass er noch einmal acht Jahre harter Arbeit vor sich hat, um wenigstens den Anfang seiner Absichten zu verwirklichen.

»Das Ganze«, erfährt der Freundfeind in Berlin, »ist eingeteilt in 6 Bücher. 1. Vom Kapital (enthält einige Vorchapters). 2. Vom Grundeigentum. 3. Von der Lohnarbeit. 4. Vom Staat. 5. Internationaler Handel. 6. Weltmarkt.«[30] Von diesem Sechs-Bücher-Plan, wie die Marx-Forschung ihn nennt, hat er zu Lebzeiten nur Nummer eins in Druck gesehen.

Sein Büchlein von 1859 beansprucht mit seinen hundertfünfzig Seiten keineswegs, innerhalb seines Programms einen Band 1 darzustellen, sondern nur das erste von mehreren »Heften« aus diesem. »Das Manuskript ist about 12 Druckbogen«, warnt er Engels, »und – falle nur nicht um – obgleich sein Titel: ›Das Kapital im allgemeinen‹, enthalten diese Hefte noch *nichts* vom Kapital.«[31]

Außerdem hält er sich noch ein Hintertürchen offen: »Es ist möglich, daß ich mich blamiere. Indes ist dann immer mit einiger Dialektik wieder zu helfen. Ich habe natürlich meine Aufstellungen so gehalten, daß ich im umgekehrten Fall auch recht habe.«[32]

Interessant wird die 1859 erschienene *Kritik* vor allem durch ihr ausführliches Vorwort. Es enthält die viel zitierten Passagen, in denen Marx zusammenfasst, was Engels später »Historischer Materialismus« nennen wird:

»In der gesellschaftlichen Produktion ihres Lebens gehen die Menschen bestimmte, notwendige, von ihrem Willen unabhängige Verhältnisse ein, Produktionsverhältnisse, die einer bestimmten Entwicklungsstufe ihrer materiellen Produktivkräfte entsprechen. Die Gesamtheit dieser Produktionsverhältnisse bildet die ökonomische Struktur der Gesellschaft, die reale Basis, worauf sich ein juristischer und politischer Überbau erhebt, und welcher bestimmte gesellschaftliche Bewußtseinsformen entsprechen. Die Produktionsweise des materiellen Lebens bedingt den sozialen, politischen und geistigen Lebensprozeß überhaupt. Es ist nicht das Bewußtsein der Menschen, das ihr Sein, sondern umgekehrt ihr gesellschaftliches Sein, das ihr Bewußtsein bestimmt.«[33]

Ein Satz für die Galerie, Widerhall aus einer ähnlichen Formulierung in der *Deutschen Ideologie*. Man kann ihn klein verstehen, als Klempner-, Mediziner- oder Biografenbewusstsein, oder groß, als das allgemeine Bewusstsein, in einer feudalen oder kapitalistischen Welt zu leben. Letzteres meint Marx, wenn er feststellt:

»Auf einer gewissen Stufe ihrer Entwicklung geraten die materiellen Produktivkräfte der Gesellschaft in Widerspruch mit den vorhandenen Produktionsverhältnissen oder, was nur ein juristischer Ausdruck dafür ist, mit den Eigentumsverhältnissen, innerhalb deren sie sich bisher bewegt hatten. Aus Entwicklungsformen der Produktivkräfte schlagen diese Verhältnisse in Fesseln derselben um. Es tritt dann eine Epoche sozialer Revolution ein. Mit der Veränderung der ökonomischen Grundlage wälzt sich der ganze ungeheure Überbau langsamer oder rascher um.«

Darauf folgt jener Absatz, der sich als zentrale Botschaft an alle revolutionshungrigen Nachfahren verstehen lässt: »Eine Gesellschaftsformation geht nie unter, bevor alle Produktivkräfte entwickelt sind, für die sie weit genug ist, und neue höhere Produktionsverhältnisse treten nie an die Stelle, bevor die materiellen Existenzbedingungen derselben im Schoß der alten Gesellschaft selbst ausgebrütet worden sind. Daher stellt sich die Menschheit immer nur Aufgaben, die sie lösen kann.«[34]

Dies ist der Marx der zweiten Lebenshälfte. Die treibende Kraft der menschlichen Geschichte ist die Entwicklung neuer Produktionsmethoden, die schließlich die Lebens- und Arbeitsverhältnisse umkrempeln.

»Die bürgerlichen Produktionsverhältnisse sind die letzte antagonistische Form des gesellschaftlichen Produktionsprozesses ... die im Schoß der bürgerlichen Gesellschaft sich entwickelnden Produktivkräfte schaffen zugleich die materiellen Bedingungen zur Lösung dieses Antagonismus. Mit dieser Gesellschaftsformation schließt daher die Vorgeschichte der menschlichen Gesellschaft ab.«[35]

Im marxistisch-leninistisch geprägten Osten konnten Beflissene die Worte nachbeten. In ihnen steckt die Verheißung, das Überkommene bereits überwunden zu haben und auf der Siegerseite der Geschichte zu stehen, ihr eigentliches Buch überhaupt erst aufgeschlagen zu haben.

Nach der totalen Katastrophe des Kapitalismus im Ersten Weltkrieg glaubten tatsächlich viele Menschen, »diese Gesellschaftsformation« sei am Ende und der Sozialismus ihr natürlicher, moderner Nachfolger. Spätestens mit dem stalinistischen Terror, wie er ab 1930 die Sowjetunion und nach dem Zweiten Weltkrieg mehr oder weniger den gesamten Ostblock beherrschte, war der Ruf verspielt, und zunehmend auch der von Marx als geistig Haftender.

Im Vorwort der *Kritik* liefert er auch eine autobiografische Skizze seines Werdegangs, in der er freimütig seinen Arbeitsstil schildert: »Das ungeheure Material für Geschichte der politischen Ökonomie, das im British Museum aufgehäuft ist, der günstige Standpunkt, den London für die Beobachtung der bürgerlichen Gesellschaft gewährt, ... bestimmten mich, ganz von vorn wieder anzufangen und mich durch das neue Material kritisch durchzuarbeiten. Diese Studien führten teils von selbst in scheinbar ganz abliegende Disziplinen, in denen ich kürzer oder länger verweilen mußte.«[36]

Die Skizze gipfelt in der Feststellung: »Meine Untersuchung mündete in dem Ergebnis, daß Rechtsverhältnisse wie Staatsformen weder aus sich selbst zu begreifen sind noch aus der sogenannten allgemeinen Entwicklung des menschlichen Geistes, sondern vielmehr in den materiellen Lebensverhältnissen wurzeln, ... daß ... die Anatomie der bürgerlichen Gesellschaft in der politischen Ökonomie zu suchen sei.«[37]

Auch wenn das Buch zu Marx' Verdruss bei weitem nicht die Beachtung findet, die er sich womöglich erträumt hat, bedeutet es wenigstens in einer Hinsicht einen Durchbruch: Er hat, endlich, einen möglichen Einstieg gefunden. Das »Erste Buch« unter dem Titel »Vom Kapital« setzt in »Abschnitt 1« ein »Erstes Kapitel« mit dem Titel »Die Ware« an den Anfang. Es beginnt mit dem kurzen Absatz:

»Auf den ersten Blick erscheint der bürgerliche Reichtum als eine ungeheure Warensammlung, die einzelne Ware als sein elementarisches Dasein. Jede Ware aber stellt sich dar unter dem doppelten Gesichtspunkt von *Gebrauchswert* und *Tauschwert*.«[38] Acht Jahre später liest sich das Resultat in der ersten Druckfassung des *Kapital* dann fast identisch, nur dass er nun »die einzelne Ware als seine Elementarform«[39] bezeichnet.

Das Vorwort der *Kritik* endet mit einer Zeile aus Dantes *Göttlicher Komödie*, die gewissermaßen ein Scharnier zwischen dem revolutionär-kommunistischen und dem wissenschaftlich-sozialistischen Marx bildet:

»Hier mußt du allen Zweifelmut ertöten,
Hier ziemt sich keine Zagheit fürderhin.«[40]

22

Geld oder Leben

Der Haushälter

»Ich glaube nicht, daß unter solchem Geldmangel je über ›das Geld‹ geschrieben worden ist«, gibt Marx seinem wohlhabenden Freund in Manchester im Januar 1859 zum Besten, als er seine *Kritik* im Wesentlichen abgeschlossen hat. Da haben er und seine Familie etwa die Mitte der finanziellen Dauerdurststrecke erreicht, die ihn sein halbes Erwachsenenleben drückt. »Die meisten autores über dies subject waren in tiefem Frieden mit the subject of their researches.«[1]

Er weiß, wovon er spricht. Er hat sie alle gelesen, wenigstens alle von Belang. Umfassendes Studium der theoretischen Vorbilder plus eigene Anschauung in der Praxis – wer bringt bessere Voraussetzungen mit, das Geld zu verstehen? »Marx war der erste Ökonom«, so die Wirtschaftsautorin Ulrike Hermann, »der die Rolle des Geldes in einer kapitalistischen Wirtschaft richtig beschrieben hat.«[2]

Ein solch hassvolles Verhältnis der Faszination zum »goldenen Mammon« können nur Leute entwickeln, denen es ständig daran mangelt. Engels hat Marx fast nur mit nach außen gekehrten Hosentaschen erlebt. Kaum einer kennt die Wechsel-Fälle der Familie besser als er. Wobei das Verhältnis zwischen den beiden als »Geschäftspartner« nicht auf Wechseln beruht, also letztlich auf Kredit, sondern summa summarum auf Schenkungen.

Dazu kommen etliche Erbschaften, die bedeutendste aus dem elterlichen Vermögen. Hier sieht sich der Bürgersohn, nicht untypisch für die Zeit des Spätfeudalismus, im Vorteil gegenüber seiner adligen Gemahlin. Deren »Papier«-Titel ist nicht mit Besitzungen verbunden, die sich versilbern ließen. Aber bei beiden muss trotz der Bildungsfreundlichkeit ihrer Erziehung das Haus-Halten – also Ökonomie im klassischen Sinn – auf dem Stundenplan gefehlt haben.

Hätte nur einer der zwei wenigstens eine Ahnung von Finanzdisziplin besessen, wäre ihr Leben anders verlaufen. Nachforschungen zufolge sollen Marx und Familie allein durch Erbschaften, Spenden und Geschenke über die Jahre hinweg ausreichend Mittel zur Verfügung gehabt haben, ein komfortables Leben der unteren Mittelklasse ohne beständigen Mangel zu bestreiten.

Nicht mit Geld umgehen können ist etwa so wie nicht schwimmen können. Fällt man über Bord, droht man zu ertrinken. Wer die Züge nicht kennt, die einen über Wasser halten, dem hilft auf Dauer auch kein Strampeln. Verdienen die Eheleute einerseits im Wechselfieber ihrer Mittellosigkeit und ihres ewigen Kampfes gegen den Abgrund jedes Mitleid, so hält sich dasselbe bei nüchterner Sichtung der Bilanz in Grenzen.

Schon in Marx' erstem erhaltenem Brief im Mai 1847 an Engels kommt das Thema zur Sprache. Er befinde sich »in solchem Geldpech momentan, daß ich zu diesem Wechselziehn Zuflucht nehmen mußte«[3]. Fast ein Vierteljahrhundert bestimmen wiederkehrende Klagen über notorische Knappheit den Grundton.

»Seit einer Woche habe ich den angenehmen Punkt erreicht«, berichtet er dem Freund Ende Februar 1852, »wo ich aus Mangel an den im Pfandhaus untergebrachten Röcken nicht mehr ausgehe und aus Mangel an Kredit kein Fleisch mehr essen kann. Das alles ist nun Scheiße, aber ich fürchte, daß der Dreck einmal mit Skandal endet.«[4] Acht Monate später liest Engels erneut: »Ich habe gestern den von Liverpool her datierenden Rock versetzt, um Schreibpapier zu kaufen.«[5]

Der Mann hat ein Problem[6]: Marx braucht den Mantel fürs Museum, wo er über den Tauschwert der Kleidung nachdenkt, die er beim Pfandleiher realisiert, was ihn am Besuch im Museum hindert, aber Papierquellen für die Heimarbeit sichert. Ohne Überzieher kann ein Herr seiner Herkunft das Haus nicht verlassen. Und wenn, dann wird er zum gewöhnlichen Mann auf der Straße, dem die Bücherwelt keinen Einlass gewährt. Außerdem ist es kalt und bei seiner angegriffenen Gesundheit nicht ratsam, sich schlecht verhüllt Wind und Wetter zu stellen.

Vielleicht fehlt Marx, obwohl er die Folgen täglich zu spüren bekommt, tatsächlich der Sinn für die andere Seite des Geldes. Für die notorisch drohende Not bei dauerndem Defizit ebenso wie für die Erotik der Macht, die von Geld ausgeht. Erst im Kapital, das wie ein Krebsgeschwür nur durch ewiges Wachstum am Leben bleibt, gesteht er dem Geld alle Attribute eines irdischen Aliens wie einer Gottheit zu.

Geld ist das scheinbar fassbare Unfassbare, das die Menschen in die

Welt gesetzt haben und womöglich wohl nie wieder einfangen können. Es repräsentiert den Preis, den der kollektive Mensch für den Pakt mit dem Schicksal zu entrichten hat. Auf der Habenseite verschweißt es wie ein Schmier- und Bindestoff das gesellschaftliche Gefüge. Über nichts besteht unter Menschen mehr Übereinstimmung und gegenseitige Anerkennung als über den Wert von Geld, der sich so wunderbar im deutschen Wort »Vermögen« verdichtet. Keinen Gott haben die Menschen so verstanden und verehrt wie den Gott des Geldes. Mit dem Geld wird auch die Eigentumsfrage relevant. Schon Rousseau stellt fest: »Der erste, welcher ein Stück Landes umzäunte, sich in den Sinn kommen ließ zu sagen: *dies ist mein*, und einfältige Leute antraf, die es ihm glaubten, der war der wahre Stifter der bürgerlichen Gesellschaft.«[7] Mit der Einrichtung des Eigentums hat der Übergang vom Säkularen zum Sakralen einst begonnen. Der »Kapitalismus als Religion«, wie ihn der jüdische Philosoph und Marxist Walter Benjamin 1921 in seinem berühmtem Fragment skizziert, hat ihn zur Vollendung gebracht.

Andrerseits ist der Kitt gleichzeitig Sprengstoff, das Geld sein eigener größter Feind, der auseinandertreibt, was er vereint. Im Geld verwirklichen sich Traum und Albtraum der augenblicklichen Phase des Menschheitsexperiments. Wird sie vorüber sein, werden sich Nachgeborene und Neuhintere vielleicht einmal wundern über dies seltsame Ding namens Geld.

»Die allgemeine Hure, der allgemeine Kuppler der Menschen und Völker«[8], wie es in den *Frühschriften* in Anlehnung an Shakespeare heißt, findet als Abstraktion seine Steigerung im Kreditsystem und in den Märkten, die wie Wesen wachsen oder auch zusammenbrechen können. Marx hat das nur von außen untersucht. Jedenfalls ist nicht bekannt, dass er sich jemals in größerem Umfang bei einer Bank verschuldet hätte.

Sein Geldhaus ist das Pfandhaus. Niemand hat ausgerechnet, wie viel Zinsen und Gebühren er beim »Onkel« gelassen hat. So wird der Pfandleiher in der Familie genannt. Der Betrag dürfte allerdings beträchtlich gewesen sein. In einem Brief an Engels ist von fünfundzwanzig Prozent die Rede, was wohl jährlich gemeint ist. Dazu kommen die unzähligen Kleinstkredite bei Händlern und Handwerkern, beim Bäcker, beim Arzt und allen anderen, wo die Familie anschreiben lässt.

Damit steht Marx dem Wesen des Geldes näher als fast alle, die darüber nachgedacht haben. Obwohl sich jedoch kaum ein Zweiter so brillant und so bitter zum Mangel an Zahlungsmitteln und zu ihrer Funktion im Prozess der kapitalistischen Produktion geäußert hat, wird Marx genau das von manchen Fachleuten abgesprochen: die wahre Rolle des Geldes verstanden zu haben.

Gut möglich, dass zwischen Theorie und Lebenspraxis ein Zusammenhang besteht, den er nicht benennen kann. Es ist auch nicht bekannt, ob er *Das liebe Geld!* gelesen hat, eine »Geschichte aus Englands Gegenwart«, publiziert vom deutschen Ökonomen und Publizisten Johann Heinrich Bettziech, alias Heinrich Beta, im beliebten Periodikum *Die Gartenlaube*.

Tochter Eleanor berichtet indes, ihr Vater habe sie und ihre Schwestern mit erfundenen Fortsetzungsgeschichten unterhalten. Dabei kann er auch ökonomische Zusammenhänge kindgerecht erklären. Etwa in der Erzählung von Hans Röckle, »ein Zauberer ..., der einen Spielwarenladen hatte und viele Schulden. In seinem Laden waren die wunderbarsten Dinge: hölzerne Männer und Frauen, Riesen und Zwerge, Könige und Königinnen, Meister und Gesellen, vierfüßige Tiere und Vögel so zahlreich wie in der Arche Noah, und Tische und Stühle, Equipagen und Schachteln groß und klein. Aber ach! – trotzdem er ein Zauberer war, stak er doch stets in Geldnöten, und so mußte er gegen seinen Willen alle seine hübschen Sachen – Stück für Stück – dem Teufel verkaufen. Nach vielen, vielen Abenteuern und Irrwegen kamen aber diese Dinge immer wieder in Hans Röckles Laden zurück.«[9]

Die Moral von der Geschicht: Der verschuldete Spielwarenhändler (Marx) muss bei knapper Kasse all seine Schätze dem Teufel (Pfandleiher) vermachen, obwohl ihm das widerstrebt. Schönste Wunderdinge verwandeln sich in schnöden Tauschwert. Doch der Zauberer hat sie mit einem Bann belegt: Sie werden nicht zur Ware, die auf Nimmerwiedersehen verschwindet. Vielmehr bleiben sie, wie Marx' Mantel, Eigentum des Zauberers und ihm treu.

Um diese Zusammenhänge zu erkennen, reicht im Zweifel ein Besuch beim »Onkel«. Nicht irgendein Ding, für den Tausch produziert, verwandelt sich in klingende Münze, sondern eines, das man nötig hat. Geld bedeutet nichts, der Mantel alles, wenn man ihn tragen kann. Und umgekehrt, wenn er einem abgeht. Nicht von ungefähr wird Marx Stoff und Rock zum Beispiel im Anfangskapitel des *Kapital* über »Ware und Geld« machen.

Geld ist auf den ersten Blick ein praktisch Ding, Wertmaßstab für

Waren, Tausch-, Aufbewahrungs- und Zirkulationsmittel, so steht es in den Lehrbüchern, auf den zweiten aber ein philosophisches Mysterium, Schleier über der wirtschaftlichen Wirklichkeit. Ein Ding, das scheinbar alles kann, sogar aus dem Nichts entstehen und im Nichts verschwinden. Ein vertracktes Thema, kontrovers diskutiert bis heute, wo es im Überfluss – elektronisch – um den Globus kreist.

Es beginnt bei seiner Entstehung im Nebel der Geschichte, über die Marx nichts Substanzielles beizusteuern hat. Es reicht über seine Schöpfung aus sich selbst hinaus, die Marx untersucht und versteht. Es endet nicht in der heute aktuellen Frage der »Neutralität« des Geldes. Die hat er bejaht und sich dabei mögliche Pointen wie etwa die Macht durch Geldmonopole entgehen lassen, wie sie heute herrschen, ohne dass es dazu der Absicht von Akteuren bedürfte.

Schon in den Anmerkungen zur Dissertation hat Marx festgestellt: »Wirkliche Taler haben dieselbe Existenz, die eingebildete Götter haben… *Was ein bestimmtes Land für bestimmte Götter aus der Fremde, das ist das Land der Vernunft für Gott überhaupt, eine Gegend, in der seine Existenz aufhört.*«[10]

In seinem Frühwerk sagt der junge Marx: »Das Geld ist nicht eine Sache, sondern ein gesellschaftliches Verhältnis.«[11] Das hat schon Aristoteles gewusst: »Als eine Art austauschbarer Stellvertreter des Bedarfs aber ist das Geld geschaffen worden, auf Grund gegenseitiger Übereinkunft. Und es trägt den Namen ›Geld‹ (nomisma), weil es sein Dasein nicht der Natur verdankt, sondern weil man es als ›geltend‹ gesetzt (nomos) hat und es bei uns steht, ob wir es ändern oder außer Kurs setzen wollen.«[12]

Nach der »prämonetären Geldtheorie« tragen Menschen als intuitive Idee so etwas wie eine Formel vom Geld im Herzen, lange bevor sie es in der Hand halten und im heutigen Sinn verwenden. Demzufolge gab es zuerst den Tausch, viel später kam das Geld hinzu. Es ist damit nur als allseitiges Versprechen zu verstehen, an das noch der Letzte glaubt. »Jeder kann Geld als Geld brauchen, ohne zu wissen, was Geld ist«[13], heißt es bei Marx in den *Theorien über den Mehrwert*, auch als vierter Band des *Kapital* bekannt. Seinen Wert hat es nicht aus sich, sondern nur im Verhältnis zum Warenmix.

Geld ist nach Marx zunächst nur eine Vorstellung, wie sie sich aus dem Vergleich ungleicher Dinge ergibt, in seinem Beispiel zwanzig Ellen Leinwand und ein Mantel. »Im ideellen Maß der Werte lauert… das harte Geld«.[14] Als »Zirkulationsmittel« vermittelt es die »Metamorphose der Waren«.

Durch die Brille des Geldes, auch das sagt Marx, kann man sehr wohl Äpfel mit Birnen vergleichen. Die eine Ware wird zum Spiegel der anderen. Wenn aber zwei Dinge, soundso viele Birnen und soundso viele Äpfel, untereinander (im Wert) gleich sind, müssen sie einem, anfangs nur gedachten, Dritten gleich sein – und das ist das Geld. Es erlangt eine Selbständigkeit als Mittel, das dann zum Zweck gemacht werden kann. Und siehe da: Der Werkstoff taugt auch als Werkzeug. Mammon ist Macht.

Was den Ursprung des Geldes angeht, hält Marx sich in den *Grundrissen* zunächst an Adam Smith, der »sagt, daß die Arbeit (Arbeitszeit) das ursprüngliche Geld ist, womit alle Waren gekauft werden.[15]« Wäre das so einfach und Zeit und Wertschöpfung ließen sich wie Währungen ineinander umrechnen, dann ließe sich auch Wirtschaft in überschaubaren Gleichungen darstellen. Doch die Dinge verhalten sich natürlich anders.

Nach einer heute gängigen Vorstellung verdankt Geld seine Erschaffung ursprünglich dem Machen von Schulden, jener merkwürdigen Mehrzahl von Schuld, und zwar explizit im religiösen Sinn, wie es auch der Zusammenhang von Glauben und Gläubiger nahelegt. Seinen Anfang hat es vermutlich im Opfer genommen, mit dem Menschen versuchen, die Götter günstig zu stimmen. Das hat durchaus schon den Charakter eines Tausch-»Geschäftes« von Geben und Nehmen. Man baut gewissermaßen vor, investiert in die Zukunft.

Bis zur Sesshaftwerdung mit Ackerbau und Viehzucht liegen häufig Artgenossen auf der Opferbank, bevorzugt »unbefleckte« Mädchen. Ihr Wert ist emotionaler, nicht ökonomischer Natur. Das verändert sich mit ihrem Ersatz durch Tiere, deren rituelle Schlachtung mit materiellem Verlust verbunden ist. Es kann sogar quantitative Züge annehmen, wenn etwa soundso viele Schafe oder Ziegen, im weiteren Sinn also »Kapital«, zu einem bestimmten Zweck geopfert werden.

Oder wenn Berechnungen angestellt werden, wie viel Stück Kleinvieh für ein Rind stehen. Auch wenn es noch immer um das Hergeben von Lebendigem geht: Mit dem Tieropfer beginnt die Versachlichung des Handels mit dem Himmel. Man kann auch sagen: die Profanierung[16] dessen, was in seiner profansten Form zum Geld als Rechengröße wird.

Einen Wendepunkt markiert der Ersatz lebendiger und schließlich aller »fleischlichen« Opfer durch Artefakte aus formbaren Materialien im Zuge des »technischen« Fortschritts: Auf Tongefäße und -figuren folgen solche aus Kupfer, Bronze und Eisen, bis unvergängliches Silber und Gold ihren Platz in den Schatzkammern der Tempel einnehmen. Waren Tieropfer noch einmalig, weil vergänglich, so gerät das Sakralopfer durch Edelmetalle endgültig in das Zeitalter der Mehrfachverwendbarkeit: Priester begehen das Sakrileg, den Göttern einen Teil ihrer Gaben zu entwenden und sie, gegen Naturalien, erneut in Umlauf zu bringen.

Vom Ur- oder Vorgeld, etwa in Form von Kerbhölzern, markierten Spießen (als Repräsentanten einer zustehenden Fleischmenge) oder einfach nur unterschiedlich langen Metallstangen, über deren Zerlegung in Scheibchen, die durch Prägung zu Münzen werden, bis zum Papiergeld, erst mit, dann ohne Golddeckung, und endlich zum elektronischen Geld gilt dabei immer das gleiche Prinzip: Kredit ist allen Zasters Anfang. Schulden sind gewissermaßen die Antimaterie zur Materie des Mammons.

Der Klerus als mittelalterlicher Erbnehmer der antiken Tempelherren und ihrer Geldschöpfung hat sich mit eigenen Geschäftsmodellen hervorgetan. Kirchenämter und dazugehörige Pfründen werden meistbietend verkauft. Beichtväter starten wie heutige Akademiker als Schuldner, die in ihre Zukunft investieren. Dafür halten sie sich wiederum mit Ablasshandel und Einkünften aus Lehen schadlos.

Was der Kirche recht ist, kann der Krone nur billig sein. Um ihren Lebensstil bewahren, den Prunk steigern und teure Kriege führen zu können, verlangen Monarchen von ihren Untertanen Steuern. Dazu geben sie Münzen aus, was den Bestand an Hartgeld nach oben treibt. Oder sie leihen sich Geld, und zwar solches, das sie vorher selbst, etwa über Sold, in Umlauf gebracht haben. Dabei gelten Geld und Münze noch wie eins, obwohl Schatulle und Konto längst zwei Realitäten abbilden.

Die Renaissance entwickelt, besonders in Norditalien mit seinen neuartigen Banken, bald auch in den Niederlanden, die Vorläufer heute noch vorherrschender Institutionen und Instrumente wie Wechsel, Konten und Aktien, Buchgeld, Börse, Termingeschäft und Wetten auf die Zukunft. Die Spekulation lässt nicht lange auf sich warten. Leerverkäufe noch nicht vorhandener Tulpenzwiebeln pumpen die erste Spekulationsblase auf, bis sie spektakulär platzt.

Marx sieht deutlich die Grenzen: Sobald sich das spekulativ aufgeblähte »Rechengeld« realisieren will, bricht das System zusammen. Zielsicher steuert er auf seine Analyse des Finanzwesens im *Kapital* zu, die in Grenzen heute noch gilt. Sie ist freilich nicht aus der Luft gegriffen, sondern spiegelt die Entwicklungen seiner Zeit wider.

Ausgerechnet 1848, im Jahr der Revolution in Europa, wird in Chicago die erste Warenterminbörse gegründet. Auf deren Geschäfte gehen die heutigen Derivate zurück. Das reicht bis zu Finanz-»Produkten«, undurchschaubar zusammengemischt aus Zahlungsverpflichtungen, Versicherungspolicen und Optionen. Es wird möglich, Geschäfte zu machen, ohne Geld zu besitzen oder eigenes einzusetzen.

Wechsel sind Schuldscheine, die mit einem Versprechen verbunden sind. Sobald sich mit ihnen selbst bezahlen lässt, werden sie als Ware zu Geld. So wird das Versprechen zum Handelsgut.[17] Von dort führt ein direkter Weg zu den »Futures«, dem Handel mit Finanzkontrakten, die erst in der Zukunft wirken. Ihr Name steht für das, was in ihnen steckt: Der erwartete Ertrag, etwa eines Unternehmens oder eines Stückes Grund und Boden, ist in ihre Wertanalyse bereits eingewebt. Die Erwartung lässt sich versichern, mit den Versicherungen wiederum handeln. Begonnen hat das bereits in Marx' Tagen.

Der Gewinner ist am langen Ende immer der Gläubiger, zumeist eine Bank mit ihren Eigentümern. Sie verleiht Geld, das sie nicht hat. Das funktioniert, seit Banken nicht mehr nur die Einlagen ihrer Kunden als Kredit an andere Kunden weitergeben, sondern nach dem Prinzip der Teildeckung ein Vielfaches des bei ihr geparkten Geldes. Damit erschaffen sie Geld, das sich investieren lässt.

Im »Kreditgeld«, sagt Marx im *Kapital*, bekommt es »eigne Existenzformen«, wenn »Schuldforderungen zirkulieren«[18]. Das ist, im historischen Verständnis, durchaus wörtlich zu nehmen. Indem Banken »Noten« ausgeben, also Geldversprechen, etabliert sich das Papiergeld. Ohne Eigentümervermerk werden sie in England 1833 zu gesetzlichen Zahlungsmitteln.

Je besser Geld seine Herkunft verbirgt, je anonymer es wird, desto leichter fällt es den Regenten, es sich auch im Ausland zu pumpen. Das geht so lange gut, wie beide Seiten einander vertrauen können. Als das englische Königshaus die Rückzahlungen nach Florenz einmal einstellt, kommt es dort zum Bankencrash.

Ende des 17. Jahrhunderts ist es wiederum ein König Englands in Not, der einen drastischen Wandel einleitet und damit sozusagen den Urknall des Kapitalismus auslöst. Als William III. für seinen Seekrieg gegen Frankreich mehr Mittel benötigt, als ein Einzelner oder eine einzelne Bank sie aufbringen könnte, tun sich wohlhabende britische Bürger zusammen. Sie nutzen die Notlage für einen folgenreichen Deal, den Marx als Überschreiten des Rubikon begreift:

Sie leihen dem Monarchen 1,2 Millionen Pfund gegen acht Prozent Zins. Im Gegenzug erhalten sie die vertragliche Zusage, eine private Institution gründen zu dürfen, eine Aktiengesellschaft, die Geld in Höhe der Deckungssumme ausgeben darf. Das eigentlich verliehene Geld ist somit weiterhin vorhanden, um damit Geschäfte zu machen, es hat sich gleichsam verdoppelt. Das Königshaus verbürgt die höchste Bonität der ausgegebenen Banknoten. So vollzieht sich am 27. Juli 1694 die Geburtsstunde der Bank of England, Mutter aller Zentralbanken wie Fed und EZB.

Es bedarf keiner weiteren Erwähnung, dass die neue Bank als monopolistische Geldschöpferin schnell und gut genug verdient, um auf die Rückzahlung der Kriegsanleihe verzichten zu können. Damit geht die Macht im Staate faktisch zwar nicht auf das Volk, aber auf seine Reichen über. Herrscher werden abhängig von Bankiers. Seither regiert Geld die Welt, wobei »Geld« einen Personenkreis beschreibt und keinen Haufen Gold.

Das reicht bis in unsere Tage, wo hoch verschuldeten Staaten hoch vermögende Gläubiger gegenüberstehen, mächtig genug, wie nach der Finanzkrise 2008, die Rettung der Banken, also ihrer selbst, auf Kosten der Bürger durchzusetzen. Und sich dabei das Privileg bewahren, dass »arbeitendes« Geld fiskalisch besser davonkommt als Geld aus Arbeit. Eine Briefadresse in Panama, Malta oder ähnlich zwielichtigen Flüchtlingsparadiesen für Steuerpflichtige rundet das Bild ab.

Entscheidend wird dabei die Frage nach Haben und Sein: *Hat* Geld einen Wert oder *ist* es (nur?) ein Wert, wie Meter oder Kilogramm? Maß oder mehr? Marx sagt in den *Grundrissen*: »Der Wert der Ware ist von der Ware selbst unterschieden.«[19] Sie sind nicht aneinandergekettet und leben in verschiedenen Sphären. Bei deren Vermittlung hat nach Smith der Zufall namens Markt seine unsichtbare Hand im Spiel.

»Wie der Tauschwert der Ware doppelt existiert«, so Marx weiter, »als die bestimmte Ware und als Geld, so zerfällt der Akt des Austauschs in zwei voneinander unabhängige Akte: Austausch der Ware gegen Geld, Austausch des Geldes gegen Ware; Kauf und Verkauf.«[20] Hinter dieser banalen Einsicht in den *Grundrissen* verbirgt sich eine fundamentale Erkenntnis. Sie klingt so schlicht, wie sie genial ist: Tauschen besteht aus zwei Vorgängen, aus Geben und Nehmen.

»Da diese nun eine räumlich und zeitlich voneinander gesonderte, gegeneinander gleichgültige Existenzform gewonnen haben, hört ihre unmittelbare Identität auf. Sie können sich entsprechen und nicht entsprechen; sie können sich decken oder nicht; sie können in Mißverhältnisse zueinander treten. Sie werden sich zwar beständig auszugleichen suchen; aber an die Stelle der frühern unmittelbaren Gleichheit ist jetzt die beständige Bewegung der Ausgleichung getreten, die eben beständige Ungleichsetzung voraussetzt.«[21]

Aber Marx geht noch einen Schritt weiter. »Wie der Tauschwert im Geld als allgemeine Ware neben alle besondren Waren tritt, so tritt dadurch zugleich der Tauschwert als besondre Ware im Geld (da es eine besondre Existenz besitzt) neben alle andren Waren.«[22] Das ist, so hegelianisch und dialektisch es sich ausnimmt, ein ziemlich klarer Wink in eine Zukunft, die sich in der modernen Finanzindustrie der Futures und Termingeschäfte verwirklicht hat:

Wenn Geld eine Ware ist wie jede andere, unter Umständen wenig haltbar, aber vorteilhaft handelbar, dann kann es auf dem Markt auch einen Preis erzielen, der weit über seinem Nennwert liegt. An die Stelle der ursprünglichen Garantie auf einer Banknote, sie jederzeit gegen eine bestimmte Menge an Metall eintauschen zu können, tritt die Wette auf eine Wertsteigerung, deren Wahrscheinlichkeit paradoxerweise mit der Höhe des Wetteinsatzes zunimmt. In der Welt der Ware Geld herrschen Herdentrieb und das Schneeballprinzip des Kettenbriefs. Spekulation auf Preise bestimmt die Preise.

Marx hat die Grundlage dieses, wie er selbst sagt, »verrückten« Systems vielleicht besser durchschaut als jeder andere. Jedenfalls ist er der Erste, der dessen Zauberformel so klar und hellsichtig formuliert. Von einer »Ökonomie der Zeit« spricht er, »darin löst sich schließlich alle Ökonomie auf«[23].

Diese Entdeckung, für die er am meisten unterschätzt wird, hat zahlreiche Folgen. Da ist einerseits die Arbeitszeit im Tausch gegen Geld. Sie zu senken bei steigender Produktivität ist das Gebot jeder Stunde – aus Sicht des Plusmachers. Für die Gegenseite, die Marx vertritt, ist Freizeit das wahre Reich der Freiheit. »Je weniger Zeit die Gesellschaft bedarf, um Weizen, Vieh etc. zu produzieren, desto mehr Zeit gewinnt sie zu andrer Produktion, materieller oder geistiger.«[24]

Jeder weiß, auch wenn es ihr oder ihm nicht passt: Zeit ist Geld. Diese Gleichung aus Benjamin Franklins *Ratschläge für junge Kaufleute* von 1748 liegt bis heute wie ein Fluch über der Arbeitswelt. Um das Erlahmen des Kreislaufs bei nachlassendem Wachstum aufzuhalten, packen Unternehmer, unterstützt von Monitoring und Controlling, immer mehr Arbeit in eine Stunde. Auch ein beschleunigter Kreislauf erzeugt mehr Output. Je mehr die Steigerung nach außen versagt, etwa über mehr Absatz, desto stärker wird sie nach innen verlegt.

Nach dem Heißlaufen der Geldmaschine wird der Apparat menschlicher Arbeit an sein Limit gefahren – damit die Rendite weiter stimmt. Für den Selbstzweck der Kapitalbildung, wie sie sich regelmäßig im Ranking der Superreichen widerspiegelt, ist fast jedes Mittel recht: Personalabbau bei unverminderten Aufgaben, Praktikantenausbeutung, Leiharbeit und Outsourcing, gerne auch mit früheren Angestellten fürs halbe Geld, und natürlich die Verlagerung von Produktion und Ausbeutung in Billiglohnzonen. Alles längst so eingepreist und eingesickert ins Bewusstsein, dass es kaum noch einer infrage stellt.

Doch »die Geschwindigkeit der Zirkulationsmittel kann«, sagt Marx in den *Grundrissen*, »nur bis zu einem gewissen Punkt die Quantität des zirkulierenden Mediums ersetzen«[25]. Danach geht es an die Substanz. Weil die Vermögen nur wachsen können, wenn sich woanders die Schulden türmen, besteht diese Substanz in klassisch Marxscher Auslegung aus Arbeit und Lebenszeit. Das hat freilich schon Kirchenlehrer Thomas von Aquin erkannt. Er nennt »die Wucherer Diebe, denn sie verleihen Zeit, die ihnen nicht gehört«.[26]

Die Gegenwart konsumiert auf Kosten der Zukunft. Jeder kann sich dann ausrechnen, wie viele Stunden sie oder er sich der entfesselten Entfremdung beim Broterwerb ausliefern muss, um Schulden zu bedienen, die ihm als Erblast in die Wiege gelegt worden sind. Das läuft, wenn auch im Rahmen der Vertragsfreiheit, auf das Gleiche hinaus wie feudale Zwangsabgaben. So schafft der Neoliberalismus einen Neofeudalismus, der bei aller Automatisierung die Ausbeutung und Enteignung menschlicher Arbeitskraft nicht mindert, sondern steigert, um daraus buchstäblich Kapital zu schlagen.

Bei einem Kapitalismuskritiker wie dem 2012 verstorbenen marxistischen Philosophen Robert Kurz liest sich das so: »Es ist die Hemmungslosigkeit und absolute Unersättlichkeit der kapitalistischen Selbstzweck-Bewegung, die Marx exakt begrifflich bestimmt und beschrieben hat.«[27]

Folgt man seiner Argumentation, dann hat sich das Geld seit seinen Ursprüngen im Menschenopfer selbst überholt.

Auf dem Altar des Kapitals wird nicht nur Lebensenergie von Milliarden geopfert, die den Preis in Form von Schmerzen, Erschöpfung, Angst und Depression zu zahlen haben. Die Schlachtbank der perpetuierten Verschuldung, öffentlich wie privat, fordert vielerorts in der Welt Abertausende Menschenleben in Bergwerken, Textilfabriken oder Montagetürmen zur Hightech-Fertigung, von deren Dächern sich verzweifelte »Mitarbeiter« in den Tod stürzen. Und: Armut verkürzt das Wertvollste, was Menschen besitzen, ihre Lebenszeit.

Damit ist aber nur die eine Seite einer »Ökonomie der Zeit« beschrieben. Auf der anderen steht etwas, das man »Ausverkauf der Zukunft« nennen könnte. Spätestens seit das Gelddrucken einer nach oben offenen Skala folgt, um mit Schulden Schulden zu begleichen, seit »die Märkte« mit Liquidität geflutet werden, um ein Stocken der globalisierten Maschinerie aufzuhalten, hat das von Marx in seiner kapitalistischen Frühphase analysierte System des Geldes eine neue Qualität angenommen. Ihr verdankt sich im Wesentlichen das Skandalon unserer Zeit, dass die Schere zwischen Arm und Reich immer weiter aufgeht.

Der zunehmenden Ungleichheit liegt eine wachsende Ungleichzeitigkeit zugrunde, je mehr die Produktivkraft der Zukunft zur Gestaltung der Gegenwart beansprucht wird. Schon Marx hat sich von der Vorstellung eines wirtschaftlichen Gleichgewichts verabschiedet, wie sie der 1832 verstorbene französische Ökonom Jean Baptiste Say noch vertrat. In loser Analogie zur Biologie der Organismen sorgt auch im Kreislauf der Kreditwirtschaft nur stetes Gefälle für die Bewegung, die das System am Leben hält. Ein Gleichgewicht, wie es noch im vorkapitalistischen, vormonetären Warentausch bestand, brächte dem Kapitalismus den Tod.

Das System bedarf wie eine Uhr einer inneren Unruh. Sie manifestiert sich im »wesenlosen Wesen des Geldverkehrs«[28]. So charakterisiert Joseph Vogl von der Humboldt-Universität in Berlin den Kredit. An seinem brillanten Essay in Buchlänge ist eigentlich nur eins auszusetzen: dass erst ein Kulturwissenschaftler auftreten muss, um so klug und weitsichtig über das Finanzsystem und seine Folgen zu räsonieren. Ökonomen liefern solche Texte in der Regel nicht. Der Titel: *Das Gespenst des Kapitals*. Dieses Gespenst, so Vogl, komme »stets aus seiner eigenen Zukunft zurück«[29].

Er spricht von »einem weltweiten sozialen Großversuch, der bis auf

Weiteres im Gange ist«.[30] Dabei werden »Risiken mit Risiken versichert«[31], denn »je mehr die Zukunft – risikologisch – dazu benutzt wird, gegenwärtige Entscheidungen zu profilieren, desto mehr hängt diese Strategie davon ab, dass die Zukunft den Erwartungen … entspricht«[32].

Statt im Wechselspiel von Zufall und Notwendigkeit entfaltet sich Geschichte im Kapitalismus als eine sich selbst erfüllende Prophezeiung. »Der Reichtum künftiger Zeiten hat sich in gegenwärtigen Profiten verwirklicht.«[33] Die Grundlage solcher Überlegungen hat mit seiner »Ökonomie der Zeit« der Weise aus dem Moselland geschaffen.

Doktor Marx schreibt keine Rezepte, er stellt Diagnosen, auf deren Basis er vorsichtige Prognosen wagt. Sein einfacher Grundgedanke, dass sich der Tausch im Kauf und Verkauf über Geld zweiteilt, und dass die beiden nicht nur räumlich, sondern auch zeitlich getrennt sind, hat bemerkenswerte Folgen. Er führt in Umkehrung der Franklin-Formel zu der fundamentalen Erkenntnis: Geld ist Zeit.

Das reicht an Schlichtheit, den höchsten Ausdruck von Genialität, an Einsteins Neudefinition von Raum und Zeit im Rahmen der Relativitätstheorie heran. Geld repräsentiert Schulden, die in der Vergangenheit gemacht worden sind und in der Zukunft getilgt werden. In der Zwischen-Zeit liegt es nicht einfach herum, sondern macht als Ware Karriere. Dabei verändert es sich – und seinen Wert. Doch darauf kommt es gar nicht so sehr an.

So wie Fahrgäste in einem Zug mit nahezu Lichtgeschwindigkeit eine andere Zeit messen als der Bahnhofsvorsteher, an dem sie vorbeisausen, so erhält auch das Geld bei Marx eine zeitliche Dimension, die seinen Charakter wesentlich verändert. Auf heutige Verhältnisse übertragen heißt das stark vereinfacht: Geld wird immer mehr aus seiner Zukunft gefördert, die zum wertvollsten Rohstoff seiner Gegenwart geworden ist. Die Relativität des Rechengeldes verstärkt sich überdies, seit sich seine Bewegungsfreiheit von Transportmitteln abgekoppelt und auf die lichtschnellen Wege des elektronischen Handels verlagert hat.

Kredite an klamme Staaten, mit deren Hilfe die Geldschleudern der Zentralbanken für Liquidität sorgen, lassen sich nur in immer fernerer Zeit tilgen, sollten sie überhaupt je zur Deckung kommen. Mit dieser Farce geraten nicht nur die Regierenden immer stärker in die Abhängigkeit ihrer Gläubiger und deren Treuhänder im Investment Banking. Wir müssen uns daran gewöhnen, dass jeder Dollar oder Euro, den wir in die Hand nehmen, eine Anleihe auf die Leistungsfähigkeit unserer

Enkel und Urenkel ist. So wird Geld mehr und mehr zur geliehenen Zukunft.

Wenn sich im Geld als gegenständlichem Gattungswesen, wie es in Marx' Frühschriften heißt, in letzter Konsequenz vergangene, tote Arbeit verbirgt, dann ist das nur die halbe Wahrheit. Zur ganzen gehört seine Anleihe an immer fernere Zeiten seiner Realisierung durch Quasi-Verewigung vergesellschafteter Schulden. Was wir heute ausgeben, muss morgen erarbeitet werden – wenn die Menschheit nicht den totalen Schuldenschnitt wagt.

Hätte sich Marx wie heutige Staaten mit maroden Finanzen sein Geld nur geliehen und einen Schuldenberg angehäuft, statt es ohne Rückzahlungsverpflichtung einzukassieren, wären seine Gläubiger als Rechteinhaber an seinen Schriften dennoch auf ihre Kosten gekommen. Einzig der Glaube an seinen langfristigen Erfolg rechtfertigte den Kredit. Wenn es heißt, das *Kommunistische Manifest* könne es an Auflage mit der Bibel aufnehmen, dann wird das Marxsche Werk als Long- zum Bestseller.

Da dürfte er sich in seinem Grab wohlig auf die andere Seite drehen, könnte er sehen, dass sein rechtefreier schriftlicher Nachlass im Zuge des Teilens als digitale Datei heute jedem frei zur Verfügung steht. Wie wäre wohl seine Reaktion auf die nächste Drehung der Spirale im Waren- und Geldverkehr, die mit der Digitalwirtschaft eine völlig neue »Ökonomie der Zeit« geschaffen hat? Sie »handelt« mit Produkten, die sich – einmal hergestellt – ohne nennenswerten Aufwand an Arbeit und Kosten beliebig vervielfältigen lassen.

Bezahlt werden sie nicht mit Geld, sondern mit der Ressource der Zukunft, und das ist wörtlich zu nehmen, mit privaten Daten. Dieser Rohstoff, für den Einzelnen quasi wertlos, wird in Rechenzentren weiterverarbeitet und zu Produkten veredelt, in erster Linie Prognosen und Künstliche Intelligenz, die sich dann gegen »echtes« Geld umsetzen lassen.

Die alten Kategorien von Tausch- und Gebrauchswert verschwimmen. Eine »Gratiskultur«, die natürlich in Wahrheit keine ist, verschleiert das Wesen der hinter ihr liegenden Tauschgeschäfte. Der Gebrauchswert einer Smartphone-Applikation, die andere Geräte und Systeme ersetzt, ob Kompass, Kartendienst oder Kontoführung, liegt auf der Hand. Was aber tatsächlich dafür bezahlt wird, liegt gleichermaßen im Dunkeln.

Daten sind das neue Geld, das sich auf eigentümliche Weise dem klassischen Regelwerk entzieht. Ihr Wert zeigt sich in den exorbitanten Börsennotierungen der Unternehmen, die sie verarbeiten und mit ihnen handeln. Er lässt sich mit gegenwärtigen Geschäftsmodellen, vor allem dem Verkauf von Werbeplätzen, nicht erklären. Insgesamt werden weltweit pro Jahr 500 Milliarden Dollar für Werbung ausgegeben. Das ist zwar ein enormer Betrag, liegt aber unter den Börsenkursen einzelner Firmen im digitalen Datenverkehr, also von Geld, das in Erwartungen investiert worden ist.

Das beispiellose Vertrauen der Investoren gründet sich auf eine Zuversicht in die Zukunft, die alles bisher Dagewesene in den Schatten stellt. Die Größe der Erwartung lässt sich anhand der milliardenschweren Jahresüberschüsse und Liquiditätsreserven erahnen. Am Aufstieg des Globalhändlers Amazon, der »aggressivsten Expansion einer Riesenfirma in der Geschichte des modernen Business«, hat der *Economist* im Frühjahr 2017 vorgerechnet, was das bedeutet:

»Zweiundneunzig Prozent ihres Wertes beruhen auf Profiten, die nach 2020 erwartet werden … Die in sie investierten Hoffnungen implizieren, dass sie wahrscheinlich profitabler wird als jede andere Firma in Amerika … Amazons berauschende Bewertung gleicht einer sich selbst erfüllenden Prophezeiung.«[34] Dafür werden die Gläubiger schon sorgen.

Nur dieses Versprechen rechtfertigt die gewaltigen Vorschusslorbeeren in Form spekulativer Investitionen in jene Bereiche, die auf Big Data setzen. Wer dagegen, wie der französische Automobilkonzern PSA 2017, in einem Segment investiert, das eher als gestrig und ausgereizt gilt, bekommt einen Konkurrenten wie Opel-Vauxhall für 1,3 Milliarden Euro fast geschenkt.

Wetten auf morgen und das Geschäft mit ihnen sind älter als der Kapitalismus. Dessen digitale Ausprägung verspricht eine neue Dimension, die der amerikanische Philosoph Michael Betancourt als »Kolonialisierung sozialer Verhältnisse« kritisiert. Sie bedeutet, so Thomas Steinfeld in der *Süddeutschen Zeitung*, eine »neue, gesteigerte und erweiterte Form der im privatwirtschaftlichen Interesse betriebenen Vergesellschaftung aller Produktionsprozesse«[35]. Marx hoch zwei gewissermaßen.

Damit rückt eine zentrale Rolle des Geldes in den Vordergrund, die sich ebenfalls in einer Allerweltsformel zusammenfassen lässt: Geld ist Macht. Wird diese alte Weisheit mit einer anderen – Wissen ist Macht – auf einen Nenner gebracht, ergibt sich die Gleichung für die Zukunft des Kapitalismus, die bereits begonnen hat: Wissen ist Geld.

Wer Konsumgewohnheiten und Kommunikationsbeziehungen der Menschen untereinander kennt, wer sogar deren Inhalte auswerten und als Muster zum digitalen Index einer Lebenswelt zusammensetzen kann, wer diese genuin öffentlichen Aufgaben überdies privatwirtschaftlich organisiert, verschafft sich eine Macht, deren Geldwert noch nicht einmal in Ansätzen zu erfassen ist.

Theoretisch hätte Marx über diese Entwicklung gestaunt. Praktisch ist er für dieses Spiel nicht gemacht. Ihm fehlt das Gen zur Bereicherung wie das gegen Verarmung. Als Bohemien im Bürgergewand leistet er sich mehr, als er kann. Das zwingt ihn zu mancherlei chaplinesken Eskapaden. Ist der letzte Rock versetzt, macht er sich unfreiwillig zum Tramp. Will er seinem reichen Onkel in Holland imponieren, schwadroniert er von Geschäften mit amerikanischen Anleihen und englischen Aktien.

Am traurigen Höhepunkt bemüht er sich gar um einen Job bei der Eisenbahn. Er bekommt ihn nicht, angeblich wegen seiner unleserlichen Handschrift. Doch wie so oft sind auch bei dieser Episode Fakt und Fantasie nur schwer zu trennen. Ebenso wohl auch die Androhung gegenüber Engels, sich auf ein Unterschichtleben einzulassen:

»Wollte ich selbst zu der äußersten Reduktion der Ausgaben schreiten – z.B. die Kinder aus der Schule nehmen, eine rein proletarische Wohnung beziehn, die Mägde abschaffen, von Kartoffeln leben –, so würde selbst die Versteigrung meines Mobiliars nicht hinreichen, um nur die umwohnenden Gläubiger zu befriedigen und einen ungehinderten Abzug in irgendeinen Schlupfwinkel zu sichern. Der show von respectability, der bisher noch aufrechterhalten wurde, war das einzige Mittel, einen Zusammenbruch zu verhindern … Meinem ärgsten Feinde wünschte ich nicht, durch den quagmire« – den Sumpf – »zu waten, in dem ich seit 8 Wochen sitze, mit der größten Wut dabei, daß mein Intellekt durch die größten Lausereien kaputt gemacht und meine Arbeitsfähigkeit gebrochen wird.«[36]

Angesichts dieser Drohkulisse wünschte man sich, Engels' Gedanken lesen zu können. Er sieht sich ständigen Klagen ausgesetzt: »Den Doktor kann und konnte ich nicht rufen, weil ich kein Geld für Medizin habe. Seit 8–10 Tagen habe ich die family mit Brot und Kartoffeln durchgefüttert, von denen es noch fraglich ist, ob ich sie heute auftreiben kann.«[37]

Welcher Freund wollte da ein hartes Herz zeigen? Der eigentliche Grund der Misere ist Engels ja bekannt. Er tut etwas gegen die Misere, aber nichts gegen den Grund. Seiner Spendierfreude liegt freilich das Wissen zugrunde, nicht Müßiggang zu unterstützen, sondern ein weltwichtiges Projekt, an dem Marx Tag und Nacht arbeitet. Umerziehung scheitert ohnehin an Unbelehrbarkeit. Also Symptome bekämpfen, Löcher stopfen. Genau das, was die andere Seite will.

Am 8. Dezember 1857 heißt es: »Als ich Dir den letzten Brief schrieb im oberen Stockwerk, war meine Frau im untern belagert von hungrigen Wölfen, die alle die ›heavy times‹ zum Pretext machten, um ihr Geld abzupressen, dessen sie bar war.«[38] Zehn Tage später: »Die Geldpressure ist jetzt bei mir größer noch wie usually, weil ich seit about 3 Wochen alles *bar* zahlen muß und anything like credit aufgehört hat.«[39]

Mit dieser Sorte Notschrei ließe sich ein hübscher Band füllen – inklusive der stets artigen, gelegentlich sogar enthusiastischen Danksagungen: »Du hast mich siegreich den Klauen des Fiskus entrissen, und gelobet sei Dein Name – Hallelujah!«[40], jubelt Marx noch rechtzeitig vor Weihnachten.

So kommt es, dass auch familiäre Todesfälle auf eine ganz eigene Weise gefeiert werden. »A very happy event, der Tod des 90jährigen Onkels meiner Frau, wurde uns gestern mitgetheilt. Dadurch spart meine Schwiegermutter eine jährliche Abgabe von 200 Thl. und meine Frau wird an 100 £. St. bekommen.«[41]

Stumpft Engels allmählich ab? Liest er nur noch den gewünschten Betrag und greift gedankenlos in die Brieftasche, um die entsprechende Pfundnote in zwei Hälften zu schneiden, die eine abzuschicken und die zweite erst folgen zu lassen, wenn die Ankunft der ersten gemeldet ist? Oder durchzuckt ihn, wie die meisten Leser der Marxschen Lebensgeschichte, nicht auch bisweilen der Reiz, dem Freund wenigstens einmal im Klartext den Zusammenhang von Haben, Soll und Sein zu erklären?

In den zwei Jahrzehnten von seiner Ankunft in Manchester gerechnet bis zum Umzug nach London, wo er dem Schnorren durch Aussetzen einer stattlichen Unterhaltszahlung für Marx und Anhang ein Ende bereitet, könnte er der Familie, so schätzen Fachleute, fast die Hälfte seiner eigenen Einkünfte als Kommis und späterer Teilhaber der Firma Ermen & Engels überlassen haben. Betrachtet er es als Investition, und wenn ja, in was? Dazu vom Geschröpften kein überliefertes Wort. Eine Antwort hält Marx bereit:

»Ich versichre Dir, ich hätte mir lieber den Daumen abhauen lassen, als diesen Brief an Dich zu schreiben. Es ist wahrhaft niederschmetternd, sein halbes Leben abhängig zu bleiben. Der einzige Gedanke, der mich dabei aufrecht hält, ist der, daß wir zwei ein Compagniegeschäft treiben, wo ich meine Zeit für den theoretischen und Parteiteil des business gebe.«[42] Eine bessere Beschreibung des Verhältnisses ist in ihren Schriften nirgendwo zu finden.

Drei Jahre später, Anfang Mai 1868, zieht Marx bitter Bilanz: »In ein paar Tagen werde ich 50. Wenn jener preußische Lieutenant zu Dir sagte: ›Schon 20 Jahre im Dienst und immer noch Lieutenant‹, so kann ich sagen: Ein halbes Jahrhundert auf dem Rücken und immer noch Pauper! Wie recht meine Mutter! ›Wenn die Karell Kapital gemacht hätte, statt etc.!‹«[43] Ein schlechter Witz, gekleidet in Ironie, die Ironie seines Lebens, auf Kosten der vor fünf Jahren Verstorbenen und ihres flämisch geprägten Deutsch. Ernüchterung hat die letzte Euphorie vertrieben.

Engels hört die Signale. Einen Tag nach seinem fünfzigsten Geburtstag nimmt Marx die Glückwünsche aus Manchester entgegen. »Lieber Mohr, Ich gratuliere anyhow zu dem halben Saeculum, von dem ich übrigens auch nur um eine kurze Spanne Zeit mehr abstehe. Was wir doch vor 25 Jahren für jugendliche Enthusiasten waren, als wir uns rühmten, um diese Zeit längst geköpft zu sein.«[44]

Engels gibt, was er kann. Das ist viel und zugleich wenig genug, Marx dauerhaft an seinen Tropf zu binden. Da ist es nur menschlich vernünftig, wenn Marx umgekehrt die Hand, die ihn füttert, nicht allzu hart beißt. Er kritisiert Engels in dessen Arbeiten weniger scharf, als es ihm eigentlich zustünde. Wird indessen Ruhm zum Maßstab der Rendite, dann hat der Textilunternehmer – wohlhabend, aber nicht reich – bestens in M und damit in ME und letztlich auch in E investiert.

Um dieses Verhältnis zu stabilisieren, scheint die wiederkehrende Unterwerfungsgeste unverzichtbar: Vergiss nie, wem du das alles zu verdanken hast. Nur selten erlaubt sich Engels, den Freund zu ermahnen: »Falls wir nicht die Kunst erfinden, Gold zu scheißen, wird schwerlich etwas andres übrigbleiben, als daß Du auf die eine oder die andre Weise etwas aus Deinen Verwandten herausschlägst.«[45]

Darauf Marx: »Dear boy, es ist in der Tat, Du magst sagen, was Du willst, peinlich, daß meine miseres Dir so viel bother machen! Wüßte ich nur irgendein business anzufangen! Grau, teurer Freund, ist alle Theorie, und nur das business ist grün. Ich bin leider zu spät zu dieser Einsicht gekommen.«[46]

Marx versucht alles, um an Geld zu gelangen, das er nicht zurückzahlen muss. Die liebe Verwandtschaft steht dabei von Anfang an hoch im Kurs. »Dann schrieb ich an meine Mutter«, teilt er Engels schon 1851 mit, »drohte ihr, Wechsel auf sie zu ziehn und im Nichtzahlungsfall nach Preußen zu gehn und mich einsperren zu lassen… Heute erhalte ich gleichzeitig mit Deinem Brief einen von meiner Alten, worin sie mir höchst *impertinent* und dabei voller moralischer Entrüstung gegenübertritt und positivement erklärt, daß sie jeden von mir auf sie gezognen Wechsel protestiert.«[47]

Zehn Jahre später: »Meine Mutter, bei der von barem Geld nicht die Rede ist, die aber rasch ihrer Auflösung entgegengeht, hat einige frühere Schuldscheine, die ich ihr ausgestellt, vernichtet. Das war ein ganz angenehmes Resultat der zwei Tage, die ich bei ihr zubrachte.«[48] Und ein halbes Jahr danach: »Von meiner Alten erhielt ich gestern Antwort. Nichts als ›zärtliche‹ Redensarten, but no cash.«[49]

Wenn es ums Geldmachen geht, spielt Marx sogar mit dem Gedanken an Spekulation: »Hätte ich während der letzten 10 Tage das Geld gehabt, so hätte ich viel Geld auf der hiesigen Börse gewonnen. Jetzt ist wieder die Zeit, wo mit wit und very little money Geld gemacht werden kann in London.«[50] Was mag in Engels vorgehen, wenn er so etwas liest? Vermutlich entlockt es ihm nur ein mildes Lächeln. Er hat selbst einen Teil seines Vermögens in Wertpapieren angelegt und kennt die Gesetze des Marktes.

Als er Marx kurz vor dem Ende seiner Zeit in Manchester mitteilt: »Ich wollte, die verdammte Panik hörte etwas auf, ich muß shares verkaufen«[51], berät ihn der Freund in der Pose eines Fachmanns: »Was das Verkaufen von shares angeht, so ist meine Ansicht die: Sie werden wieder heraufgehn, aber in der *allernächsten Zukunft fallen,* weil die Londoner Stockexchange, seit lange faul, die Gelegenheit für Bankrotte benützt, und dies ditto auf die kontinentalen Exchanges wirkt, also Masse Papiere auf den Markt geworfen werden müssen.«[52]

Das Geld wird Marx zur fixen Idee, allein dafür hasst er es: Dass es als Sinnfrage des Seins sein Bewusstsein ständig in Atem hält. Es vergiftet seine Gedanken in einer Weise, dass er es verwünscht und sich eine geldlose Zukunft auszumalen traut. Ökonomische Meinungsführer halten das zwar für unmöglich. Geld sei unverzichtbar wie die Luft zum Atmen. Ja, sagt Marx, aber nur im Kapitalismus, den es periodisch in Krisen treibt. Für den möglichen Postkapitalismus dürfen sich nicht nur die Utopisten in *Star Trek* über eine Welt auslassen, die tatsächlich Geschick und Leistung würdigt und sogar mit Besitz honoriert, aber weder Kapital noch belastbares Privateigentum kennt.

Spät im Leben bringt Marx Berechtigungsscheine aus geleisteter Arbeit zur Befriedigung der Bedürfnisse ins Spiel – nicht unähnlich den

Ideen des von ihm so herzlich bekämpften Proudhon. Dabei könnte er durchaus auch an sich gedacht haben. Wären seine Überstunden anrechenbar, gehörte er als regelmäßig hart Arbeitender zu den Spitzenverdienern, statt auf Almosen angewiesen zu sein.

Marx hat ausgehend von Ware und Wert eine kritische Systemtheorie des Kapitalismus inklusive seiner möglichen Überwindung entworfen. Und das hat er geleistet, sich geleistet, ohne daraus je selbst Kapital zu schlagen. Sondern einfach weil er es tun wollte. Und musste. Aber nicht aus äußerem, sondern aus innerem Antrieb. Mag bei ihm Verdienen und Verdienst auch so weit auseinanderklaffen, dass seine Einkommenssteuerpflicht im Nullsummenspiel endet, so verdient sein Verhalten als produktiver Teilnehmer am Wirtschaftsleben gleichwohl Respekt, wenn nicht Sympathie.

Als Schnorrer kein Knauser, sondern großzügig und selbstlos hilfsbereit, einer, der sogar als Flüchtling in größter Not Geld für andere Flüchtlinge sammelt, immer ein paar Pence für arme Kinder übrighat und noch im Bankrott seine Mitarbeiter anständig ausbezahlt. Ein gefesselter Lebemann und Bonvivant an der Armutsgrenze, der so wenig spart, wie er prasst, es sich dabei aber gutgehen lässt, so gut es geht.

Dem Bücher und Rauchwerk und Rotwein und gelegentlich ein gutes Essen mehr bedeuten als jeglicher Luxus und Tand. Der dabei aber bleibt, was er ist, ein Bürgersohn mit bürgerlichen Ansprüchen, der keinen Tag ohne Hausangestellte lebt und sich auch in Zeiten schmerzlichster Knappheit einen Sekretär leistet. Geld dient ihm einzig dazu, ausgegeben zu werden.

Das Gegenstück zur gepriesenen schwäbischen Hausfrau also, die sich zur Sparkasse in eigener Sache macht. Aber auch zu jenen Vermögenden, die in ihrem Eigentum ihre wichtigste Eigenschaft sehen, die Geld anhäufen, statt es zu verfrühstücken oder anderen zu geben, die es in den Wirtschaftskreislauf zurückführen könnten.

Insofern taugt Marx sogar als frühe Leitfigur für ein bedingungsloses Grundeinkommen. Gegen die ungezählten Tage des Grauens beim Blick in den Abgrund stehen unzählige Nächte des Feierns und Diskutierens mit Schampus, Pickles und Zigarren. Finanziert zum Großteil aus den Erträgen einer erzkapitalistischen Baumwollspinnerei in Manchester.

23

Fremde Mächte

Das Kapital – eine Schauergeschichte

Der 11. September 1867, ein spätsommerlicher Mittwoch in Mitteleuropa, markiert einen Meilenstein in der Geschichte des abendländischen Denkens. Die Druckerei Wigand in Leipzig beginnt mit dem Versand eines rund neunhundert Seiten starken Werkes von Karl Marx. In die Auslagen deutschsprachiger Buchläden von Holstein bis ans Ende des Habsburger Reiches kommt eine der bedeutendsten und umstrittensten Schriften, die je ein einzelner Mensch zu Papier gebracht hat.

Gleich am Anfang ruft der Autor seinen Lesern zu: »Perseus brauchte eine Nebelkappe zur Verfolgung von Ungeheuern. Wir ziehen die Nebelkappe tief über Aug' und Ohr, um die Existenz der Ungeheuer wegleugnen zu können.«[1] Damit soll es nun ein Ende haben. Marx entblößt das »Ungeheuer« und führt es vor.

Als Erster beschreibt er den Kapitalismus in seiner Totalität. Endlich kann er die »versteinerten Verhältnisse zum Tanzen zwingen«, wie er sich als junger Wilder vorgenommen hat, und »ihnen ihre eigne Melodie vorsingen«[2]. Im Vorwort betont er sein Credo an eine Revolution durch Beschleunigung der Evolution – dank Erkenntnis und Verständnis der Lage:

»Auch wenn eine Gesellschaft dem Naturgesetz ihrer Bewegung auf die Spur gekommen ist – und es ist der letzte Endzweck dieses Werks, das ökonomische Bewegungsgesetz der modernen Gesellschaft zu enthüllen –, kann sie naturgemäße Entwicklungsphasen weder überspringen noch wegdekretieren. Aber sie kann die Geburtswehen abkürzen und mildern.«[3] Da schreibt ein politisch bewegter Philosoph, der seine elfte Feuerbach-These ernst nimmt und die Welt nicht nur interpretieren, sondern verändern will.

Über dieses Buch sind so viele Bücher geschrieben worden, dass niemand imstande wäre, auch nur einen größeren Bruchteil davon zu überblicken. Darunter Hymnen und Kritiken, verherrlichend und vernichtend. Es hat sie alle überlebt. Weil es im Kern nichts von seiner Aktualität eingebüßt hat. Man kann sogar sagen, dass es erst heute, hundertfünfzig Jahre nach dem ersten Erscheinen, in der Wirklichkeit angekommen ist.

Der Kapitalismus unserer Tage, wie er nach 1989 in alle Bereiche und Winkel der Welt und des Lebens vorgedrungen ist, gleicht in vielem dem Bild, das der Autor vorgezeichnet hat. Der deutsche Sozialphilosoph Oskar Negt spricht von der »Ironie der Geschichte: dass das Kapital zum ersten Mal genau so funktioniert, wie Marx es im ›Kapital‹ beschrieben hat.«[4]

Wie der im Vorwort zu erkennen gibt, hat er die »Zeichen der Zeit« erkannt, »die sich nicht verstecken lassen durch Purpurmäntel oder schwarze Kutten«, also weder durch Monarchen noch Hochwürden. »Sie bedeuten nicht, daß morgen Wunder geschehen werden. Sie zeigen, wie selbst in den herrschenden Klassen die Ahnung aufdämmert, daß die jetzige Gesellschaft kein fester Kristall, sondern ein umwandlungsfähiger und beständig im Prozeß der Umwandlung begriffener Organismus ist.«[5]

Das *Kapital* ist kein Buch eines Hellsehers. Eher das eines analytischen Geistes und vorausschauenden Wahrsagers im Sinne der Wissenschaft, der trotz aller Bäume den Wald nicht aus den Augen verliert. »Wenn Marx ein Prophet war, der scharfen Auges in die Zukunft schaute und weit mehr sah, als gewöhnliche Menschenkinder sehen, so war er doch nie ein Prophezeier«[6], stellt rückblickend Wilhelm Liebknecht fest. Marcello Musto, politischer Theoretiker aus Italien, spricht von Marx' »bleibender Kapazität, die Gegenwart zu erklären«[7]. Also jene Zeit, die eben noch Zukunft war.

Seinen Status als Kulturerbe der Menschheit hat das *Kapital* bestimmt nicht gewonnen, weil es sozialistischen Menschen wie eine Bibel in die Wiege gelegt worden ist. Oder weil es irgendwelchen Linken im Westen gefiel, Marx zur Kultfigur zu erheben. Vielmehr ist es sein Tiefgang, der ihm einen Weitblick bis in unsere Tage verschafft. So bescheinigen ihm neuere Kommentatoren geradezu enthusiastisch:

»Konfrontiert man daher Marx' Werk mit anderen Auffassungen von der Wirtschaft, so erscheint ein Vergleich immer misslich, da der marxsche Horizont doch viel weiter ist als der des jeweiligen Widerparts.«[8] Überdies »haben Marx' Texte eine Komplexität, gegen die Adam Smiths *Wohlstand der Nationen* … oder Immanuel Kants *Kritik der reinen Vernunft* … geradezu einfach erscheinen.«[9]

Beruhen Missverständnisse zwischen Marx und Zweiflern an seiner Größe womöglich auf einer Verwechslung zwischen komplex und kompliziert? Das würde ihm nicht gerecht. Die Richtung seiner Erzählung lässt sich in ihren großen Schritten jederzeit nachvollziehen. Da schreibt halt kein geisteswissenschaftlicher Sachbearbeiter, sondern ein revolutionärer Geist, dem es nicht zuletzt um das Schicksal der Menschheit zu tun ist. Sein Anliegen ist zutiefst humanistisch, sein neuer Mensch höchst human, Gesellschaft erscheint als Gemeinschaft, die Freiheit des Einzelnen als Vorbedingung für die Freiheit aller.

Was ist diesem Wälzer nicht alles nachgesagt worden: »Torso«, »theoretische Revolution«[10], »Meisterwerk«, »blind verehrt und blind gehasst«[11], »Drama«, »surrealistische Geschichte«[12], »Parodie«[13], »Roman der Moderne«[14]. Alles richtig und gleichzeitig falsch. In das Opus magnum ist mehr oder weniger das gesamte Spektrum der Marxschen Ichs eingeflossen: Der blutrünstig Empörte, der prophetische Optimist, aber auch der Historiker und der Dramatiker haben ihre Auftritte neben dem abgeklärten Aufklärer. Es hat ihm Prädikate wie »Meister der Satire« oder »größter Ironiker seit Swift«[15] eingebracht

In seinen Händen wirkt das *Kapital* selbst wie das Wesen, das es beschreibt: kein statischer Zustand, sondern Bewegung und Prozess, unfertig, unvollständig – nach den Worten des französischen Philosophen Étienne Balibar »ein Werk, dessen *Vollendung* von Grund auf unmöglich gewesen ist«[16]. Darin drückt sich jedoch keine Schwäche aus, wie oft behauptet wird, sondern kongeniale Stärke.

Wir sehen einen Perfektionisten im *Modus scribendi* am Werk, weit davon entfernt, perfekt zu sein. Von den ursprünglich einmal geplanten sechs Bänden hat er zu Lebzeiten nur den ersten im Druck gesehen. Und auch den hat er noch mehrfach überarbeitet. Was wir heute in der Regel lesen, ist dessen vierte, von Engels 1890 herausgegebene Auflage, eine leicht modifizierte Version der zweiten, von Marx überarbeiteten von 1873.

»Ein Schriftsteller«, sagt Marx einmal über seinen Beruf, »ist ein produktiver Arbeiter nicht insofern er Ideen produziert, sondern insofern er den Buchhändler bereichert, der den Verlag seiner Schriften betreibt.«[17] Das findet sich in seinen *Theorien über den Mehrwert*. Der Sozialdemokrat Karl Kautsky hat die tausendfünfhundert Seiten meist trockener Texte und Zitate von Fachleuten in drei Bücher gepackt, die zusammen als Band 4 des *Kapital* gehandelt werden.

Das Wesentliche steht in Band 1, dem einzigen von Marx komponierten und veröffentlichten Buch. Daran gibt es keinen Zweifel, auch nicht für ihn. Herausgekommen ist keine Gutenachtlektüre, aber ein Buch für die Insel, auf die man nur eins mitnehmen darf. Wenn man will, bietet es Lesestoff für ein ganzes Leben. Es erzählt keine wahre Geschichte, sondern die Geschichte einer Wahrheit. Dass es auch beim zehnten Mal noch erhellende Erkenntnisse bietet, liegt an seiner oft übersehenen Eigenart: *Das Kapital* ist nicht nur *ein* Buch, sondern viele in einem.

Jeder liest dieses Werk folglich anders, je nachdem, welche Brille sie oder er aufhat. Damit fällt es in der Regel durch alle Raster der Fachdisziplinen. Erst im Gesamten zeigt es, obwohl in manchem widerlegt, seine wahre Größe. Kein zweites Werk der Weltliteratur verbindet in dieser Form die Pflicht einer wissenschaftlichen Analyse mit der Kür einer dramatischen Erzählung und einem politischen Programm. Selbst kritische Stimmen erkennen an, dass »kein Forscher die Dynamik des kapitalistischen Systems derart intensiv studiert und derart viel zu dessen Analyse beigetragen hat wie Karl Marx«[18].

Umso tragischer, dass ihm zu Lebzeiten kaum die Anerkennung zuteil wird, die sein Buch verdient hätte – nicht von Ökonomen, erst recht nicht von Dichtern. Doch gerade als Schriftsteller verdient er Beachtung – und Mitgefühl. Sein unerfüllter Jugendtraum, sich in der Dichtkunst zu beweisen, hat ihn nie losgelassen.

Einem modernen Drehbuchautor gleich, lässt er in seinem Panorama ein Panoptikum unfassbarer Geister, fremder Mächte und geheimnisvoller Mechanismen auftreten. Bis im Kopf des Lesers *Fact and Fantasy* – das Fantastische, nicht allein Fantasie – verschmelzen. Ein Augenöffner auch für die allgegenwärtige Lage der Welt, stellenweise in hinreißender Prosa verfasst, ein Text, der immer bei sich bleibt, auch wo er sperrig erscheint.

Marx sei seiner Zeit um hundert Jahre voraus gewesen, erklärt Louis Kugelmann seiner Tochter Franziska. Der Arzt und Sozialdemokrat sollte doppelt recht behalten. Pionierhaft verwendet der Autor des *Kapital* offizielle Statistiken, Untersuchungsberichte parlamentarischer Kommissionen und Fallschilderungen aus allen verfügbaren Quellen. In seiner Collageform steht das Buch wie ein Monolith in der Literaturgeschichte. Kein Wunder, wenn manche Zeitgenossen dem experimentellen Text nur wenig abgewinnen können. Heute gilt er als zeitlos modern.

»Die breimäuligen Faselhänse der deutschen Vulgärökonomie schelten Stil und Darstellung meiner Schrift«, klagt Marx im Nachwort zur zweiten Auflage in einer Fußnote. »Niemand kann die literarischen Mängel des ›Kapital‹ strenger beurteilen als ich selbst.«[19] Welcher Verfasser eines solchen Werkes achtet schon auf Betonung, Versmaß und Melodie? Passagenweise, oft seitenlang besitzt der Text einen Sound, der ins Ohr geht und im Kopf zu schwingen beginnt.

Komponiert, nicht konstruiert, gewürzt mit unzähligen Zitaten aus der Literatur: aus griechischer Mythologie und der Bibel, von Dichterhelden wie Sophokles, Platon und Homer bis Dante, Goethe und Schiller. Und Shakespeare, Marx' Dichtergott, mit *Hamlet*, *Sommernachtstraum* oder *Timon von Athen*. Die kapitalistische Produktionsweise begreift er als Faustisches Drama, um dann daraus seine eigene Version des *Inferno* zu machen.

Dass sich sein Buch wie eine Neuschrift von Dantes Weltendrama lesen lässt, ist nach Einschätzung des amerikanischen Politikwissenschaftlers William C. Roberts kein Zufall. Darin spiegele sich vielmehr Marx' Auseinandersetzung mit anderen sozialistischen Theoretikern. Das Bild der Moderne als »soziale Hölle« etwa sei bereits unter Fourieristen en vogue gewesen. Und Proudhon habe das Schicksal der Menschheit metaphorisch als Abstieg in die Unterwelt und dann als Flucht aus derselben beschrieben.

Marx folge vordergründig dieser Linie, indem er den Weg des Proletariats wie einen unvermeidlichen Gang durch das kapitalistische Jammertal der Verdammnis schildere. Dahinter gelinge ihm, so Roberts, »eines der großen Werke politischer Theorie«[20].

In seinem ökonomischen Gewand, das die allgemeine Wahrnehmung bestimmt, blickt das *Kapital* nicht minder auf große Vorbilder zurück. Sein Einstieg vom »Reichtum einer Gesellschaft« geht direkt auf Adam Smiths *Wohlstand der Nationen* zurück. Die Arbeitswerttheorie übernimmt er fast wörtlich von Ricardo, nur dass er sie dann anders herleitet und fortschreibt. Und über den »Fall der Profitrate« haben sich ökonomische Denker schon lange vor ihm Gedanken gemacht.

Aber Marx geht weit über sie hinaus. Er legt den Kapitalismus quasi auf die Couch. Seine Methode gleicht – vom Einzelnen auf die Gesamtheit übertragen – dem Ansatz der Psychoanalyse, die nicht zuletzt in der Diagnose ihre Therapie begründet. Erkenntnis als Voraussetzung des Widerspruchs. Jede Weltsicht hat ihr Gegenstück, jeder Antagonismus strebt seiner Auflösung zu. Nichts muss bleiben, wie es ist. So wie sich das Bewusstsein aus dem Sein erklärt, so hängt auch das Wollen am Wissen. Je besser wir uns kennen, desto mehr können wir zur Gesundung beitragen. Unsere Geschichte aber, den Clou teilt Marx mit Freud, die erzählen wir uns selbst.

Heute ist häufig vom Narrativ die Rede, das mal der Linken fehle, mal Europa oder gleich der gesamten Wertegemeinschaft im Geiste der Aufklärung. Marx hat solch eine Erzählung geliefert, und sie hat nichts von ihrer Gültigkeit eingebüßt. Damit liegt er auf Augenhöhe mit den großen, von ihm so bewunderten Dramatikern und ihren ewigen Wahrheiten. In seinem Welttheater steht die Menschheit auf der Bühne, und zugleich sitzt sie im Saal.

Publikum und *Dramatis Personae* sind wir alle mit dem doppelten Bewusstsein von Subjekt und Objekt. Eine modernere Erzählung lässt sich für unser Zeitalter mit seinen schnell verwischenden Grenzen zwischen Sendern und Empfängern kaum finden. Marx' Geschichte ist genauso immerfort in Bewegung und unfertig aus Prinzip wie ihr Gegenstand. Ihr offener, unvollendeter Charakter macht sie zeitlos in dem Sinne, dass jede Generation das Buch erneut wie das eines zeitgenössischen Autors lesen kann.

Es gab Zeiten, da durfte das legendäre Blaubuch des Sozialismus – Band 23 der MEW – in keinem Bücherschrank von Leuten fehlen, die sich für angesagt hielten. Im atheistisch geprägten Osten nahm es den Platz der Familienbibel ein. Als »Bibel der Arbeiterklasse«[21] (Engels) bildete es die wissenschaftliche Basis für die angebliche Überlegenheit des Sozialismus, der sich mit der Quasi-Religion des Marxismus-Leninismus eine Art Ersatzkirche mit eigener Scholastik schuf.

Im Westen stand in den Regalen der gleiche Band 1 aus DDR-Produktion, nicht selten beim Tagesausflug nach drüben für zehn Ostmark aus dem notorischen Zwangsumtausch erstanden. Dem West-Marxismus diente und dient das *Kapital* als kanonischer Text allerdings nicht zum Erhalt, sondern zur Überwindung der bestehenden Ordnung.

Heute trägt Marx' Hauptwerk zum Verständnis der ökonomischen Krise bei, ein gern zitiertes Sturmgeschütz der Kapitalismuskritik, die sich zur globalen Mode aufgeschwungen hat, vom Vatikan bis zum Weltwirtschaftsforum in Davos. Sie darf auf keiner Hollywood-Gala fehlen, Priester und Prediger führen sie wie selbstverständlich im Munde, Theater deklinieren sie rauf und runter, die Gazetten sind voll davon.

Nicht ohne Grund haben die Macher der Kunst-Biennale 2015 in

Venedig den kompletten Text des ersten Bandes in einem Nonstopmarathon von Schauspielern vorlesen lassen. »Als Versuch, die Gesellschaft zu verstehen, in der wir leben«, so *FAZ*-Herausgeber Jürgen Kaube in der Silvester-Ausgabe 2016, »ist das Werk fast ohne Nachfolger geblieben.«[22] Der frisch gewählte französische Präsident Macron auf die Frage der Zeitschrift *Elle*, welche Lektüre er der jungen Generation empfehle: »›Das Kapital‹ von Karl Marx, um die Welt zu verstehen.«[23]

Das rechte Buch zur rechten Zeit mithin, und das nach hundertfünfzig Jahren. Die Besucher der Lagunenstadt konnten sich überzeugen, dass es die Mühen des Verstehens wegen seiner vertrackten Sprache mit hinreißenden Passagen in kunstvoller Schreibe belohnt. Doch genau dieser Aspekt, der Marx so wichtig war, weil er sein Werk auch als Kunstwerk sah, hat weder im Osten noch im Westen kaum je eine Rolle gespielt, bevor die Kunstschau ihm endlich die verdiente Ehre erwies.

Nichtsdestotrotz haftet dem Buch bis heute der Ruf des Schwerverständlichen, ja der Unlesbarkeit besonders der ersten Kapitel an. Selbst der kubanische Revolutionsführer Fidel Castro musste gestehen, über die ersten zwanzig oder dreißig Seiten des ersten Bandes nicht hinausgekommen zu sein.

Das liegt nicht zuletzt an Marx' Anspruch, eine Art vollständige ökonomische Welterklärung mit philosophischem Tiefgang, historischer Herleitung und politischen Konsequenzen zu liefern. Er wagt eine Synthese, von der sich heutige Fachforscher kaum zu träumen trauen.[24]

»Aller Anfang ist schwer, gilt in jeder Wissenschaft«[25], warnt er vorneweg. »Ich unterstelle natürlich Leser, die etwas Neues lernen, also auch selbst denken wollen.«[26] Dass die Lektüre selbst hartgesottene Intellektuelle auf die Probe stellt, hat indes auch einen anderen Grund: Über all die Jahre hat Marx, soweit bekannt, still und einsam an seinem Projekt gearbeitet, sieht man von Gesprächen am Familientisch ab.

In Manchester lebt ein Mann, der hätte sich sicher über den Vertrauensbeweis gefreut und womöglich das Ärgste verhindern können. Doch Marx rückt mit seiner Arbeit nicht heraus. »Was dies ›verdammte‹ Buch betrifft, so steht es so: Es wurde *fertig* Ende Dezember«, lässt er den Freund im Februar 1866 wissen. »Obgleich fertig, ist das Manuskript, riesig in seiner jetzigen Form, nicht herausgebbar für irgend jemand außer mir, selbst nicht für Dich.«[27]

Als Engels das *Kapital* dann endlich zu Gesicht bekommt, hält er Druckfahnen in Händen, auf denen er nur noch Marginalien anbringen kann. »Das Theoretische ganz famos«, merkt er in einem Brief an, als es auch dafür längst zu spät ist. »Für das erste Durchlesen oft positiv unverständlich.«[28]

Fürchtet Marx, der Partner und praktizierende Kapitalist mit seiner klaren und eingängigen Schreibe könnte ihm den schwer zugänglichen Anfang seines Buches madig machen? Ihm empfehlen, dort zu beginnen, wo endlich handelnde Personen ins Geschehen eingreifen? Erst zum Schluss des vierten Kapitels (von fünfundzwanzig) über »Die Verwandlung von Geld in Kapital«, auf Seite 189 der heutigen Ausgabe, kommt endlich Leben in die abstrakte Erzählung.

Doch das würde Marx nicht gerecht. Als Autor hat er vielleicht über kein Problem so lange nachgedacht wie über den Einstieg zu seinem »großen ökonomischen Werk«. Dazu sucht er nach einer Art Keimzelle des Kapitalismus, die bereits dessen sämtliche Anlagen enthält – philosophisch gesprochen nach einer Kategorie, von der sich alles Übrige herleiten lässt. Das hat er bei Hegel über den Aufbau vollständiger Theorien mit Mitteln der Dialektik gelernt.

Das Nächstliegende, mit dem Ergebnis zu beginnen, mit der Ausbeutung und ihren Folgen, um dann den Ursachen auf den Grund zu gehen, schließt sich damit aus. »Die Marxsche Konzeption«, sagt der Münsteraner Philosoph Michael Quante, »ist über das gesamte Buch hinweg mittels der Denkfigur des Innen-und-Außen, des Gegensatzes von Wesen und Erscheinung, organisiert.«[29] Jenen Themen also, mit denen sich Marx seit seiner Pariser Zeit ab 1844 beschäftigt hat. Der »Vulgärökonomie« schreibt er in Band 3 des *Kapital* ins Stammbuch, »alle Wissenschaft wäre überflüssig, wenn die Erscheinungsform und das Wesen der Dinge unmittelbar zusammenfielen«[30].

Lange hat er das Geld für den Anfang favorisiert. Eine Wahl, die aus heutiger Sicht angesichts der sich damals abzeichnenden Herrschaft der Finanzindustrie plausibel erscheint. Doch der Mammom stand nicht am Anfang des Kapitalismus, jenes Wirtschaftssystems, das erst zwischen Mitte und Ende des 18. Jahrhunderts entstanden ist.

Eines Tages – noch Ende der 1850er-Jahre – muss es ihm gedämmert haben, dass er seine Geschichte vom Geld aus nicht fertigbringen kann. Stattdessen entscheidet er sich für das, was sich mit Geld kaufen und für Geld verkaufen lässt, das Hergestellte: die Ware. Ein Entschluss mit weitreichenden Folgen. Am Ende steht ein Stück Weltliteratur. Es hat seinen Platz im Kulturerbe der Menschheit verdient.

A. Die Geburt der Theorie

Die Geschichte des *Kapital* und seiner Begleiterscheinungen ist die halbe Geschichte des Karl Marx. Als archimedischer Schwerpunkt teilt es seine Londoner Zeit in zwei gleich lange Phasen, Saat und Ernte, aber auch Erwartung und Enttäuschung. Stünde die Zeit still, ihrer Dauer beraubt, und alles fände gleichzeitig im selben Augenblick statt, dann würden die Elemente seines Lebens um diesen Schwerpunkt kreisen wie Sterne um ein Schwarzes Loch.

Der Versuch eines Forschers, die Welt zu verstehen, indem er die Wirtschaft auf ökonomischem und philosophischem Weg in ihre Bestandteile zerlegt. Aber auch Nachweis der Daseinsberechtigung eines geistigen Schwerstarbeiters, dem der Geruch des Schmarotzers anhängt. Und nicht zuletzt das politische Statement eines revolutionären Geistes.

»Es ist sicher das furchtbarste Missile, das den Bürgern (Grundeigentümer eingeschlossen) noch an den Kopf geschleudert worden ist«[31], frohlockt er gegenüber Johann Philipp Becker.

Dieses Buch wirkt nicht nur phänomenal, weil es von einem Phänomen handelt, das Menschen geschaffen haben, aber nicht mehr beherrschen. Es führt seinen Lesern den modernen Moloch vor, der wie sein antikes Vorbild selbst vor Kinderopfern nicht zurückschreckt. Ein allmächtiges Wesen, das scheinbar alles geben und alles nehmen kann. Auch seinem Verfasser. Allein die Lektüre lässt die übermenschliche Anstrengung erahnen, die es ihm abverlangt haben muss.

Vier Jahre bevor es herauskommt, Anfang November 1863, schreibt Frau Marx an »Herrn Engels«: »Es ist, als ob das unselige Buch nie zustande kommen sollte. Es lastet wie ein Alp auf uns allen. Wäre der Leviathan nur erst gelauncht!!«[32] Bei einem Arbeiter, der ihm mehrere Briefe geschrieben hat, die »mir nicht nur eine *große Freude* bereitet haben, sondern ein *wahrer Trost* für mich waren während der sehr qualvollen Periode«, entschuldigt Marx sich für seine säumige Reaktion:

»Warum ich Ihnen also nicht antwortete? Weil ich fortwährend am Rande des Grabes schwebte. Ich mußte also *jeden* arbeitsfähigen Moment benutzen, um mein Werk fertigzumachen, dem ich Gesundheit, Lebensglück und Familie geopfert habe... Wenn man ein Ochse sein wollte, könnte man natürlich den Menschheitsqualen den Rücken kehren und für seine eigne Haut sorgen. Aber ich hätte mich wirklich für *unpraktisch* gehalten, wenn ich krepiert wäre, ohne mein Buch, wenigstens im Manuskript, ganz fertigzumachen.«[33]

Wohl selten hat ein Autor solch ein Projekt unter solch prekären Umständen gestemmt. Von Krankheit geplagt, ständig mit einem Bein im Pfandhaus, politisch lange isoliert, während sich in der Heimat Kontrahent Lassalle zum Arbeiterführer aufschwingt und als sozialistischer Schriftsteller einen Namen macht.

Marx lässt sich nicht beirren. Nicht vom Misserfolg seines ersten Anlaufs, der *Kritik* von 1859, und auch nicht von den Mühen der Ebene – darunter ein erstes Manuskript von sage und schreibe zweitausenddreihundert Seiten, hingeworfen zwischen 1861 und 1863, und dann ein etwa halb so umfangreicher Entwurf aus den Jahren 1863 bis 1865.

Als sie in der *Gesamtausgabe* seiner und Engels' Werke erscheinen, geradezu symbolhaft um die Zeit des Mauerfalls 1989, offenbaren sie einen beispiellosen Einblick in das Arbeiten eines wissenschaftlich wirkenden Schriftstellers. Er hätte gut und gerne noch einmal so viele Versuche unternommen, hätten sich ihm nicht die Lebensumstände in den Weg gestellt. In diese Zeit nämlich, gerade einmal zwei Wochen nach dem Duelltod seines Freundfeindes Lassalle 1864, fällt ein Ereignis, das sein politisches Leben noch einmal in neue Bahnen lenkt:

Die Internationale, von der noch zu reden sein wird, ermöglicht ihm nicht nur, seine Ideen im Programm des ersten grenzenlosen Netzwerks der Linken zu verankern. Als ihr Wortführer sieht er sich gedrängt, seine wissenschaftliche Autorität und theoretische Überlegenheit durch ein grundlegendes Werk für die Bewegung zu manifestieren. Vielleicht der entscheidende Ansporn. Er will der Arbeiterbewegung vermitteln, wie sich die Geburtswehen der kommenden Gesellschaft abkürzen lassen.

Seine umfangreichen »Vorarbeiten« zeigen eindrucksvoll, wie er sich buchstäblich eingräbt und verzettelt und dann von der schieren Größe geradezu erdrückt wird. Das beschreibt ihn aber weniger als Zauderer denn als gewissenhaften und fanatischen Wissenschaftler auf der Suche nach der letzten Wahrheit. Bereits 1858, während seiner Arbeit an der *Kritik*, hat er Lassalle gestanden:

»Die Sache geht aber sehr langsam voran, weil Gegenstände, die man seit vielen Jahren zum Hauptobjekt seiner Studien gemacht, … immer wieder neue Seiten zeigen und neue Bedenken sollizitieren.«[34] Ein paar Jahre später heißt es an denselben: »Dazu kömmt meine Eigentümlichkeit, daß, wenn ich nach 4 Wochen etwas fertig Geschriebnes von mir sehe, ich es ungenügend finde und wieder total umarbeite.«[35]

Seinen verzweifelten Hang zur Perfektion teilt Marx mit so vielen Künstlern, die nichts aus der Hand geben können, das vor ihren eigenen Augen keinen Bestand haben würde. Die Geschichte der Musik, der Malerei oder, wie hier, der Literatur kennt unzählige Beispiele zurückgehaltener Werke, die posthum gefeiert werden. Genauso sieht sich Marx, genauso sollte er verstanden werden: als wissenschaftlicher Künstler und künstlerisch arbeitender Wissenschaftler.

»Das ist der Vorzug meiner Schriften«, lässt er Engels Ende Juli 1865 wissen, »daß sie ein artistisches Ganzes sind, und das ist nur erreichbar mit meiner Weise, sie nie drucken zu lassen, bevor sie *ganz* vor mir liegen.«[36] Es ist die gleiche Euphorie, die ihn fünf Monate später den Anfang vom Ende des Martyriums verkünden lässt: »Ich begann die Abschreiberei und *Stilisierung* Punkt ersten Januar, und die Sache ging sehr flott voran, da es mir natürlich Spaß macht, das Kind glattzulecken nach so vielen Geburtswehn.«[37]

Das wird der Freund gern gelesen haben. Bis dahin ist immer nur von der »ökonomischen Scheiße« die Rede gewesen, wenn es um das Opus ging. Eine Woche später blitzt sogar der Stolz des Autors durch: »Die *Komposition,* der Zusammenhang, ist ein Triumph der deutschen Wissenschaft, den ein einzelner Deutscher eingestehn kann, da es in no way sein Verdienst ist, vielmehr der *Nation* gehört.«[38] Gleichzeitig findet er Worte, seine tiefe Dankbarkeit auszudrücken: »Lieber boy, unter allen diesen Umständen fühlt man more than ever das Glück solcher Freundschaft, wie sie zwischen uns existiert. Du weißt Deinerseits, daß keine Beziehung für mich so hoch gilt.«[39]

Im selben Brief gibt er einen Einblick in das Spektrum seiner Interessen und zitiert eine Entdeckung, die dem Chemiker Justus von Liebig ein »Jauchzen« entlockt habe: »›Durch die Verbrennung eines Pfundes Steinkohle oder Holz empfängt die Luft nicht nur die Elemente wieder, um dieses Pfund Holz, oder unter Umständen die Steinkohle wieder zu erzeugen, sondern der Verbrennungsprozeß verwandelt *an sich*‹ (merke die Hegelsche Kategorie) ›eine gewisse Menge Stickstoff der Luft in einen für die Erzeugung von Brot und Fleisch unentbehrlichen Nährstoff.‹ I feel proud of the Germans. It is our duty to emancipate this ›deep‹ people.«[40] Ich bin stolz auf die Deutschen. Es ist unsere Pflicht, dieses »tiefsinnige« Volk zu emanzipieren.

Doch Engels muss noch mehr als ein Jahr warten, bis endlich der erlösende Brief aus London eintrifft: »Ich hatte mir vorgenommen, Dir nicht zu schreiben, bis ich Dir das Fertigsein des Buches anzeigen könnte, was jetzt der Fall ist... Ich muß nächste Woche selbst mit dem Manuskript nach Hamburg... Ich muß nun d'abord meine Kleidungsstücke und Uhr, die im Pfandhaus wohnen, herausnehmen.«[41]

Engels jubelt: »Hurra! Dieser Ausruf war irrepressibel.«[42] Er schickt sieben halbe Fünfpfundnoten und lässt wie üblich »die zweiten Hälften gleich nach Empfang des gewöhnlichen Telegramms«[43] folgen. So kann Marx unbeschwert die Schiffsreise von London in die Hansestadt an der Elbe antreten.

An Bord des Segelraddampfers John Bull zeigt er sich in bester Stimmung. »Höchst tolles Wetter und Sturm. Mir war, nach dem langen Verschluß, dabei so kannibalisch wohl als wie 500 Säuen.«[44] Faust, und immer wieder Faust. Während die Mehrheit der Fahrgäste unter Seekrankheit leidet, feiert Marx die Befreiung. Nach einundfünfzig Stunden Reise legt Kapitän Marshall am Landungsplatz für Dampfschiffe im Hamburger Hafen an und befreit seinerseits die schwankenden Gestalten.

Marx will das Manuskript seinem Verleger persönlich überreichen. Und Druck machen auf baldigen Druck. Otto Meißner hat angedeutet, erst die versprochenen Teile 2 und 3 abwarten zu wollen. Hätte er darauf bestanden, wäre das große Buch wohl erst viel später oder nie erschienen. Doch bald kann der Autor Entwarnung melden:

»Netter Kerl, obgleich etwas sächselnd, wie sein Name andeutelt. Nach kurzem Pourparler all right. Manuskript sofort in sein Verlagshaus gebracht, dort in safe gesteckt. Der Druck wird in a few days beginnen und rasch vonstatten gehn. Wir kneipten dann, und er erklärte sein großes ›Entzücken‹, meine werte Bekanntschaft gemacht zu haben.«[45]

Ein Vierteljahrhundert, mehr als die Hälfte seines Erwachsenenlebens, hat er an seinem Text gearbeitet. Nun kann es ihm gar nicht schnell genug gehen. »Meißner, der die Geschichte in 4–5 Wochen fertig haben will, kann nicht in Hamburg drucken lassen, weil weder die Zahl der Drucker noch die Gelehrsamkeit der Korrektoren hinreichend. Er druckt daher bei Otto Wigand.«[46]

Der Kollege in Sachsen verfügt offenbar über die nötigen Kapazitäten, das Mammutwerk fertigzustellen. Die Post geht per Eisenbahn in wenigen Stunden von der Elbmetropole nach der Stadt am Zusammenfluss von Weißer Elster, Pleiße und Parthe. »Heut vor 8 Tagen schickte er das Manuskript nach Leipzig«, geht die Nachricht nach Manchester.

»Nun ist aber die Osterwoche dazwischengekommen. Wigand jr. schrieb an Meißner, daß er erst Ende *dieser* Woche anfangen kann. Auf K's dringende Einladung bin ich also (was auch aus ökonomischen Gründen besser) hierhingegangen für das Interim.«[47] »Hierhin« heißt: nach Hannover, wo der Brief abgestempelt wird. »Ich bin nämlich gezwungen, in Hamburg oder dicht bei Hamburg zu bleiben von wegen des Drucks.«[48] Schon damals per Bahn kaum mehr als ein Katzensprung.

Hinter »K« verbirgt sich Louis Kugelmann, »ein sehr bedeutender Arzt in seinem Spezialfach, nämlich als Gynäkolog«[49]. Der Mediziner, Teilnehmer an der Achtundvierziger-Revolution, danach Mitglied im Kommunistenbund und später der Ersten Internationale, gehört zu Marx' wichtigsten Kampfgenossen der reifen Jahre. Er verehrt den Theoretiker und besitzt eine vollständigere Sammlung von dessen Schriften als der Autor selbst.

An seinem neunundvierzigsten Geburtstag, am 5. Mai 1867, macht sich Marx selbst das schönste Geschenk: Im Hause Kugelmann hält er die ersten Druckfahnen seines Opus in Händen. Wie an jenem Frühlingstag damals an der Mosel, als er das Licht der Welt erblickt, zieht Fliederduft durch die Straßen. Ein Proustscher Moment just in dem Augenblick, als er die Früchte seiner wichtigsten Arbeit erstmals im Format für die Ewigkeit vor sich sieht: gedruckt auf Papier. Das wird ihm keiner mehr nehmen.

»Ich hoffe und glaube zuversichtlich«, schreibt er Engels, »nach Jahresfrist soweit ein gemachter Mann zu sein, daß ich von Grund aus meine ökonomischen Verhältnisse reformieren und endlich wieder auf eignen Füßen stehn kann.«[50] Seit fast zwanzig Jahren permanent knapp bei Kasse, dankt er einmal mehr seinem Freund und Versorger: »Ohne Dich hätte ich das Werk nie zu Ende bringen können.«[51]

Doch kaum hat er sich gefreut, ziehen schon wieder dunkle Wolken auf. »Wovor ich mich am meisten fürchte«, gesteht er zwei Tage später freimütig, »ist die Rückkehr nach London, die in 6–8 Tagen doch notwendig wird. Die Schulden dort sind bedeutend, und die Manichäer warten ›dringend‹ auf meine Rückkehr. Dann wieder der Familienjammer, die inneren Kollisionen, die Hetzjagd, statt frisch und ungeniert an die Arbeit zu gehn.«[52] Verbirgt sich dahinter bereits die erste Andeutung einer Entschuldigung, warum sich die Arbeit an den Folgebänden verzögern könnte?

Auf der Rückfahrt über den Ärmelkanal kommt es zu einer merkwürdigen Begegnung. Marx beschreibt »ein deutsches Fräulein, das mir schon durch seine militärische Haltung aufgefallen war«. Sie habe ihn ersucht, ihr bei der Ankunft in London »mit ihrem vielen Gepäck« zu helfen.

»Um 2 Uhr nachmittags kamen wir an«, berichtet er Kugelmann. »Ich brachte la donna errante zu ihrer Station, wo ich erfahre, daß ihr Zug erst 8 Uhr abends abgeht. So, I was in for it und hatte 6 Stunden mit Mademoiselle durch Spazierengehn im Hyde-Park, Niederlassen in Ice shops etc. totzuschlagen. Es ergab sich, daß sie Elisabeth von Puttkamer hieß, *Nichte Bismarcks*, bei dem sie eben einige Wochen in Berlin zugebracht hatte… Sie war ein munteres, gebildetes Mädchen, aber aristokratisch und schwarzweiß bis zur Nasenspitze. Sie war nicht wenig erstaunt, als sie erfuhr, daß sie in *›rote‹* Hände gefallen sei. Ich tröstete sie jedoch, daß unser Rendezvous ›ohne Blutverlust‹ abgehen werde, und sah sie saine et sauve nach ihrem Bestimmungsplatz abfahren. Denken Sie, welches Futter dies wäre für… Vulgär-Demokraten, meine conspiracy with Bismarck!«[53]

Der spätere Reichskanzler dürfte den Bericht seiner Nichte gleichermaßen interessiert wie amüsiert zur Kenntnis genommen haben. Möglicherweise hat sich das steife Fräulein nicht zufällig auf demselben Schiff befunden wie Marx. Während seines Aufenthaltes in Hannover hat er Engels eine Begebenheit berichtet, die mit dem Treffen an Bord in Zusammenhang stehen könnte: »Bismarck schickte mir gestern einen seiner Satrapen, den Advokaten Warnebold (dies *unter uns*). Er wünscht mich und ›meine großen Talente im Interesse des deutschen Volks zu verwerten‹.«[54]

Es ist bereits der mindestens zweite Versuch, Marx vom Gegner des preußischen Staates zu seinem getreuen Zuarbeiter zu machen. Drei Jahre zuvor ist er aufgefordert worden, monatliche Artikel über Finanzfragen für das offizielle Regierungsblatt zu liefern – was er in ebenso dankenswerter Weise abgewiesen hat wie die erneute Offerte. Engels' Einschätzung der Sache dürfte im Wesentlichen stimmen: »B denkt, wenn ich nur fortfahre, bei M anzuklopfen, so treffe ich schließlich doch einmal den richtigen Moment, und wir machen dann doch ein Geschäftchen zusammen.«[55]

Davon kann bei M aber keine Rede sein. Wie jeder engagierte Autor fiebert er den Reaktionen auf sein Werk entgegen. Die bemerkenswerteste Besprechung stammt von einer enthusiastischen Erstleserin. Wenige Wochen nach Erscheinen heißt es im Brief an einen Bekannten:

»Wenn Sie schon in den Besitz des Buches von Karl Marx gekommen sind, so rate ich Ihnen, ... über ursprüngliche Akkumulation des Kapitals und moderne Kolonisationstheorie zuerst zu lesen ... Natürlich hat Marx keine spezifischen Heilmittel ..., keine Pillen, keine Salben, keine Scharpie, um die klaffenden, blutenden Wunden unserer Gesellschaft zu heilen; aber es scheint mir, daß ... es keine Kleinigkeit war, den erstaunten Philister durch statistische Tatsachen und dialektische Manöver auf die schwindelnde Höhe folgender Sätze zu bringen: ›Die Gewalt ist der Geburtshelfer jeder alten Gesellschaft, die mit einer neuen schwanger geht ... Manch Kapital, das heute in den Vereinigten Staaten ohne Geburtsschein auftritt, ist gestern in England kapitalisiertes Kinderblut ... Wenn das Geld mit natürlichen Blutflecken auf einer Backe zur Welt kommt, so das Kapital von Kopf bis Zeh, aus allen Poren, blut- und schmutztriefend.‹ Oder der ganze Passus von: ›Die Stunde des kapitalistischen Privateigentums schlägt‹ usw. bis zum Schluß. Ich muß aufrichtig gestehen, daß mich dieser einfache Pathos der Sache ergriffen und daß mir die Geschichte klar wie Sonnenschein.«[56]

Die begeisterte Leserin verdankt ihre intime Kenntnis des Textes allerdings nicht der Lektüre der frisch erschienenen Ausgabe. Sie hat ihn bereits vor Drucklegung als Erste und Einzige zu sehen bekommen. Marx erster und größter Fan ist seine Frau Jenny.

B. Vom Doppelcharakter zum Warenfetisch

Im *Kapital* will der »Allround-Intellektuelle«[57] alles erklären – ganz im Geiste der Totalität in Hegels *Philosophischer Wissenschaft*: die Entstehung des Kapitalismus, sein Funktionieren, seinen möglichen Untergang; die Verelendung der Arbeiter, die Ursachen der wiederholt auftretenden Krisen, Ware und Wert, Kredit und Zins, und das in einem Prozess vielfach verschlungener Zirkulationen.

Deshalb greift jede Klassifizierung zu kurz, die das Buch allein einer Kategorie wie Ökonomie, Politik oder Soziologie zuordnen will. Dennoch wird Marx in erster Linie als Wirtschaftstheoretiker wahrgenommen. »Er war einer der ersten Makroökomen der Geschichte«, so der deutsche Ökonom Hans-Werner Sinn, »und hat diese Teildisziplin wesentlich begründet.«[58] Gleichzeitig will Marx jene Geistergeschichte zu Ende erzählen, die bereits in seinem Frühwerk mit den Bildern von Zauberlehrling und Hexenmeister begann.

Schon der erste Satz spannt ein Universum auf. Er drückt, so der irisch-mexikanische Politikwissenschaftler John Holloway, »den zentralen Gedanken der Marx'schen Kritik des Kapitalismus aus«[59]:

»Der Reichtum der Gesellschaften, in welchen kapitalistische Produktionsweise herrscht, erscheint als eine ›ungeheure Warensammlung‹, die einzelne Ware als seine Elementarform.«[60]

Hat er, vom sinnlichen Standpunkt aus, nicht recht? Wenn wir uns umschauen, ist fast alles, was unseren Alltag ausmacht, WARE oder einmal Ware gewesen: her- oder bereitgestellt, ver- und gekauft. Aber Marx zielt auf das Übersinnliche, das über die Menschen herrscht.

Wenn Reichtum nur noch aus Waren besteht, so Holloway, dann stecke darin das ganze Elend des Kapitalismus. Damit hat Marx die Brücke zwischen Früh- und Spätwerk geschlagen. Das Eigene wird zum Fremden, das Fremde zum Eigenen, und das Sein verliert sich im Haben. Er sucht das Eigentliche: Was macht Geschichte? – untersucht am Beispiel der gegenwärtig vorherrschenden Wirtschaft und Gesellschaft.

»Was ich in diesem Werk zu erforschen habe«, hat er im Vorwort erklärt, »ist die kapitalistische Produktionsweise und die ihr entsprechenden Produktions- und Verkehrsverhältnisse.«[61] Auch wenn er hier noch einmal auf die gleichen Begriffe zurückgreift wie in den Frühschriften: Aus der Larve ist ein Falter geworden. Während der Verwandlung im Innern des Kokons hat die Theorie Flügel bekommen. Im freien Flug begreift sie den Unterschied zwischen Außen und Innen, Ich und dem Rest der Welt.

Marx bringt einen Begriff ins Spiel, der sein weiteres Denken prägt: Dinge oder Dienste, die zu Waren werden, sind »zwieschlächtig«. Sie besitzen einen DOPPELCHARAKTER wie Dr. Jekyll und Mister Hyde. Eine Dualität, vergleichbar dem Doppelcharakter des Lichtes, wie ihn Einstein aus dessen scheinbar unvereinbaren Eigenschaften abgeleitet hat: Je nach Betrachtung ist es mal Welle, mal Teilchen.

Im Marxschen Werk besteht das Zweifache zunächst im bekannten Unterschied von GEBRAUCHS- und TAUSCHWERT. Über den wird schon mindestens seit Aristoteles nachgedacht. Der Grieche zählt zu den meistzitierten Autoren im 1. Band. Marx macht daraus den Anfang seiner Geschichte des Eigentlichen, der unheimlichen Macht, die im Kapitalismus herrscht. Sie beginnt, wie er bereits gewarnt hat, so kompliziert, dass man das Buch schon nach den ersten Seiten wieder zuklappen möchte:

»Der Tauschwert erscheint zunächst als das quantitative Verhältnis, die Proportion, worin sich Gebrauchswerte einer Art gegen Gebrauchswerte anderer Art austauschen, ein Verhältnis, das beständig mit Zeit und Ort wechselt. Der Tauschwert scheint daher etwas Zufälliges und rein Relatives, ein der Ware innerlicher, immanenter Tauschwert (valeur intrinseque) also eine contradictio in adjecto«[62] – ein Widerspruch in sich selbst.

Nützlichkeit und Preis haben demnach oft nichts miteinander zu tun: Dinge, die man täglich in die Hand nimmt, können ein paar Cent kosten, andere, die selten oder nie zum Einsatz kommen, ein kleines Vermögen. Der Gebrauchswert von Dingen, für jeden unterschiedlich, ist Menschen indes schon bewusst, bevor sie in Tauschrelationen denken. Mit dem Feuerstein lässt sich Reisig entzünden, mit dem Speer ein Reh erlegen.

Aber wer käme auf die Idee, die Gebrauchswerte der beiden zu vergleichen, oder den einer Zahnbürste mit dem eines Fußballs? Die Nützlichkeit von Dingen lässt sich nicht messen, es gibt keine objektive Werteskala. Was dem einen unentbehrlich ist, bringt dem anderen nichts. Der Gebrauchswert, für den Waren angeblich ursprünglich hergestellt werden, ist subjektiv im Auge des Betrachters, nicht allgemein bestimmbar. Dagegen besitzt der Tauschwert einen objektivierbaren Charakter, messbar zum Beispiel in Geld, vermittelt durch den Markt.

Aber sie sind in ihrem doppelten Charakter unabhängig voneinander. Das eine verrät nichts über das andere. »Bisher«, sagt Marx, »hat noch kein Chemiker Tauschwert in Perle oder Diamant entdeckt«.[63]

Wenn er »scheint« schreibt oder »erscheint«, wie im ersten Satz, statt »ist«, dann tritt damit von Anfang an der geisterhafte Charakter seines Dramas zutage. Als Philosoph weiß er die Schatten in Platons Höhle zu deuten: Das Abbild wirklicher Gestalten verbindet etwas, das wie »ein Gemeinsames von derselben Größe in zwei verschiednen Dingen existiert«[64]. Er nennt es bei seinem herkömmlichen Namen »Wert« und verwendet das Wort synonym zu Tauschwert. Dann leistet er ein psychologisches Kunststück und gibt dem Wert, der ohnehin nur in menschlichen Köpfen existiert, zwei Dimensionen: Wert haben und Wert sein. Sie spannen das Koordinatensystem des Kapitalismus auf, vergleichbar Raum und Zeit in der Physik.

»Als Gebrauchswerte sind die Waren vor allem verschiedner Qualität, als Tauschwerte können sie nur verschiedner Quantität sein, enthalten also kein Atom Gebrauchswert.«[65] Hier liegt der Grund der Zwieschlächtigkeit: Wir sehen jedes Ding mit doppeltem Blick – wozu es uns dient und was es uns wert ist, wenn wir es kaufen oder verkaufen.

Marx' Verdienst liegt im Verständnis des Elementaren. Ausgehend von seinen Überlegungen zur Entfremdung und ihrem Extrem, der Entzweiung, macht er die Dualität von Haben und Sein zum Grundton seiner Erzählung: Luft *hat* einen Wert, sie ist sogar lebensnotwendig. Aber sie *ist* kein Wert, lässt sich nicht verkaufen, gegen nichts tauschen.

Eine Tulpenzwiebel hat im »Gebrauch«, wenn sie aufgeht, eigentlich nur den geringfügigen Wert einer Blume. Ein paar Cent auf dem Großmarkt vielleicht. Aber sie kann, wenn mit ihr spekuliert wird wie 1637 in Amsterdam, so wertvoll werden wie ein Reitpferd – bevor die Spekulationsblase platzt.

Menschen können um die Wertlosigkeit einer Sache wissen und sie dennoch wertschätzen. Die Muschel vom letzten Strandurlaub etwa oder Omas Küchenuhr, auch wenn sie nicht mehr tickt. Niemand gäbe ihnen dafür einen Penny. Umgekehrt erzielen Dinge wie Zuchtzierfische oder ausgefallene Autokennzeichen auf ihren Märkten Höchstpreise.

Mit dem »Doppelcharakter« der Dinge gibt Marx der kapitalistischen »Warensammlung« ein zweites Gesicht. Damit gerät einmal mehr das »Unheimliche« ins Augenmerk, von dem er im *Kapital* wieder und wieder spricht. Der Spuk macht auch nicht halt, wo er etwas scheinbar Konkretes, Praktisches, die ARBEIT auf die Bühne schickt: die schöpferische Quelle hinter der Produktion.

Kaum im Spiel, gerät auch die Arbeit in den Strudel des Dualismus: In ihr spiegelt sich der Doppelcharakter der Ware wider. »Diese zwieschlächtige Natur der in der Ware enthaltenen Arbeit«, notiert Marx nicht ohne Stolz, »ist zuerst von mir kritisch nachgewiesen worden. Da dieser Punkt der Springpunkt ist, um den sich das Verständnis der politischen Ökonomie dreht, soll er hier näher beleuchtet werden.«[66]

In einem Brief an Engels nennt Marx die Entdeckung des Doppelcharakters der Arbeit, »je nachdem sie sich in Gebrauchswert oder Tauschwert ausdrückt«, ohne falsche Bescheidenheit »das Beste an meinem Buch«.[67]

Arbeit schafft zwei Arten von Werten, so unterschiedlich wie der Geschmack des Kuchens und sein Nährwert. Hersteller produzieren Dinge und Dienstleistungen mit Hand und Verstand zum möglichen Gebrauch. Näherinnen von Jeans oder T-Shirts, aber auch etwa Facharbeiter in der Metallindustrie oder Programmierer, können sich bei der Arbeit vorstellen, wie Menschen ihre Hosen, Turbinen oder Apps benutzen werden. Doch sobald sie hergestellt sind und auf den Markt geraten, zählt etwas anderes, Abstrakteres. Dort dienen sie allein dem Tausch, treten in ein Verhältnis zu Eiscreme und Eigentumswohnung.

»Das Arbeitsprodukt ist nicht länger Tisch oder Haus oder Garn oder sonst ein nützlich Ding. Alle seine sinnlichen Beschaffenheiten sind ausgelöscht … Mit dem nützlichen Charakter der Arbeitsprodukte verschwindet der nützliche Charakter der in ihnen dargestellten Arbeiten …, sie … sind allzusamt reduziert auf gleiche menschliche Arbeit, abstrakt menschliche Arbeit.«[68]

Mit der neuen Kategorie, Kern seiner Arbeitswertlehre, führt Marx eine neue Denkweise ins Feld: ABSTRAKTE ARBEIT, eine Art gesellschaftlicher Durchschnittswert, lässt sich nicht bestimmen. Aber vergleichen. Wie etwa Längen und Gewichte untereinander. Und das geschieht auf dem Markt. Damit bildet sie das ideale Gegenstück zur anderen Seite der Gleichung, zum Tauschwert, den Marx als genuin soziale Beziehung beschreibt.

Niemand und nicht einmal die klügste Maschine der Welt könnte beim Gang durchs Warenhaus die Bestandteile an mittelbarer und unmittelbarer Arbeit aufschlüsseln, die in Apfel oder Apfelshampoo stecken. All die unterschiedlichen Verrichtungen an Arbeitsplätzen jeder Art verwandeln sich bei Marx in etwas Gemeinsames, nicht absolut, aber relativ aneinander Messbares. Umgekehrt könnte auch kein hoch arbeitsteiliger Produzent in Rechnung stellen, welcher Teil des Wertes aus seiner eigenen Tätigkeit stammt.

Nur das versteckte *Made in* mit dem Herstellungsland auf dem Etikett ruft bisweilen noch Bilder der dortigen Zustände ins Gedächtnis. Doch auch wenn sie uns vielleicht Mitleid abnötigen: Beim Kauf zum günstigen Preis gehen wir stillschweigend davon aus, dass Arbeit dort, wo sie geleistet wird, nicht mehr hergibt. Unbewusst übersetzen wir Wert in abstrakte Arbeit der Gesellschaft zurück – und liegen damit sogar ziemlich richtig.

Das Hemd aus Bangladesch ist nicht billiger, weil in ihm weniger Arbeitskraft steckt, sondern schlechter bezahlte. Dafür reichen die Grundrechenarten aus. »Wird Kapital ins Ausland geschickt«, erklärt Marx in

Band 3 des *Kapital*, »so geschieht es nicht, weil es absolut nicht im Inland beschäftigt werden könnte. Es geschieht, weil es zu höherer Profitrate im Auslande beschäftigt werden kann.«[69]

Arbeit ist damit gesellschaftlich »doppelt bestimmt«, gleichzeitig konkret nützlich und abstrakt allgemein. »Betrachten wir nun das Residuum der Arbeitsprodukte. Es ist nichts von ihnen übriggeblieben als dieselbe gespenstige Gegenständlichkeit, eine bloße Gallerte unterschiedsloser menschlicher Arbeit.«[70] Das Schaurige muss man dem *Kapital* nicht erst andichten. Es durchzieht die Erzählung. Die »Dinge stellen nur noch dar, daß in ihrer Produktion menschliche Arbeitskraft verausgabt, menschliche Arbeit aufgehäuft ist. Als Kristalle dieser ihnen gemeinschaftlichen gesellschaftlichen Substanz sind sie Werte – Warenwerte.«[71]

Damit ist ein weiterer zentraler Begriff gefallen: Der WARENWERT als gemeinsames Maß der Arbeit gilt für einfache wie für komplizierte Tätigkeien, für Fließbandarbeiter wie Unternehmensvorstand. Sie alle leisten »produktive Verausgabung von menschlichem Hirn, Muskel, Nerv, Hand usw.... Eine Ware mag das Produkt der kompliziertesten Arbeit sein, ihr *Wert* setzt sie dem Produkt einfacher Arbeit gleich und stellt daher selbst nur ein bestimmtes Quantum einfacher Arbeit dar.«[72]

Von hier an treibt Marx seine Figuren im tollen Spiel durch die Manege. Da wird die Arbeit zur WERTBILDENDEN SUBSTANZ, in der gleiche ARBEITSQUANTA dieselbe WERTGRÖSSE besitzen. Auch wenn es in dieser fast naturwissenschaftlich anmutenden Wortwahl noch nicht zu erkennen ist: Der Autor steuert stur auf sein Nahziel hin – Verwertung durch Ausbeutung.

Dafür muss er ein Verhältnis etablieren, in dem einer nimmt und der andere gibt. Er bringt erneut die alte Frage von Haben und Sein ins Spiel: »Menschliche Arbeitskraft im flüssigen Zustand oder menschliche Arbeit bildet Wert, aber ist nicht Wert. Sie wird Wert in geronnenem Zustand, in gegenständlicher Form«[73] – so wie sich des Tischlers Geschick und Muskelkraft, Handgriffe und Gedanken im Tisch vergegenständlichen.

Faszinierend, wie Marx die scheinbar passiven Objekte immer wieder in handelnde Subjekte verwandelt: »Man sieht, alles, was uns die Analyse des Warenwerts vorher sagte, sagt die Leinwand selbst, sobald sie in Umgang mit andrer Ware, dem Rock, tritt. Nur verrät sie ihre Gedanken in der ihr allein geläufigen Sprache, der Warensprache.«[74] Genau so nehmen die Dinge Kontakt zu uns auf, wenn wir durch die Regalreihen im Kaufhaus oder die Angebote im Internet spazieren.

In seinem theoretischen Gruselkabinett macht Marx die Leser nun mit einem ganzen Zirkus von »Formen« vertraut, in dem die »relative Wertform« einerseits mit der NATURALFORM eine DOPPELFORM bildet, andrerseits zusammen mit der ÄQUIVALENTFORM als deren Gegenpol wiederum nur eine Funktion der WERTFORM, einer Ableitung aus der Naturalform der Ware, die sich wiederum von der »einfachen« in eine »allgemeine Wertform« verwandelt. »Die erste Eigentümlichkeit, die bei Betrachtung der ÄQUIVALENTFORM auffällt, ist diese: Gebrauchswert wird zur Erscheinungsform seines Gegenteils, des Werts.«[75]

Was dem Laien mitunter wie Gagaismus erscheint, besitzt natürlich einen tieferen Sinn. »Das Eisen vertritt im Gewichtsausdruck des Zuckerhuts eine beiden Körpern gemeinsame Natureigenschaft, ihre Schwere, während der Rock im Wertausdruck der Leinwand eine übernatürliche Eigenschaft beider Dinge vertritt: ihren Wert, etwas rein Gesellschaftliches.«[76]

Damit schlägt Marx gewissermaßen den Bogen zwischen Leib und Seele, dem objektiv Messbaren einerseits und dem subjektiv Bestimmten in gemeinschaftlicher Akzeptanz auf der anderen Seite. Das Kilo auf dem Markt ergibt erst einen Sinn im Angesicht der Ware: »The proof of the pudding is in the eating«[77], zitiert Engels eine alte britische Weisheit: Man prüft den Pudding, indem man ihn isst. Der Wert einer Ware erweist sich in der Bezahlung.

Bildlich gesprochen legen wir die Dinge unbewusst auf Schalen einer imaginären Goldwaage, die uns ihre relativen Werte verrät, nicht ihre absoluten. In der kapitalistischen Warenproduktion scheint jeder seine eigenen inneren, permanent abgespeicherten Vergleichstabellen zu konsultieren. Sie liefern uns Anhaltspunkte für die Bewertung, wenn wir unseren Wagen durch den Supermarkt schieben. In ihrer Gesamtheit ergeben sie ein ziemlich einheitliches Bild. Dessen Basis ist, nach Marx, eine jedem bewusste vage Vorstellung von der enthaltenen Arbeit.

»Das Geheimnis des Wertausdrucks, die Gleichheit und gleiche Gültigkeit aller Arbeiten … ist aber erst möglich in einer Gesellschaft, worin … das Verhältnis der Menschen zueinander als Warenbesitzer das herrschende gesellschaftliche Verhältnis ist.«[78] Oder anders gesagt: Wenn Bewusstsein und Sein vom Haben bestimmt werden.

Das Spiel mit den Formen führt dann auf verschlungenen Wegen zum vorläufigen Etappenziel in diesem Kreis der Theoriehölle: »Die spezifische Warenart nun, mit deren Naturalform die Äquivalentform gesellschaftlich verwächst, wird zur GELDWARE oder funktioniert als Geld.«[79]

Marx geht sozusagen vom Regal zur Kasse, wo sich Jekyll und Hyde die Hand reichen. Dort kann man mit Noten und Münzen bezahlen, aber im Prinzip auch mit allem anderen, was als Wert anerkannt wird: Optionsscheine, Ölfässer, Tulpenzwiebeln. Doch er kommt nicht gleich von der Ware zum Geld, sondern, philosophisch verschlungen, erst von deren Form zur Form des Geldes. »Die einfache Warenform ist daher der Keim der Geldform.«[80] So sucht und findet er immer wieder gleiche Ebenen für unterschiedliche Dinge. Wir sehen Äpfel oder Autos und denken Beträge, ob bewusst oder implizit.

Immer wenn Marx in dieser Art von »Form« spricht, will er gleichsam das Unsichtbare durch dessen Schatten sichtbar machen. Weil sich die Waren in seiner Logik einerseits im Verhältnis ihrer Werte und gleichzeitig im Geldwert spiegeln, verbindet sie alle etwas, das sie selber nicht sind. Wie bei der abstrakten Arbeit, die das Schaffen von Schuster und Schmied auf einer höheren Ebene zusammenbringt, treffen sich Ware und Geld in einer gemeinsamen, imaginären Welt. In ihr ist die Ware Geld und das Geld Ware. Eine mühsam gewonnene Einsicht mit weitreichenden Folgen. Doch die sollen erst später zum Zuge kommen.

Marx baut seine Erzählung in der Weise von Horrorfilmen auf, in denen sich das Mächtige stets erneut von einer noch höheren Macht beherrscht sieht. Deshalb fasst er seine Überlegungen zur Ware zunächst in einem Bild zusammen, das er zum besseren Verständnis in der zweiten Auflage 1873 ergänzt hat.

Die folgenden dreizehn Seiten gehören zu den meistzitierten des *Kapital*. Auf ihnen erlaubt Marx sich, in gesetztem Ton, eine Entdeckung zu feiern, die manche für seine beste halten. Überschrift: »Der FETISCHCHARAKTER der Ware und sein Geheimnis«. Damit beschreibt er gewissermaßen eine erste Bewusstseinsform des unbewussten Spuks. Für geplagte Leser bedeutet die berühmte Seite 85 am Ende des ersten Kapitels das Signal, das Schlimmste geschafft zu haben.

»Eine Ware scheint auf den ersten Blick ein selbstverständliches, triviales Ding. Ihre Analyse ergibt, daß sie ein sehr vertracktes Ding ist, voll metaphysischer Spitzfindigkeit und theologischer Mucken. Die Form des Holzes z.B. wird verändert, wenn man aus ihm einen Tisch macht. Nichtsdestoweniger bleibt der Tisch Holz, ein ordinäres sinnliches Ding. Aber sobald er als Ware auftritt, verwandelt er sich in ein sinnlich übersinnliches Ding. Er steht nicht nur mit seinen Füßen auf dem Boden, sondern er stellt sich allen andren Waren gegenüber auf den Kopf und entwickelt aus seinem Holzkopf Grillen, viel wunderlicher, als wenn er aus freien Stücken zu tanzen begänne.«[81]

Hierzu sollte man vielleicht wissen, dass spiritistisches Tischerücken, zurückgehend auf Praktiken in China, von den USA aus nach 1848 auch in Europa in Mode kam. Sinnlich bleibt der Tisch ein Tisch, an dem zum Beispiel Marx' Bücher oder Bücher über Marx entstehen. Er könnte ihn gegen drei Mäntel eintauschen.

Auf dem Markt, dessen Eigenleben mitsamt Erwartung und Enttäuschung heute längst in den Sprachgebrauch eingegangen ist, kommen seine übersinnlichen Eigenschaften zum Tragen. Wohl niemand hat das treffender analysiert als der französische Philosoph Jacques Derrida in seiner Schrift *Marx' Gespenster*. Da wird der Tisch zur »Erscheinung einer seltsamen Kreatur, die Front macht vor den anderen, vor ihresgleichen: gleichzeitig Leben, Ding, Tier, Objekt, Ware, Automat – mit einem Wort: Gespenst«[82].

Als Gebrauchsgegenstand ist uns der Tisch zu Diensten, als Tauschobjekt und Ware macht er uns zu seinen Dienern. Das kann er freilich nicht für sich, sondern nur im Konzert mit seinesgleichen in der Warenwelt. In ihr hat er sich verselbständigt als eigener Wert im Maße der anderen. Doch dieses Passive wird zum Aktiven, sobald sich die Menschen den Dingen unterordnen. Von Menschen geschaffen, veräußert und auf die Bühne eines eigenständigen gegenständlichen Welttheaters befördert, einer gewaltigen, real gewordenen Illusion, spielen sie dem Publikum ihr Spektakel vor, bis es nicht mehr bei sich ist, sondern bei ihnen.

Statt »übersinnlich« hätte Marx auch »göttlich« schreiben können. Schon bei Hegel »haben Waren einen vollkommen religiösen Charakter«[83]. Die Entfremdung begann bei dessen Schülern in der Vorstellung eines Gottes, der sich seine Schöpfer untertan macht. Sie wird bei Marx zur Herrschaft eines Götzen, einer von Menschen erdachten und zur Figur gemachten höheren Instanz, den seine Erzeuger wie einen Fetisch verehren.

Mit diesem Gedanken knüpft er an seine Überlegungen in den Frühschriften an. Nur redet er jetzt nicht mehr von Entfremdung, und aus den *Produkten* sind *Waren* aus kapitalistischer Produktion geworden. Mit diesem raffinierten Ansatz, das Feld von hinten aufzurollen, kann er der fremden Macht gleichsam in den Rücken fallen und bis zu ihrem Herzen vordringen.

»Marx«, so schreiben die Autoren einer Monografie über seine *Philosophie der Wirtschaft*, »will uns ... die kapitalistische Produktionsweise aus der Bewegung eines abstrakten, jedenfalls nicht menschlichen Subjektes erklären.«[84] Der Wert übernimmt die Führung. *Er* ist aktiv, nicht der Mensch, der ihn geschaffen hat. Es ist, als wedelte der Schwanz mit dem Hund, oder als fräße das Futter den Hund, nicht der Hund das Futter. Das Kapital steht in diesem Moment noch als unsichtbarer Herrscher im Hintergrund eines Dramas, das sich nunmehr entfaltet.

»Das Geheimnisvolle der Warenform besteht also einfach darin, daß sie den Menschen die gesellschaftlichen Charaktere ihrer eignen Arbeit als gegenständliche Charaktere der Arbeitsprodukte selbst, als gesellschaftliche Natureigenschaften dieser Dinge zurückspiegelt.«[85]

Mit jedem Griff ins Regal trifft ein Konsument auf einen Produzenten. »Die Sachen«, sagt der deutsche Marx-Forscher Michael Lindenthal, »werden zu Trägern sozialer Verhältnisse.«[86] Marx spricht in den Vorstudien zum *Kapital* von der »Verkehrung des Subjekts in das Objekt und umgekehrt«[87].

An dieser Stelle beginnt das »fremde Wesen« der Frühschriften eine neue Gestalt anzunehmen. Ein gefräßiger, nimmersatter, zum ewigen Wachsen verdammter Krake, der sich alles einverleibt, das ihm zu nahe kommt. Doch im Moment hat Marx erst die Spitzen der Krakenarme erfasst: die Warenwelt als Spiegel der Arbeitswelt, in dem sich Äpfel und Birnen tatsächlich vergleichen lassen, und zwar gleich doppelt. Sie schmecken unterschiedlich, besitzen aber die gleiche »Wertgegenständlichkeit«.

»Durch dies Quidproquo werden die Arbeitsprodukte Waren, sinnlich übersinnliche oder gesellschaftliche Dinge.«[88] Damit ist die Verbindung hergestellt. Waren sind mehr als Produkte. Sie nehmen ihren Platz in der Menschengemeinschaft ein wie eigenständige Wesen. Bevor der Mensch etwas mit ihnen machen kann, machen sie etwas mit ihm. Sie flüstern und rufen, nötigen und verführen – lockende Sirenen: Glaub an mich, begehre mich, öffne mir deine Geldbörse.

Das erinnert, wenn man so sagen darf, an das größte »Produkt« aus menschlicher Herstellung: entäußerte, verselbständigte Gottheiten. Deshalb erscheint es nur konsequent, wenn Marx diese Parallele zieht, sobald er die Katze aus dem Sack lässt: »Es ist nur das bestimmte gesellschaftliche Verhältnis der Menschen selbst, welches hier für sie die phantasmagorische Form eines Verhältnisses von Dingen annimmt. Um daher eine Analogie zu finden, müssen wir in die Nebelregion der religiösen Welt flüchten.«[89]

Der Rückgriff auf die religionskritische Gedankenwelt der Frühschriften ist unverkennbar. Von einem Bruch mit seinen Ideen als junger Autor, wie ihn orthodoxe Marxisten behaupten, die erst im *Kapital* den wahren Marx erkennen wollen, kann keine Rede sein. Vielmehr lässt sich eine Entwicklungslinie ausmachen, die Kontinuität im Fortschritt des Denkens verrät. Humanist und Anthropologe gehen auf im Wissenschaftler, der nie aufhört, Philosoph zu sein, auch wenn er sich von der Philosophie losgesagt hat. Ein unverbesserlicher Idealist, der den Idealismus bekämpft und besiegt, indem er ihn vollendet. Das Ideelle drückt bei ihm materielle Prozesse aus, es erzeugt sie nicht wie bei Hegel.

In den Religionen, so Marx, »scheinen die Produkte des menschlichen Kopfes mit eignem Leben begabte, untereinander und mit den Menschen in Verhältnis stehende selbständige Gestalten. So in der Warenwelt die Produkte der menschlichen Hand. Dies nenne ich den Fetischismus, der den Arbeitsprodukten anklebt, sobald sie als Waren produziert werden, und der daher von der Warenproduktion unzertrennlich ist. Dieser Fetischcharakter der Warenwelt entspringt … aus dem eigentümlichen gesellschaftlichen Charakter der Arbeit, welche Waren produziert.«[90]

Damit meint er erkennbar nicht die Glitzerwelt in den Tempeln der Ware, die in seinen Tagen aufkommen. Er meint, wie schon im Eingangssatz angedeutet, die Unterwerfung des Menschen unter die Ansammlung seiner eigenen Geschöpfe, die er im Rahmen der Gesellschaft hergestellt hat. Nur mit dem Unterschied, dass sie nicht nur in seiner Vorstellung herumgeistern, sondern real existieren.

»Die Menschen … setzen … ihre verschiednen Arbeiten einander als menschliche Arbeit gleich. Sie wissen das nicht, aber sie tun es.«[91] Das erinnert an Jesus am Kreuz: »Herr, vergib ihnen, denn sie wissen nicht, was sie tun«, Lukas 23, 34. »Es steht daher dem Werte nicht auf der Stirn geschrieben, was er ist. Der Wert verwandelt vielmehr jedes Arbeitsprodukt in eine gesellschaftliche Hieroglyphe. Später suchen die Menschen den Sinn der Hieroglyphe zu entziffern, hinter das Geheimnis ihres eignen gesellschaftlichen Produkts zu kommen, denn die Bestimmung der Gebrauchsgegenstände als Werte ist ihr gesellschaftliches Produkt so gut wie die Sprache.«[92] Genau das hat Kafka ein halbes Jahrhundert später im *Schloss* gemeint: Die Suche nach den Ursachen ihres Schicksals verstrickt die Menschen in einen schuldhaften Zusammenhang. »Unheimlich ist nicht Marx«, sagt der Schweizer Philosoph Ludwig Hasler, »unheimlich ist die Regie des anonymen Kapitals, das als Geldwert unter Menschen umgeht und den Lebenden Zeit und Seelen abzieht.«[93]

Sachen als verselbständigte Träger sozialer Verhältnisse lassen den Markt wie ein fremdes Subjekt erscheinen, das über ihren Wert entscheidet – aber auch über das Tun seiner »Teilnehmer«. Wenn das Rationale vom Irrationalen regiert wird, stößt die Aufgeklärtheit der bürgerlichen Gesellschaft an ihre Grenzen. Marx fragt sich nun, wie die Beziehungen unter Menschen zum Verhältnis von Waren werden konnten. Dabei verliert er den politischen Fokus seiner Argumentation, die Arbeit, nicht aus dem Blick.

Im Bild der unaufhörlichen Uhr sucht er nach ihrer Unruh, die scheinbar wie ein Perpetuum mobile funktioniert. Physik definiert Arbeit als »verbrauchte« Energie. Bei Marx wird sie zu Wert, und Wert zu verbrauchter Arbeit. Dass Kapitalisten daraus ihren Mehrwert gewinnen, indem sie sich für die Zeit eines Arbeitstages nicht die Arbeit, sondern die ARBEITSKRAFT eines Menschen kaufen, hat Marx schon in den *Grundrissen* notiert.

Doch er will auf etwas anderes, Höheres hinaus, auf die Ursache der Bewegung, die hinter alldem steht, den von Menschen gemachten Götzen, der sich erhoben hat – »einer Bewegung von Sachen, unter deren Kontrolle sie stehen, statt sie zu kontrollieren«[94]. Wir ziehen zwar die Fäden, doch die Gesamtheit unserer Aktionen schafft ein Subjekt, an dessen Fäden wir hängen.

Marx folgt im Geiste gleichsam einem Lohnabhängigen vom Arbeitsplatz ins Kaufhaus. Was hier unter dessen Händen entsteht, die dem Material gleichsam menschliche Gestalt verleihen, lacht ihn dort als Ware an. Sie verrät nichts mehr von ihrer Herstellung, schielt aber auf sein Geld. Das Ver-rückte, das Marx entschleiern will: Wir machen die Dinge, die etwas mit uns machen. Ursprung der Herrschaft einer Maschinerie über den Menschen, die in unseren Zeiten mit Internet, Big Data und Künstlicher Intelligenz in ihre nächste Phase getreten ist.

Marx ist der Humanist, der den Transhumanismus vom Himmel auf die Erde der zwiefältig »handelnden« Menschen versetzt: Handlung und Handel werden eins. Damit gelangt der junghegelianische Geist seiner Lehrjahre ans Ziel: So wie Gott als Selbstentfremdung der Menschen kraft ihres Glaubens an die eigene Schöpfung ihre Geschicke lenken soll, so haben sie mit der kapitalistischen Produktionsweise eine neue, von

Menschen gemachte, veräußerte und ihnen entfremdete Instanz geschaffen.

Hegels Absolutes heißt nun Kapital, und wo der Lehrmeister das Selbstbewusstsein des Geistes als letztes Ziel beschreibt, setzt der Schüler den Kommunismus ans gute Ende. Wobei aber das Wort – Kommunismus – im gesamten Text ebenso wenig vorkommt wie Kapitalismus.

C. Aus Geld wird Kapital

»Aller Mystizismus der Warenwelt, all der Zauber und Spuk, welcher Arbeitsprodukte auf Grundlage der Warenproduktion umnebelt, verschwindet … sofort, sobald wir zu andren Produktionsformen flüchten.«[95] Marx tritt nicht nur an, eine neue Theorie der politischen Ökonomie zu präsentieren. Er erlaubt auch kleine Einblicke in das Neue, das daraus folgen könnte. Um seinen Punkt deutlich zu machen, stellt er eine ironische Betrachtung der unter Klassikern der Wirtschaftslehre so beliebten »Robinsonaden« an dessen Anfang:

Frühere Autoren von Rousseau bis Ricardo sehen im gestrandeten Schiffbrüchigen das Urbild des modernen, auf sich gestellten Individuums, anhand dessen sie ihre Theorien entwickeln, Also, sagt Marx, »erscheine zuerst Robinson auf seiner Insel«[96].

Dort produziert Mister Crusoe allein auf Basis seiner eigenen Bedürfnisse und führt »als guter Engländer« darüber Buch. Die Arbeitsteilung bleibt auf eine Person beschränkt, die ihre Produktion im Alltag nach Plan gestaltet. »Alle Beziehungen zwischen Robinson und den Dingen, die seinen selbstgeschaffnen Reichtum bilden, sind hier so einfach und durchsichtig.«[97]

Damit will Marx seinen Zunftkollegen sagen: Anhand des Individuums, dem alle Produktionsmittel gehören, lässt sich alles erfassen, aber nichts erklären. Wirtschaft sei nur gesellschaftlich zu verstehen – und historisch: Der Kapitalismus hat ein Geburtsdatum. Er war nicht immer da, und er muss auch nicht für immer bleiben.

»Versetzen wir uns nun von Robinsons lichter Insel in das finstre europäische Mittelalter … Die Fronarbeit ist ebensogut durch die Zeit gemessen wie die Waren produzierende Arbeit, aber jeder Leibeigne weiß, daß es ein bestimmtes Quantum seiner persönlichen Arbeitskraft ist, die er im Dienst seines Herrn verausgabt.«[98]

Anders als Industriearbeiter können Untergebene im Dienste von Feudalherren und Fürsten ihre Ausbeutung noch mehr oder weniger beziffern. In der vorindustriellen Zeit sind aber auch die Rollen klar verteilt und für jeden erkennbar.

»Wie man daher immer die Charaktermasken beurteilen mag, worin sich die Menschen hier gegenübertreten, die gesellschaftlichen Verhältnisse der Personen in ihren Arbeiten erscheinen jedenfalls als ihre eignen persönlichen Verhältnisse und sind nicht verkleidet in gesellschaftliche Verhältnisse der Sachen, der Arbeitsprodukte.«[99]

Mit der CHARAKTERMASKE, einem Begriff aus der Theaterwelt, bringt Marx den *Homo oeconomicus* auf die Bühne. Sie macht den entfremdeten Arbeiter genau wie den Kapitalisten zur Figur im Welttheater der Warenproduktion. Doch eine Maske ist nicht von Dauer. Man kann sie verlieren oder abwerfen und seine Rolle überwinden. Davon spricht Marx, wenn er nach erneutem Zeitsprung über den Horizont der Gegenwart eine vage Vision der kommenden kommunistischen Gesellschaft entwirft. Als Antiutopist will er zwar keine »Rezepte… für die Garküche der Zukunft«[100] liefern, aber Rahmenbedingungen deutet er an.

»Stellen wir uns endlich, zur Abwechslung, einen Verein freier Menschen vor, die mit gemeinschaftlichen Produktionsmitteln arbeiten und ihre vielen individuellen Arbeitskräfte selbstbewußt als eine gesellschaftliche Arbeitskraft verausgaben. Alle Bestimmungen von Robinsons Arbeit wiederholen sich hier, nur gesellschaftlich statt individuell.«[101]

Marx sieht in seiner Gegenwart des Frühkapitalismus, anders als seine Vorgänger, keine Ansammlung bewusster Individuen à la Robinson am Werk, sondern ein unbewusstes Kollektiv. Würde dieses zur Gemeinschaft mit gemeinsamem Bewusstsein und Willen heranreifen, dann könnte es die Produktion von Gütern und Dienstleitungen durchschaubar und vernünftig nach den tatsächlich vorhandenen Bedürfnissen und Möglichkeiten organisieren, ohne etwa dem Wachstumszwang der Warenwelt ausgeliefert zu sein.

»Nur zur Parallele mit der Warenproduktion setzen wir voraus, der Anteil jedes Produzenten an den Lebensmitteln sei bestimmt durch seine Arbeitszeit.« Sie »dient… zugleich als Maß des individuellen Anteils des Produzenten an der Gemeinarbeit und daher auch an dem individuell verzehrbaren Teil des Gemeinprodukts«[102].

Ein Paradies für Workaholics, die sich mit Konsum fit halten und dafür gerne Überstunden leisten? Oder eines für Müßiggänger, denen das

Sein wichtiger ist als das Haben? Denen vielleicht zwanzig Stunden in der Woche zur Befriedigung ihrer Bedürfnisse genügen? »Die Beseitigung der kapitalistischen Produktionsform«, heißt es später, »erlaubt, den Arbeitstag auf die notwendige Arbeit zu beschränken.«[103] Jenseits der Notwendigkeit, die das Kollektiv vorgäbe, könnte dann jeder selbst entscheiden zwischen mehr Zeit und Mehrarbeit.

Hat diese Teilarbeitszeitgesellschaft, so schön sie klingt, nicht einen Haken? Wenn nicht mehr die Leistung der Arbeit zählt, also ihre individuelle Wertschöpfung (sollte sich das überhaupt je messen lassen), sondern in erster Linie die am Arbeitsplatz zugebrachte Zeit, dann fehlt der Ansporn, sich über die Maßen anzustrengen. Dagegen setzt Marx GESELLSCHAFTLICH NOTWENDIGE ARBEIT, um den »Durchschnittsgrad von Geschick und Intensität der Arbeit darzustellen«[104]. Also doch Leistungsgesellschaft?

Steckt nicht im »sozialistischen Schlendrian« eine wichtige Ursache für das Scheitern planwirtschaftlicher Experimente, die auf Dauer nicht mit den Produktivitätssteigerungen der Marktwirtschaft mithalten konnten? Fehlte ihnen nicht genau das, was den Kapitalismus so erfolgreich und bedrohlich macht: Zwangssystem und Konkurrenz, die Erfindergeist beflügelt? Aus dieser Sicht bergen die propagandistischen Bilder fröhlich durch die Tore ihrer volkseigenen Betriebe marschierender Massen von »Werktätigen« sogar einen wahren Kern.

Bei Marx konnten sie nachlesen: »Die Gestalt des gesellschaftlichen Lebensprozesses, d.h. des materiellen Produktionsprozesses, streift nur ihren mystischen Nebelschleier ab, sobald sie als Produkt frei vergesellschafteter Menschen unter deren bewußter planmäßiger Kontrolle steht.«[105]

Frei vergesellschaftet – das klingt nach utopischem Versprechen und hinterhältigem Zynismus zugleich. Der vergesellschaftete Volksgenosse müsste noch geboren werden, der seine Arbeit im Sozialismus als völlig selbst kontrolliert empfunden hätte. Der Plan war die Partei mit ihrem eigenen dogmatischen »Nebelschleier«.

Nach seinem Exkurs von Robinsons Individualismus zum Kollektiv im Kommunismus kehrt Marx in seine Geschichte zurück, die er mit dem Neuwort »Warensprache«[106] begonnen hat. Auf das Kapitel zur Ware folgt das zum Tausch. Es beginnt mit der simplen Feststellung: »Die Waren können nicht selbst zu Markte gehn und sich nicht selbst austauschen.«[107] Sie mögen sich wie der Tisch auf den Kopf stellen, um aber in den Kreislauf gespeist zu werden, brauchen sie menschliche Akteure.

Um ihr Wirken deutlich zu machen, bemüht Marx Goethes *Erlkönig*: »Die Waren sind Dinge und daher widerstandslos gegen den Menschen. Wenn sie nicht willig, kann er Gewalt brauchen.«[108]

Ware ist für Marx mehr als ein einfaches Produkt, das gegen ein anderes eingetauscht wird. Die arbeitsteilige, industrielle Herstellung macht sie vielmehr zum Mittel mit dem einzigen Zweck, sie auf dem Markt in Geld zu verwandeln. Kapitalismus bedeutet Produzieren um des Produzierens willen. Selbst wenn alle alles hätten, was sie sich wünschten, müssten sie immer weitermachen. Stillstand bedeutete Ende.

Marx sieht in den »ökonomischen Charaktermasken der Personen nur die Personifikationen der ökonomischen Verhältnisse …, als deren Träger sie sich gegenübertreten«[109]. Waren stehen genau an der Schnittstelle, wo der menschliche Wille seine Macht verliert. Unter der Oberfläche der Warenwelt wirken weitere Kräfte. Um die nächste Schicht zu illustrieren, bemüht er erneut den Dichterfürsten.

»In ihrer Verlegenheit denken unsre Warenbesitzer wie Faust. Im Anfang war die Tat. Sie haben daher schon gehandelt, bevor sie gedacht haben. Die Gesetze der Warennatur betätigten sich im Naturinstinkt der Warenbesitzer. Sie können ihre Waren nur als Werte und darum nur als Waren aufeinander beziehn, indem sie dieselben gegensätzlich auf irgendeine andre Ware als allgemeines Äquivalent beziehn … – Geld.«[110]

Den von Mephisto teuflisch Verführten hat er dazu bereits in seinen Frühschriften zitiert, wo der »Mensch in der Bestimmung der Ware« steht. »Der grobe Materialismus der Oekonomen«, hat er dann in den *Grundrissen* formuliert, »ist ein ebenso grober Idealismus, ja Fetischismus, der den Dingen gesellschaftliche Beziehungen als ihnen immanente Bestimmungen zuschreibt und sie so mystificirt.« Auch das Kaufhaus hat einen Doppelcharakter. »Das Gold«, sagt er schließlich in der *Kritik* in Anspielung auf Chamissos Erzählung, »hat nicht wie Peter Schlemihl seinen Schatten verkauft, sondern kauft mit seinem Schatten.«[111]

Im *Kapital* schreibt er, der Geldcharakter des Goldes sei die »bloße Erscheinungsform dahinter versteckter menschlicher Verhältnisse«[112], und spricht er von der »Magie des Geldes«[113]. Das zweite Kapitel endet dann nach vergleichsweise wenigen Seiten mit der Feststellung: »Das Rätsel des Geldfetischs ist daher nur das sichtbar gewordne, die Augen blendende Rätsel des Warenfetischs.«[114]

Der eine Götze schickt sozusagen den anderen vor, in dessen Licht er seine Schattengestalt verbirgt. Noch ist sie fassbar, als Sack voller Münzen oder als Bündel Scheine. Daher kann es in Marx' Schauergeschichte auch nicht die letzte Instanz bilden. Da muss etwas stehen, ein unpersönliches Gespenst, das nur noch Macht hat, ohne jede materielle Entsprechung, etwas wie eine Formel oder ein Programm – ein »automatisches Subjekt«. Um dahin zu kommen, untersucht er genauer den Tausch.

Eine wichtige Grundannahme seiner Theorie lautet, dass sich der Tausch in zwei Akte teilt. In der Relation »Ware – Geld – Ware« spielt das Zahlungsmittel bei aller metaphysischen Aufladung die Rolle eines Zwischengliedes. Die ist nicht unerheblich, weil zwischen den getrennten Teilschritten – anders als beim direkten Tausch – eine Zeitspanne unbestimmter Länge steht, in der das Geld auch anderweitig »arbeiten« kann.

Ganz anders stellen sich die Verhältnisse in der Umkehrung »Geld – Ware – Geld« dar. Niemand will etwas kaufen, um es zum selben Preis wieder zu verkaufen. Zumal das auch noch das Risiko birgt, auf der Ware sitzen zu bleiben. Ziel der Transaktion kann nur die Vermehrung des eingesetzten Geldes sein: »Geld – Ware – Geld +«. Produziert wird nicht für den Bedarf, sondern für den Gewinn.

In dieser Reihenfolge werden Waren als Verbindungsglied zum Teil eines Systems. Darin spielen nicht nur Menschen ihre Rollen, Marx nennt sie wie ein Bühnenautor »personae dramatis«[115], sondern neben ihnen auch ein »ganzer Kreis von den handelnden Personen unkontrollierbarer, gesellschaftlicher Naturzusammenhänge«[116] – Marx' Gespenster. Schritt für Schritt entgleitet den Menschen die Kontrolle über den Geist, den sie aus der Flasche gelassen haben.

Um zu illustrieren, wie das geschehen konnte, unterscheidet er zunächst zwischen bewegten und unbewegten Formen des Geldes. Letztere häuft der »Schatzbildner«[117] an, wie ihn Molière schon 1668 in *Der Geizige* vorgeführt hat. In der Marxschen Erzählung ist auch er nur ein Getriebener in der »Sisyphusarbeit der Akkumulation. Es geht ihm wie dem Welteroberer, der mit jedem neuen Land nur eine neue Grenze erobert.«[118] Doch nicht um diesen Typus geht es Marx, sondern um den aktiven Kapitalisten, der den Kreislauf am Laufen hält – und dabei doch immer auch Ausführender unter fremdem Kommando bleibt.

Interessant, wie er an dieser Stelle erneut den Faktor Zeit ins Spiel bringt und die Geldform als Ausdruck eines Kredits versteht: »Der eine Warenbesitzer verkauft vorhandne Ware, der andre kauft als bloßer Repräsentant von Geld oder als Repräsentant von künftigem Gelde. Der Verkäufer wird Gläubiger, der Käufer Schuldner.«[119] Damit hat der einfache Warentausch endgültig seine Unschuld verloren. Das Geld wechselt die Rollen, es wird vom Mittel zum Zweck. Es wird – die Idee stammt nicht von Marx – selbst zur Ware.

»Eben noch erklärte der Bürger in prosperitätstrunknem Aufklärungsdünkel das Geld für leeren Wahn. Nur die Ware ist Geld. Nur das Geld ist Ware! gellt's jetzt über den Weltmarkt. Wie der Hirsch schreit nach frischem Wasser, so schreit seine Seele nach Geld, dem einzigen Reichtum.«[120] Doch »erst auf dem Weltmarkt funktioniert das Geld in vollem Umfang als die Ware«[121] – als »Weltgeld«. Da ist fast zu spüren, wie sich der Autor der Hauptfigur nähert, der sein Buch seinen Titel verdankt.

»Jedes neue Kapital betritt in erster Instanz die Bühne, d.h. den Markt, Warenmarkt, Arbeitsmarkt oder Geldmarkt, immer noch als Geld, Geld, das sich durch bestimmte Prozesse in Kapital verwandeln soll.«[122] Dazu muss Marx zunächst klarstellen, was er unter Kapital im Gegensatz zu Geld versteht: »Der ursprünglich vorgeschoßne Wert erhält sich daher nicht nur in der Zirkulation, sondern in ihr verändert er seine Wertgröße, setzt einen Mehrwert zu oder verwertet sich. Und diese Bewegung verwandelt ihn in Kapital«.[123]

Dafür braucht es immer noch Akteure, die das System in Gang halten. Oder eben, und darauf will Marx hinaus, sich vom Kapital dazu gezwungen sehen. Subjekt und Objekt tauschen ihre Rollen. »Als bewußter Träger dieser Bewegung wird der Geldbesitzer Kapitalist. Seine Person, oder vielmehr seine Tasche, ist der Ausgangspunkt und der Rückkehrpunkt des Geldes.« So »funktioniert er als Kapitalist oder personifiziertes, mit Willen und Bewußtsein begabtes Kapital«[124].

Hier ist Marx ein Stück weiter zum Kern des Eigentlichen vorgedrungen, nach dem er sucht: Nicht anders als der Arbeiter, der den Mehrwert hervorbringt, ist der Kapitalist, der ihn realisiert, eine fremdbestimmte Figur. Im Schattentheater der Warenproduktion spielen sie Monopoly, bis dem Kapitalisten alle Straßen, Häuser, öffentlichen Einrichtungen gehören – weil er nicht anders kann. Schon im Vorwort zur ersten Auflage hat der Autor erklärt:

»Zur Vermeidung möglicher Mißverständnisse ein Wort. Die Gestalten von Kapitalist und Grundeigentümer zeichne ich keineswegs in rosigem Licht. Aber es handelt sich hier um die Personen nur, soweit sie die Personifikation ökonomischer Kategorien sind, Träger von bestimmten Klassenverhältnissen und Interessen. Weniger als jeder andere kann mein Standpunkt … den einzelnen verantwortlich machen für Verhältnisse, deren Geschöpf er sozial bleibt, sosehr er sich auch subjektiv über sie erheben mag.«[125]

Marionetten tragen keine Verantwortung. Kapital regiert die Welt, nicht Kapitalisten. Oder gar deren Geld. Es regelt nur das Geschäft. Mit ihm lässt sich alles kaufen: Macht, Abstimmungen, Bildung, Titel, Sex, Kunst, Jachten, Fußballvereine und ein längeres Leben.

Erst wenn sich Geld in Kapital verwandelt, entfaltet es seine wirkliche Macht – autonom, anonym, jeder Sinnlichkeit entzogen. Und jeder Kontrolle. Damit gerät aber auch das ganze System in Gefahr. Seine größte Bedrohung beruht auf dem Vordringen in die letzte mögliche Dimension, wenn auch die Zeit zur Ware wird.

»Keiner kann verkaufen, ohne daß ein andrer kauft. Aber keiner braucht unmittelbar zu kaufen, weil er selbst verkauft hat. Die Zirkulation sprengt die zeitlichen, örtlichen und individuellen Schranken des Produktenaustausches … Geht die äußerliche Verselbständigung der innerlich Unselbständigen, weil einander ergänzenden, bis zu einem gewissen Punkt fort, so macht sich die Einheit gewaltsam geltend durch eine – Krise.«[126]

Genau dieses Phänomen, die Krise als Krankheit des Systems, wird Marx später ausführlich in Augenschein nehmen. Doch um sie zu erklären, muss er noch weiter vordringen auf dem Weg von der Ware zum Kapital. Er führt über die Ausbeutung.

Waren könnten sich in ihrem Netzwerk endlos tauschen, ihr Wert stiege dabei nicht an. Der Kreislauf des Kapitals dagegen gleicht dem einer Gelddruckmaschine, die aus Papier und Farbe Werte schafft. Beide Teile sind nach Marx verbunden durch das Schweißblut des Arbeiters. »Die Zirkulation schwitzt beständig Geld aus.«[127]

Vom Geld sagt Marx nun: »Dies letzte Produkt der Warenzirkulation ist die erste Erscheinungsform des Kapitals.«[128] Damit lugt sein Protagonist endlich über den Horizont. Die Brücke vom fassbaren Diesseits zum unfassbaren Jenseits steht. Wer sie passiert, gerät in eine Region der Realität, wo scheinbar eigene Regeln gelten. »Die Zirkulation des Geldes als Kapital ist … Selbstzweck, denn die Verwertung des Werts existiert nur innerhalb dieser stets erneuerten Bewegung. Die Bewegung des Kapitals ist daher maßlos.«[129]

Erst im Kapitalismus kommt der Goldesel in Fahrt, springt die Plusmaschine an, gelingt die wundersame Geldvermehrung, die scheinbar keine Grenzen kennt. Das liegt in der Logik des Kapitals begründet, der sich auch Kapitalisten auf Gedeih und Verderb unterwerfen müssen. Wie das Hamsterrad der Arbeiter gestattet ihnen das ihre keinen Stillstand. Sie sind Treiber und Getriebene in einem: »Der Gebrauchswert ist also nie als unmittelbarer Zweck des Kapitalisten zu behandeln. Auch nicht der einzelne Gewinn, sondern nur die rastlose Bewegung des Gewinnens.«[130]

D. Im Maschinenraum des kapitalistischen Systems

Marx zeichnet den Kapitalisten wie einen süchtigen Spieler, der nicht anders kann, weil er nur im Rennen bleibt, wenn er immer weitermacht. Dabei »funktioniert er als … personifiziertes, mit Willen und Bewußtsein begabtes Kapital«[131]. Dass sie oder er sich dabei persönlich bereichert und nicht selten den Lebensstil von Fürsten pflegt, steht auf einem anderen Blatt. Das reine Anhäufen vermehrt Geld nur linear und langsam gemessen an der exponentiellen Steigerung im kapitalistischen Monopoly.

Der Wert als »automatisches Subjekt … eines Prozesses«, in dem er »sich selbst verwertet … hat die okkulte Qualität erhalten, Wert zu setzen, weil er Wert ist. Er wirft lebendige Junge oder legt wenigstens goldne Eier.«[132] Damit stellt Marx den Widerspruch vor, auf dem seine Analyse gründet. Der Wert erscheint »als eine prozessierende, sich selbst bewegende Substanz« im ewigen Hin und Her von Ware und Geld, die nur ihre »bloßen Formen« sind.[133]

Ware und Geld als das sinnlich Wahrnehmbare des Übersinnlichen. Genau darin steckt Marx' große Entdeckung auf der Suche nach dem Eigentlichen: Strukturen können aus sich heraus über Menschen herrschen, ihre Motive bestimmen, ihre Handlungen steuern – so wie Hegels Weltgeist das Denken. Figuren verschwinden hinter Charaktermasken.

»Der Kapitalist weiß, daß alle Waren, wie lumpig sie immer aussehn oder wie schlecht sie immer riechen … wundertätige Mittel« sind, »um aus Geld mehr Geld zu machen … Geldheckendes Geld – money which begets money – lautet die Beschreibung des Kapitals im Munde seiner ersten Dolmetscher, der Merkantilisten.«[134]

Irgendwoher muss der Wert aber kommen, um den sich das Geld vermehrt. Denn »die Gesamtheit der Kapitalistenklasse eines Landes kann sich nicht selbst übervorteilen«[135]. Würden sich alle nur gegenseitig ihre Dinge verkaufen, dann liefe das auf ein Nullsummenspiel hinaus. »Kapital kann also nicht aus der Zirkulation entspringen, und es kann ebensowenig aus der Zirkulation nicht entspringen.«[136] Ohne Kreislauf können Wesen mit Herzen nicht leben, aber der Kreislauf allein reicht zum Leben nicht aus. Er braucht immerfort Nahrung wie ein Insekt in seiner Metamorphose:

»Unser nur noch als Kapitalistenraupe vorhandner Geldbesitzer muß die Waren zu ihrem Wert kaufen, zu ihrem Wert verkaufen und dennoch am Ende des Prozesses mehr Wert herausziehn, als er hineinwarf.« Für »seine Schmetterlingsentfaltung ... müßte unser Geldbesitzer so glücklich sein, innerhalb der Zirkulationssphäre, auf dem Markt, eine Ware zu entdecken, deren Gebrauchswert selbst die eigentümliche Beschaffenheit besäße, Quelle von Wert zu sein ... Und der Geldbesitzer findet auf dem Markt eine solche spezifische Ware vor – das Arbeitsvermögen oder die Arbeitskraft.«[137]

Das ist des Pudels Kern. Marx kennt ihn spätestens seit den *Grundrissen*. Danach gibt es nur diese eine Ware als Energiequelle hinter dem scheinbaren Perpetuum mobile permanenter Geldvermehrung. Der Arbeiter als lebendige Maschine verbraucht weniger Treibstoff, als er erzeugt. Anders aber als bei Sklaverei oder Leibeigenschaft beruht die Ausbeutung dieser Ressource auf der »freien« Vereinbarung zwischen Vertragspartnern. Doppelt frei, wie Marx nun sagt – frei in seiner Entscheidung, seine Ware Arbeitskraft auf dem Markt zu verkaufen, aber auch frei von Eigentum an Produktionsmitteln, mit denen er sie selbst verwerten könnte.

»Der römische Sklave«, heißt es später, »war durch Ketten, der Lohnarbeiter ist durch unsichtbare Fäden an seinen Eigentümer gebunden.«[138] Selbst wenn es heutige Lohnabhängige zu Wohlstand mit Auto, Haus und Fernreisen bringen können, gilt für sie nach wie vor die Marxsche Analyse: Sie erhalten, im Großen und Ganzen, nicht den Gegenwert der durch ihre Arbeit geschaffenen Werte. Das Maß im Verhältnis der beiden ist die ARBEITSZEIT.

Wie der Bauer dem Lehnsherren seinen Zehnten für die Nutzung von dessen Land überlassen muss, so stellt der Lohnabhängige dem Eigentümer der Produktionsmittel einen Anteil seiner Arbeitszeit zur Verfügung – dessen Höhe er allerdings nicht kennt. Er wird nicht übervorteilt, sondern legal enteignet und dabei vertraglich »versklavt«.

In gewisser Weise leitet sich das Kapital vom Gelde ab wie das Geld von der Ware – im Übertritt in eine andere Dimension. Im Marxschen Geistertheater hängt der Mensch an den Fäden einer Marionette, die von einer anderen Marionette geführt wird, die ihrerseits wie ein Automat funktioniert.

Um dem Automatismus auf die Spur zu kommen, führt der Erzähler seine Leser nun hinters Licht seiner Weltbühne, begleitet sie bis in den Maschinenraum der Menschheitsmaschine. »Diese geräuschvolle, auf der Oberfläche hausende und aller Augen zugängliche Sphäre verlassen wir daher, zusammen mit Geldbesitzer und Arbeitskraftbesitzer, um beiden nachzufolgen in die verborgne Stätte der Produktion, an deren Schwelle zu lesen steht: No admittance except on business.«[139]

Kein Zutritt außer in geschäftlichen Angelegenheiten. Die Aufschrift hat sich Marx sicher nicht ausgedacht. Er muss das Schild gesehen und sich eingeprägt haben. Nun macht er daraus die Schlüsselszene in seinem Stück über das *Kapital*: »Wir« dringen gemeinsam mit Ausbeuter und Ausgebeutetem vor ins Allerheiligste, dorthin, wo sich beider Los entscheidet, und damit das des Protagonisten. »Hier wird sich zeigen, nicht nur wie das Kapital produziert, sondern auch wie man es selbst produziert, das Kapital. Das Geheimnis der Plusmacherei muß sich endlich enthüllen.«[140]

Marx hat das Publikum lange genug auf die Folter gespannt. In Manier des von ihm verehrten Balzac zeichnet er Vignetten der Widersacher, aus deren Reibung der Mehrwert entspringt. »Der ehemalige Geldbesitzer schreitet voran als Kapitalist, der Arbeitskraftbesitzer folgt ihm nach als sein Arbeiter; der eine bedeutungsvoll schmunzelnd und geschäftseifrig, der andre scheu, widerstrebsam, wie jemand, der seine eigne Haut zu Markt getragen und nun nichts andres zu erwarten hat als die – Gerberei.«[141]

Was auf Anhieb wie eine Anklage klingt, erweist sich bald als kühle Analyse der tatsächlichen Verhältnisse. Sie knüpft an Überlegungen an, die Marx bereits in den *Pariser Manuskripten* angestellt hat. »Die Arbeit«, heißt es nun im *Kapital*, »ist zunächst ein Prozeß zwischen Mensch und Natur, ein Prozeß, worin der Mensch seinen Stoffwechsel mit der Natur durch seine eigne Tat vermittelt, regelt und kontrolliert.«[142]

Am Ende steht wieder das Bild seiner Gedanken als junger Mann: »Die Arbeit hat sich mit ihrem Gegenstand verbunden. Sie ist vergegenständlicht, und der Gegenstand ist verarbeitet.«[143] Das gilt für die ersten Werkzeuge des *tool making animal* bis zum Algorithmus im Datenmeer. Und damit kommt Marx auf den Arbeiter und seine Rolle im System.

»Eine Maschine, die nicht im Arbeitsprozeß dient, ist nutzlos. Außerdem verfällt sie der zerstörenden Gewalt des natürlichen Stoffwechsels. Das Eisen verrostet, das Holz verfault. Garn, das nicht verwebt oder verstrickt wird, ist verdorbne Baumwolle. Die lebendige Arbeit muß diese Dinge ergreifen, sie von den Toten erwecken, sie aus nur möglichen in wirkliche und wirkende Gebrauchswerte verwandeln.«[144]

Marx sagt den Arbeitern im gleichen Atemzug: Ihr sitzt am längeren Hebel.

Georg Herwegh dichtet zu jener Zeit die passenden Verse:

»Mann der Arbeit, aufgewacht!
Und erkenne deine Macht!
Alle Räder stehen still,
Wenn dein starker Arm es will.«[145]

Hier schlägt Marx erneut eine entscheidende Brücke: Erst der Kapitalismus mit seiner entfremdenden Arbeitsteilung schafft jene Leidens- und Interessengemeinschaften, die das System herausfordern können. Dieser von Marx erstmals so geäußerte Gedanke erscheint wie der Schlag durch den Gordischen Knoten: Das gemeinsame Schicksal geteilter Umstände soll eine Klasse vereinen, die den Kampf aufnehmen kann, wenn sie den wahren Feind erst erkannt hat.

Als Hegelianer greift er daher erneut auf das Gleichnis von Herr und Knecht zurück: Der Fabrikherr ist mit dem Produktionsprozess nur mittelbar durch die Arbeit der Produzenten verbunden. Nur sie erfahren unmittelbar die Verwandlung der Welt unter ihren Augen und Händen. Durch ihre täglichen Verrichtungen, durch Erschöpfung oder Ödnis entwickeln Ausgebeutete ein Bewusstsein der tatsächlichen Verhältnisse, wie es die Ausbeuter niemals können. Das geteilte Bewusstsein formt sie zur Klasse, die den Gegner herausfordern kann.

Doch so weit ist es noch nicht. Zunächst kehrt Marx in seine Schauergeschichte zurück, um zu beschreiben, was mit den Rohstoffen aus der Natur während der Produktion geschieht: »Vom Feuer der Arbeit beleckt, als Leiber derselben angeeignet, zu ihren begriffs- und berufsmäßigen Funktionen im Prozeß begeistet.«[146] Und wenig später: »Der Kapitalist hat durch den Kauf der Arbeitskraft die Arbeit selbst als lebendigen Gärungsstoff den toten ihm gleichfalls gehörigen Bildungselementen des Produkts einverleibt.«[147]

Das erinnert an die Schöpfung des Menschen aus dem Lehm, dem Gott Leben einhaucht. »Indem der Kapitalist Geld in Waren verwandelt,... indem er ihrer toten Gegenständlichkeit lebendige Arbeitskraft einverleibt, verwandelt er Wert, vergangne, vergegenständlichte, tote Arbeit in Kapital, sich selbst verwertenden Wert, ein beseeltes Ungeheuer, das zu ›arbeiten‹ beginnt, als hätt' es Lieb' im Leibe.«[148]

Mit diesem Zitat aus dem *Faust* knüpft Marx an das Wiedergängermotiv seiner Eingangsbilder an. Kurz darauf nutzt er die Großdichtung erneut, um die handelnden Subjekte wieder ins Visier zu nehmen: »Unser Kapitalist hat den Kasus, der ihn lachen macht, vorgesehn.«[149] Das bedeutet aber nicht, dass der Kapitalist aus freien Stücken handelt. Im Vorentwurf, der zwischen 1863 und 1865 entstanden ist, werden die Verhältnisse bereits klargestellt:

»Der Capitalist functionirt nur als *personnificirtes* Capital, das Capital als Person... Die Herrschaft des Capitalisten über den Arbeiter ist daher die Herrschaft der Sache über den Menschen, der todten Arbeit über die lebendige, des Products über den Producenten... Es ist dieß ganz *dasselbe* Verhältniß in der materiellen Production,... welches sich auf dem ideologischen Gebiet in der *Religion* darstellt, die Verkehrung des Subjekts in das Objekt und umgekehrt.«[150]

Um dem »sich selbst verwertenden Wert« auf die Spur zu kommen, trifft Marx eine Unterscheidung, die später entscheidend wird: zwischen KONSTANTEM und VARIABLEM KAPITAL. Zur ersten Kategorie gehört alles, was der Kapitalist für die Verarbeitung bereitstellt, Maschinen, Rohstoffe, Räume etc. Sie verändern ihren Wert nur in dem Sinne, dass er sich etwa durch Abnutzung verringert oder durch Verbrauch auflöst. Die zweite Form des Kapitals, die für die Produktion notwendige Arbeit, bildet die Grundlage der politischen Richtung des *Kapital*, von Ausbeutung und Klassenkampf.

Nur aus dieser »Form flüssiger Arbeit« kann der Kapitalist Kapital schlagen, und zwar umso mehr, je mehr von der geleisteten Zeit über den entlohnten Wert der Arbeitskraft hinausgeht. »Die Rate des Mehrwerts ist daher der exakte Ausdruck für den Exploitationsgrad der Arbeitskraft durch das Kapital oder des Arbeiters durch den Kapitalisten.«[151] Bingo. Doch kaum ist das geklärt, die Arbeitswerttheorie auf ihre Füße gestellt, geht es mit der Spukgeschichte weiter.

»Das Kapital ist verstorbne Arbeit, die sich nur vampyrmäßig belebt durch Einsaugung lebendiger Arbeit und um so mehr lebt, je mehr sie davon einsaugt.«[152] Aus Frankenstein wird Dracula. Vom »Werwolfsheißhunger«[153] spricht er ein paar Seiten später.

»Ohne Zweifel wird sich Marxens künftiger theoretischer Ruhm knüpfen an seine Leistungen als Beschwörer der toten Arbeit«, sagt der Philosoph Peter Sloterdijk. »Als Heros, der ins Totenreich hinabsteigt, um mit Werteschatten zu ringen, bleibt Marx auch für die Gegenwart auf unheimliche Weise aktuell.«[154]

Schon im Vorwort zum *Kapital* heißt es: »Wir leiden nicht nur von den Lebenden, sondern auch von den Toten. Le mort saisit le vif!«[155] Der Tote packt den Lebenden. So wie das Gespenst nun Hand und Fuß bekommen hat, nutzt Marx seine Macht als Erzähler zu einem dramatischen Perspektivwechsel. Er verleiht dem Arbeiter eine Stimme, die im Du-Modus zum Kapitalisten spricht:

»Die Ware, die ich dir verkauft habe, unterscheidet sich von dem andren Warenpöbel dadurch, daß ihr Gebrauch Wert schafft und größren Wert, als sie selbst kostet… Du predigst mir beständig das Evangelium der ›Sparsamkeit‹ und ›Enthaltung‹. Nun gut! Ich will wie ein vernünftiger, sparsamer Wirt mein einziges Vermögen, die Arbeitskraft, haushalten und mich jeder tollen Verschwendung derselben enthalten. Ich will täglich nur soviel von ihr flüssig machen, in Bewegung, in Arbeit umsetzen, als sich mit ihrer Normaldauer und gesunden Entwicklung verträgt… Die Benutzung meiner Arbeitskraft und die Beraubung derselben sind ganz verschiedne Dinge.«[156]

Bei aller philosophisch-ökonomischen Analyse lässt Marx sein politisches Anliegen nie aus dem Blick. Er sitzt wie ein Anwalt der Ausgebeuteten am Verhandlungstisch und nimmt die Haltung eines sarkastischen Gesamtgewerkschafters an:

»Ich verlange also einen Arbeitstag von normaler Länge, und ich verlange ihn ohne Appell an dein Herz, denn in Geldsachen hört die Gemütlichkeit auf. Du magst ein Musterbürger sein, vielleicht Mitglied des Vereins zur Abschaffung der Tierquälerei und obendrein im Geruch der Heiligkeit stehn, aber dem Ding, das du mir gegenüber repräsentierst, schlägt kein Herz in seiner Brust. Was darin zu pochen scheint, ist mein eigner Herzschlag. Ich verlange den Normalarbeitstag, weil ich den Wert meiner Ware verlange, wie jeder andre Verkäufer.«[157] So nachzulesen im vielfach als unlesbar gescholtenen *Kapital*.

Was dem einen recht ist, ist dem andern billig. Rein rechtlich stehen sich zwei Vertragspartner mit unterschiedlichen Interessen gegenüber, auch das ist schon in den frühen Schriften angelegt. Der eine will möglichst viel aus der gekauften Ware, der Arbeitskraft, herausholen, für den anderen geht jede Stunde an Mehrarbeit von seiner Freizeit und damit von seiner Freiheit ab. Für den Kapitalisten ist Zeit Geld, für den Arbeiter Geld Zeit.

Aber der Sieger im Rennen hat die Nase vorn: »Der Kapitalist behauptet sein Recht als Käufer, wenn er den Arbeitstag so lang als möglich und womöglich aus einem Arbeitstag zwei zu machen sucht.«[158] Dieser Zustand aus der Frühzeit des Kapitalismus, in den entwickelten Ländern durch ein Jahrhundert Arbeitskämpfe auf ein erträglicheres Verhältnis verringert, greift dort heute wieder um sich. Die Zahl der Menschen, die nur mit zwei Jobs ihren Lebensunterhalt bestreiten können, nimmt ständig zu. Ihnen bleibt keine andere Chance.

In den *Grundrissen* hat Marx bereits festgestellt: »Das Kapital ist selbst der prozessierende Widerspruch [dadurch], daß es die Arbeitszeit auf ein Minimum zu reduzieren strebt, während es andrerseits die Arbeitszeit als einziges Maß und Quelle des Reichtums setzt.«[159]

Die Machtverhältnisse sind also klar: »Zwischen gleichen Rechten«, heißt es im *Kapital*, »entscheidet die Gewalt. Und so stellt sich in der Geschichte der kapitalistischen Produktion die Normierung des Arbeitstags als Kampf um die Schranken des Arbeitstags dar – ein Kampf zwischen dem Gesamtkapitalisten, d.h. der Klasse der Kapitalisten, und dem Gesamtarbeiter, oder der Arbeiterklasse.«[160]

Um seinen Punkt deutlich zu machen, greift Marx zu drastischen Bildern: »Der bibelfeste Engländer wußte zwar, daß der Mensch, wenn nicht durch Gnadenwahl Kapitalist oder Landlord oder Sinekurist, dazu berufen ist, sein Brot im Schweiße seines Angesichts zu essen, aber er wußte nicht, daß er in seinem Brote täglich ein gewisses Quantum Menschenschweiß essen muß, getränkt mit Eiterbeulenausleerung, Spinnweb, Schaben-Leichnamen und fauler deutscher Hefe, abgesehn von Alaun, Sandstein und sonstigen angenehmen mineralischen Ingredienzien.«[161]

Mit dem Antagonismus der Klassen, der zur dialektischen Auflösung drängt, steckt Marx das weitere Feld ab. Auch wenn es diese einfache Zweiteilung nirgendwo je in Reinform gegeben hat, ist die verborgene Botschaft unübersehbar. So wie der Erfolg des »Gesamtkapitalisten« darauf beruht, dass er bei aller Konkurrenz in kapitalistischer Arbeitsteilung mit seinesgleichen als »Frenemies« kooperiert, also als Freund und Feind in einem, so hätten auch die untereinander konkurrierenden Arbeiter nur eine Chance auf Veränderung, wenn sie sich über alle Konkurrenz hinweg zusammentäten. Doch mag ihre Qual, sagt Marx, auch noch so himmelschreiend sein, das ficht ihre Gegner nicht an.

»Das Kapital, das so ›gute Gründe‹ hat, die Leiden der es umgebenden Arbeitergeneration zu leugnen, wird in seiner praktischen Bewegung durch die Aussicht auf zukünftige Verfaulung der Menschheit und schließlich doch unaufhaltsame Entvölkerung so wenig und so viel bestimmt als durch den möglichen Fall der Erde in die Sonne. In jeder Aktienschwindelei weiß jeder, daß das Unwetter einmal einschlagen muß, aber jeder hofft, daß es das Haupt seines Nächsten trifft, nachdem er selbst den Goldregen aufgefangen und in Sicherheit gebracht hat. Apres moi le deluge!« – nach mir die Sintflut – »ist der Wahlruf jedes Kapitalisten und jeder Kapitalistennation.[162]

Hier kommt noch einmal Goethe aus dem *West-Östlichen Divan* zu Wort, dem Marx seinen kleinen Einschub, »den Profit«, unterschiebt: »Das Kapital ist daher rücksichtslos gegen Gesundheit und Lebensdauer des Arbeiters, wo es nicht durch die Gesellschaft zur Rücksicht gezwungen wird. Der Klage über physische und geistige Verkümmrung, vorzeitigen Tod, Tortur der Überarbeit, antwortet es: Sollte diese Qual uns quälen, da sie unsre Lust (den Profit) vermehrt?«[163]

Dann wieder spricht das Kapital mit der Stimme des rücksichtslosen Shylock aus Shakespeares *Kaufmann von Venedig*: »Arbeiter und Fabrikinspektoren protestierten aus hygienischen und moralischen Gründen. Aber das Kapital antwortete: ›Meine Taten auf mein Haupt! Mein Recht verlang' ich! Die Buße und Verpfändung meines Scheins!‹«[164]

Marx macht sich angesichts dessen keine Illusionen über die Mühsal, dem System das Wertvollste abzuringen, was es kennt: freie Zeit. Wer Arbeitskraft kauft, will dieses variable Kapital so weit wie möglich zu seinen Gunsten ausnutzen. Jede preisgegebene Stunde schmälert die Mehrwertproduktion. Deshalb sollte die Arbeiterbewegung wissen, was ihr bevorsteht:

»Die Schöpfung eines Normalarbeitstags ist daher das Produkt eines langwierigen, mehr oder minder versteckten Bürgerkriegs zwischen der Kapitalistenklasse und der Arbeiterklasse.«[165] Realismus statt Revolution. So gesehen hat seit seinen Tagen ein Klassenkampf in Permanenz getobt. Denn »das Kapital entwickelte sich ferner zu einem Zwangsverhältnis, welches die Arbeiterklasse nötigt, mehr Arbeit zu verrichten, als der enge Umkreis ihrer eignen Lebensbedürfnisse vorschrieb«[166].

Neben den »absoluten Mehrwert« durch die Verlängerung des Arbeitstages stellt Marx einen »relativen« durch die Steigerung der Produktivität. Damit beschreibt er die bis heute vorherrschende Vorgehensweise, Arbeitskraft profitabler zu nutzen – und in wachsendem Maß sogar überflüssig zu machen. Sie zwingt die Kapitalisten in das nicht endende Rattenrennen um günstigere Herstellung und niedrigere Preise – wovon am Ende die Konsumenten profitieren, somit auch die Lohnempfänger, auf Kosten der Produzenten, also ihrer selbst.

Niemand kann sich dem entziehen, nicht der Kapitalist und auch nicht der Arbeiter. Letzterer befindet sich in der paradoxen Situation, jede Produktivitätssteigerung zum Wohl des Unternehmens gutheißen zu müssen, obwohl sie ihn am Ende seinen Arbeitsplatz kosten kann. Echten Widerstand gegen die Rationalisierung könnte nur der ideelle »Gesamtarbeiter« im globalen Maßstab leisten. Davon scheint die Menschheit heute weiter entfernt als von der Besiedlung des Mars. Den Grund dafür hat Marx schon damals ausgemacht:

»Die gesellschaftliche Teilung der Arbeit stellt unabhängige Warenproduzenten einander gegenüber, die keine andre Autorität anerkennen als die der Konkurrenz, den Zwang, den der Druck ihrer wechselseitigen Interessen auf sie ausübt.«[167] Das erinnert an die Vereinzelung, die Atomisierung, die Marx schon in seinen Frühschriften als letzte Form der Entfremdung diagnostiziert hat.

Als Ursache klagt er das »bürgerliche Bewußtsein« an. Es »denunziert daher ebenso laut jede bewußte gesellschaftliche Kontrolle und Reglung des gesellschaftlichen Produktionsprozesses als einen Eingriff in die unverletzlichen Eigentumsrechte, Freiheit und sich selbst bestimmende ›Genialität‹ des individuellen Kapitalisten«.

Deshalb würden die Gegner jeder Form von Vergesellschaftung das Schreckgespenst beschwören, »daß sie die ganze Gesellschaft in eine Fabrik verwandeln würde«[168]. Genau so formulieren es Sozialismuskritiker bis in unsere Tage.

Gleichwohl zeigt sich Marx immer wieder begeistert vom Fortschritt der Technik: »Eine auf der Londoner Industrieausstellung von 1862 ausgestellte amerikanische Maschine zur Bereitung von Papiertuten schneidet das Papier, kleistert, faltet und vollendet 300 Stück per Minute.«[169]

E. Das Kapital im 21. Jahrhundert

Von hier aus zeichnet Marx, angefangen bei den ersten Wassermühlen über Web- und Spinnmaschinen, den Weg zur »großen Industrie« nach. In seinem historischen Panorama, das Jenny so viel Vergnügen bereitet hat, liefert er eine unnachahmliche Schilderung von der Hölle der Produktion zu seiner Zeit. Eine irritierende Vorstellung, er könnte sie selbst so nie zu Gesicht bekommen, sondern nur aus der Lektüre von Quellen nachgezeichnet haben. Die Spinnerei von Ermen & Engels in Manchester hat er nach allem, was wir wissen, nie von innen gesehen, und ein Stahlwerk erst recht nicht. Umso mehr beeindruckt seine Schilderung:

»Als gegliedertes System von Arbeitsmaschinen, die ihre Bewegung nur vermittelst der Transmissionsmaschinerie von einem zentralen Automaten empfangen, besitzt der Maschinenbetrieb seine entwickeltste Gestalt. An die Stelle der einzelnen Maschine tritt hier ein mechanisches Ungeheuer, dessen Leib ganze Fabrikgebäude füllt und dessen dämonische Kraft, erst versteckt durch die fast feierlich gemeßne Bewegung seiner Riesenglieder, im fieberhaft tollen Wirbeltanz seiner zahllosen eigentlichen Arbeitsorgane ausbricht.«[170]

Kaum gesagt, geht es schon weiter. Denn was er hier in Worte fasst, ist kein Dauerzustand, sondern die Momentaufnahme in einem Prozess permanenter Bewegung. Die Industrie »mußte sich also ihres charakteristischen Produktionsmittels, der Maschine selbst, bemächtigen und Maschinen durch Maschinen produzieren«[171].

Heute stehen dafür Roboter, die Roboter bauen, Computer, die sich selbst programmieren, oder lernende, sich optimierende Algorithmen. In den Beschreibungen der Arbeitswelt seiner Zeit drückt sich gleichsam die Vollendung dessen aus, was Marx als Umkehrung von Subjekt und Objekt beschwört:

»In Manufaktur und Handwerk bedient sich der Arbeiter des Werkzeugs, in der Fabrik dient er der Maschine. Dort geht von ihm die Bewegung des Arbeitsmittels aus, dessen Bewegung er hier zu folgen hat. In der Manufaktur bilden die Arbeiter Glieder eines lebendigen Mechanismus. In der Fabrik existiert ein toter Mechanismus unabhängig von ihnen, und sie werden ihm als lebendige Anhängsel einverleibt.«[172]

Das Zombie-Bild des seelenlosen Untoten erinnert an die zweite

Dimension der Entfremdung »im Akt der Produktion«. Sie führt schließlich dahin, »daß nicht der Arbeiter die Arbeitsbedingung, sondern umgekehrt die Arbeitsbedingung den Arbeiter anwendet ... Durch seine Verwandlung in einen Automaten tritt das Arbeitsmittel während des Arbeitsprozesses selbst dem Arbeiter als Kapital gegenüber, als tote Arbeit, welche die lebendige Arbeitskraft beherrscht und aussaugt.«[173] Und nicht nur das. Die Apparate werden produktiver und rentabler, bis sie dem Menschen die Arbeit abnehmen – im zweifachen Sinn von erleichtern und stehlen.

»Als Maschine wird das Arbeitsmittel sofort zum Konkurrenten des Arbeiters selbst. Die Selbstverwertung des Kapitals durch die Maschine steht im direkten Verhältnis zur Arbeiterzahl, deren Existenzbedingungen sie vernichtet ... Sobald die Führung des Werkzeugs der Maschine anheimfällt, erlischt mit dem Gebrauchswert der Tauschwert der Arbeitskraft. Der Arbeiter wird unverkäuflich, wie außer Kurs gesetztes Papiergeld. Der Teil der Arbeiterklasse, den die Maschinerie so in überflüssige ... Bevölkerung verwandelt, ... überfüllt den Arbeitsmarkt und senkt daher den Preis der Arbeitskraft unter ihren Wert.«[174]

Heute sind ganze Armeen von Optimierern und Controllern unterwegs, um die Produktivität durch Verdichtung zu steigern und noch das Letzte aus Arbeitern herauszuholen – während ihnen von der anderen Seite die Maschinen näher rücken. Das gilt inzwischen nicht mehr nur für Blaumannjobs, sondern auch für Tätigkeiten im Büro mit weißem Kragen.

»Die moderne Industrie betrachtet und behandelt die vorhandne Form eines Produktionsprozesses nie als definitiv. Ihre technische Basis ist daher revolutionär.«[175] Das sehen sie nicht nur bei Siemens oder im Silicon Valley ähnlich. Doch auch in den dortigen Produktionsstätten mit Vollversorgung, Sport- und Kulturangebot gilt im Prinzip die Herrschaft des Apparats über den Angestellten.

»Die Natur der großen Industrie bedingt daher Wechsel der Arbeit, Fluß der Funktion, allseitige Beweglichkeit des Arbeiters ... Man hat gesehn, wie dieser absolute Widerspruch alle Ruhe, Festigkeit, Sicherheit der Lebenslage des Arbeiters aufhebt, ihm mit dem Arbeitsmittel beständig das Lebensmittel aus der Hand zu schlagen und mit seiner Teilfunktion ihn selbst überflüssig zu machen droht; wie dieser Widerspruch im ununterbrochnen Opferfest der Arbeiterklasse, maßlosester Vergeudung der Arbeitskräfte und den Verheerungen gesellschaftlicher Anarchie sich austobt. Dies ist die negative Seite.«[176]

Kann das einer schreiben, dem die Opfer gleichgültig sind, weil es ihm nur um die Täter geht? Darf man sich Marx als *Homo Faber* der Gesellschaft vorstellen, dem nur an den Mechanismen ihrer Apparate gelegen ist? Wenn es so wäre, dann läge darin vielleicht das Geheimnis seiner analytischen Schärfe. Sie allein erlaubt ihm, jenseits aller Empörung, das Eigentliche im Blick zu behalten, den letzten Grund für den Gang der Geschichte.

Warenproduktion ist anarchisch, chaotisch, dem Zufall des Marktes ausgeliefert und der Konkurrenz. Dort führen die Waren ein Eigenleben, unabhängig vom Willen der Produzenten. Sie treiben ihr Spiel, nehmen Preise an, warten in Speichern auf ihre Verwendung, landen in Regalen und schließlich im Einkaufswagen auf dem Weg zur Kasse. Niemand denkt dort, wo es ums Haben als Seinsform geht, an Schlachthöfe, die Hölle von Hochöfen, einstürzende Textilfabriken. Das »Opferfest« ist gleichsam eingepreist. Nicht der Mensch bewegt die Ware, es ist die Ware, die den Menschen bewegt, sie zu bewegen.

Überlebenstrieb und Angst machen es wie ein »überwältigendes Naturgesetz«[177] möglich. Kapitalistische Produktion, fasst Marx zusammen, »vermehrt … durch den ungeheuren Sporn, den Schranke und Regel des Arbeitstags der Technik aufdrücken, die Anarchie und Katastrophen der kapitalistischen Produktion im großen und ganzen, die Intensität der Arbeit und die Konkurrenz der Maschinerie mit dem Arbeiter.«[178]

Gleichwohl hebt Marx, wie schon im *Kommunistischen Manifest*, ein ums andere Mal Fortschritt und schöpferische Qualitäten des Kapitalismus hervor. »In der Sphäre der Agrikultur« – sein Lieblingsthema im vorgerückten Alter – »wirkt die große Industrie insofern am revolutionärsten, als sie das Bollwerk der alten Gesellschaft vernichtet … An die Stelle des gewohnheitsfaulsten und irrationellsten Betriebs tritt bewußte, technologische Anwendung der Wissenschaft.«[179]

Mit den Bauern, speziell den französischen mit Landbesitz dank der Französischen Revolution, hat er nach deren Unterstützung Napoleons des Neffen noch eine Rechnung offen. Auf der anderen Seite klagt er die massenhafte Enteignung der Bauernschaft als Verbrechen an, aus dem ursprünglich das Kapital hervorgegangen ist. Genau jenes Kapital, das die Landwirtschaft nach sechstausend Jahren ihrer Existenz innerhalb weniger Generationen zur industriellen Produktionsweise um den Preis massiver Zerstörung der Umwelt zwingt.

»Mit dem stets wachsenden Übergewicht der städtischen Bevölkerung, die sie in großen Zentren zusammenhäuft, häuft die kapitalistische Produktion einerseits die geschichtliche Bewegungskraft der Gesellschaft« – was Marx begrüßt –, »stört sie andrerseits den Stoffwechsel zwischen Mensch und Erde.«[180]

Sätze aus dem *Kapital*, für die Marx heute in manchen Kreisen als Urvater der Umweltbewegung gefeiert wird: »Die kapitalistische Produktion entwickelt daher nur die Technik und Kombination des gesellschaftlichen Produktionsprozesses, indem sie zugleich die Springquellen alles Reichtums untergräbt: die Erde und den Arbeiter.«[181]

In Band 3 legt Marx noch einmal nach:

»Vom Standpunkt einer höhern ökonomischen Gesellschaftsformation wird das Privateigentum einzelner Individuen am Erdball ganz so abgeschmackt erscheinen, wie das Privateigentum eines Menschen an einem andern Menschen. Selbst eine ganze Gesellschaft, eine Nation, ja alle gleichzeitigen Gesellschaften zusammengenommen, sind nicht Eigentümer der Erde. Sie sind nur ihre Besitzer, ihre Nutznießer, und haben sie als boni patres familias« – gute Familienväter – »den nachfolgenden Generationen verbessert zu hinterlassen.«[182]

Im Aufstieg Chinas zur führenden Industrienation, Kapitalismus im Namen des Kommunismus, zeigt sich die ungebrochene Aktualität der Marxschen Analyse. Die Zahl der vom Land in rasend wachsende Megastädte verfrachteten Menschen geht in die Hunderte Millionen – von denen sich allerdings nicht wenige aus der Armut in einen bescheidenen Mittelstand hocharbeiten können. Nirgendwo gibt es überdies so viele neue Millionäre wie im Reich der Mitte.

Weltweit lebt heute mehr als die Hälfte der Menschheit in Städten, wo sie die einzige Hoffnung auf Existenz und Überleben sehen. Wo manchmal aber auch das letzte Geschenk der Natur knapp wird, die Luft zum Atmen. Wer weiß, vielleicht liegen in den Schubladen schon Pläne für die Vermarktung sauberer Luft, wie Trinkwasser aus ländlichen Gegenden in Großstädte gepumpt.

Immerhin haben die Kaderkapitalisten in Peking, wo sich die Milliardäre des Landes ballen und mit ihren Luxuskarossen die Luftverschmutzung auf die Spitze höllischen Smogs treiben, in nur einer Generation ein Bewusstsein für Umweltfragen und Nachhaltigkeit entwickelt, für das ihre westlichen Vorbilder weit mehr als ein Jahrhundert benötigten. Womöglich steckt dahinter auch ihre Verehrung der Ahnen, die sich im Gegenzug zur Verantwortung für die nachfolgenden Generationen ausdrückt.

Aber auch mit seiner gelenkten Wirtschaft kann sich China den kapitalistischen Automatismen nicht entziehen, wie sie Marx offengelegt hat. Ohne die Produktivkraft zu steigern, wird die Werkbank des Westens auf Dauer nicht bestehen. Unternehmer mit rotem Parteibuch müssen immer mehr Mittel in die zeitgemäße Ausstattung ihrer Produktionsstätten stecken, nicht zuletzt, weil auch in China die Löhne steigen.

Mit dem vermehrten Einsatz von Technik verändert sich nach Marx aber die »Wertzusammensetzung« des Kapitals. Der »konstante« Teil, die Maschinerie, wächst auf Kosten des »variablen«, der Arbeit. Dadurch fließt in die Waren immer weniger »Wert bildende Substanz«, die in der gleichen Zeit immer mehr Wert erschaffen muss. So gehe dem Motor des Kapitalismus allmählich der Treibstoff aus. Um den Profit zu halten, muss die Produktion um jeden Preis wachsen, nach außen durch Expansion, nach innen durch Konzentration. *Up or out* heißt das Überlebensgesetz.

Der Leidtragende ist der Produzent im engeren Sinn. »Der Arbeiter selbst produziert daher beständig den objektiven Reichtum als Kapital, ihm fremde, ihn beherrschende und ausbeutende Macht, und der Kapitalist produziert ebenso beständig die Arbeitskraft als subjektive, von ihren eignen Vergegenständlichungs- und Verwirklichungsmitteln getrennte, abstrakte, in der bloßen Leiblichkeit des Arbeiters existierende Reichtumsquelle, kurz den Arbeiter als Lohnarbeiter.«[183]

Doch das musste der Kapitalismus nicht erst erfinden. Es steckt in seinem Code. Marx nennt es »die Zwickmühle des Prozesses selbst, die den einen stets als Verkäufer seiner Arbeitskraft auf den Warenmarkt zurückschleudert … In der Tat gehört der Arbeiter dem Kapital, bevor er sich dem Kapitalisten verkauft. Seine ökonomische Hörigkeit ist zugleich vermittelt durch … die Oszillation im Marktpreise der Arbeit.«[184]

Was auf dem Papier wie ein sauberes Geschäft zwischen zwei Vertragspartnern erscheint, darauf weist Marx ein ums andere Mal hin, erweist sich in der Wirklichkeit als *dirty deal.* Aber wie lassen sich diese Sach-Zwänge erklären? Hier gelangt Marx erneut an eine Wegmarke. »Der Kapitalist«, als »personifiziertes Kapital« eine Marionette der fremden Macht, nennt »nicht Gebrauchswert und Genuß, sondern Tauschwert und dessen Vermehrung sein treibendes Motiv. Als Fanatiker der Verwertung des Werts zwingt er rücksichtslos die Menschheit zur Produktion um der Produktion willen.«[185]

Dienstleistung und Daten eingeschlossen, kommt das einer zeitlosen

Beschreibung der Zustände im Kapitalismus schon ziemlich nahe. Konsumenten werden mit Waren und der Werbung für sie umstellt. Auf der anderen Seite stehen sie als Produzenten in einem Prozess, zu dessen Kenngrößen Steigerung der Produktivität und erweiterte Produktpaletten gehören. Sie selbst, als »Gesamtarbeiter«, erzeugen all die Waren, von denen sie dann beherrscht werden. Doch der Gesamtchef – in Marx' Theater die Fadenpuppe mit dem Geldsack in der Hand – muss ebenfalls ums Überleben kämpfen, wenn auch nur für eine Sache, und nicht für sich selbst.

Auf der anderen Seite sieht Marx gerade in diesem Mechanismus eine Chance, dem Spuk eines Tages, wenn die Zeit dafür reif ist, ein Ende zu bereiten. Die »Produktion um der Produktion willen«, so sinnlos sie vielfach erscheinen mag, führe »zu einer Entwicklung der gesellschaftlichen Produktivkräfte und zur Schöpfung von materiellen Produktionsbedingungen, welche allein die reale Basis einer höheren Gesellschaftsform bilden können, deren Grundprinzip die volle und freie Entwicklung jedes Individuums ist.«[186]

Klarer lässt sich nicht formulieren, wie Marx sich die Zustände im Kommunismus denkt. Wer nach solchen Sätzen immer noch behauptet, er sei für Überwachung, Freiheitsberaubung und Verbrechen im »realen« Sozialismus verantwortlich, verkennt den Unterschied zwischen Ge- und Missbrauch. Und wie stellt sich die Situation auf der Gegenseite dar? »Die kapitalistische Akkumulation produziert … überflüssige oder Zuschuß-Arbeiterbevölkerung.«[187] Das alte Lied mit neuer Melodie.

Je mehr Kapital sich anhäuft, desto mehr steht bei entsprechender Verzinsung für den Produktivitätszuwachs bereit. Damit beißt sich die Schlange in den Schwanz. Indem Arbeiter mit ihrer Arbeitskraft nicht nur den Mehrwert schaffen, der sich in der Warenwelt realisieren lässt, sondern auch das Kapital zur Anschaffung der Produktionsmittel sichern, besitzt die Ausbeutung selbst einen Doppelcharakter. Sie nimmt faktisch zu, selbst wenn sie auf den ersten Blick abzunehmen scheint. Wie das Reptil, das sich selber frisst.

Ohnmächtig zur Gegenwehr, schaufeln sich die Arbeiter ihr eigenes Grab. Erst die von ihnen geschaffenen Werte erlauben es den Unternehmern, arbeitssparende Maschinen anzuschaffen und variables Kapital Stück für Stück durch konstantes zu ersetzen. Durch »das stets bereite exploitable Menschenmaterial«[188], ein Ausdruck wie aus dem Wörterbuch der zynischen Vernunft, kann das Kapital immer leichter über die

Quelle seiner »Akkumulation« verfügen. Doch genau damit rennt es, wie Marx bald zeigen wird, in seinen eigenen Untergang: Je weniger Arbeitskraft, desto weniger Mehrwert, desto weniger Löhne und Kaufkraft, desto weniger Rendite. Bis dahin aber verschafft sich das System quasi ideale Bedingungen.

»Die Verdammung eines Teils der Arbeiterklasse zu erzwungnem Müßiggang durch Überarbeit des andren Teils und umgekehrt, wird Bereicherungsmittel des einzelnen Kapitalisten und beschleunigt zugleich die Produktion der INDUSTRIELLEN RESERVEARMEE.«[189] Mit der ans Militärische angelehnten Begriffsschöpfung, Standardbestandteil des marxistischen Vokabulars, beschreibt Marx ein weiteres Machtinstrument des Kapitals. Das Überangebot an Arbeitskraft verringert ihren Preis und treibt, in Zyklen, Konkurrenz und Entsolidarisierung der Arbeiterschaft voran.

Doch damit nicht genug. »Die technischen Bedingungen des Produktionsprozesses selbst, Maschinerie, Transportmittel usw. ermöglichen, auf größter Stufenleiter, die rascheste Verwandlung von Mehrprodukt in zuschüssige Produktionsmittel.«[190] Aus der Kreis- wird eine Spiralbewegung, wenn die Maschinen den Prozess ihrer eigenen Vermehrung beschleunigen.

Mit der »Freisetzung« von Arbeitskräften durch technischen Fortschritt erfasst Marx zwar einen richtigen Trend, aber kein gültiges Gesetz. Würde sich die punktuelle Arbeitslosigkeit einfach addieren, wäre die allgemeine längst verheerend. Davon kann sich jeder beim Blick in moderne Fabrikationshallen überzeugen. Die tatsächliche Entwicklung des Arbeitsmarktes hingegen belegt, dass auch ständig Gegenkräfte wirken.

Einen schwerer wiegenden Fehler sehen Kritiker in dem, was heute als Marx' »Verelendungstheorie« bekannt ist. Ihre Karriere beginnt bereits im *Kommunistischen Manifest*, wo es heißt: »Der moderne Arbeiter dagegen, statt sich mit dem Fortschritt der Industrie zu heben, sinkt immer tiefer unter die Bedingungen seiner eigenen Klasse herab.«[191]

Dem *Kapital* wird die These – wegen ihrer politischen und theoretischen Bedeutung – oft als Schwäche ausgelegt. Das ist allerdings nur richtig, was die absolute Verarmung in wohlhabenderen Teilen der Welt betrifft, wie sie damals Tatsache war. Kaum jemand wird bestreiten, dass es heute selbst »echten« Arbeitern unter den Lohnempfängern der Industrieländer im Durchschnitt deutlich besser geht als vor fünfzig Jahren – auch wenn sie im unteren Segment von geschätzten vierzig Prozent in jüngster Zeit vermehrt Kaufkraftverluste hinnehmen müssen.

Die Betrachtung blendet aber die »Schere« aus. Um sie weiter aufgehen zu lassen, müssen die Armen nicht absolut ärmer werden, sondern nur weniger langsam reich als die Reichen. Realsozialisten haben daraus die »relative« Verelendung gemacht, nach SED-Lesart »eine der wichtigsten Lehren der marxistischen politischen Ökonomie«[192]. Sie ist es, was Kapitalismuskritiker heute auf die Straßen treibt. Gegen die Konzentration von immer mehr Kapital in immer weniger Händen.

Fasst Marx den Begriff der Verelendung nicht genauso auf, wenn er schreibt, »daß im Maße wie Kapital akkumuliert, die Lage des Arbeiters, welches immer seine Zahlung, hoch oder niedrig, sich verschlechtern muß«[193]? Abstieg ist auch bei Lohnzuwachs möglich, wenn umgekehrt der Geldbesitzer nur einen Teil der Rendite reinvestiert und den anderen für sich behält. »Mit der Entwicklung der kapitalistischen Produktionsweise, der Akkumulation und des Reichtums, hört der Kapitalist auf, bloße Inkarnation des Kapitals zu sein.«[194]

Doch die Schere hat zwei Klingen. Mit jedem Geld, das der »modernisierte Kapitalist«[195] in Konsum statt in die Verwertung steckt, steigert er das Tempo der Bewegung. »Damit entwickelt sich gleichzeitig in der Hochbrust des Kapitalindividuums ein faustischer Konflikt zwischen Akkumulations- und Genußtrieb.«[196] Alttestamentarisch gesprochen: »Akkumuliert, Akkumuliert! Das ist Moses und die Propheten!«[197]

Anders als bei anderen Thesen stellt Marx hier nicht seitenweise Berechnungen zum Nachweis an. Stattdessen prangert er eine Art von Verelendung und Entfremdung an, die heute für einen beträchtlichen Teil der globalen Arbeiterschaft nichts von ihrer Aktualität eingebüßt hat:

»Alle Mittel zur Entwicklung der Produktion schlagen um in Beherrschungs- und Exploitationsmittel des Produzenten, verstümmeln den Arbeiter in einen Teilmenschen, entwürdigen ihn zum Anhängsel der Maschine, vernichten mit der Qual seiner Arbeit ihren Inhalt, entfremden ihm die geistigen Potenzen des Arbeitsprozesses, … unterwerfen ihn während des Arbeitsprozesses der kleinlichst gehässigen Despotie, verwandeln seine Lebenszeit in Arbeitszeit, schleudern sein Weib und Kind unter das Juggernaut-Rad des Kapitals.«[198]

Die Hunderte Millionen in Fabriken für Smartphones oder Jeans könnten es nicht besser sagen. Angesichts der wirtschaftlichen Notlage im Billiglohnsektor klingen Marx' Worte wieder erstaunlich aktuell:

»Die Akkumulation von Reichtum auf dem einen Pol ist also zugleich Akkumulation von Elend, Arbeitsqual, Sklaverei, Unwissenheit, Brutalisierung und moralischer Degradation auf dem Gegenpol, d. h. auf Seite der Klasse, die ihr eignes Produkt als Kapital produziert.«[199] Im Zuge der Globalisierung erwacht die verfemte Verelendungstheorie somit in doppelter Weise zu neuem Leben.

Wer das *Kapital* an dieser Stelle rein ökonomisch liest, übersieht dessen politische Potenz. Denn der gravierendste gesellschaftliche Missstand, den Marx neben Ausbeutung und Entfremdung als Erster in dieser Weise ausbuchstabiert, heißt UNGLEICHHEIT, regional wie global.

Es passt ins Bild seiner posthumen Biografie, dass dieses Thema seinen Namen 2014 einmal mehr auf die internationale Agenda bringt. Mit seinem Weltbestseller *Das Kapital im 21. Jahrhundert* verneigt sich der französische Wirtschaftswissenschaftler Thomas Piketty, erklärtermaßen kein Marxist, vor dem hundertfünfzig Jahre alten Opus magnum.

Mit einer Flut von Daten über die Entwicklung von relativer Armut und absolutem Reichtum liefert Piketty die wissenschaftliche Basis für das Narrativ heutiger Kapitalismuskritik. Er reduziert die Ungleichheit auf eine Ungleichung, die sich in ihrer Kürze an berühmten Gleichungen aus der Physik messen kann: r>g. Übersetzt heißt das: Die Renditen (r) aus Kapital übersteigen das wirtschaftliche Wachstum (g für growth), Kapitaleinkommen wachsen schneller als die Gesamtwirtschaft. Oder anders gesagt: Geld »arbeitet« rentabler als seine ursprüngliche Quelle, Eigentum bringt höhere Einkünfte als bezahlte Tätigkeit. Es braucht keinen Master in Volkswirtschaftslehre, sich die Folgen auszurechnen.

Am Beispiel amerikanischer Elite-Universitäten zeigt der Ökonom mit sauber hinterlegten Statistiken, nach welchen Regeln der Kampf um das Goldene Kalb der Gewinnmaximierung abläuft: Je größer der Kapitalstock, desto höher die Renditen. Sie können bei führenden Playern mehr als das Doppelte der durchschnittlichen Erträge erreichen. Es bedarf keiner komplizierten Kalkulation, um darin eine wachsende Schieflage auszumachen. In diesem Bild gleicht der Kapitalismus der Titanic nach dem Zusammenstoß mit einem namenlosen Eisberg, und die Kapelle spielt tapfer weiter. »Das Kapital frisst die Zukunft«, sagt Piketty.[200]

Man darf sich den Franzosen nicht als Theoretiker vom Schlage Marx' vorstellen. Da hat er ihm kaum etwas entgegenzusetzen. Was dem neuen Star seiner Zunft an theoretischer Tiefe fehlt, das macht er durch den Clou seiner Analyse wett: Die Schere hat sich im Kapitalismus nicht zu allen Zeiten geöffnet. Genauer gesagt, gab es eine Periode im 20. Jahrhundert, wo der Befund nicht zutrifft. Ungefähr zwischen 1930 und 1980 hielt sich das Verhältnis von Arm und Reich relativ stabil.

Das geht zwar zum Großteil auf den Weltkrieg, die darin vernichteten Vermögenswerte und das Wirtschaftswunder in den Jahrzehnten des Wiederaufbaus zurück. Ein Grund lag aber auch darin, das sich die Welt mit Blick auf die Konkurrenz durch den Kommunismus sozusagen sozialdemokratisierte – nicht zuletzt, um die Rückkehr zu einer gefährlich instabilen Lage und erneutem Chaos zu verhindern. Der Staat als »ideeller Gesamtkapitalist«, so die von Engels geprägte marxistische Formulierung, wurde in nie gesehenem Maß zum Agenten von Ausgleich und Umverteilung.

Gut möglich, dass die Jahrzehnte nach Ende des Horrors im Zeichen des Hakenkreuzes einmal als Goldenes Zeitalter in den Geschichtsbüchern auftauchen werden. Dafür spricht eine Untersuchung, die nach Kriterien wie Gerechtigkeit und Zufriedenheit das Jahr 1978 als das beste in der Historie der kapitalistischen Menschheit identifiziert. Mit der Wahl Margaret Thatchers in Großbritannien und Ronald Reagans in den USA endete die Phase ein Jahr später.

Mit Einsetzen von Thatcherismus und Reaganomics begann die Ära des Marktradikalismus. Aus dessen Giftküche stammen die Rezepte, die seinen Kritikern heute als Hauptursache der kapitalistischen Dauerkrise gelten: Deregulierung, Privatisierung und Aufblähung einer globalisierten Finanzindustrie. Dagegen herrschen zu Marx' Zeiten geradezu idyllische Verhältnisse.

Der Erfolg schien den Betreibern fürs Erste recht zur geben: Innerhalb von zehn Jahren waren das Sowjetreich und mit ihm der Kalte Krieg Geschichte. Historiker führen das unter anderem auf das mörderische Wettrüsten auf Pump zurück, mit dem der Westen den Osten in die Knie zwang. Der kleine Unterschied und seine großen Folgen: Washington konnte unbegrenzt kaufkräftige Dollar drucken, Moskau nur Rubel von begrenztem Wert.

Als ihm der einzige Feind abhandengekommen war, feierte der Kapitalismus sich als endgültiger Sieger. Das bessere System hatte sich nach eigener Überzeugung durchgesetzt. So sahen und sehen das nicht nur seine Verfechter. Allein, der Kapitalismus 2.0 dachte gar nicht daran, nach 1989 zum Status quo ante zurückzukehren. Er machte einfach weiter, als hätte es die kleine sozialstaatliche Betriebsstörung im Bann des

Sozialismus nie gegeben. Folge: Die Schere von Arm und Reich öffnete sich wieder weiter.

F. Der Sündenfall des Kapitals

»Statt unnütze Systeme für das Glück der Völker aufzustellen, will ich mich darauf beschränken, die Gründe ihres Unglücks zu untersuchen.«[201] So schrieb einst der venezianische Mönch Ortes, den Marx in einer Fußnote zitert. Dazu stellt er eine Frage, die Fachkollegen wie Arbeiter gleichermaßen beschäftigen dürfte: Woher kommt eigentlich ursprünglich das Kapital, das sich da so famos vermehrt? Also jenes Ding, das nach und nach alle Belange des menschlichen Miteinanders unter seine Fittiche bringt. Was steht am Anfang des Schneeballsystems, das bis heute funktioniert?

Marx' Antwort: Die URSPRÜNGLICHE AKKUMULATION (ein altes Thema der Ökonomie) und mit ihr das kapitalistische System gründen auf Verbrechen. »Der Raub der Kirchengüter, die fraudulente Veräußerung der Staatsdomänen, der Diebstahl des Gemeindeeigentums, die usurpatorische und mit rücksichtslosem Terrorismus vollzogne Verwandlung von feudalem und Claneigentum in modernes Privateigentum... eroberten das Feld für die kapitalistische Agrikultur, einverleibten den Grund und Boden dem Kapital und schufen der städtischen Industrie die nötige Zufuhr von vogelfreiem Proletariat.«[202]

Marx spielt hier auf die *Enclosures* vor allem im 15. und 16. Jahrhundert an: Indem britische Grundbesitzer Gemeindeland zur Schafzucht einzäunten, raubten sie den Bauern ihre Lebensgrundlage. Erst zwang man sie ins System der Zirkulation, Ware auf dem Arbeitsmarkt, dann erwies man sich gnädig, einem Teil von ihnen Arbeit zu »geben«, die gerade zum Überleben reichte, vermehrt auch Frauen und Kindern für Hungerlöhne.

»Diese ursprüngliche Akkumulation spielt in der politischen Ökonomie ungefähr dieselbe Rolle wie der Sündenfall in der Theologie... Die Legende vom theologischen Sündenfall erzählt uns allerdings, wie der Mensch dazu verdammt worden sei, sein Brot im Schweiß seines Angesichts zu essen; die Historie vom ökonomischen Sündenfall aber enthüllt uns, wieso es Leute gibt, die das keineswegs nötig haben. Einerlei. So kam es, daß die ersten Reichtum akkumulierten und die letztren schließlich nichts zu verkaufen hatten als ihre eigne Haut.«[203]

Die Vorgeschichte beginnt in grauer Vorzeit, als der »nackte Affe« den Planeten erobert. Um auch unwirtliche Gegenden besiedeln zu können, brauchen Menschen schützende Hüllen. Schon in der Jungsteinzeit verwenden sie tierische Haare zur Herstellung von Filzen. Mit der Erfindung von Geweben aus Naturfasern ein paar tausend Jahre vor unserer Zeitrechnung beginnt der Siegeszug der Textilien. Das Spinnen von Fäden und Verweben zu Stoffen wird zur wichtigsten verarbeitenden Industrie der vorkapitalistischen Welt – in der Regel dominiert durch Hand- und Heimarbeit.

Im 18. Jahrhundert setzt eine dramatische Entwicklung ein: Innerhalb weniger Jahrzehnte begründet die Textilherstellung in England die heutige kapitalistische Produktionsweise. Das »fliegende Weberschiffchen«, erfunden 1733, verdoppelt die Produktivität, in den 1760er-Jahren revolutioniert James Hargreaves' *Spinning Jenny* die Fadenherstellung, 1786 geht der erste mechanische Webstuhl in Betrieb. Der Takt der Maschinen wird zum Takt des Lebens. Gleichzeitig springt der Wachstumsmotor an, und zwar doppelt: Seit etwa 1800 verzeichnen Wirtschaftshistoriker nicht nur einen nie gekannten Anstieg der Bevölkerung, sondern auch dessen, was heute Bruttosozialprodukt heißt.

Je teurer die immer dringender benötigte Arbeitskraft wird, desto eher lohnt es sich, statt »Arbeitsvermögen« die Kraft aus Dampfmaschinen zu nutzen. Die hohen britischen Löhne machen sie früher rentabel als im Rest der Welt. Mehr und mehr verdrängen sie selbständige Weber, denen Kapital für Investitionen fehlt. Aus Heimwerkern werden Lohnarbeiter, aus Manufakturen Fabriken, die bald auch den Reichtum der Wuppertaler Familie Engels begründen.

Die nötige Zufuhr von Rohstoff – neben Wolle, Leinen, Flachs oder auch Seide – für eine schnell wachsende städtische Industrie kann der privatisierte Grund und Boden auch mit noch so vielen Weidetieren nicht bewältigen. So ist es schließlich nicht die Wolle von Schafen, die den Durchbruch bringt, sondern fälschlich Baum-»Wolle« genannte Fasern von Pflanzen der Gattung *Gossypium*, die bald zum wichtigsten Rohstoff werden – und zum Antreiber der Industriellen Revolution, nach Eric Hobsbawm das »wichtigste Ereignis der Weltgeschichte«[204].

Um das Motiv seiner Haltung zu illustrieren, zitiert Marx im *Kapital* in einer Fußnote Rousseau, der in seiner *Politischen Ökonomie* schon 1760 erklärt: »›Ich werde gestatten‹, sagt der Kapitalist, ›daß ihr die Ehre habt, mir zu dienen, unter der Bedingung, daß ihr mir für die Mühe, die ich mir mache, euch zu kommandieren, das wenige gebt, was euch bleibt.‹«[205] Die Reihenfolge ist somit klar: Nicht die Industrielle Revolution hat die Kapitalisten hervorgebracht, sondern umgekehrt.

Um einen Markt für Arbeitskraft zu schaffen, aus dem sich die Industrie bedienen kann, braucht es arbeitsfähige Menschen, die ohne Lohn verhungern müssten. Sie dürfen also keine Chance haben, sich allein durchzuschlagen, etwa durch Landwirtschaft und Produktion selbst gewebter Stoffe in Heimarbeit wie ihre Vorfahren. Im zynischen Vokabular der Wirtschaftslehre musste man sie von dieser Mühsal »befreien«, indem man ihnen das Land nahm und die Erzeugnisse ihrer Handwebstühle durch Industrieprodukte verdrängte.

So »werden diese Neubefreiten erst Verkäufer ihrer selbst, nachdem ihnen alle ihre Produktionsmittel und alle durch die alten feudalen Einrichtungen gebotnen Garantien ihrer Existenz geraubt sind. Und die Geschichte dieser ihrer Expropriation ist in die Annalen der Menschheit eingeschrieben mit Zügen von Blut und Feuer.«[206]

Die Arbeiterschaft muss dabei nicht abnehmen, solange die Produktion zunimmt. Die hergestellten Stoffe, bis dahin Luxusprodukt für Wohlhabende, werden billiger und finden mehr Abnehmer. Dazu aber braucht es mehr Rohstoffe, deren Gewinnung wiederum mehr Anbau erfordert – und dabei einmal mehr größere Absatzmärkte schafft. Der Apparat ist angesprungen. »Der stumme Zwang der ökonomischen Verhältnisse«, sagt Marx, »besiegelt die Herrschaft des Kapitalisten über den Arbeiter.«[207]

Möglich wird das aber erst durch die brutale Unterwerfung fremder Länder und ihrer Ureinwohner, wie der Historiker Sven Beckert von der Harvard-Universität minutiös aufzeigt. In seiner Studie *King Cotton* zeichnet er beispielhaft »eine Geschichte des globalen Kapitalismus« nach, die sich wie eine Vertiefung der Marxschen Analyse liest. Die »explosive Kombination von Sklaverei und Landnahme«, heißt es darin, »war der Treibstoff für die Industrielle Revolution«[208].

Über zwei Drittel der Baumwolllieferungen nach England werden von Sklaven angebaut, zu Millionen aus Afrika nach Amerika verschleppt. Der englischen Handelsflotte kommt dabei eine entscheidende Rolle zu: Waren von der Insel nach Afrika zu befördern, dann Sklaven über den Atlantik nach Amerika und auf dem Rückweg Baumwolle als Rohstoff für die Fabriken zurück nach Britannien: Von solch einer Auslastung ihrer Transportmittel träumen moderne Logistik-Unternehmer. Damals sitzen sie in neuen aufblühenden Städten wie Glasgow und Liverpool.

Die benötigten Anbauflächen gehen, wie zuvor schon in England zur Erweiterung der Wollproduktion, auf massenhafte gewaltsame Enteignung von Alteingesessenen zurück. Hier englische Kleinbauern, dort ganze indigene Völker. Auf einmal gerät die halbe Menschheit in Bewegung – ausgelöst durch Kapital. »Unverbrauchtes Land und neue Arbeitskräfte«, heißt es in *King Cotton*, »kapitalisiert durch europäische Fabrikanten, Händler, Bankiers und Plantagenbesitzer, schufen die Grundlagen für die Explosion der Baumwollwirtschaft.«[209]

In der Hand der ersten Fabrikbesitzer verwandelt sich Geld in Kapital – und seine Investoren werden Kapitalisten, eine überschaubare Zahl vermögender Gentlemen, die als Neureiche mehr Geld haben, als sie selbst bei größtem Luxus ausgeben können. Und zwar genau in dem Moment, wo ihr Kalkül aufgeht, dass Maschinenkraft billiger kommt als Arbeitskraft, die »König Dampf«[210] gemessen am Lohn bald effektiver leisten kann. Schon hat der Funke kapitalistisch denkender Erfinderkraft gezündet: Immer bessere Maschinen müssen her. Bis heute bildet ständige Innovation das Rückgrat, das dem System sein Überleben sichert.

»Die Entdeckung der Gold- und Silberländer in Amerika«, fasst Marx zusammen, »die Ausrottung, Versklavung und Vergrabung der eingebornen Bevölkerung in die Bergwerke, die beginnende Eroberung und Ausplünderung von Ostindien, die Verwandlung von Afrika in ein Geheg zur Handelsjagd auf Schwarzhäute bezeichnen die Morgenröte der kapitalistischen Produktionsära.«[211]

Orchestriert und finanziert wird das Drama in jener ersten Welthauptstadt des Kapitals, in der es ein bärtiger Gelehrter wie keiner vor ihm zu Papier bringt. Hätte Marx sein biografisches Los nicht nach London verschlagen, dann wäre das *Kapital* in der bekannten Form womöglich nicht entstanden. Nicht minder wichtig ist jedoch die Zeit, in der er sein Opus verfasst. Der Amerikanische Bürgerkrieg raubt ihm nicht nur seine Erwerbsquelle als Korrespondent der *New York Tribune*. Er läutet auch eine Wende der Weltwirtschaft ein. Die Geburtsstunde des globalen Kapitalismus schlägt. Die kriegsbedingte Knappheit an Textil-Rohstoff, in der Wirtschaftshistorie *Cotton Famine* – Baumwollhunger – genannt, bringt andere Weltregionen ins Spiel. An erster Stelle das von England beherrschte Indien. Damit gerät ausgerechnet ein Land in den Fokus, das über lange Zeit eine funktionierende Textilindustrie ohne Kapitalismus besessen hat, mit dessen Ausbreitung aber die größte Deindustrialisierung der Weltgeschichte hinnehmen muss.

Dank Dampfschifffahrt und Eisenbahn sind Warentransport und erdumspannender Handel zum kalkulierbaren Faktor geworden. Parallel dazu überbrückt die Telegrafie – das Internet des 19. Jahrhunderts – die Grenzen der Zeit. Das erste transatlantische Kabel geht 1866 in Betrieb. Fünf Jahre später sind große Teile der Erde verkabelt. »Börsenticker« liefern minutenschnell Information aus der ganzen Welt – ein Sprung vergleichbar der Einführung des elektronischen Handels durch digitale Datenkommunikation in globalen Computernetzwerken. Weltmärkte und Weltmarktpreise werden Realität. Kaum etwas ist dazu besser geeignet als das haltbare Naturprodukt Baumwolle und seine Gewebe mit dauerhafter Nachfrage in aller Welt.

Die Folgen dieses ersten großen Globalisierungsschubs sind bis heute weltweit präsent, freilich ohne England als Zentrum der Industrie. Wer sich allein den Baumwollhaufen eines westlichen Haushalts – darunter Jeans, T-Shirts, Handtücher, Bettwäsche – vor Augen führt und sie auf die Menschheit hochrechnet, kann sich ein Bild von der gewaltigen Textilproduktion im Weltmaßstab machen. Dazu kommen zunehmend synthetische Textilien, vom Billighemd bis zum High-End-Sportaccessoire. Die Herstellerschilder erzählen Geschichten der Herkunft, Moden und Märkte steuern die Zukunft.

Man mag sich nicht vorstellen, was das Ende dieser letzten Bastion massenhafter Handarbeit durch Voll-Automatisierung und körpermaßgenau produzierende Maschinen für die Menschen bedeuten würde. Die Pläne dafür sind sicher schon entworfen. Für Massenarmut und Migration, die dadurch entstünden, fehlen die Maßstäbe. Eine Ahnung davon liefert das 19. Jahrhundert, als lockende Arbeitsmärkte ganze Völkerscharen in Bewegung setzen. Über die Kräfte, die dabei im Spiel sind, sagt Marx: »Die Gewalt ist der Geburtshelfer jeder alten Gesellschaft, die mit einer neuen schwanger geht. Sie selbst ist eine ökonomische Potenz.«[212] Wer darin gleich Straßenschlacht und Barrikade liest, übersieht das Großgedruckte hinter dem Text. Gewalt hat viele Formen. Zum Beispiel Überlebenskampf, Verfolgung und Vertreibung.

Bei der Frage, woher das Kapital kommt, das all das bewirkt, verkennt Marx aber auch nicht die Wirkung anderer Akteure, der Banken etwa oder des Staates: »Die öffentliche Schuld wird einer der energischsten Hebel der ursprünglichen Akkumulation. Wie mit dem Schlag der Wünschelrute begabt sie das unproduktive Geld mit Zeugungskraft und verwandelt es so in Kapital, ohne daß es dazu nötig hätte, sich der von industrieller und selbst wucherischer Anlage unzertrennlichen Mühwaltung und Gefahr auszusetzen.«[213]

Der Staat zahlt. Notfalls druckt er frisches Geld. Sein Monopol, anfangs ergänzt, bald übertroffen von der Geldschöpfung durch private »Geldhäuser«, sorgt für einen schier unendlichen Nachschub an Treibstoff für die Maschinerie des Kapitalismus. Das hat zur Situation gewaltiger Mengen an Kapital geführt, das »verzweifelt«, so reden Ökonomen heute, nach Anlagemöglichkeiten »sucht«. Die Akkumulation wird »maßlos«.

Wäre Marx nur ein Diagnostiker, ohne die bekannten Folgen im 20. Jahrhundert, dann würde uns sein Werk heute geheimnisvoll hellsichtig erscheinen. Aber dafür hat er es nicht geschrieben. Er wendet sich an Adressaten seiner Zeit: »Im Fortgang der kapitalistischen Produktion entwickelt sich eine Arbeiterklasse, die aus Erziehung, Tradition, Gewohnheit die Anforderungen jener Produktionsweise als selbstverständliche Naturgesetze anerkennt.« Diese Diagnose trifft heute noch zu. »Außerökonomische, unmittelbare Gewalt wird zwar immer noch angewandt, aber nur ausnahmsweise.«[214] Die Psychologie kennt neben Schlägen auch die »Soft-Prügel«.

»Das Kapital«, zitiert Marx in einer Fußnote den englischen Gewerkschafsfunktionär Thomas Joseph Dunning, »hat einen horror vor Abwesenheit von Profit oder sehr kleinem Profit, wie die Natur vor der Leere. Mit entsprechendem Profit wird Kapital kühn. Zehn Prozent sicher, und man kann es überall anwenden; 20 Prozent, es wird lebhaft; 50 Prozent, positiv waghalsig; für 100 Prozent stampft es alle menschlichen Gesetze unter seinen Fuß; 300 Prozent, und es existiert kein Verbrechen, das es nicht riskiert, selbst auf Gefahr des Galgens.«[215]

Irgendwann soll nach Marx aber Schluss sein mit dem Spuk, soll die tragische Komödie, die er im *Kapital* aufführt, ein glückliches Ende finden, so wie sie unglücklich begonnen hat: in einer REVOLUTION.

»Diese Produktionsweise«, sagt er, »ist nur verträglich mit engen naturwüchsigen Schranken der Produktion und der Gesellschaft … Auf einem gewissen Höhegrad bringt sie die materiellen Mittel ihrer eignen Vernichtung zur Welt. Von diesem Augenblick regen sich Kräfte und Leidenschaften im Gesellschaftsschoße, welche sich von ihr gefesselt fühlen. Sie muß vernichtet werden, sie wird vernichtet.«[216]

Hier steuert Marx auf eine Synthese zu, die oft als seine unvollendete Revolutionstheorie gedeutet wird. Dazu steigert er zum Ende noch einmal den Ton: »Die Expropriation der unmittelbaren Produzenten wird mit schonungslosestem Vandalismus und unter dem Trieb der infamsten, schmutzigsten, kleinlichst gehässigsten Leidenschaften vollbracht.«[217] Bevor das Ganze untergeht, versucht es sich selbst zu retten »durch die Zentralisation der Kapitale, die man heute Konzentration nennt. Je ein Kapitalist schlägt viele tot.«[218] Marx beschreibt mit den Worten seiner Zeit, was heute *Shareholder value* heißt – immer größere Teile der Wertschöpfung fließen in renditeorientierte Unternehmen, die immer mächtiger werden.

Die Verdichtung des Kapitals auf immer weniger weltumspannende Unternehmen, wie Marx sie in ihren Anfängen erlebt, hat in unseren Tagen neue Qualitäten erreicht: Schweizer Forscher haben ermittelt, dass nicht einmal hundertfünfzig globale Player die Hälfte der Weltwirtschaft kontrollieren.[219] Nach einer anderen Berechnung macht in Deutschland ein Prozent der Unternehmen fast siebzig Prozent der Umsätze.

»Die Produktivkräfte und gesellschaftlichen Beziehungen … erscheinen dem Kapital nur als Mittel und sind für es nur Mittel, um von seiner bornierten Grundlage aus zu produzieren. In fact aber sind sie die materiellen Bedingungen, um sie in die Luft zu sprengen.«[220] Voraussetzung dafür ist nach Marx »die bewußte technische Anwendung der Wissenschaft, die planmäßige Ausbeutung der Erde, … die Verschlingung aller Völker in das Netz des Weltmarkts und damit der internationale Charakter des kapitalistischen Regimes«[221]. Vorgedacht im *Kommunistischen Manifest*, ausgeführt im *Kapital*.

Die Vorhersage der Globalisierung mit mächtigen Megakonzernen gehört zu Marx' großen Leistungen. »Kein anderes Werk der ökonomischen Wissenschaft des 19. Jahrhunderts hat diese Kraft der Integration und Prognose«[222], sagt der deutsche Soziologe und Autor Mathias Greffrath. Sie verdankt sich aber nicht apokalyptischer Schwarzmalerei, sondern weitsichtiger Analyse. Umso irritierender wirkt angesichts dessen Marx' finale Schlussfolgerung, die das heute utopisch erscheinende Ende des Klassenkampfes verheißt:

»Das Kapitalmonopol wird zur Fessel der Produktionsweise, die mit und unter ihm aufgeblüht ist. Die Zentralisation der Produktionsmittel und die Vergesellschaftung der Arbeit erreichen einen Punkt, wo sie unverträglich werden mit ihrer kapitalistischen Hülle. Sie wird gesprengt. Die Stunde des kapitalistischen Privateigentums schlägt. Die Expropriateurs werden expropriiert.«[223]

Die berühmte Formel von der Ausbeutung der Ausbeuter bildet den eigentlichen Schlusspunkt von Band 1 des *Kapital* – freilich ohne dass sich Marx auf einen Zeitpunkt festlegen würde. Ob das System explodiert oder implodiert, sagt er ebenfalls nicht. Aber er postuliert eine neue gesellschaftliche Entwicklung:

»Diese stellt nicht das Privateigentum wieder her, wohl aber das individuelle Eigentum auf Grundlage der Errungenschaft der kapitalistischen Ära: der Kooperation und des Gemeinbesitzes der Erde und der durch die Arbeit selbst produzierten Produktionsmittel.«[224] Heute heißen die Stichworte: Genossenschaft, Allmende, kommunale Autonomie.

Die langsam, aber stetig wachsende Bewegung könnte indes Generationen brauchen, um sich durchzusetzen. Wie schon früher, als er den Arbeitern zurief: »Ihr habt 15, 20, 50 Jahre Bürgerkriege und Völkerkämpfe durchzumachen«[225], spricht Marx von einem »Prozeß, ungleich mehr langwierig, hart und schwierig als die Verwandlung des … kapitalistischen Eigentums in gesellschaftliches«[226].

Doch statt diesen Schluss seines Werks gelten zu lassen, kann er in alter Marx-Manier seinen Schreibfluss erst stoppen, nachdem er noch zehn Seiten über »Die moderne Kolonisationstheorie« angehängt hat. So findet sein großes Werk Ausgang in einer Detailanalyse, die ihm wohl ein gütiger Lektor besser gestrichen hätte. Oder vielleicht doch nicht?

Der leise Schlusspunkt, den Marx schließlich setzt, zeigt seine zukunftsgerichtete Weltperspektive mit Blick über den Atlantik: »Was uns allein interessiert, ist das in der neuen Welt von der politischen Ökonomie der alten Welt entdeckte und laut proklamierte Geheimnis: kapitalistische Produktions- und Akkumulationsweise, also auch kapitalistisches Privateigentum, bedingen die Vernichtung des auf eigner Arbeit beruhenden Privateigentums, d. h. die Expropriation des Arbeiters.«[227] Die USA als kommendes Kraftzentrum des Kapitalismus. Damit endet das Jahrhundertbuch.

G. Das Unvollendete

Freund Engels fällt nach Marx' Tod die Aufgabe zu, aus dem Konvolut nachgelassener Manuskripte die zwei Folgebände des *Kapital* zu machen. Ob er dabei immer eine glückliche Hand bewiesen hat und ob Marx mit dem Ergebnis einverstanden gewesen wäre, lässt sich ähnlich schwer beantworten wie die Frage, warum der Autor sie nicht selbst zum Druck fertiggestellt hat.

Was der Freund vorfindet, schildert er wenige Monate nach Marx' Tod Ende August 1883: »Neben vollständig ausgearbeiteten Stücken andres rein skizziert, alles Brouillon« – Entwurf – »mit Ausnahme etwa von 2 Kapiteln. Die Belegzitate ungeordnet, haufenweise zusammengeworfen, bloß für spätere Auswahl gesammelt. Dabei die platterdings nur *mir* lesbare – und das mit Mühe – Handschrift.«[228]

Die Sisyphusarbeit einer Untersuchung der Welt im Fluss kennt wahrscheinlich keinen natürlichen Schluss. Bis kurz vor seinem Tod hat Marx daran gearbeitet. Seine Zurückhaltung, dem ersten Band weitere folgen zu lassen, rührt vermutlich genau aus seinem Wissen um die prinzipielle Unfertigkeit des Entwurfs. Kritische Stimmen gehen eher davon aus, Marx habe die unheilbaren Schwächen seiner Theorie erkannt und deshalb auf die Folgebände verzichtet.

Aber warum hat er die Manuskripte dann nicht beseitigt, sondern klipp und klar erklärt, er überlasse dem Freund die Aufgabe? Zumal er darin, wie der Wirtschaftsforscher und Marxist Yanis Varoufakis beklagt, »mit vereinfachenden algebraischen Formeln herumspielte ... und ... wider alle Vernunft hoffte, aus solchen Gleichungen zusätzliche Einsichten über den Kapitalismus zu gewinnen«[229].

Oder ist er vielleicht ausgestiegen, weil seine wesentlichen Botschaften bereits im Band 1 stecken und er an dessen einmal erreichte literarische Höhe nicht mehr heranlangen kann? Dann hätte Marx sich als Künstler richtig verhalten. Er hat danach auch kein Werk von vergleichbarer Tragweite mehr veröffentlicht. An seiner täglichen Tätigkeit hat sich derweil nichts geändert: Er liest, streicht an, exzerpiert und schreibt. Ein Besessener, süchtig nach Buchstaben, sehnsüchtig nach Erfolg, aber wohltuend unfähig, ihn zu planen. Leute wie er machen einfach immer weiter. Solange er bei sich ist und einen Griffel halten kann, kritzelt er die Spur seiner Gehirnströme auf irgendein Blatt.

Engels hat Band 2 schließlich aus sieben Manuskripten, zwischen 1865 und 1881 geschrieben, zusammengesetzt. Wer sich der Mühe unterwirft, die rund fünfhundert Seiten durchzuarbeiten, größtenteils vor Band 1 entstanden, versteht vielleicht den Grund für Marx' Zurückhaltung. Mit ihren beispielhaft durchgerechneten »Reproduktionsschemata« wirken sie dagegen fast wie eine ökonomische Facharbeit mit schwer erkennbarem dramatischem Narrativ. Der äußere Anschein wird dem Inhalt aber kaum gerecht. Gerade die Untersuchung über den »Zirkulationsprozess des Kapitals« enthält einige neue Gedanken, die bis in unsere Tage von Bedeutung sind.

Marx greift auf die Kreislauftheorien der Physiokraten des 18. Jahrhunderts zurück, die das Wirtschaftsgeschehen in Anlehnung an William Harveys Beschreibung des Blutkreislaufs von 1628 analysieren. Allerdings ersetzt Marx deren Ansicht, allein die Natur sei Quelle des wirtschaftlichen Wachstums, durch sein im ersten Band entwickeltes Prinzip, allein menschliche Arbeit produziere Überschüsse.[230] Insgesamt hat er damit, so der Historiker Michael Berger, »ein abstraktes Gleichgewichtsmodell einer privat Waren produzierenden Gesellschaft entworfen, das bis heute als besondere Leistung von Marx gilt«[231].

Dabei setzt Marx allerdings voraus, Wert und Preis stimmten überein – eine Unterstellung, die als »Transformationsproblem« zu einem der wichtigsten Angriffspunkte gegen seine Theorie geworden ist. Über den Preis entscheidet danach letztlich nicht, wie Marx meint, der Wert der in den Waren »enthaltenen« Arbeit, zumindest nicht unmittelbar, sondern der Markt mit seinen Zufälligkeiten. »Zwischen der Tiefenstruktur der Werte und der Oberfläche der Preise schien es keine zwingende Verbindung zu geben«[232], kommentiert die Wirtschaftsjournalistin Ulrike Hermann von der Berliner *Tageszeitung*.

Angenommen, dass ihm diese Schwäche bewusst ist, dann ergibt sich daraus womöglich ein Motiv für die Nichtveröffentlichung der Bände 2 und 3. Bis in seine späten Jahre hat er daran gebastelt, das Problem zu lösen – ohne Erfolg. Keine Schande, ist es doch bis heute ungeklärt. Hat nicht auch Einstein seine letzten Jahrzehnte damit verbracht, eine Weltformel zu finden, nach der immer noch gesucht wird?

Der dritte Band verrät zwar deutlicher die Handschrift Engels', der das Buch aus Bruchstücken regelrecht komponieren musste – hauptsächlich aus mindestens sechs Manuskripten, zwischen 1871 und 1882 entstanden. Er ist dennoch lesenswerter als der zweite. Wenngleich auch nicht gerade eine leichte Lektüre, enthält er doch wesentliche Gesichtspunkte, ohne die Marx' Schauergeschichte unvollständig bliebe. Der Horizont seiner vorausschauenden Einsichten reicht bis zur heutigen Finanzkrise.

Hier geht es ihm darum, »die konkreten Formen aufzufinden und darzustellen, welche aus dem *Bewegungsprozeß des Kapitals, als Ganzes betrachtet,* hervorwachsen«[233]. Das setzt einen »Weltmarkt voraus, der überhaupt die Basis und die Lebensatmosphäre der kapitalistischen Produktionsweise bildet«[234]. Marx hat die von ihm prophezeite Globalisierung weniger verdammt denn als notwendiges Stadium erkannt.

Auf erneut neunhundert Seiten versucht er zu zeigen, wie in der Wirtschaft alles mit allem zusammenhängt. Wieder kommt der Faktor Zeit ins Spiel, die UMSCHLAGSZEIT des Kapitals. Als Maß dafür, mit welchem Tempo die Maschinerie läuft, hat diese Zeit natürlich Einfluss auf die Profitrate und damit auch auf Konkurrenzsituationen – sowohl innerhalb der Branchen als auch unter ihnen.

Mit der Analyse solcher Art von Wettbewerb füllt Marx eine Lücke in der klassischen Ökonomie. So versucht er unter anderem zu erklären, warum sich das Kapital trotz unterschiedlicher Profitraten in verschiedenen Branchen, etwa wegen unterschiedlich hohen Einsatzes von Arbeitskraft, letztlich doch auf alle verteilt und nicht nur in eine wandert.

Seine Lösung heißt DURCHSCHNITTSPROFITRATE, auf die sich die Raten der einzelnen Bereiche immer wieder einpendeln. Das wird verständlich, sobald man sich vorstellt, alles Kapital flösse nur in eine Branche. Die würde, vereinfacht gesagt, über den Bedarf hinaus produzieren. Die Folge wären fallende Preise durch Überangebot und damit sinkender Profit, der gleichzeitig in den anderen »Sphären« mit Unterproduktion und steigenden Preisen zunähme. Dorthin zöge es dann das Kapital.

Im Idealfall erhält der Kapitalist mehr oder weniger den gleichen Ertrag, ganz gleich, in welchen Sektor er investiert. Automobilbau, Lebensmittel- oder Textilindustrie sind auf Dauer gleichwertige Konkurrenten um ihre Kapitalisierung. Innerhalb eines Wirtschaftszweigs kann sich ein Unternehmen durch günstigere Produktion zeitweise Vorteile verschaffen, da es dann seine Waren preiswerter anbieten kann. Das hat dann nicht selten zur Folge, dass Unternehmen mit schlechteren, weil billigeren Produkten auf den Markt gehen, als sie sie herstellen könnten.

Das kann schließlich zu einem heute weit verbreiteten Phänomen führen: Je mehr in den Unternehmen Ökonomen und Verkäufer das Sagen haben statt Wissenschaftler oder Ingenieure, desto klarer, so klagen Letztere, bestimmt der Tausch- und nicht der Gebrauchswert die Produktion. Innovation nach Investorenart führt dann immer häufiger zu kurzlebigen Geräten mit eingebauten Sollbruchstellen oder Problemen mit der Kompatibiliät nach wenigen Jahren, aber auch zu Arzneimitteln, die nicht in erster Linie Menschen heilen, sondern Kunden binden sollen.

Eine andere Methode, den Umsatz zu steigern: Dinge nach immer kürzerer Zeit alt aussehen zu lassen. »Der – immer weiter wachsende – Löwenanteil der Konsumausgaben«, so der Kölner Soziologe Wolfgang Streeck, »entfällt heute nicht auf den Gebrauchswert gekaufter Güter, sondern auf ihren symbolischen Wert, auf ihre Aura oder Ausstrahlung.«[235]

Schneller wechselnde Moden, mit massivem Werbeaufwand durchgesetzt, erhöhen den Absatz, ob von Sportschuhen, Küchengeräten oder Smartphones. Gerade High-Tech-Apparate als Massenerzeugnisse »können« nach wenigen Jahren überdies so viel mehr, dass sie neue Bedürfnisse wecken. Neu ist das nicht. Oberbekleidung etwa, Marx' bevorzugtes Beispiel, gerät schon in seinen Tagen nach wenigen Jahren auf den Friedhof vergangener Trends – und verliert ihren Wert.

Um wie gezeigt zu argumentieren, muss er einräumen, dass der Preis einer Ware von ihrem Wert abweichen kann. Damit wäre das, was wir als Ware kaufen, nicht einfach vergegenständlichte, tote Arbeit, und die ganze Werttheorie käme ins Wanken. Gleichzeitig beharrt er auf seiner Aussage, die er im Kapitel über »Das zinstragende Kapital« noch einmal wiederholt:

»Preis ist ja der Wert der Ware … Preis, der qualitativ verschieden vom Wert, ist ein absurder Widerspruch.«[236] Mit diesem Jonglieren schafft Marx sich eine offene Flanke, die zum Einfallstor der Kritik wird, bis hin zur völligen Infragestellung seiner Theorie. Nach der schon zu seiner Lebenszeit entwickelten, von ihm aber nicht akzeptierten »Grenznutzentheorie« produziert ein Unternehmen so lange, bis der letzte Konsument bereit ist, den gerade noch rentablen Preis zu zahlen.

Sie geht ursprünglich auf Gedanken des britischen Ökonomen Thomas Malthus zurück, der stirbt, als Marx sechzehn ist. Spitz bemerkt er, »welche drollige Bocksprünge Malthus macht, wenn er auf diesem Weg hinter das Geheimnis des Mehrwerts und des spezifischen Verhältnisses desselben zum variablen Teil des Kapitals durchzudringen sucht«[237]. Von Malthus stammt auch die umstrittene These, die Darwin inspiriert hat, dass Bevölkerungen exponentiell, die Nahrungsmittelproduktion aber nur linear steige. Das führe zwangsläufig zu Hungersnöten und zwinge den Staat einzugreifen.

Ein weiterer Knackpunkt der Marxschen Analyse läuft unter dem Namen FALL DER PROFITRATE. Sie ist schon lange aus Beobachtungen bekannt, bevor er sich damit befasst. Aber er ist es, der sie in eine heute noch anwendbare Form bringt: Je mehr maschinelle Leistung statt menschlicher Arbeit in die Produktion fließt, desto weniger Wert steckt nach seiner Arbeitswertthcorie in den Waren, desto geringer fällt der realisierbare Mehrwert aus, desto totaler die Entfremdung, um ihn zu erzielen.

Die sinkende Protfitrate ist gleichzeitig »ein andrer Ausdruck für die fortschreitende Entwicklung der gesellschaftlichen Produktivkraft der Arbeit, die sich grade darin zeigt, daß vermittelst der wachsenden Anwendung von Maschinerie und fixem Kapital überhaupt mehr Roh- und Hilfsstoffe von derselben Anzahl Arbeiter in derselben Zeit, d.h. mit weniger Arbeit in Produkte verwandelt werden«[238].

Weniger Arbeit, mehr Ausstoß, wo soll das enden? Auf den modernen Industriemessen ist die Antwort schon zu besichtigen. Bald steht kein Rad mehr still, wenn ein starker Arm es will. Je weniger Auszubeutende die Produktion benötigt, also je weniger menschliche Arbeitskraft in den Produkten steckt, desto geringer jedoch Profit und Rendite. Auch das sagt Marx.

Über die möglichen Ursachen herrscht indes keine Einigkeit. »So tritt an die Stelle der Schwierigkeit, welche bisher die Ökonomen beschäftigt hat, nämlich den Fall der Profitrate zu erklären, die umgekehrte, nämlich zu erklären, warum dieser Fall nicht größer oder rascher ist.«[239] Oder sogar ausbleibt.

Zu diesem Thema sind, vor allem von marxistischen Ökonomen, mehr als genug Bücher verfasst worden. Das liegt vor allem daran, dass darin – nicht etwa in der wachsenden Ungleichheit zwischen Arm und Reich – die wesentliche Ursache für den kommenden Kollaps des Kapitalismus gesehen wird.

Ob Marx das so gemeint hat, ist umstritten. Immerhin schreibt er einen Absatz, der sich so deuten lässt: »Das Wichtige aber in ihrem Horror vor der fallenden Profitrate ist das Gefühl, daß die kapitalistische Produktionsweise an der Entwicklung der Produktivkräfte eine Schranke findet, die nichts mit der Produktion des Reichtums als solcher zu tun hat.«[240]

Für ihn hat die »Tendenz« des Sinkens, zu der die Profitrate neigt, indes nicht nur Erkenntniswert. Sie liefert ihm ein wichtiges Argument für seine Krisentheorien: Je weniger sich Investitionen lohnen, desto stärker sinkt die Lebenskraft des Systems. Marx schließt daraus nicht notwendig auf einen Zusammenbruch durch innere Mechanismen. Vielmehr sieht er darin zunächst ein quasi natürliches Auf und Ab in der Zirkulation des Kapitals.

»Periodisch macht sich der Konflikt der widerstreitenden Agentien in KRISEN Luft. Die Krisen sind immer nur momentane gewaltsame Lösungen der vorhandnen Widersprüche, gewaltsame Eruptionen, die das gestörte Gleichgewicht für den Augenblick wiederherstellen.«[241]

Mit seiner Konjunkturtheorie gelingt es Marx als letztem Vertreter der klassischen Ökonomie, Maßstäbe zu setzen. Auf Basis seiner Untersuchung vergangener Krisen nimmt er einen Zyklus von etwa zehn Jahren an, der sich über die Zeit immer wieder bestätigt hat. Die Sicherheit seiner Analyse beruht nicht nur auf theoretischen Erwägungen, sondern, nach einigen Fehlschlägen, auch auf einer Prognose, die sich bewahrheitet hat. Die kapitalistische Weltkrise von 1857 hat er ziemlich genau vorhergesagt, wenn auch in ihrer Wirkung unterschätzt.

Die Unvermeidbarkeit solcher Rückschläge gleicht bei Marx der periodischen Wiederkehr eines Fiebers, das den Moloch befällt. »Die *wahre Schranke* der kapitalistischen Produktion ist *das Kapital selbst*.«[242]

Produktivität lässt sich nicht endlos steigern. Jede weitere Steigerung kostet mehr, so dass der Kosten-Nutzen-Faktor oder das Einsatz-Ertrag-Verhältnis ungünstiger werden. Bis, und hier landet Marx eine weitere Pointe, bis das Kapital sich andere Wege der Verwertung sucht, vermehrt in die Finanzmärkte wandert und dort unter Umständen Blasen erzeugt.

Erst im dritten Band des *Kapital* gelangt Marx an das Ziel seines Weges, der mit der Analyse der Ware in Band 1 begonnen hat. Hier kommt sozusagen der oberste Götze ins Bild: Mit dem KAPITALFETISCH, der letztlich über die anderen gebietet, nimmt der Markt endgültig den Platz Gottes ein. Der Kapitalismus, sagt dazu Walter Benjamin, erscheine selbst als Religion.

Durch den Zins wird das Geld »als mögliches Kapital, als Mittel zur Produktion des Profits«[243] zur puren Ware. Er wird dem Gläubiger bezahlt, in der Regel einer Bank, als ihr Anteil an der Ausbeutung der Arbeitskraft. Durch die Brille des Finanzkapitalismus gelesen, wie er heute die Welt beherrscht, erscheint der Text erstaunlich aktuell.

»Im zinstragenden Kapital erreicht das Kapitalverhältnis seine äußerlichste und fetischartigste Form. Wir haben hier … Geld, das mehr Geld erzeugt, sich selbst verwertenden Wert, ohne den Prozeß, der die beiden Extreme vermittelt … Das Kapital erscheint als mysteriöse und selbstschöpferische Quelle des Zinses, seiner eignen Vermehrung … Im zinstragenden Kapital ist daher dieser automatische Fetisch rein herausgearbeitet, der sich selbst verwertende Wert, Geld heckendes Geld, und trägt es in dieser Form keine Narben seiner Entstehung mehr... Hier ist die Fetischgestalt des Kapitals und die Vorstellung vom Kapitalfetisch fertig... Das Kapital ist jetzt Ding, aber als Ding Kapital. Das Geld hat jetzt Lieb' im Leibe. Sobald es verliehen ist,... wächst ihm der Zins an, es mag schlafen oder wachen, sich zu Hause oder auf Reisen befinden, bei Tag und bei Nacht.«[244]

Vom Zauberlehrling zum Hexenmeister. Der Flaschengeist hat sich zum Ding verdichtet, das immerwach lebt und wächst und sich aus sich selbst vermehrt. Als Abstraktion der Abstraktion hat sich das Kapital über seine Ursprünge erhoben. Das aber gefährdet nach Ansicht seiner Kritiker den Kern der Marxschen Theorie, das Wertgesetz als Ausdruck ausgebeuteter Mehrarbeit. Er sei »überholt«, muss sich Marx dann von Leuten sagen lassen, die ihn wohl kaum gelesen haben, wenigstens nicht bis zu Ende, oder vielleicht einfach nicht verstanden.

»Die Ware wird verkauft nicht gegen Geld«, schreibt er, »sondern gegen ein schriftliches Versprechen der Zahlung an einem bestimmten Termin. Diese Zahlungsversprechen können wir der Kürze halber sämtlich unter der allgemeinen Kategorie von Wechseln zusammenfassen. Bis zu ihrem Verfall- und Zahlungstage zirkulieren solche Wechsel selbst wieder als Zahlungsmittel; und sie bilden das eigentliche Handelsgeld.«[245]

Die alte Zauberformel »Geld – Ware – Geld+« hat sich durch die Finanzmärkte auf die neue Form »Geld – Geld+« verkürzt. Geldschöpfung durch zirkulierende Wechsel, Termingeschäfte, Handel mit Schulden – alles schon vorgedacht. Während sich fast alle Ökonomen von der Finanzkrise 2007/8 überraschen lassen mussten, sieht Marx bereits, »wie die gesamte Geschäftswelt eines Landes von solchem Schwindel ergriffen werden..., was der Kredit leisten kann«[246]. Selbst den Hauptverursacher, das internationale Spekulantentum, nimmt er schon ins Visier: »Andrerseits erlaubt der Kredit, die Akte des Kaufens und Verkaufens länger auseinanderzuhalten und dient daher der Spekulation als Basis.«[247]

Da ist er wieder, der Faktor Zeit, den Marx so brillant auf die Bühne gebracht hat. Werden statt Gütern aber Aktien, Versicherungsrisiken oder Schuldverschreibungen gehandelt, also Wetten auf die Zukunft, und dann auch noch über Kredite finanziert, droht genau das riskante Schneeballsystem, mit dem sich die Finanzwirtschaft von der realen losgelöst hat. Es verstärkt sich noch dadurch, dass Aktien und Wertpapiere, die Kursschwankungen unterliegen, selbst als Sicherheit für Kredite zum Kauf weiterer Anteilsscheine und Anleihen verwendet werden.

Allein der internationale Markt für Währungsfutures übersteigt das Dreifache des weltweiten Umsatzes an Verbrauchsgütern.[248] Der Summenwert aller weltweiten Anleihen wächst seit geraumer Zeit schneller als die Weltproduktion an Waren und Dienstleistungen.

»Es ist dies die Aufhebung der kapitalistischen Produktionsweise innerhalb der kapitalistischen Produktionsweise selbst, und daher ein sich selbst aufhebender Widerspruch«, sagt Marx. »Er reproduziert eine neue Finanzaristokratie, eine neue Sorte Parasiten in Gestalt von Projektenmachern, Gründern und bloß nominellen Direktoren; ein ganzes System des Schwindels und Betrugs.«[249]

Wer hier an Lehman-Papiere denkt und all die anderen »innovativen Produkte« der Finanzindustrie, sieht die Welt auch mit den Augen von Marx. Der seziert das System aber nicht nur. Mit einer dialektischen Umkehrung verbreitet er im gleichen Atemzug Hoffnung. Denn der Vergesellschaftung durch Geld steht die Vergemeinschaftung durch Arbeit gegenüber. So übt das Kapital gleichzeitig Flieh- und Ziehkräfte aus: hier die Atomisierung, dort das Zusammenschweißen von Zwangsgemeinschaften in der Produktion.

Damit bemüht er auch im dritten Band das Bild des Doppelcharakters: »Die dem Kreditsystem immanenten doppelseitigen Charaktere: einerseits die Triebfeder der kapitalistischen Produktion, Bereicherung durch Ausbeutung fremder Arbeit, zum reinsten und kolossalsten Spiel- und Schwindelsystem zu entwickeln und die Zahl der den gesellschaftlichen Reichtum ausbeutenden wenigen immer mehr zu beschränken; andrerseits aber die Übergangsform zu einer neuen Produktionsweise zu bilden, – diese Doppelseitigkeit ist es, die den Hauptverkündern des Kredits … ihren angenehmen Mischcharakter von Schwindler und Prophet gibt.«[250]

Können sich Fabrikanten wenigstens noch auf die Fahne schreiben, im Prinzip nutzbare, wenn auch nicht unbedingt nützliche Dinge herzustellen, so besitzen verschachtelte »Finanzprodukte« nur noch den Charme von Renditeversprechen mit versichertem Risiko. Steht durch die Geldschöpfung der Banken praktisch unbegrenzt Nachschub zur Verfügung, der als Geldkapital investiert werden kann, kommt es zu dessen wundersamer Vermehrung. Mithilfe des geliehenen Geldes bereichern sich die Schuldner. Damit wird das verrückte System noch ein Stück verrückter.

»Mit der Entwicklung des zinstragenden Kapitals und des Kreditsystems scheint sich alles Kapital zu verdoppeln und stellenweis zu verdreifachen durch die verschiedne Weise, worin dasselbe Kapital oder auch nur dieselbe Schuldforderung in verschiednen Händen unter verschiednen Formen erscheint. Der größte Teil dieses ›Geldkapitals‹ ist rein fiktiv.«[251]

Das »ursprüngliche« Kapital hat gleichsam in seinem Innern einen Homunkulus geboren und mit eigenem Leben versehen. Dieses Gespenst aus dem Gespenst kann sich teilen wie eine Zelle, bis es schließlich seinen Erzeuger übertrumpft und sich wiederum selbständig macht. »Als Duplikate, die selbst als Waren verhandelbar sind und daher selbst als Kapitalwerte zirkulieren, sind sie illusorisch, und ihr Wertbetrag kann fallen und steigen ganz unabhängig von der Wertbewegung des wirklichen Kapitals, auf das sie Titel sind.«[252]

Ungefähr das ist passiert, seit im Zuge ihrer Deregulierung die Finanzwirtschaft die Dominanz über die reale errungen hat – ohne sich freilich von ihr abkoppeln zu können. Sie basiert, laut Marx, auf Werten, die ihren Ursprung, Arbeit, vergessen haben. »Gewinnen und Verlieren durch Preisschwankungen dieser Eigentumstitel ... wird der Natur der Sache nach mehr und mehr Resultat des Spiels, das an der Stelle der Arbeit als die ursprüngliche Erwerbsart von Kapitaleigentum erscheint und auch an die Stelle der direkten Gewalt tritt.«[253]

In dieser Form ist der Gesamtkapitalist nur noch so fassbar wie ein Phantom, überall und nirgendwo vorhanden. So »erscheint hier alles verdreht, da in dieser papiernen Welt nirgendswo der reale Preis und seine realen Momente erscheinen, sondern nur Barren, Hartgeld, Noten, Wechsel, Wertpapiere. Namentlich in den Zentren, wo das ganze Geldgeschäft des Landes zusammengedrängt, wie London, erscheint diese Verkehrung; der ganze Vorgang wird unbegreiflich; weniger schon in den Zentren der Produktion.«[254]

Nicht nur in Fabriken wird nach Marx' Theorie der Reichtum geschaffen, sondern auch in den Finanzzentren. »Abgesehn hiervon bildet sich mit der kapitalistischen Produktion eine ganz neue Macht, das Kreditwesen, das in seinen Anfängen verstohlen, als bescheidne Beihilfe der Akkumulation, sich einschleicht, durch unsichtbare Fäden die über die Oberfläche der Gesellschaft in größern oder kleinern Massen zersplitterten Geldmittel in die Hände individueller oder assoziierter Kapitalisten zieht, aber bald eine neue und furchtbare Waffe im Konkurrenzkampf wird und sich schließlich in einen ungeheuren sozialen Mechanismus zur Zentralisation der Kapitale verwandelt.«[255]

Wer behauptet, Marx habe nicht über seine Arbeitswerttheorie hinausgedacht, ist vermutlich nur nicht bis zum Band 3 des *Kapital* vorgedrungen. Darin findet sich neben vielem anderen jene viel beachtete, heute freilich besser neuformulierte Krisentheorie, bei der ÜBERPRODUKTION und UNTERKONSUMPTION aufgrund fehlender Kaufkraft die entscheidende Rolle spielen. Beides Themen, die noch immer diskutiert werden – eingreifender Staat gegen »freien« Markt, Keynes gegen Hayek.

Schon in Band 2 hat er das Thema vorbereitet. Er hat sogar eine Art Seismograf beschrieben, bei dem »Krisen jedesmal gerade vorbereitet werden durch eine Periode, worin der Arbeitslohn allgemein steigt«[256]. Mit diesem Zitat als Zertifikat seiner Ansichten könnten sich heutige Arbeitgeber in Tarifverhandlungen seiner bedienen. »Es scheint also, daß die kapitalistische Produktion vom guten oder bösen Willen unabhängige Bedingungen einschließt, die jene relative Prosperität der Arbeiterklasse nur momentan zulassen, und zwar immer nur als Sturmvogel einer Krise.«[257] Ein besseres Argument für Lohnverzicht als die drohende Krise lässt sich kaum finden.

Um dahin zu gelangen, bedient sich Marx erneut einer religiösen Metapher. Er nimmt außer »Kapital – Profit (Unternehmergewinn plus Zins)« nun auch »Boden – Grundrente« ins Visier. Zusammen mit der dritten Art von Einnahmequelle im Kapitalismus, »Arbeit – Arbeitslohn«, bilden sie eine »trinitarische Form, die alle Geheimnisse des gesellschaftlichen Produktionsprozesses einbegreift«[258]. Doch diese ursprüngliche Dreieinigkeit des Kapitals hat dessen veräußerter Homunkulus bereits zerstört, nachdem »der Zins als das eigentliche, charakteristische Produkt des Kapitals« den »Profit… glücklich beseitigt«[259] hat. Aber darin steckt Marx zufolge auch eine Chance für die Zukunft:

»Die Freiheit in diesem Gebiet kann nur darin bestehn, daß der vergesellschaftete Mensch, die assoziierten Produzenten, diesen ihren Stoffwechsel mit der Natur rationell regeln, unter ihre gemeinschaftliche Kontrolle bringen, statt von ihm als von einer blinden Macht beherrscht zu werden; ihn mit dem geringsten Kraftaufwand und unter den, ihrer menschlichen Natur würdigsten und adäquatesten Bedingungen vollziehn. Aber es bleibt dies immer ein Reich der Notwendigkeit.«[260] Freiheit als »Einsicht in die Notwendigkeit«, das hat er früh von Hegel gelernt. Was, aus Sicht der Gemeinschaft, wäre daran verwerflich?

»Das Reich der Freiheit«, heißt es wenig später, »beginnt in der Tat erst da, wo das Arbeiten, das durch Not und äußere Zweckmäßigkeit bestimmt ist, aufhört; es liegt also der Natur der Sache nach jenseits der Sphäre der eigentlichen materiellen Produktion.«[261] Marx predigt nicht Müßiggang, er sieht eine gesellschaftliche Pflicht zur Arbeit, die allerdings für alle gilt. »Jenseits desselben beginnt«, so schreibt er im dritten Band des *Kapital*, »das wahre Reich der Freiheit, das aber nur auf jenem Reich der Notwendigkeit als seiner Basis aufblühn kann. Die Verkürzung des Arbeitstags ist die Grundbedingung.«[262]

Muße statt Mühe, Freiheit als Freizeit. Das liest sich auf den ersten Blick wie das Statement zu Beginn einer Tarifrunde, nicht wie Klassenkampf, eher reformistisch als revolutionär. Dennoch trifft es den Kern von Marx' »Ökonomie der Zeit«, Ausbeutung der Arbeitskraft über den Wert der bezahlten Stunden hinaus.

In einem Kampf, wo zwei Kräfte im Bann einer dritten streiten, gelten eigene Regeln. Zumal dieses Dritte selbst wiederum nur als dreifaltig zu verstehen ist. Kapital, Boden und Arbeit erzeugen Zins, Rente und Lohn. Marx sieht »in dieser ökonomischen Trinität … die Mystifikation der kapitalistischen Produktionsweise … vollendet: die verzauberte, verkehrte und auf den Kopf gestellte Welt, wo Monsieur le Capital und Madame la Terre als soziale Charaktere, und zugleich unmittelbar als bloße Dinge ihren Spuk treiben.«[263] Da sind wir, gegen Ende von Band 3, wieder im Geisterdrama, wo die Schatten zu Herren über die Menschen werden.

Der Kapitalfetisch als Götze menschlichen Ursprungs bezieht seine Bewegungsenergie aus einem Kräftedreieck wie der mutmaßlich ebenfalls von Menschen geschaffene Christengott in seiner Dreifaltigkeit. Die amerikanische Politikwissenschaftlerin Wendy Brown betrachtet Marx' »tiefe intellektuelle Prägung durch seine Beschäftigung mit Religionskritiken«[264] als Folge religiöser Einflüsse in Kindheit und Jugend. Wenn er im *Kommunistischen Manifest* »die entsakralisierende Kraft des Kapitals«[265] beschwöre, dann führe von dort eine direkte Linie zum *Kapital*.

Darin prangere er den Fetischismus der Ware mit dem gleichen Impetus an wie die Religion, weil »die kapitalistische Warenproduktion eine spezifisch religiöse Mystifizierung von Mächten, Objekten, Dingen und Beziehungen erzeugt, eine religiöse Projektion menschlicher Kräfte auf nichtmenschliche Sachen«[266].

Marx legt den Grundstein zur Erkenntnis des Wahnsinns, der die Welt bis heute beherrscht, und zwar in einer Totalität, die wohl nur er so vorhergesehen hat. Dass sein Projekt einen Prozess darstellt und kein fertiges Produkt, wird an keiner Stelle deutlicher als in der letzten Zeile, mit der Engels den dritten Band aufhören lässt. Gerade hat er ein neues Kapitel über »Die Klassen« eingeleitet, da endet das Großwerk in der geklammerten Zeile seines späteren Herausgebers.

»(Hier bricht das Ms. ab.)«[267]

Besser hätte der Freund dieses Stück Weltliteratur nicht beschließen können. Der Unvollendete in Vollendung.

H. Bestätigungen

Als Fünfundzwanzigjähriger hat sich Marx die Aufgabe gestellt, die Gestalt zu entlarven und jene fremde Macht zu entzaubern, die am Ende alles beherrscht. Als Fünfzigjähriger ist er am Ziel. Nur als tiefreligiöser Atheist kann er erschaffen, was manche mit einem rein ökonomischen Werk verwechseln. Einer, der glaubt, dass die Menschheit auch Gott hinter sich lassen kann, sobald sie ihn durchschaut, sieht im Fetisch des Kapitals kein unüberwindliches Hindernis.

Kapital, wie Marx es sieht, gleicht einem lebendigen Wesen, das zum Wachsen verurteilt ist und dazu ständig frische Nahrung braucht. Das System wird nicht von Bedürfnissen getrieben, sondern vom Hunger eines Nimmersatten. Geht der Nachschub zurück oder gar zu Ende, droht ihm Verfall. Wie jedes hungrige Tier folgt es dann der Logik der Panik. Es nimmt sich, was es kriegen kann, auch wenn es dabei die Quellen für seine eigene Zukunft austrocknet.

In seiner Gefräßigkeit stößt es in jede denkbare Dimension vor, die ihm Futter verspricht. In der räumlichen wird es nicht eher ruhen, bis etwa der letzte afrikanische Kleinbauer als Kleinstunternehmer in den Bilanzen eines global agierenden Agrarunternehmens auftaucht. In der zeitlichen hat es bereits die Ernten, die einmal dessen Enkel einholen sollen, in Werte verwandelt und verwettet. Was bei Marx noch Gegenstände sind, Möbel, Kleider oder Nahrungsmittel, hat längst alle Bereiche durchdrungen. Alles muss »sich vermarkten«, die Menschen, vom Kindergartenalter an, aber auch der Kindergarten selbst, Schulen, Universitäten, Städte, Länder in einer immer totaleren globalen Konkurrenz. Nichts ist mehr sicher vor diesem Kraken, ob Bildung oder Gesundheit, staatliche Aufgaben, soziale Beziehungen, Partnerschaft, Kommunikation, sogar das Leben als solches, vom Saatgutmonopol bis zum Patent auf menschliche Gene.

Ein anderes Beispiel: Hinter heutigen Forderungen nach einem »schlanken Staat«, um Abgabenlasten zu verringern, steckt die Erwartung neuer Anlagemöglichkeiten für das wachsende Geldvermögen. Ob Militär oder Wachdienst, Verkehrswege oder Verwaltung: Einst öffentliche Aufgaben werden immer häufiger von Privatunternehmen erledigt, die der Logik des Kapitals unterliegen. Renditeziele von fünfzehn Prozent, etwa für Klinikkonzerne, gelten als normal. Sieht sich die öffentliche Hand aus fiskalischen Nöten gezwungen, Gemeineigentum vom Krankenhaus bis zum Knast in den kapitalistischen Kreislauf zu speisen, dann verwandelt es sich über Nacht in profitables Investment mit Einnahmegarantie.

Profitabilität und Produktivität hängen heute nicht prinzipiell anders zusammen als seinerzeit. Damals wie heute macht Konkurrenz erfinderisch – und verdirbt das Geschäft. Solange keine Monopole herrschen, folgt der Verlauf den Regeln des Marktes. Wer sich dem Rattenrennen verweigert, geht unter. Das verbindet Ausbeuter und Ausgebeutete noch immer. So bleibt es nicht aus, dass auch der Fortschritt einen Doppelcharakter besitzt.

»In unsern Tagen«, hat Marx bereits 1856 in einer Rede gesagt, »scheint jedes Ding mit seinem Gegenteil schwanger zu gehen. Wir sehen, daß die Maschinerie, die mit der wundervollen Kraft begabt ist, die menschliche Arbeit zu verringern und fruchtbarer zu machen, sie verkümmern läßt und bis zur Erschöpfung auszehrt. Die neuen Quellen des Reichtums verwandeln sich durch einen seltsamen Zauberbann zu Quellen der Not.«[268]

Kapitalismus versteht er als verrücktes System, das eine verkehrte Welt erzeugt, eine Welt, in der das Reale nicht rational sein muss. Seine Widersprüche trägt es in unseren Köpfen aus, wo wir Subjekt und Objekt in einem sind. Kaum irgendwo wird das so deutlich wie, ein weiteres Beispiel, in der Kopplung von Altersversorgung und Kapitalmarkt.

Derselbe Mensch muss wegen seiner Rente auf gute Renditen hoffen und gleichzeitig Rationalisierungen fürchten, auf denen sie beruhen. Statt den »verdienten« Ruhestand aufgrund der Lebensleistung genießen zu können, was ja prinzipiell möglich wäre, sitzen plötzlich auch jene, die sich selbst niemals Anteilsscheine an Unternehmen leisten könnten oder wollten, mit Couponschneidern und Rentiers in einem Boot.

Als Zwangsaktionäre profitieren sie von Stellenstreichungen oder Mieterhöhungen, die sie als Wohnungs- oder Arbeitnehmer die vier Wände oder ihren Job kosten können. Aber auch als freie Kleinanleger zur privaten Altersvorsorge finden sie sich in der Rolle von Getriebenen in einem Hase-oder-Igel-Spiel wieder, das im eigenen Interesse das Letzte aus ihnen herausholt. Ihr Altersruhegeld hängt überdies an steuerabhängigen Staatsschulden wie an der Performance von Kapitalgesellschaften, auf die sie keinerlei Einfluss haben. Kein wirklich guter Deal, den das gefräßige Kapital erzwingt.

Das kapitalistische Idealbild vom »Volk der Aktionäre« entspringt der Sehnsucht nach einem Zustand, der ein Volk der Revolutionäre unmöglich macht. Der Investor als neuartiger Gutsherr in anonymer Gestalt will es so. Das politisch korrigierte Verhältnis zwischen Oben und Unten hat zwar vielerorts den kasernenhofmäßigen Befehlston durch verbindliche Absprachen über Leistungsziele ersetzt. Am Tatbestand der Ausbeutung und Auspressung des maximal Möglichen hat sich seit Marx' Zeiten aber wenig geändert. Nur dürfen heute beide Seiten den neofeudalen Traum billiger Dienstleistung träumen – hier der komplette Hausstab mit Bediensteten wie zu Marx' Zeiten, dort Billigkleider per Botendienst und Pizza-Service.

Den Vergessenen und ökonomisch »Überflüssigen«, dem von Marx »Lumpenproletariat« getauften Prekariat, bleibt oft nur eine Existenz im Zeichen der drei großen V: Verblödung, Verschuldung, Verfettung. Dagegen stehen die drei mächtigen E von Eigentum, Establishment und Elite. Ein Antagonismus, der in unseren Tagen ganz anders zur Auflösung drängt als von Marx vorhergesehen. Nachdem »linke« Politik nicht geliefert hat, laufen die Leute nun scharenweise populistischen Volksverstehern der Rechten hinterher.

Marx hätte man damit nicht überraschen können. Für ihn gehören Rückschritte zum Fortschritt. Auf Dauer geht die Menschheit ihren Weg, so oder so. Und der führt nach Marx vom Ich zum Wir, von der Vereinzelung zur Gemeinschaft. Wie viele Rückschläge wir davon noch entfernt sind, wird sich erst in der Rückschau sagen lassen.

»Die Menschen können mit *Bewußtsein* beschließen, sich zu einer neuen Kultur fortzuentwickeln«, das sagt nicht Marx, sondern Nietzsche kurz vor dessen Tod, »sie können jetzt bessere Bedingungen für die Entstehung der Menschen, ihre Ernährung, Erziehung, Unterrichtung schaffen, die Erde als Ganzes ökonomisch verwalten.«[269]

Raste ein Meteorit auf die Erde zu und mit vereinten Kräften ließe sich der Untergang noch aufhalten, würde die Menschheit dann nicht alles in Bewegung setzen, gemeinsam die Gefahr zu bannen? Müsste sie das nicht auch, da ihr eigenes Geschöpf, der Kapitalismus, auf Zerstörungskurs von innen gegangen ist, nur dass sich der Zeitpunkt des *Impact* nicht so genau vorhersehen lässt wie bei einem Himmelskörper?

Die Generation, die diesen Auftrag der Geschichte verspürt, ist vielleicht schon geboren. Falls ja, ist sie nicht schlecht beraten, Marx zu lesen. Von ihm können nachwachsende Denker nicht nur lernen, die Herrschaftslogik rücksichtslos zu durchleuchten. Weil sie offenbar spüren, wie nötig die Wissenschaft einen wie ihn gerade in unserer Zeit hätte, ist sein Werk außerhalb universitärer Curricula wieder *en vogue*. *Kapital*-Kurse sind weltweit überlaufen, sich auf Marx berufende Intellektuelle wie Adorno gefragt.

Von Marx erben sie die Zuversicht, die Menschen könnten eines Tages die ökonomischen Gesetze ihres Daseins durchschauen, anwenden und sich damit wenigstens teilweise zu Herren ihres eigenen Geschicks erheben. Wenn sich der Geist schon nicht in die Flasche zurückbringen lässt, sollte man ihn wenigstens so weit wie möglich zähmen, dem Gemeinwohl unterordnen können. Marx' bleibender Einfluss, so der *Economist* 2002, stehe im Gegensatz zu seiner »seltsamen Irrelevanz in der modernen Ökonomie«. Müssten die Wirtschaftswissenschaften in diesem Sinne nicht die Entzifferung des Systems, das sich in uns erfüllt, zur Priorität erheben, statt in immer aberwitzigeren Modellen Welten abzubilden, die es so in der Wirklichkeit gar nicht gibt?

Müsste nicht andrerseits allein schon sein Überlebensinstinkt dem Kapital signalisieren, wie gefährlich krebsartiges Wachstum ihm werden kann? Seine Verfechter täten, folgen wir Marx, jedenfalls gut daran, dem ans Religiöse grenzenden Glauben an die freien Kräfte des Marktes abzuschwören. Deregulierung und Privatisierung mögen auf kurze Sicht Reibach und Reichtum versprechen, bis schließlich die ganze Erde einer Handvoll Milliardäre gehört. Auf längere Sicht untergraben sie das Fundament ihrer eigenen Entstehung.

»Marx sagt, die Revolutionen sind die Lokomotiven der Weltgeschichte«, bemerkt dazu Walter Benjamin. »Aber vielleicht ist dem gänzlich anders. Vielleicht sind die Revolutionen der Griff des in diesem Zuge reisenden Menschengeschlechts nach der Notbremse.«[270]

Die belebte Natur, in deren Rahmen das Wirtschaften sich abspielt, hat stabile Systeme geschaffen, etwa in Millionen Jahre alten Regenwäldern, in denen sich Wachsen und Vergehen auf lange Sicht im Gleichgewicht halten und die allerdings gerade in unfassbaren Ausmaßen für immer verschwinden. So in etwa stellt Marx sich die Zukunft der Spezies vor. Ginge es nach ihm, Marx *reloaded* sozusagen, dann müsste sich die Ökonomie die Ökologie zum Vorbild nehmen. Nicht um die Reichen, sondern um den Reichtum der Gesellschaft zu retten.

Der nächste, aus heutiger Sicht letzte zu erschließende Kontinent wird durch die Kolonisierung und Kommerzialisierung aller menschlichen und gesellschaftlichen Verhältnisse gerade erschlossen. Nach kapitalistischer Logik muss auch dieses Neuland vollständig besiedelt und ausgebeutet werden, bis auch Gruß und Kuss zur marktgängigen Ware geworden sind.

Erst in dieser schönen neuen Welt der tausend kleinen Helfer erfüllt sich der finale Traum des Kapitalismus: Die Kunden haben nicht nur den Rohstoff geschaffen, aus dem die Maschinen heute scheinbar wie aus dem Nichts Werte schöpfen. Sie liefern überdies mit ihren Daten unentgeltlich den Treibstoff für automatisierte Prozesse und ihr Produkt, Prognosen und Künstliche Intelligenz, für die sie dann unter Umständen teuer bezahlen müssen.

Die Kapitalisierung des letzen Winkels, wie sie Marx vorhergesagt hat, geht heute mit totaler Kontrolle einher. Die Konsumenten-Produzenten, und hier wird es politisch, lassen sich widerstandslos überwachen, verführen und beherrschen – weil sie sich bewacht, geführt und als Herrscher über ihre (Kauf-)Entscheidungen empfinden.

»Die Situation erinnert mich an Hegels Herr-Knecht-Dialektik«, analysiert der amerikanische Rechtwissenschaftler Frank Pasquale in seinem Buch *The Black Box Society*. »Wir fühlen uns wie die Herren von Google, unserem glücklichen, lustigen Diener.« Doch »der Herr wird seiner Fähigkeiten entkleidet, er wird inkompetent und landet im Dunkeln«.[271] So werde, wie von Hegel herausgearbeitet, aus Herrschaft Knechtschaft, bis wir unseren Dienern dienen.

Wenn sich der Mensch als Datenquelle selbst zur Beute seiner Entdeckungslust macht, dann wird der Doppelcharakter des Daseins auf die Spitze getrieben. »Während sich die Antikapitalisten noch streiten, ob die Anarchie in der Produktion weg soll oder toleriert werden muss«, sagt Dietmar Dath, Feuilleton-Redakteur der *Frankfurter Allgemeinen*, »verhalten sich die Kapitalbesitzenden, als hätten sie ›Das Kapital‹ gelesen.«[272] Von der »Zukunft als Glaubensbekenntnis technoider Machbarkeit«, spricht Autor Gerhard Matzig in der *Süddeutschen.* »Die sozialen und politischen Visionen hinken den technischen hinterher.«[273]

Algorithmen sind im Quellcode des Kapitals programmiert. Sie verfolgen weitergehende Zwecke als Maschinen, die »nur« der Herstellung dienen. Die mathematisch-digitalen Werkzeuge tragen in sich die Befehlskette der Ermächtigung. Getreu der Jobbeschreibung tun sie ihre Pflicht. Nachzulesen bei Marx, vorher so ähnlich schon bei Aristoteles: Gebrauchswert zum Nutzen, Tauschwert als Zweck. Gleichzeitig wirken sie als Datensammler und Sensor für Ort und Zeit, wo das Geld gerade am lockersten sitzt.

Das Kapital werde nicht eher aufhören, bis »alle Ereignisse und Verhältnisse der Lebenswelt mit einem Marktwert ausgestattet werden können«[274], sagt Joseph Vogl. »Das soziale Feld wird eingebettet in die Dynamik des Finanzkapitals.«[275] Die amerikanische Ökonomin Shoshana Zuboff spricht gar von »Digitaler Zersetzung« und meint damit die »zerstörerische Durchdringung aller Lebensbereiche.«[276]

Wie nebenher machen sich die Algorithmen unentbehrlich bis in die Bereiche politischer Macht. Staaten werden mehr und mehr von Technikkonzernen abhängig, die überdies Einfluss auf Wahlen nehmen, also darauf, wer regiert und ihnen Regeln gibt. Ohne sie und ihr monopolisiertes Knowhow geht bald nichts mehr. Auch Regierung und Verwaltung, Sicherheitsbehörden, Bildungseinrichtungen und das medizinische System hängen an ihrem Tropf, wie die internationale Recherchegruppe »Investigate Europe« eindrucksvoll dargestellt hat.[277] Software-Unternehmen sehen darin ihr eigentliches Geschäftsmodell der Zukunft.

Sollte das etwa die Krönung des Kapitalismus sein? Die totale Privatisierung, die auch Staatsapparate in die Verwertung einbezieht? Um sie im Interesse des Kapitals nicht nur auszubeuten, sondern am Ende auch zu beherrschen? Der Mensch würde sich vermutlich auch daran gewöhnen. »Vierzig Jahre neoliberale Politik haben ihren Preis«[278], sagt Evgeny Morozow.

Genau dort, wo nach Marx der Mehrwert erst entsteht, ist das Kapital dabei, seine älteste Reserve auszureizen. Um auch noch das Letzte aus den Menschen herauszuholen, werden Arbeitsabläufe bis an die Grenzen des Erträglichen »optimiert«. Wäre Marx' Werttheorie so wertlos, wie oft behauptet, welchen Sinn hätte es dann, Arbeitnehmer bis zur Erschöpfung auszubeuten?

Unter der Hand ist die Rolle der Arbeit als wertschöpfende Leistung über alle Zweifel erhaben. Eine halbwegs florierende Wirtschaft hat sogar regelmäßig Mangel an ausreichend Arbeitskräften. Das tut sie aber nicht, weil sie Menschen Arbeit »geben« will, sondern in ihrer kapitalistischen Logik einzig darum, Arbeitskraft zur Wertschöpfung zu nutzen.

I. Postkapitalismus

Am 15. September 2008 reißt die Insolvenz der Investmentbank Lehman Brothers die Menschheit aus ihren kapitalistischen Träumen. In den Nachrichten ist vom »Abgrund« die Rede, von »toxischen Papieren« und von »Ansteckungsgefahr«. Die Welt halte den Atem an, heißt es. Niemand kann in diesen Tagen sagen, wie katastrophal sich die Krise, die seinerzeit bereits seit einem Jahr schwelt, weiterentwickeln wird.

Sie hätte womöglich das Zeug zum totalen Crash gehabt, wären Regierungen im weiteren Verlauf nicht eingesprungen, um Kapitalgesellschaften wie Banken und Versicherungskonzerne durch Verstaatlichung von Schulden am Leben zu erhalten. Die entstandenen Zahlungsverpflichtungen haben ganze Staaten, vor allem in Südeuropa, an den Rand der Pleite gebracht. Die Rechnung zahlen ihre Bürger. Ausgestanden ist die Krise bis heute nicht.

An jenem schwarzen Montag erreicht die postmarxistische Renaissance des Karl Marx einen neuen Höhepunkt. Man erinnert sich wieder an den Forscher und Denker, der als Erster den Kapitalismus durchdrungen und seine Krisenhaftigkeit analysiert hat. Seither heißt es wie im Refrain eines Evergreens: »Hatte Marx doch recht?«[279]

Dass er mit seinen Vorhersagen der Globalisierung, der Unterwerfung aller Lebensbereiche unter die Logik des Kapitals und der totalen Kommerzialisierung, die alles Mögliche zur Ware macht, richtig gelegen hat, konstatieren ihm selbst Gegner. Nun aber findet seine finale Prognose Gehör: Der Kapitalismus als Ära sei zwangsläufig nur eine vorübergehende Erscheinung, er werde an sich selbst zugrunde gehen.

Mit Wortmeldungen zum kommenden Kollaps lassen sich inzwischen Ordner füllen. »Is Capitalism Dying?«[280], fragte etwa das Wirtschaftblatt *Forbes* Anfang 2013. »Die Frage«, so die Antwort der *Süddeutschen Zeitung* 2015, »ist nicht, ob der Kapitalismus stirbt, sondern wie.«[281] Der britische Journalist Paul Mason legt 2016 gleich ein ganzes Buch zum

27 Besuchermagnet Marx-Grab, Highgate Cemetry, London

28 Marx als gefesselter Prometheus, ursprünglich nach 1843, hier: März-Zeitung von 1899, Lithographie

Neue
Rheinische Zeitung
Organ der Demokratie.

№ 301. Köln, Samstag, den 19. Mai. 1849.

Abschiedswort der Neuen Rheinischen Zeitung.

F. FREILIGRATH.

An die Arbeiter Kölns.

… Emancipation der arbeitenden Klasse! Die Redaktion der Neuen Rhein. Zeitung.

Deutschland.

Proklamation an die Frauen.

29 Letzte »rote« Ausgabe der *Neuen Rheinischen Zeitung* (1849)

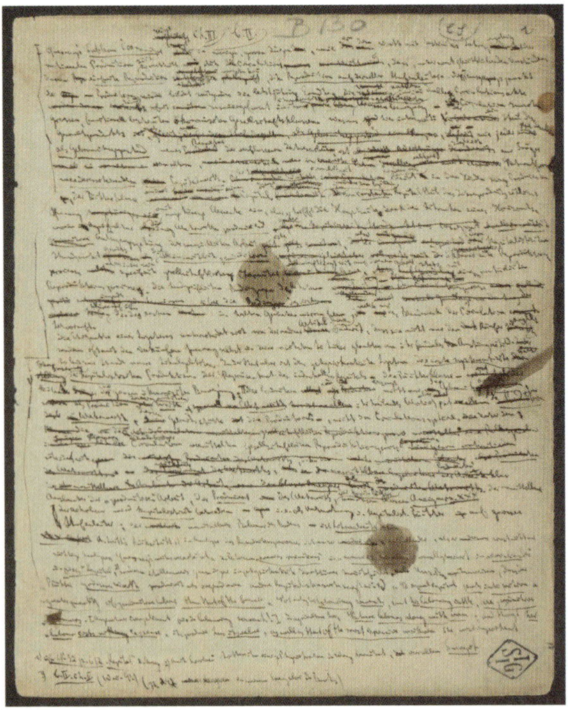

30 Manuskriptblatt *Kapital*, Bd. II, Manuskript VIII, nach 1878

31 Marx, Engels und Redakteure bei der *Neuen Rheinischen Zeitung* (propagandistische Darstellung aus der Sowjetunion, ca. 1825–1849)

32 Archiv der Schriften von Marx und Engels im Institut für Sozialgeschichte, Amsterdam

33 Stadtarchiv Brüssel, Polizei-Akte von 1848

34 Lesesaal des Britischen Museums

35 Marx-Wohnung,
24 Dean Street, London Soho

36 Marx-Wohnhaus, 46
Grafton Terrace, London
Kentish Town

37 Modell von Marx' Arbeitszimmer, 1 Maitland Park Road, London

38 *Das Eisenwalzwerk* von Adolph von Menzel, Neue Nationalgalerie, Berlin (1875)

39 Proletarierquartier in Whitechapel, London (um 1900)

40 Straßenkämpfe in Berlin (März 1848)

41 Barrikade der Pariser Commune (1871)

42 Kinderarbeit, Spinnerei, Manchester (um 1900)

43 Kinderarbeit, Spinnerei, Bangladesh (um 2000)

44 Georg Wilhelm Friedrich Hegel

45 Moses Hess

46 Michail Alexandrowitsch Bakunin

47 Wilhelm Liebknecht

48 Pierre-Joseph Proudhon

49 Friedrich Engels

50 Gothaer Parteitag 1875
(Marx und Lassalle
herausgehoben)

51 Marx-Denkmal in Karlsbad

52 Marx-Denkmal für Trier, Geschenk der Volksrepublik China zum 200. Geburtstag 2018 (Demo-Version 2017)

53 Marx-Engels-Denkmal, Berlin (1990)

54 Marx-Installation Ottmar Hörl, Trier 2013

55 Autor am Marx-Monument in Chemnitz (zwischen 1953 und 1990 Karl-Marx-Stadt)

»Postkapitalismus« vor. Und wenn *Spiegel Online* meldet: »Goldman Sachs kommen Zweifel am Kapitalismus«[282], dann weiß auch der Letzte, was die Stunde geschlagen hat.

Alle großen Ökonomen der Vergangenheit hat das Thema beschäftigt, von Smith und Ricardo bis Keynes und Schumpeter, der wie Marx neben der schöpferischen auch die zerstörerische Kraft des Kapitalismus hervorhob. Aber keiner wagt eine Vorhersage, wie die ökonomische Apokalypse ablaufen könnte. »Damit der Kapitalismus sein Ende findet«, verrät immerhin der Kölner Soziologe Wolfgang Streeck in Übereinstimmung mit Marx, »muss er selbst für seine Zerstörung sorgen – und genau das erleben wir gerade.«[283]

Marx wollte kein Prophet sein. Dennoch dient, wenn man so will, seine gesamte Theorie der Prophezeiung des Untergangs. Aber was konkret meint er damit, und was die vielen heutigen Endzeitverkünder, wenn sie wie Streeck sagen, »dass der Kapitalismus seiner ›Götterdämmerung‹ entgegensieht«[284]? Wird das System den Wärmetod sterben, in Übersättigung verhungern, oder den Kältetod allmählicher Erstarrung? Wie hätte man sich den heraufbeschworenen Showdown vorzustellen?

Wen man auch fragt: »Chaos« ist das Wort, das am häufigsten fällt. Aber keine Idee, wie es, wo doch angeblich das Ende naht, geordnet in eine nächste Phase gehen könnte und wie die überhaupt aussehen würde. »Die düstere Realität der gegenwärtigen Politik ist nicht, dass es unmöglich ist, sich das Ende des Kapitalismus vorzustellen«, schreibt 2016 die *Süddeutsche Zeitung*, »sondern dass es genauso wenig möglich ist, sich vorzustellen, wie er fortdauern könnte.«[285] Selbst ein bekennender Marxist wie der Wirtschaftsforscher und kurzzeitige griechische Finanzminister Yanis Varoufakis flüchtet sich in die Forderung: »Wir müssen den Kapitalismus retten.«[286]

Neoliberale Vordenker in den etablierten Wirtschaftswissenschaften glauben hingegen auch nach 2007/8 noch immer daran, oder zumindest behaupten sie das, einen krisenfreien Kapitalismus schaffen zu können wie Ingenieure eine perfekte Maschine. So wie Flugzeugbauer aus jedem Absturz lernen und die Zahl der Unfälle mit technischer Ursache immer weiter gegen null gehen, so gehe, lautet das immer wieder zu hörende Credo, der Kapitalismus aus jeder Krise, jedem Crash gestärkt hervor. Dagegen steht die Drohung mit dem Untergang, das größte Kapital des Kapitals: Nicht nur Banken oder Versicherungen, sondern das ganze System sei *too big to fail*. Was aber, wenn sie sich – und uns – täuschen?

Nicht gerade eine beruhigende Vorstellung, dass bei all der versammelten Intelligenz keine tragfähigen, getesteten oder auch nur simulierbaren Modelle für das postkapitalistische Zeitalter in den Schubladen zu liegen scheinen. Wenn auch nur die Möglichkeit besteht, dass der Kapitalismus nur ein Durchgangsstadium der Geschichte ist, wäre dann ein Plan B nicht eine gute Idee?

Sind da nicht genug kluge Köpfe unterwegs, gemeinsam ein kommendes System menschlichen Wirtschaftens ohne mörderischen Wachstumszwang zu skizzieren? Marx war so ein Team in einer Person. Für ein Werk, wie er es begonnen hat, bräuchte man heute ein Institut mit ein paar hundert Fachleuten fast aller Richtungen, die vor Untergangsszenarien genauso wenig zurückschrecken wie vor Visionen.

Wer nach Zeichen für den möglichen Zusammenbruch sucht, wird gleich mehrfach fündig. Als Hauptursache wird heute gemeinhin die wachsende Ungleichheit genannt. Das gilt aber nicht nur zwischen Unten und Oben, sondern auch zwischen Soll und Haben im globalen Maßstab. Schuldnern stehen Gläubiger gegenüber, die erwarten, ihren Einsatz nicht nur erstattet, sondern auch belohnt zu bekommen. Ohne diese Gewissheit wären sie besser beraten, ihr Vermögen als Bargeld zu bunkern.

Genau das geschieht in jüngster Zeit tatsächlich vermehrt. Es hat sogar zur Folge, dass Zentralbanken hohe Notierungen ihrer Währungen wie den 500-Euro-Schein abschaffen wollen, angeblich, um Geldwäsche zu erschweren, hauptsächlich auf Betreiben der Finanzindustrie, aber auch, um die Lagerkosten für die Reservehaltung zu erhöhen. Man mag sich die damit verbundenen Geldberge, besonders in Schweizer Tresoren, lieber nicht vorstellen. Onkel Dagobert, nach Marx als reiner Anhäufer ein Auslaufmodell im Spiel des Kapitals, feiert fröhliche Urständ. Doch das bedeutet nichts Gutes. Ein sicheres Zeichen für den Niedergang zudem, wenn Superreiche aus Ländern wie Russland und Griechenland sich mit ihrem Geld absetzen und in die vermeintliche Sicherheit von Finanzzentren und Metropolen mit Wachstumsaussicht retten.

Wer sein Erspartes lieber im sicheren Hafen einer zinslosen Bankeinlage parkt, als auf Investments zu setzen, ahnt kaum, wie nahe er Marx' Analyse ist. Die Null entspricht dem harten Aufschlag am Ende vom tendenziellen Fall der Profitrate. Hans-Werner Sinn, langjähriger Präsident des einflussreichen Münchner ifo Instituts, nennt die Ideen dahinter »Marxens wichtigste Beiträge zur Entwicklung der Volkswirtschaftslehre«[287].

Der Ökonom spricht vom »Investitionsstreik«, wenn Kapitaleigentümer, wie von Marx prognostiziert, ihr Geld wegen zu geringer Renditeerwartungen nicht mehr in Unternehmen stecken: Ist nicht genug zu holen, bleibt das Geld zu Hause und wird zum Schläfer. Fürs Erste kompensiert das Kapital die zurückgehenden Einnahmen wegen sinkender Profitraten, indem es einen größeren Anteil vom Gewinn einbehält und nur noch einen kleineren investiert. Je weniger Investitionen, desto stärker sinkt aber die Lebenskraft des Systems. Doch auch wenn es taumelt, folgt es stur seinem Code, selbst wenn es die Arbeit als Quelle des Reichtums verraten und selber verhungern muss.

Nach allgemeiner Definition ruht der Kapitalismus auf zwei Säulen: Privateigentum, vor allem an Boden, Immobilien und Produktionsmitteln, sowie auf freiem Markt. Nach Marx kommt eine dritte hinzu: Arbeit als Quelle der Wertschöpfung. Lässt sich eine »Marktwirtschaft ohne Kapitalismus« vorstellen, wie der deutsch-argentinische Ökonom und Sozialreformer Silvio Gesell sie 1916 mit seiner »Freiwirtschaftslehre« entworfen hat? Könnte Kapitalismus mit Planwirtschaft überleben? Oder müssen beide untergehen, um das System zum Erliegen zu bringen?

Den Gravitationskräften der Bereicherung arbeiten die Zentrifugalkräfte der Gesellschaft entgegen. Bis die sinnlose Armut dem sinnlosen Reichtum ein Ende macht. Marx hat als Erster den Zusammenhang zwischen sinkenden Renditen und der sich weitenden Schere von Arm und Reich benannt, der sich in Überproduktion und Unterkonsumption zeigt – und zu unbeherrschbaren Aufständen führen kann.

Sollte er recht behalten, stünde die Weltwirtschaft nicht aus Mangel, sondern aus Überfluss an Kapital vor dem Kollaps. Das sehen angesehene Ökonomen inzwischen ähnlich. Die im Zuge der Bankenkrise erfolgte Vergemeinschaftung der Schulden hätte Marx nicht überrascht – in seiner Lesart eine weitere gigantische Enteignung der eigentlichen »Leistungsträger«, die den Mehrwert mit ihrer Arbeit erst geschaffen haben. Und zwar durch jene »Klasse«, die Enteignungen am lautesten zur Todsünde wider den Heiligen Geist erklärt und das Privateigentum mit einem Tabu belegt wie sonst nur den Inzest.

»Im Endeffekt«, sagt Ökonom Sinn, »könnte sich Marx' Behauptung, der Kapitalismus werde am Fall der Profitrate zugrunde gehen und dem Sozialismus den Weg ebnen, auf diese Weise doch noch irgendwie bewahrheiten, wenn auch etwas anders, als Marx es sich gedacht hatte.«[288]

Dem Sterben geht ein langes Siechtum voraus, in dem das System wie ein lebender Toter wirkt. Die erstmals von Keynes formulierte »säkuläre Stagnation« ist heute wieder in aller Munde. Japan führt es seit Jahren vor. Nichts geht mehr richtig vor und zurück. Trotz Arbeit, trotz Lohn, trotz Profit bei ständig druckender Notenpresse. Um das System am Laufen zu halten, werden immer mehr Schulden gemacht – Anleihen an die Zukunft, die sinnlos versickern.

Die Zentralbanken haben die Zinsen auf null gesenkt und Billionen Euro, Dollar oder Yen in das System gepumpt, um den Motor wieder anzutreiben. Bisher haben sie damit wenigstens den Stillstand verhindern können. Die Not scheint indes so groß, dass heute sogar Nobelpreisträger der Ökonomie für allumfassende Entschuldungen oder frei verteiltes »Helikoptergeld« plädieren.

Marx kann das Ende des Kapitalismus nur beschwören, weil er die vage Vorstellung einer Welt danach im Hinterkopf hat. Er hat die Zukunft immer mitgedacht, auch wenn er die Gegenwart untersucht. Das ist der Subtext unter allem, was er aufgeschrieben hat: Was aus uns wird. Sein Ziel war ja nicht der Gulag, sondern in der philosophischen Tradition ein gelingendes Leben.

Ihm gebührt das Verdienst, über eine Alternative für die Zeit danach nachgedacht zu haben. Auch wenn sie utopisch erscheint, liegt sie zumindest nicht außerhalb jeder Vorstellung. Das macht sie bedenkens- und bemerkenswert. Wie sie dann heißen könnte, ist noch nicht ausgemacht. Nach den Erfahrungen im 20. Jahrhundert aber wohl eher nicht Kommunismus. Auch wenn sie *de facto* darauf hinausliefe.

Eine der zentralen Marxschen Botschaften lautet: *Don't cross the bridge before you come to it.* In den *Grundrissen* sagt er: »Wenn wir nicht in der Gesellschaft, wie sie ist, die materiellen Produktionsbedingungen und ihnen entsprechenden Verkehrsverhältnisse für eine klassenlose Gesellschaft verhüllt vorfänden, wären alle Sprengversuche Donquichoterie.«[289] Wohl kein Revolutionär hat so eindringlich vor der Revolution gewarnt wie er in seinem Glauben an den richtigen Zeitpunkt.

Eine neue Gesellschaft, davon ist Marx überzeugt, reift im Schoß der alten. Sie lässt sich nicht einfach aus dem Hut zaubern. Demnach entwickelt sich innerhalb der kapitalistischen Hülle bereits das Nachfolgemodell. Eines Tages wird es sie sprengen wie eine überreife Frucht, die ihre Samen entlässt.

Wenn es stimmt und das Ende ist nahe, dann sollten embryonale Strukturen des Neuen längst erkennbar sein. Durch die passende Brille betrachtet, zeichnet sich eine mögliche Zukunft bereits ab. Im *Maschinenfragment* hat Marx sie vorgezeichnet, mit der digitalen Revolution kommt sie endgültig zum Vorschein. Am Horizont steht demnach die mehr oder weniger vollautomatische Produktion von Gütern und Dienstleistungen. Sie benötigt immer weniger lebendige Arbeitskraft, weil in ihr die Summe aller verstorbenen steckt, zusammengenommen bislang von geschätzten 120 Milliarden ehemaligen Angehörigen der Spezies *Homo sapiens*. Dieser Grundgedanke aus dem Puppenstadium der Marxschen Denkentwicklung zwischen *Frühschriften* und *Kapital* lässt einen Blick in die Zukunft zu, die vor unseren Augen entsteht.

Am Zielpunkt haben die Maschinen, so sieht es Marx, den Menschen fast alle Arbeit abgenommen, und damit die oft einzige Quelle von Einkommen zum Überleben. Dazu muss allerdings festgestellt werden, dass sich bislang alle Vorhersagen, die Arbeit würde ausgehen, als falsch erwiesen haben. Auf der anderen Seite drohen der – automatisierten – Arbeit die Menschen auszugehen, die sich ihre Produkte noch leisten können. Das Problem glauben inzwischen auch die Konzernführer von Internet-Unternehmen verstanden zu haben.

Ihre Serverparks brauchen keine Windeln, Chicken Wings oder Videos. Aber Energie, deren Verbrauch dem einer Metropole nahekommt. Und Kunden. Und die brauchen fürs Einkaufen von Pampers, Fertignahrung oder Filmen Geld. Deshalb werben die Bosse neuerdings für ein Grundeinkommen. Zeigt sich darin bereits ein Rückzugsgefecht aus Furcht vor Vergesellschaftung? Oder der Versuch, das Geschäftsmodell zu verlängern, in dem die Produkte der Firmen ihre Kunden sind, die sie vorne füttern und hinten melken?

Aber woher sollte das Geld kommen? Nach heutigem Stand könnten nur Staaten und ihre Gemeinschaften die Auszahlung garantieren. Die einzige Quelle, neben weiteren Schulden, sind Steuern von abgabepflichtigen Bürgern, zumindest bislang. Je mehr ihr Beitrag abnimmt, desto dringlicher stellen sich ganz neuartige Fragen: Müssen Maschinen bald Steuern zahlen, um den Freigestellten ihren Müßiggang zu finanzieren? Müssten die – künstlich intelligenten – vollautomatischen Systeme dann nicht auch eigenständige Entscheidungen treffen dürfen, an Wahlen teilnehmen, Macht ausüben können? Wie ließe sich das mit den Freiheitsrechten und der heutigen Eigentumsordnung vereinbaren? Fragen an die Politische Ökonomie, mit denen sich ein heutiger Marx womöglich herumschlagen würde.

Der Unterschied zwischen Steuer und Enteignung zur Vergemeinschaftung ist kleiner als vielfach vermutet. Dies zeigt der Blick auf die »Staatsquote«, der Anteil einer nationalen Volkswirtschaft, der durch staatliche Hände geht. Bei einer Staatsquote von vierzig oder fünfzig Prozent, wie sie heute vielfach üblich ist, wird Politik zum ökonomischen Machtfaktor. Von hier an wäre es ein überschaubarer Schritt, sich auch der Produktionsmittel zu bemächtigen. Das ginge ganz allmählich. Lenin light sozusagen. Basisdemokratisch legitimierte Verstaatlichung der digitalen Infrastruktur, so wie im 19. Jahrhundert Eisenbahnen in Allgemeinbesitz übergingen.

Nicht ohne Grund wird heute auch in offiziellen Kreisen laut darüber nachgedacht, Internet-Konzerne zu zerschlagen wie kurz vor dem Ersten Weltkrieg Standard Oil, das sich in ähnlicher Weise zum Staat im Staate der USA entwickelt hatte. Weil sie Infrastruktur monopolisieren, die jeder braucht und nutzt wie die Straßen seiner Stadt. Was außer dem kapitalistischen Kartell spräche dagegen, Unternehmen, die von der Gemeinschaft profitieren und ihre Gründer und Erfinder bereits märchenhaft reich gemacht haben, in Gemeinschaftseigentum zu überführen?

Wäre solch ein Schritt auf lange Sicht ein möglicher Einstieg in die »positive Aufhebung« der Eigentumsordnung, wie Marx sie vorschwebt, und damit des entfremdeten Lebens überhaupt? Könnte in der heute noch privatwirtschaftlich organisierten »sozialen Vernetzung« ein Urkeim neuer Produktions- und Gesellschaftsverhältnisse liegen, durch die sich neue Eigentumsverhältnisse durchsetzen ließen? Oder ist das alles nur ein griffiger, aber untauglicher Ansatz?

Wenn Marx sagt, die Industrie sei revolutionär, dann hat er auch das revolutionäre Potenzial im Auge, das aus ihren Hervorbringungen erwächst: Konsumenten haben heute eine Macht, wie sie Arbeiter nie besessen haben. Um den Funken zu zünden und diese Macht zu entfalten, bedürfte es in kapitalistischer Denkweise nur eines Konkurrenten, der eine anteilige Vergütung garantiert. Wer wäre dazu berufener als wiederum Staaten und ihre Gemeinschaften, die mit dem Erlös aus den Daten ihrer Bürger die öffentlichen Haushalte versorgen könnten? Damit wäre ein weiterer Grundstock für ein Grundeinkommen gelegt.

In der Logik des visionären Marx, wie er sie im *Maschinenfragment* andeutet, gehören allen Menschen die Kenntnisse und kulturellen Errungenschaften der Vorfahren so wie heute öffentliche Einrichtungen,

Schulen, Parks, Verkehrswege. Müssten den Bürgern nicht auch alle frei gegebenen persönlichen Daten frei zur Verfügung stehen oder gegen eine von allen zu entrichtende überschaubare Gebühr, vergleichbar den Rundfunkbeiträgen?

Begänne die Wertbildungskette erst mit dem, was man aus den Daten macht, könnten davon auch neue Player ohne Kapital profitieren, die jenseits heute vorgegebener Renditeziele sinnvolle Produkte entwickeln. Möge der bessere Algorithmus gewinnen. Aber wäre das nicht der Einstieg in eine Form von Vergemeinschaftung, an deren Ende die Produktionsmittel zum gesellschaftlichen Eigentum werden könnten?

Sogar ein weiterer Wachstumsschub wäre denkbar, wenn nicht nur Konzerne, sondern alle freien Zugriff auf den Rohstoff des allgemeinen Datenschatzes hätten. So etwas kann schneller kommen, als viele denken. Der galoppierende Preisverfall im technologischen Sektor, wie Marx ihn als Folge von immer weniger Wert aus lebendiger Arbeit in den Produkten vorhergesehen hat, eröffnet neuerdings selbständigen Produzenten – Stichworte: 3-D-Drucker und Datentausch – ein weites Feld eigenständiger Herstellung. Schon heute stammt ein Großteil der Innovationen von Großkonzernen aus dem Zukauf solch innovativer Start-ups.

Sollte die Menschheit oder zunächst nur einige Pioniergesellschaften als Avantgarde mit vereinten Kräften jemals solche Schritte unternehmen, bedeutete das sicher nicht den Weltuntergang. Aber damit wäre die Grenze zwischen Kapitalismus und Nachfolgemodell, das noch seinen Namen sucht, ein Stückchen weiter aufgeweicht. Wer weiß, ob die heute noch unvereinbar erscheinenden Systeme nicht in einer Synthese zusammenfinden werden.

Manche träumen schon vom »digitalen Sozialismus«, ausgelöst, wie von Marx vorhergesagt, durch Vollendung des Kapitalismus. Das betrifft auch die zweite große Baustelle, die dessen Ende mit sich brächte: Planung bedarfsgerechter Produktion, die nicht mehr nur um der Produktion willen betrieben würde.

Utopisch? Aber ist der Kapitalismus, der alle reich zu machen verspricht, nicht längst auch eine Utopie? Zeigen sich nicht gerade in unseren Tagen seine Grenzen. »Dem Staatsversagen des Sozialismus«, sagt der Soziologe Heinz Bude, »steht jetzt das Marktversagen des Kapitalismus als gleichrangig gegenüber.«[290]

Dass alle bisherigen planwirtschaftlichen Experimente gescheitert sind, bedeutet nicht automatisch, dass Planwirtschaft ein Ding der Unmöglichkeit sein muss. Da sollte man sich dann aber keine überforderten Beamten vorstellen, die durch Parteitreue auf ihre Posten gekommen sind und mit Formeln marxistischer Ökonomen kalkulieren. Sondern die gleiche Sorte Profis, die auch heute in den Unternehmen das Sagen haben und auf ungleich mehr Information zurückgreifen können. Ohne Plan hätten sie keine Chance, ein wirtschaftender Staat erst recht nicht.

Mithilfe von Algorithmen, wie sie etwa globale Internet-Handelsriesen entwickeln und ständig verfeinern, lassen sich Nachfrage, Bedarf und Bedürfnisse immer besser voraussehen – und steuern. Beschleunigte, vollautomatische Verfahren können den Markt bald überdies so bedienen, dass sogar der Übergang von der Massenproduktion zur modularen Herstellung von Waren nach individuellen Wünschen realistisch erscheint.

So könnte aus dem dialektischen Widerspruch von Planung und Markt ein System hervorgehen, das mit gleichem Recht geplante Marktwirtschaft und marktorientierte Planwirtschaft heißen dürfte. In die postkapitalistische Sphäre übersetzt, ließen sich damit auch die schlimmsten Krankheiten des und durch den Kapitalismus kurieren: der Zwang zum Wachstum und die dadurch bedingte Zerstörung der Umwelt, Überproduktion und Wegwerfgesellschaft. Bis heute geht noch jedes Wachstum mit steigendem Verbrauch von endlichen Ressourcen einher, der mehr als alles andere für die »Grenzen des Wachstums« steht.

Rein technisch rücken vollständiges Recycling der Ressourcen und Gewinnung aller Energie aus erneuerbaren Quellen in greifbare Nähe. Auch das gehört zum Subtext von Marx, wenn er von der Ausbeutung der Natur spricht. Gesellschaften, die ökonomisch im Sinne des Haushaltens wirtschaften, gehört die Zukunft.

Kapitalismuskritik, als deren Begründer Marx keine Konkurrenz fürchten muss, hat schon lange ihr angestammtes Milieu zwischen Suhrkamp-Ausgaben und Blauen Bänden verlassen und sich zur globalen Mode aufgeschwungen. Zu ihren Allerweltsweisheiten gehört mittlerweile der Satz, der Kapitalismus habe sich zu Tode gesiegt. Wer sich zu Tode siegt, dem kommen die Gegner abhanden.

War es nicht der Sozialismus, so unglücklich er sich entwickelte und endete, der den Kapitalismus über Jahrzehnte gezügelt und zu vorher nie gekannter Umverteilung genötigt hat? Wer weiß heute noch, dass in den Fünfzigerjahren des 20. Jahrhunderts der höchste Einkommensteuersatz in den USA bei über neunzig und in Großbritannien fast bei hundert Prozent lag – auch wenn das in diesen Höhen letztlich keiner bezahlt hat?

Gemessen an dem, was Marx im Frühkapitalismus erlebt und angeprangert hat, hat sich seit seinem Abschied ein eingehegter Kapitalismus herausgebildet, Sozialismus mit Privateigentum sozusagen. Dieses »Entgegenkommen« hat sich die »herrschende Klasse« nur in zähen Kämpfen abringen lassen. Seit dieser Kuschelkapitalismus dem harten Regime neoliberaler Eliten weichen muss, wird aus dem mehr oder weniger austarierten Kräftegleichgewicht eine bedrohliche Dysbalance.

Benötigt nicht jedes Wirtschaftsmodell zum Überleben auf lange Sicht Gegenkräfte, vergleichbar dem Newtonschen Wechselwirkungsprinzip von *Actio* und *Reactio*? Monopole sind auf Dauer instabil. Ein gesunder, sich mit der Zeit fortentwickelnder Antagonismus dagegen wirkt stabilisierend. Schlag nach bei Hegel.

Befreit vom immanenten Wachstumszwang mit dem einzigen Zweck, Kapital als Privateigentum zu vermehren, geriete die heute viel besungene Entschleunigung auf ein menschliches Maß ebenso in den Bereich des Machbaren wie eine Überwindung der Entfremdung. An das verringerte Tempo würde man sich gewöhnen. Wäre es das nicht wert, wenn wir dadurch mehr Kontrolle über unser Schicksal erlangen könnten?

Dinge und Dienstleistungen ließen sich erzeugen, die nicht nur von betriebs-, sondern auch volks-wirtschaftlichem Nutzen wären. Ausdauernde Geräte zum Beispiel ohne eingebauten Verschleiß und Sollbruchstellen. Arzneimittel und Therapien, die heilen, statt Patienten als Kunden an sich zu binden. Gesunde Nahrungsmittel für alle, um die schleichende Vergiftung der Welt durch Agrochemikalien und Tiermedikamente zu stoppen.

Bessere Antworten als Marx haben wir bis heute nicht gefunden.

J. Postskriptum

Der Sozialdemokrat Karl Kautsky hat den Rest der ökonomischen Marx-Manuskripte im Zusammenhang des *Kapital*, die »Theorien über den Mehrwert«, in drei (!) weiteren Büchern zum sogenannten »Band 4« zusammengestellt. Außer Experten muss das niemand gelesen haben.

Wer darauf verzichtet, dem entgeht ein kleiner Text, auf Seite 363 im ersten Buch, in dem Marx auf satirische Weise seine Gedanken interpretiert:

»Abschweifung (über produktive Arbeit)

Ein Philosoph produziert Ideen, ein Poet Gedichte, ein Pastor Predigten, ein Professor Kompendien usw. Ein Verbrecher produziert Verbrechen. Betrachtet man näher den Zusammenhang dieses letztren Produktionszweigs mit dem Ganzen der Gesellschaft, so wird man von vielen Vorurteilen zurückkommen. Der Verbrecher produziert nicht nur Verbrechen, sondern auch das Kriminalrecht und damit auch den Professor, der Vorlesungen über das Kriminalrecht hält, und zudem das unvermeidliche Kompendium, worin dieser selbe Professor seine Vorträge als ›Ware‹ auf den allgemeinen Markt wirft. Damit tritt Vermehrung des Nationalreichtums ein. Ganz abgesehn von dem Privatgenuß, den … das Manuskript des Kompendiums seinem Urheber selbst gewährt.

Der Verbrecher produziert ferner die ganze Polizei und Kriminaljustiz, Schergen, Richter, Henker, Geschworene usw.; und alle diese verschiednen Gewerbszweige, die ebenso viele Kategorien der gesellschaftlichen Teilung der Arbeit bilden, entwickeln verschiedne Fähigkeiten des menschlichen Geistes, schaffen neue Bedürfnisse und neue Weisen ihrer Befriedigung. Die Tortur allein hat zu den sinnreichsten mechanischen Erfindungen Anlaß gegeben und in der Produktion ihrer Werkzeuge eine Masse ehrsamer Handwerksleute beschäftigt. Der Verbrecher produziert einen Eindruck, teils moralisch, teils tragisch, je nachdem, und leistet so der Bewegung der moralischen und ästhetischen Gefühle des Publikums einen ›Dienst‹. Er produziert nicht nur Kompendien über das Kriminalrecht, nicht nur Strafgesetzbücher und damit Strafgesetzgeber, sondern auch Kunst, schöne Literatur, Romane und sogar Tragödien, wie nicht nur Müllners ›Schuld‹ und Schillers ›Räuber‹, sondern selbst ›Ödipus‹ und ›Richard der Dritte‹ beweisen. Der Verbrecher unterbricht die Monotonie und Alltagssicherheit des bürgerlichen Lebens. Er bewahrt es damit vor Stagnation und ruft jene unruhige Spannung und Beweglichkeit hervor, ohne die selbst der Stachel der Konkurrenz abstumpfen würde. Er gibt so den produktiven Kräften einen Sporn. Während das Verbrechen einen Teil der überzähligen Bevölkerung dem Arbeitsmarkt entzieht und damit die Konkurrenz unter den Arbeitern vermindert, zu einem gewissen Punkt den Fall des Arbeitslohns unter das Minimum verhindert, absorbiert der Kampf gegen das Verbrechen einen andern Teil derselben Bevölkerung. Der Verbrecher tritt so als eine jener natürlichen ›Ausgleichungen‹ ein, die ein richtiges Niveau herstellen und eine ganze Perspektive ›nützlicher‹ Beschäftigungszweige auftun. Bis ins Detail können die Einwirkungen des Verbrechers auf die Entwicklung der Produktivkraft nachgewiesen werden. Wären Schlösser je zu ihrer jetzigen Vollkommenheit gediehn, wenn es keine Diebe gäbe? Wäre die Fabrikation von Banknoten zu ihrer gegenwärtigen Vollendung gediehn, gäbe es keine Falschmünzer? Hätte das Mikroskop seinen Weg in die gewöhnliche kommerzielle Sphäre gefunden … ohne Betrug im Handel? Verdankt die praktische Chemie nicht ebensoviel der Warenfälschung und dem Bestreben, sie aufzudecken, als dem ehrlichen Produktionseifer? Das Verbrechen, durch die stets neuen Mittel des Angriffs auf das Eigentum, ruft stets neue Verteidigungsmittel ins Leben und wirkt damit ganz so produktiv wie strikes auf Erfindung von Maschinen. Und verläßt man die Sphäre des Privatverbrechens: Ohne nationale Verbrechen, wäre je der Weltmarkt entstanden? Ja, auch nur Nationen? Und ist der Baum der Sünde nicht zugleich der Baum der Erkenntnis seit Adams Zeiten her?«[291]

24

Krankheit als Symptom

Der Dauerpatient

»Es ist mir immer so gewesen, als wenn dies verdammte Buch, an dem Du so lange getragen hast, der Grundkern von allem Deinem Pech war und Du nie herauskommen würdest und könntest, solange dies nicht abgeschüttelt.«[1]

Ende April 1867. Marx ist gerade zu Gast bei Familie Kugelmann in Hannover, als er die Zeilen von Engels liest. In wenigen Tagen wird er dort die Druckfahnen des »verdammten Buchs« in Empfang nehmen. Der Freund weiß, was das bedeutet:

»Dies ewig unfertige Ding drückte Dich körperlich, geistig und finanziell zu Boden, und ich kann sehr gut begreifen, daß Du jetzt, nach Abschüttelung dieses Alps, Dir wie ein ganz andrer Kerl vorkommst, besonders da die Welt, sobald Du nur erst wieder einmal hineinkommst, auch nicht so trübselig aussieht wie vorher.«[2]

Der Frust unter seinen Nächsten muss immens gewesen sein. Immer wieder fällt das Wort »Alp«. Wer mit ihm gelitten hat, ob übertragen oder unmittelbar, fühlt sich nun mit ihm von einem Druck befreit, der unerträglich zu werden drohte. Selbst die zwölfjährige Eleanor muss die Erleichterung verspürt haben. Damit verbindet sich nicht nur die Hoffnung auf ein Ende der leeren Taschen. Die Tochter hat ihren Vater fast nur krank erlebt. Nun wünscht sie ihm, wie wohl jeder in seiner Umgebung, nichts mehr als das Ende seiner Qualen.

Er hat fast nichts ausgelassen. Haut, Leber, Darm, Zahnweh, Kopfweh, Bauchweh und Erbrechen. Alles, wo es besonders ekelig wird. Für den Leidenden, aber auch für die Leidtragenden. Mediziner heften in solchen Fällen ein Extrablatt ans Anamneseformular. Darauf führen sie dann aus, was sich hinter der Allgemeinfeststellung »multimorbid« verbirgt. Das Wort bezeichnet ziemlich zutreffend den zweiten Fluch, der neben Armut Marx' Leben nach der Zäsur 1848/49 beherrscht.

Nirgendwo ist das besser dokumentiert als in seinem Briefwechsel mit Engels. Oft vergehen kaum ein paar Tage, in denen er dem Freund nicht brühwarm und mitunter schmerzhaft offen die neuesten Einzelheiten seiner Leidensgeschichte auftischt. Zusammengefasst fügen sich die einschlägigen Stellen in Marxscher Prosa zu einer eindrucksvollen Krankenakte.

Angefangen hat die reich dokumentierte Leidensgeschichte bei der Ankunft in London. Angedeutet hat sie sich bereits in seiner Jugend. In seinem Deutschaufsatz für das Abitur stellt der Siebzehnjährige fast prophetisch fest:

»Schon unsere physische Natur stellt sich oft drohend entgegen, und ihre Rechte wage keiner zu verspotten. Wir vermögen zwar, uns über dieselbe zu erheben; aber dann sinken wir desto schneller unter, dann wagen wir, ein Gebäude auf morsche Trümmer zu erbauen, dann ist unser ganzes Leben ein unglücklicher Kampf zwischen dem geistigen und körperlichen Prinzip.«[3]

Genau diesen Kampf hat er gekämpft und am Ende verloren. Sein brachial ungesunder Lebensstil trägt dazu nicht unerheblich bei. Bewegungsarmut, unregelmäßige Ernährung, durchgearbeitete Nächte bei schlechtem Licht, Kettenrauchen, meist stinkende Stumpen, »cheap and nasty«[4], und ständiger, nicht selten übermäßiger Alkoholkonsum fordern ihren Preis. Er lebt sich krank. Die Arbeit gibt ihm den Rest.

In seiner Dissertation schlägt er sich auf die Seite von Epikur: »Die Gesundheit, als der identische Zustand, vergißt sich von selbst, da ist gar keine Beschäftigung mit dem Körper; diese Differenz beginnt erst in der Krankheit.«[5] Leiden als Nicht-Identität oder, mit einem anderen Wort aus dem neuhegelianischen Vokabular, als Selbstentfremdung. Wer leidet, ob körperlich oder seelisch oder, wie so häufig, beides, ist mit sich nicht im Reinen.

Aus gutem Grund, aber ohne Erfolg, hat der Vater ihn schon zu Beginn seines Studiums gewarnt: »Wenn Du Deinem Geiste recht kräftige und gesunde Nahrung gibst, vergesse nicht, daß der Körper auf dieser erbärmlichen Erde dessen steter Begleiter ist und das Wohlbehagen der ganzen Maschine bedingt. Ein siecher Gelehrter ist das unglücklichste Wesen auf Erden. Studiere daher nicht mehr, als Deiner Gesundheit zuträglich ist.«[6]

Doch statt seinen Rat befolgt zu wissen, muss der Vater lesen, »daß bei diesen mancherlei Beschäftigungen das erste Semester hindurch viele

Nächte durchwacht, viele Kämpfe durchstritten, viele innere und äußere Anregung erduldet werden mußte ... diese Reflexion schien mein Körper zu machen«[7].

Der Sohn hat die Ursache also genau erkannt. Kranksein dürfte ihm aber kaum ungewöhnlich vorgekommen sein: Er lebt in einer Zeit, da die Moderne der Maschinen dem Fortschritt der Medizin enteilt ist. Leid und früher Tod bestimmen Alltag und Bewusstsein der Menschen auch in den entwickelten Ländern Europas.

Wenig später heißt es: »Aus Verdruß über Jennys Krankheit und meine vergeblichen, untergegangenen Geistesarbeiten, aus zehrendem Ärger, eine mir verhaßte Ansicht zu meinem Idol machen zu müssen, wurde ich krank.«[8] Der Zusammenhang von Arbeit und Gebrechen, Angriff und Angegriffensein steht von Anfang an außer Frage. Ererbte Leiden, oder auch nur die unausgesprochene Angst vor ihnen, tragen das ihre bei.

Ob Marx tatsächlich in seiner Jugend an Tuberkulose gelitten oder sie durch Dauerhusten nur vorgetäuscht hat, um erfolgreich dem preußischen Wehrdienst zu entgehen, lässt sich nicht mit Bestimmtheit sagen. Zwei seiner Geschwister sind dem damals oft tödlich verlaufenden Lungenleiden in jungen Jahren erlegen. Sicher nicht grundlos sorgt sich Moses Hess 1846: »Dein Anfall von Brustkrampf hat uns sehr in Schrecken gesetzt und da er, wie es scheint, eine Folge Deiner wiederholten Aufregung ... war.«[9]

Seine lebenslange Leber- und Gallenschwäche, verbunden mit seiner heimlichen Furcht vor Leberkrebs, könnte tatsächlich auf familiäre Ursachen zurückgehen. »Ich war diese Woche ein Haar nah am Krepieren«, berichtet Marx Engels 1853. »Nämlich eine Leberentzündung oder wenigstens dicht dran vorbeistreifend. Dies ist erblich in meiner Familie. Mein Alter ist dran gestorben.«[10] Vier Jahre später ist das Thema noch immer nicht ausgestanden: »Zu Deinem Trost kann ich Dir mitteilen, daß ich seit 3 Wochen und bis auf den heutigen Tag mit Medizin und Pillen überschwemmt worden bin infolge meiner alten und, wie ich glaube, erblichen liver complaints.«[11]

Ist die Krankenakte erst einmal aufgeblättert und das Leben im Lichte des Leidens durchleuchtet, wollen Werk und Weh zur Deckung kommen. Unzählige Künstlerbiografien ergeben erst aus der Diagnose einen Sinn. Bei Marx verhalten sich die Dinge anders: Sein Schaffen ist nicht Folge, sondern Ursache seines Leidens, das Kranksein Symptom einer periodisch auftretenden Schaffenskrise.

So skrupellos er im politischen Geschäft und im Umgang mit Gegnern sein kann: In seiner Wissenschaft ist er von Zweifel und Skrupel zerfressen. Er kann es sich selbst kaum recht machen. Wie erst der Welt, die seine Gedanken zu sehen bekommt? Das gilt zumindest immer dann, wenn es ums Eingemachte geht, das Eigentliche, die Suche nach dem Geheimnis hinter dem Handeln von Mensch und Gesellschaft.

Seine großartigen historischen Schriften leistet er mit Leidenschaft, aber ohne Leid. Streitschriften, Pamphlete und Polemiken scheinen seiner Gesundheit sogar eher förderlich zu sein. Als könnte er sich mit Feder und Tinte des Giftes entledigen, das sich in ihm aufgestaut hat. Die Jahre des Austobens der Wut, etwa in Schmähschriften wie *Die Heilige Familie*, Teilen der *Deutschen Ideologie* und dann, als Höhepunkt des Dampfablassens, im *Kommunistischen Manifest*, scheinen frei von Symptomen gewesen zu sein. Keinerlei Erwähnung von Beschwerden auch während des »rasenden Jahres« in Köln.

Doch kaum in London gelandet, ist von Brechdurchfall die Rede (was aber auch an verseuchtem Wasser gelegen haben kann). Dazu kommt bald »diese verdammte Hämorrhoidalkrankheit«[12], die ihm »weder zu stehn, noch zu sitzen, noch zu liegen«[13] erlaubt. Worunter er nun aber vor allem leidet, ist ein Gefühl, über das er Arnold Ruge einmal schreibt: »Scham ist eine Art Zorn, der in sich gekehrte.«[14]

Weil er sich mit seiner wissenschaftlichen Arbeit um keinen Preis schämen und blamieren will, flüchtet er sich in einen Perfektionismus, der ihn kaum je mit einer theoretischen Arbeit fertig werden lässt. Damit begibt er sich in einen willkommenen Teufelskreis: Das Unerledigte macht ihn krank, die Krankheit dient ihm als Ausrede für den ewigen Aufschub. Er selbst erkennt, dass sie bei ihm »immer aus dem Kopf«[15] kommt.

»Da sein Körperbau ... nicht den Vorstellungen entsprach«, berichtet ein Besucher, »die man sich gewöhnlich von einem schwindsüchtigen Menschen macht, so erklärten sich alle, die ihm nahestanden, seine Klagen aus seiner vermeintlichen Hypochondrie.«[16]

Dabei kommen weitere psychische Faktoren ins Spiel, zusammenfassbar in einem Wort: Stress. Vor allem der dauernde innere Druck dürfte für die schlimmen Hauterkrankungen verantwortlich sein, die ihm seine zweite Lebenshälfte buchstäblich vergällen.

Die Parallelität von Schaffens- und Leidensdruck nimmt während der Jahre in London frappierende Formen an. Je stärker sich Marx wieder in die »ökonomische Scheiße« stürzt, desto krasser sträubt sich der Körper. Etwa auf der Hälfte der Strecke zwischen seiner Ankunft und dem Abschluss seiner ersten Arbeit zur Politischen Ökonomie rebelliert die Haut:

»Ich konnte wenig sprechen, und selbst das Lachen tat mir weh von wegen großer Eiterbeule zwischen Nase und Mund«, schreibt er Engels Ende Mai 1854. »Der Teufel soll solche Sch- 14 Tage am Kopfe durchmachen. Da hört aller Witz auf. In den letzten 8 Tagen mußte ich Lesen und Rauchen total aufgeben, und heute warte ich auf Freund« – seinen damaligen Doktor – »um zu erfahren, ob versuchsweise wieder eine Zigarre geraucht werden kann.«[17]

Seinen Briefpartnern, allen voran Engels, bleibt kaum ein Detail erspart. Nicht die »starke Augenentzündung, … dadurch zugezogen, daß ich meine eignen Hefte über Ökonomie durchlese«[18], nichts vom »ekelhaften Husten, daß ich einige Flaschen Medizin saufen und einige Tage sogar das Bett hüten mußte«[19], weder »Rheumatismus« noch »übertriebnes Blutscheißen«[20] oder das »Zahnweh vom Teufel«[21], der Mumps oder »eine Art von Cholera …: Ich brach von morgens bis abends.«[22]

Schwiegersohn Paul Lafargue erinnert sich: »Er war ein sehr schwacher Esser und litt sogar an Appetitlosigkeit, die er durch den Genuß von scharfen Speisen, Schinken, geräucherten Fischen, Kaviar und Pickles zu bekämpfen suchte. Sein Magen mußte für die kolossale Gehirntätigkeit büßen. Seinen ganzen Körper opferte er seinem Gehirn auf.«[23] Das trifft den Kern.

Neben den neuen bleiben die alten Malaisen: »Ich hatte noch nie eine so heftige attaque des Leberleidens, und for some time eine Verhärtung der Leber war befürchtet«, berichtet er Engels im Januar 1858. »Der beständige Drang, ans work zu gehn, und dann wieder die Unfähigkeit, so zu tun, half die Sache verschlimmern … Ich erwarte bei allen Teufeln, daß dieser Zustand mit nächster Woche ein Ende nimmt.«[24] Er kennt auch den Grund: »Ich hatte die Nachtarbeiten – begleitet zwar nur mit Limonade auf der einen Seite, aber auf der andern with an immense deal of tobacco – zu sehr übertrieben.«[25]

Die mit-leidende Frau an seiner Seite weiß um die wahre Ursache: Termindruck. »Viel zur Verschlimmerung des Zustandes trägt die geistige Unruhe und Aufregung bei, die jetzt natürlich nach dem Abschluß des Kontrakts mit dem Buchhändler noch größer ist und täglich zunimmt, da es ihm rein unmöglich ist, die Arbeit zum Abschluß zu bringen.«[26]

Marx hat einen Vertrag unterschrieben, nun muss er liefern. Schon einmal hat er sich erfolgreich aus der Affäre gezogen. Wollte er das wiederholen, müsste er sich vor sich selbst drücken und seinen Lebenstraum begraben. So stark ist in seiner Schwäche nicht einmal er.

Einsicht, Reue, Selbstkritik und Selbstmitleid, aber keine Anstalten, das ruinöse Verhaltensmuster zu durchbrechen. Als ob er darauf baute, dass mit dem Stress auch die Strafe endete. Doch zunächst erlebt er noch eine Steigerung, als die *Kritik* 1859 kaum Käufer findet und noch weniger freundliche Aufnahme. Die negative Reaktion ist im wahrsten Sinn des Wortes: zum Kotzen. Zwei Monate lang speit er Galle.

»Ich bin so geplagt wie Hiob«, liest Engels Anfang 1861, »obgleich nicht so gottesfürchtig.«[27] Als Marx das scherzhaft sagen kann, ist er zwar nicht gesund, aber immerhin eine Weile vom Schlimmsten befreit. In dieser Zeit hat er ohne Druck seine wirkliche »ökonomische Schrift« in Angriff genommen – *Das Kapital*. Doch kaum hat die Arbeit an Fahrt aufgenommen, schwingt das Pendel der Pein mit voller Wucht zurück.

»Leider kann Karl nicht selbst schreiben«, berichtet Frau Marx dem Freund im November 1863. »Er ist seit 8 Tagen sehr leidend und ans Sofa gebunden. Er bekam auf der Backe und dem Rücken 2 Blutgeschwüre. Das auf der Backe wich durch die gewöhnlichen Hausmittel, die man bei solchen Dingen anwendet. Das andre auf dem Rücken hat aber solche Dimensionen angenommen und ist so entzündet, daß der arme Mohr die schrecklichsten Schmerzen aussteht und weder Tag noch Nacht Ruhe hat. Sie begreifen, wie diese Geschichte ihn auch geistig deprimiert.«[28]

Gibt es ein besseres Fallbeispiel für Lehrbücher der Psychosomatik? Während Marx seine Klagen immer noch in witzige Formulierungen kleidet, lesen sich die Berichte seiner Frau so schonungslos wie qualvoll:

»Nachdem die Geschwulst die Größe einer Faust angenommen, der ganze Rücken verkrümmt war, ging ich zum Allen«, dem Hausarzt. »Ich vergesse nie den Blick des Mannes, als er den Rücken sah, er winkte mir und Tussichen, das Zimmer zu verlassen, Lenchen mußte Karl halten, und da schnitt er tief, tief eine große, klaffende Wunde, das Blut strömte hinaus. Karl war still und ruhig und zuckte nicht. Nun fingen heiße Aufschläge an, die wir jetzt seit 14 Tagen Tag und Nacht wie Uhrwerk von 2 Stunden zu 2 Stunden fortgesetzt haben. Zugleich verordnete der Doktor 3–4 Gläser Portwein, 1 halbe Flasche Bordeaux täglich und das vierfache vom gewöhnlichen Essen. Es galt, die heruntergekommene Kraft aufrechtzuhalten, um den furchtbaren Schmerzen und dem Aufzehren des starken Eiterabflusses Widerstand zu leisten.«[29]

In seinen Briefen an Engels schießt Marx ein regelrechtes Feuerwerk an Bulletins über seinen Zustand ab. Die besten Teile seiner Krankenakte hat er selbst geschrieben. März 64: »Some new and unexpected furuncles breaking through different parts of the body.«[30] April 64: »Bis vor about 8 Tagen dauerte die Furunkulosis fort.«[31] Mai 64: »Zu meiner sehr ›angenehmen‹ Überraschung entdecke ich heute morgen (ich konnte schon die Nacht vorher nicht schlafen) wieder zwei ›artige‹ furuncles auf meiner Brust.«[32]

Marx ist damals gerade sechsundvierzig. Die Internationale gibt ihm kurzzeitig ein Ventil, Druck abzulassen. Doch kaum darf der Freund hoffen, sein Zustand habe sich stabilisiert, geht das Trommelfeuer weiter. Anfang November 64: »Wieder neuer Karbunkel unter der rechten Brust.«[33] Mitte November 64: »Ich habe beinahe 8 Tage infolge des Karbunkels großenteils *im Bett* zubringen müssen.«[34] Anfang Dezember 64: »Ich fürchte wahrhaftig, ich fühle wieder in der rechten Lende einen beginnenden Karbunkel.«[35]

Zu den kleineren Furunkeln sind jetzt die ungleich gemeineren Karbunkel getreten. Was der früh Ergraute so nennt, ist laut Experten eine ausgewachsene »Acne inversa«. Die schmerzhafte Hautkrankheit führt immer wieder zu tastbaren Knoten auf der Haut, die sich in Eiteransammlungen verwandeln. Wegen des Gestanks der Beulen können sich Betroffene oft selbst nicht mehr riechen und fangen an, sich vor dem eigenen Körper zu ekeln.

Im folgenden Jahr fordert die Doppelbelastung mit politischer und wissenschaftlicher Arbeit ihren Preis. »Gestern lag ich wieder brach, da ein bösartiger Hund von Karbunkel an linker Lende ausgebrochen. Hätte ich Geld genug, das heißt mehr > – 0, … so wäre es mir völlig gleichgültig, ob ich heute oder morgen auf den Schindanger geworfen würde, alias verreckte.«[36] (13.2.65) »Übrigens fühl' ich am ganzen cadaver, daß das Zeug wieder an allen Ecken ausbrechen will.«[37] (25.2.65) »Ich bin an verschiednen empfindsamen und ›lästigen‹ Teilen mit dem alten Übel geplagt, so daß mir Sitzen schwer.«[38] (4.3.65) »Ein öklicher Karbunkel ist wieder aufgebrochen an der linken Hüfte, near dem inexpressible part of the body.«[39] (13.5.65) »Ich habe während dieser ganzen Zeit fortwährend an Gallerbrechungen gelitten.«[40] (24.6.65) »Seit 3 Monaten wieder fast tägliches Erbrechen, wie früher in Brüssel.«[41] (31.7.65)

Dann endlich noch einmal eine Atempause, für M wie für E. »Das Gefühl, wieder arbeitsfähig zu sein, does much for a man.«[42] Bei dem »völligen Fiasko der Arbeiterbewegung in Deutschland«[43] gibt es Wichtigeres zu tun, als krank zu sein. Doch so sicher, wie jeden Tag die Sonne aufgeht, kehren die Leiden schon bald zurück. Innerhalb von nur vierzehn Tagen im Februar 1866 überhäuft er den Freund mit neuen Klagen:

»Diesmal ging es um die Haut. Meine Familie wußte nicht, wie serieux der cas war. Wenn sich das Zeug noch drei- bis viermal in derselben Form wiederholt, bin ich ein Mann des Todes.«[44] (10.2.66) »Der Karbunkelhund ist in Arbeit, doch hoffe ich, ihn in ein paar Tagen los zu sein.«[45] (14.2.66) »Heute... nahm ich ein scharfes Rasiermesser... und *schnitt den Hund in eigner Person.* (Ich kann Ärzte nicht zwischen den Geschlechtsteilen oder in ihrer Nähe dulden...)... Was ich übrigens... bei meinem letzten stay in Manchester *angedeutet,* ist noch meine Ansicht: nämlich, daß das Jucken und Kratzen zwischen dem Hoden und dem Podex seit 21/2 Jahren und das *Abschälen der Haut,* infolge davon, meinen Körper mehr aufreibt als irgend etwas andres. Die Sache fing an 1/2 Jahr vor dem ersten Monster-Karbunkel, den ich auf dem Rücken hatte, und dauert fort *bis jetzt.*«[46] (20.2.66) Es tut oft schon beim Lesen weh. Könnte das unterschwellig auch ein Zweck der Ausführungen sein?

Angesichts des Herumschnippelns am eigenen Fleisch und der Unmengen an Medikamenten und Mitteln, vor allem Arsen und Opium, grenzt es an ein Wunder, dass Marx sich und sein Blut nicht vergiftet hat. Er muss eine Pferdenatur besessen haben. Immer wieder kann er nur im Stehen oder Liegen arbeiten. Aber gearbeitet muss werden, sofern es irgendwie geht. »Ich ging bei Tag aufs Museum und schrieb nachts.«[47]

Kurz vor seinen mitfühlenden Zeilen nach Hannover bekommt Engels zu lesen: »Ich wollte Dich auch nicht ennuyieren mit den Ursachen des abermaligen Aufschubs, nämlich Karbunkeln am Hintern und in der Nähe des penis, deren letzte Reste jetzt verblühn und die mir nur unter großen Schmerzen sitzende Position (also schreibende) erlaubten.«[48] (2.4.67)

Und dann? Ende der Durchsage. Das Baby ist reif, die Geburt steht bevor. Marx hält das Manuskript zu seinem Lebenswerk in Händen. »Ich habe mich außerordentlich erholt. Keine Spur des alten Übels. Dazu, trotz schwerer Verhältnisse, guter Humor, ohne Leberanschläge.«[49] Plötzlich wirkt er kerngesund. »Jedenfalls hoffe ich, daß die Bourgeoisie ihr ganzes Leben lang an meine Karbunkeln denken wird.«[50]

Engels hat es richtig erkannt: Das *Kapital* hat ihn krank gemacht und seine Haut revoltieren lassen, bis sie sich in Eiterbeulen erbricht. In keinem Organ drückt der Körper sein Leid durch Stress deutlicher aus als an der Grenze zwischen Innen- und Außenwelt. Sobald »die ökonomische Scheiße« in der Welt ist, lässt die Entäußerung über Furunkel und Karbunkel nach.

Das wäre ein schöner Schluss für das Kapitel: Arbeit erledigt, Krankheiten auch. Doch die Ruhe währt nur kurz. Kaum hält er die Druckfahnen in der Hand, gilt der alte Fluch der Schriftstellerei: Nach dem Buch ist vor dem Buch. »Endlich verlangt Meißner den 2. Band für spätestens Ende Herbst. Die Schanzerei muß also sobald als möglich beginnen… Im Winter soll der dritte Band fertig gemacht werden, so daß bis nächstes Frühjahr das ganze opus abgeschüttelt.«[51]

Marx führt den Freund bewusst hinters Licht – so bewusst, wie er ihm nicht ein einziges Mal Einblick in seine fortlaufende Arbeit gewährt hat. Konsterniert schreibt Engels nach dem Tod des Freundes an den Sozialdemokraten August Bebel: »Du fragst, wie es kam, daß grade mir geheimgehalten wurde, wie weit das Ding fertig war? Sehr einfach: hätte ich das gewußt, ich hätte ihm bei Tag und Nacht keine Ruh gelassen, bis es ganz fertig und gedruckt war.«[52]

Vielleicht ist es das, was Marx auf keinen Fall will: Fortsetzung der Pressionen. Schmerz erzeugt Vermeidungsreaktionen. Angst ebenfalls. Schon einen Monat nach dem lange herbeigesehnten Ersterscheinen des *Kapital* muss Engels wieder lesen:

»In den letzten Wochen war es mir positiv unmöglich, mehr als vielleicht 2 Stunden zu schreiben… Ich wurde wieder schlaflos und hatte das Vergnügen, in der Nähe des membrum 2 Karbunkelchen aufblühn zu sehn. Glücklicherweise sind sie verblüht.«[53] (19.10.67) »*Ad vocem Karbunkeln.* Ärzte befragt. Nichts Neues. Alles, was die Herrn sagen, kömmt darauf hinaus, daß man *Rentner* sein müßte, um ihren Vorschriften gemäß zu leben, statt wie ich ein kirchenmausarmer Teufel.«[54] (8.1.68) »Seit gestern gezwungen, wieder das Haus zu hüten, da sich das monstrum unter dem linken Achselblatt bösartig entwickelt. Es scheint, daß diese Scheiße nicht aufhören soll.«[55] (15.2.68) »Mein Zustand ist derart, daß ich eigentlich alles Arbeiten und Denken für some time aufgeben müßte.«[56] (25.3.68)

Genau darauf zielt Jenny, als sie ihn schließlich zu einer Kur überreden kann. »Da ich seit ungefähr 1 Woche Galle kotze und außerdem die

Cholera sich hier entwickelt, besteht meine Frau darauf, daß ich wenigstens für 2–3 Tage ebenfalls nach R an die See gehe. So reise ich denn heut ab.«[57] R steht für Ramsgate. Der Aufenthalt im Seebad scheint Linderung gebracht zu haben. Jedenfalls bleibt Engels fast drei Monate von Hiobsbriefen verschont. Dann geht es so weiter, als sei nie etwas geschehen.

»Da die Scheiße immer in dieser Zeit beginnt, habe ich sofort wieder mit dem *Arsenik* angefangen. Dies wird wohl weitere evolutions abschneiden.«[58] (14.11.68) »Ich verschob's von Tag zu Tag, Dir zu schreiben, von wegen eines Stockschnupfens, der Aug, Ohr, Nase und den ganzen Kopf, seit about 2 weeks, in förmlichem Belagerungszustand hält.«[59] (13.1.69) »Ich habe seit 8 Tagen nicht geraucht, ... um Dir meinen Zustand klarzumachen.«[60] (24.4.69) »Diese Woche hat sich einiges Bedenkliche in der Achselhöhle des linken Arms (wie in Manchester) und auf dem Bein gezeigt. Sofort wieder Arsenik.«[61] (12.11.69) »Kugelmann behauptet, die einzige Manier, mich wieder ordentlich auf den Strumpf zu bringen, sei, Ende des Sommers Kur in Karlsbad durchzumachen.«[62] (14.4.70)

Bis zum Gang ins Erzgebirge vergehen noch weitere vier Jahre. Stattdessen leidet er lieber weiter. »Ich ... liege mehr oder minder brach infolge des Rheumatismus und der schlaflosen Nächte.«[63] (15.8.70) »Die großen Schmerzen haben aufgehört, aber gewisser Platz fast wie gelähmt, so daß ich den Doktor wieder konsultieren muß.«[64] (30.8.70)

Hier endet die Krankenakte. Zumindest die in Briefen an den Freund dokumentierte. Aber nicht, weil endlich die Gesundung des ewigen Patienten vermeldet werden kann, sondern weil die Korrespondenz abreißt: Engels hat am 1. Juli 1870 das Joch seiner gut entlohnten Fron im väterlichen Betrieb abgestreift. Im Spätsommer zieht er mit Lebensgefährtin Lizzy nach London. Er lässt sich unweit des Marxschen Domizils nieder. Das Elend bekommt er nun hautnah mit.

Marx' letztes Jahrzehnt ist beherrscht von einem Wechsel langer Phasen von Krankheiten und kurzer von Kuren. Seebäder an der englischen Küste, die Isle of Wight, Karlsbad, gleich mehrere Jahre hintereinander, zuletzt Bad Neuenahr.

»Die Luft hier ist köstlich«, erfährt seine Frau im April 1874 aus Ramsgate, »doch hab' ich's bisher noch nicht zum Nachtschlaf gebracht trotz allem Laufen.«[65] In den beiden darauffolgenden Jahren fühlt er sich so gut wie schon seit langem nicht mehr. Doch kaum hat er Anfang 1877 in einem letzten Versuch die Arbeit an Band 2 des *Kapital* wiederaufgenommen, geht es erneut rapide bergab.

Sobald Marx kurt oder es versucht, geht für Engels die Horror-Show des Mohren weiter: »Ich hätte Dir schon früher geschrieben«, liest er im Sommer 1877 aus Bad Neuenahr, »aber vieltägige Verklausulierung des ganzen Menschen … macht den Menschen im höchsten Grad unaktionsfähig … Meine Leber zeigt keine Spur von Erweiterung mehr; der Digestionsapparatus ist somewhat disordered, aber das eigentliche Übel ist nervöser Natur.«[66]

So endet zwar auch der letzte Versuch, wenigstens das zweite Kind der *Kapital*-Familie auf die Welt zu bringen. Aber nicht die *Via dolorosa*. Der Raubbau an seinem Körper fordert endgültig seinen Tribut. Wohl richtig schätzt er »die verfluchte *Schlaflosigkeit*« als Folge eines »höchst zerrütteten Nervenzustands«[67] ein. In der Summe, lässt sich sagen, haben Leid und Pein ihren Zweck erfüllt. Doch das ist, wenn überhaupt, ein schwacher Trost.

»Gegen Gemütsleiden gibt es nur ein wirksames Antidot«, erklärt er Tochter Jenny im Dezember 1881, »und das ist körperlicher Schmerz. Setze den Weltuntergang auf die eine Seite und einen Mann mit akutem Zahnschmerz auf die andre!«[68]

Seine Leiden gehören zur biografischen Ausstattung des Mythos Marx wie das Gold zur Ikone. Ein Lazarus, aussätzig und ewig am Rande der Existenz, schafft gegen alle Widrigkeiten ein Werk von Weltbedeutung. Vielleicht hat er die Rolle des umsorgten Patienten sogar heimlich genossen. Er wäre nicht der Erste und nicht der Letzte, der sich auf diese Weise Zuneigung verschafft.

25

Entwicklungsgesetze

Marx und Darwin

Im Oktober 1873 erhält Marx einen bemerkenswerten Brief aus »Downe, Beckenham, Kent«:

»Dear Sir,

Ich danke Ihnen für die Ehre, die Sie mir mit der Übersendung Ihres großen Werkes über das Kapital erwiesen haben. Ich wünschte, ich wäre würdiger für solche Gabe und verstünde mehr von dem tiefgründigen, wichtigen Thema der politischen Ökonomie. Zwar forschen wir auf sehr unterschiedlichen Gebieten, aber ich glaube, dass wir beide ernsthaft nach Erweiterung des Wissens streben und dass dies auf lange Sicht dem Glück der Menschheit dienen wird.

Ich verbleibe, Dear Sir,
als Ihr ergebener
Charles Darwin.«[1]

Nach allem, was wir wissen, sind die beiden berühmten Prophetenbärtigen einander nie begegnet. Oder besser gesagt: Wenn sie es wären, dann wüssten wir es. Und hätten sie es gewollt, dann wäre das kein Problem gewesen: Sie leben nur zwanzig Meilen, eine kurze Zug- und Kutschfahrt voneinander entfernt. Darwin hält sich überdies regelmäßig in London auf.

Zumindest aus heutiger Sicht hätten sich die beiden einiges zu sagen gehabt. Um das mögliche Doppelporträt der berühmten Bärtigen für das Fotoalbum des 19. Jahrhunderts ist es ebenfalls schade. Natürlich wissen sie, jeder auf seine Weise berühmt, voneinander. Wenn es aber darum geht, wie weit sie sich füreinander und das Werk des anderen interessiert haben, stellt sich die Beziehung eher einseitig dar.

Dass Marx sein Hauptwerk Darwin widmen wollte, was dieser dann entschieden höflich von sich gewiesen habe, gehört in den Bereich der Mythen und Gerüchte. Ein im Marxschen Nachlass gefundener Brief nebst Antwort von Darwin hat die Forschung jahrzehntelang auf eine falsche Fährte geführt. Am Ende stellt sich heraus: Das Schreiben stammt nicht von Marx, sondern von seinem (posthumen) Schwiegersohn Edward Aveling, der dem Biologen seine populärwissenschaftliche Schrift *The Student's Darwin* widmen will – was der dann in seiner Erwiderung wegen des religionskritischen Inhalts abgelehnt hat.

Es ist nicht bekannt, ob der Brite, der zumindest schriftliches Deutsch gut verstand, überhaupt je eine Zeile von Marx gelesen hat. Das Buch jedenfalls, für dessen Übersendung er sich 1873 höflich bedankt, die zweite Auflage von Band 1 des *Kapital*, ist nur bis zur Seite 105 aufgeschnitten. Damals müssen die Leser die gebundenen Bogen noch eigenhändig in Seiten trennen. Es enthält auch keine Randbemerkungen, mit denen Darwin sonst ausweislich seiner Bibliothek nicht sparsam war.

Ganz anders Marx und mit ihm Engels. Der Freund hat sich *Die Entstehung der Arten* gleich nach dem Erscheinen im Herbst 1859 gekauft. »Übrigens ist der Darwin, den ich jetzt grade lese, ganz famos … Dazu ist bisher noch nie ein so großartiger Versuch gemacht worden, historische Entwicklung in der Natur nachzuweisen, und am wenigsten mit solchem Glück. Die plumpe englische Methode muß man natürlich in den Kauf nehmen.«[2] Das ist wahr: Ein philosophischer Literat war der Naturforscher nicht.

Ein Jahr später schreibt Marx begeistert an Engels, er lese gerade »Darwins Buch über ›Natural Selection‹. Obgleich grob englisch entwickelt, ist dies das Buch, das die naturhistorische Grundlage für unsere Ansicht enthält.«[3] Tut es das wirklich? Noch in seiner Rede am Grab des Freundes wird Engels sagen: »Wie Darwin das Gesetz der Entwicklung der organischen Natur, so entdeckte Marx das Entwicklungsgesetz der menschlichen Geschichte.«[4] Hat er das tatsächlich?

Die Parallelen zwischen organischem Leben und Gesellschaft scheinen auf den ersten Blick frappierend: Beide haben sich von einem primitiven Ursprung zu höheren Formen entwickelt und dabei immer weiter ausdifferenziert. Auch wenn Darwin es so weder sagt noch meint, lässt sich Evolution im Ganzen durchaus als Fortschritt oder Höherentwicklung verstehen – ähnlich wie Marx die Geschichte der menschlichen Zivilisation nachzeichnet. Die Verbindung ist auch nicht so verwunderlich, wenn man bedenkt, dass Gesellschaft nichts anderes bedeutet als die Fortsetzung des Lebens mit menschlichen Mitteln.

Der Soziologe Marx hat sehr wohl erkannt, was dem Biologen Darwin Pate stand für seine Beschreibung der Natur mit Revier- und Überlebenskampf, Nischen und Spezialisierungen: »Es ist merkwürdig, wie Darwin unter Bestien und Pflanzen seine englische Gesellschaft mit ihrer Teilung der Arbeit, Konkurrenz, Aufschluß neuer Märkte, ›Erfindungen‹ und Malthusschem ›Kampf ums Dasein‹ wiedererkennt. Es ist Hobbes' bellum omnium contra omnes« – Krieg aller gegen alle – »und es erinnert an Hegel in der ›Phänomenologie‹, wo die bürgerliche Gesellschaft als ›geistiges Tierreich‹, während bei Darwin das Tierreich als bürgerliche Gesellschaft figuriert.«[5]

Das aber hat genau jene Verwerfungen mit sich gebracht, die es in der Praxis mit den gleichen Mitteln wieder zu überwinden gilt: Eigentum als Herrschaftsmittel oder Startvorteile durch materielle Erbschaft Einzelner kommen im Tierreich ebenso wenig vor wie Klassenkampf. Marx erkennt richtig: Darwins Theorie vom Kampf ums Dasein liest sich, als durchleuchte sie den Manchesterkapitalismus, den er sich zum Vorbild genommen hat.

Bedenklich wird das erst in der Umkehrung durch den Sozialdarwinismus. »Das Gesetz des organischen Fortschritts«, so dessen Vordenker Herbert Spencer, »ist das Gesetz allen Fortschritts.« Darwin hat den Gedanken nicht von sich gewiesen. Damit werden Zustände des Kapitalismus ebenso gerechtfertigt wie der Rassismus der »schlechten Erbanlagen«. Er hebt nicht nur den Menschen über die Tierwelt, der er biologisch angehört, sondern auch die europäischen Völker über die übrigen.

Die Art des theoretischen Durchbruchs seitens des naturforschenden Briten steht allerdings auf einem ganz anderen Blatt als die Theorie des Gesellschaftsanatomen Marx. Darwin hat eine umfassende historische Erklärung für die Entwicklung des Lebens vorgelegt, die in ihrem Kern noch heute gilt. Marx hat, obwohl er ebenfalls die historische Dynamik der Prozesse unter die Lupe nimmt, Vergleichbares allenfalls in Ansätzen angedeutet. Das entspricht aber durchaus der Hierarchie ihrer Disziplinen: Ein Konzept wie die natürliche Auslese wird sich für gesellschaftliche Entwicklung nicht finden lassen.

Aus Sicht des Menschen hat das Universum nach seiner Entstehung vier große Entwicklungsschritte durchlaufen: Kosmos, Leben, menschliches Bewusstsein und Gesellschaft. Mit ihrer Komplexität nimmt auch die ihrer Deutungsgebäude zu. Beim Kosmos hat der Schöpfer, sofern es ihn gibt, das Geschehen quasi aus der Hand gegeben. Die Bahnen der Himmelskörper folgen festen Gesetzen.

Einstein wollte »dem Herrgott in die Karten gucken«. Mit seiner Allgemeinen Relativitätstheorie hat er die bis heute gültige Grundlage der Kosmologie geschaffen. Sie macht den Anfang des Universums im Urknall ebenso berechenbar wie sein mögliches Ende, etwa im Kältetod. Für das Werden, Sein und Vergehen des Alls braucht es ebenso wenig eine steuernde, ständig eingreifende Hand wie für die Evolution des Lebens.

Aus Darwins Theorie geht zwar vergleichbar hervor, dass irdisches Leben irgendwann aus primitiven Bausteinen entstanden sein muss – und wie es sich dann ausbreiten konnte. Aber mit ihr lässt sich weder erklären, wie der Urknall des Lebens vonstattengegangen sein könnte, noch verrät sie etwas über dessen seltsamste Eigenschaft, den Überlebenstrieb. Seine Entwicklung aber, das hat Darwin gezeigt, folgt einem eigenständigen Prinzip, wie es die Welt vorher nicht kannte. Auf Basis seiner Theorie kann sie bis an die Anfänge zurückverfolgt werden. Als Methode zur Vorhersage taugt sie nicht.

Praktisch ungleich komplexer und damit theoretisch komplizierter ist das Gebiet, mit dem sich Sigmund Freud, dritter unter den vier Weltbildnern der Neuzeit, auseinandergesetzt hat: Wie lässt sich das Verhalten des einzelnen Menschen anhand von Geist und Seele erklären? Seine Entdeckung des Unbewussten, das den menschlichen Alltag steuert, steht in gewissem Sinn im direkten Verhältnis zu Marx' Blick auf das Wesen der kapitalistischen Ordnung. Beide regieren und regulieren sich in ihrem Werden auf sonderbare Weise selbst.

Mit seiner Untersuchung der Gesellschaft als Gesamtheit vieler Menschen, deren Bewusstsein vom Sein bestimmt wird, hat sich Marx auf die komplexeste bekannte Struktur eingelassen – das kollektive Unbewusste inbegriffen. In der gemeinsam mit Engels geschaffenen politisch-ökonomischen Geschichtsauffassung betreten die beiden theoretisches Neuland.

Marx versucht darin nicht nur, den Verlauf der Geschichte als gleichsam gesetzmäßige Abfolge evolutionärer und revolutionärer Entwicklungen bis zur Entstehung kapitalistischer Verhältnisse darzustellen. Politisch motiviert – das waren die drei anderen Geistesmächtigen nicht –, wendet er sein Bewegungsgesetz auf eine mögliche Zukunft an. Das ist etwa so, als hätte Einstein als Konsequenz seiner Formel $E = mc^2$ den Plan für atomare Nutzung und Missbrauch entworfen oder Darwin mit seiner »natürlichen Zuchtwahl« die mögliche Manipulation des Erbguts.

Marx' Entwurf liegt, wenn auch unausgesprochen, die richtige Annahme zugrunde, kulturelle Evolution laufe nach grundsätzlich anderen Regeln ab als biologische: Erkenntnis und Wissen, wie sie nur intelligente Wesen gewinnen können, erlauben bewusste Eingriffe ins System und damit eine aktive Beschleunigung des evolutionären Verlaufs. Diese Form der Rückkopplung ist aus keinem anderen Bereich des Universums bekannt. Insofern hinkt der Vergleich von Darwins und Marx' Entwicklungsgesetzen auf beiden Beinen.

Die Geschichte des Lebens, das hat Darwin erkannt, kennt zwar wie die der Zivilisation Rückschritte und Rückentwicklungen. Aber Evolution verläuft in aller Regel nicht rückwärts, sondern nur in eine Richtung. Den Preis zahlen aussterbende Arten. Weit mehr als neunundneunzig Prozent aller entstehenden Spezies müssen wieder weichen, oft gerade aufgrund ihrer Spezialisierung, die sie weniger anpassungsfähig macht. Das hat der amerikanische Biologe Jared Diamond in seinem Buch *Kollaps – Warum Gesellschaften überleben oder untergehen* sehr anschaulich für die Menschheitsgeschichte dargelegt.

Was Engels' Grabrede deutlich macht, ist eine frappierende Parallele, durch die Geschichte ihre Gesetze verrät: Die Zeit war überreif für radikal neue Ideen. Das ist sie nicht immer in gleichem Maß. Auch Entdeckungen haben Konjunktur. Mal scheint der Erkenntnismotor im Leerlauf zu drehen, mal schiebt er einen ganzen Schwung bahnbrechender Ideen an.

Als Darwin und Marx heranwachsen, durchleben sie eine Phase äußerster Verdichtung in allen Bereichen der Welterkundung. Infolge der Aufklärung ist die Menschheit in ein neues, wissenschaftlich geprägtes Zeitalter eingetreten, das fortwährend nach einem Neustart des Denkens ruft. Veränderbarkeit gehört zu den zentralen Themen der Epoche.

Mit Entdeckungen in Geologie und Biologie wird Wissenschaft historisch: Hier die Erdgeschichte, dokumentiert in ihren Schichten und Verwerfungen. Dort die gemeinsame Abstammung aller Lebewesen am Beginn einer Evolution des Lebens, deren inneren Motor Darwin als Erster erkennt. Liegt es da nicht auf der Hand, das neue Paradigma der Historizität auf die Gesellschaft anzuwenden?

Auch Geschichte, wie Menschen sie machen, scheint Zyklen zu folgen, in denen sich Spannungen auf- und dann wieder abbauen, manchmal in Beben und Verwerfungen. Oder wie Marx im *Achtzehnten*

Brumaire sagt, »bis die Situation geschaffen ist, die jede Umkehr unmöglich macht«[6]. Sie schießt gleichsam über ihr dialektisches Ziel hinaus und sammelt dabei genug Energie, ihre Spannungen in Umwälzungen abzubauen. So in etwa denkt sich Marx die historischen Abläufe.

Er begrüßt *Die Entstehung der Arten* als willkommene Rückendeckung für seine Thesen. »Sehr bedeutend ist Darwins Schrift«, teilt er Lassalle mit, »und paßt mir als naturwissenschaftliche Unterlage des geschichtlichen Klassenkampfes … Trotz allem Mangelhaften ist hier zuerst der ›Teleologie‹ in der Naturwissenschaft nicht nur der Todesstoß gegeben, sondern der rationelle Sinn derselben empirisch auseinandergelegt.«[7]

Das beschreibt am besten das Dilemma, dem Marx nicht entgehen kann. Als Anhänger der Naturwissenschaften steht er Darwins Positivismus nahe, als Geschichtsphilosoph ist er ihm fremd. Darwins Theorie verneint jede Zielgerichtetheit, sie verläuft »blind«. In Marx' Werk haben solche »teleologischen« Motive durchaus ihren Platz.

Wenn er etwa sagt, der Kommunismus sei »das aufgelöste Rätsel der Geschichte und weiß sich als diese Lösung«[8], dann hat er einen Zielpunkt vor Augen, auf den die gesellschaftliche Entwicklung zusteuern kann. Dank Wissenschaft und Erkenntnis eröffnen sich dem Menschen als erstem Wesen Möglichkeitsräume, das Blatt zu wenden, den Zufall, in Grenzen, zu Fall zu bringen und sogar die scheinbar naturnotwendige Fremdbestimmung im Kapitalismus zu überwinden.

Wie begrenzt Marx' Zuspruch zu Darwins Werk auf Dauer ist, zeigt seine Begeisterung für die obskure Theorie von Pierre Trémaux. Der Franzose behauptet in seinen 1865 erschienenen, heute nur noch Fachleuten bekannten Buch *Origine et transformations de l'homme et des autres êtres* (Ursprung und Transformation des Menschen und anderer Wesen), chemische und geologische Vorgänge in der Erde seien für das Evolutionsgeschehen verantwortlich.

»Ein *sehr bedeutender* Fortschritt über Darwin«, schreibt Marx an Engels. »Der Fortschritt, der bei Darwin rein zufällig, hier notwendig, auf der Basis der Entwicklungsperioden des Erdkörpers … In der geschichtlichen und politischen Anwendung viel bedeutender und reichhaltiger als Darwin.«[9]

Tatsächlich hat Trémaux mit seinen Überlegungen die Grundlage für eine Theorie geschaffen, die der Marxschen Geschichtsauffassung nahekommt: Die 1972 erstmals formulierte Idee des Punktualismus geht für die biologische Evolution statt von kontinuierlicher Entwicklung von langen stabilen Phasen und seltenen, sprunghaft wirkenden Veränderungen aus. Einer ihrer Begründer, der amerikanische Biologe Stephen Jay Gould, hat den direkten Zusammenhang zum »Historischen Materialismus« hervorgehoben.

Das System der natürlichen Auslese kann die Entwicklung des Lebens auf natürliche Weise plausibel erklären, ohne sich auf höhere Mächte berufen zu müssen. Positivistisch im besten Sinne des Zeitgeistes. Einen Blick in die Zukunft lässt es aus Prinzip nicht zu. Denn es enthält ein entscheidendes Moment jener Erscheinung, mit der sich auch Marx seit seiner Doktorarbeit herumschlägt: »Seine Majestät, der Zufall.« Wo dieser Teufel im Spiel ist, hat die Vorbestimmung in ihrer religiösen Reinform ausgedient. Genau das zeichnet den »echten« Zufall ja aus: Er schlägt so unvorhergesehen zu, wie dann die Verhältnisse umschlagen können.

Darwins Evolutionstheorie fußt geradezu auf Zufall. Heute sehen wir das Prinzip gleich zweifach am Werk: einmal in der zufälligen Veränderung von Genen durch Mutationen, zum zweiten in der zufälligen Kombination elterlicher Erbanlagen. Damit rückt der Brite schon ziemlich nahe an die Frage, die seit Aristoteles auf der Agenda der Philosophie steht: Macht die Natur Sprünge? Die Antwort der Alten galt lange als Gesetz: Das tut sie nicht. *Natura non facit salta.*

Den ersten praktischen Nachweis, dass nicht alles fließt, sondern manches auch springen kann, liefert Max Planck 1900, die theoretische Deutung fünf Jahre später Einstein. Im allgemeinen Sprachgebrauch heißt sie »Quantensprung«. Ohne solch einen Vorgang wäre das Werden, wenigstens im Kleinsten, nicht erklärbar.

In der Geschichte des Lebens, wie sie sich in Darwins Tagen im reichen Schatz an Fossilien offenbart, zeigen sich ähnlich echte Entwicklungssprünge. Auch Biologen sprechen dann von Revolutionen, wie sie Trémaux in den Erdschichten sah. Sie bedeuten zwar im physikalischen Sinne keine Quantensprünge, werden aber im historischen so empfunden. Genau das scheint Marx vorzuschweben, nimmt man die Quintessenz seines Werkes: Vor dem Sprung liegt alles mehr oder weniger vorbereitet vor. Es fehlt nur noch ein Ereignis, das die Explosion auslöst.

Für den Siegeszug der Säugetiere war es, verursacht vermutlich durch einen katastrophalen Meteoriteneinschlag, das Aussterben der Dinosaurier, in deren Schatten sie bis dahin als mauskleine Wesen lebten. Braucht auch der Kapitalismus solch ein epochales Ereignis, um unterzugehen und der kommenden Gesellschaft Platz zu machen? Oder kann er sich auch ohne Sprung allein durch stetigen Fortschritt dahin entwickeln?

Das berührt genau die Frage, die Marx fast sein gesamtes Erwachsenenleben umgetrieben hat: Revolution oder Evolution? Lassen die Gesetze der Geschichte, wie er sie formuliert hat, ein Eingreifen im großen Stil zu? Oder folgt sie stur ihrem Verlauf wie ein tief eingegrabener Fluss? Könnte etwa ein vereintes Wir die Kraft besitzen, gemeinsam einen Umschlag aller Verhältnisse herbeizuführen?

Sollte sich die Menschheit eines Tages zum stabilen Kollektiv formen, dann könnte das ein ähnlich epochaler Schritt sein wie der zum aufrechten Gang. Natürlich wie immer, gemäß Darwins Lehre, mit dem hohen Risiko des Untergangs oder Aussterbens behaftet.

Geschichte, wie der Brite sie für das Leben zeigt, ist offen – ganz nach Geschmack des deutschen Exilanten. Er hätte wohl nichts gegen die Deutung einzuwenden gehabt, dass die Gesetze der Natur wirken, ganz gleich, ob von einem Schöpfer geschaffen oder sonstwie entstanden. Sie stehen vor allen Erscheinungen und bestimmen sogar über das Denken, das sie verstehen will. Ihnen auf die Spur zu kommen, in Marx' Worten ein Triumph der Wissenschaft, erlaubt es aber, sie anzuwenden, um die Welt – in Grenzen – zu beherrschen.

Darin ist er Darwin, aber auch Einstein ziemlich nahe. Beide haben Prinzipien entdeckt, die Universum und irdischem Leben Geschichte verleihen. Das Weltgeschehen folgt plausiblen Naturgesetzen. Marx hat das kalte Gesetz des Kapitalismus beschrieben. Darin herrscht ein substanzloses Subjekt, das einem Automaten gleich keine Zwecke verfolgt, nicht über Fantasie verfügt und keine Handlungsspielräume lässt[10] – andrerseits aber wie eine Formel nach ihrer Erfüllung zu streben scheint. Das weist durchaus Parallelen zu Einsteins Feldgleichungen und Darwins natürlicher Auslese auf. Nur dass Marx davon ausgeht, dass der von ihm entdeckte Mechanismus sich irgendwann erschöpft und nicht quasi für die Ewigkeit gilt.

Das Leben besitzt von Anfang an Freiheitsgrade, die ihm erlauben, sich veränderten Umständen anzupassen. So läuft Evolution nicht einfach nur passiv ab, sondern schafft sich gleichsam aktiv Voraussetzungen ihrer Fortsetzung. Pflanzen können auf die Wassersituation reagieren, Tiere auf das Nahrungsangebot, und intelligente Menschen im Zuge der kulturellen Evolution auf den Zustand einer möglichen Gesellschaft.

Wer aber glaubt, Gegenwart entstünde nur aus Vergangenheit und nicht auch aus einer denkbaren Zukunft, verpasst die Pointe, die Marx und Darwin jeder auf seine Weise gesetzt haben. Ein Etwas, das manche Gott nennen, mag die Geschichte losgetreten, die Naturgesetze geschrieben haben, nach denen alles läuft. Auf sie einwirken kann es aber nicht. Doch woher auch immer die Gesetze stammen, sie bergen in ihrem Code den narzisstischen Auftrag zur Selbsterkenntnis, die zum Eingreifen drängt. Im bewussten Menschen findet er seinen Ausdruck. Das hat schon Hegel vorbereitet und Marx dann fortgesetzt.

Mit der Gentechnik greifen wir längst in den Verlauf der Evolution ein – im Idealfall, um Krankheiten zu überwinden, im schlimmsten, um Menschen am Reißbrett zu planen. Die Voraussetzung dafür hat Darwin geschaffen, ohne auch nur die Spur einer Ahnung zu haben, was die Elemente der Vererbung sein könnten. Die hat, noch in seiner Lebenszeit, der Augustinermönch Gregor Mendel entdeckt, ohne allerdings ihre Beschaffenheit bezeichnen zu können und den Bezug zu Darwins Werk herzustellen. Dafür waren dann wiederum andere zuständig.

Newton hat ein Bewegungsgesetz des Universums formuliert, ohne das zugrunde liegende Phänomen, die Gravitation, erklären zu können. Das hat erst Einstein im 20. Jahrhundert besorgt. Marx hat ein Bewegungsgesetz der Menschheitsgeschichte formuliert, ohne allerdings die genauen Mechanismen benennen zu können. Sie stehen bis heute noch aus.

In dem Sinne waren Darwin, Marx und viele andere nicht zuletzt auch Kinder des Zeitgeistes. Der besitzt ein untrügliches Gefühl dafür, wann und wem die Stunde schlägt. In einer anderen Epoche hätten dieselben Wesen mit Rauschebart womöglich viel weniger oder auch gar nichts zustande gebracht.

Nicht auszuschließen, dass Marx unter anderen – vor allem politischen – Umständen ein hochgelehrter Rabbiner geworden wäre wie seine Vorväter. So wie Darwin als anglikanischer Pastor und Laienwissenschaftler sein Auskommen hätte finden können, hätte ihn nicht eine Fügung des Schicksals auf seine abenteuerliche Weltreise mit dem Expeditionsschiff Beagle geschickt und zum Biologen gemacht. Und ähnlich wie Darwin, der mit seiner *Entstehung der Arten* so etwas wie eine Bibel des Atheismus geschaffen hat, wird Konvertit Marx einen Katechismus der Gottlosigkeit verfassen.

Die Parellelen gehen aber noch weiter: Darwin legt 1844 im Alter von fünfunddreißig Jahren ein langes Manuskript in einen Umschlag, auf den er schreibt: »Im Falle meines Todes zu öffnen.« Darin steckt eine handschriftliche Skizze seiner Hypothese von der natürlichen Auslese. Die ausgearbeitete Theorie der Evolution des Lebens folgt fünfzehn Jahre später.

Im selben Jahr, 1844 bis 1845, hat Marx in Paris die Grundgedanken seines Lebenswerks notiert – und sie dann so sorgfältig in seinen Papieren verstaut, dass sie alle Umzüge und schließlich auch ihn überleben. Sein Weltmodell folgt dreiundzwanzig Jahre später mit dem *Kapital*. Wie Darwin antizipiert er darin bereits auch mögliche Kritik und Vorwürfe und entkräftigt sie.

Aber vorher, fast zeitgleich kurz vor Darwins Durchbruch 1859, begeht Marx den Fehler, mit einem halbgaren Entwurf vorzupreschen. Seine *Kritik der politischen Ökonomie* resultiert nicht zuletzt aus einer Konkurrenz, und zwar der mit Lassalle, dem Erfolgreichen, der ein ähnliches Werk angekündigt hat. Genauso sieht sich Darwin im selben Moment mit seinem Landsmann Alfred Wallace einem Wettbewerber gegenüber, der ihn mit seiner Veröffentlichung ganz ähnlicher Ideen zur Eile antreibt.

In der Zwischenzeit, seit seinem Entwurf für die Nachwelt im Umschlag, hat sich der Dilettant zum Fachmann gemacht, sich dabei sogar jahrelang an einem Nischenthema festgebissen und dabei den Maschinenraum seiner intellektuellen Metamorphose mit Treibstoff versorgt. Ein Jahrzehnt lang befasst Darwin sich mit Rankenfußkrebsen. Sein Werk über die primitiven Meeresbewohner, darunter die bekannten Seepocken, zählt bis heute zum Standard der Spezialdisziplin. Nach außen: Orchideenwissenschaft. Von innen: Bau eines Weltgebäudes.

Marx setzt eine vergleichbare Zeit daran, das Ominöse der Ökonomie auszuleuchten. Um 1859 hat er zwar die meisten Bausteine beisammen. Aber er ist längst noch nicht so weit wie der neun Jahre ältere Brite. Als Marx dann 1867, nach Lebensjahren beinahe zeitgleich, sein Hauptwerk herausbringt, zeigen die Zahlen jedoch einen entscheidenden Unterschied: Die Erstauflage von Darwins *Entstehung der Arten* von tausend Exemplaren ist innerhalb eines Tages ausverkauft. *Das Kapital* braucht für die gleiche Zahl mehr als fünf Jahre.

Darwins Buch findet in der gesamten gebildeten Welt Beachtung und wird von der Kritik gefeiert. Sogar die königliche Familie studiert das Werk. Nur die – anglikanische – Kirche rebelliert zunächst, macht aber bald ihren Frieden mit der Evolutionstheorie. Ein Vorteil der Naturwissenschaften mit ihren »harten« Themen: Der theoretische Durchbruch ist eindeutig. Marx mit seiner »weichen« Theorie findet keine vergleichbare Beachtung.

Einerseits erkennt er Darwins Triumph neidlos an, andrerseits wäre es nur menschlich, wenn er den Zeitgenossen um seinen Erfolg beneidete. Ruhm bedeutet ihm nach eigenen Worten nichts, bei anderen lässt er ihn kalt. Das sagt aber nichts über seine Eitelkeit und ihre Verletzbarkeit aus. Die Anerkennung der Fachwelt hätte Marx schon genügt. Sie ist ihm in so kränkender Weise versagt geblieben, dass es ihm als persönliches Versagen erscheinen muss.

»Das Stillschweigen über mein Buch macht mich ganz zappelig«, gesteht er Engels zwei Monate nach Erscheinen des *Kapital.* »Ich höre und sehe nichts.«[11] Der Freund vernimmt den Notruf und wird umgehend aktiv. Da die »Vulgärökonomen« schweigen und die Zeitungen sich rarmachen, müssen die Rezensionen halt aus dem Freundeskreis kommen.

»Die deutsche Presse ist noch immer stumm über das ›Kapital‹«, schreibt Engels im November an Kugelmann, »und es ist doch von der höchsten Wichtigkeit, daß was geschieht. Da M sich in der Sache nicht frei bewegen kann und sich auch geniert wie eine Jungfer, so müssen wir andern es eben tun … Wir müssen hier, um mit unserm alten Freunde Jesus Christus zu sprechen, unschuldig tun wie die Tauben und klug sein wie die Schlangen … Wenn das Buch gleichzeitig in 15–20 Zeitungen besprochen wird – gleichgültig, ob günstig oder ungünstig … bloß als eine bedeutende Erscheinung, die Beachtung verdient … Es ist unsre verdammte Schuldigkeit, diese Artikel, und zwar *möglichst gleichzeitig*, in die Blätter zu bringen.«[12]

Die Vorlagen liefert regelmäßig Marx. Im Entwurf für eine Kritik, die Engels auf seinen Wunsch im schwäbischen Provinzblatt *Der Beobachter* unterbringen soll, schreibt er dem Freund, wie er »die *Tendenz* des Verfassers« dargestellt sehen möchte: »Wenn er« – also Marx – »nachweist, daß die jetzige Gesellschaft, ökonomisch betrachtet, mit einer neuen höheren Form schwanger gehe, so zeigt er nur sozial denselben allmählichen Umwälzungsprozeß nach, den Darwin naturgeschichtlich nachgewiesen hat.«[13]

Große Schuhe, die er sich da zum guten Zwecke überstreift. Während Darwin – wie Adam Smith – eine »unsichtbare Hand« beschreibt, die er »natürliche Auslese« nennt, will Marx die Hand sichtbar machen, indem er sie benennt. Greifbar wird sie dadurch nicht – dafür muss sie erst ihre Macht verwirken. Aber be-greifbar. Historisch, materialistisch, mit einem Hang zu profaner Metaphysik.

»Marx' zitternde Erwartung von Echo, Kritik, Zustimmung war eher die eines debütierenden Romanciers«[14], schreibt Fritz J. Raddatz in seiner Biografie. Heiligabend 1867 klagt Gattin Jenny: »Sie können mir glauben, lieber Herr Kugelmann, daß wohl selten ein Buch unter schwierigeren Umständen geschrieben worden ist, und ich könnte wohl eine geheime Geschichte dazu schreiben, die viel, unendlich viel stille Sorgen und Angst und Qualen aufdecken würde. Wenn die Arbeiter eine Ahnung von der Aufopferung hätten, die nötig war, dies Werk, das nur für sie und in ihrem Interesse geschrieben ist, zu vollenden, so würden sie vielleicht etwas mehr Interesse zeigen.«[15]

Natürlich weiß Frau Marx, dass nur die wenigsten Arbeiter imstande wären, dem Text auch nur annähernd zu folgen. Engels denkt von vornherein eher an seinesgleichen, betuchte, gebildete Bürger: »Die Idee von Kertbeny, Dich in der L(ei)pz(iger) ›Illustrirten‹ porträtieren zu lassen, ist *ganz famos.* Diese Art Reklame dringt dem Philister in seinen tiefsten Busen. Gib ihm also ja alles, was er dazu braucht.«[16] Darwin hat solcherart Werbung selbstredend nicht nötig gehabt. Bekommen hat er sie gleichwohl im Übermaß. Über ihn spricht die Welt, über Marx kaum ein Mensch.

Legt man die Lebensläufe der beiden nebeneinander, zeigen sich auch im Privaten bemerkenswerte Parallelen. In der Raupenphase ihrer Metamorphose erfahren beide mit dem Tod ihres Lieblingskindes den schmerzlichsten Verlust ihres Lebens. Darwin muss 1851 mitansehen, wie sein Ein und Alles, seine erste Tochter Annie, im Alter von zehn vor seinen Augen das Leben aushaucht. Vier Jahre danach trifft Marx das gleiche Schicksal mit seinem geliebten »Musch«, der achtjährig in seinen Armen stirbt.

In beiden Fällen schließt neuer Nachwuchs die Lücke innerhalb weniger Wochen: Emma Darwin, die insgesamt zehn Kinder geboren hat, bringt Horace, Jenny Marx, in der sechsten ihrer sieben Schwangerschaften, Eleanor zur Welt. Doch ihre Männer, die in ihrem Leben nicht nur diesen einen Kindstod zu beklagen haben, zeigen sich untröstlich und kommen immer wieder auf den, wie jeder für sich empfindet, schlimmsten Verlust zurück. Kaum auszuloten, was das biografisch bedeutet. Den Rest ihres Lebens leiden beide unter der Last andauernder schwerer Krankheiten.

Von Darwin ist bekannt, dass er nach dem Tod seiner Tochter nie wieder in die Kirche gegangen ist. Nichtsdestoweniger hat er in der Westminster Abbey seine letzte Ruhe gefunden – mit dem Segen des Klerus. Abertausende säumen seinen Leichenzug. Über einen Mangel an Besuchern an seinem Grab kann er sich ebenso wenig beklagen wie Marx ein paar Meilen nördlich auf dem Friedhof von Highgate. Der Vater der Evolutionstheorie ist in der Abbey aber nur einer unter vielen. Seine Grabstätte liegt unterhalb der Newtons, der hier alle Naturforscher überragt.

Von einem Leichenzug kann bei Marx keine Rede sein. Nur eine Handvoll Leute erweisen ihm die letzte Ehre. Seine letzte Ruhestätte liegt auf dem damals baumlosen Friedhofsteil für die Gottlosen. Aber auf diesem Gräberfeld für Leute, die es nicht nach Westminster geschafft haben, überragt er alle. Beim Promi-Status, dem beide nichts abgewinnen konnten, liegen die Verhältnisse mittlerweile ähnlich: Darwin, das Genie, bewegt die Köpfe, Marx, der Gigant, dagegen die Herzen.

In der direkten Konkurrenz ihrer Zeit um Bekanntheit bleibt Marx zweiter Sieger. Im Verlauf der Geistesgeschichte hat er jede Chance, am andern vorbeizuziehen. Nicht weil seine Leistung bedeutender wäre, das ließe sich auch kaum vergleichen, sondern weil Marx von seinem Mythos lebt. Der hat bekanntlich mit dem Wirken weniger zu tun als mit der Wirkung.

26

Family matters

Vater Marx

Freunde und Gäste der Familie Marx erinnern sich gern an die gemeinsamen Sonntagsausflüge nach Hampstead Heath. Schwiegersohn Paul Lafargue: »Bei schönem Wetter brach die ganze Familie zu einem langen Spaziergang über Land auf, unterwegs ward in einfachen Schenken haltgemacht, um Ingwerbier zu trinken und Brot mit Käse zu verspeisen.«[1] Von Soho dauert der Marsch eine gute Stunde, von Kentish Town, der späteren Nachbarschaft, kaum mehr als zwanzig Minuten.

Wohl auch ein Grund, warum sich die Marxens für ein Haus »in der schönsten und gesundesten Gegend von London« entschieden haben. »Es liegt rings von frischen grünen Wiesen und Triften umgeben, auf denen Pferde, Schaafe und Hühner in gemüthlicher Eintracht weiden. Vor uns breitet sich die collossale Riesenstadt London in nebelhaften Umrissen aus, jedoch können wir bei klarem Licht genau die Kuppel der St. Pauls Kirche unterscheiden.«[2]

Den unverstellten Panoramablick auf das Zentrum der Metropole genießen Spaziergänger bis heute von der Flanke des Parliament Hill am Südrand der Heide. Die Kuppel von St. Paul duckt sich vor der Hochhauskulisse der City in den Schatten der »Shard« – Scherbe – genannten Glaspyramide mit ihren Luxusapartments für Betuchte. Welcher Kontrast zur gepflegten Naturwüchsigkeit des wilden Hügelparks, wie man sie so nur in England findet.

Hier trifft die Familie rechtzeitig zum Mittagessen ein. Den schweren Picknickkorb hat in der Regel Lenchen hergeschleppt, von allen nur »Nim« genannt. Eleanor nennt »Helen« im Rückblick »die Achse, um welche alles im Haus sich drehte«[3]. Sie sei »die Diktatorin des Hauses unter Herrschaft von Frau Marx« gewesen[4], schreibt in seinen Erinnerungen Liebknecht, zwischen 1850 und seiner Rückkehr nach Deutschland 1862 Dauergast im Hause Marx. »Ein mächtiger Kalbsbraten war das durch Tradition geheiligte Hauptstück für den Sonntag auf der Hampstead Heath.«[5]

Nach dem Festmahl »suchten die Gefährtinnen und Gefährten eine möglichst bequeme Lager- oder Sitzstelle; und war diese gefunden, so holte jede und jeder – vorausgesetzt, daß ein Schläfchen nicht vollzogen ward – die unterwegs gekauften Sonntagsblätter aus der Tasche, und nun begann das Lesen und Politisieren – während die Kinder, die rasch Kameraden fanden, hinter den Ginsterbüschen Versteckens spielten … Der größte ›Treat‹ (Genuß) war ein allgemeiner Eselsritt. Das war ein tolles Lachen und Jauchzen! und diese drolligen Szenen! Und wie Marx sich amüsierte – sich und uns. *Uns* amüsierte er doppelt: durch seine mehr als primitive Reitkunst und durch den Fanatismus, mit welchem er seine Virtuosität in dieser Kunst beteuerte.«[6]

Auf dem Heimweg wird gesungen. »Z. B. ›O Straßburg, o Straßburg, du wunderschöne Stadt‹ … Oder die Kinder sangen uns Niggerlieder vor und tanzten auch dazu – wenn ihre Beine sich erholt hatten. Von Politik durfte auf dem Marsch sowenig gesprochen werden wie von der Flüchtlingsmisere. Dagegen sprach man viel von Literatur und Kunst, und da hatte dann Marx Gelegenheit, sein riesiges Gedächtnis zu zeigen. Er deklamierte lange Passagen aus der *Divina Commedia*, die er fast ganz auswendig konnte; und Szenen aus Shakespeare, wobei seine Frau, auch eine vorzügliche Shakespeare-Kennerin, ihn oft ablöste.«[7]

Was immer sonst auch von Zeitzeugen über Marx verbreitet worden ist, in einem sind sich alle einig: »Er war ein zärtlicher, sanfter und nachsichtiger Vater. ›Die Kinder müssen die Eltern erziehen‹, pflegte er zu sagen … Seine Töchter betrachteten ihn als Freund und gingen mit ihm um wie mit einem Kameraden.«[8] Folgerichtig behandelte er Kinder wie kluge kleine Erwachsene.

Frau Marx nennt ihren Mann liebevoll »mein großes Kind«[9]. Liebknecht schreibt, er sei »ein Kind unter Kindern«[10] gewesen. Nur wer diese weiche Seite an ihm als Gegengewicht zu seiner Härte kennt, kann sich ein vollständiges Bild machen. »Man muß Marx mit seinen Kindern gesehen haben, um von der Gemütstiefe und Kindlichkeit dieses Helden der Wissenschaft eine volle Vorstellung zu bekommen.«[11]

Wer sich bei aller nicht zuletzt selbst verschuldeten finanziellen Not das sonntägliche Familienglück vor Augen führt, kann sich den Schock ausmalen, der das nächste Unglück im Leben der Jenny Marx auslöst. Im November 1860, kaum haben die Töchter Laura und Jenny die Grundschule verlassen, um fortan zu Hause von Privatlehrern unterrichtet zu werden, wird die Mutter schwer krank.

»Was meine Frau hat, sind – small pox, u. zwar sehr bösartig, obgleich sie zweimal vacciniert.«[12] Seit der Entwicklung einer Impfung durch Edward Jenner Ende des 18. Jahrhunderts gelten Pocken zumindest in der entwickelten Welt als beherrschbar. Warum sich Frau Marx trotz Vorbeugung angesteckt hat und lebensgefährlich erkrankt, bleibt ein Rätsel.

Der Arzt empfiehlt, die Töchter vorsorglich aus dem Haus zu schaffen. »Liebknechts boten unerschrocken den Kindern ein Obdach an«, erinnert sich die Mutter, »und schon am Mittag zogen die Mädchen mit ihren kleinen Habseligkeiten beladen ins Exil. Ich wurde von Stunde zu Stunde kränker, die Pocken brachen in fürchterlichem Grade aus. Ich litt sehr, sehr viel. Große brennende Schmerzen im Gesicht, vollständige Schlaflosigkeit, Todesangst um Karl, der mich mit der größten Zärtlichkeit pflegte.«[13] Ohne seine geliebte Frau wäre alles nichts.

»Schlucken konnte ich kaum mehr, das Gehör wurde stets schwächer, zuletzt schlossen sich die Augen – wußte ich doch nicht, ob sie in ewige Nacht gehüllt werden.«[14] Erst nach vier Wochen gibt der Doktor Entwarnung, Ansteckungsgefahr gebannt. Er meint, nur durch die Impfungen habe seine Patientin die Pocken überhaupt überlebt. Rechtzeitig vor Weihnachten können die Kinder wieder heimkehren. Doch dort ereilt sie ein weiterer Hiobsmoment:

»Die Mädchen waren tief ergriffen«, berichtet Jenny, »und konnten nur schwer ihre Tränen zurückhalten bei meinem Anblick. Wochen vorher hatte ich mich noch ganz respektabel neben meinen blühenden Mädchen ausgenommen. Da ich wunderbarerweise noch kein graues Haar hatte, auch sonst noch bei Zahn und Taille war, so pflegte man mich in die Reihe der Wohlkonservierten zu stellen – doch das war nun alles vorbei! Ich selbst kam mir vor wie ein Rhinozeros, das eher in den zoologischen Garten gehörte als in den Bund der kaukasischen Rasse … Heute ist es nicht mehr ganz so schlimm, und die Narben fangen an, auszuheilen.«[15]

Das Haus der Eheleute Marx – sie pocken-, er furunkelnarbig – gleicht einem dermatologischen Lazarett. Viel schlimmer als die Schmerzen deprimiert die einst blühende Frau ihr Aussehen: »Ich bin so hässlich geworden und so entstellt.«[16] Zwei Monate später kann sie Lassalle berichten: »Mein Gesicht war ein wahres Schlachtfeld mit Wellen und

Schanzgräben. Doch ich kann mir jetzt das Zeugnis ausstellen, daß ich wieder menschlich und natürlich aussehe und nur noch sehr an Überkolorit leide.«[17]

Dagegen der Bericht von Tochter Laura über ihre Mutter vor der Pocken-Katastrophe: »Meine Mutter war eine wunderschöne Frau, sehr groß, mit einer guten, vollen Figur, die mein Vater sehr bewunderte. Ich kann mich erinnern, wie er, als wir Kinder waren, mit ihr im Zimmer auf und ab zu gehen pflegte, mit einem Arm um ihre Taille.«[18]

Kaum ist Jenny halbwegs wiederhergestellt, wächst erneut die materielle Not. »Meine Frau sagt mir jeden Tag, sie wünschte, sie läge mit den Kindern im Grab, und ich kann es ihr wahrlich nicht verdenken, denn die Demütigungen, Qualen und Schrecken, die in dieser Situation durchzumachen sind, sind in der Tat unbeschreiblich.«[19] Da beschließt ihr Mann, nun selbst zu Onkel Lion zu reisen, für »einen Raubzug nach Holland, ins Land der Väter, des Tabaks und des Käses«[20].

Um es kurz zu machen: Am Ende kehrt er triumphal mit hundertsechzig Pfund in der Tasche heim. »Natürlich geht solche Geschichte nicht schnell«, hat Jenny prophezeit, »es muss laviert, diplomatisiert und gehörig gemanaged werden.«[21] Wochenlang, für die sich Marx bei Philips als »eine der glücklichsten Episoden meines Lebens«[22] bedankt, lässt er sich in dessen Großbürgerhaus in Zalt-Bommel verwöhnen. Sein Enthusiasmus verdankt sich indes nicht nur pekuniärem Erfolg, sondern einem heftigen Flirt mit seiner Cousine Antoinette.

Mit seinen zweiundvierzig im besten Mannesalter, attraktiv, witzig und blitzgescheit, scheint er das vierundzwanzigjährige »Nettchen« mit allem ihm zur Verfügung stehenden Charme umgarnt zu haben. Von seiner anschließenden Deutschlandreise – er besucht Lassalle in Berlin, fährt nach Elberfeld, Köln und Trier zu seiner Mutter – schickt er der jungen Frau Zeilen, die Jenny, siebenundvierzig und von den Pocken gezeichnet, besser nicht zu Gesicht bekommen hat.

»Meine holde kleine Cousine, Ich hoffe, Du hast den Brief bekommen, den ich Dir aus Berlin gesandt habe, obgleich Du grausam genug warst, Deinen Bewunderer ohne ein einziges Wort der Bestätigung zu lassen. Nun, meine grausame kleine Hexe, wie willst Du solch ein Verhalten rechtfertigen? ... Ich fühle mich sehr glücklich bei dem Gedanken, Dich und den ganzen Bommeler Familienkreis bald wiederzusehen. Und nun, meine kleine Zauberin, lebe wohl und vergiß nicht ganz Deinen fahrenden Ritter *Charles Marx.*«[23]

Längst wieder in London, säuselt er: »Auf alle Fälle würdest Du mir sehr unrecht tun, wenn Du annähmst, daß in dieser ganzen Zeit ein einziger Tag vorübergegangen wäre, ohne daß ich mich meiner lieben kleinen Freundin erinnert hätte.«[24] Es wäre sicher leichtfertig, sich auf eine Wette einzulassen, Marx sei außer dem Seitensprung mit Lenchen Demuth ein durchweg treuer Ehemann gewesen. Hartnäckig halten sich etwa Gerüchte, noch im selben Jahr habe er deren siebenundzwanzigjährige Schwester geschwängert.

Jedenfalls ist er im Spätsommer 1861 drei Wochen daheim allein mit Marianne Kreutz, während die übrige »Bagage«[25] samt Lenchen Badeurlaub in Ramsgate macht. Den Faden zu Ende gesponnen, habe sich die »Verführte« bei einer Abtreibung eine Blutvergiftung zugezogen. Sie stirbt einen Tag vor Heiligabend, und Hausarzt Dr. Allen trägt, wie es seinesgleichen immer in Fällen der Unsicherheit tun, »Herzversagen« als Ursache im Totenschein ein. Marx' Beitrag? Vermutlich Fantasiegeschichten, die sich nur auf wacklige Indizien stützen. Aber auszuschließen? Nein.

Und wenn schon: Das hat alles nichts mit der Liebe zu tun, die ihn an Jenny bindet und sie an ihn. Die lebt in einem anderen Universum. Vertrautheit, Herzenstreue, gemeinsames Lachen, Respekt und Toleranz, manchmal bis an die Grenze des Tolerierbaren. Übereinstimmung in Überzeugungen, in Sympathie und Hass, und nicht zuletzt im Chaos des Wirtschaftens. Nie abreißendes Gespräch, auch im Streit, weil ohne Konflikt keine Einigkeit herrschen kann. Und die Gewissheit, zwei Pfeiler einer gemeinsamen Brücke zu bilden. Bei allen Widrigkeiten und Rückschlägen als Paar eine unzertrennliche Einheit, die auch ein Fremdgehen wegstecken kann.

Ganz anders Friedrich Engels. Seine langjährige Gefährtin Mary Burns ist ihm in keiner Weise ebenbürtig, sie kann nicht einmal lesen und schreiben. Er hält sie aus, in beiden Bedeutungen. Sie lebt – anfangs allein, später mit ihrer Schwester Lizzy – nicht in seinem bürgerlichen Domizil, sondern im schlichten Zweithaus abseits seiner offiziellen Welt. Damit ist die irische Arbeiterin und Freiheitsverfechterin Teil seiner inoffiziellen Nebensphäre, in die auch Marx und Kampfgenossen gehören.

Marxens lehnen das Mätressentum aus Überzeugung ab, haben sich im Geiste der Freundschaft aber damit arrangiert. Das erklärt vielleicht zum Teil Marx' scheinbar herzlose Reaktion, als er die erschütterndste Nachricht erhält, die Engels ihm je schicken wird. Kaum darf einmal der

Freund, der so oft mit ihm getrauert und gelitten hat, auf sein Beileid bauen, versagt der Gegenfreund.

Anfang 1863 erhält Marx von Engels die Zeilen: »Lieber Mohr, Mary ist tot. Gestern Abend legte sie sich früh zu Bett, als Lizzy« – mit der Engels von jetzt an allein zusammenleben wird – »sich gegen 12 Uhr schlafen legen wollte, war sie schon gestorben. Ganz plötzlich, Herzleiden oder Schlagfluß. Ich erfuhr es erst heute morgen, am Montag abend war sie noch ganz wohl. Ich kann Dir gar nicht sagen, wie mir zumute ist. Das arme Mädchen hat mich mit ihrem ganzen Herzen geliebt.«[26]

Auch diese Form der Affinität existiert im Gefälle vom Gefallen zur Gefälligkeit. Sie liebt, er macht Liebe. Nach allem, was bekannt ist, hat Engels dabei die Verhütung – ein großes Gesellschaftsthema jener Zeit – konsequenter beherzigt als sein unvorsichtiger Partner. Umgekehrt steht für Marx die kinderlose Konkubine weit unterhalb einer ehrbaren Ehefrau, die sich im Kinderkriegen verbraucht. Ihr Tod? Eine der vielen Nachrichten des Tages. So muss es Engels verstehen, als er liest:

»Die Nachricht vom Tode der Mary hat mich ebenso sehr überrascht als bestürzt. Sie war sehr gutmütig, witzig und hing fest an Dir. Mag der Teufel wissen, daß nichts als Pech jetzt in unsern Kreisen sich ereignet. Ich weiß auch absolut nicht mehr, wo mir der Kopf steht. Meine Versuche, in Frankreich und Deutschland Geld aufzutreiben, sind gescheitert … Es ist scheußlich egoistisch von mir, daß ich Dir in diesem Augenblick diese horreurs erzähle. Aber das Mittel ist homöopathisch. Ein Unheil zerstreut über das andre … In meinem eignen Hause spiele ich den schweigsamen Stoiker, um den Ausbrüchen von der andern Seite das Gegengewicht zu halten … Hätte nicht statt der Mary meine Mutter, die ohnehin jetzt voll körperlicher Gebresten und ihr Leben gehörig ausgelebt hat …? Du siehst, zu welchen sonderbaren Einfällen die ›Zivilisierten‹ unter dem Druck gewisser Umstände kommen.«[27]

Der Brief wird gerne als Grundlage des einzigen echten Zerwürfnisses zwischen den beiden zitiert. Aber hat Marx hier, eingestandenermaßen egoistisch, nicht das Unausgesprochene ausgedrückt, die verborgene Wahrheit hinter dem ungleichen Verhältnis, ohne Rücksicht auf Gefühle? Trifft es Engels gerade deshalb so tief? Er lässt sich einige Tage Zeit, bis er erwidert:

»Du wirst es in der Ordnung finden, daß diesmal mein eignes Pech und Deine frostige Auffassung desselben es mir positiv unmöglich machten, Dir früher zu antworten. Alle meine Freunde, einschließlich Philisterbekannte, haben mir bei dieser Gelegenheit, die mir wahrhaftig nahe genug gehen mußte, mehr Teilnahme und Freundschaft erwiesen, als ich erwarten konnte. Du fandest den Moment passend, die Überlegenheit Deiner kühlen Denkungsart geltend zu machen. Soit!«[28] So sei es denn!

Marx zahlt insofern mit gleicher Münze zurück, als er den anderen nun elf Tage auf eine Antwort warten lässt. Aber sie enthält eine der ganz wenigen belegten Entschuldigungen in seinem Leben.

»Ich hielt es für gut, einige Zeit verstreichen zu lassen, bevor ich Dir antwortete. Deine Lage einerseits, meine andrerseits machten es schwer, die Situation ›kühl‹ aufzufassen. Es war von mir sehr unrecht, daß ich Dir den Brief schrieb, und ich bereute ihn, sobald er abgeschickt war.«[29]

So weit, so gut. Doch statt es dabei zu belassen, rückt er gleich wieder die ihm wirklich wichtigen Dinge ins Licht: »Es geschah dies jedoch keineswegs aus Herzlosigkeit. Meine Frau und Kinder werden mir bezeugen, daß ich beim Eintreffen Deines Briefs (der frühmorgens kam) so sehr erschüttert war als bei dem Todesfall der mir Nächsten. Als ich Dir aber abends schrieb, geschah es unter dem Eindruck sehr desperater Umstände. Ich hatte den broker im Haus vom landlord, einen Wechselprotest vom Metzger, Mangel an Kohlen und Lebensmitteln im Haus und Jennychen im Bett liegen. Unter solchen circumstances weiß ich mir generally nur durch den Zynismus zu helfen.«[30]

Welche Wahl lässt Marx Engels? Was kann dem das Abwägen der Aussichten anderes raten, als Versöhnung zu suchen? Er antwortet am kommenden Tag. »Ich danke Dir für Deine Aufrichtigkeit. Du begreifst selbst, welchen Eindruck Dein vorletzter Brief auf mich gemacht hatte. Man kann nicht so lange Jahre mit einem Frauenzimmer zusammen leben, ohne ihren Tod furchtbar zu empfinden. Ich fühlte, daß ich mit ihr das letzte Stück meiner Jugend begrub. Als ich Deinen Brief erhielt, war sie noch nicht begraben. Ich sage Dir, der Brief lag mir eine Woche lang im Kopf, ich konnte ihn nicht vergessen. Never mind, Dein letzter Brief macht ihn wett, und ich bin froh, daß ich nicht auch mit der Mary gleichzeitig meinen ältesten und besten Freund verloren habe.«[31]

Er kennt den Empfänger nur allzu gut, der ihn einzuwickeln weiß. Die Rückmeldung aus London liest sich, als spielte da einer in Briefen Schach. »Ich kann Dir jetzt auch ohne weitere Umstände sagen, daß … nichts auch nur verhältnismäßig so auf mich preßte, als die Furcht, daß nun Riß in unsrer Freundschaft. Ich erklärte wiederholt meiner Frau, daß mir an dem ganzen Dreck nichts liege, verglichen damit, daß ich durch diese bürgerlichen Lausereien und ihre exzentrische Aufregung fähig gewesen sei, Dich in einem solchen Moment, statt zu trösten, noch mit meinen Privatbedürfnissen anzufahren. Consequently war der Hausfriede sehr gestört, und die arme Frau mußte die Sache ausbaden, an der sie in der Tat soweit unschuldig war, als Frauen gewohnt sind, das Unmögliche zu verlangen. Sie hatte natürlich keine Ahnung von dem, was ich schrieb, aber bei einiger Reflexion hätte sie berechnen können, daß so was herauskommen mußte. Die Weiber sind komische Kreaturen, selbst die mit viel Verstand ausgerüsteten. Morgens weinte meine Frau über die Marie und Deinen Verlust, so daß sie ihr eignes Pech, was grade an dem Tag kulminierte, ganz vergaß, und abends glaubte sie, daß außer uns kein Mensch in der Welt leiden könne, der nicht den broker im Hause habe und Kinder habe.«[32]

Wäre sie nicht, hätte ich nicht … Männerverständnis zur Männerverständigung – nicht nur in dem Frauen weniger wohlgesinnten 19. Jahrhundert. Sie kriegt ja nichts davon mit. Fühlt sich im Gegenteil wie auf Händen getragen. Aus der gemeinsamen Heimat an der Mosel bekommt sie Ende 1863 zu lesen: »Außerdem fragt man mich täglich, links und rechts, nach dem quondam ›schönsten Mädchen von Trier‹ und der ›Ballkönigin‹. Es ist verdammt angenehm für einen Mann, wenn seine Frau in der Phantasie einer ganzen Stadt so als ›verwunschene Prinzessin‹ fortlebt.«[33]

Der Grund für Marx' letzte Reise in seine Geburtstadt: »Meine Mutter starb um 4 Uhr nachmittags, 30. November, am Tag und der Stunde ihrer Verheiratung. Sie hatte vorhergesagt, daß sie um diese Zeit sterben würde«[34] – tatsächlich auf die Stunde genau fünfzig Jahre nach ihrer Vermählung mit Heinrich Marx. Nun endlich kriegt der Sohn sein Erbe ausbezahlt, umgerechnet stolze 580 Pfund. Doch statt zu seiner Familie heimzukehren, fährt er – karbunkelkrank – zu den Verwandten in Holland, wo ihn seine »liebenswürdige, witzige und mit gefährlich schwarzen Augen versehne Cousine«[35] verwöhnt.

Er bleibt über Weihnachten, er bleibt über Neujahr, er verpasst schließlich sogar den fünfzigsten Geburtstag seiner Frau, die sich erinnert: »Es war eine schreckliche Zeit – dieser einsame, trostlose Winter.«[36] Erst eine Woche nach ihrem Ehrentag ist er wieder in London. Sein Mitbringsel – ein Haufen Geld, »den Karl sogleich bar mitbrachte«[37] – lässt Jenny die Sorgen vergessen. Es erlaubt der Familie, ein paar Gehminuten von Grafton Terrace in »das neue, sonnig gelegene, freundliche Haus mit den luftigen, hellen Räumen«[38] zu ziehen, »Modena Villas«, Hausnummer 1.

»Marx bewohnte das ganze Haus«, erinnert sich ein Besucher. »Im Erdgeschoß befanden sich seine Bibliothek und der Salon. Hier empfing er gewöhnlich seine Bekannten.«[39] Standesgemäß, bürgerliche Mittelklasse, zehn Zimmer oder mehr. Anfang Mai lässt ein weiterer Trauerfall die – für den Moment – wohlhabende Familie sich einmal mehr über einen Geldsegen freuen: Der langjährige Freund und Kampfgefährte Wilhelm »Lupus« Wolff, einst Mitredakteur der *Neuen Rheinischen Zeitung*, ist gestorben. Er hinterlässt ihnen überraschend aus seinem Ersparten, als Privatlehrer in Manchester verdient, 700 Pfund. Aus Dankbarkeit widmet Marx dem Verstorbenen sein *Kapital.*

Eigentlich müsste die Not nun ein Ende haben. Doch sollte es je eines Beweises bedurft haben, dass die Marxens nicht nur zu wenig haben, sondern auch zu viel ausgeben, so wird er in den folgenden kaum mehr als zwölf Monaten erbracht. Als hätten sie tatsächlich nicht verstanden, dass eine Kasse sich leert, wenn man ständig mehr herausnimmt als hineingibt. »Statt das Haus wie früher aufs spärlichste einzurichten, wandten wir diesmal etwas mehr an die Einrichtung und Ausschmückung desselben.«[40]

Jenny muss »nach Leicester Square um den Mädchen neue Kleider«[41] zu kaufen, der Rest der Familie erholt sich in Ramsgate. »Am 12. Oktober gaben wir in unserm neuen Haus den ersten kleinen Ball, dem später noch einige kleinere Parties nachfolgten.«[42] Endlich können sich die jungen Frauen für die vielen Einladungen revanchieren, die sie im Lauf der Jahre angenommen haben.

»Die Geschichte lief glorious ab u. war ein real succes. 50 junge Herren u. Damen drehten sich bis Morgens gegen 4 Uhr im lustigen Wirbel herum.«[43] Geld ist selbst für die edlen Kleider der Puppen da, die man der darbenden Familie Liebknecht zu Weihnachten schenkt. Den Haushalt teilen Katzen, Schildkröten, Vögel sowie die zwei Hunde Whiskey und Jocko. Die Hausherrin lässt sich sogar Visitenkarten drucken: »Mrs. Karl Marx, née Baroneß von Westphalen.« Adel, wem Adel gebührt.

Schon Ende Juli 1865 meldet sich die Misere zurück. »Ich bin schon seit zwei Monaten rein auf das Pfandhaus lebend und also mit gehäuften und täglich unerträglicher werdenden Sturmfordrungen auf mich … Ich habe darüber pence für pence (as to this item) Buch geführt, weil es mir selbst fabelhaft war, wie das Geld verschwand.« Um Engels erneut Geld aus den Rippen zu leiern, wirbt er mit den Bedürfnissen der Heranwachsenden um Verständnis:

»Ich wohne allerdings zu teuer für meine Verhältnisse, und außerdem haben wir dies Jahr besser gelebt als sonst. Aber es ist das einzige Mittel, damit die Kinder, abgesehn von dem vielen, was sie gelitten hatten und wofür sie wenigstens kurze Zeit entschädigt wurden, Beziehungen und Verhältnisse eingehn können, die ihnen eine Zukunft sichern können.«[44]

Man stelle sich Engels' Gemütslage und Geduldbereitschaft vor, als ein Jahr nach der üppigen Erbschaft des Freundes wieder alles beim Alten ist. Doch schon bald erfährt er familiäre Neuigkeiten aus dem Hause Marx: »Laura ist seit gestern halb versagt an Monsieur Lafargue ... Der Junge attachierte sich erst an mich, übertrug aber bald die attraction vom Alten auf die Tochter. Seine ökonomischen Verhältnisse sind mittlerer Natur, da er das einzige Kind einer früheren Pflanzerfamilie.«[45]

Dem erwartungsvollen Bräutigam versetzt er einen Dämpfer: »Gestatten Sie mir die folgenden Bemerkungen: 1. Wenn Sie Ihre Beziehungen zu meiner Tochter fortsetzen wollen, werden Sie Ihre Art ›den Hof zu machen‹ aufgeben müssen. Sie wissen gut, daß noch kein Eheversprechen besteht, daß alles noch in der Schwebe ist. Und selbst wenn sie in aller Form Ihre Verlobte wäre, dürften Sie nicht vergessen, daß es sich um eine langwierige Angelegenheit handelt ... Mit Entsetzen habe ich die Wandlungen Ihres Benehmens von einem Tag zum andern während einer einzigen Woche beobachtet. Meiner Meinung nach äußert sich wahre Liebe in Zurückhaltung, Bescheidenheit und sogar in der Schüchternheit des Verliebten gegenüber seinem Idol, und ganz und gar nicht in Gemütsexzessen und in einer zu frühen Vertraulichkeit. Wenn Sie sich auf Ihr kreolisches Temperament berufen, so habe ich die Pflicht, mit meinem gesunden Menschenverstand zwischen Ihr Temperament und meine Tochter zu treten.«[46]

So spricht ein kleinbürgerlicher Moralapostel, der sich auch nicht scheut, die Vermögensverhältnisse des Bewerbers auf den Prüfstand zu stellen. Wäre ihm das damals ähnlich ergangen, hätte er seine Jenny auch nach sieben Jahren Wartezeit nicht ehelichen können. Er könnte doch ganz zufrieden sein: Ein Sozialist, vierundzwanzig, nur leider Anhänger Proudhons, hält um die Hand seiner Tochter an, die seit ihrem einundzwanzigsten Geburtstag den Verlobungsring trägt. Er kommt aus offenbar wohlhabenden Verhältnissen und hat beste Berufsaussichten. Doch ganz so kampflos will der Vater seine Tochter nicht hergeben.

»2. Vor der endgültigen Regelung Ihrer Beziehungen zu Laura muß ich völlige Klarheit über Ihre ökonomischen Verhältnisse haben… Sie wissen, daß ich mein ganzes Vermögen dem revolutionären Kampf geopfert habe. Ich bedaure es nicht. Im Gegenteil. Wenn ich mein Leben noch einmal beginnen müßte, ich täte dasselbe. Nur würde ich nicht heiraten. Soweit es in meiner Macht steht, will ich meine Tochter vor den Klippen bewahren, an denen das Leben ihrer Mutter zerschellt ist.« Einsicht oder Taktik? »Übrigens können Sie, ein erklärter Realist, nicht erwarten, daß ich mich zur Zukunft meiner Tochter wie ein Idealist verhalte.«[47] Bleibt für Frau Marx zu hoffen, dass sie auch diese Zeilen ihres Mannes, in denen er seine Hochzeit mit ihr als Fehler bezeichnet, nie gelesen hat.

Als suchte er Genugtuung für seine eigenen sieben Jahre im Wartestand, schreibt er weiter: »3. Um jeder falschen Interpretation dieses Briefes zuvorzukommen, mache ich Sie darauf aufmerksam, daß – sollten Sie sich versucht fühlen, schon heute die Ehe einzugehen – Ihnen dies nicht gelingen wird. Meine Tochter würde sich weigern. Ich würde protestieren. Sie müssen etwas erreicht haben im Leben, bevor Sie an eine Ehe denken können, und es wird einer langen Zeit der Prüfung für Sie und für Laura bedürfen.«[48] Die letzten Zeilen hätte ihm sein eigener Schwiegervater vor die Füße werfen können.

Jenny sieht in Lafargue eher eine gute Partie, der bereits vier Jahre Medizin in Paris studiert hat und nun in London seinen Abschluss machen will. Sein Vater, ein angeblich wohlhabender Franzose, ist eine Weile in Kuba seinen Geschäften nachgegangen. Dort hat er eine Kreolin geheiratet und das einzige gemeinsame Kind gezeugt, um später mit beiden in seine Heimat zurückzukehren.

Die Wahrheit ist: Der junge Mann bringt kein Vermögen mit, er beendet sein Medizinstudium nicht, versucht sich ohne Erfolg im Lithografiegewerbe und überlässt es schließlich Laura, in das bekannte Verhaltensmuster ihrer Eltern zu verfallen: Bis zu dessen Tod wird sie Engels immer wieder um Geld angehen. Und wie schon zuvor, öffnet der »General« bereitwillig seine Geldbörse und schickt das Gewünschte.

Frau Marx jedoch lässt das Äußere des Kandidaten nicht ruhen. Ihrer Freundin schreibt sie: »Ihm sieht man auch in seinem dunklen, oliven Colorit mit den eigenthümlichen Augen die Creolen-Natur von weitem an.«[49] Ob sie nicht auch manchmal Parallelen gezogen hat zu ihrem »Mohr«? Der schreibt seiner Tochter Jenny mit einem für heutige Ohren schwer erträglichen Rassismus:

»Ich werde arg bearbeitet von dem Abkömmling eines Gorillas, der die Trennung von einem Mäuschen, das er sich in den Kopf gesetzt hat, kaum ertragen kann … – ein verliebter Kauz. Vorgestern waren die Lormiers hier und auch der Negrillo … Ehrlich gesagt, ich hab' den Jungen gern. Gleichzeitig aber bin ich ziemlich eifersüchtig auf ihn wegen seiner Ansprüche auf meinen alten ›Geheimsekretär‹.«[50]

Marx hat nicht nur seine Frau, sondern seinen gesamten Frauenhaushalt eingespannt. Nun sieht er seine unentgeltlich für ihn arbeitende Sekretärin von dannen ziehen. Eine Weile versucht er noch, dem Verlobten seinen Versuch madig zu machen. Einmal muss er sich sogar für einen Ausbruch entschuldigen: »Falls ich Sie durch meinen erregten Monolog verletzt haben sollte, so bitte ich Sie um Verzeihung. Man hat unrecht, sich zu erregen, selbst wenn man recht hat.«[51]

Im Frühjahr 1868 findet – von der Garderobe bis zum Menü im Wesentlichen vom Trauzeugen Engels finanziert – die Vermählung statt. Die Hochzeitsreise führt das junge Paar nach Frankreich. Rechtzeitig zu Marx' fünfzigstem Geburtstag am 5. Mai sind sie wieder in London. Über Pfingsten reisen der Vater und seine jüngste Tochter nach Manchester. Eleanor scheint Gefallen am freien Lebensstil von Onkel Fritz und seiner Lizzy gefunden zu haben. »Das Tussychen setzte fast bös Blut hier im Haus mit seinem dithyrambischen Lob auf Manchester home und dem offen erklärten Wunsch, möglichst bald dahin zurückzukehren.«[52]

Im Herbst tut ihre jungverheiratete Schwester das einzig Richtige. Sie entzieht sich der väterlichen Sphäre und geht mit ihrem Mann nach Paris. Am 1. Januar 1869 werden Jenny und Karl Marx zum ersten Mal Großeltern. Die Eltern taufen den Enkel nach seinem Opa Charles. Wegen seines großen Milchdurstes wird er schon bald nur noch »Schnaps« oder »Schnappy« genannt. Auf den Tag genau ein Jahr später kommt, nach der Oma benannt, Baby Jeanne auf die Welt. Es stirbt wenige Wochen nach seiner Geburt.

Nun ist auch Lauras inzwischen vierundzwanzigjährige Schwester Jenny in einem Alter, wo sie sich vom Leben mehr wünscht als Häuslichkeit, Handarbeit, Sekretärinnentätigkeiten für den Vater und das bange Warten auf einen Ehemann.

Marx' Lieblingstochter sieht ihm nicht nur am ähnlichsten und spricht im Deutschen den Trierer Dialekt der Eltern. Sie denkt auch politisch ähnlich und engagiert sich wie ihr Vater publizistisch. Mit ihren pro-irischen Artikeln für die Pariser Zeitung *La Marseillaise* erringt sie sogar einen anerkannten Erfolg für die unterdrückten irischen Arbeiter. Und sie besorgt sich heimlich einen Job als Hauslehrerin. Marx schreibt nach Manchester:

»Wie unangenehm die Zustände hier im Haus seit den letzten Monaten wurden, siehst Du daraus, daß Jennychen – hinter meinem Rücken – sich als *Stundengeberin* bei einer englischen Familie engagiert hat… So sehr fatal mir die Sache… war…, gab ich sie unter diesem Vorbehalt zu, weil ich vor allem gut fand, daß Jennychen… aus den 4 Wänden hier geschafft werde. Meine Frau hat seit Jahren – aus den Umständen erklärlich, aber deswegen nicht angenehmer – ihr temper durchaus verloren und quält mit ihrem Jammer und Reizbarkeit und bad humour die Kinder zu Tod, obgleich keine Kinder in a more jolly way alles ertragen.«[53]

Engels, ab 1. Juli 1870 wohlhabender Rentier, macht der ewigen Bettelei ein Ende. Er erklärt sich bereit, alle noch vorhandenen Schulden der Marxens zu tilgen und der Familie jährlich einen Betrag von dreihundertfünfzig Pfund zur Verfügung zu stellen, mehr, als für ein gutbürgerliches Leben nötig ist.

Im Herbst zieht der Freund nebst Gefährtin nach London. Sie wohnen wenige Gehminuten vom »wahren Palast«[54] der Marxens entfernt in der Regent's Park Road – und die Korrespondenz reißt ab: Fortan sehen sich Marx und Engels beinahe täglich, meist um die Mittagszeit. Im Januar zuvor hat Frau Marx den Neulondoner wissen lassen: »Wie oft habe ich Sie, lieber Herr Engels, seit Jahren im stillen hierher gewünscht!! Manches wäre anders.«[55]

27

»Mächtige Maschine«

Die Internationale und die Pariser Commune

Die Geschichte von Marx' spätem Ruhm beginnt am Mittwoch, dem 28. September 1864, ganze vierzehn Tage nach dem unseligen Duelltod Ferdinand Lassalles. Die Londoner St. Martin's Hall erlebt an diesem Tag eine geschichtsträchtige Versammlung. Marx steht in diesem Moment so weit außerhalb des politischen Geschehens, dass er von der Zusammenkunft kurz vor deren Beginn überhaupt erst erfährt. Er steckt mitten in seiner unendlichen Arbeit am *Kapital.* Da meldet Hausmädchen Helene einen Besucher, der sich als Abgesandter jenes anstehenden Treffens von Arbeitervertretern zu erkennen gibt.

Victor Le Lubez, ein in London lebender Emigrant wie Marx, ersucht ihn um seine Teilnahme. Offenbar bezweifelt der Deutsche die Legitimation des Franzosen. Erst in letzter Minute lässt er sich durch eine förmliche Einladung des englischen Gewerkschaftsführers William Randal Cremer zum Erscheinen bewegen. Befragt, ob er »einen deutschen Arbeiter als Sprecher für das Meeting etc. liefern«[1] könne, fällt ihm jener Schneidergeselle ein, der bei der Spaltung des Kommunistenbundes seinerzeit als einer der wenigen Getreuen an der Seite von Marx und Engels geblieben ist: Johann Georg Eccarius.

»Ich lieferte den Eccarius, der sich famos herausbiß, und ich assistierte ditto als stumme Figur auf der platform. Ich wußte, daß sowohl von der Londoner als Pariser Seite diesmal wirkliche ›Mächte‹ figurierten, und beschloß deswegen, von meiner sonst stehenden Regel … abzusehn«, nämlich »alle derartigen Einladungen abzulehnen«.[2]

Seit 1852, also seit geschlagenen zwölf Jahren, hat sich Marx fast vollständig aus der Politik zurückgezogen. Doch schon damals hat er gemeinsam mit Engels die grenzüberschreitende Zusammenarbeit nationaler Organisationen angestrebt. Nun erkennt er die unerwartete Gelegenheit zu deren Verwirklichung – und greift beherzt zu. »Obgleich ich jahrelang systematisch alle Teilnahme an allen ›Organisationen‹ etc. ablehnte«, schreibt er an Weydemeyer in New York, »so akzeptierte ich *diesmal*, weil es sich um eine Geschichte handelte, wo es möglich ist, bedeutend zu wirken.«[3]

Den Grundstein seiner zweiten politischen Karriere hat ausgerechnet jener zum französischen Kaiser aufgestiegene Parvenü gelegt, den Marx in seinem *Achtzehnten Brumaire* so meisterhaft vorgeführt hat. »Napoleon der Kleine« (Victor Hugo) hat sich in seiner dreißigjährigen Regentschaft als Meister des Teilens und Herrschens erwiesen. Anlässlich der Weltausstellung in London 1862 zeigt er sich wieder einmal von seiner spendablen Seite. Mithilfe seiner finanziellen Unterstützung reist eine repräsentative Abordnung französischer Arbeiter nach England. Sie nutzen den Besuch, um mit englischen Gewerkschaftsführern Kontakte zu knüpfen.

Im darauffolgenden Jahr fährt erneut eine Arbeiterdelegation aus Paris an die Themse, um gemeinsam mit den Briten bei einer Großdemonstration den unterdrückten Polen ihre Sympathie zu bekunden. Beide Seiten vereinbaren, sich gegenseitig durch Beiträge in die Streikfonds der anderen zu unterstützen. Und sie verabreden sich für den September 1864 zu jenem denkwürdigen »Meeting, das«, wie Marx Engels berichtet, »dicht bis *zum Ersticken* besetzt war (denn there is now evidently a revival of the working classes taking place)«[4].

Das Treffen, in dem Marx ein Wiederaufleben der Arbeiterbewegung erkennt, gilt als Gründungsmoment der »Ersten Internationale«, jener Organisation, auf der bis heute jede grenzüberschreitende Arbeiterbewegung basiert. Mehr als zweitausend Menschen drängen in den Saal unweit von Covent Garden. Am Ende wählen sie ein »Zentralkomitee«, bald in »Generalrat« umbenannt. Zwei Deutsche befinden sich unter den vierunddreißig Mitgliedern: Eccarius und Marx.

Damit beginnt gleichsam wie aus heiterem Himmel seine zweite politische Karriere. Sie wird ihm populären Ruhm einbringen, der seinen theoretischen Schriften im Leben versagt geblieben ist. Umgekehrt hängen Wohl und Wehe der Organisation an seiner Leistung: Er ist ihr *Spiritus rector*, er macht sie groß und sichert ihr Überleben, er sorgt am Ende für ihr Dahinscheiden.

Geschichte wiederholt sich nicht, das ist bekannt. Doch auch wenn historische Vergleiche hinken, lassen sich Parallelen nicht übersehen. Marx hält vor den Arbeitern im Generalrat 1865 Vorträge über »Lohn, Preis und Profit« – so wie Ende 1847 im Brüsseler Arbeiterverein über »Lohnarbeit und Kapital«. Genau wie 1847/48 vom Kommunistenbund hat er nun durch das Gremium der Arbeiterassoziation den Auftrag erhalten, aus vorhandenen Entwürfen einen lesbaren Text zu machen. Und genau wie damals schreibt er sein eigenes Stück, »fest entschlossen, daß womöglich not one single line von dem Zeug stehn bleiben sollte«[5]. Es endet mit der bekannten Parole: »Proletarier aller Länder, vereinigt euch!«

Als weiteres Glanzstück aus seiner Feder wird diese *Inauguraladresse* oft mit dem *Kommunistischen Manifest* verglichen: ein brillant geschriebenes, in nur einer Woche aufs Papier geworfenes Pamphlet, aber von gänzlich anderer Qualität. Ihr zentraler Satz: »Politische Macht zu erobern ist daher jetzt die große Pflicht der Arbeiterklassen.«[6]

Man kann den Text als Fortsetzung lesen, die unmittelbar an das *Manifest* anzuknüpfen scheint. Er wendet sich – wie dort zum Schluss – gleich zu Beginn direkt an seine Adressaten: »*Arbeiter*! Es ist Tatsache, daß das Elend der arbeitenden Massen nicht abgenommen hat während der Periode 1848–1864, und dennoch steht diese Periode mit ihrem Fortschritt von Industrie und Handel beispiellos da in den Annalen der Geschichte.«[7]

Doch dann geht es ganz anders weiter. Die logisch klare, für jeden verständliche Argumentation mit Daten und Fakten und Auszügen aus Regierungsberichten zeigt seinen wissenschaftlichen Reifungsprozess durch jahrelange intensive Studien ökonomischer Theorie und Empirie, aber auch die Früchte seiner Arbeit als Zeitungskorrespondent.

»Die *Einkommen- und Eigentumssteuerlisten*, am 20. Juli 1864 dem Hause der Gemeinen vorgelegt, zeigen, … daß ungefähr *dreitausend* Personen ein jährliches Einkommen von ungefähr *25 Millionen Pfd. St.* unter sich teilen, mehr als das Gesamteinkommen, welches der Gesamtmasse der Ackerbauarbeiter von England und Wales jährlich zugemessen wird!«[8]

Tonlage und schlagender Vergleich erinnern an heutige Kapitalismuskritik. Bis aufs Gramm wird den Arbeitern vorgerechnet, dass sie »nicht einmal jenen Betrag von Kohle und Stickstoff« erhalten, »der *›grade hinreicht zur Abwehr von Hungerkrankheiten‹*«[9], womit er eine Regierungsquelle zitiert.

Die »Adresse« wird einstimmig verabschiedet. Ebenso problemlos bekommt Marx die Statuten der Vereinigung durch, die zu formulieren er ebenfalls den Auftrag hat. In der Präambel stellt er klar, »daß die ökonomische Emanzipation der Arbeiterklasse daher der große Endzweck ist, dem jede politische Bewegung, als Mittel, unterzuordnen ist«.[10] Marx weiß, dass sich sein Text an eine bunte Schar Männer richtet, von denen sich nur die wenigsten als Sozialisten verstehen.

Ohne die Anhänger von Gewerkschaften und Genossenschaftsvereinigungen vor allem in England wäre die Internationale Arbeiterorganisation (IAA) nicht zur beachteten, bald auch gefürchteten Vereinigung aufgestiegen, als die sie beschrieben wird. Umgekehrt, so anerkennend die Londoner *Times*, ist »die Gewerkschaftsbewegung durch die Tätigkeit der IAA schneller gewachsen, als sie es sonst getan hätte«.[11]

In einem Interview mit dem *Volksstaat* gibt Marx 1869 ein bemerkenswertes Statement ab: »Alle politischen Parteien, mögen sie sein, welche sie wollen, ohne Ausnahme, begeistern die Masse der Arbeiter nur eine Zeit lang vorübergehend, die Gewerkschaften hingegen fesseln die Masse der Arbeiter auf die Dauer, nur sie sind im Stande, eine wirkliche Arbeiterpartei zu repräsentiren und der Kapitalmacht ein Bollwerk entgegenzusetzen.«[12]

Parteien als eine Art Modeerscheinung? Hier spricht ein anderer, wenn man so will, modernerer Marx als 1848. »Also von ›*Partei*‹ in dem Sinn Deines Briefs weiß ich *nichts* seit 1852«, hat er Freiligrath 1860 geschrieben. »Wenn Du *Poet* bist, so bin ich *Kritiker* und hatte wahrhaftig genug an den 1849–52 gemachten Erfahrungen. Der ›Bund‹, wie die societe des saisons zu Paris, wie hundert andre Gesellschaften, war nur eine Episode in der Geschichte der Partei, die aus dem Boden der modernen Gesellschaft überall naturwüchsig sich bildet.«[13]

Unverhofft zum intellektuellen Anführer der Internationale geworden, propagiert er nun Ziele, hinter denen sich Arbeiter versammeln können. Er fordert den Achtstundentag – in England ist gerade erst das Limit von zehn Stunden eingeführt worden. Er setzt sich für Produzentenkooperativen und internationale Vergleichsuntersuchungen der Arbeitsbedingungen ein. Er engagiert sich in Fragen der Frauen- und Kinderarbeit. Die englische Freidenkerin Harriett Law gehört, beispiellos in jener Zeit, zum Führungsgremium.

»Übrigens können sich die Damen über die ›*Internationale*‹ nicht beklagen«, schreibt er an Kugelmann, »da dieselbe eine Dame … zum Mitglied des *Generalrats* ernannt hat … Jeder, der etwas von der Geschichte weiß, weiß auch, daß große gesellschaftliche Umwälzungen ohne das weibliche Ferment unmöglich sind. Der gesellschaftliche Fortschritt läßt sich exakt messen an der gesellschaftlichen Stellung des schönen Geschlechts (die Häßlichen eingeschlossen).«[14]

Seinen zurückhaltenden Schreib- und Führungsstil kommentiert Marx gegenüber Engels fast entschuldigend: »Es bedarf Zeit, bis die wiedererwachte Bewegung die alte Kühnheit der Sprache erlaubt. Nötig fortiter in re, suaviter in modo«[15] – stark in der Sache, gemäßigt in der Form. Damit ist das Verhaltensmuster der nächsten Jahre vorgezeichnet.

Marx zeigt bei aller Konfrontation ein Maß an strategischem und diplomatischem Geschick, Pragmatismus, Vereinstreue und Sitzfleisch in Sitzungen, wie er es sich selbst vielleicht nicht zugetraut hätte. Trotz der aufreibenden Arbeit am *Kapital*, trotz Krankheiten, trotz häuslicher Malaise und ewiger Geldnot nimmt er, wann immer möglich, an den Treffen des Generalrats teil. Im März 1865 gibt er dem Freund einen Einblick in den Ablauf einer Woche:

»*28. Febr.* Tolain und Fribourg von Paris da. Sitzung des *Central Council,* vor dem sie sich zu erklären und zu zanken mit Le Lubez bis 12 Uhr nachts. Dann Nachsitzung in Bolleters Kneipe, wo ich etwa 200 Karten noch zu zeichnen hatte… *1. März.* Polenmeeting. *4. März. Sitzung des subcommittees über die französische Frage* bis 1 Uhr nachts. *6. März. Sitzung des subcommittees* über ditto bis 1 Uhr nachts. *7. März. Sitting of the Central Council* bis 12 Uhr nachts… Well, mon cher, que faire? Man muß B sagen, sobald man A gesagt.«[16]

Leitende Funktionen lehnt er aber ab. Als man ihm die Präsidentschaft des Generalrats anbietet, verzichtet er zugunsten eines »Handarbeiters«. Er unterschreibt als »korrespondierender Sekretär für Deutschland«. Gleichwohl trägt er wesentlich dazu bei, die Assoziation quasi als Antwort auf die damalige Globalisierung von Beginn an zu einem internationalen Netzwerk auszubauen.

Nach innen funktioniert es über Grenzen hinweg als Vermittler und Übersetzer unterschiedlicher Ideen und Konzepte. Dazu bedient es sich in vorher nie gekannter Form moderner Kommunikationsmittel – und setzt auf Öffentlichkeit. Nach außen wirkt es wie eine Einheit, die mit einer Stimme spricht. Sie stammt, in der Mehrzahl der Fälle, von Marx. Insgesamt rund fünfzig Berichte und Resolutionen hat er verfasst.

Wie schon am Anfang des *Kommunistischen Manifests* schreibt er der Internationale Offenheit ins Stammbuch statt geheimer Konspiration. Die Emanzipation, sagt er einmal, solle sich »bei helllichtem Tag« vollziehen. Das bringt, freilich nicht ungewollt, die Aufmerksamkeit der

Medien mit sich. Sie machen die Organisation, im Unklaren über deren wahre Stärke, groß. Die Zahlen über die Mitglieder schwanken erheblich, von einigen Tausend, nur jene gerechnet, die sich direkt zugehörig fühlen, bis mehrere Millionen, zählt man alle Mitglieder der assoziierten Organisationen dazu.

Bald nach seiner Konstituierung macht der Generalrat mit einem offenen Brief an den amerikanischen Präsidenten von sich reden. Verfasser? Natürlich Marx. »Die Arbeiter Europas … betrachten es als ein Wahrzeichen der kommenden Epoche, daß Abraham Lincoln, dem starksinnigen, eisernen Sohn der Arbeiterklasse, das Los zugefallen ist, sein Vaterland durch den beispiellosen Kampf für die Erlösung einer geknechteten Race und für die Umgestaltung der sozialen Welt hindurchzuführen.«[17]

Etliche Zeitungen in England und, in Übersetzung, auch in Deutschland drucken den Text ab. Lincolns freundliche Replik ist nicht minder ein gefundenes Fressen für die Presse. Die findet bald auch anerkennende Worte: »Es wäre nichts weniger als eine neue Welt, das glauben wir wirklich«, eröffnet die Londoner *Times* ihren Lesern anlässlich des IAA-Kongresses 1867 in Lausanne, »sollten sich Engländer und Ausländer als fähig erweisen, zusammenzuarbeiten.«[18]

Aber genau das tun sie, indem sie als transnationale Stimme die Arbeiterinteressen vertreten. Durch gemeinsame Aktionen gelingt es ihnen, Fabrikherren an der Beschäftigung ausländischer Streikbrecher zu hindern. Bald eilt der Organisation ein so mächtiger Ruf voraus, dass allein ihre mögliche Beteiligung an einem Arbeitskampf Kapitalisten zum Einlenken bewegt.

In der alltäglichen Wirklichkeit, wie Marx sie als Spinne im Netz erlebt, überwiegen die Schwierigkeiten, die er tapfer zu meistern versucht. Intrigen, Grabenkämpfe, Eifersucht und Egoismen. Gift für jede Organisation, für eine internationale allemal. Die Mehrfachbelastung fordert zudem ihren Tribut. Schon nach gut einem Jahr, zu Weihnachten 1865, klagt er: »Was die *International Association* und was drum und dran hängt angeht, so lastet sie daher wie ein Inkubus auf mir, und ich wäre froh, sie abschütteln zu können. Aber das geht grade jetzt nicht.«[19]

Marx durchläuft die hohe Schule von Sachzwängen und Realpolitik. Das zu Ende gehende Jahr hat der jungen Organisation nach dem Brief an Lincoln zwar beachtliche Erfolge gebracht. Sechs englische Mitglieder des Generalrats haben die Reform League gegründet. Sie setzt sich öffentlichkeitswirksam für eine Wahlrechtsreform ein: »Wir stir hier jetzt die General Suffrage Question« – die Frage des allgemeinen Wahlrechts (für Männer) – »die hier natürlich *ganz andre Bedeutung* hat als in Preußen.«[20]

Doch gleichzeitig treten auch die inneren Fliehkräfte deutlicher zutage. »Blanquisten, Proudhonisten, Autonomisten, Anarchisten und noch alle möglichen Isten lagen sich alle Augenblicke in den Haaren … Die Sitzungen in High Holborn, wo der Generalrat damals zusammenkam, waren die bewegtesten und aufreibendsten die man sich denken kann«,[21] erinnert sich Friedrich Leßner. »Von Beginn an«, so der Historiker Jürgen Herres, der die IAA-Geschichte für die *Marx-Engels-Gesamtausgabe* nachgezeichnet hat, »gab es eine große Lücke zwischen Anspruch und Wirklichkeit.«[22]

Das Ende des zweiten Jahres markiert die erste echte Auseinandersetzung mit einem prominenten Widersacher. Der italienische Freiheitskämpfer Giuseppe Mazzini, so berichtet Marx seiner Cousine Antoinette Philips nach geschlagener Schlacht, habe »sich eifrig bemüht, eine Art Revolte gegen meine Führerschaft anzuzetteln. ›Führerschaft‹ ist niemals eine angenehme Sache, noch etwas, wonach ich Verlangen hätte.«[23] Das kann Nettchen glauben oder nicht. Im engeren Sinne der Titel und Insignien mag er recht haben, im weiteren keineswegs.

»Aber nachdem ich mich nun einmal mit Leib und Seele einem Unternehmen verschrieben habe, das ich für wichtig halte, gebe ich, wie ich nun einmal bin, gewiß nicht gerne nach. Mazzini, ein eingefleischter Feind freien Denkens und des Sozialismus, beobachtete den Fortschritt unserer Assoziation mit großer Eifersucht … Sein Einfluß auf die Londoner Arbeiterklasse, der vordem sehr groß war, ist auf Null gesunken.«[24]

Bei solchen Scharmützeln wird sich nichts geschenkt. Jahre später sagt Mazzini über Marx: »Ein Mann mit scharfem, aber zersetzendem Verstand, herrschsüchtig, eifersüchtig auf den Einfluß anderer, ohne starke philosophische oder religiöse Überzeugungen und, wie ich fürchte, mit mehr Haß, wenn auch gerechtem, als Liebe im Herzen.«[25]

Die Geschichte der Ersten Internationale ist so durchsetzt von Ränken und Rankünen, Zänkereien, Brüchen, Putschversuchen und Trennungen, dass sie ihre historische Bedeutung als Keim der sozialistischen Bewegung in Europa überschatten. Proudhonisten gegen radikale Republikaner, Franzosen gegen Deutsche, Kriegstreiber gegen Friedensliga, Kommunisten gegen Kollektivisten. Umso beachtlicher die Außenwirkung als Einheit unter einem Markenzeichen.

Marx an Engels im Juli 1866: »Die Londoner Arbeiterdemonstrationen, fabelhaft, verglichen mit dem, was wir seit 1849 in England gesehn, sind rein das Werk der *›International‹*.« Das ist sicher übertrieben. »Hier zeigt sich der Unterschied, wenn man hinter den Kulissen *wirkt* und öffentlich verschwindet, von der Demokratenmanier, öffentlich sich wichtig zu machen und *nichts zu tun.*«[26] Das hingegen ist klug erkannt.

Im Zeichen einer erneuten Wirtschaftskrise 1866/67 erringt die Reformliga ihren größten Erfolg. Durch die von der Regierung Derby zugestandene Wahlrechtsreform, bekannt als »Zweiter Reform Act«, verdoppelt sich die Anzahl – männlicher – Wähler in Großbritannien. Doch auch wenn darunter einfache Arbeiter ohne Besitz nicht zu finden sind, die Arbeiterbewegung steht im Zentrum der politischen Aufmerksamkeit.

»Meanwhile hat unsre Gesellschaft große Fortschritte gemacht«, jubelt Marx. »Der lausige *›Star‹*, der uns ganz ignorieren wollte, erklärt gestern im Leitartikel, daß wir wichtiger sind als der Peace Congress … Außer dem *›Courrier français‹* hat die *›Liberté‹* von Girardin, *›Siecle‹*, *›Mode‹*, *›Gazette de France‹* etc. über unsern Kongreß berichtet. Les choses marchent. Und bei der nächsten Revolution, die vielleicht näher ist, als es aussieht, haben *wir* (d.h. Du und ich) diese mächtige engine *in unsrer Hand …* Dabei ohne Geldmittel! … Wir können sehr zufrieden sein!«[27]

Postwendend schreibt Engels zurück: »Ich halte es für sehr wichtig, grad für den Fall einer Revolution, daß man die Herren daran gewöhnt, mit uns d'égal à égal zu verhandeln«[28] – als Gleiche unter Gleichen.

Glauben die Freunde tatsächlich an den kommenden Aufstand und die Macht der »mächtigen Maschine« in ihrer Hand? Oder sind das nur Sandkastenspiele von großen Jungs? Zwar erfreut sich die Internationale in Frankreich, wo sie den streikenden Bronzearbeitern durch finanzielle Hilfe seitens englischer Gewerkschaften zum Sieg verholfen hat, eines wachsenden Ansehens. Doch wie in der Schweiz gewinnt sie dadurch »eine Popularität«, so der britische Marx-Forscher David McLellan, »die in keinem Verhältnis zu ihrer Leistungsfähigkeit«[29] steht.

Das Geheimnis des anfangs durchschlagenden Erfolgs: *Corporate Identity* als Vereinigung, die ihre Differenzen weitgehend für sich behält, erzeugt den Eindruck von Stärke. In den Augen des Publikums haben die Proletarier aller Länder – 1866 sind es vier, 1869 bereits neun Staaten – begonnen, sich zu vereinigen. Allein die Ankündigung ihres

Brüsseler Kongresses 1868 in der *Times* gibt eine Ahnung davon, welches Ansehen die Assoziation in wenigen Jahren erworben hat:

»Man muß bis auf die Zeiten der Entstehung des Christentums und der Verjüngung der antiken Welt durch die germanischen Völker zurückgehen, um etwas Analoges zu finden, wie diese Arbeiterbewegung.« Sie strebe nichts Geringeres als die Erneuerung der Menschheit an, »wohl das umfassendste Ziel, das sich jemals außer der christlichen Kirche eine Institution gesetzt hat«[30].

Marx mischt immer mit, hält auch in Abwesenheit die Fäden stets mehr oder weniger in der Hand: »Diesen Eseln von Proudhonisten werde ich persönlich auf dem nächsten Kongreß zu Brüssel den Garaus machen. Ich habe die ganze Sache diplomatically managed und wollte nicht *persönlich* come out, eh mein Buch heraus und unsre Gesellschaft Wurzel gefaßt.«[31] Der Diplomat – eine weitere Facette des multiplen Marx.

Am Ende wird er zwar auch in Brüssel nicht »persönlich« erscheinen. Aber der Kongress verständigt sich in seinem Sinne auf die Forderung, Grund und Boden, Bergwerke, Wälder und Eisenbahnen in Gemeineigentum zu überführen. Überdies beschert ihm die Tagung eine nicht zu unterschätzende Genugtuung: Auf Bestreben von Eccarius verabschieden die Delegierten eine Resolution zu den Auswirkungen der industriellen Maschinerie, die ein langes Zitat aus dem *Kapital* enthält. Über den Verfasser verlautbart sie: »Marx hat das unschätzbare Verdienst, der erste politische Ökonom zu sein, der das Kapital wissenschaftlich analysiert und es in seine einzelnen Bestandteile aufgelöst hat.«[32]

Niemals ist Marx, jenseits der wissenschaftlichen Arbeit, stur einem Plan gefolgt, auch keinem eigenen. In seiner Karriere als Politiker zeigt er sich so gelehrig wie sonst nur die weisen wenigen unter den erfolgreichen Staatsfrauen und -männern. Wenn er, wie Engels in seiner Grabrede sagen wird, zuallererst Revolutionär ist, dann ein realpolitischer. Mag er die Dinge aus der Nähe auch oft falsch einschätzen, so verliert er auf lange Sicht die Linien der Entwicklung nicht aus dem Auge. Eine Revolution um der Revolution willen, ohne dass die Bedingungen danach sind, lehnt er ab.

Doch genau das, ein historischer Aufstand ohne Aussicht auf Erfolg, bringt ihm den Durchbruch als internationale Berühmtheit. Die Geschichte spielt ihm dabei in die Hände, wie er es wohl nicht mehr für möglich gehalten hätte: Reichskanzler Bismarck provoziert Frankreich mit seiner »Emser Depesche«, Napoleon III. erklärt dem Norddeutschen Bund den Krieg, in der Schlacht bei Sedan werden seine Truppen vernichtend geschlagen, der Kaiser gerät in Gefangenschaft. Bis heute ehren unzählige Gedenksteine beiderseits des Rheins die Gefallenen von 1870/71.

Wie die meisten deutschen Sozialisten sieht Marx sein Heimatland zunächst, so seine erste für die Internationale verfasste Adresse zum Thema, in einem »Verteidigungskrieg«[33]. Den möge es schon allein deshalb gewinnen, »weil die definitive Niederlage Bonapartes wahrscheinlich eine Revolution in Frankreich hervorruft«[34]. Das schreibt er hellsichtig Tochter Laura und ihrem Ehemann, während Engels, der seine letzten Wochen in seiner Manchester Managerfron verbringt, zu lesen bekommt:

»Die Franzosen brauchen Prügel. Siegen die Preußen, so die Zentralisation der State power nützlich der Zentralisation der deutschen Arbeiterklasse… theoretisch und organisatorisch der französischen überlegen… Ihr Übergewicht auf dem Welttheater über die französische wäre zugleich das Übergewicht *unsrer* Theorie über die Proudhons etc.«[35] Da ist, einmal mehr, der Wunsch der Vater des Gedankens.

Es kommt dann alles schneller als erwartet, aber nicht unvorhergesehen. »Die Totenglocke des zweiten Kaiserreichs hat bereits in Paris geläutet«, hat Marx in seiner ersten Adresse verkündet. »Es wird enden, wie es begonnen: mit einer Parodie.«[36] Nach der Niederlage Napoleons III. wird in Frankreich Anfang November 1870 die Republik proklamiert. Erinnerungen an den *Achtzehnten Brumaire* werden wach. Für den Autor, unter dessen Händen Historie zu Literatur gerinnt, hält die Entwicklung eine unerwartete Chance bereit.

Nach Annexion des deutsch-französischen Zankapfels Elsass-Lothringen spricht Marx in seiner zweiten Adresse vom »Eroberungskrieg« der Deutschen und führt mit prophetischer Stimme aus: »Wenn das Glück der Waffen, der Übermut des Erfolgs und dynastische Intrigen Deutschland zu einem Raub an französischem Gebiet verleiten, bleiben ihm nur zwei Wege offen. Entweder muß es, was auch immer daraus folgt, der *offenkundige* Knecht russischer Vergrößerung werden, oder aber es muß sich nach kurzer Rast für einen neuen ›defensiven‹ Krieg rüsten, nicht für einen jener neugebackenen ›lokalisierten‹ Kriege, sondern zu einem *Racenkrieg* gegen die verbündeten Racen der Slawen und Romanen.«[37]

An Friedrich Adolph Sorge hat er schon am Tag vor Sedan geschrieben: »Der jetzige Krieg führt, was die preußischen Esel nicht sehn, ebenso notwendig zu Krieg zwischen Deutschland und Rußland, wie der Krieg von 1866 zum Krieg zwischen Preußen und Frankreich führte ... Auch wird solcher Krieg Nr. II als Hebamme der unvermeidlichen sozialen Revolution in Rußland wirken.«[38]

Vier Jahre später ist das Thema noch immer virulent: »Die allgemeinen europäischen Zustände sind derart«, notiert er Anfang August 1874 erneut in einem Brief an Sorge in New York, »daß sie mehr und mehr zu einem *allgemeinen europäischen Krieg* drängen. Wir müssen da durchgehn, bevor an irgendeine entscheidende äußere Wirksamkeit der europäischen Arbeiterklasse zu denken ist.«[39]

Genau noch vierzig Jahre, da geht die Prophezeiung grausam auf. Nur dass aus dem europäischen ein Weltkrieg geworden ist und aus der Arbeiterklasse das russische Landvolk im Dienst einer Clique entschlossener Bolschwiken. Marx erscheint die Russische Revolution angesichts der Ereignisse schon damals unausweichlich. Doch 1870/71 stehen zunächst Frankreich und seine Hauptstadt im Mittelpunkt seiner Betrachtungen.

Paris liebt seine Barrikaden. Sie müssen dort erfunden worden sein. Am 18. März 1871 ist es wieder so weit. Man fühlt sich an den Juni-Aufstand 1848 erinnert. Das Land hat kapituliert, die provisorische Regierung in Bordeaux einem Waffenstillstand zugestimmt, doch in der seit Monaten von Preußen belagerten Hauptstadt will die dortige Mehrheit radikaler Republikaner weiterkämpfen.

Bei der landesweiten Wahl Anfang Februar bekommen sie hundertfünfzig Sitze gegen vierhundert der überwiegend monarchistischen Konservativen aus dem übrigen Land. Das gleiche Spiel wie 1848. Verlass dich auf die Bauern, und du bist verlassen. Die Mehrheit will am liebsten wieder einen König und plädiert für Frieden, auch um den Preis gewaltiger Reparationszahlungen und des Verlustes von Elsass-Lothringen.

Die Nationalversammlung wird von Bordeaux ins sichere Versailles verlegt, nicht nach Paris. Dort steht die Nationalgarde aufseiten der kämpferischen Bürger, zusammengeschweißt durch eine weitere Demütigung seitens der Deutschen: Sie halten ihre Siegesparade am 1. März 1871 auf den Champs-Elysées ab. Die Pariser plündern Waffenlager und versorgen sich mit ausreichend Gewehren, Munition und vierhundert Kanonen, bevor sie dem Feind in die Hände fallen können.

Das schwere Geschütz wird strategisch auf dem Montmartre und anderen Hügeln in Stellung gebracht. Der regierende Exekutivrat unter Adolphe Thiers versucht einen Überraschungsschlag, um das Kriegsgerät zurückzugewinnen. Doch die kampfgeschwächten Truppen stoßen auf erbitterten Widerstand. Große Teile der Bevölkerung stellen sich ihnen entgegen.

Es ist der 18. März, die Barrikaden stehen. Soldaten verweigern den Befehl, auf Brüder zu schießen, nicht wenige laufen über. Ohnmächtig zieht sich die – legitime – Regierung wieder aus der Hauptstadt zurück, und mit ihr der gesamte Apparat. Die Revolution besteht dann im Wesentlichen darin, die verlassenen Schaltstellen von Macht und Verwaltung zu besetzen, eine allgemeine Wahl abzuhalten und ein nie dagewesenes politisches und soziales Experiment zu starten.

Hier beginnt die Legende der Commune, die mehr oder weniger kampflos in die Lage geraten ist, in Paris eine freie Republik wie einen Staat im Staate Frankreich auszurufen. Gegenstimmen aus dem dort ohnehin kleinen konservativen Lager kommen nicht zur Geltung. Wer kann, hat die Stadt verlassen. Das »Volk« regiert nicht Frankreich, aber Paris, und schreibt Geschichte.

Marx schafft ihr – auf Veranlassung der Arbeiterassoziation – ein unvergleichliches Denkmal. Es wird zum Zeugnis seiner politischen Überzeugungen und revolutionären Träume. Aus biografischer Sicht liest sich *Der Bürgerkrieg in Frankreich*, eine durchkomponierte, erst nach zwei Entwürfen fertiggestellte, im Original auf Englisch verfasste Schrift, wie ein literarisches Glanzstück in eigener Sache.

»Die Arbeiterklasse verlangte keine Wunder von der Kommune … Sie weiß, daß … sie … lange Kämpfe, eine ganze Reihe geschichtlicher Prozesse durchzumachen hat, durch welche die Menschen wie die Umstände gänzlich umgewandelt werden. Sie hat keine Ideale zu verwirklichen; sie hat nur die Elemente der neuen Gesellschaft in Freiheit zu setzen, die sich bereits im Schoß der zusammenbrechenden Bourgeoisgesellschaft entwickelt haben.«[40]

Da ist er wieder, sein optimistischer Appell an die Geduld, ist das Rettende auch noch so fern. Die Revolution in Permanenz – Marx, wie er schreibt und lebt. Er legt sein Herzblut in einen Text, der zur Schlussfanfare seines schriftstellerischen Schaffens wird. Kampf ohne Visier, offene Rede, die keinen Hehl aus ihren Zielen macht und den Feinden des unvermeidlichen Fortschritts das Wort aus dem Munde nehmen soll:

»Die Kommune, rufen sie aus, will das Eigentum, die Grundlage aller

Zivilisation, abschaffen! Jawohl, meine Herren, die Kommune wollte jenes Klasseneigentum abschaffen, das die Arbeit der vielen in den Reichtum der wenigen verwandelt. Sie beabsichtigte die Enteignung der Enteigner. Sie wollte das individuelle Eigentum zu einer Wahrheit machen, indem sie die Produktionsmittel, den Erdboden und das Kapital, jetzt vor allem die Mittel zur Knechtung und Ausbeutung der Arbeit, in bloße Werkzeuge der freien und assoziierten Arbeit verwandelt. – Aber dies ist der Kommunismus, der ›unmögliche‹ Kommunismus!«[41]

Trotz aller Euphorie hat Marx zunächst vor Übermut gewarnt. Anfang September 1870 meldet er nach Manchester, dass »heute die ganze French Branch nach Paris aufbricht, um dort Dummheiten im Namen der *Internationale* zu machen. ›Sie‹ wollen die provisorische Regierung stürzen, commune de Paris etablieren.«[42] Sechs Tage später schiebt er nach: »Wenn man in Paris irgend etwas tun könnte, so müßte man ein Losschlagen der Arbeiter vor dem Frieden verhindern … Sie selbst können bei dem Abwarten nichts verlieren.«[43]

Der Communeaufstand widerspricht seiner Überzeugung, vielleicht der tiefsten politischen Weisheit, die er hinterlassen hat, dass die Zeit reif sein muss für einen abrupten Bruch. Selbst sein wissenschaftliches Streben hat er in den Dienst der Sache gestellt: Mit seiner Theorie vom notwendigen Kollaps des Systems, wenn auch in unbestimmter Zeit, verbindet er die Enden seines Werks. Erst wenn die Verhältnisse danach sind, so lautet seine Botschaft, kann das Neue auf den Früchten des Alten gedeihen.

Früh benennt er auch die Fehler der Commune, durchleuchtet die Gründe ihres Scheiterns. Aber er feiert sie wie ein Forscher sein gelungenes Experiment. Sie hat gezeigt, was möglich ist. Nur das zählt. Und sei es im experimentellen Idealzustand eines Vakuums. Die Fakten für sein Spätwerk hat er wie jeder gute Schriftsteller aus Zeitungsartikeln gewonnen, um dann so zu schreiben, als hätte er mitten im Gefecht gestanden. Dabei soll er nicht einmal einen Stadtplan von Paris besessen haben.

Aber er weiß, wo er steht. Oder besser: gestanden hätte. Denn als er seinen Text endlich vorlegt, hat die Commune ihr Leben ausgehaucht und mit ihr Tausende Männer, Frauen und Kinder bei einem der größten Massaker des 19. Jahrhunderts. Meist wird die Zahl zwanzigtausend genannt. Neueren Forschungen zufolge liegt die Zahl zwar deutlich niedriger. Das macht das Blutbad aber kaum weniger furchtbar.

Bis dahin ist öffentlich von Marx nichts zu hören gewesen. Zwei Aufforderungen, nach Paris zu kommen, hat er dankend ausgeschlagen. Er ist nicht der Typ, der sich bei einer Revolution die Finger schmutzig macht. Vom Schreibtisch aus kann er die Kommunarden umso beherzter als Helden feiern und ihre Opfer beklagen.

»Welche Elastizität, welche historische Initiative, welche Aufopfrungsfähigkeit in diesen Parisern!«, hat er bereits am 12. April an Kugelmann geschrieben. »Nach sechsmonatlicher Aushungerung und Verruinierung durch innern Verrat noch mehr als durch den auswärtigen Feind, erheben sie sich, unter preußischen Bajonetten, als ob nie ein Krieg zwischen Frankreich und Deutschland existiert habe und der Feind nicht noch vor den Toren von Paris stehe! Die Geschichte hat kein ähnliches Beispiel ähnlicher Größe!«[44]

Die Briefe an den Hannoveraner Arzt dienen nun, da Engels nach London übergesiedelt ist, als Ventil seiner Schilderungen und Bekenntnisse. Schon fünf Tage nach seiner Hymne an die Commune fasst er dem Arzt seine Gedanken zu seinem heimlichen Lebensthema zusammen: Was bewegt die Welt? Sucht sich die Geschichte ihren Weg wie ein Wasserlauf? Wie weit ist der Mensch imstande, ihn zu lenken?

»Die Weltgeschichte wäre allerdings sehr bequem zu machen, wenn der Kampf nur unter der Bedingung unfehlbar günstiger Chancen aufgenommen würde. Sie wäre andrerseits sehr mystischer Natur, wenn ›Zufälligkeiten‹ keine Rolle spielten … Der entscheidend ungünstige ›Zufall‹ ist diesmal keineswegs in den allgemeinen Bedingungen der französischen Gesellschaft zu suchen, sondern in der Anwesenheit der Preußen in Frankreich und ihrer Stellung dicht vor Paris … Die Demoralisation der Arbeiterklasse in dem letztren Fall wäre ein viel größres Unglück gewesen, als der Untergang einer beliebigen Anzahl von ›Führern‹. Der Kampf der Arbeiterklasse mit der Kapitalistenklasse und ihrem Staat ist durch den Pariser Kampf in eine neue Phase getreten. Wie die Sache auch unmittelbar verlaufe, ein neuer Ausgangspunkt von welthistorischer Wichtigkeit ist gewonnen.«[45]

Die Welt als Wille und Vorstellung. Ein einseitiger Standpunkt gehört ebenso zu den Mitteln des Schriftstellers wie das Steigern der Bedeutung im Brennglas der Erzählung. Die willkürlichen Verhaftungen und Hinrichtungen ohne Prozess spielen keine Rolle mehr, wenn man aus der Warte der Weltgeschichte sogar lieber den »Untergang einer beliebigen Anzahl von ›Führern‹« in Kauf nimmt als die kampflose Kapitulation.

»Gerechtigkeit?«, so der aufständische Student Rigault, der sich als

Chef der Polizeipräfektur in kurzer Zeit einen grausamen Ruf erwirbt. »Wir machen nicht Gerechtigkeit, wir machen Revolution!« Von Marx klingt es nicht viel besser: »Das Zentralkomitee und die Pariser Arbeiter waren ebenso verantwortlich für die Erschießung von Clement Thomas und Lecomte« – zwei Generälen der Regierungsstreitkräfte – »wie die Prinzessin von Wales für das Geschick der bei ihrem Einzug in London im Gedränge zu Tode gequetschten Leute.«[46]

Statt objektiver Geschichtsschreibung macht er die Geschichte zum Objekt der Versuchsanordnung in Diensten seines Narrativs. Durch die passende Brille betrachtet, herrschen in den Tagen der Commune geradezu paradiesische Zustände:

»Wunderbar in der Tat war die Verwandlung, die die Kommune an Paris vollzogen hatte! ... Paris war nicht länger der Sammelplatz von britischen Grundbesitzern, irischen Absentees, amerikanischen Ex-Sklavenhaltern und Emporkömmlingen, russischen Ex-Leibeignenbesitzern und walachischen Bojaren. Keine Leichen mehr in der Morgue, keine nächtlichen Einbrüche und fast keine Diebstähle mehr; seit den Februartagen von 1848 waren die Straßen von Paris wirklich einmal wieder sicher, und das ohne irgendwelche Polizei ... Paris, arbeitend, denkend, kämpfend, blutend, über seiner Vorbereitung einer neuen Gesellschaft fast vergessend der Kannibalen vor seinen Toren, strahlend in der Begeisterung seiner geschichtlichen Initiative!«[47]

Störfaktoren werden ausgeblendet, Schwächen verschwinden hinter Stärken, Gegner sehen sich in schlimmster Tradition Marxscher Schmähmanier diffamiert. Für deren gewählten Vormann Thiers hat er nur Spott übrig: »Ein Meister kleiner Staatsschufterei, ein Virtuose des Meineids und Verrats, ausgelernt in allen den niedrigen Kriegslisten, heimtückischen Kniffen und gemeinen Treulosigkeiten des parlamentarischen Parteikampfs.«[48]

So lustvoll Marx den Feind mit der Feder aufspießt, so lehrreich sind ihm die Vorgänge für kommende Aufstände, die er nicht mehr erleben wird. »Die Arbeiterklasse kann nicht die fertige Staatsmaschinerie einfach in Besitz nehmen und diese für ihre eignen Zwecke in Bewegung setzen,«[49] schreibt er den zukünftigen Revolutionären von Lenin über Mao bis Fidel Castro ins Stammbuch. »Macht kaputt, was euch kaputt macht«, lautet die Sponti-Version dieser Erkenntnis, und dann baut euren eigenen Staat.

Seine Zuspitzungen dürfen indes nicht darüber hinwegtäuschen, dass er sich stets seinen Realitätssinn bewahrt hat. Auch wenn die sozialistische Geschichtsschreibung des 20. Jahrhunderts die Pariser Commune in der Tradition seines Heldenepos als leuchtendes Vorbild feiert, hat Marx sie nie als Blaupause verstanden. Vielmehr sind ihm die besonderen Umstände bewusst, wie er sie ein Jahrzehnt später für Ferdinand Domela Nieuwenhuis rekapituliert, den Gründer der sozialdemokratischen Partei in Holland:

»Sie werden mich vielleicht auf die Pariser Kommune verweisen; aber abgesehn davon, daß dies bloß Erhebung einer Stadt unter ausnahmsweisen Bedingungen war, war die Majorität der Kommune keineswegs sozialistisch, konnte es auch nicht sein ... Die Appropriation der Banque de France allein hätte der Versailler Großtuerei ein Ende mit Schrecken gemacht, etc. etc.«[50]

Bereits beim Abfassen der Adresse kennt er die Besonderheiten und Versäumnisse, benennt vor allem den Fehler, sich nicht sofort der Staatskasse bemächtigt zu haben. »Die Mannigfaltigkeit der Deutungen, denen die Kommune unterlag ... beweisen, daß sie eine durch und durch ausdehnungsfähige politische Form war, während alle früheren Regierungsformen wesentlich unterdrückend gewesen waren. Ihr wahres Geheimnis war dies: Sie war wesentlich eine *Regierung der Arbeiterklasse*.«[51]

Marx hat den Bürgerkrieg zum Mythos gemacht und der Bürgerkrieg ihn. Die Geschichte der Commune liefert ihm in den zweiundsiebzig Tagen ihrer Existenz eine Art Schlussstein für sein Weltgebäude:

»Wo immer, und in welcher Gestalt immer, und unter welchen Bedingungen immer der Klassenkampf irgendwelchen Bestand erhält, da ist es auch natürlich, daß Mitglieder unsrer Assoziation im Vordergrund stehen. Der Boden, aus dem sie emporwächst, ist die moderne Gesellschaft selbst. Sie kann nicht niedergestampft werden durch noch soviel Blutvergießen. Um sie niederzustampfen, müßten die Regierungen vor allem die Zwingherrschaft des Kapitals über die Arbeit niederstampfen – also die Bedingung ihres eigenen Schmarotzerdaseins.«[52]

Die Apotheose der Internationale als idealistische Übertreibung. Marx weiß natürlich, dass sie für die Commune nur von untergeordneter Bedeutung ist. So wie er nicht übersehen kann, dass auch die gefeierten Proletarier im »Paris der Arbeiter« mehrheitlich keine kapitalistisch ausgebeuteten Industrieknechte sind. Die meisten zählen, im französischen Gebrauch des Wortes *ouvrier*, zu den Menschen, die ihr Geld mit Arbeit verdienen, Handwerker vor allem, im Gegensatz zu reichen Müßiggängern und der mittellosen Plebs. Doch wer hier Facts gegen Fantasy favorisiert, verkennt eine maßgebliche Quelle des Neuen. Gerade die Künste, die Literatur vorneweg, erfassen das Besondere im Allgemeinen und schälen den Kern der Wahrheit aus dem Chaos der Wirklichkeit.

Marx nutzt sein letztes öffentliches theoretisches Werk, um die Wurzeln seiner radikal republikanischen Weltanschauung offenzulegen. Abertausende lesen seine Schrift, so viele wie nie zuvor. Hätten seine späteren Verehrer sie als sein Vermächtnis ernst genommen und statt ihrer sozialistischen soziale Republiken geschaffen, deren Keim er in der Commune erkennt, wäre der Menschheit manche Widerwärtigkeit erspart geblieben.

Schon zu Zeiten seiner *Klassenkämpfe in Frankreich* hat Marx mit dem damals unter Linken populären Gedanken geliebäugelt. »Die *soziale Republik*«, stellt er im *Achtzehnten Brumaire* rückblickend fest, »erschien als Phrase, als Prophezeiung an der Schwelle der Februarrevolution. In den Junitagen 1848 wurde sie im Blute *des Pariser Proletariats* erstickt, aber sie geht in den folgenden Akten des Dramas als Gespenst um.«[53]

Zwanzig Jahre später im *Bürgerkrieg* sieht er sie erstmals kurzzeitig verwirklicht: »Die Kommune war die bestimmte Form dieser Republik.«[54] Und zwar auch deshalb, weil das Volk den »Staat« nicht einfach übernommen, sondern nach seinen Idealen neu zu gestalten begonnen hat. Wenn es manchmal heißt, Marx sei alles andere als ein lupenreiner Demokrat gewesen, dann gilt das allenfalls eingeschränkt. Was er ablehnt, ist die damals noch umkämpfte, heute gängige Form der repräsentativen Demokratie, die sich im Wesentlichen auf ein Wahlrecht alle vier oder fünf Jahre beschränkt.

Bereits 1843, in seiner unveröffentlichten *Kritik des Hegelschen Staatsrechts*, hat er sie zur »Abstraktion der bürgerlichen Gesellschaft von sich selbst«[55] erklärt. Gewählte, die nicht unmittelbar dem Willen ihrer Wähler verpflichtet seien, »sollen *Abgeordnete sein* und sind es *nicht*«.[56] Damit liegt er schon damals ziemlich genau auf der Linie von Rousseau, dessen Schrift *Vom Gesellschaftsvertrag* er gerade gelesen hat.

Seine radikaldemokratischen Ideen gehen deutlich darüber hinaus. So fordert er, wie in der Commune ansatzweise realisiert, ein striktes imperatives Mandat, das die Gewählten auf den Willen ihrer Wähler verpflichtet. Er lehnt sogar die Gewaltenteilung ab, wie sie in Präsidialsystemen herrscht. Stattdessen schwebt ihm eine föderale Versammlungsdemokratie in Anlehnung an die griechischen Polis vor. Im

Maßstab der Pariser Revolutionsregierung sieht er sie erstmals in der Moderne verwirklicht.

Deren Zentralrat hat nicht nur als Legislative zu wirken, sondern auch als Exekutive in Form gewählter Komitees und deren Sprechern. Zwei Drittel seiner Mitglieder haben administrative Aufgaben übernommen – unter voller Kontrolle der Versammlung. Dagegen stellt Marx, im zweiten Entwurf für den *Bürgerkrieg*, die »ungeheure Regierungsmaschine, die den eigentlichen Gesellschaftskörper wie eine Boa constrictor mit dem allgegenwärtigen Netz einer stehenden Armee, einer hierarchischen Bürokratie, einer willfährigen Polizei, der Geistlichkeit und eines servilen Richterstands umklammert«.[57]

Seine Vorstellungen von direkter Volksvertretung gewinnen angesichts zunehmender Staatsverdrossenheit, Demokratiemüdigkeit und Hass auf das »Establishment« heutzutage wieder an Anziehungskraft. Gewählte und jederzeit abrufbare Beamte, alle Ämter jedem offen, »Arbeiterlöhne« für öffentlich Beschäftigte, Volksarmee mit kurzer Dienstzeit statt Söldnerheer.

Damit, so ein Kommentator, stehe er für die »aufreizende Vision einer Demokratie ohne Professionelle«[58]. Sieht man sich an, wie sich heutige Regierungen und ihre Verwaltungen personell zusammensetzen, dann erscheint ein Abschied von der reinen, oft weltfremden Expertenrepublik nicht nur als schlechteste Idee.

Eine solche »Deprofessionalisierung«, so der Oxforder Politikwissenschaftler Bruno Leipold, sei »eine von Marx' viel zu wenig gewürdigten politischen Ideen«[59]. Sie stammt aus der Antike und könnte ihn seit seiner humanistischen Schulbildung begleitet haben. Am Zenit seiner Karriere hat ihm das Schicksal einen winzigen Blick auf die Möglichkeit der sozialen Republik geschenkt, in der sich der Kreis vollenden soll. Erst vor diesem Hintergrund wird Marx' Haltung verständlich, wenn er seinen Nachruf drei Tage nach dem blutigen Ende des Gesellschaftsexperiments am 28. Mai 1870 wie einen Trompetenstoß verfasst:

»Das Paris der Arbeiter, mit seiner Kommune, wird ewig gefeiert werden als der ruhmvolle Vorbote einer neuen Gesellschaft. Seine Märtyrer sind eingeschreint in dem großen Herzen der Arbeiterklasse. Seine Vertilger hat die Geschichte schon jetzt an jenen Schandpfahl genagelt, von dem sie zu erlösen alle Gebete ihrer Pfaffen ohnmächtig sind.«[60]

Welch ein Schlusswort für ein politisches Testament! Mit ihm endet die »Adresse des Generalrats« der Internationale, gefolgt von den Unterschriften seiner Mitglieder und korrespondierenden Sekretäre. Es fehlen die Namen von George Odger und Benjamin Lucraft, des ersten Präsidenten und des zeitweiligen Vorsitzenden des Führungskreises.

Den prominenten britischen Gewerkschaftern geht der Text zu weit. Dass ihr Ausscheiden aber zu einer schweren Krise der Internationale geführt hätte, gehört zu den vielen Mythen, die über diese Organisation verbreitet worden sind. Erklären lässt es sich mit den heftigen Reaktionen ihrer heimischen Presse. Erst nachdem englische Zeitungen die Assoziation beschuldigen, sich mit den »Strolchen und Brandstiftern« der Commune gemeingemacht zu haben, lehnen die beiden Briten jede Verantwortung ab und legen ihre Sitze im Führungsgremium nieder.

Die Blätter warnen nun vor Marx als Anführer »einer gewaltigen Verschwörung mit dem Ziel des politischen Kommunismus«[61]. Seine Behauptung im Pamphlet, Mitglieder der Internationale stünden »im Vordergrund« der Commune, entspricht zwar nicht den Tatsachen: Nicht einmal ein Viertel der Kommunarden sahen sich als Sozialisten, und von denen kaum die Hälfte als Anhänger der Vereinigung. Doch wie vom Augenblick geblendet, scheint der Autor überzeugt von seiner Mission. An Kugelmann hat er drei Wochen nach dem Barrikadentag geschrieben:

»Diese jetzige Erhebung von Paris – wenn auch unterliegend vor den Wölfen, Schweinen und gemeinen Hunden der alten Gesellschaft – ist die glorreichste Tat unsrer Partei seit der Pariser Juni-Insurrektion.«[62] Unter »Partei« versteht er keinen Apparat, sondern seine Seite der Gesinnung, einst der Bund der Kommunisten, nun die Internationale. Nur mit dem Unterschied, dass in Paris diesmal tatsächlich rote Fahnen wehten.

Die namentlich gezeichnete Adresse verfehlt ihre Wirkung auf die Öffentlichkeit nicht. *Fraser's Magazine* bringt es auf den Punkt: »So wenig wir bisher vom Einfluss der ›Internationale‹ gesehen oder gehört haben, ist sie doch in der Tat die eigentliche Triebkraft, die mit rätselhafter, Furcht erregender Macht die ganze Maschine der Revolution steuert.«[63]

Es entbehrt nicht einer gewissen Ironie, dass Marx mit der Niederlage der letzten revolutionären Erhebung in seiner Lebenszeit seinen politischen Zenit erreicht. Nicht ohne Stolz teilt er Kugelmann am 18. Juni 1871 mit: »Du weißt, daß ich während der ganzen Zeit der letzten Pariser Revolution fortwährend als der ›*grand chef de l'Internationale*‹ von den Versailler Blättern … denunziert worden bin.«[64]

Im Interesse gesteigerter Medienbeachtung ein voller Erfolg. Aber

Kritik und Hass konzentrieren sich nun auf den Urheber des Textes. »Nun noch die *Adresse,* die Du erhalten haben wirst!«, so Marx an Kugelmann. »Sie macht einen Lärm vom Teufel, und ich habe die Ehre, at this moment the best calumniated and the most menaced man of London zu sein« – der bestverleumdete und meistbedrohte Mann von London. »Das tut einem wahrhaft wohl nach der langweiligen zwanzigjährigen Sumpfidylle.«[65]

Zwei Monate nach der »blutigen Woche« in Paris berichtet er dem Arzt: »Außerdem überlaufen mich andre Personen, Zeitungskerls und andre aller Art, um das ›monster‹ mit eigenen Augen zu sehn.«[66] Der *Bürgerkrieg in Frankreich*, in viele Sprachen übersetzt, wird zu seiner meistgelesenen Publikation zu Lebzeiten. Das Publikums hält ihn, von der Presse kräftig befeuert, für den Anführer eines Millionenheers wild entschlossener Revolutionäre.

Bemerkenswert, was sich mit einem Text alles erreichen lässt. Spaltung und Zerstörung der Internationale gehören nicht dazu, auch wenn es die Legende so will. An der Commune ist sie viel zu wenig beteiligt, als dass deren Untergang auch ihr Ableben bedeutet hätte. Indirekt hat er sehr wohl Wirkung gehabt.

»Der erste große Erfolg mußte dies naive Zusammengehn aller Fraktionen sprengen«, so im Frühjahr 1874 Engels, der seine Analyse mit einem erstaunlichen Eingeständnis verknüpft. »Dieser Erfolg war die Kommune, die intellektuell unbedingt das Kind der Internationale war, obwohl die Internationale keinen Finger rührte, um sie zu machen … Als durch die Kommune die Internationale eine moralische Macht in Europa wurde, fing der Krakeel sofort an. Jede Richtung wollte den Erfolg für sich ausbeuten. Der Zerfall, der nicht ausbleiben konnte, kam.«[67]

Engels hat den Zusammenschluss der unterschiedlichen Richtungen von Anfang an skeptischer beurteilt als Marx. Der spricht ihm gegenüber zwar von »unserer Gesellschaft«, betrachtet sie aber – zu Recht – vornehmlich als sein Werk.

»Mohrs Leben ohne die Internationale«, schreibt der Freund nach dessen Tod an Tochter Laura, »wäre wie ein Brillantring, aus dem der Edelstein herausgebrochen ist.«[68] Aber es wäre auch um die Legende ärmer, er hätte sein eigenes Kind auf dem Altar der Geschichte geopfert.

28

Showdown in Abwesenheit

Marx gegen Bakunin

Der vier Jahre ältere Russe Michail Bakunin fordert Marx heraus wie niemand vor ihm. Ihr Machtkampf führt schließlich zum Ende der Ersten Internationale. Die beiden kennen sich schon seit langem. Ihre Biografien weisen überdies etliche Parallelen auf: Studium in Berlin, Attraktion zum Junghegelianismus, Beteiligung an den *Deutsch-Französischen Jahrbüchern*, Übersiedlung nach Paris, wo sie 1844 bei einem internationalen demokratischen Bankett zusammentreffen. Von dort erzwungene Flucht nach Brüssel. Ihre Bekanntschaften überschneiden sich vielfach: Ruge, Herwegh, Louis Blanc, Proudhon.

Zum ersten Bruch kommt es noch in den frühen Revolutionswochen von 1848. Der Russe unterstützt das von Marx verteufelte Himmelfahrtskommando des Dichters Herwegh, mit einer Legion leicht bewaffneter Aufständischer von Paris nach Deutschland zu ziehen. Nach deren vernichtender Niederlage flüchtet Bakunin nach Breslau. Dort liest er wenig später in der jungen, in ganz Deutschland verbreiteten *Neuen Rheinischen Zeitung*, er sei ein russischer Spion. Die angebliche Quelle der Verleumdung – die französische Schriftstellerin George Sand – schickt umgehend ein Dementi an die Redaktion, die es auch prompt abdruckt.

Dennoch bleibt ein Schatten zurück. Er fällt auf Marx, den Chefredakteur des Blattes. Die marxistische Historiografie hat kaum etwas unversucht gelassen, den Vorwurf des Vorsatzes zu entkräften, den sein sonstiger Umgang mit Gegnern ja nahelegen könnte. Für den Russen scheint der Fall klar. Als sich die beiden einen Monat nach der Affäre in Berlin begegnen, soll Marx zu ihm gesagt haben:

»Weißt Du, daß ich jetzt an der Spitze einer so gut disziplinierten geheimen kommunistischen Gesellschaft stehe, daß, wenn ich einem Mitglied derselben gesagt hätte: geh und töte Bakunin, er Dich töten würde?«[1] So heißt es in dessen Erinnerungen, die im Übrigen eine Reihe der besten Beschreibungen von Marx' hässlichen Seiten liefern.

Zwei Wochen bevor sich Marx und seine Redaktion mit einer feuerroten Ausgabe vom Publikum der *Neuen Rheinischen Zeitung* verabschieden, schließt Bakunin sich als Anführer dem sächsischen Maiaufstand von 1849 in Dresden an. Auf den Barrikaden an der Seite von Richard Wagner und Gottfried Semper erlebt er die Niederschlagung der Revolte.

Zunächst kann er wieder fliehen, wird dann aber in Chemnitz verhaftet und nach Festungs- und Kerkerhaft zwei Jahre später an Russland ausgeliefert. Dort Todesurteil, Begnadigung zu lebenslanger Haft in der Petropawlowsk-Festung. Nach ein paar Jahren Verbannung nach Sibirien mit Mangelernährung, Skorbut und Zahnausfall, im Sommer 1861 die spektakuläre Flucht über Yokohama, Panama, San Francisco und Boston Ende 1861 zurück nach Europa. In London kommt Bakunin bei seinem Landsmann Alexander Herzen unter.

Kaum ist er dem Schlimmsten entkommen, sieht er sich im *Morning Adviser* erneut als russischer Spion verdächtigt. Der Urheber des Gerüchtes heißt Marx. Es ist aber nicht Karl, sondern ein gewisser Francis, englischer Gutsbesitzer. Bakunin mag nicht an eine Verwechslung glauben, zumal die gleiche Zeitung zwei Tage später eine Zuschrift von Ruge bringt.

Der einstige Verbündete, Mitherausgeber der *Jahrbücher* und nach deren Ende einer von Marx' verdammten Männern, erinnert an die gleichlautende Diffamierung des Russen in der *Neuen Rheinischen*. Als dann auch noch das Dementi ausbleibt (der *Adviser* druckt Marx' Richtigstellung nicht), ist der Boden bereitet für den Showdown zweier Alphatiere.

Erst einmal scheinen sich die Dinge anders zu entwickeln. Im September 1863 liefert Marx Engels eine knappe Skizze, die er offenbar dem Hörensagen verdankt: »Bakunin ist ein Ungeheuer, a huge mass of flesh and fat, geworden, der kaum mehr gehn kann. Außerdem ist er mannstoll und eifersüchtig auf seine siebzehnjährige Polin, die ihn in Sibirien wegen seines Märtyrertums heiratete.«[2] Hört sich nicht so an, als ginge noch eine Gefahr von dem Riesen aus. Gut ein Jahr danach überrascht Marx den Freund in Manchester mit der Nachricht einer Begegnung mit dem zahnlosen Zweimetermann, nur wenige Wochen nach Gründung der Internationale:

»*Bakunin* läßt Dich grüßen ... Ich sah ihn gestern wieder zum erstenmal nach 16 Jahren. Ich muß sagen, daß er mir sehr gefallen hat und besser als früher. Er sagt mit Bezug auf die polnische Bewegung: ... Er ... werde sich jetzt ... nur noch an sozialistischer Bewegung beteiligen. Im ganzen ist er einer der wenigen Leute, die ich nach 16 Jahren nicht zurück-, sondern weiterentwickelt finde.«[3] Solidarität mit den unterdrückten Polen in ihrem Aufbegehren gegen das verhasste Russland verbindet so manche, die sich sonst nur wenig zu sagen haben.

Falls die beiden Männer zu diesem Zeitpunkt bereits ein Zerwürfnis trennt, kann es nur einseitig von Bakunin ausgehen. So will es die marxtreue Version der Geschichte, nach der es der Russe von Anfang an auf die Eroberung der Arbeiterassoziation abgesehen habe. »Das ist die Organisation«, hat er einem Freund erklärt, »von der ich geträumt habe.«[4] Dafür, so seine Verurteiler, spiele er falsch, schleime sich an und verspreche das Gegenteil von dem, was er vorhabe, während Marx ihn gutwillig für die Internationale habe gewinnen wollen.

Jahre später erinnert sich Bakunin an das Wiedersehen. Marx habe ihm geschworen, nichts gegen ihn gesagt oder unternommen zu haben – was aller Wahrscheinlichkeit nach stimmt. »Ich wußte, daß er mir die Unwahrheit sagte, aber ich hatte wirklich keinen Groll mehr bewahrt.« Vielmehr habe ihn dessen Arbeit für die Internationale interessiert. »Ich hatte das von ihm im Namen des provisorischen Generalrats geschriebene Manifest gelesen, ein Manifest, das bedeutend, ernst und tief war, wie alles aus seiner Feder, wenn er keine persönliche Polemik betreibt. Kurz, wir trennten uns äußerlich als sehr gute Freunde, ohne daß ich jedoch seinen Besuch erwiderte.«[5]

Dabei wird es bleiben. Die baldigen Erzfeinde sind einander nie wieder über den Weg gelaufen. Ihr legendärer, vielfach kommentierter Konflikt, der ganze Forscherkarrieren bestimmt hat: ein Fernduell im Nahkampfmodus, ausgetragen über die Bande politischer Agitation. Wann genau es seinen Ausgang genommen hat, ist ebenso Gegenstand wissenschaftlicher Dispute wie die Frage, wer dem anderen übler mitgespielt hat. Zunächst herrscht zwischen beiden großes Schweigen. Bakunin schlägt sein Lager in Italien auf, begünstigt von Mazzini, jenem internen Gegner in der Internationale, den Marx bald isolieren wird.

Seit 1867 in Genf ansässig, scheint der Russe nach außen am Fortschritt der Vereinigung jahrelang geradezu desinteressiert. Mit Marx verbindet ihn indes ein Ereignis, das dessen wissenschaftliche Arbeit und empfindlichste Ader berührt: sein Lebenswerk. Kurz nach dem Erscheinen lässt er Bakunin ein Exemplar des, wie dieser sagt, »äußerst wichtigen gelehrten, tiefen, obgleich sehr abstrakten Werks, ›Das Kapital‹« zukommen.

Wie dringend der Autor auf eine Antwort wartet, wird aus einem Brief von Gattin Jenny an Johann Philipp Becker deutlich, einen Mitstreiter Marx', der das Exemplar, so heißt es, auf dem Genfer Friedenskongress eigenhändig übergeben hat: »Haben Sie nichts von Bakunin gesehn und gehört. Mein Mann schickte ihm als altem Hegelianer sein Buch – kein Zeichen nah und fern. Hat er's bekommen. Man kann all den Russen nicht recht trauen.«[6] Die fehlenden Fragezeichen der Empörung mitgedacht. Becker soll Bakunin danach gleich zur Rede gestellt haben: »Was, Du hast ihm noch nicht geschrieben! Marx wird Dir das nie verzeihen ...«[7]

»Es ist eine Torheit«, sagt Franz Mehring in seiner klassischen Biografie von 1919, »und dazu ein Unrecht gleichermaßen gegen Bakunin wie gegen Marx, ihre Beziehungen allein nach dem unheilbaren Zerwürfnis abzuschätzen, womit sie geendigt haben. Politisch und namentlich psychologisch viel reizvoller ist es zu verfolgen, wie sie im Laufe von dreißig Jahren sich gegenseitig immer wieder angezogen und immer wieder abgestoßen haben.«[8]

Dies schreibt ein Autor, der in seiner Einleitung das »Marxpfaffentum«[9] anprangert. Das danken ihm die Herausgeber der DDR-Ausgabe mit einem vergifteten Vorwort, in dem sie ihrerseits seine angeblichen Irrtümer im Verhältnis seines Helden zu Lassalle und Bakunin anprangern. Tatsache ist, dass Marx kurz vor Weihnachten 1868 einen Brief des Russen in Händen hält, den die Forscher im Dienste des Instituts für Marxismus-Leninismus beim ZK der SED in den Anmerkungen am Ende von Band 32 der MEW glauben verstecken zu müssen:

»Du fragst, ob ich noch Dein Freund bin. – Ja, mehr als je, lieber Marx, weil ich besser als je verstehe, wie recht Du hattest fortzufahren und uns aufzurufen, auf der großen Straße der ökonomischen Revolution voranzuschreiten und die zu tadeln, die sich auf Seitenpfaden nationaler oder ausschließlich politischer Art verloren. Ich bin jetzt das, was Du vor 20 Jahren zu tun begonnen hast. Seit dem feierlichen öffentlichen Abschied, den ich auf dem Berner Kongreß an die Bourgeois gerichtet habe, kenne ich keine andere Gesellschaft mehr, kein anderes Milieu als die Welt der Arbeiter. Mein Vaterland ist jetzt die Internationale, die Du hauptsächlich mitbegründet hast. Du siehst also, lieber Freund, ich bin jetzt Dein Schüler – und ich bin stolz, es zu sein.«[10]

Man muss die russische Seele schon sehr gut kennen oder moskauhörig sein, um darin gleich Doppelzüngigkeit zu erblicken. Als Beleg soll die Härte dienen, in der Bakunin privat über den Gegner geurteilt hat: »Marx ist äußerst eitel, eitel bis zum Schmutz und zur Tollheit … Er wird nie jemand eine Verfehlung gegen seine Person verzeihen: man muß ihn anbeten, zum Abgott machen, um von ihm geliebt zu werden … Sobald er einmal eine Verfolgung befohlen hat, macht diese vor keiner Niederträchtigkeit und Infamie Halt.«[11]

Das klingt in der Tat unversöhnlich. Aber hat Marx nicht in ähnlicher Weise über andere geurteilt? Der Anarchist ist ja längst nicht der Einzige, der Marx so charakterisiert. Was er sagt, ist zudem nicht ganz falsch, auch wenn es nur eine von Marx' vielen Facetten zeigt. Aber spricht aus den Zeilen nicht auch enttäuschte Liebe? Immerhin verbindet die Kontrahenten ähnlich viel, wie sie trennt.

Beide wollen eine soziale Revolution, beide die Abschaffung von Arbeitsteilung und Privateigentum, beide die klassenlose Gesellschaft des Kommunismus. Nur dass Marx eine Art wissenschaftliche Aufbauphase auf dem Weg dorthin propagiert, in der das Volk – vulgo: das Proletariat – regiert, Bakunin aber die Zerschlagung jeglicher Autorität zugunsten der An-archie als echter Herrschafts-losigkeit. Für den Revolutionär, sagt er, gebe es »nur eine Wissenschaft – die Wissenschaft der Zerstörung«[12].

Marx jedenfalls hat Verdacht geschöpft, bevor der Schmeichelbrief des Russen ihn erreicht. Genau eine Woche vorher hat er eine Warnung an Engels geschickt: »*Herr Bakunin* … ist so herablassend, die Arbeiterbewegung unter *russische* Leitung nehmen zu wollen. Diese Scheiße existiert seit 2 Monaten … Ich betrachtete sie als totgeboren … Aber die Sache ist ernsthafter geworden, als ich dachte … unsre Gesellschaft kann nicht … a suicide begehn.«[13] Gut ein halbes Jahr später heißt es: »Dieser Russe will offenbar Diktator der europäischen Arbeiterbewegung werden. Er soll sich in acht nehmen. Sonst wird er offiziell exkommuniziert.«[14]

Angefangen hat die Fehde scheinbar harmlos mit einer David-gegen-Goliath-Geschichte: Der gefährliche Zwerg heißt in diesem Fall Bakunin. Er hat in Genf eine Art anarchistische Gegenorganisation zur ungleich größeren Internationale gegründet. Die »Alliance de la Démocratie Socialiste« bittet um Aufnahme in die Arbeiterassoziation. Marx wehrt ab. Doch der Generalrat stimmt schließlich unter der Bedingung zu, Bakunins Allianz müsse sich als eigenständige internationale Organisation auflösen und als Sektion beitreten. Sie akzeptiert. Damit sitzt die Laus im Pelz.

Gleich bei seinem ersten Auftreten auf dem Kongress in Basel im Sommer 1869 lässt Bakunin die Muskeln spielen. Mit seinem Antrag, die Abschaffung des Erbrechts ins Programm aufzunehmen, erringt er aus dem Stand eine Mehrheit der Delegiertenstimmen. Nur die erforderliche Zweidrittelregelung für Änderungen der Statuten rettet die Position des abwesenden Marx. Der fordert, man müsse erst die Ursachen bekämpfen, die ökonomische Organisation der Gesellschaft erneuern, und nicht bei deren Folgen beginnen.

Er feiert den publizistischen Erfolg der Veranstaltung, bei der er wieder durch Abwesenheit geglänzt hat. An Tochter Laura und ihren Mann Paul Lafargue schreibt er von einer Erholungsreise durch Deutschland mit deren Schwester Jenny:

»Ich freue mich, daß der Baseler Kongreß vorüber und daß er verhältnismäßig so gut verlaufen ist. Ich bin immer in Sorge bei solcher öffentlichen Schaustellung der Partei ›mit allen ihren Geschwüren‹ … Wir sind durch keine noch so kleine deutsche Stadt gekommen, deren Winkelblatt nicht voll von dem Treiben ›dieses schrecklichen Kongresses‹ gewesen wäre.«[15]

Meinungsunterschiede und kontroverse Abstimmungen gehören zum Alltag des buntscheckigen Vereins. Die Enteignung der Toten durch ein Ende des Erbrechts, zumindest an Produktionsmitteln, sollte nicht zu den Knackpunkten im Programm linker Gruppierungen gehören, die sich gegen Ungleichheit wenden. Doch hinter der Kontroverse, in der Geschichte der Internationale eher eine Randnotiz, geht es um mehr. Das weiß Marx, und das weiß auch Bakunin. Vom Freund und Landsmann Alexander Herzen aufgefordert, sich mit Marx anzulegen, zeigt sich der Russe für den Augenblick eher zurückhaltend – ohne allerdings mit seiner Entschlossenheit hinterm Berg zu halten:

»Marx wirkt unleugbar sehr nützlich in der Internationalen … Ich würde mir niemals verzeihen, wenn ich bloß versucht hätte, seinen wohltätigen Einfluß auszurotten oder auch nur zu schwächen, zu dem einfältigen Zwecke, mich an ihm zu rächen. Indessen könnte es kommen, und sogar binnen kurzer Frist, daß ich einen Streit mit ihm anfinge, wohlverstanden, nicht um ihn persönlich anzugreifen, sondern um einer Prinzipienfrage willen, wegen des Staatskommunismus, dessen glühendste Anhänger er und die Engländer und Deutschen sind, die er leitet. Das würde ein Kampf auf Leben und Tod werden. Aber alles hat seine Zeit, und die Stunde dieses Kampfes hat noch nicht geschlagen.«[16]

Auch ohne diese Zeilen zu kennen, hat Marx erkannt, dass es ums Ganze geht, um den Fortbestand der Vereinigung, so wie er sie maßgeblich mitgeformt hat, und nicht zuletzt um die Befugnisse des Generalrats, den er beherrscht. In der fernen Schweiz ist es Anarchisten und Proudhonisten gelungen, gemeinsam eine Mehrheit zu organisieren, die Marx und seinem Lager schon bald gefährlich werden könnte. Dahinter steht, so glaubt er, in »seiner Vollkommenheit als Intrigant« jener leibesmächtige Charismatiker, der »in seinen *›russischen‹* Schriften Lehren propagiert, die den Grundsätzen der *Internationale* gänzlich widersprechen«[17].

Sie wäre beileibe nicht der erste Verein, dem eine feindliche Übernahme durch Unterwanderung drohte. Wer das verhindern will, muss sich mit allen, manchmal auch unsauberen Mitteln dagegenstemmen. Marx hat das verstanden. Schließlich geht es auch um sein politisches Vermächtnis, nämlich die Überzeugung, dass zwischen allmählicher Reform und abruptem Umbruch ein dritter Weg existiert, eine Art evolutionäre Revolution aus dem Verständnis der Verhältnisse.

So steigt Marx in seinen alten Tagen – er hat gerade die fünfzig überschritten – noch einmal in den Ring. »Es war ein Kampf zweier Titanen«, schreibt der Historiker Julius Braunthal in seiner dreibändigen Geschichte der Internationale, »bewegt von einem leidenschaftlichen messianischen Drang«: Marx als »methodischer und realistischer Denker« gegen Bakunin als »Romantiker und überschäumender Idealist«[18].

So die eher marxfreundliche Sicht. Kritische Stimmen halten Bakunin und mit ihm den Proudhonisten zugute, genau vor jenen Gefahren gewarnt zu haben, die im »Staatskommunismus« des 20. Jahrhunderts verwirklicht worden sind: Statt »Wiederaufbau der Gesellschaft … von unten nach oben«, so Bakunin an seine Getreuen, schwebe Marx und seinen Gefolgsleuten der umgekehrte Weg vor, »durch irgendwelche Autorität und durch sozialistische Beamte«[19]. Also genau das, was in den Ländern des Ostblocks passiert ist.

Otto Rühle spricht in seiner Biografie 1929 vom »traurigen Bruderkrieg«[20]. Vermutlich berührt er damit einen empfindlichen Punkt. Verwandtschaft, nicht Fremdheit verschärft Misstrauen und Feindschaft, bis man einander härter bekämpft als den gemeinsamen Gegner.

»Marx hat zwei abscheuliche Fehler«, sagt Bakunin den Internationalisten der Romagna: »Er ist eitel und eifersüchtig ... Er sagt ›meine‹ Ideen und will nicht verstehen, daß die Ideen niemand gehören und daß, wenn man gut sucht, man finden würde, daß gerade die besten und größten Ideen immer das Produkt der instinktiven Arbeit aller waren.« Er gehe so weit, »daß er jeden zu verabscheuen beginnt, der den Hals vor ihm nicht beugen will«.[21]

Marx' Verhalten hat viele vor den Kopf gestoßen. Hier aber wird es plausibel im Lichte dessen, was auf dem Spiel steht: Am Ende seines politischen Weges sieht er sich in einem Alles-oder-nichts-Gefecht, mit dem er wohl nicht gerechnet hat. Bakunin hebt den Fehdehandschuh auf:

»Wir ergreifen diese Gelegenheit, den berühmten Führern der deutschen Kommunistenpartei zu huldigen, den Bürgern Marx und Engels vor allem ... die wahren Schöpfer der Internationalen ... Wir huldigen ihnen um so lieber, als wir gezwungen sein werden, sie bald zu bekämpfen ... ihre falschen autoritären Theorien, ihre diktatorischen Anmaßungen und jene Manier unterirdischer Intrigen, eitler Umtriebe, elender Persönlichkeiten, unreiner Beleidigungen und infamer Verleumdungen, die auch sonst die politischen Kämpfe fast aller Deutschen kennzeichnen und die sie unglücklicherweise in die Internationale verschleppt haben.«[22]

Aber es ist nicht Bakunin, der in diesem Augenblick die Meinungsführerschaft innehat, sondern Marx mit seiner weitverbreiteten Schrift über die Commune. Bakunins Beitrag bleibt darin freilich unerwähnt: Kurz nach Sedan, als sich die unabwendbare Niederlage ganz Frankreichs abzeichnet, stößt der Russe als Reisender in Sachen Revolution zu den Aufständischen in Lyon, die kurz über die Rhônestadt herrschen und in Erinnerung an 1792 dort eine Commune ausrufen. Republikanische Truppen bereiten dem Spuk zwar bald ein Ende. Doch mit ihrer Deklaration, verlesen vor sechstausend Bürgern, wird die Lyoner Commune zum Vorbild der Pariser im folgenden Frühjahr.

Der Machtkampf zwischen Marx und Bakunin ist in diesem Moment trotz der Erfolge, die Ersterer sich auf die Fahne schreiben kann, alles andere als ausgestanden. Während er nämlich vor allem durch den Rückzug der Engländer aus der Internationale an Rückhalt verliert, schart

Bakunin besonders in den südeuropäischen Ländern immer mehr Gefolgschaft hinter sich.

Aber Marx hält die Hebel in Händen. Statt eines ordentlichen Kongresses lässt er, von Bakunin zu Recht als statutenwidrig angeprangert, 1871 eine interne Konferenz in London einberufen. Dort bringt der Generalrat nicht nur die Erweiterung seiner Kompetenzen durch. Er bestimmt als Tagungsort für den nächsten ordentlichen Kongress 1872 die niederländische Stadt Den Haag. Wie viele seiner südeuropäischen Anhänger kann Bakunin, in Deutschland und Frankreich steckbrieflich gesucht, nicht kommen. Das gehört zum Kalkül.

Es führt nicht weiter, die Hinterhältigkeiten der Kontrahenten zu vergleichen. Da geben sich die beiden nichts. Typisch für solche Zwiste unter Menschen, die mehr verbindet, als sie trennt: Sie werfen einander dasselbe vor. »Für Herrn Bakunin«, erfährt Engels brühwarm von Marx, »war und ist die Doktrin (sein aus Proudhon, St. Simon etc. zusammengebettelter Quark) Nebensache – bloß Mittel zu seiner persönlichen Geltendmachung. Wenn theoretisch Null, ist er als Intrigant in seinem Element.«[23] Genau so argumentiert auf der anderen Seite der Russe.

Wie erwartet, erscheint der Gegner nicht in Den Haag. Marx dagegen, seine erste und einzige Teilnahme, reist in Mannschaftsstärke an, im Schlepptau seinen gesamten Clan. Die beiden älteren Töchter sind mit Männern der Bewegung vermählt. Alle Unterstützer, die können, sind mit von der Partie. Jenny d. Ä. lernt endlich auch Kugelmann kennen, mit dem sie in Angelegenheiten ihres Mannes schon seit Jahren korrespondiert. Diesmal, so hat Marx den Arzt kurz vor dem Treffen gewarnt, »handelt es sich um Leben oder Tod der Internationalen, und bevor ich austrete, will ich sie wenigstens vor den auflösenden Elementen schützen«[24]. Bis in die Wortwahl gleich mit dem Gegner.

Wie nach 1848/49 ist das Marxsche Domizil zum Sammelort für Flüchtlinge geworden. Schon zwei Monate nach der »blutigen Woche« in Paris hat der Hausherr Kugelmann die neue Lage dargestellt: »Die Arbeit für die Internationale ist immens, dazu das Überlaufen Londons mit refugees, für die wir zu sorgen haben«[25].

Kommunarden, die dem Abschlachten oder der Verbannung entgangen sind, retten sich wie 1849 Marx und viele andere nach London. Darunter Schwiegersohn Charles Longuet an der Seite von Tochter Jenny, bald auch die Eheleute Laura und Paul Lafargue, schließlich noch jener Prosper-Olivier Lissagaray, auf den Eleanor, die Jüngste, ein Auge werfen wird. Man kann über elterliche Prägung denken, was man will. Aber dass die Marx-Mädchen ihrem Vater folgen, lässt sich kaum bestreiten. Damit geraten sie, jede auf ihre Weise, in das Drama prominenter Kinder im Schatten von Übermutter oder -vater, aus dem es kaum ein Entkommen gibt.

Als Familie Marx in Den Haag eintrifft, zum ersten Mal zu solchem Anlass angereist, bekommen Jenny und ihr Anhang eine Ahnung vom Ausmaß des Denkmals, im Guten wie im Bösen. Schon vor ihrer Ankunft sind die Kinder der Stadt gewarnt worden: »Die Internationale kommt, nimm nichts mit, was die stehlen könnten!«[26] Das *Haager Dagblaad* mahnt die Bürger, Frauen und Kinder nicht allein auf die Straße zu lassen, Juwelierläden sollten geschlossen bleiben.

»Eine ungeheure Menge sperrte die Straße, die zum Kongreßgebäude führte«, berichtet ein Beobachter, »so daß sich die Delegierten nur mit Mühe durchdrängen konnten. Als die Tore geöffnet wurden, stürmte die Menge den Saal, füllte enggepreßt die Halle, saß auf den Fensterbrettern, die Galerien waren zum Ersticken voll.«[27] Die fünfundsechzig aus England und aller Welt angereisten Vertreter nehmen sich fast gering aus gegen die Zahl der Journalisten und Polizeispitzel. »Marx war Gegenstand ihrer besonderen Aufmerksamkeit, sein Name war auf allen Lippen.«[28]

Ein Zeitzeuge spricht von »einer Zuhörermenge, die zehnmal größer war, als der Saal überhaupt fassen konnte, Beifall, Zwischenrufe, Durcheinander, tumultartiges Rufen, persönliche Angriffe, Darlegungen überradikaler Grundsätze – aber stark entgegengesetzt von beiden Seiten Vorwürfe, Anschuldigungen, Proteste, Ordnungsrufe und endlich eine Schließung der Sitzung – wenn nicht die Diskussion, die – nach zehn Uhr – in einer tropischen Hitze und einer unbeschreiblichen Konfusion von den Umständen gezwungen, sich selbst zum Schweigen brachte.«[29]

In dieser buchstäblich aufgeheizten Atmosphäre soll Bakunin seine Hinrichtung erster Klasse erfahren. Was ihm dabei in Abwesenheit widerfährt, ist nicht ganz zu Unrecht mit Schauprozessen verglichen worden. Wegen angeblichen Betrugs vorgeführt, aufgrund zweifelhafter Indizien verurteilt und mit der Höchststrafe belegt: Ausschluss aus der Gemeinschaft. Der Vorgang hat etwas Anrüchiges mit pikanter Note: Als echter Fan, aber auch aus Geldnot hat Bakunin schon vor geraumer Zeit begonnen, das *Kapital* ins Russische zu übersetzen. Er hat, über einen Agenten, einen Verleger gefunden und einen üppigen Vorschuss kassiert.

Kompromittierend ist gar kein Wort für die Lage, in die Marx geraten wäre, hätte ausgerechnet sein Erzfeind das Projekt der Übersetzung seines Hauptwerks zu Ende gebracht. Doch dazu kommt es nicht. Dafür sorgt ein stürmischer junger Mann namens Sergei Netschajew, der sich als russischer Revolutionär mit einer bedeutenden Schar von Anhängern ausgibt. Angeblich in geheimen Komitees organisiert, planen sie die Revolution in Russland, und wer wäre da nicht gefragter als der zahnlose Riese im Exil.

Netschajew jedoch hat seine Heldensage, ganz nach dem Geschmack des ewig Revolutionshungrigen in Genf, ebenso frei erfunden wie seine heroische Flucht aus der Peter-und-Paul-Festung, wo Bakunin selbst einige Jahre eingekerkert war. Der ist so angetan von dem »jungen Wilden«, wie er ihn bald nennt, dass er, der Meister der Intrige, dem Hochstapler ohne Nachprüfen der Behauptungen auf den Leim geht.

Dass der »kleine Tiger«, als den Bakunin ihn umschmeichelt, steckbrieflich gesucht, in der Schweiz untertauchen muss, gereicht ihm in einschlägigen Revoluzzerkreisen eher zur Ehre – nur dass die Fahnder ihn nicht als Aufwiegler verfolgen, sondern wegen eines feigen Mordes an einem Studenten, den er als »Verräter« ausgemacht hat.

Das alles geschieht zunächst ohne Marx' Kenntnis. Doch das soll sich bald ändern, und es hat mit nichts Geringerem zu tun als seinem Opus magnum. Netschajew bedrängt Bakunin, die ihm unwürdige Übersetzerarbeit dranzugeben, um sich ganz der revolutionären Sache zu widmen. Um den Vorschuss müsse sich sein völlig verarmter Landsmann nicht sorgen, darum kümmere er sich schon. Wie der Skrupellose das zuwege bringt, will Bakunin erst erfahren haben, als die Sache ruchbar und ihm in die Schuhe geschoben wird. Von wem? Von Marx natürlich.

Lange bevor Politiker über E-Mail-Affären, Fake-News und geleakte Dokumente stürzen, gehört das Durchstechen brisanter Informationen zum schmutzigen Teil des politischen Geschäfts. Der Zeitpunkt hätte nicht günstiger sein können, als Marx das Dokument zugespielt wird, mit dem er Bakunin aus dem Feld schlagen kann. Es kommt von dessen Agenten Ljubawin, der die Verbindung zum Verleger geknüpft hat, und stellt nichts anderes dar als einen rüden Droh- und Erpresserbrief von einem anonymen »Büro«. Der Übersetzer, heißt es darin, habe seine Arbeit eingestellt, um »für die höchst wichtige Sache des russischen Volkes zu wirken«, werde seinen Vorschuss aber behalten.

»Da Sie nun wissen, mit wem Sie es zu tun haben, werden Sie alles Notwendige tun, um den bedauerlichen Fall zu vermeiden, dass wir uns ein zweites Mal an Sie wenden müssen, dann aber *auf weniger zivilisierte Weise* … Es hängt voll und ganz von Ihnen ab, ob unsere Beziehungen sich freundschaftlicher gestalten und wir uns besser verstehen oder ob sie eine unangenehme Wendung nehmen.«[30] Gezeichnet mit einem Kreuz aus Pistole, Axt und Dolch. Die Art und Weise, in der Netschajew solche Angelegenheiten »regelt«.

Bis heute hält sich hartnäckig das Gerücht, Bakunin habe auch das *Kommunistische Manifest* 1869 in Genf als Erster ins Russische übersetzt. Genährt haben es ausgerechnet Marx und Engels selbst. »Die erste russische Ausgabe«, erklären sie zur Einführung in die zweite, »übersetzt von Bakunin, erschien anfangs der sechziger Jahre in der Druckerei des ›Kolokol‹.«[31] Nachforschungen des Historikers Bert Andréas zufolge kommt der Russe dafür kaum infrage. Manches spricht dafür, dass niemand anderes als ausgerechnet sein windiger Landsmann Netschajew die erste Übersetzung besorgt hat.

Wenn aber Marx Bakunin für den Urheber hält, müsste er ihm nicht dankbar sein? Dafür ist in Den Haag kein Platz. Marx verfügt trotz seiner Vorsichtsmaßnahmen keineswegs über eine sichere Mehrheit der Delegierten. Und das, obwohl er sich persönlich in den quälenden, drei Tage währenden Akkreditierungsmarathon eingeschaltet und die Teilnahme einer Reihe von Bakunisten verhindert hat. Zu seinen vorbehaltlosen Unterstützern gehören neben Engels vor allem vertraute Leute wie Liebknecht, Sorge und Kugelmann. Andere, auch alte Fahrensleute, sind in Ungnade gefallen. »Eccarius hat sich seit geraumer Zeit demoralisiert und ist jetzt reiner Lump – ja *Kanaille.*«[32]

Einen Eindruck der Generalratssitzung gibt der Bericht von Friedrich Leßner, Marx' und während dessen Londoner Zeit pikanterweise auch Bakunins Schneider: »Das Sprachenchaos, die weitgehenden Temperamentverschiedenheiten, die Verschiedenheiten der Auffassungen, es war ein Riesenwerk, über all das hinwegzukommen.« Wie kein anderer habe Marx es verstanden, »auf die Ideen der Leute einzugehen und ihnen das Falsche ihrer Schlüsse und Folgerungen nachzuweisen«[33].

Solche Einschätzungen aus ferner Erinnerung können nicht darüber hinwegtäuschen, dass seine Überzeugungskraft nachgelassen hat. Da Marx fürchten muss, schon bei nächster Gelegenheit könnte die Rückendeckung ausbleiben und der Generalrat in die Hände seiner Gegner fallen, landet seine Fraktion einen Überraschungscoup: Ohne jede Vorwarnung erhebt sich Engels von seinem Sitz und beantragt, den Sitz des Führungsgremiums von London nach New York zu verlegen. Ein Paukenschlag, der aus historischer Fernsicht geradezu widersinnig erscheint.

Kaum ein Teilnehmer dürfte den Vorstoß nicht als geplante Liquidierung der Internationale verstanden haben. Auf die Verblüffung folgen wütenden Proteste. Vonseiten der französischen Delegation heißt es, dann könne man den Generalrat gleich auf den Mond verlegen – so weit liegt New York damals gefühlt von Europa als Weltzentrum entfernt. Nach kontroverser Debatte gewinnen die Befürworter des Standortwechsels die Abstimmung denkbar knapp mit 26 zu 23 Stimmen, bei neun Enthaltungen.

Der Ausschluss Bakunins am letzten Tag des Kongresses – etliche Delegierte sind bereits abgereist – geht glatter über die Bühne. Mithilfe des Erpresserschreibens, das dessen Machenschaften bloßstellen soll, erreicht Marx mühelos eine Mehrheit von 27 zu 7. Ob der Russe Netschajews Brief in Auftrag gegeben oder auch nur vom Inhalt gewusst hat, was er vehement bestritten hat, ist nie zweifelsfrei zu klären gewesen. Immerhin hat er sich, soweit sich das feststellen lässt, bald mit dem Verfasser überworfen. Der wird verhaftet und darbt in einem russischen Gefängnis, diesmal einem echten, seinem Ende entgegen.

Für Marx und sein Lager hat die geleakte Mail ihren Zweck erfüllt. Seine Sorge, schon bei nächster Gelegenheit überstimmt zu werden, ist mehr als berechtigt, zumal ein Teil der Gegenstimmen nur wegen eines taktischen Manövers ausgeblieben sein dürfte: Ein weiterhin in London tagender Generalrat, der dann auch noch vom Gegner übernommen würde, hätte ihn wohl kaum ruhig schlafen lassen.

Aber Bakunin ist nicht allein für Marx' plötzliche Abkehr verantwortlich. Vielmehr ist Marx der Mühen seiner Mitarbeit überdrüssig. Vielleicht hält er insgeheim die Organisation bereits auch für überflüssig. Die Verhältnisse liegen ähnlich wie damals, nach der gescheiterten Revolution von 1848, als er eigenmächtig den Kommunistenbund für aufgelöst erklärt. Mit der Commune hat nun auch die Internationale ihr Waterloo erlebt. Frankreich, das Mutterland der Revolution, hat Marx gezeigt, was geht und was nicht. Etwas Vergleichbares wird er in den verbleibenden Jahren nicht mehr erleben.

Schon im Frühjahr vor dem Showdown in Den Haag hat Marx dem belgischen Sozialistenführer César de Paepe geschrieben: »Ich erwarte mit Ungeduld den nächsten Kongreß. Das wird das Ende meiner Sklaverei sein. Danach werde ich wieder ein freier Mann werden.«[34] Am selben Tag vertraut er dem russischen Sozialisten Nikolai Danielson an: »Ich bin so überbeschäftigt und werde in der Tat in meinen theoretischen Studien soviel gestört, daß ich mich nach dem September aus dem *kommerziellen Unternehmen* (Generalrat) *zurückziehen* werde, das im Augenblick hauptsächlich auf meinen Schultern ruht.«[35]

Sagt das ein politischer Kopf, der im Bestehenden Gestaltungsspielraum sieht? Oder drückt er hier nur aus, was jeder in seinem direkten Umfeld längst weiß: Dass er dem persönlichen Trubel, den er selbst ausgelöst hat, am liebsten entfliehen und in sein Leben davor zurückkehren will? Nur zwei Tage vor den Briefen an Danielson und de Paepe hat seine Frau in ihrer unvergleichlichen Art Freund Liebknecht in Deutschland die Lage auseinandergesetzt:

»Sie ahnen nicht, was wir hier in London seit dem Fall der Kommune ausgestanden haben. All das namenlose Elend, der grenzenlose Jammer! Und daneben die fast unerträglichen Arbeiten für die Internationale. Solange der Mohr alle Arbeit hatte und mit Mühe und Not durch Diplomatisieren und Lavieren die widerspenstigen Elemente zusammenhielt vor der Welt und dem Geschwader der Feinde, die Gesellschaft vor dem ridicule wahrte und Schrecken und Angst der zitternden Schar einflößte, nirgends hervortrat, keinen Kongreß besuchte, alle Mühe und keine Ehre hatte, schwieg das Gesindel. Nun, da die Feinde ihn ans Licht gezogen, seinen Namen in den Vordergrund gebracht haben, nun tut sich die Meute zusammen, und Polizisten und Demokraten jaulen denselben Refrain ab vom ›Despotismus, der Autoritätssucht, dem Ehrgeiz‹! Wieviel besser und wohler wäre es ihm, hätte er ruhig weitergearbeitet und den Kämpfenden die Theorie zum Kampf weiter entwickelt.«[36]

Marx handelt in Den Haag in der Manier eines Kapitäns, der sein Schiff, bevor er wie beabsichtigt von Bord geht, dem Versenken preisgibt, um zu verhindern, dass der Feind es kapern kann. Einen Tag nach Ende des Kongresses hält er in Amsterdam in der dortigen Sektion der Internationale eine Rede mit Folgen. Sie zeigt, wie weit seine realpolitische Haltung nach dem – wie er später urteilt – vermeidbaren Blutvergießen von Paris gediehen ist.

Er sagt: »Wir verneinen nicht, dass in Amerika, England – und wenn ich eure Institutionen besser kennen würde, setzte ich Holland hinzu – die Arbeiter mit friedlichen Mitteln zum Ziel kommen können.«[37] Einknicken oder Einsicht, das ist hier nicht die Frage. Realo oder Fundi, das schon eher. Sein Eingeständnis, bestimmte Gesellschaften seien auch ohne gewaltsamen Umsturz umzugestalten, steht gewissermaßen am Eingang zum späteren Marsch durch die Institutionen.

»Der politische Sieg über Bakunin erwies sich«, so der Historiker Wolfgang Schieder, »als ein Pyrrhussieg. Marx hatte um den Preis des Auseinanderfallens der Internationale seinen Willen durchgesetzt. Sein letzter und durchschlagendster Erfolg als Politiker beendete damit zugleich auch seine aktive politische Karriere.«[38]

Das gilt in viel härterem Maß allerdings für den Riesen aus Russland. »Bakunin hat«, so Engels im Herbst 1873 an Sorge, »seine politische Todeserklärung«[39] verfasst. In seinem politischen Testament lässt der Besiegte keinen Zweifel daran, wem er seine Niederlage zuschreibt:

»Von einem wütenden Hasse hingerissen fürchtete Herr Marx nicht, sich selbst zu ohrfeigen, indem er öffentlich die Rolle eines anzeigerischen und verleumderischen Polizeiagenten übernahm … All das hat mir tiefen Ekel vor dem öffentlichen Leben erweckt. Ich habe genug davon … Ich ziehe mich also aus der Kampfbahn zurück und verlange von meinen lieben Zeitgenossen nur eines, Vergessenheit.«[40]

Im Jahr darauf ist der große Gegner auf einen schwerkranken Freischärler geschrumpft, der nicht von seinen revolutionären Reflexen lassen kann. Sein Versuch, an einem Aufstand in Bologna teilzunehmen, endet im Desaster. Bakunin stirbt zwei Wochen vor dem formellen Ende der Internationale, besiegelt Anfang Juli 1876 in Philadelphia. Nicht einmal diese letzte leise Genugtuung ist ihm vergönnt.

Der betreuende Arzt seiner letzten Stunden ist ausgerechnet jener Carl Vogt, dem Marx ein Jahr seines Lebens und seiner Arbeitskraft geopfert hat. Zehn Tage vor seinem Tod sagt Bakunin einen Satz, der wie eine Einschätzung der Weltlage im frühen 21. Jahrhundert daherkommt:

»Die Völker aller Nationen haben heute den revolutionären Instinkt verloren. Sie sind zu sehr mit ihrer Lage zufrieden, und die Furcht, auch noch das zu verlieren, was sie haben, macht sie harmlos und träge.«[41] Auf seinem Grab in Bern ist bis heute seine Lebensdevise nachzulesen: »Wer nicht das Unmögliche wagt, wird das Mögliche niemals erreichen.«

Bei Marx könnte der Satz umgekehrt lauten. Er orientiert sich am Horizont des Möglichen und setzt sich auch für profane Ziele wie die Verkürzung des Arbeitstages ein. Die Lektion haben ihm die englischen Gewerkschaften erteilt. Die haben seit dem Niedergang der Chartisten nach 1848 durch Arbeits-, nicht Klassenkämpfe viel für ihre Klientel erreicht. Den Haudrauf-Aktionismus Bakuninscher Geheimgesellschaften verweist er dagegen in den Bereich des Falschen.

Auch nach Bakunins Tod findet er kein freundliches Wort für den Unterlegenen. »In dem letzten ›Bnepesi‹« – einer Zeitung – »ist ein widerlich lobhudelnder Artikel über Bakunins Begräbnis«, schäumt er gegenüber Engels. »Bakunin figuriert darin als ›Gigant‹ der Revolution.«[42] So tief sitzt der Stachel.

Marx hat sich – in Briefen – zwar weiter für eine Internationale der Arbeiter engagiert, aber als Instrument seines Wirkens hat sie mit dem Sieg über Bakunin ausgedient. An Freund Sorge, gewissermaßen seinen Statthalter in der Neuen Welt, schreibt er ein Jahr nach dem Haager Treffen: »Die Ereignisse und die unvermeidliche Entwicklung und Verwicklung der Dinge werden von selbst für Auferstehung der Internationalen in verbesserter Form sorgen.«[43]

Fünf Jahre später heißt es prophetisch in einem Artikel für *The Secular Chronicle*: »So ist die Internationale, anstatt abzusterben, bloß aus ihrer ersten Inkubationsperiode in eine höhere Phase getreten… Im Laufe dieser fortschreitenden Entwicklung wird sie noch manche Veränderungen durchzumachen haben, bevor das letzte Kapitel ihrer Geschichte geschrieben werden kann.«[44]

Welch weise Voraussicht: Im Juli 1889 versammeln sich in Paris Vertreter sozialistischer Parteien aus zwanzig Ländern zum Internationalen Arbeiterkongress, eröffnet von Marx' Schwiegersohn Paul Lafargue, und gründen die Zweite Internationale. Zu deren Vorsitzenden wählen sie Wilhelm Liebknecht und Édouard Vaillant, einen Veteranen der Pariser Commune.

In der Rückschau fällt die deutlich wichtigere Rolle der Frauen auf. Über deren Lage referiert, von Eleanor Marx ins Englische übersetzt, die junge deutsche Sozialistin Clara Zetkin. Auf deren Initiative geht nicht nur der noch heute begangene Internationale Frauentag am 8. März zurück. Die bekennende Marxistin sitzt nach ihrem Bruch mit der SPD 1917 für die KPD im Reichstag.

Die Spaltung der deutschen Linken in zwei verfeindete Parteien, die sich beide auf Marx berufen, aber jede auf einen anderen, steht am Anfang der ersten deutschen Demokratie. Seither streiten Marxisten aller Länder darüber, welcher Marx der wahre sei.

29

»…ich sei der berüchtigte KM«

Vergänglicher Ruhm

Wie das Sinnbild einer kleinen Ewigkeit inmitten der irdischen Endlichkeit spuckt der Karlsbader »Sprudel« seit Urzeiten sein heißes Heilwasser gen Himmel. Bis zu zwölf Meter in die Höhe reicht die Fontäne des Geysirs, zentrale Quelle der Kurstadt im böhmischen Erzgebirge, die im Tschechischen Karlovy Vary heißt. Das Touristenbüro hält eine Liste ihrer erlauchten, betuchten oder einfach nur namhaften Besucher bereit, ein Reigen der Weltprominenz aus Politik, Wirtschaft, Wissenschaft und Kunst. Atatürk und Madeleine Albright, Dostojewski, Freud und Musiker von Bach bis Wagner haben die Dampfschwaden über dem Flüsschen Tepl aufsteigen sehen. Mozarts Sohn liegt hier begraben.

Die Büsten von Goethe und Peter dem Großen wirken geradezu bescheiden gemessen am gewaltigen Schiller-Denkmal im Jugendstil, erst recht an der Rotunde aus Granit mit der mächtigen Beethoven-Skulptur. Mit dem Denkmal nahe dem Waldrand an der Petra Velikého hat es seine eigene Bewandtnis. Es besteht, so wirbt die Info-Seite, »aus der sitzenden, überlebensgroßen Bronzestatue von Karl Marx und einem mächtigen viereckigen Sockel aus polierten Marmorplatten«.

Alteingesessene sagen, er sitze da wie auf einem Klosett. Dahinter verbirgt sich vermutlich eine jener geheimen Botschaften, die Künstler im Sozialismus an der Zensur vorbei an ihr Publikum schmuggelten: Bei der feierlichen Enthüllung 1988 war der nahende Untergang des Sowjetimperiums fast greifbar, das Regime in Prag stand nur ein Jahr vor seinem Ende. Und was macht der Geehrte damit? »Er scheißt drauf«, sagt im schönsten Erzgebirgerdeutsch ein Herr im Egerländer Hof, bis heute die Gaststätte für das einfache Volk. »Er wollte nicht, dass wir so leben müssen.«

Nach der Wende haben sich überdrüssige Bürger dafür eingesetzt, das Monument zu schleifen. Dass es dazu nicht gekommen ist, wird inzwischen allgemein begrüßt. Heute ehren sie Marx wieder als großen Gelehrten, der ihrem Belle-Époque-Städtchen mit anerkannt wirksamem Gesundbrunnen gleich dreimal die Ehre erwiesen hat. In diesen Besuchen zwischen 1874 und 1876 bündelt sich, wenn man so will, seine Biografie. Sie drängt zur Bilanz, geht früh auf die Zielgerade zu. Marx ist gerade erst Mitte fünfzig, als sein Lebensabend beginnt.

Sprudel, so heißt auch die Zeitschrift, in der er am 19. September 1875 im Feuilleton über sich lesen kann: »Jetzt, kurz vor Torschluß der Saison, tritt noch ein gar interessanter Gast an den Sprudel, Carl Marx weilt zur Cur in Carlsbad.«[1] Bei seinem ersten Besuch ein Jahr zuvor hat er noch versucht, seine Identität zu verbergen – und dafür bezahlt. Wer sich als »Privatier« anmeldet, wie ein gewisser »Charles Marx mit seiner Tochter Eleanor aus London«, muss die doppelte Kurtaxe berappen. Das tut er gerne, solange das, wie er Engels schreibt, »den Verdacht fernhielt, ich sei der berüchtigte KM. Gestern war ich jedoch als solcher denunziert in dem Wiener Klatschblatt ›*Sprudel*‹ (Badejournal).«[2]

Die Tarnung verfehlt ihren Zweck, das Inkognito verpufft, Marx kann sich nicht mehr verstecken. Er ist berühmt oder wenigstens bekannt genug, dass ihn die Vorläufer der heutigen Promipresse auf die Titelseite heben. Im Jahr darauf, er reist allein, firmiert er offiziell als »Charles Marx, Phil. Dr. aus London« und spart sich die Hälfte der Taxe. Das dankt ihm der *Sprudel* frontseitig im Feuilleton mit einem mäßig schmeichelhaften Porträt, das er dennoch als gelungen empfunden haben soll. »Tussy« im Rückblick: »Er (Mohr) sprach mir von einem sehr guten Artikel.«

Was mag in ihm vorgegangen sein, als er liest: »Obgleich der bedeutendste unter den Socialisten, ist sein Name doch nur wenig bekannt. Während sein Schüler Lassalle ... sich der größten Popularität erfreut, und dem zeitungslesenden Publikum – und wer liest heute nicht die Zeitung? – die Namen Schweitzer und Hasenclever, Bebel und Liebknecht ... geläufig sind, ist Carl Marx außerhalb der Genossen kaum genannt und wenn, dann malt sich die erschreckte Phantasie des Bourgeois sein Bild in Höllenbreughel-Manier aus, zeichnet seinen Namen als Menetekel an die Thore der Paläste, an die bürgerlichen Thüren, an die rauchenden Schlote der Fabriken und die eisernen Cassen der Besitzenden, und seit den Tagen der Commune heißt es von ihm

›Er ist's, den Mörder Bruder nennen,
Der in des Bürgers Nachtgebet
Hart an den Teufel steht.‹«[3]

Ein Phantom geht um in Karlsbad, Behörden lassen es observieren, bis sie eingestehen müssen, dass sein Umgang »einen Anlaß zu besonderen Wahrnehmungen bisher nicht gegeben hat«[4]. Das soll der gefährlichste Mann Europas sein, dieser gesittete Herr mit den tadellosen Manieren?

»Was den oben Genannten betrifft«, mit diesen Worten ist schon sein Gesuch um Einbürgerung als Engländer vor der ersten Reise nach Böhmen abgelehnt worden, »so erlaube ich mir darauf hinzuweisen, dass er der berüchtigte deutsche Agitator, Chef der Internationalen Assoziation und Verfechter kommunistischer Prinzipien ist. Er hat seinem König und Land nicht die Treue gehalten.«[5]

Marx ist auf Anraten seines Arztes zur Kur gereist. Jahrelang hat Engels ihn gedrängt: »Also, entschließ Dich kurz und spring mit geschlossenen Augen in den Karlsbader Sprudel und die gleich warme Bewunderung K's.«[6] Das Kürzel steht für den befreundeten Hannoveraner Arzt Kugelmann. Er hat, auf Marx' Wunsch, die Reservierung im Haus Germania vorgenommen, einer unprätentiösen Herberge inmitten der mondänen Hotels.

Nach vielen Umbauten und einer kompletten Edelsanierung hat das Haus inzwischen als Olympic Palace zur Spitzenklasse aufgeschlossen. Man ehrt den berühmten »Karel Marx« auf der Fassade mit einer Plakette, von der er entschlossen-verklärt den Schlossberg hinaufblickt.

Als die Marxens am 19. August 1874 dort eintreffen, erwartet sie der Gynäkologe mit Frau und Tochter. Offenbar keine gute Idee. Schon bald nach der Ankunft erfährt Engels: »Ich reise *unter keinen Umständen*, obgleich K das noch nicht weiß, über Hannover zurück, vielmehr den südlichen Weg, den ich gekommen bin … Dieser Mensch ennuyiert mich mit seinen Gemütsquengeleien – oder Lümmeleien, womit er sich und seiner Familie völlig grundlos das Leben verbittert.«[7]

Nicht vielen steht Marx, zumindest brieflich, so nahe. Er kennt den Arzt seit 1861. Kugelmann, dem er die Zeusbüste in seinem Arbeitszimmer verdankt, Kugelmann, der ihm über zehn Jahre als wichtiger Korrespondenzpartner und Resonanzinstanz für Ideen gedient hat, Kugelmann, in dessen Haus Marx an seinem neunundvierzigsten Geburtstag die ersten Korrekturfahnen des *Kapital* in Empfang genommen hat: Kaum einer hat das Drama um die Geburt seines Lebenswerks aus der Ferne näher mitverfolgt. Doch der Nähe eines gemeinsamen Kuraufenthalts unter einem Dach hält die Freundschaft nicht stand. Wie so viele vor ihm fällt auch »K« in Ungnade.

Einen Tag vor Ende der Kur schreibt Marx genervt an Engels, »daß auf die Dauer der Kugelmann mir unerträglich wurde. Aus Gemütlichkeit hatte er mir ein Zimmer zwischen den seinigen und Tussys gegeben, so daß ich ihn genoß, nicht nur, wenn ich mit ihm zusammen, sondern auch, wenn ich allein war. Sein beständiges, in tiefer Stimme vorgetragnes ernsthaftes Blechschwatzen trug ich mit Geduld ... Dieser erzpedantische, bürgerlich-kleinkramige Philister bildet sich nämlich ein, seine Frau verstehe, begreife seine faustische, in höherer Weltanschauung machende Natur nicht und quält das Dämchen, das ihm in jeder Hinsicht überlegen ist, auf das widrigste. Es kam daher zwischen uns zum Skandal; ich zog in eine höhere Etage, emanzipierte mich durchaus von ihm (er hatte mir ernstlich die Kur verdorben).«[8]

So jäh wie zuvor schon so viele seiner freundschaftlichen Verbindungen, erlischt auch das Verhältnis zu dem sozialdemokratischen Arzt. Laut dessen Tochter Franziska, von Marx in besseren Zeiten »ma chère Fränzchen«[9] tituliert, habe ihr Vater den Genossen »mit Gluthitze« verehrt. Er wollte ihn dazu bewegen, »sich aller politischen Propaganda zu enthalten, und vor allem den dritten Band des ›Kapitals‹ zu schreiben«[10]. Wenn das stimmt, dann hat sein Vergehen darin bestanden, den Finger in eine offene Wunde zu legen.

Marx mag sich nicht maßregeln und an das Unvollendete seines Werkes erinnern lassen. Auch ohne gutgemeinte Ratschläge von außen sitzt der Stachel tief genug. Und was die »politische Propaganda« betrifft, der er abschwören soll, so kann er im zweiten Karlsbader Kurjahr im *Sprudel* über sich lesen:

»Seine beschaulichsinnige Natur, sein speculativer, kritischer Geist, sein künstlerisches Behagen, die Reinlichkeit seines Wesens scheinen nicht darnach angethan, ... die heimlich glimmenden Feuer der Menge zur vollen, hochaufleuchtenden Lohe anzufachen. Er ist unstreitig mehr Philosoph als Mann der That, und hat mehr das Zeug zum Historiker ... als zum Haudegen.«[11]

Falls er das tatsächlich, wie Eleanor berichtet, mit Wohlwollen gelesen hat, liegt Kugelmann dann nicht richtig? Wenigstens aus heutiger Sicht auf das, was bleibt von Marx, besteht sein wahrer Wert in seinem Werk. Wie soll der Doktor wissen, dass der Verehrte trotz sporadischer Bemühungen dem Vorhaben, die Folgebände des *Kapital* noch in Druck zu sehen, innerlich längst abgeschworen hat? Hat ihm der Autor »mit meinen freundschaftlichsten Grüßen«[12] nicht vor einem Vierteljahr noch mitgeteilt, er habe »bedeutend neues Material für den zweiten Band zusammengeochst«[13]?

Marx hat nicht viele Menschen in seinem Leben Freunde genannt. Bis zum unerbittlichen Abbruch aller Beziehungen mit dem Abschluss der Kur gehört der Gynäkologe aus Hannover dazu. Sein Rat, die Politik zugunsten der Theorie zurückzustellen, darf durchaus freundschaftlich verstanden werden. Als Mitglied der Internationale hat er deren Aufstieg und Fall unter der Regie von Marx selbst miterlebt.

Der Kranke kurt, und die Kur tut ihm gut. Auch weil, beim ersten Besuch, die essgestörte Eleanor an seiner Seite wieder zu Kräften kommt. »Wir beide leben strikt nach der Regel«[14], meldet er nach Manchester. Seit Engels in London wohnt, bleibt die Korrespondenz als Tagebuchersatz auf die wenigen Trennungen durch Reisen beschränkt.

Besonders schmerzlich wird hier der Verlust der Briefe zwischen Karl und Gattin Jenny. Ohne Zweifel haben sie sich ausgetauscht: »Eben schreibt meine Frau, daß Du noch in Ramsgate. Ich schicke daher den Brief direkt dahin«[15], heißt es 1876 an Engels. Aller Wahrscheinlichkeit nach sind die Dokumente nach seinem Tod durch die Töchter als brisant eingestuft und vernichtet worden. Ihr Verschwinden reißt eine Lücke des Unersetzlichen in die Aufarbeitung seiner Biografie.

Was haben die kranken Eheleute einander zu sagen, von dem die Nachwelt nichts wissen soll? Jenny hat den Krebs wohl schon in sich, Karl neben chronischer Schlaflosigkeit und anderen Malaisen eine so erweiterte Leber, dass er sie mit der Hand an seiner Flanke greifen kann. Beider Blick reicht kaum weiter nach vorn als bis zur nächsten Genesung. Der Blick zurück jedoch wird immer länger.

Sobald die Vergangenheit der Zukunft den Rang abläuft, beginnt das Alter. Wie gerne würde man hier, aus der Distanz der Trennung, auch nur den Hauch eines Resümees erfahren. Oder Austausch, Abrechnung, irgendwas in der Richtung. Wie geht es einem, der die aktive Phase in seinem Leben hinter sich weiß? Womöglich denkt er gar nicht so. Aber er wäre ein Zombie, würde er nichts empfinden, wenn er im *Sprudel* liest:

»Mit Ausnahme von Fachmännern und einem Häuflein sich vertiefender Literaturfreunde sind seine Schriften – das ›Kapital‹ ausgenommen und etwa noch der ›18. Brumaire Napoleon III.‹ – … kaum dem Namen nach genannt.« Gelesen, heißt das mit anderen Worten, hat die Texte so gut wie niemand. Hinter den Zeilen steckt, verborgen durch ein Pseudonym, ein Mann mit Einblick: Ferdinand Fleckles jr., Sohn und Praxispartner seines behandelnden Arztes in Karlsbad.

Auf seinen ausgedehnten Wanderungen ist Marx mit sich und seinen Gedanken allein. »Die Umgegend hier ist sehr schön, und man kann das Laufen durch und über die waldigen Granitberge nicht satt werden. Doch haust kein Vogel in diesen Wäldern.«[16] Eine Stille, die unruhig macht. Marx vermutet zunächst die Mineraldämpfe als Ursache. Beim letzten Besuch hat er den wahren Grund für das Fehlen der Gefiederten erkannt – massive Abholzungen in der Umgebung:

»Die Tepl sieht ganz ausgesaugt aus. Die Entwaldung hat sie in den artigen Zustand versetzt, daß sie in regenreicher Zeit… alles überschwemmt, in heißen Jahren ganz alle wird.«[17] Bis hierher ins entlegene Erzgebirge hat sich der Kapitalismus mit seinem Ressourcenhunger gefressen. Die Eisenbahn, Inbegriff metallischer Monstrosität, braucht Holz für die Abermillionen Gleisschwellen ihres schnell wachsenden Netzes.

Weiter weg von seinem Zuhause in London ist Marx noch nie gewesen. Doch Entfernungen spielen für Reisende eine immer geringere Rolle. Dank »König Dampf« hat sich die Gesamtfahrzeit auf zwei Tage verkürzt. Erst kürzlich ist die neue Bahnlinie durchs Böhmische in Betrieb gegangen. Postkutschenkunde Goethe, dreizehnmal Gast im Kurort, hat vom nahen Weimar aus noch länger gebraucht. Vater und Tochter Marx, beide geschwächt, schonen sich und lassen sich vier Tage Zeit.

Dank Gleisanschluss an die Welt erlebt das Kurstädtchen gerade eine heftige Bauphase, an deren Ende es mehr oder weniger sein heutiges Gesicht erhält. Kleine Gästehäuser weichen pompösen Herbergen, Luxusunterkünften für die wachsende Zahl wohlhabender Gäste, die nun schnell und komfortabel mit der Bahn anreisen können. Der Wandel lässt sich nicht übersehen.

Es ist diese Art von drastischer Veränderung, die Marx dem Wert als »automatisches Subjekt« zuschreibt. Seit er denken kann, kennt er nur permanente Revolution durch technischen Fortschritt und gesteigertes Tempo in allen Lebensbereichen. Er weiß, um im Bild seiner Zeit zu bleiben, dass dieser Zug nicht aufzuhalten ist. Mit seiner Arbeit für die Internationale ist er sogar aufgesprungen.

Im Kurmodus von Karlsbad bekommt er die Folgen zu spüren. »Der berüchtigte KM«, die Marke Marx, am Anfang ihrer Verwertung. Gleichwohl genießt er seinen Ruf als mächtiger Mann, der er gar nicht ist. Seinem notorischen Ruhm verdanken wir die hübsche Miniatur eines Reporters der *World* aus New York, der ihn daheim in London besucht hat:

»Es war Komfort, wie er im Buche steht, die Wohnung eines Mannes von Geschmack und Wohlstand, in der jedoch wenig auf den Bewohner hinwies. Ein hübsches Album mit Ansichten vom Rhein auf dem Tisch verriet allerdings seine Herkunft. Ich lugte vorsichtig in die Vase auf einer Kommode, ob vielleicht eine Bombe darin steckte. Ich schnüffelte nach Petroleum, aber es duftete nach Rosen. Ich machte mich so klein wie möglich auf meinem Stuhl und rechnete mit dem Schlimmsten. Er ist eingetreten und hat mich herzlich begrüßt. Jetzt sitzen wir uns Aug in Auge gegenüber. Ja, ich habe ein *tête à tête* mit der fleischgewordenen Revolution, mit dem Begründer und Inspirator der Internationalen Assoziation, mit dem Verfasser der Adresse, in der das Kapital gewarnt wird – in einem Wort, mit dem Verfechter der Pariser Kommune.«[18]

Das Interview selbst verdient keine Erwähnung. Dafür liefert der amerikanische Journalist als Porträt ein Stück Prosa, das man sich am besten mit geschlossenen Augen vorlesen lässt. Keines der bekannten Fotos von Marx hat ihn besser getroffen als diese Zeilen.

»Können Sie sich eine Büste von Sokrates vorstellen, des Mannes, der lieber starb, als sich den Göttern seiner Zeit zu unterwerfen, dessen fein geschwungene Stirn in einen kleinen Höcker ausläuft, gefolgt von der Nase in Form eines halben Topfhakens? Lassen Sie eine solche Büste vor Ihrem geistigen Auge erscheinen, färben Sie den Bart schwarz mit grauen Einsprengseln, setzen Sie diesen Kopf auf einen stattlichen Körper mittlerer Größe, und Sie sehen den Doktor vor sich. Werfen Sie einen Schleier über den oberen Teil des Gesichts, und Sie sind in der Gesellschaft eines geborenen Kirchenältesten. Enthüllen Sie den wichtigsten Zug, die mächtigen Brauen, und Sie wissen sofort, dass Sie es mit einer formidablen Persönlichkeit zu tun haben – einem denkenden Träumer oder einem träumenden Denker.«[19]

Sollten Medien tatsächlich dazu neigen, sich bei komplexen Sachlagen durch Personalisierungen aus der Affäre zu ziehen, kann diese Skizze geradezu als frühes Musterbeispiel gelten. Marx hat der Internationale und mit dem *Bürgerkrieg in Frankreich* auch dem Kommunismus ein Gesicht gegeben. Er wird auf der Straße erkannt, was ihm schmeichelt, aber auch beschattet, was ihn nervt. Er bekommt Briefe, adressiert »To Charles Marx, the future Dictator of Germany«. Ein bisschen Ruhm zum Preis eines schlechten Rufs, und dann auch nicht für sein theoretisches, aber immerhin für ein schriftstellerisches Werk politischer Geschichtsschreibung.

Selbst das englische Königshaus interessiert sich für den angeblich so gefährlichen Staatenlosen auf seinem Terrain. Prinzessin Viktoria, Tochter der Monarchin und spätere deutsche »Kaiserin für 99 Tage«, bittet den liberalen schottischen Unterhausabgeordneten Sir Mountstuart Grant Duff, sich mit Marx zu treffen.

Drei Stunden unterhalten sich die beiden Herren beim Lunch im Devonshire Club an der Londoner St. James Street. Der Brite zeigt sich vom politischen Urteil des Exil-Deutschen beeindruckt. Der hat ihm unter anderem den unentrinnbaren Teufelskreis einer immer teureren, durch den Fortschritt der Wissenschaft in die »Kunst der Zerstörung« getriebenen Kriegsmaschinerie an die Wand gemalt.

»Im ganzen war mein Eindruck ... durchaus nicht ungünstig«, schließt Grant Duff seinen Bericht. »Ich würde ihn gerne wiedersehen. Nicht er wird es sein – ob er es wünscht oder nicht –, der die Welt auf den Kopf stellen wird.«[20] Nicht er, das ist richtig, jedenfalls noch nicht, aber die Geschichte in seinem Namen. Er selbst hat die Pandorabüchse geöffnet.

Ruhm gehört nicht zu den Dingen, die man einfach über- und nach Belieben wieder abstreifen kann. Gefärbt durch den Ruf, ob gut, ob schlecht, haftet er einem an, solange es anderen gefällt. In London als »Red-Terror-Doctor«[21] herumzulaufen kann man genießen oder nicht. Wenn es stimmt, dass Marx gerne darauf verzichtet hätte, dann ist er Opfer seines eigenen Erfolgs in der medialen Vermarktung der Internationale geworden.

Die drei Spätsommer in Karlsbad, wo er nachts durchs Fenster das Rauschen der Tepl hören kann, stehen für die Verschiebung seines Koordinatensystems. »Wie ich mir vorgenommen, bin ich jetzt mein eigner Arzt«[22], schreibt er Engels aus dem zweiten Aufenthalt 1875. Das ist durchaus sinnbildlich zu verstehen. Die Leiden des Lebens kann jeder nur an sich selbst heilen. Einsam geht das Ich zugrunde. Marx hat das im Großen erkannt. Im Kleinen feiert er die Freiheit von einer profanen Fessel: »Sehr heilkräftig wirkt auch auf mich die Abwesenheit meines Leibarztes Kugelmann.«[23]

30

Wer hat wen verraten?

Marx und die Sozialdemokratie

Im Jahr nach seiner letzten Karlsbader Kur gibt Marx zu Protokoll: »›Ich grolle nicht‹ (wie Heine sagt), und Engels ebensowenig. Wir beide geben keinen Pfifferling für Popularität. Beweis z. B. im Widerwillen gegen allen Personenkultus, habe ich während der Zeit der Internationalen die zahlreichen Anerkennungsmanöver, womit ich von verschiednen Ländern aus molestiert ward, nie in den Bereich der Publizität dringen lassen, ich habe auch nie darauf geantwortet, außer hie und da durch Rüffel.«[1]

Adressat der Zeilen ist Wilhelm Blos. Marx hat den jungen Sozialdemokraten Ende September 1874 auf dem Heimweg von seinem ersten Aufenthalt an der Tepl in Leipzig kennengelernt. Er steckt voller Lebensenergie und -mut: »Ich habe bis jetzt um 4 Pfund (Zollgewicht) abgenommen«, berichtet er Engels, »und kann selbst mit der Hand fühlen, daß die Leberverfettung im status evanescens« – im Verschwinden – »ist. Ich glaube, daß ich in Karlsbad endlich meinen Zweck erreicht habe, wenigstens für ein Jahr.«[2]

Blos hat gerade eine dreimonatige Haft wegen »Pressevergehens« abgesessen. »Freudig erregt schritt ich durch die Gefängnispforte. Draußen stand … ein großer schlanker Mann in den Fünfzigern, mit langem weißen Bart, nur der Schnurrbart war tiefschwarz. Seine Gesichtsfarbe war blühend, und man konnte ihn für einen jovialen alten Engländer ansehen. Ich erkannte ihn aber gleich nach dem Bilde – es war Karl Marx … Mit gewinnender Freundlichkeit kam er mir entgegen, der in den Augen des Spießbürgertums so geheimnisvolle Mann, den die Polizei als die Verkörperung der internationalen Revolution betrachtet. Es hatte sich damals eine üppige Marx-Legende gebildet, und die Angstmeier unter den oberen Zehntausend sahen in ihm einen ungeheuren Maulwurf, der jegliche Gesellschaftsordnung untergrabend in der Tiefe unheimlich dahinkroch. Von seiner eigentlichen Größe wußten sie nichts.«[3]

Eigentliche Größe? Damit kann Blos nur die Theorien meinen. In Marx' politischer Wirklichkeit sehen die Dinge inzwischen anders aus. Da kann er fast spüren, wie sein Einfluss schwindet, er vor der Geschichte schrumpft. In seiner Wahlheimat England will schon lange kein Arbeiter mehr etwas von ihm und einem Umsturz wissen. In Frankreich ist die Revolution nach Zerschlagung der Commune auf lange Zeit außer Gefecht. Und in deutschen Gefilden, das trifft ihn am schlimmsten, entfernt sich die Bewegung mehr und mehr von seinen Idealen.

Marx ist nicht allein, als Blos in die Freiheit tritt. Wilhelm Liebknecht steht neben ihm vor dem Gefängnistor. Er ist nicht nur ein »Freund« in Anführungsstrichen wie Lassalle, sondern ein echter Freund der Familie Marx. Mehr als zehn Jahre lang ist er bei ihnen aus und ein gegangen und hat die lebendigsten Schilderungen des Marxschen Privatlebens geliefert. »Er war mein Lehrer«, der mit dem »empörten Ernst des Tacitus«[4] seine Feinde vernichten konnte, schreibt Liebknecht in seinen Erinnerungen. Der Schüler hat kein Problem damit, die sozialistische Lehrautorität von Marx zeitlebens vorbehaltlos anzuerkennen.[5] Vermutlich hat er keine Ahnung, wie weit sein Stern bei den beiden »Alten« in England bereits gesunken ist. Schon 1859 hat Marx gegenüber Engels gelästert:

»Liebknecht ist ebenso schriftstellerisch unbrauchbar wie er unzuverlässig und charakterschwach ist, wovon ich Näheres wieder zu berichten haben werde. Der Kerl hätte diese Woche einen definitiven Abschiedstritt in den Hintern erhalten, zwängen nicht gewisse Umstände, ihn einstweilen noch als Vogelscheuche zu verwenden.«[6]

Die Belastung auch dieser Beziehung, einer der vertrautesten in Marx' Leben, lässt sich vielleicht am besten aus der Enttäuschung des Erziehers über den acht Jahre jüngeren Eleven erklären, der wie Lassalle seinen eigenen Weg gegangen ist. In Leipzig hat Marx Station gemacht, um mit ihm ein ernstes Wort über die Parteienlandschaft im jungen Kaiserreich zu wechseln.

Nach seiner Rückkehr in die deutsche Heimat, ermöglicht durch eine Amnestie für Aktivisten der Achtundvierziger-Revolution im Jahre 1862, hat sich Liebknecht sofort in die Politik gestürzt, zunächst aufseiten des ADAV. Marx hegt noch Jahre nach Lassalles Tod einen fast irrationalen Hass gegen den vom sozialistischen Popstar gegründeten Verein. Nach seiner Vorstellung »muß die Luft gereinigt und die Partei von dem hinterlaßnen Lassallegestank gefegt werden«[7].

Engels teilt Marx' Kritik, sieht die Lage aber realistisch. »Unser braver

Liebknecht kann einmal die Taktlosigkeiten und Bummelschreibereien nicht lassen. Man wird immer 10 Monate aus 12 über ihn ärgerlich sein müssen, sobald er allein ist und auf eigne Faust handeln muß. Indes… am Ende ist er augenblicklich doch die einzige zuverlässige Verbindung, die wir in Deutschland haben.«[8]

Doch der Anführer des ADAV, der Anwalt Johann Baptist von Schweitzer, Lassalles Vertrauter und gewünschter Nachfolger, denkt gar nicht daran, die Linie der jungen Partei im Marxschen Sinn zu ändern. Daher muss auch das Angebot an Marx, den Lassalleanern voranzustehen, als halbherzig oder vergiftet betrachtet werden. Natürlich sagt er ab.

»Meine Ansicht«, teilt er dem Freund in ihrer englischen Parallelwelt mit, »ist nun die, daß *wir beide* eine Erklärung machen müssen und daß diese Krise grade uns Gelegenheit gibt, unsere ›legitimate‹ Position wieder einzunehmen. Ich hatte vor about 10 Tagen dem Schweitzer geschrieben, er müsse Front gegen Bismarck machen, auch der Schein der Koketterie der Arbeiterpartei mit Bismarck müsse wegfallen etc. Zum Dank hat er ›allbereits‹ mehr denn je geliebeleit mit dem Pißmarck.«[9]

Daher ist den beiden klar, was zu tun ist: »Da also doch mit dem Kerl gebrochen werden muß, lieber jetzt gleich«[10], fordert Marx im Februar 1865 Engels auf und erhält von dem postwendend Antwort: »Der Brief von Schweitzer ist ›überfaul‹. Der Kerl hat die Aufgabe, uns zu blamieren, und je länger man mit ihm zottelt, desto tiefer kommt man in den Dreck. Also je eher, je lieber!«[11]

Liebknecht handelt in ihrem Sinne und entzweit sich mit dem Parteiführer, dessen Zeitung *Der Socialdemokrat* er eine kleindeutsch-nationalistische und preußenfreundliche Haltung vorwirft. Der als autokratisch beschriebene Vormann betreibt den Ausschluss des Rivalen aus der Partei, der 1865 versucht, die Führung der Berliner Sektion des ADAV an sich zu reißen. Kurz darauf wird der Aktivist aus Preußen ausgewiesen.

Hier kommt die schon bald überwundene deutsche Kleinstaaterei der Geschichte noch einmal zu Hilfe: Ausgeschlossen, ausgewiesen und so gut wie mittellos geht Liebknecht nach Sachsen – ein Schritt mit weitreichenden Folgen. Er lernt den vierzehn Jahre jüngeren August Bebel kennen. Im August 1866 gründen sie dort die Sächsische Volkspartei, für die beide ein Jahr später in den Reichstag des Norddeutschen Bundes gewählt werden.

Deren Kern geht auf die linksliberale Sammlungsbewegung »Vereinstag Deutscher Arbeitervereine« zurück, in seiner Abkürzung VDAV dem ADAV zum Verwechseln ähnlich. Im Laufe der Zeit gelingt es Liebknecht und Bebel, die Führung des 1863 gegründeten Dachverbandes zu übernehmen. Es kommt, wen wundert's, auch in dieser gegen Lassalle gerichteten Bewegung zur Spaltung.

Nach Auflösung der Sächsischen Volkspartei 1869 tut sich ihr linker Flügel mit ein paar abtrünnigen Lassalleanern zusammen. Gemeinsam bilden sie in Eisenach die Sozialdemokratische Arbeiterpartei, SDAP, den indirekten Vorläufer der SPD. Statt aber gemeinsam gegen den gemeinsamen Feind vorzugehen, den reaktionären preußischen Staat, stehen sich nun die Eisenacher um Liebknecht und Bebel und die Lassalleaner unter Schweitzer als Antagonisten gegenüber.

Marx und Engels beobachten die Aktivitäten beider mit Misstrauen und Spott. Ihre Gehässigkeit zielt vor allem auf Liebknecht, dem andere Zeitgenossen eine beispiellose politische Begabung nachrühmen.[12] An Kugelmann schreibt Marx 1868: »Ich muß sagen, daß Schweitzer in einem Punkt recht hat, nämlich der Unfähigkeit des Liebknecht … ein Mann, den ich während 15 Jahren mündlich eingepaukt hatte (zum Lesen war er von jeher zu faul).«[13]

Folgt man dem Briefwechsel zwischen Marx und Engels, fällt Liebknecht beinahe in die Kategorie ihrer verdammten Männer. Untereinander lassen sie kein gutes Haar an ihm. Besonders von London nach Manchester geht immer wieder die Post ab: »Wilhelmchen will sich wichtig machen.«[14] – »Diesem Männlein wollen wir schon Beine machen.«[15] – »Liebknecht hat das Talent, *die dümmsten Leute* von Deutschland um sich zu gruppieren.«[16]

Folgerichtig will sich Marx auch hier nicht vor einen Karren spannen lassen, den ein anderer lenkt. Zumal wenn er in diesem anderen einen nichtsnutzigen ehemaligen Lehrling erkennt, der sich selbständig gemacht hat. Als Liebknecht ihn zur Gründungsversammlung der neuen Partei einlädt, entrüstet Marx sich gegenüber Engels:

»Einliegend inhaltsschwerer Brief des Wilhelm. Du wirst daraus ersehn, daß er sich plötzlich zu meinem *Kurator* ernannt hat und mir alles und jegliches vorschreibt, was ich tun ›muß‹. Ich *muß* zu ihrem August-Kongreß kommen, *muß* mich den deutschen Arbeitern zeigen; … *muß* das ›Kommunistische Manifest«‹ umficken! *muß* nach Leipzig kommen!«[17] Dann bietet der Rivale ihm auch noch das Fahrgeld an. Natürlich fährt Marx nicht hin.

Engels kann dem jungen Parteiführer und seinen angeblichen Zwängen ebenfalls nichts abgewinnen: »Wilhelmchen ist jetzt so tief gesunken, daß er nicht einmal mehr sagen darf, Lassalle habe Dich, und zwar falsch, abgeschrieben.«[18] Ein paar Monate später wiederum Marx: »Ich habe gleich dem Biederrindvieh W geschrieben und ihm gehörig den Kopf gewaschen … Die Behauptung des Burschen, daß er ›seit 22 Jahren ein ruheloses, jede Muße ausschließendes Leben‹ geführt, ist köstlich. Wir wissen, daß er about 15 Jahre von den 22 mit Nichtstun zugebracht hat.«[19]

Sie sehen ihren Einfluss schwinden und reagieren hämisch, bockig, überheblich, anmaßend. Anders als bei Lassalle, glauben sie Liebknecht noch führen zu müssen. Ihm schreibt Marx im November 1871: »So hast Du einfach zu entscheiden, ob Du *gegen* oder *mit* uns handeln willst. Im letztren Fall sind meine, auf genaue Kenntnis der Umstände gegründeten, Winke direkt zu befolgen.«[20]

Äußerst skeptisch sieht er die Avancen der Lassalleaner, sich mit den Eisenachern zusammenzutun. Letztere stehen ihm, bei aller Kritik, viel näher, seit sich ihre Partei der Internationale angeschlossen und Bebel im Reichstag eine bemerkenswerte Rede zur Commune gehalten hat:

»Wenn auch im Augenblick Paris unterdrückt ist, dann erinnere ich Sie daran, daß der Kampf in Paris nur ein kleines Vorpostengefecht ist, daß die Hauptsache in Europa uns noch bevorsteht und daß, ehe wenige Jahrzehnte vergehen, der Schlachtenruf des Pariser Proletariats: ›Krieg den Palästen, Friede den Hütten, Tod der Not und dem Müßiggange!‹ der Schlachtruf des gesamten europäischen Proletariats werden wird.«[21]

Im darauffolgenden Jahr kommt es zum Leipziger Hochverratsprozess gegen die beiden Parteiführer Liebknecht und Bebel. Ihr Vergehen: Sie haben 1870 im Abgeordnetenhaus des preußisch dominierten Norddeutschen Bundes anlässlich des Waffengangs mit Frankreich gegen Kriegskredite gestimmt. In dem Schauverfahren werden sie trotz mangelnder Beweise zu zwei Jahren Festungshaft verurteilt. Ihre Reichstagsmandate werden ihnen aberkannt. Unfreiwillig macht sie der Staat im soeben zum Zweiten Reich vereinten Deutschland zu Märtyrern. Ihre Bewegung wird durch das Fehlen ihrer Führer nicht geschwächt, sondern erhält sogar weiteren Zulauf.

Die beiden, in deutschen Arbeiterkreisen als Helden verehrt, werden nach ihrer Freilassung bei nächster Gelegenheit wieder in den Reichstag gewählt. Marx, der keine Schmacht hinter Gittern aufzuweisen hat, ist in Deutschland höchstens als ferne graue Eminenz bekannt und anerkannt. Nach einem Vierteljahrhundert im Exil haben sich er und Engels genauso von ihrem Land entfremdet wie das Land von ihnen. Mit Familie Liebknecht verbindet sie indes ein besonderes Band: Im August 1871 werden sie Taufpaten von deren Sohn Karl Paul August Friedrich, dem späteren Radikalmarxisten und KPD-Gründer an der Seite von Rosa Luxemburg, die beide am 15. Januar 1919 in Berlin einem Attentat zum Opfer fallen.

Als Marx neben seinem politischen Ziehsohn vor der Leipziger Haftanstalt steht, um Blos zu empfangen, ist Wilhelm Liebknecht selbst gerade erst aus dem Gefängnis entlassen worden. Bebel sitzt noch ein. Ihm haben die Richter wegen Majestätsbeleidigung neun Monate extra aufgebrummt. Nach ihrer Freilassung gelingt den beiden ein politisches Kunststück von historischer Bedeutung.

Die Partei der Lassalleaner wird seit 1871 von Wilhelm Hasenclever geführt. Anders als Schweitzer geht er Gesprächen mit den Eisenachern nicht aus dem Weg. Ein erster großer Schritt in der Annäherung beider Parteien, die ihre gegenseitigen Angriffe einstellen. Nach zwei Fehlversuchen schafft es Hasenclever im dritten Anlauf, seine Partei für ein mögliches Zusammengehen mit der SDAP zu gewinnen – allerdings nur unter bestimmten Bedingungen an ein mögliches gemeinsames Programm. Es soll Lassallesche Züge zeigen, für staatlich geförderte Genossenschaften eintreten.

Da schlägt die Stunde von Liebknecht und Bebel. Für die Sache springen sie über ihren Schatten und lassen sich auf den Handel ein. Gemeinsam leisten beide Seiten, mit Blick auf die Folgegeschichte der Linken, das Unglaubliche: die Überwindung der Spaltung – die Vereinigung.

Als Marx und Engels im Frühjahr 1875 vom geplanten Zusammengehen der Arbeiterparteien erfahren, ohne dass sie zurate gezogen worden wären, haben Unterhändler beider Seiten bereits ein gemeinsames Programm ausgearbeitet. Wütend und beleidigt schreibt Engels an Bebel, der den Brief pünktlich zu seiner Haftentlassung am 1. April in Händen hält – eine einzige Anklageschrift:

»Weder Liebknecht noch sonst jemand hat uns irgendwelche Mitteilung gemacht, und auch wir wissen daher nur, was in den Blättern steht, und da stand nichts, bis vor zirka acht Tagen der Programmentwurf kam. Der hat uns allerdings nicht wenig in Erstaunen gesetzt.«[22] Es folgen sechs Seiten vernichtender Kritik, und dann eine unverhohlene Drohung:

»Ich höre auf, obwohl fast jedes Wort in diesem dabei saft- und kraftlos redigierten Programm zu kritisieren wäre. Es ist derart, daß, falls es angenommen wird, Marx und ich uns *nie* zu der auf dieser Grundlage errichteten *neuen* Partei bekennen können und uns sehr ernstlich werden überlegen müssen, welche Stellung wir – auch öffentlich – ihr gegenüber zu nehmen haben.«[23] Und über Liebknecht legt er nach: »Ich verzeihe ihm nicht, daß er uns von der ganzen Sache *kein Wort* mitgeteilt ... bis es sozusagen zu spät war.«[24]

Sollten die Freunde in London aber glauben, bei den Genossen in Deutschland würde nun das große Zittern einsetzen, dann haben sie sich getäuscht. Niemand regt sich auf, niemand neigt das Haupt oder bittet um Verzeihung. »Kein leichtes Stück«, sagt Bebel, »mit den beiden Alten in London sich gut zu verständigen.«[25]

Es kommt noch dicker, als Marx das Wort ergreift. Nicht nur wiederholt er gegenüber der Parteiführung die Drohung, sich an die Öffentlichkeit zu wenden. »Nach abgehaltnem Koalitionskongreß werden Engels und ich nämlich eine kurze Erklärung veröffentlichen, des Inhalts, daß wir besagtem Prinzipienprogramm durchaus fernstehn und nichts damit zu tun haben. Es ist dies unerläßlich, da man im Ausland die von Parteifeinden sorgsamst genährte Ansicht – die durchaus irrige Ansicht – hegt, daß wir die Bewegung der sog. Eisenacher Partei insgeheim von hier aus lenken ... Abgesehn davon ist es meine Pflicht, ein nach meiner Überzeugung durchaus verwerfliches und die Partei demoralisierendes Programm auch nicht durch diplomatisches Stillschweigen anzuerkennen.«[26]

Marx nimmt sich mehrere Wochen Zeit und kommentiert den Programmentwurf in der Manier eines Scharfrichters. Wohl selten ist das Positionspapier einer Partei schlimmer verrissen worden. Aber mindestens ebenso selten dürfte es eine konstruktivere Kritik gegeben haben als die *Randglossen zum Programm der deutschen Arbeiterpartei* – nach Ansicht des britischen Marx-Forschers David McLellan »eine der wichtigsten theoretischen Schriften von Marx überhaupt«[27].

Nach dem *Bürgerkrieg in Frankreich* als Schlussfanfare, in der Marx seine radikaldemokratischen Vorstellungen von der sozialen Republik hinausposaunt hat, wird seine *Kritik des Gothaer Programms* zum stillen Postskriptum mit Einblicken in seine Vorstellungen einer nachkapitalistischen Welt. Nicht Umverteilung schwebt ihm vor, sondern Umwertung der Werte.

»Erst nachdem die knechtende Unterordnung der Individuen unter die Teilung der Arbeit, damit auch der Gegensatz geistiger und körperlicher Arbeit verschwunden ist; nachdem die Arbeit nicht nur Mittel zum Leben, sondern selbst das erste Lebensbedürfnis geworden; nachdem mit der allseitigen Entwicklung der Individuen auch ihre Produktivkräfte gewachsen und alle Springquellen des genossenschaftlichen Reichtums voller fließen – erst dann kann der enge bürgerliche Rechtshorizont ganz überschritten werden und die Gesellschaft auf ihre Fahne schreiben: Jeder nach seinen Fähigkeiten, jedem nach seinen Bedürfnissen!«[28]

Und dazwischen? Da spielt eine Melodie, die sie hinterm Eisernen Vorhang zur Genüge hören durften: »Zwischen der kapitalistischen und der kommunistischen Gesellschaft liegt die Periode der revolutionären Umwandlung der einen in die andre. Der entspricht auch eine politische Übergangsperiode, deren Staat nichts andres sein kann als *die revolutionäre Diktatur des Proletariats.*«

Man muss Marx nicht mögen, um ihm zugutezuhalten, damit nicht proletarische Diktatoren vom Schlage der Genossen Honecker oder Mielke gemeint zu haben. Vielmehr stellt er sich vor, dass die Arbeiter als Mehrheit die Regierung übernehmen und den Staatsapparat nutzen, um ihn am Ende überflüssig zu machen. Vor dem Kommunismus kommt der Sozialismus, haben sie im Osten daraus gemacht. Den beschreibt Marx wie ein Fegefeuer auf dem Weg ins Paradies.

Gleich zu Beginn stellt er klar, dass abstrakte Gleichheit, wie sie vor dem Gesetz besteht, konkrete Ungleichheit erzeugt, solange die neue Gesellschaft »in jeder Beziehung, ökonomisch, sittlich, geistig, noch behaftet ist mit den Muttermalen der alten Gesellschaft, aus deren Schoß sie herkommt«[29].

Denn »der eine ist… physisch oder geistig dem andern überlegen, liefert also in derselben Zeit mehr Arbeit oder kann während mehr Zeit arbeiten… Bei gleicher Arbeitsleistung und daher gleichem Anteil an dem gesellschaftlichen Konsumtionsfonds erhält also der eine faktisch mehr als der andre, ist der eine reicher als der andre etc. Um alle diese Mißstände zu vermeiden, müßte das Recht, statt gleich, vielmehr ungleich sein.«[30] Heute regelt man so etwas mit Steuerklassen und Kinderfreibeträgen. Damals musste Trost genügen:

»Diese Mißstände sind unvermeidbar in der ersten Phase der kommunistischen Gesellschaft, wie sie eben aus der kapitalistischen Gesellschaft nach langen Geburtswehen hervorgegangen ist.«[31] Ein Marx-Zitat zur

Gerechtigkeit, das auf den Mangel übertragen an alle leeren Konsum-Regale und die Fabriktore der Volkseigenen Betriebe gehört hätte – am besten mit dem Hinweis auf die ganz sicher kommende »höhere Phase der kommunistischen Gesellschaft«[32], in der es an nichts mehr fehlen würde.

»Lenin hat sich durch diese Passage dazu autorisiert gesehen«, so die Autoren eines umfangreichen, 2016 erschienenen *Marx-Handbuchs*, »den Staat als Durchsetzungsagentur eines allgemeinen Arbeitszwanges zu konzipieren«[33]. Das Jammertal hat nur seinen Namen gewechselt. Statt der »Revolution in Permanenz« bis zum Kollaps des Kapitalismus stellt nun eine »Übergangsphase« die Geduld auf die Probe – bis »der Gegensatz geistiger und körperlicher Arbeit« aufgehoben ist.

Marx beendet seinen Text wie ein alttestamentarischer Prophet mit einem Zitat aus Ezechiel 3, 19: »Dixi et salvavi animam meam.«[34] – Ich habe gesprochen und meine Seele gerettet. Ein würdevollerer Schlusspunkt des letzten Postskriptums lässt sich kaum denken. Rein äußerlich wendet sich da einer an die Granden einer real existierenden Sozialistenpartei. Aber in seinem Innern hat er die Zukunft im Blick.

Doch dann passiert das Ungeheuerliche: Liebknecht zeigt den Text ein paar Vertrauten in der Parteispitze, Bebel zählt nicht dazu, dann lässt er ihn in der Schublade verschwinden. Und Marx? Vom angekündigten Krakeel keine Spur. Er und Engels schweigen. Und dieses Schweigen ist symptomatisch für ihre Situation. Mag Marx auch, wie Liebknecht bei jeder Gelegenheit betont, unbestritten der geistige Vater »unserer Partei« sein, so werden er und sein Partner in England doch kaltgestellt.

Wie noch nie zuvor stößt Marx an seine Grenzen. Es ist noch nicht einmal vier Jahre her, da hat man ihm sein Büchlein über die Commune aus den Händen gerissen. Und jetzt? Eine sozialistische Partei, die es ohne ihn so nicht gäbe, enthält seine Gedanken sogar ihren eigenen Mitgliedern vor.

Erst 1891, acht Jahre nach Marx' Tod und auch nur nach Engels' Drohung, die *Kritik des Gothaer Programms* nötigenfalls eigenhändig zu publizieren, bekommen die Sozialdemokraten die Einwände zu lesen. Sie werden nicht schlecht gestaunt haben. Marx liefert, das macht den Text so wertvoll, einen wichtigen Baustein für sein Bild der von ihm erwarteten kommunistischen Gesellschaft. Wer das allerdings anders sieht, kann darin leicht auch Bedrohung statt Verheißung lesen.

Der Vorgang zeigt zweierlei. Zum einen hat Marx wieder einmal nicht aus eigenem Antrieb geschrieben, sondern wie beim *Manifest*, bei der

Inauguraladresse und beim Commune-Text nur als Reaktion auf einen Reiz. Offenbar braucht der Künstler einen Anlass, um aktiv zu werden. Aber ohne solche von außen angeregte Stücke wüssten wir viel weniger über seine Ideen. Zum andern fällt es ihm, hat sich sein Blut wieder abgekühlt, trotz aller Empörung nicht ein, seinen Standpunkt öffentlich zu machen.

So bleibt seine Kritik wie zwei Drittel seines gesamten Werkes bis zu seinem Tod unpubliziert. Marx muss ein ziemliches Vertrauen in seine Nachwelt besessen haben. Sie kann sich erst ein Bild von seinem Schaffen machen, wie es seinen Zeitgenossen unmöglich ist. Doch das gehört für ihn zum Gesamtkunstwerk in der Tradition einer Romantik, die das Unfertige feiert und sich künstliche Ruinen in die Gärten stellt. Das Fragmentarische, erst allmählich zu Entschlüsselnde, gehört zum Wesenskern der Unvollendeten.

Am 27. Mai 1875 verabschieden die Sozialdemokraten auf ihrem Vereinigungsparteitag in Gotha ihr Programm, das eher im Zeichen der Realpolitik steht als der Revolution. Ohne auch nur einen seiner Kritikpunkte zu berücksichtigen, folgen sie dem alten Marxschen Gedanken, dass, modern gesprochen, die Gruppe der Lohnabhängigen irgendwann die Mehrheit innehaben wird und die Macht per Wahlen übernehmen kann.

Ihre Einheitspartei steht allen offen, Arbeitern und Handwerkern genau wie Ärzten oder Intellektuellen. Bald ist sie aus der politischen Landschaft in Deutschland trotz zeitweiligen Verbots nicht mehr wegzudenken. Eine Partei, die manchmal revolutionär redet, aber meist reformistisch handelt, also evolutionär denkt, und weniger die ferne Zukunft eines kommunistischen Paradieses vor Augen hat als die Gegenwart mit ihren lösbaren Problemen.

Was Marx noch bekommt, ein Trostpflaster für die Geschichtsbücher, hat darin als »Kanossagang nach London« Eingang gefunden. So nennt Bebel, nicht ganz frei von Ironie, in seinen Erinnerungen *Aus meinem Leben* seine Reise zu Marx. Mit von der Partie: Der Sozialdemokrat Eduard Bernstein, der dem Meister mit seiner Ablehnung utopischer Programme und gewaltsamer Revolutionen um der Revolution willen vielleicht nähersteht, als es seine viel zitierten Sätze nahelegen:

»Ein Irrtum wird dadurch nicht der Forterhaltung wert, dass Marx und Engels ihn einmal geteilt haben.« Oder: »Es kann jemand gegen Marx recht haben, der ihm an Wissen und Geist nicht entfernt das Wasser reicht.« In gewisser Weise hat der Begründer des »Revisionismus«, geistiger Vater der Godesberger SPD, die Marx im Jahr 1959 endgültig abschwor, somit Feind aller »wahren« Linken, als Erster gepredigt, Marx von den Marxisten zu befreien.

Im heutigen Sprachgebrauch wird ein als erniedrigend empfundener Bittgang im übertragenen Sinne als »Gang nach Canossa« bezeichnet.[35] Davon kann bei der London-Reise der beiden Deutschen 1881 keine Rede sein, auch wenn die sozialistische Geschichtsschreibung es glauben machen will. Sie haben sich Marx nicht unterworfen, sondern ihn unterrichtet und seine Meinung eingeholt. Einen erkennbaren Einfluss auf ihre Position hat er nicht gehabt. Immerhin verdanken wir dem Besuch ein Porträt der Familie Marx, wie es nur wenige geliefert haben:

»Jenny Marx … war eine vornehme Erscheinung«, berichtet Bebel, »die ihre Gäste in der scharmantesten und liebenswürdigsten Weise zu unterhalten verstand. An jenem Sonntag lernte ich auch … Tochter Jenny kennen, die mit ihren Kindern zu Besuch gekommen war. Hierbei wurde ich sehr angenehm überrascht, zu sehen, mit welcher Herzlichkeit und Zärtlichkeit Marx, der zu jener Zeit überall als der schlimmste Menschenfeind verschrien war, mit den beiden Enkelkindern zu spielen verstand und mit welcher Liebe diese an dem Großvater hingen. Außer Jenny … waren auch die beiden jüngeren Töchter … zugegen. Tussy mit schwarzen Haaren und schwarzen Augen, das Ebenbild des Vaters, Laura, hellblond mit dunklen Augen, mehr das Ebenbild der Mutter, beide hübsch und lebhaft. Auffallend für den Fremden war, daß Marx von Frau und Kindern immer Mohr angeredet wurde, als existiere kein anderer Name für ihn. Der kam von seinem pechschwarzen Haupt- und Barthaar, das damals, mit Ausnahme des Schnurrbartes, schon weiß leuchtete.«[36]

31

Im Osten geht die Sonne auf

Marx' russische Seele

Bei seiner ersten Ankunft in Karlsbad führt die Kurliste neben Marx und dem Berliner Historienmaler Otto Knille auch den russischen Großdichter Iwan Turgenjew. Der hat sich vis-à-vis von Haus Germania im ungleich herrschaftlicheren »König von England« einquartiert. Ob die beiden ins Gespräch gekommen sind, ist nicht überliefert. Dagegen spricht, dass der Russe wegen seiner angeblichen Gicht – sie stellt sich später als Rückenmarkkrebs heraus, der ihn kurz nach Marx ins Grab bringen wird – das Haus kaum verlässt.

Sein gleich alter, ähnlich weißbärtiger deutscher Nachbar aus London ist dagegen fast den ganzen Tag auf den Beinen. »Ich bin wenigstens 12 Stunden im Freien«[1], berichtet er Engels. Sollten sich die Kurenden aber ausgetauscht haben, hätten sie mindestens ein gemeinsames Thema gehabt: Bakunin. Turgenjew hat den Anarchisten in Berlin kennengelernt. Sein Leben hat ihm Pate gestanden für die Figur des *Rudin* im gleichnamigen Roman.

Kaum anzunehmen aber, dass Marx die Anwesenheit des Autors von *Väter und Söhne* übersehen hat. Dessen Landsleute sind ihm jedenfalls aufgefallen. »Wimmelt hier von Russen«, lässt er den Freund im Folgejahr wissen. Das Gleiche könnte heute ein Gast nach Hause schreiben. Reiche Russen, in den Erste-Klasse-Welten schon lange zum Sinnbild des postsowjetischen Kapitalismus geworden, prägen das Bild der verkehrsberuhigten Shoppingzonen entlang der Tepl. Kaum ein Kurhotel oder Luxusgeschäft, das seine Angebote nicht neben Deutsch und Englisch im lateinischen Alphabet auch auf Kyrillisch anzeigte.

Niemand, der außer Marx' Werk auch sein Wirken beleuchtet, kommt an seinem Verhältnis zu Russland vorbei. Schon allein wegen 1917, Lenin und Folgen. Nirgendwo hat die marxistische Geschichtsschreibung seine Biografie ärger manipuliert, Passagen ausgelassen, ganze Texte unterdrückt wie in der UdSSR. Sein Russlandhass, den er jahrzehntelang in unzähligen Artikeln ausgelebt hat, passt so gar nicht ins Bild des sowjetischen Idols. Vielleicht wäre sogar die Weltgeschichte anders verlaufen, hätte der allgegenwärtige Poster-Opa in seinen späten Jahren nicht eine Zuneigung zum chronisch ungeliebten Russentum entwickelt, die sofort auf Gegenliebe stößt.

Mit kaum einer seiner Anschauungen hat Marx einen vergleichbaren Wandel durchlebt. Ausgerechnet das erzreaktionär zaristische Russland, in seinen Schriften lange die Inkarnation des Bösen und Gefährlichen, beschert ihm eine Schar glühender junger Anhänger mit Begeisterung für das *Kapital*, wie er sie in Deutschland oder England nie hinter sich gewusst hat.

Als erste ausländische Übersetzung ist schon sechs Monate vor dem Haager Kongress 1871 eine russische Ausgabe erschienen. Begonnen hat sie bekanntlich Bakunin, fortgesetzt dessen Landsmann Hermann Lopatin unter Marx' Anleitung während gemeinsamer Tage im Britischen Museum. Fertiggestellt hat sie schließlich der Ökonom und Soziologe Nikolai Danielson in seinen freien Stunden neben seiner Arbeit in einer Petersburger Bank.

Die strenge zaristische Zensur hat das Manuskript als »diffizil und kaum verständlich« passieren lassen. »Nur wenige werden es lesen und noch weniger werden es verstehen.«[2] Das Gegenteil tritt ein. Die russische Ausgabe verkauft sich besser als alle anderen. Die Bände werden verschlungen und weitergereicht, nicht selten zur Tarnung im Einband des Neuen Testaments. Endlich bekommt Marx auch die Kritiken, nach denen er so lange dürstet.

Gleichzeitig teilt ihm sein Hamburger Verleger mit, die erste deutsche Auflage des *Kapital* gehe zur Neige, eine zweite, günstigere sei in Planung. Anderthalb Jahre Fleiß fließen in deren Erarbeitung. Die letzte Lieferung mit stark überarbeiteten ersten Kapiteln erscheint im Juni 1873. Da ist bereits die französische Fassung in Arbeit, die ihn – der Sprache mächtig – mit ihren erheblichen Veränderungen viel mehr in Anspruch nimmt als erwartet. Sie erscheint schließlich im Mai 1875.

Sein wachsender russischer Fanclub wird für ihn nun auch in London wahrnehmbar. Junge Revolutionäre schreiben ihm, pilgern zu ihm in die Maitland Park Road. Sie wollen nicht nur Rat vom weisen Vordenker, sie versorgen ihn auch mit umfangreichem Material. Plötzlich hört man russische Musik im Hause Marx, Volkslieder werden gesungen, Romane aus Russland gelesen. In der Korrespondenz von Marx und Engels nehmen Namen wie Smirnow oder Kowalewski zu. Ihre Sympathie für die russische Sache erwacht in jenem Moment, da sie den Rivalen Bakunin endgültig erledigt wissen.

Dabei geht es längst nicht mehr nur um Politik. Mit dem Soziologen Pjotr Lawrow, Mitglied der Internationale und Teilnehmer am Commune-Aufstand, der wie sie in London lebt, treten sie in einen intensiven Briefwechsel. Immer wieder kreisen sie um Themen aus der Naturforschung. Marx, der Weltbildbauer, interessiert sich jetzt für alles, was irgendwie in sein Panorama passt. Statt sich allein auf Ökonomie zu beschränken, verarbeitet er neue Erkenntnisse aus Anthropologie und Archäologie, Geologie, Geografie, chemische Synthesen, mathematische Verfahren, biologische Theorien.

»Durch Mischen kolloidaler Lösungen«, schreibt er an Lawrow, »z. B. von Gelatine mit Kupfersulfat usw. erhält man von einer Membran umgebene Klümpchen, die man durch Intussuszeption zum Wachsen bringen kann. Damit hat die Bildung von Membranen und das Wachstum von Zellen das Reich der Hypothesen verlassen. Damit ist ein großer Schritt getan, der um so gelegener kam, als Helmholtz und andere im besten Zuge waren, die absurde Doktrin zu verbreiten, daß die Keime des irdischen Lebens fertig vom Mond herunterfallen, d. h. daß sie durch Meteore zu uns gebracht worden seien. Ich verabscheue derartige Erklärungen, die ein Problem lösen, indem sie es in eine andere Sphäre verweisen.«[3]

Abgesehen davon, dass die sogenannte Panspermientheorie, nach der das Leben aus dem Weltraum auf die Erde gekommen ist, bis heute diskutiert wird, verrät die Äußerung einen Kern der Marxschen Überzeugung. Er versteht die Entwicklung von Gesellschaft und Wirtschaft als organischen Prozess, der ohne kosmischen oder göttlichen Einfluss auskommt.

In Karlsbad, beim zweiten Besuch 1875, kann Marx in seinem Adressbuch beim Buchstaben K eine Änderung vornehmen. Wo vor Jahresfrist noch der Name Kugelmann stand, firmiert nun mit seiner Londoner Anschrift Maxim Kowalewski. Der russische Soziologe und Bewunderer des Marxschen Werkes, dreiunddreißig Jahre jünger als er, forscht über ein Thema, das Marx seit Jahren brennend interessiert: Gemeindelandbesitz, wie er in den Dorfgemeinschaften im Zarenreich noch vorherrscht.

Angeregt durch den vor allem in Deutschland romantisch motivierten

Trend, sich mit Vorgeschichte zu beschäftigen, hat auch Marx nach der Enttäuschung über die mangelnde Resonanz auf das *Kapital* sein Herz dafür entdeckt. Er lernt Russisch. Das in den russischen »Mir« vorherrschende Gemeindeeigentum an Grund und Boden ähnelt den Verhältnissen, wie er sie bei den vorfeudalen germanischen Stämmen in den »Marken« und »Gehöferschaften« ausgemacht hat. Deren Überreste sind bis in seine Zeit noch zu beobachten, besonders im Hunsrück nahe seiner Geburtsstadt Trier.

Zwei Jahre vor Marx' Tod finden seine Studien Widerhall in einem Brief, den Bolschewiken und ihre Trabanten später wie eine heilige Schrift behandeln. Er beantwortet eine dringende Bitte der russischen Revolutionskämpferin Vera Sassulitsch:

»In letzter Zeit hörten wir oft sagen, daß die Dorfgemeinde eine archaische Form ist, die die Geschichte … zum Untergang verurteilt hat. Jene, die das prophezeien, nennen sich Ihre Schüler: ›Marxisten‹ … Sie verstehen also, Bürger, inwiefern uns Ihre Meinung zu dieser Frage interessiert und welchen großen Dienst Sie uns leisten würden, wenn Sie Ihre Ansichten über das mögliche Schicksal unserer Dorfgemeinde darlegten und über die Theorie der historischen Notwendigkeit, daß alle Länder der Welt alle Phasen der kapitalistischen Produktion durchlaufen.«[4]

Marx hat es sich mit der Antwort nicht leicht gemacht. Insgesamt vier Entwürfe, jeder einzelne Gegenstand ausführlicher Deutungen marxistischer Exegeten, gehen dem eher knappen Endresultat voraus. Darin heißt es: »Die im ›Kapital‹ gegebene Analyse enthält … keinerlei Beweise – weder für noch gegen die Lebensfähigkeit der Dorfgemeinde, aber das Spezialstudium, das ich darüber getrieben und wofür ich mir Material aus Originalquellen beschafft habe, hat mich davon überzeugt, daß diese Dorfgemeinde der Stützpunkt der sozialen Wiedergeburt Rußlands ist.«[5]

Gleich im ersten Entwurf seiner Antwort an Sassulitsch hat er klargestellt: »Um die russische Gemeinde zu retten, ist eine russische Revolution nötig.«[6] In der Vorrede zur russischen Ausgabe des *Kommunistischen Manifest* von 1882 schreibt er entsprechend: »Wird die russische Revolution das Signal einer proletarischen Revolution im Westen, so daß beide einander ergänzen, so kann das jetzige russische Gemeineigentum am Boden zum Ausgangspunkt einer kommunistischen Entwicklung dienen.«[7]

Das haben sich Lenin und Co. nicht zweimal sagen lassen. Davor hat

Marx noch etwas gesagt, was ihnen perfekt in den Kram passte, obwohl es nicht als Rat gedacht ist, sondern die damaligen Verhältnisse in Russland meint: »Also ist etwas Neues notwendig, und dieses ... läuft immer auf folgendes hinaus: das Gemeineigentum abschaffen, die mehr oder weniger begüterte Minderheit der Bauern als ländliche Mittelklasse konstituieren und die große Mehrheit der Bauern in gewöhnliche Proletarier verwandeln.«[8]

Für Abermillionen ist daraus unter Stalin, dann unter veränderten Vorzeichen auch in der DDR und den sozialistischen Bruderstaaten, bittere Realität geworden. Als sie ihr Familienerbe dem sozialistisch geplanten Agrobusiness der Kolchosen und Produktionsgenossenschaften unterstellen müssen, verlieren die meisten den Glauben an eine zwangsnivellierte Volksgemeinschaft. So wie Marx aufgrund solcher Sätze, die er nur erwogen, aber nicht einmal abgeschickt hat, in Mithaftung genommen wird, stößt er in bäuerlichen Kreisen bis heute nicht gerade auf begeisterte Zustimmung.

Historisch verstanden, hat die junge Sowjetunion ihr Überleben damals nur dadurch gesichert, dass sie die Landvertreibung zugunsten der Fabriken, in England eine Sache von Jahrhunderten, in kaum zwei Jahrzehnten Turbokommunismus durchgepeitscht hat. Mit dem Staat als Gesamtkapitalist und Inhaber des Gewaltmonopols, das jüngste Beispiel China zeigt es, gelingt Industrialisierung in einer Generation – für Moskau ab 1930 gerade noch rechtzeitig, um dem hochgerüsteten Hitlerland Paroli bieten zu können. Allerdings hat China unter Mao mit dem »großen Sprung nach vorn« zwischen 1958 und 1961 einen gescheiterten Versuch gewaltsamer Industrialisierung hinter sich, dem nach Schätzungen fünfzehn bis fünfundvierzig Millionen Menschen zum Opfer fielen.

Vielleicht hat Marx die russische Seele besser verstanden, als ihm sein lang gehegter Russenhass eigentlich erlaubte. Unzählige Künstler haben die Erfahrung gemacht, in fremden Kulturkreisen geliebt und verstanden zu werden, im eigenen eher weniger. Wer mag es dem Ruheständler verübeln, hier noch einmal Feuer gefangen zu haben? So hat er auf vielfältig verschlungenen Pfaden tatsächlich Einfluss auf den Gang der Geschichte genommen – allein durch sein Wort. Aber darf man ihn haftbar machen für den Wahnsinn in seinem Namen?

Das genau ist die Gretchenfrage, an der sich bei Marx die Geister scheiden. Verschwörungstheoretisch gelesen halten seine Schriften ausreichend Fußangeln bereit, ihn per Indizienbeweis der Urheberschaft zu überführen. Anders gefragt: Hat Marx das, was man ihm anlastet, je so gewollt? Und selbst wenn es so wäre, was zählte denn sein Wille? Erzeugt Absicht Schuld nicht erst im Moment der Tat?

Da dürfte dem Schreibtischtäter schwerlich etwas anzulasten sein. Er hat der Zukunft weder ein Programm geschrieben noch, außer vagen Andeutungen, konkrete Träume gestreut. Aber er hat ihnen ein Daseinsrecht in den Köpfen verschafft. Wenn darin sein ganzes Vergehen besteht, dann liegt es nur in der Natur seines Werks an der Reibungsfläche von Möglichkeit und Wirklichkeit.

32

»Mein Herz blutet«

Freud und Leid im Hause Marx

Der Deutsch-Französische Krieg von 1870/71, die Belagerung von Paris und ihre Folgen lassen Familie Marx auch jenseits der politischen Bedeutung für die Bewegung nicht unberührt. Tochter Laura und ihr Mann Paul flüchten mit ihrem »Schnappy« zunächst aus Paris nach Bordeaux. So erleben sie nur aus der Ferne, wie Frankreich kapituliert, der Kaiser gefangen genommen und die Republik ausgerufen wird.

Ende Januar 1871 kommt auf der Flucht Marc-Laurent, ihr drittes Kind auf die Welt. Auch diesem neuen Erdenbürger ist kein langes Leben vergönnt. Er stirbt nach einem halben Jahr. Ein Jahr später erkrankt auch ihr erster Sohn, vermutlich an Ruhr, und folgt wenig darauf seinen verstorbenen Geschwistern in den Tod. Nunmehr kinderlos, bekommen die Lafargues auch keinen weiteren Nachwuchs mehr.

Selbst in Friedenszeiten geraten Marx wie seine Familie und viele ihrer Zeitgenossen immer wieder in existenzielle Extremsituationen, wie sie in der entwickelten Welt heute den meisten Menschen ein Leben lang erspart bleiben. Der Tod ist ein ständiger Begleiter. Lange Leidensphasen, unheilbare Krankheiten, plötzlicher Verlust. Aber das Leben geht weiter. Das Ende des dreieinhalbjährigen Enkels Charles-Etienne wird von der Freude über die Verlobung der ältesten Tochter überstrahlt: Wie Laura hat sich auch Jenny mit einem französischen Sozialisten zusammengetan, dem sechs Jahre älteren Charles Longuet.

Die beiden kennen sich schon aus den 1860er-Jahren, als das Haus der Marxens Flüchtlingen und Dissidenten offenstand. Als dort Longuet, der beim Aufstand der Pariser Kommune aktiv mitgekämpft hat, nach deren Niederschlagung im Frühjahr 1871 erneut Zuflucht sucht, kommen sich er und die kleine Jenny näher. Ein Jahr später versprechen sie sich einander.

»Die Übereinstimmung der Ansichten und Lebensüberzeugungen

unter dem jungen Paar«, schreibt Mutter Marx ihrer Freundin Ernestine Liebknecht, »sichern eine Bürgschaft für ihr späteres Glück. Andrerseits kann ich doch nicht ohne Sorgen dieser Verbindung entgegensehen, ich hätte wirklich gewünscht, daß Jennys Wahl (for a change) auf einen Engländer, oder Deutschen, statt auf einen Franzosen gefallen wäre, der natürlich neben all den liebenswürdigen Eigenschaften seiner Nation auch nicht ohne ihre Schwächen und Unzulänglichkeiten ist ... Ich kann nicht umhin zu fürchten, daß Jennys Los als politische Frau allen den Sorgen und Qualen ausgesetzt ist, die unzertrennlich davon sind.«[1]

Das ist insofern interessant, als auch die sechsundfünzigjährige Mutter im selben Augenblick Sympathien für einen jungen französischen Freiheitskämpfer hegt. Gustave Flourens, kaum über dreißig, ist im März 1870 nach London gekommen und genießt, wie so viele andere, bevorzugtes Gastrecht im Hause Marx. Jenny blüht auf, lässt sich umschwärmen. Als er nach Frankreich zurückkehrt, um an der Seite der Aufständischen zu kämpfen, verabschiedet sie ihn voller Wehmut. Marx an Engels über den Schwarm seiner Frau: »Voll Illusionen und Revolutionsungeduld, but a very jolly fellow with all that, nicht von der ›ernschten‹ Männerschule.«[2]

Anfang April wird Flourens verhaftet und von einem Gendarm der Regierung brutal »standrechtlich« erschossen. Die Trauernde schreibt einen Nachruf auf den »Bravsten aller Braven«[3], Liebknecht veröffentlicht den Text im *Volksstaat*. »Kühn bis zur Verwegenheit, ritterlich, human, mitleidig, weich bis zur Schwäche (nichts Menschliches war ihm fremd), war sein Geist reich gebildet ... Er war das rothe Gespenst der Bourgeoisie, das sie in ihm verkörpert sah.«[4]

Einem Freund schreibt sie: »Es bedurfte mehr als 20 Jahre, um so brave, tüchtige, heroische Männer heranzubilden, und nun sind sie fast alle dahin.«[5] Es gehört offenbar zur seelischen Grundausstattung von Menschen, die ständig mit dem Verlust von Liebsten und Nächsten konfrontiert sind, den Blick rasch wieder nach vorne richten zu können.

Jenny und ihr Verlobter vermählen sich am 10. Oktober 1872 in London. Dort, im Hause Marx, erblickt Anfang September des Folgejahres erneut ein kleiner Charles das Licht der Welt, benannt nach Vater und Großvater. Die Großmutter erlebt glückselig erstmals die Geburt eines Enkels. Doch auch dieses Glück ist nur von kurzer Dauer. »Putty«, wie der Erstgeborene gerufen wird, erlebt seinen ersten Geburtstag nicht.

Für Marx wiederholt sich der schlimmste Fluch seines Lebens. In einem Ausbruch von Mitgefühl (und Selbstmitleid) schreibt er der trauernden Tochter: »Das Haus ist ausgestorben, seit der kleine Engel es nicht mehr belebt. Ich vermisse ihn auf jedem Schritt und Tritt. Mein Herz blutet, wenn ich an ihn denke, und wie kann man sich ein so süßes, tüchtiges Männchen aus dem Kopf schlagen! Doch hoffe ich, mein Kind, daß Du Deinem Alten zuliebe tapfer bist.«[6]

Die Tochter bleibt »tapfer«, obwohl sie bei ihrem tyrannischen, prügelnden Ehemann offenbar nicht viel zu lachen hat. Neben ihrer Arbeit als Deutschlehrerin kommt sie ihren »ehelichen Pflichten« nach, als wollte sie in die Fußstapfen ihrer eigenen Mutter treten. In den kaum mehr als sechs Jahren, die ihr noch zum Leben bleiben, bringt sie fünf weitere Kinder zur Welt.

Den Anfang macht im Mai 1877 der kleine »Johnny«. Marx an Engels: »Er wird benamst Jean (Name von Longuets Vater) Laurent (nickname of Laura) Frederick (zu Deiner Ehre)«[7]. Beim »Benamsen« nach lebenden und verstorbenen Verwandten – oder Freunden wie Fritz – und der Ausstattung mit eingängigen Spitznamen folgen die Marxens und Longuets eisern der Familientradition.

»Ich gratuliere Dir zur glücklichen Entbindung«, schreibt Marx seiner Tochter Jenny in Frankreich. »Meine ›Frauen‹ erwarteten, daß der ›neue Erdenbürger‹ ›die bessere Hälfte‹ der Bevölkerung vermehren würde; ich ziehe meinerseits das ›männliche‹ Geschlecht bei Kindern vor, die an diesem Wendepunkt der Geschichte geboren werden.«[8] Der nächste Enkel, geboren im Juli 1878, wird nach Marx' Vater Heinrich »Henri« getauft, aber »Harry« gerufen. Er hat seinen Opa nur um acht Tage überlebt.

Vier der Marxschen Longuet-Erben leben weit bis ins 20. Jahrhundert, Ureltern eines heute kaum noch überschaubaren, verzweigten Stammes, dessen Anghörige sich immer wieder bei Festivitäten zu Ehren ihres Ahnherren zeigen. So hat die kleine Jenny dafür gesorgt, dass sich das genetische Erbe von Karl und Jenny Marx bis heute in Ururur- und Urururenkeln erhält.

Jean-Laurent, der Zweitgeborene, ist 1938 als Erster der vier gestorben; er hat zwei Söhne hinterlassen. Ihm folgt im August 1879 Edgar (er lebt bis 1950 und hinterlässt eine Tochter und drei Söhne), Ende April 1881 Marcel (gestorben 1949; ein Sohn) und Anfang 1882 noch ein Mädchen, das zu Ehren der kurz davor verstorbenen Großmutter auf den Namen Jenny getauft wird und als Letzte der Linie 1952 kinderlos das Zeitliche segnet.

Wenn es stimmt, dass Eltern- im Großelternglück seine Fortsetzung findet, erleben die Eheleute Marx trotz aller Gebrechen Seite an Seite glückliche letzte Jahre. »Vivat der kleine Weltbürger!«[9], ruft der Opa ohne Stammhalter seinem »Herzensjennychen« nach Edgars Geburt stolz zu. Mit seinem »Augapfel« Johnny spielt und singt er wie einst mit seinem geliebten Musch. »Der kleine Mann«, berichtet er Engels, »verrät … gefährliche Passion, statt im Zimmer herum-, die Treppe heraufzukriechen.«[10]

Wie sie insgeheim über den Kindersegen denkt, vertraut Jenny Longuet Schwester Laura an: »Diese verwünschten Kleinen sind ja wirklich reizende, liebe Kinder, aber sie strapazieren meine Nerven Tag und Nacht. Ich sehne mich so oft nach einer Erlösung von dieser unaufhörlichen Kinderpflege … Ich glaube fest, daß selbst die öde Routine der Fabrikarbeit einen nicht mehr aufreibt als die endlosen Haushaltspflichten.«[11]

Die »Erlösung« kommt schneller und anders als erwartet. Jenny Longuet wird nur achtunddreißig Jahre alt. Die jüngsten ihrer Kinder werden sich an die Mutter kaum erinnern können. Sie stirbt ein Jahr nach ihrer letzten Niederkunft an Blasenkrebs.

Ihre Mutter hat wenigstens noch ihre Enkel gesehen, von denen die Hälfte vor ihr unter der Erde sind. Aber sie hat auch den Anfang des Dramas ihrer Jüngsten erlebt. Eleanor ist noch nicht achtzehn, als auch sie sich in einen französischen Sozialisten verliebt. Der Journalist Prosper-Olivier Lissagaray, ein Mann aus einem alten französischen Adelsgeschlecht, siebzehn Jahre älter als sie, kommt 1871 als Commune-Flüchtling nach London.

Wie so viele von seinesgleichen landet er bei Marx, der ihn auffordert, die Geschichte des Pariser Arbeiteraufstandes aufzuschreiben. Sein Buch mit der getreuen Wiedergabe der Ereignisse wird das ideale Gegenstück zum *Bürgerkrieg in Frankreich*.

»Tussy«, selber politisch interessiert und später auch engagiert, verliebt sich in den bekannten Autor. Doch in ihrem Fall zeigt sich ihr Vater von der sturen Seite. Sei es, dass er nicht auch noch die jüngste Tochter an einen Franzosen »verlieren« will. »Longuet als letzter Proudhonist und Lafargue als letzter Bakuninenist! que le diable les importe!«[12] – der Teufel soll sie holen!, schreibt er später an Engels. Oder sei es, dass es ihm einfach nur um seine Vertraute und Sekretärin geht. Er lehnt die Verbindung ab.

Man darf sicher fragen, ob Marx im Interesse seiner Tochter oder im eigenen handelt. »Vater sagte einmal«, erinnert sie sich später, »in bezug auf meine älteste Schwester und mich: ›Jenny hat zwar am meisten von mir, Tussy aber – das bin ich‹.«[13] Eleanor arbeitet als Lehrerin, Übersetzerin – unter anderem überträgt sie Lissagarays Buch über die Commune ins Englische – und schreibt politische Artikel.

Wie ihr Vater verbringt sie ganze Tage in der Bibliothek des Britischen Museums, wo sie, die Theaterbegeisterte, auch Bekanntschaft mit George Bernard Shaw macht. Sie erhält sogar das seltene Recht, außerhalb der üblichen Öffnungszeiten in einem Sonderraum ihren Forschungen nachzugehen. Väterliche Prägung kann Fluch und Segen in einem bedeuten.

Doch in der Hauptsache dient sie, wie so viele Verwandte viel beschäftigter Berühmtheiten, dem Unternehmen Karl Marx. Sie hilft ihm bei seiner Korrespondenz, empfängt seine Gäste, begleitet ihn, selbst als Patientin kränkelnd, zu Kuraufenthalten nach Harrogate, Karlsbad oder auf die Kanalinsel Jersey. Doch obwohl fast ständig an der Seite des Vaters, gelingt es ihr nicht, ihn umzustimmen.

Lissagaray besucht seine Flamme, sie verloben sich heimlich und reisen und leben für ein paar Monate wie Mann und Frau zusammen. Aber statt ihr, wenn auch nur in Erinnerung seiner eigenen heimlichen Verlobung damals mit Fräulein von Westphalen, wenigstens ein Stück weit nachzugeben, verbietet Marx der jungen Frau schließlich jeglichen Umgang mit ihrem Galan. Vermutlich im Jahr 1874 schreibt sie dem Vater einen herzergreifenden Brief:

»Ich möchte gern wissen, lieber Mohr, wann ich L. wiedersehen darf. Es fällt mir *sehr* schwer, ihn *niemals* um mich zu haben. Ich bemühe mich mit aller Kraft, mich in Geduld zu fassen, aber es ist so schwierig, und ich glaube nicht, daß ich es noch viel länger ertragen kann … Du läßt mich doch auch mit Utin ausgehen, mit Frankel« – zwei Männern, die sie umschwärmen – »warum nicht mit ihm? – Außerdem würde es niemanden verwundern, uns zusammen zu sehen, da jeder weiß, wir sind verlobt … Es ist so lange her, daß ich mit ihm zusammen war, und ich fühle mich allmählich ganz unglücklich, trotz aller Bemühungen, heiter und fröhlich zu sein. Viel länger halte ich das nicht mehr aus.«[14]

Vor der letzten Konsequenz, sich über seinen Willen hinwegzusetzen, schreckt sie zurück – obwohl sie die Mutter auf ihrer Seite weiß: »Glaube mir, trotz allem Anschein des Gegentheils, begreift Niemand

Deine Lage, Deinen Kampf, Deine Erbitterung besser als ich. Laß Dein junges Herz siegen.«[15] Lissagaray hält an ihr fest, sie schreiben sich Briefe, in dem er sie als »ma petite femme« anspricht.

Als ihm ein Amnestiegesetz erlaubt, nach Paris zurückzugehen, folgt sie ihm nicht. Die Verlobung wird aufgelöst, und Tussy, depressiv und magersüchtig, trägt schwer daran. Ihrer Schwester Jenny schreibt sie Anfang 1882: »Es macht mich halb wahnsinnig hier herumzusitzen und zuzusehen, wie meine vielleicht letzte Chance, irgendetwas zu tun, vorübergeht.«[16]

Kurz nach dem Tod ihres Vaters tut sie sich mit dem zwielichtigen englischen Sozialisten Edward Aveling zusammen. Der verheiratete Mann vertröstet sie, bis seine todkranke Frau gestorben sei. Doch auch danach kommt es nicht zur Heirat. Sie gibt sich mit der »wilden« Ehe nicht nur zufrieden. Als moderne, im Café Zigarren rauchende, zeitunglesende Frau begrüßt sie die freie Art der Zweisamkeit – nennt sich fortan gleichwohl Marx-Aveling.

Zu den glücklichen Momenten dieser Beziehung gehören die gemeinsamen Arbeiten für das Theater. So sprechen sie im Januar 1886 bei einer Lesung in Avelings Haus in verteilten Rollen Ibsens *Nora*. Mit von der Partie: George Bernard Shaw, der Gastgeber Aveling noch im Alter »völlige Gewissenlosigkeit in finanziellen oder sexuellen Angelegenheiten«[17] nachsagt. Im Sommer desselben Jahres reist das Paar nach New York, um dort gemeinsam mit Liebknecht für die sozialistische Sache zu werben.

Als Eleanor erfährt, dass der Witwer unter falschem Namen heimlich eine andere geehelicht hat, und dann auch noch eine zweiundzwanzigjährige Schauspielerin, bricht die mühsam aufrechterhaltene Fassade zusammen. Ihrem Halbbruder Frederick Demuth beichtet sie:

»Ich habe heute morgen noch einmal an Edward geschrieben. Kein Zweifel, es ist schwach. Aber kann man vierzehn Jahre seines Lebens nicht auswischen, als seien sie nicht gewesen. Ich glaube, jeder, der auch nur den geringsten Sinn für Ehre hat – von Güte und Dankbarkeit gar nicht zu reden – würde diesen Brief beantworten. Wird er es thun? Ich fürchte fast, er thut es nicht.«[18]

Schließlich weiß sie keinen anderen Ausweg mehr im Leben, als es zu beenden. Ihrem Neffen in Frankreich schreibt sie: »Mein lieber Jonny! Mein letztes Wort ist an Dich gerichtet. Versuche es, Deines Großvaters würdig zu werden. Deine Tante Tussy.«[19] Am 3. April 1898, vier Monate vor dem – natürlichen – Tod Avelings, bringt sie sich mit Blausäure um. Sie ist nur dreiundvierzig geworden.

Die gleiche Todesart wählen ein gutes Jahrzehnt später ihre Schwester Laura und deren Mann Paul Lafargue. Weil sie ihren eigenen Verfall nicht erleben und niemandem zur Last fallen wollen, so heißt es in seinem Abschiedsbrief, wählen sie nach einem Opernbesuch in der Nacht vom 25. auf den 26. November 1911 gemeinsam den Freitod. Fünfzehntausend Menschen begleiten den Trauerzug zum Friedhof Père Lachaise in Paris. An ihrem Grab spricht im Namen der russischen Sozialdemokratie ein Mann namens Wladimir Iljitsch Uljanow, bald nur noch Lenin genannt. Ein paar Jahre später wird er Weltgeschichte schreiben.

Ihrer Mutter hat Eleanor in deren letzten Jahren noch einen unschätzbaren Gefallen getan. Jenny Marx, die wie ihre Jüngste die Leidenschaft für das Theater nie aufgegeben hat, macht sich bei jeder Aufführung Notizen. Begeistert von Stil und Inhalt, schickt die Tochter einen Text an die *Frankfurter Zeitung*. Die Redaktion veröffentlicht ihn im November 1875 anonym unter der Rubrik »Aus der Londoner Theaterwelt«. Die Rezension zeichnet sich nicht zuletzt dadurch aus, dass die Autorin das Publikum genau in Augenschein nimmt. Über den typischen Durchschnittsengländer schreibt sie:

»Er ist denkfaul; hat er doch jeden Morgen beim Frühstück mit obligater Eier- und Schinkenbegleitung seinen penny-a-liner parat, der für ihn denkt. Wie bequem ist's doch, mit den fertigen glatten Phrasen in der Tasche in den Omnibus zu steigen, in die City zu fahren oder ins Klubhaus oder abends im Theater in der Loge zu sitzen. Da hat ihm ja morgens schon die ›Daily News‹ vorgepredigt, daß Irving den Macbeth falsch auffasst.«[20]

Dagegen »der große Vorzug des Arbeiterpublikums. Der Arbeiter läßt sich nicht von der Presse verblüffen. Er geht ins Theater, traut seinen eigenen Augen und Ohren, klatscht und zischt nach Herzenslust und eigenem Gutdünken und richtigem Takt.«[21]

Ihre Artikel kommen so gut an, dass die Zeitung vier weitere bestellt und abdruckt. »Es ist mir gar kurios, dass ich in meinen alten Tagen und als bemoostes Haupt noch literarische entrechats mache und gar in Feuilletons Pirouetten drehe.«[22] Was hätte aus dieser sprachbegabten, politisch bewegten, humor- und geistvollen Frau mit ihrer tiefen Kenntnis der Literatur in unseren Tagen werden können? So bleibt ihr nur, als die Frau von Karl Marx dem Vergessen zu entgehen.

In den letzten Jahren erlebt Jenny an der Seite ihres Mannes, ähnlich wie er, ein Auf und Ab ihrer Gesundheit mit deutlichem Trend zum wachsenden Leid. »Grade zur rechten Zeit«, so Marx an Engels, »bevor ihr Übel verschlimmert«[23], fährt sie im Sommer 1877 mit Karl und ihrer jüngsten Tochter zur Kur in die Heimat, nach Bad Neuenahr. Die Wirkung der Anwendungen, die sie vier Wochen lang genießt, hält nicht lange an. Der Krebs erweist sich als stärker.

Ein weiterer Todesfall überschattet das kommende Jahr. Lizzy Engels – er hat die irische Katholikin noch auf dem Sterbebett geehelicht – ist mit einundfünfzig Jahren »von ihren langen Schmerzen« – welchen, das wissen wir nicht – »durch den Tod erlöst worden«[24]. So ist es nicht verwunderlich, dass nun auch Karl und Jenny über ihr eigenes Ende nachdenken. Besonders der Zustand von Frau Marx gibt immer häufiger Anlass zur Besorgnis. Sie ist an Krebs erkrankt.

Gleichzeitig muss sie einen weiteren Tiefschlag hinnehmen: Die »Kommunarden-Amnestie« erlaubt Schwiegersohn Charles Longuet mit seiner Familie, wie gleichzeitig auch Lissagaray, die Rückkehr nach Paris. Ohne das Leben der Kinder wird es leer in ihren vier Wänden, nach einem Umzug 1875 Maitland Park Crescent 41, ein kleineres Reihenhaus ein paar Schritte vom »Palast« entfernt.

Am 26. Juli 1881 schließt sie in Argenteuil zum letzten Mal ihre schwangere Tochter, deren Mann und vier Kinder in die Arme. Nach glücklichen Wochen im Kreise ihrer Lieben macht Karl ihr eine besondere Freude: »Wir brachten meine Frau Sonnabend nach Paris, das sie vom offnen Wagen sich entrollen sah, gefiel ihr sehr«, berichtet er Engels in seiner schon etwas gebrochenen Schreibart, »natürlich einige Unterbrechungen und sitting down before den Cafes. Einen Augenblick bei Rückfahrt wurde sie übel; doch will sie wieder hin.«[25]

So erlebt Jenny an der Seite ihres Karl wie eine Flaneurin im Cabriolet noch einmal die Stadt, in der sie fast vier Jahrzehnte zuvor das erste glückliche Jahr ihrer Ehe erleben durften.

Ein Telegramm aus London beendet das letzte Familienidyll. Tochter Eleanor ist schwer erkrankt. Hals über Kopf reist Marx ab, lässt sogar seine gebeutelte Frau zurück, die mit Lenchen nachkommen soll. Als sie, zurück in London, Tussy sieht, berichtet sie deren älterer Schwester in Frankreich, die Kranke habe sich durch ihre »verrückte Lebensweise« so ausgezehrt, »in solchen Fieber- und Schwächezustand gebracht«, dass die Tochter »nicht besser gehen«[26] könne als die sieche Mutter.

Jenny Marx lebt noch lange genug, einen stillen Höhepunkt in der Karriere ihres Mannes zu erleben. Im Dezemberheft 1882 der monatlichen Revue *Modern Thought* erscheint kurz vor ihrem Ende ein langer Artikel über einen »Anführer des modernen Denkens; Nr. XXIII – Karl Marx«. Erstmals werden seine Ideen in England, der Exilheimat, hoch lobend dargestellt. Überdies wird das Heft, für jeden Passanten sichtbar, im ganzen West End mit Plakaten beworben.

Es ist Eleanor, die das letzte Beisammensein ihrer Eltern wenige Tage danach später in Worten festhält: »Mohr überwand noch einmal die Krankheit. Nie werde ich den Morgen vergessen, an welchem er sich stark genug fühlte, in Mütterchens Stube zu gehen. Sie waren zusammen wieder jung – sie ein liebendes Mädchen und er ein liebender Jüngling, die zusammen ins Leben eintraten – und nicht ein von Krankheit zerrütteter alter Mann und eine sterbende alte Frau, die fürs Leben voneinander Abschied nahmen.«[27]

Die große Jenny stirbt, ohne die kleine Jenny noch einmal gesehen zu haben, am 2. Dezember 1881 im Kreise ihre Nächsten. Ihr geliebter Karl, Stolz und Prüfstein ihres Daseins, hält am Ende ihre Hand. Am Sterbebett hören er, Laura, Tussy und Lenchen ihre letzten verständlichen Worte: »Karl, meine Kräfte sind gebrochen.«[28] Ein sanfter Tod, so sanft, wie er unter Morphium bei Leberkrebs nur sein kann. Wenige Wochen später wird eine Jenny der übernächsten Generation ihren ersten Schrei ins Leben tun.

Frau Marx findet, wie ihr Schwiegersohn Paul berichtet, ihre letzte Ruhe auf dem »Friedhof zu Highgate in der Abteilung der ›Verdammten‹ (... in ungeweihter Erde).«[29] Witwer Karl ist zu krank, sie auf ihrem letzten Weg zu begleiten und am Grab die Rede seines Freundes Friedrich auf »die Frau mit dem edlen Herzen« zu hören. Sie endet mit einem Satz, der ihre Hingabe würdigt, nicht aber ihr Leiden daran: »Wenn es jemals eine Frau gab, die ihr größtes Glück darin gesehen hat, andere glücklich zu machen, so war es diese Frau.«[30]

Ein paar Monate später schreibt Marx dem Freund: »Übrigens, Du weißt, daß wenige Menschen demonstrativem Pathos mehr abgeneigt sind; es wäre jedoch eine Lüge, wollte ich nicht gestehen, daß mein Denken zum großen Teil beherrscht wird von Erinnerungen an meine Frau, diesen Teil der besten Jahre meines Lebens!«[31]

33

Freundschaftsdienst

Marxens Werk und Engels' Beitrag

Wollte man Marx den Prozess machen, um seine historische Verantwortung zu ermitteln, würde man feststellen, dass das Verfahren seit hundert Jahren läuft. Kein Wissenschaftler, Theoretiker, Philosoph oder Schriftsteller hat sich wie er auf der Anklagebank der Geschichte wiedergefunden. Aber dort sitzt er nicht allein. Neben ihm steht sein – je nach Lesart der Geschichte – Anwalt, Anstifter, Mitstreiter oder -täter, »der Mann, der den Marxismus erfand«[1]: Friedrich Engels.

Als dessen Mutter den Freund für die Tragödie der Commune verantwortlich macht, erinnert der Sohn sie daran, »dass früher Marx' Verwandte behaupteten, *ich* hätte ihn verdorben«[2]. Die Gegenthese ist ebenfalls in Umlauf. Eine Synthese könnte lauten: beide sich gegenseitig. Im komplizierten Kräfteverhältnis ihrer Symbiose nutzt jeder den anderen aus, so wie er umgekehrt auch von ihm profitiert. Nur dass Engels den Partner um mehr als ein Jahrzehnt überlebt und in dieser Zeit zwar in bester Absicht, aber zwangsläufig ziemlich eigenmächtig über dessen intellektuelles Erbe verfügt.

Die immer wieder geäußerte Behauptung, Marx habe die Arbeit an seinem Hauptwerk eingestellt, widerspricht seiner gelebten Wirklichkeit. Er liest, wertet aus, sammelt. Nach seinem Tod entdeckt Engels einen Wust an Schriftstücken, darunter einen Zweikubikmeterberg an Papieren voller Statistiken und Beschreibungen der russischen Landwirtschaft. Das meiste davon wirft er weg. Nur Wesentliches aus der unsystematischen Sammlung von Manuskripten bereitet er für die Nachwelt auf.

Er ist es, der erstmals die Feuerbach-Thesen veröffentlicht und selbst dort leicht eingreift. Als Herausgeber hat er das Gesicht des zweiten und vor allem des dritten Bandes des *Kapital* bestimmt. Auf ihn geht die heute verwendete vierte Auflage von Band 1 zurück. Unter seiner

Ägide ist ein Teil der kritischen Korrespondenz zwischen den beiden verschwunden.

Erhalten hat sich ein Brief aus dem Frühjahr vor Marx' letzter Karlsbad-Kur: »Du hast gut sprechen«, schreibt Engels darin dem Lehnstuhlgelehrten. »Du kannst im warmen Bett liegen – russische Bodenverhältnisse im besondern und Grundrente im allgemeinen treiben, und nichts unterbricht Dich –, ich aber soll auf der harten Bank sitzen und den kalten Wein saufen, plötzlich wieder alles unterbrechen und dem langweiligen Dühring auf den Pelz rücken.«[3]

Marx empfängt die Zeilen im Erholungsurlaub in Ramsgate. Genau von dort schreibt ihm der Freund in umgekehrte Richtung zwei Monate später nach London: »Im übrigen tröste ich mich hier mit Dührings Philosophie – so ein seichiger Kohl ist noch nie geschrieben worden. Hochtrabende Plattheiten – weiter nichts, dazwischen vollkommener Blödsinn, aber alles arrangiert mit einem gewissen Geschick für ein dem Verfasser recht gut bekanntes Publikum, das vermittelst breiter Bettelsuppen und wenig Arbeit rasch über alles mitsprechen lernen will.«[4]

Eugen Karl Dühring, ein eigenwilliger Sozialist mit beachtlicher Anhängerschaft, lehrt an der Berliner Universität. Der Mann ist tragischerweise früh erblindet, weshalb sich Engels anfangs scheut, ihn hart anzugehen. Als der Professor aber den Bogen überspannt, Marx als »wissenschaftliche Jammergestalt« verhöhnt und Engels als Manchesterkapitalisten bloßstellt, schlägt dieser zurück.

Unter dem ironischen Titel *Herrn Dührings Umwälzung der Wissenschaft*, wegen seiner Sperrigkeit bald nur noch *Anti-Dühring* genannt, liefert Engels auf dreihundert Seiten ein Bravourstück. »Erst aus ihm erfuhr die junge Generation«, so David B. Rjazanov, erster Direktor des Marx-Engels-Instituts in Moskau, »was der wissenschaftliche Sozialismus ist, was seine philosophischen Grundlagen sind.«[5] Laut Lenin »ein erstaunlich inhaltsreiches und lehrreiches Buch«[6].

Was mit seinen Invektiven auf den ersten Blick an Marx' Schmähschrift *Herr Vogt* erinnert (»Diese Blumenlese von Lobpreisungen des Herrn Dühring durch Herrn Dühring ließe sich leicht ums Zehnfache vermehren«[7]), erweist sich auf den zweiten als die bis dahin klarste und verständlichste Zusammenfassung dessen, was fortan als Marxismus gilt. Auch wenn die Schrift in eine Richtung zielt, von der Marx später sagt, er sei kein Marxist, so hat er den Text nicht nur gekannt, sondern erheblich zu den ökonomischen Passagen beigetragen.

Wie empfindlich er ansonsten das Reich seiner Gedanken bis zuletzt verteidigen kann, macht sein Umgang mit Henry Mayers Hyndman deutlich. Der englische Sozialist, er will in Marx einen »Aristoteles des neunzehnten Jahrhunderts«[8] erkannt haben, geht in dessen Haus aus und ein. »Überfall von Hyndman und Gattin, die beide zuviel Sitzfleisch besitzen«, berichtet er Tochter Jenny in Frankreich. »Ich mag die Frau leiden, wegen ihrer brüsken, unkonventionellen und entschiednen Denk- und Sprechweise, aber komisch ist's, mit welcher Bewundrung ihr Aug' an den Lippen des selbstgefälligen, schwatzhaften Gatten haftet!«[9]

Ähnlich hat er, siehe oben, auch mit Frau Kugelmann gefühlt. Das Muster kehrt immer wieder. Mit der Frau seines Hannoveraner Freundes hat er offenbar auch Dinge besprochen, die den Kern seiner Befindlichkeit berühren. Als sie ihm anvertraut, sie könne sich einen wie ihn in einer künftigen nivellierenden Gesellschaft nicht vorstellen, soll er geantwortet haben: »Ich auch nicht. Diese Zeiten werden kommen, aber wir müssen dann fort sein.«[10]

Wie treu sich Marx in seinem Verhalten geblieben ist, verrät Hyndmans kleine Charakterskizze »eines kraftvollen, rauhen, ungezähmten Alten, stets bereit, um nicht zu sagen erpicht, einen Streit vom Zaun zu brechen«. Dann »legte sich die Stirn des alten Kämpen in Falten, die breite, starke Nase und das ganze Gesicht verrieten offensichtliche, leidenschaftliche Bewegung, und er ließ eine Flut ungehemmter Anklagen los... Der Gegensatz zwischen seinem Gehabe und seiner Ausdrucksweise, wenn er vor Zorn glühte, und seiner Haltung, wenn er sich über die ökonomischen Ereignisse der Zeit ausließ, war erstaunlich. Dann wurde aus einem Propheten und wütenden Ankläger ein besonnener Philosoph, der seine Gedankengänge mühelos entwickelte, und ich hatte das Gefühl, als würde noch manches Jahr vergehen, bis ich aufhören dürfte, ein Student in der Gegenwart eines Meisters zu sein.«[11]

Der Bruch erfolgt dann schneller als erwartet. Er zeigt, dass Marx bei aller Altersmilde – kaum älter als sechzig – das gnadenlose Abservieren nicht verlernt hat. Diesmal hat er einen handfesten Grund: Plagiat. Der verlorene Freund hat in seinem ansonsten nicht weiter erwähnenswerten Buch *England für alle* kapitelweise Marx »zitiert«, ohne allerdings die Quelle zu nennen: das noch nicht ins Englische übersetzte *Kapital*. Seine Ausrede, Engländer ließen sich nicht gerne von Fremden belehren, deshalb habe er Marx nicht erwähnt, grenzt an Blasphemie.

Beim *Anti-Dühring* verhalten sich die Dinge ungleich komplizierter. Freund Engels betrachtet sich mit vollem Recht als Ko-Entwickler der Weltanschauung, die er mit dem Buch in lesbarer Form unters Volk bringt. Kaum ein Arbeiter hat das *Kapital* gelesen. Engels' vereinfachte Darstellung lesen viele. Selbst gestandene Parteisozialisten kennen oft kaum mehr als diesen Text. Einen besseren Zusammenhalt als diese allgemein verständliche Theorie hätte sich die junge sozialdemokratische Bewegung nicht wünschen können.

Vielleicht lässt Marx den Freund deshalb gewähren, obwohl er natürlich sieht, dass dem Haufen Buchstaben aus dessen Hand das Herz abhandengekommen ist. Ohne den Fetisch des Kapitals als Subjekt einer entpersonalisierten Herrschaft fehlt dem Volk der Feind in letzter Instanz.

Am Ende ist es zwei Jahre nach Marx' Tod nicht dessen, sondern Engels' Brief an Vera Sassulitsch, auf den sich die Revolutionäre 1917 berufen können: »Die Revolution *muß* zu gegebener Zeit ausbrechen; sie *kann* jeden Tag ausbrechen. Unter diesen Umständen ist das Land wie eine geladene Mine, an die man nur noch die Lunte zu legen braucht… Dies ist einer der Ausnahmefälle, in denen es einer Handvoll Leute möglich ist, eine Revolution zu *machen*, d. h. durch einen kleinen Anstoß ein ganzes System zu stürzen, dessen Gleichgewicht mehr als labil ist…, und durch einen an sich unbedeutenden Akt Explosivkräfte freizusetzen, die dann nicht mehr zu zähmen sind.«[12]

Hätte Marx das unterschrieben? Oder beginnt bereits mit Engels' eigenmächtiger Deutung seiner Gedanken die Tragödie seines Lebens nach dem Tod, für Verbrechen in seinem Namen zur Rechenschaft gezogen zu werden? Kritiker gehen so weit, Engels habe als »der erste Abweichler vom Marxismus« mutwillig »die Fundamente… des künftigen materialistischen Idealismus von Stalin«[13] gelegt.

Demzufolge hätte er schon Jahre vor dem Ende des Freundes Rache für seine Rolle in dessen Leben genommen und damit begonnen, sich dessen Lehre für seine eigenen Zwecke zu bedienen. Marx wäre nicht der erste Künstler, der sein Werk noch zu Lebzeiten seinen Deutern überließe. Hätte er denn eine Wahl gehabt? Und besitzt sein Mäzen und Ko-Autor nicht das natürliche Recht der Deutung ihrer gemeinsam entwickelten Lehre?

Auch hier geht der Riss quer durch die Marxologenzunft. Die einen halten Engels als Antreiber für unterschätzt, andere sehen in ihm kaum mehr als einen »nützlichen Idioten«, von dem Marx sich durchfüttern lässt. Man findet Anhänger der Sichtweise, er habe Marx nicht bis ans Ende seiner Gedanken folgen können, wie auch der gegenteiligen Ansicht, er habe ihn besser verstanden als der sich selbst. Das zeige doch allein seine populäre Schrift, *Die Entwicklung des Sozialismus von der Utopie zur Wissenschaft*, ein leicht umgeschriebener, vierzig Seiten langer Auszug aus dem *Anti-Dühring*.

Die Broschüre, noch verbreiteter als Engels' Bestseller *Die Lage der arbeitenden Klassen in England*, liefert eine knappe und verständliche Einführung in das, was bald als »dialektischer Materialismus« Karriere macht. Wer im sozialistischen Musterland östlich der Elbe durch Schule und Schulung gegangen ist, dürfte den Sound von »Diamat« und »Histomat« in der deutschen Originalsprache noch ihm Ohr haben:

»Das Eingreifen einer Staatsgewalt in gesellschaftliche Verhältnisse wird auf einem Gebiete nach dem andern überflüssig und schläft dann von selbst ein. An die Stelle der Regierung über Personen tritt die Verwaltung von Sachen und die Leitung von Produktionsprozessen. Der Staat wird nicht ›abgeschafft‹, *er stirbt ab.*«[14]

Große Versprechen gegen die graue Wirklichkeit, wo ein lebendiger Staat im Namen seiner angeblichen Sicherheit beängstigend in das Leben der Bürger hineinhorcht, -guckt, -regiert. Eschatologische Verheißung als Propagandamittel der Ersatzreligion des Marxismus. »Es ist der Sprung der Menschheit aus dem Reiche der Notwendigkeit in das Reich der Freiheit. Diese weltbefreiende Tat durchzuführen, ist der geschichtliche Beruf des modernen Proletariats.«[15]

Bei Marx heißt es in Band 3 des *Kapital* noch: »Das Reich der Freiheit beginnt in der Tat erst da, wo das Arbeiten, das durch Not und äußere Zweckmäßigkeit bestimmt ist, aufhört; es liegt also der Natur der Sache nach jenseits der Sphäre der eigentlichen materiellen Produktion.«[16]

Ein schönes Programm für einen abgeriegelten Überwachungsstaat, dessen Bürger mit trotzigem Stolz das erste sozialistische Experiment auf deutschem Boden mitgetragen haben – tapfer dialektisch-materialistisch und marxistisch-leninistisch, aber wirklich im Sinne von Marx? In den Augen kritischer Marxianer müsste bei dieser Art von Versuchsanordnung eher vom Engelsianismus die Rede sein.

Es ist schließlich der kinderlose Engels, der ebenfalls noch zu Marx' Lebzeiten sagt: »Die abstrakte Möglichkeit, daß die Menschenzahl so groß wird, daß ihrer Vermehrung Schranken gesetzt werden müssen, ist ja da. Sollte aber einmal die kommunistische Gesellschaft sich genötigt sehn, die Produktion von Menschen ebenso zu regeln, wie sie die Produktion von Dingen schon geregelt hat, so wird gerade sie und allein es sein, die dies ohne Schwierigkeiten ausführt.«[17]

Planwirtschaft bis in die Reproduktion? Fraglich, ob Marx das so befürwortet hätte. Auch wenn Engels es nur als »abstrakte Möglichkeit« gemeint hat: In China, wo sie ihn nicht weniger verehren als Marx, hat sich seine Ankündigung mit der Einkindpolitik auf autoritäre Weise verwirklicht – zum Unglück von Eltern mit Kinderwunsch, zum Segen des Landes und der übrigen Welt. Kein Diktator hat diese Macht je besessen. Die Partei hat sie durchgesetzt.

Engels und Marx liefern ein Schulbeispiel für die Unterscheidung von Autor und Schriftsteller in Pragmatiker und Theoretiker. Wenn Prosa ihre Poesie verliert und nach Anwendung ruft, dann schlägt die Stunde des Strategen. Um in der Gegenwart zu siegen, die nächste Schlacht zu gewinnen, ist Engels sicher der Richtigere. Für die fernere Zukunft hat Marx deutlich mehr zu bieten. Überspitzt könnte man sagen, Engels habe seine Zeit eher hinter, Marx die seine aber noch vor sich.

»Ich habe mein Leben lang das getan, wozu ich gemacht war«, schreibt Engels im Jahr nach dem Tod des Freundes, »nämlich zweite Violine spielen, und glaube auch, meine Sache ganz passabel gemacht zu haben. Und ich war froh, so eine famose erste Violine zu haben wie Marx. Wenn ich nun aber plötzlich in Sachen der Theorie Marx' Stelle vertreten und erste Violine spielen soll, so kann das nicht ohne Böcke abgehn, und niemand spürt das mehr als ich. Und wenn erst die Zeiten etwas bewegter werden, dann wird uns erst recht fühlbar werden, was wir an Marx verloren haben.«[18]

Engels stirbt am 5. August 1895 an Kehlkopfkrebs. Da er das Seebad Eastbourne geliebt hat, wird die Urne mit seiner Asche sieben Wochen später dort ein paar Seemeilen vor der Küste im Meer versenkt. Er hinterlässt, nach heutiger Rechnung, ein zweistelliges Millionenvermögen.

Sein Geheimnis nimmt er mit ins nasse Grab: Wie hat er den zentralen Konflikt seines Lebens verarbeitet? In Worten der flammende Kommunist, in seinem Leben Kapitalist mit feudalem Lebensstil. Womöglich ist er deshalb als Begründer des späteren Marxismus am Ende radikaler gewesen als Marx, der nie einen solchen inneren Widerspruch überwinden muss. Als Überzeugungstheoretiker mit reiner Weste hat Marx dem philosophisch nur mittelmäßig begabten Freund etwas Unersetzliches voraus: Er hat das Eigentliche entdeckt, den Motor des Molochs, und es besteht der Verdacht, dass ihm der Gefährte in diesem Punkt nicht bis zum Ende folgen konnte.

34

Einsamer nie

Die letzte Reise des Karl Marx

Algier, Ende April 1882. Nach einer ungewöhnlichen Kältephase mit Regen aus schwarzen Himmeln treibt heißer Wüstenwind die Temperaturen auf über dreißig Grad. In seinem Salon irgendwo im Schattenspiel der kühlen Gassen wetzt ein Barbier seine Messer. Heute müssen sie besonders scharf werden. Auf dem Rasierstuhl hat ein älterer Herr mit Rauschebart und weißer Mähne Platz genommen. Ein Sitzriese, der nun viel größer wirkt als beim Betreten des Ladens.

Der Mann will sich seiner Haarpracht entledigen, im Gesicht und vom Kopf. Wegen der Hitze vermutlich, aber wohl auch auf ärztlichen Rat. Kränklich sieht er aus, ein wenig aufgedunsen und vom Leben verbraucht. Seine Augen haben ihren Glanz verloren. Nur ihr kurzes Aufblitzen, wenn er spricht und seine Witzchen macht, lässt sein wahres Alter erahnen. In wenigen Tagen wird er vierundsechzig.

Sein Überrock, sein Auftreten und sein gestochenes Französisch weisen ihn als Mann aus dem Norden jenseits des Mittelmeers aus. Mit seinem Bronzeteint und den tiefbraunen Augen könnte er von hier sein. Dem Maurischen seiner Züge verdankt er auch seinen Spitznamen: »Mohr« nennen ihn seine Familie und sein deutscher Freund zu Hause im Londoner Exil. So enden seine Briefe an den Genossen, so kennen ihn die drei Töchter seit ihren Kindertagen. »Mohr«, sagen sie, »Mohr ist wütend, Mohr kann gehen« – nicht: »Der Mohr«. Schreibt er ihnen, dann grüßt die jungen Frauen am Schluss, stets liebevoll, ihr »Old Nick«, was im Englischen für den Leibhaftigen steht.

Nun hat der Teufel seine Schuldigkeit getan. Die Messer sind gewetzt, weiße Locken fallen. Im Spiegel eines arabischen Bartscherers sieht Marx sich Abschied nehmen vom vertrauten Selbst. Wie ein Schauspieler, der seine Rolle abgespielt hat und in der Maske zum Abschminken sitzt, lässt er die Figur hinter sich, die ein halbes Leben lang sein Bild bestimmt hat. Er zerstört sein Image, das eigene Götzenbild, geformt nach Zeus, mit dessen mächtiger Büste er daheim sein Arbeitszimmer teilt. Ein letzter einsamer Akt, Welttheater ohne Zuschauer.

Nur einer ist immer dabei, auch wenn er gerade nicht bei ihm ist: Friedrich Engels, sein Fahrensmann in England. Sobald sie getrennt sind, schreiben sie einander, seit nunmehr vier Jahrzehnten. Korrespondenz als Tagebuchersatz.

»A propos«, gesteht »Old Mohr« aus der Ferne dem »lieben Fred« das Unerhörte: »Vor der Sonne habe ich den Prophetenbart und die Kopfperücke weggeräumt, aber (da meine Töchter dies besser haben) mich photographieren lassen vor Haaropfer auf Altar eines algierschen Barbiers.«[1]

Die holprige Sprache verrät den Verfall, der sein letztes Jahr überschattet. »Mon cher«, hat er einen Monat vorher nicht ohne Humor gestanden, »Du wie andre family members, werden die Irrtümer in meiner Orthographie, Konstruktion, falscher Grammatik ihnen auffallen; fällt mir immer auf – bei meiner noch sehr großen Zerstreutheit – erst post festum. Shows you, daß an sana mens in sano corpore noch etwas zu klappern. By the by Reparatur wird sich wohl machen.«[2]

Als Marx im Dezember zuvor die Gefährtin seines Lebens verloren hat, soll Engels gesagt haben: »Der Mohr ist auch gestorben.« Das »Haaropfer«: ein Schnitt und radikaler Schritt, ein vorweggenommener Tod, der ja auch keinen ungeschoren davonkommen lässt? Oder Symbol für Befreiung und Neuanfang, wie ihn das junge Alter noch erlauben würde?

Erstmals hat Marx die Enge Europas verlassen. Seine Briefe und Aktivitäten verraten ungebrochenen Elan und Neugier auf die Welt. Sie entspricht den vielfältigen Interessen des Politpensionärs während seines letzten Jahrzehnts, in dem er zwar nichts Entscheidendes mehr publiziert, aber unzählige Notizzettel und Briefe produziert und Kontakte gepflegt hat.

Das Bild für seine Kinder und für die Nachwelt, seine letzte bekannte Aufnahme, hat er kurz nach seiner Ankunft Ende Februar im Photoatelier Dutertre anfertigen lassen. In die Kamera und durch sie hindurch ins Dunkel der kommenden Zeit blickt ein Gezeichneter, der irgendwie das Schlimmste hinter sich weiß. Fast ein wenig entrückt und lächelnd im Leid. Dem Freund gesteht er, dass »ich noch gute Miene zum bösen Spiel gemacht habe«[3].

So will er in Erinnerung bleiben, so lebt er in den Köpfen fort, als weiser alter Mann und Abbild einer Ära, die erst lange nach seinem Tod anbrechen wird. So wächst er auch in seine historische Rolle als Unsterblicher. Seine Worte werden zum Resonanzraum menschlicher Hoffnungen auf eine bessere Welt.

In China, das die Alten verehrt und die Ahnen heiligt und sich mit sicherem Sinn für die Ironie der Weltläufte noch immer kommunistisch nennt, ist das Porträt bis heute sein beliebtestes Konterfei. Häufiger ist nur der »große Vorsitzende« zu sehen.

Marx und Mao, zwei Revolutionäre, die kaum unterschiedlicher sein könnten. Der eine hat sein Wort gegeben, der andere nutzt das Wort zur Tat. Der Mann des Wortes, Typ alttestamentarischer Prophet, hat sich zu Lebzeiten keiner Straftat schuldig gemacht. Seine sterblichen Überreste finden Ruhe im bescheidenen Familiengrab auf einem Friedhof in London, Gründungskapitale des Kapitalismus.

Der Tatmensch, Typ Volksverführer und -führer des 20. Jahrhunderts, Glatze bis zum Haarkranz, hat Millionen Existenzen auf dem Gewissen, zerstörte und ausgelöschte. Sein einbalsamierter Leichnam liegt auf ewig aufgebahrt in einem Mausoleum im Zentrum von Peking, Hauptstadt des Kaderkapitalismus. Aller Gewalt zum Trotz gilt er als Vater des modernen China, der kommenden Weltmacht Nummer eins.

Mit seinem Manchesterkommunismus hat das Reich der Mitte, das sich marxistisch nennt und Marx neben Konfuzius wie einen Heiligen behandelt, den Deutschen am Ende besser vielleicht verstanden, als es während der Kulturrevolution zwischen 1966 und 1976 möglich schien: Den Kapitalismus von innen überwinden, in dem man ihn zur vollen Blüte bringt – das kann das riesige Land mit seiner Arbeits- und Bildungsdisziplin womöglich besser leisten als jedes andere der Welt.

Europa, die Aufklärung und die frühe Entwicklung der Wissenschaft betrachten sie dort als notwendigen Zwischenschritt, den sie selbst aus ihrer Situation heraus nicht leisten konnten. Wie auf Siebenmeilenstiefeln haben sie den Anschluss gefunden. Deshalb können sie Marx, den Westler, vorbehaltlos verehren wie einen ihrer großen Ahnen.

Während im Westen das Bevölkerungswachstum auf die natürliche Weise einer aufgeklärten Gesellschaft zum Erliegen gekommen ist, hat die Volksrepublik das für die gesamte Spezies Unvermeidliche gleichzeitig mit diktatorischer Härte durchgesetzt. Beide sehen sich nun mit der »Überalterung« ihrer Einwohnerschaft ähnlichen Zukunftsaufgaben gegenüber.

Kein freiheitlich denkender Mensch kann sich Verhältnisse wie in China wünschen. Aber die Gleichung, Kapitalismus benötige Demokratie, geht offensichtlich schon länger nicht mehr auf. Kommunismus und Konfuzianismus – wer weiß, womöglich liegt darin die nähere Zukunft der Menschheit. Dass sie vom mächtigen China ausgehen wird, gilt vielen als ausgemacht.

Marx wird Mao überleben. Und all die anderen, die ihn zur Ikone ihrer Ideologie gemacht haben. Als wacher Geist, dessen Gedanken weit über den Horizont ihrer Gegenwart hinausreichen, wird er gewusst haben, dass sein Bild der Menschheit auch ohne Mausoleum im Gedächtnis bleibt. Er hat seine letzte Fotografie nach damaliger Sitte sogar fleißig verbreitet.

Jetzt ist der Bart ab, gewiss einer der bekanntesten aller Zeiten. Der kräftige Kopf wirkt ohne seine Aureole fast zerbrechlich im Vergleich zum behaarten. Indem Marx die Maske fallen lässt, die auch sein Mienenspiel so gut verbirgt, macht er sich gleichzeitig nackt und auf berührende Weise unsichtbar: Niemand würde ihn erkennen, obwohl millionenfach Postermotiv, spazierte er so rasiert und kurz gekämmt als sein eigener Wiedergänger durch unsere Straßen. Marx ohne Vollbart, das ist wie ein ungeschminkter Clown oder der Große Diktator ohne Schnäuzer: ein anderer Mensch. Marx, so der deutsche Politikwissenschaftler Iring Fetscher, ist »in den Köpfen«[4].

Im Internet hat jemand ein Porträt des Gestutzten hinterlassen, kaum mehr als das stümperhafte Ergebnis billiger Retuschierkunst. Darauf ähnelt der digital Frisierte aber auf irritierende Weise dem letzten mächtigen Statthalter der mit ihm verbundenen Lehre im Ostblock – jenem Mann, der dem Spuk im Schutz der Marke Marx ein Ende bereitet hat: Generalsekretär Michail Gorbatschow. Dessen berühmtes Wort – in der Umkehrung, wie Marx sie geliebt hat – könnte seine Geschichte als Motto beenden: Wer zu früh kommt, den bestraft das Leben.

Der Mann, der kaum ein Jahr nach dem *final cut* von Algier in Highgate bestattet wird, gleicht nur entfernt jenem Ebenbild des olympischen Göttervaters, das die Nachwelt im Gedächtnis bewahren wird. Nach dem Termin beim Fotografen herrscht Bilderbann. Keine Ablichtung ist erhalten, nicht einmal Skizzen oder nur eine Erwähnung des Alten mit dem nackten Gesicht.

Wie soll sich die Nachwelt angesichts dessen ein realistisches Bild von der Person und ihrer Persönlichkeit machen? Mit dieser Frage haben Generationen von Biografen gelebt. Die meisten haben sie verdrängt und das Vorhandene für das Gegebene genommen.

Der Gang zum Barbier, bei dem er hinter seine Maske blickt, findet in der Marx-Literatur allenfalls anekdotisch als skurriler Akt Erwähnung. Kein Gedanke, was dieser Anblick für ihn bedeutet, ob ihn der inszenierte Selbstverlust eher erschüttert oder erheitert haben mag. Keine Auseinandersetzung mit dem doch gewiss nicht uninteressanten Innen- und Seelenleben des Menschen Marx, der so treffsicher den hypochondrischen Anteil an seinen dauernden Leiden zu benennen weiß: »Meine Krankheit kommt immer aus dem Kopf.«[5]

Nach dem Selbstbild des Rebellen sucht man in Werken über sein Leben meist vergeblich. Als sei da tatsächlich nur ein Marx-Darsteller unterwegs gewesen, von der Geschichte auf die Welt geworfen, um das ihm zugeschriebene Pensum zu absolvieren. Und nicht ein Mensch aus Fleisch und Blut mit Augen im Kopf, die dem eigenen Spiegelbild nicht entgehen können. Es zeigt ihm einen zutiefst einsamen Mann, und es fragt sich, ob er dabei auch so etwas wie Trauer empfinden konnte oder doch nur Wut.

Die Auslegung seiner Schriften als zentrales Anliegen der Marx-Forschung erspart uns nicht die Frage, wie er sich gesehen hat, was ihn antrieb, wie er der wurde, der er war. Ausgerechnet einer, der die »Soziale Revolution« beschworen hat, kann sich so asozial verhalten, dass es selbstzerstörerische Züge annimmt. Wie viel Neid mag im Spiel gewesen sein, wie viel Frust, wenn er mitansehen muss, mit welchem Erfolg Arbeiterführer und Freiheitskämpfer vom Schlage Lassalles oder Garibaldis die Herzen der Menschen erobern? Sie werden gefeiert, er höchstens gefürchtet.

Kann der Unsterbliche das Kunststück wiederholen, das dem Sterblichen wenige Monate vor seinem Tod im Salon eines Barbiers gelungen ist? Indem er den Rasierstuhl zum Regiestuhl macht und von dort die Überwindung der eigenen Person überwacht, Vollendung des Kunstwerks eines gebeutelten Lebens, beweist er sich die Kraft des eigenen Willens und zeigt der Vorsehung sein wahres Gesicht. An diesem Tag hat er die Bühne jenem anderen überlassen, der er war und auf dessen Schicksal er keinen Einfluss mehr ausüben kann.

Die letzte Reise des Karl Marx gleicht einer einsamen Odyssee auf der Suche nach dem verlorenen Selbst. Ventnor, Marseille, Algier lauten die Stationen, Monte Carlo, Nizza, Argenteuil, Paris, Lausanne, Vevey, dann wieder Ventnor auf der Isle of Wight. Erst im Januar, nach einem verschenkten letzten Jahr, trifft er todkrank wieder zu Hause in London ein. Da hat er noch drei Monate zu leben – oder richtiger gesagt: zum Sterben.

Von Monaco hat er bereits im Sommer eine bittere Klage an Engels gerichtet: »Nutzloser, inhaltsloser, dazu teurer Lebensgang!«[6] Das ist, rein medizinisch gesehen, mehr als richtig. Der eigentliche Grund dieser Tortur, zu der ihn seine Ärzte überredet haben, hat sich nicht erfüllt: Weder seiner Haut noch seiner Leber oder seinen Bronchien geht es nach der Kur im vermeintlich angenehmeren Klima besser. Doch obwohl er weiß, dass es aufs Ende zugeht, beruhigt er den Freund in den letzten überlieferten Zeilen an ihn tapfer mit Zuversicht: »Doch glaube ich, mit Geduld und pedantischer Selbstkontrolle bald wieder ins Gleis zu kommen. Der *Mohr.*«[7]

Psychologisch, das belegen seine Briefe aus der Ferne, hat er auf seiner Irrfahrt einen Sprung nach vorn getan. Einer, der die Worte so beherrscht wie sie ihn, schlüpft aus seiner alten Haut und entdeckt mit allen Sinnen die Reize und Szenen und schönen Sinnlosigkeiten der Welt und ihrer Menschen. Kurz nach der Ankunft in Algier berichtet er Engels wie ein Tourist: »Letzte Nacht Windkonzert … Gestern abend wundervolle Mondbeleuchtung der Bucht. Ich kann mich stets von neuem nicht satt sehn an See vor meiner Galerie.«[8]

Nach dem Besuch beim Barbier lässt er den Freund wissen: »Stürme des Sirocco tanzend … Flucht von Algier zeitgemäß.«[9] Flucht – ein Thema seines Lebens, dessen Ende man sich nicht als »erfüllt« vorstellen darf. Sollte er beim Blick in den Spiegel Bilanz gezogen haben, dann dürfte sie höchstens gemischt ausgefallen sein. Nur wenn er wie ein guter Prophet die mögliche Zukunft in Rechnung stellt, kommt er auf seine Kosten. Wie mag es gewesen sein, einen ungehobenen Schatz an weltbewegenden Schriften zu hinterlassen und dabei vielleicht vorhergesehen zu haben, dass die große Zeit noch vor ihnen liegt, sozusagen im Diesseits des Jenseits?

Seiner jüngsten Tochter Eleanor berichtet er aus Monte Carlo: »Die Natur hier ist herrlich, zudem noch verbessert durch die Kunst – ich meine auf unfruchtbare Felsen hingezauberte Gärten, die von steiler Höhe oft bis an das entzückend blaue Meer hinabsteigen, wie Terrassen schwebende babylonische Gärten.«[10]

In dem halben Jahrhundert davor, aus dem wir seine Texte kennen, hat er solche Zeilen nie zu Papier gebracht. Als ob er die ganze Zeit das wahre Gesicht des dichterischen Dilettanten hätte verstecken müssen. Nun liefert er, als hätte er Schleusen geöffnet, Schilderungen von Landschaften und Städten, von der Natur und ihrem Zauber, die er sich vorher nie erlaubt hätte.

Als hätte da einer die Sinnlichkeit entdeckt, die so lange in ihm schlummerte wie eine Gefangene der Vernunft. Indem er nun loslassen, sich gehen lassen kann, lässt er ihr freien Lauf. Und erlaubt sich eine vorher undenkbare Verletzbarkeit in der hingekritzelten Spur seiner Gedanken. Wie viel spielerische Neugier, die ihn als Entdecker so weit gebracht hat, mag da wohl im Spiel gewesen sein?

Die Reise nimmt ein scheinbar versöhnliches Ende. In Argenteuil bei Paris besucht der Entwurzelte die Familie Longuet und schließt noch einmal seine Enkel in die Arme. Vor allem der kleine Johnny liegt ihm am Herzen wie ein eigenes Kind – später Trost für den Verlust des heiß geliebten Sohnes Edgar. Dessen Tod im Alter von acht hat er nie verwunden.

Der Tod, der nun nach ihm ruft, ist ein ständiger Begleiter im Leben der Familie Marx. Noch in Ventnor, kurz vor der Rückkehr ihres einsamen Oberhauptes in das verwaiste Haus in London, versetzt er ihm den letzten entscheidenden Schlag: Im Alter von achtunddreißig Jahren ist »Jennychen« ihrem Blasenkrebs erlegen – seine »am meisten geliebte Tochter«[11], von der er sich eben noch verabschiedet hat. Während seines Besuchs hat sie ihr Leiden tapfer vor ihm verborgen.

»Ich fühlte«, erinnert sich Eleanor als Überbringerin der Nachricht, »daß ich meinem Vater das Todesurteil brachte… Mohr kehrte heim – um zu sterben.«[12] Ein Leben als Tragödie, aber auch als vollendetes Charakterspiel, das ihm als letzte Rolle die eines lebendigen Toten beschert. Er ist immer ein Kämpfer gewesen, furchtlos und ohne Angst. Aber von diesem letzten Niederschlag wird er sich nicht wieder erheben. Des Mohren letzter Seufzer ward getan.

Zwei Wochen vor dem Haaropfer hat Marx Tochter Laura, dem »liebsten Cacadou«, aus Algier einen langen Brief geschrieben. Er endet mit einem kleinen Gleichnis aus dem Morgenland, das er irgendwo aufgeschnappt haben muss. Es passt noch gut in unsere Zeit:

»Unsere nomadischen Araber… haben Erinnerung, daß sie früher große Philosophen, Gelehrten etc. produziert und daß die Europäer sie deswegen höhnen ihrer jetzigen Unwissenheit wegen. Daher folgende charakteristische, kurze arabische Weisheitsfabel:

In einem stürmischen Fluß hält ein Fährmann bereit kleinen Kahn. Um ans Gegenufer zu gelangen, steigt ein Philosoph ein. Entwickelt sich folgender Dialog:

Philosoph: Fährmann, kennst du *Geschichte?*

Fährmann: Nein!

Philosoph: Dann hast du ½ deines Lebens verloren!

Und wiederum: Der Philosoph: Hast du studiert Mathematik?

Fährmann: Nein!

Philosoph: Dann hast du mehr als Hälfte deines Lebens verloren. Kaum hatte es der Philosoph gesagt, als Wind den Kahn umschlug und beide, Philosoph und Fährmann, ins Wasser geschmissen; schreit nun:

Fährmann: Kannst du schwimmen?

Philosoph: Nein!

Fährmann: Dann dein Leben ist *ganz* verloren.

Dies«, so schließt Marx sein Schreiben, »wird Dich etwas arabisch anmüteln.

Mit vielen Küssen und Grüßen.

Old Nick.«[13]

Gegner und Feinde haben ihm nicht den Gefallen getan, ihn zu verhaften, einzusperren und dem Henker zu übergeben. Deshalb geht sein Ding auf Erden profan zu Ende. »Ich komme aus der letzten Krankheit doppelt verkrüppelt heraus«, hat er kurz vor seiner Abreise gegenüber Sorge vermerkt, »moralisch durch den Verlust meiner Frau, physisch dadurch, daß eine Verdickung der Pleura und größere Reizbarkeit der Luftröhrenäste geblieben.«[14]

Zwei seiner Töchter haben sich das Leben genommen. Dazu fehlen ihm Kraft und Mut, obwohl er aufs irdische Dasein keinen Pfifferling mehr gibt. Er stirbt, auch wenn der Totenschein anders ausgestellt ist, nicht an Leber, Herz oder Nieren. Oder, wie es offiziell heißt, an »Kachexie infolge Schwindsucht«. Er verreckt, wie so viele, an finaler Einsamkeit. So wie die Gefährtin unersetzbar fehlt, da hilft auch kein Engels, bleibt jede Gewissheit auf die Erfüllung der eigenen Träume aus.

Dreiundzwanzigtausendsechshundertneunundachtzig (23 689) Tage und zwölfeinhalb Stunden hat Marx unter den Lebenden geweilt. Am 14. März 1883 haucht er sein Dasein aus. Er hat nie daran geglaubt, dass es damit ein Ende hat.

»Gestern mittag 2.30«, gibt der Freund tags drauf bekannt, »seine beste Tagesbesuchszeit, kam ich hin – das Haus in Tränen, es scheine zu Ende zu gehn. Ich erkundigte mich, suchte der Sache auf den Grund zu kommen, zu trösten. Eine kleine Blutung, aber ein plötzliches Zusammensinken war eingetreten. Unser braves altes Lenchen, das ihn gepflegt, wie keine Mutter ihr Kind pflegt, ging herauf, kam herunter: er sei halb im Schlaf, ich möge mitkommen. Als wir eintraten, lag er da, schlafend, aber um nicht mehr aufzuwachen. Puls und Atem waren fort. In den zwei Minuten war er ruhig und schmerzlos entschlummert.«[15]

Ein Leben lässt sich vom Anfang her erzählen, aber nur vom Ende her verstehen. In der Bilanz stehen oft Erfolg und Scheitern wie Haben und Soll gegeneinander. Das Erreichte gilt als geleistet, ganz gleich, wie viel Glück oder Pech im Spiel gewesen ist, welchen Wirklichkeitsraum die Lebensumstände einem Menschen eröffnet haben. Ein besseres Maß für das Bruttoindividualprodukt einer Biografie wäre die Echtheit der Person. Es erfasst die Treue zu sich und den eigenen Überzeugungen im Verhältnis zur Offenheit gegenüber Neuem.

Wer Fehler erkennt und imstande ist, sich und sein Verhalten zu ändern, leistet mehr als alle, die trotz ihres Wissens stur auf Linie bleiben. Das Resultat ist bei dieser Art von Berechnung zweitrangig: Wer zu sich steht, kann großartig scheitern, wer sich selbst verrät, jämmerlich siegen. Marx hat das genau verstanden und zu sich gestanden.

Sein politisches Testament hat er zweieinhalb Jahre vor dem *final cut* von Algier im Spätsommer 1880 gemacht: Die Familie gönnt sich einen mehrwöchigen Erholungsurlaub in Ramsgate. Das Seebad an der äußersten Ostküste der Grafschaft Kent mit seiner mondänen Promenade und weiten hellen Sandstränden zwischen steilen Kreidefelsen gehört zu den bevorzugten Feriendomizilen.

Dort hat im Jahr zuvor auch Tochter Jenny ihr letztes von fünf Kindern geboren. In Erinnerung an ihren früh verstorbenen Bruder hat sie den Jungen Edgar genannt. Nun spielen ihre Kleinen im Sand so wie einst sie selbst als Mädchen mit ihren jüngeren Schwestern Laura und Eleanor. Trost und Ablenkung für die kränkelnden Großeltern an ihrem Lebensabend. Der Opa als stolzer Patriarch weiß seinen gesamten Clan samt Schwiegersöhnen um sich.

John Swinton von der amerikanischen Tageszeitung *Sun* hat sich angemeldet, um mit Marx eines der seltenen Interviews zu führen. Sie sprechen über Russland, die Macht der Internationale und über die Frage, warum *Das Kapital* noch nicht ins Englische übersetzt worden ist. Seinen Lesern liefert der Reporter, später Chefredakteur der *New York Times,* einen einfühlsamen Bericht über den Besuch.

»Das Gespräch drehte sich um die Welt und um den Menschen und um die Zeit und um Ideen, als wir unsere Gläser über der See klingen ließen ... kam mir eine Frage in den Sinn, die das letzte Gesetz des Seins berührt, und auf die ich mir eine Antwort von diesem Weisen erhoffte. Indem ich die Stimme senkte und die Betonung erhöhte, in einem Moment der Stille, befragte ich den Revolutionär und Philosophen mit diesen schicksalsschweren Worten: ›Was ist?‹ Und es schien, als hätte sich sein Geist für einen Augenblick nach innen gekehrt, während er auf die tosende See vor uns blickte und auf die rastlose Menschenmenge auf dem Strand. ›Was ist?‹ hatte ich mich erkundigt, worauf er mit tiefem und feierlichem Ton erwiderte: ›Kampf!‹«[16]

Dank

Für das Lesen des Manuskripts, Kommentare und Verbesserungsvorschläge danke ich: Rainer Wieland, Berlin (Lektorat); sowie Prof. Andreas Arndt, Berlin; Dr. Bruno Leipold, Oxford; Prof. Michael Quante, Münster; Harald Schumann, Berlin; Staatssekretär Stephan Steinlein, Berlin, sowie besonders Dr. Hania Luczak, Berlin.

Anmerkungen

Prolog

1 MEW 23, 209
2 MEW 4, 467
3 Die Zeit, 7.5.1993, S. 64
4 Die Zeit, 26.1.2017, S. 1
5 MEW 22, 69
6 Kölner Stadtanzeiger, 8.5.1993, S. 2
7 The New Yorker, 20.10.1997, S. 248 ff.
8 Nouvel Observateur, 14.5.1998
9 The Economist, 23.12.1999
10 zit. n. Berlin, Karl Marx, S.182
11 The New York Times, 20.4.2014
12 Die Zeit, 26.1.2017, S. 1
13 MEW 1, 381
14 MEW 1, 381
15 Institut für Marxismus-Leninismus, Mohr und General, S. 174
16 MEW 19, 336

Erster Teil

Kapitel 1

1 zit. n. Andréas, Marx' Verhaftung, S. 102
2 zit. n. ebd., S. 39
3 vgl. Speth, Nation und Revolution
4 MEW 14, 676
5 zit. n. Andréas, Marx' Verhaftung, S. 90
6 MEGA 2, 3-1, 704
7 zit. n. Ambrosi, Jenny Marx, S. 123
8 zit. n. Institut für Marxismus-Leninismus, Mohr und General, S. 207
9 MEW 4, 537
10 vgl. Wheen, Karl Marx, S. 221
11 MEW 4, 537
12 Institut für Marxismus-Leninismus, Mohr und General, S. 208

13 MEW 6, 400
14 MEW 4, 493
15 MEW 4, 538

Kapitel 2

1 MEW 23, 189f.
2 MEGA 2, 1-1, 457
3 Institut für Marxismus-Leninismus, Mohr und General, S. 272
4 zit. n. Künzli, Karl Marx, S. 60
5 MEGA 2, 3-1, 301, Heinrich Marx an Marx, 9.11.1836
6 zit. n. McLellan, Karl Marx, S. 13
7 Institut für Marxismus-Leninismus, Mohr und General, S. 159
8 Heinrich Marx an die Immediat-Justiz-Kommission für die Rheinprovinzen, 1817. In: Jahrbuch des Instituts für Deutsche Geschichte, Tel Aviv 1973
9 zit. n. Mehring, Karl Marx, S. 13
10 MEW 40, 617, Heinrich Marx an Karl Marx, 18.11.1835
11 zit. n. Berger, Das Kapital
12 zit. n. Künzli, Karl Marx, S. 78
13 zit. n. ebd., S. 127
14 MEW 40, 617; MEGA 2, 3-1, 291 Heinrich und Henriette Marx an Marx, 18.–29. 11. 1835
15 MEW 19, 21
16 Monz, Karl Marx, S. 134
17 Ebd., S. 162f.
18 Ebd., S. 165
19 MEGA 2, 2-1, 456; MEW 40, 593
20 Rühle, Karl Marx, S. 446
21 MEW 40, 592
22 MEW 40, 592; MEGA 2, 1-1, 455
23 Monz, Karl Marx, S. 400
24 MEW 40, 617; MEGA 2, 3-1, 291, Heinrich Marx an Karl Marx, 18.11.1835

Kapitel 3

1 MEW 40, Karl Marx an Heinrich Marx, 10.11.1837
2 MEGA 2, 3-1, 294, Heinrich und Henriette Marx an Marx, Februar bis Anfang März 1836
3 MEW 40, 632, Heinrich Marx an Karl Marx, 16.9.1837
4 MEW 40, 631, Heinrich Marx an Karl Marx, 16.9.1837
5 MEW 40, 617, Heinrich Marx an Karl Marx, 18.11.1835
6 MEW 40, 626f., Heinrich Marx an Karl Marx, 2.3.1837
7 MEW 40, 631, Heinrich Marx an Karl Marx, 16.9.1837
8 Raddatz, Karl Marx, S. 41
9 Blumenberg, Karl Marx in Selbstzeugnissen, S. 39
10 Künzli, Karl Marx, S. 97
11 MEW 40, 626f., Heinrich Marx an Karl Marx, 2.3.1837
12 MEGA 2, 3-1, 329, Heinrich, Henriette und Sophie Marx an Marx, 10.2.1838

13 MEGA 2, 1-1, 661
14 Künzli, Karl Marx, S. 101
15 MEGA 2, 3-1, 328, Heinrich, Henriette und Sophie Marx an Karl Marx, 10.2.1838

Kapitel 4

1 MEGA 2, 3-1, 355, Bruno Bauer an Karl Marx, 31.3.1841
2 zit. n. McLellan, Die Junghegelianer, S. 9
3 zit. n. Nicolaevsky, Maenchen-Helfen, Karl Marx, S. 31
4 zit. n. Cornu, Karl Marx und Friedrich Engels, Bd. 1, S. 81
5 zit. n. Nicolaevsky, Maenchen-Helfen, Karl Marx, S. 34
6 zit. n. ebd., S. 41
7 zit. n. Limmroth, Jenny Marx, S. 331
8 vgl. Cornu, Karl Marx und Friedrich Engels, Bd. 1, S. 126f.
9 MEW 40, 262
10 zit. n. Andreas Arndt, »Die ungeheure Arbeit der Weltgeschichte«, in: Synthesis Philosophica 43 (1/2007)
11 Hegel, Grundlinien der Philisophie des Rechts, S. 14
12 MEW 18, 62
13 MEGA 2, 2-11, 32, FN 10
14 Friedrich Engels, MEW 41, 301
15 MEW 29, 644, Jenny Marx an Engels zw. 11. u. 13.8.59
16 zit. McLellan, Die Junghgelianer, S. 106
17 zit. n. Stedman Jones, Das Kommunistische Manifest, S. 114
18 zit. n. Arndt, Geschichte und Freiheitsbewusstsein, S. 29
19 ebd., S. 11
20 Cornu, Karl Marx und Friedrich Engels, Bd. 1, S. 132
21 ebd., S. 140
22 zit. n. ebd., S. 154
23 zit. n. Limmroth, Jenny Marx, S. 80
24 MEW 40, 214
25 MEW 40, 327f.
26 MEW 40 215f.
27 MEW 40, 216
28 MEW 40, 262
29 MEW 40, 154
30 MEW 40, 285
31 MEW 1, 237
32 MEW 40, 276
33 MEW 40, 267
34 MEW 40, 117f.
35 MEW 40, 118
36 MEW 40, 181
37 MEW 40, 259
38 MEW 40, 260

Kapitel 5

1 Friedenthal, Karl Marx, S. 152
2 MEGA, Bd. I/1,2 261 Moses Hess an Berthold Auerbach, 2.9.41
3 Raddatz, Karl Marx, S. 49
4 MEW 27, 395, Marx an Arnold Ruge, 10.2.42
5 MEW 40, 260
6 MEW 1, 60f.
7 MEW 1, 27; MEGA 2, 1-1, 118
8 MEW 1, 54
9 MEW 1, 58
10 MEW 1, 33; MEGA 2, 1-1, 126
11 MEW 19, 336
12 McLellan, Karl Marx, S. 59
13 Ebd.
14 MEW 1, 112
15 MEW 1, 136
16 MEW 1, 113
17 MEW 1, 150
18 MEW 13, 7f.
19 MEW 1, 147
20 MEW 1, 71; MEGA 2, 1-1, 163
21 MEW 27, 412, Marx an Arnold Ruge, 30.11.42
22 MEW 27, 409, Marx an Dagobert Oppenheim, 25.8.42
23 ebd.
24 MEW 1, 108
25 zit. n. Institut für Marxismus-Leninismus, Mohr und General, S. 351f.; Wheen, Karl Marx, S. 62f.
26 MEW 40, 405
27 zit. n. Zlocisti, Moses Hess, S. 103
28 MEW 1, 200
29 MEW 27, 415, Marx an Ruge, 25.1.43
30 Honoré de Balzac, »Ferragus, das Haupt der Verschworenen«, in: Geschichte der Dreizehn (Die großen Romane und Erzählungen, Bd. 7), Frankfurt/Main, Leipzig 1996, S. 21
31 Raddatz, Karl Marx, S. 57

Kapitel 6

1 Institut für Marxismus-Leninismus, Mohr und General, S. 204
2 zit. n. Ambrosi, Jenny Marx, S. 19
3 zit. n. ebd., S. 29
4 MEW 40, 660
5 MEW 40, 641, Jenny von Westphalen an Karl Marx, 10.8.41
6 MEW 40, 4
7 MEGA 2, 3-1, 304, Heinrich, Henriette und Sophie Marx an Marx, 28.12.1836
8 MEGA 2, 3-1, 306, Heinrich, Henriette und Sophie Marx an Marx, 28.12.36
9 MEGA 2, 1-1, 489
10 MEW 40, 624, Heinrich Marx an Karl Marx, 3.2.37

11 MEGA 2, 3-1, 321, Heinrich Marx an Karl Marx, 17.11.37
12 MEW 40, 637, Heinrich Marx an Marx 9.12.37
13 MEGA 2, 3-1 331, Jenny von Westphalen an Karl Marx, nach dem 10.5.38
14 MEGA 2, 3-1, 331, Jenny von Westphalen an Marx nach dem 10.5.38
15 MEGA 2, 3-1, 332, Jenny von Westphalen an Marx, 24.6.38
16 MEGA 2, 3-1, 332, Jenny von Westphalen an Marx, 24.6.38
17 MEGA 2, 3-1, 337, Jenny von Westphalen an Marx, Dat. unbek., um 1839/40
18 MEGA 2, 3-1, 364, Jenny von Westphalen an Marx, um den 10.8.41
19 MEGA 2, 3-1, 365, Jenny von Westphalen an Marx, um den 10.8.41
20 MEGA 2, 3-1, 366, Jenny von Westphalen an Marx, 13.9.41
21 MEGA 2, 3-1, 366f., Jenny von Westphalen an Marx, 13.9.41
22 MEGA 2, 3-1, 396ff., Jenny von Westphalen an Marx, Anfang März 1843
23 Institut für Marxismus-Leninismus, Mohr und General, S. 277
24 MEW 27, 417, Marx an Arnold Ruge, 13.3.43
25 zit. n. Institut für Marxismus-Leninismus, Mohr und General, S. 294
26 MEGA 2, 1-2, 4ff.
27 MEW 1, 231
28 MEW 1, 231

Kapitel 7

1 McLellan, Karl Marx, S. 69
2 zit. n. Werner Blankenagel, Geschichte des Grundeinkommens, Books on Demand, 2012
3 Kliem, Dokumente, S. 155
4 MEW 23, 15
5 zit. n. Wheen, Karl Marx, S. 82
6 MEW 16, 27
7 zit. n. Ambrosi, Jenny Marx, S. 92
8 MEW 1,343
9 MEW 1, 337
10 MEW 1, 346
11 zit. n. Nicolaevsky/Maenchen-Helfen, Karl Marx, S. 74
12 Kliem, Dokumente, S. 162
13 MEW 1, 346
14 MEW 40, 553f.
15 MEW 27, 434, Marx an Heinrich Heine 12.1.45
16 Raddatz, Karl Marx, S. 72
17 zit. n. Limmroth, Jenny Marx, S. 108
18 zit. n. Institut für Marxismus-Leninismus, Mohr und General, S. 340
19 MEW 27, 429, Marx an Julius Campe 27.10.44
20 zit. n. Wheen, Karl Marx, S. 86
21 MEW 1, 338
22 MEW 1, 409
23 MEGA 2, 3-1, 430f.; MEW 40, 650, Jenny Marx an Marx, um den 21.6.44
24 MEGA 2, 3-1, 441, Jenny Marx an Marx, zwischen 11. u. 18.8.44
25 Institut für Marxismus-Leninismus, Mohr und General, S. 205
26 zit. n. ebd., S. 205

Kapitel 8

1 Quante, Kommentar, S. 216
2 Wagenknecht, Vom Kopf auf die Füße?, S. 9
3 zit. n. Barbara Zehnpfennig, »Rousseau und Marx oder: Das Ende der Entfremdung«, in: Oliver Hidalgo (Hg.), Der lange Schatten des Contrat social, Wiesbaden 2013, S. 185f.
4 Löwith, Von Hegel zu Nietzsche, S. 295
5 siehe etwa Quante, Kommentar
6 MEW 3, 6
7 MEW 1, 385
8 MEW 3, 20f.
9 MEW 3, 35
10 MEW 1, 460; MEGA 2, 4-2, 463
11 MEW 1, 460; MEGA 2, 4-2, 463
12 MEW 3, 33
13 MEW 40, 474
14 MEW 40, 511
15 MEW 40, 511f.
16 MEW 40, 512
17 MEW 40, 511
18 Cornu, Karl Marx und Friedrich Engels, Bd. 3, S. 20
19 MEW 40, 513
20 MEW 40, 514
21 MEW 40, 514
22 MEW 40, 514f.
23 MEW 40, 516
24 MEW 40, 517
25 MEW 40, 517
26 MEW 40, 517
27 MEW 40, 523
28 MEW 40, 521
29 MEW 40, 566
30 MEW 40, 541f.
31 MEW 40, 542
32 MEW 40, 547
33 MEW 40, 547
34 MEW 40, 547
35 MEW 40, 547
36 MEW 40, 550
37 MEW 1, 461; MEGA 2, 4-2, 464
38 MEW 1, 374f.
39 MEW 40, 656
40 MEW 40, 564f.
41 MEW 40, 566f; MEGA 2, 4-2, 438
42 MEW 3, 540
43 MEW 3, 38
44 MEW 4, 130
45 MEW 3, 32
46 MEW 3, 33

47 MEW 3, 69f.
48 MEW 40, 524
49 MEW 2, 98
50 MEW 40, 579
51 Arndt, Geschichte und Freiheitsbewusstsein, S. 76
52 MEW 1, 390
53 MEW 1, 389
54 MEW 2, 37f.
55 Petersen/Faber, Karl Marx und die Philosophie, S. 42
56 MEW 40, 520
57 MEW 40, 533
58 MEW 40, 520
59 MEW 2, 34
60 MEW 2, 37
61 MEW 2, 37f.
62 Wolff, Why Reed Marx Today?, S. 46
63 MEW 40, 537
64 MEW 40, 537
65 MEW 4, 181f.
66 MEW 40, 536; MEGA 2, 1-2, 263
67 MEW 3, 35
68 MEW 1, 345
69 MEW 3, 70
70 MEW 3, 5f.
71 MEW 1, 386
72 MEW 3, 27
73 MEW 3, 46
74 MEW 4, 140
75 MEW 1, 391
76 MEW 1, 391
77 MEW 1, 415
78 MEW 2, 38
79 MEW 3, 38f.
80 MEW 3, 26f.
81 MEW 40, 577
82 MEW 40, 546
83 MEW 3, 70f.
84 MEW 4, 181f.
85 MEW 1, 409
86 MEW 3, 34f.
87 MEW 4, 181f.
88 MEW 1, 409
89 MEW 1, 388
90 MEW 3, 34f.
91 MEW 4, 444f.
92 MEW 40, 540
93 MEW 40, 463; MEGA 2, 4-2, 466
94 MEW 3, 33
95 MEW 3, 379
96 MEW 40, 536; MEGA 2, 1-2, 263

97 MEW 4, 181 f.
98 MEW 2, 37 f.
99 Johann Peter Eckermann, Gespräche mit Goethe in den letzten Jahren seines Lebens, München 1999, S. 697
100 David Leopold, »On Marxian Utophobia«, in: Journal of the History of Philosophy, Januar 2016, S. 111–134
101 zit. n. McLellan, Karl Marx, S. 48, Ruge-Briefe, I, S. 239, Arnold Ruge an Adolf Stahr, 8.9.1841
102 zit. n. McLellan, Karl Marx, S. 48, MEGA, 1, 1-2, 269, Georg Jung an Arnold Ruge, 18.10.1841
103 zit. n. Künzli, Karl Marx, S. 516
104 MEW 40, 546
105 MEW 1, 101
106 MEW 1, 101
107 MEW 1, 353
108 MEW 1, 353 f.
109 MEW 1, 355
110 MEW 1, 370
111 MEW 1, 370
112 MEW 1, 355
113 MEW 1, 379
114 MEW 1, 102
115 MEW 10, 170
116 MEW 1, 101
117 MEW 1, 372
118 MEW 1, 372
119 MEW 1, 372
120 MEW 1, 372
121 zit. n. Sperber, Karl Marx, S. 143
122 MEW 1, 372
123 zit. n. Künzli, Karl Marx, S. 123
124 ebd., S. 124
125 MEW 3, 5
126 MEW 1, 374
127 MEW 1, 373
128 Künzli, Karl Marx, S. 203
129 MEW 1, 374 f.
130 MEW 2, 122
131 Rühle, Karl Marx, S. 78
132 MEW 1, 361
133 MEW 1, 355
134 MEW 1, 370
135 Rühle, Karl Marx, S. 80
136 zit. n. MEW 1, 370
137 MEW 1, 378
138 MEW 1, 378
139 MEW 1, 378
140 MEW 27, 412, Marx an Arnold Ruge, 30.11.1842
141 MEW 1, 378
142 MEW 1, 379

143 MEW 1, 379
144 MEW 1, 385
145 MEW 1, 379
146 MEW 1, 379
147 zit. n. McLellan, Die Junghegelianer, S. 121 f.
148 MEW 3, 6
149 MEW 3, 7
150 Berlin, Karl Marx, S. 15
151 zit. n. McLellan, Die Junghegelianer, S. 93
152 Platon, Sämtliche Dialoge, Bd. 7, Hamburg 2004, S. 78, 166
153 Thomas Morus, Utopia, Leipzig 1990, S. 45
154 Jean Jacques Rousseau, Der Gesellschaftsvertrag, Leipzig 1984, S. 82
155 Babeuf, in: Höppner, Von Babeuf bis Blanqui, S. 92 ff.
156 Charles Fourier, Ökonomisch-philosophische Schriften, Berlin 1980, S. 63 f.
157 zit. n. Ramm, Frühsozialismus, S. 73, 81
158 zit. n. Stedman Jones, Das Kommunistische Manifest, S. 217
159 zit. n. McLellan, Die Junghegelianer, S. 178
160 zit. n. ebd., S. 180
161 Cornu,Karl Marx und Friedrich Engels, Bd. 1, S. 520 f.
162 zit. n. McLellan, Die Junghegelianer, S. 180
163 zit. n. Stedman Jones, Das Kommunistische Manifest, S. 144 f.
164 MEW 40, 445
165 MEW 40, 511
166 MEW 40, 510
167 MEW 40, 451
168 MEW 40, 540
169 zit. n. McLellan, Die Junghegelianer, S. 123
170 zit. n. Arndt, Geschichte und Freiheitsbewusstsein, S. 85 f.
171 MEW 40, 574
172 MEW 40, 574
173 zit. n. Stedman Jones, Das Kommunistische Manifest, S. 115
174 zit. n. ebd., S. 95
175 zit. n. Wagenknecht, Vom Kopf auf die Füße?, S. 147
176 zit. n. Stedman Jones, Das Kommunistische Manifest, S. 136
177 MEW 1, 369
178 zit. n. Stedman Jones, Das Kommunistische Manifest, S. 134
179 MEW 2, 98
180 MEW 1, 385
181 zit. n. McLellan, Die Junghegelianer, S. 118
182 MEW 1,378
183 MEW 27, 425, Marx an Feuerbach, 11.8.1844
184 zitiert nach Wagenknecht, Vom Kopf auf die Füße?, S. , 142
185 zit. n. McLellan, Die Junghegelianer, S. 128
186 zit. n. Wagenknecht, Vom Kopf auf die Füße?, S. 149 f.
187 zit. n. Arndt, Geschichte und Freiheitsbewusstsein, S. 91

Kapitel 9

1 MEW 1, 499
2 MEW 1, 499ff.
3 MEW 38, 481, Engels an Franz Mehring, 28.9.1892
4 MEW 1, 546
5 MEW 2, 98
6 zit. n. Kliem, Dokumente, S. 167
7 MEW 13, 10
8 MEGA 2, 3-1, 507 Heinrich Bürgers an Marx, Ende Feb. 1846
9 alle zit. n. Hunt, Friedrich Engels, S. 162
10 MEW 35, 230 Engels an Eduard Bernstein, 25.10.1881
11 MEW 21, 291
12 MEW 27, 8 Engels an Marx, Anfang Oktober 1844
13 zit. n. Hunt, Friedrich Engels, S. 19
14 zit. n. ebd., S. 29
15 zit. n. ebd., S. 29
16 zit. n. MEGA 2, 4-5, 431
17 MEGA 2, 3-1, Engels an Wilhelm Graeber, 8.-9.4.1839
18 MEW 1, 432
19 MEW, 41, 372; MEGA 2, 3-1, 115, Engels an Wilhelm Graeber, 24.4.–1.5.1839
20 MEW 18, 18
21 zit. n. Hunt, Friedrich Engels, S. 65
22 MEW 41, 169
23 MEW 41, 435, MEGA 2, 3-1, 175, Engels an Wilhelm Graeber, 13.–20.11.1839
24 MEW 41, 371; MEGA 2, 3-1, 114, Engels an Wilhelm Graeber, 23.4.–1.5.1839
25 MEW 41, 419; MEGA 2, 3-1, 160, Engels an Wilhelm Graeber, 8.10.1839
26 zit. n. Hunt, Friedrich Engels, S. 101
27 zit. n. ebd., S. 103
28 zit. n. ebd., S. 105
29 MEW 8, 582
30 MEW 1, 557
31 zit. n. Enzensberger, Gespräche, Bd. 1, S. 23f.
32 MEW 27, 26; MEGA 2, 3-1, 271f., Engels an Marx, 17.3.1845
33 MEW 2, 223
34 Quante/Schweikard, Marx-Handbuch, S. 50
35 Nicolaevsky/Maenchen-Helfen, Karl Marx, S. 96
36 MEW 2, 285f.
37 MEW 27, 19; MEGA 2, 3-1, 266, Engels an Marx, 22.- 26.2. und 7.3.1845
38 zit. n. Kliem, Dokumente, S. 165f.
39 MEW 27, 16, Engels an Marx, 20.1.1845
40 Institut für Marxismus-Leninismus, Mohr und General, S. 205f.
41 MEW 27, 48, Engels an Marx, 17.3.1845
42 MEW 27, 20, Engels an Marx, 22.-6.2 und 5.3.1845
43 MEW 27, 21, Engels an Marx, 22.-6.2 und 5.3.1845
44 MEW 27, 18, Engels an Marx, 20.1.1845
45 MEW 27, 26, Engels an Marx, 17.3.1845
46 MEW 27, 26f., Engels an Marx, 17.3.1845

Kapitel 10

1 MEW 27, 601, Marx an den belgischen König Leopold I., 7.2.1845
2 zit. n. Ambrosi, Jenny Marx, S. 127
3 zit. n. Institut für Marxismus-Leninismus, Mohr und General, S. 206
4 zit. n. Hunt, Friedrich Engels, S. 175
5 zit. n. ebd., S. 177
6 MEGA 2, 3-5, 379, Jenny Marx an Marx, 30.5.1852
7 MEGA 2, 4-5, 348
8 MEW 23, 317
9 MEGA 2, 4-5, 10
10 MEGA 2, 4-5, 18
11 MEGA 2, 4-5, 19
12 zit. n. Ambrosi, Jenny Marx, S. 127
13 zit. n. Wheen, Karl Marx, S. 126
14 zit. n. Hunt, Friedrich Engels, S. 175
15 MEW 27, 602, Marx an Oberbürgermeister Görtz in Trier, 17.10.1845
16 MEW 27, 603, Marx an Oberbürgermeister Görtz in Trier, 10.11.1845
17 zit. n. Ambrosi, Jenny Marx, S. 124
18 MEW 27, 19, Engels an Marx, 22.–26.2. u. 7.3.1845
19 zit. n. Hunt, Friedrich Engels, S. 174
20 MEW 21, 212
21 MEW 3, 34
22 MEW 27, 448f., Marx an Karl Wilhelm Leske, 1.8.1848; MEGA 2, 3-2, 23 u. 25
23 MEW 27, 449f., Marx an Karl Wilhelm Leske, 1.8.1848; MEGA 2, 3-2, 24
24 MEW 3, 218
25 zit. n. Stedman Jones, Das Kommunistische Manifest, S. 174
26 MEW 3, 13
27 MEW 3, 13f.
28 MEW 3, 39
29 MEW 23, 16
30 MEW 3, 33
31 zit. n. Ambrosi, Jenny Marx, S. 128
32 MEW 33, 702, Jenny Marx an Karl Liebknecht, 26.5.1872
33 Friedenthal, Karl Marx, S. 305
34 MEW 1, 404
35 MEW 1, 405
36 zit. n. Friedenthal, Karl Marx, S. 310
37 zit. n. ebd., S. 306
38 vgl. Standage, The Victorian Internet
39 zit. n. Sperber, Karl Marx, S. 189
40 zit. n. Raddatz, Karl Marx, S. 122
41 zit. n. Nicolaevsky/Maenchen-Helfen, Karl Marx, S. 119f.
42 MEGA 2, 3-2, 106, Moses Hess an Marx, 20.5.1846
43 MEGA 2, 3-2, 211, Moses Hess an Marx, 29.5.1846
44 zit. n. Rohbeck, Marx, S. 73
45 MEW 4, 4
46 MEW 4, 37
47 MEW 27, 443, Marx an Pierre-Joseph Proudhon, 5.5.1846
48 MEW 27, 443, Marx an Pierre-Joseph Proudhon, 5.5.1846

49 MEGA 2, 3-2, 7 Karl Marx, Friedrich Engels und Philippe-Charles Gigot an Pierre-Joseph Proudhon, 5.5.1846; deutsch nach: McLellan, Karl Marx, S. 168
50 MEGA 2, 3-2, 7 Karl Marx, Friedrich Engels und Philippe-Charles Gigot an Pierre-Joseph Proudhon, 5.5.1846; deutsch nach: McLellan, Karl Marx, S. 168
51 MEW 4, 65
52 zit. n. Sperber, Karl Marx, S. 192
53 MEW 14, 439
54 MEW 27, 59, Engels an Marx, 18.10.1846
55 MEW 27, 66, Engels an Marx, 29.10.1846
56 MEW 27, 66, Engels an Marx, 23.10.1846
57 vgl. MEW 27, 61, Engels an das kommunistische Korrespondenzbüro, 23.10.1846
58 MEW 27, 74, Engels an Marx, 15.1.1847
59 MEW 27, 80, Engels an Marx, 9.3.1847
60 MEW 27, 470, Marx an Georg Herwegh, 26.10.47
61 MEW 27, 470, Marx an Georg Herwegh, 26.10.47
62 MEW 4, 596
63 zit. n. McLellan, Karl Marx, S. 186

Kapitel 11

1 Nicolaevsky/Maenchen-Helfen, Karl Marx, S. 139
2 Berlin, Karl Marx, S. 122
3 McLellan, Karl Marx, S. 195
4 Raddatz, Karl Marx, S. 128 ff.
5 Friedenthal, Karl Marx, S. 329
6 Mathias Greffrath, Die Zeit, 5.2.1998, S. 47
7 zit. n. Misik, Marx verstehen, S. 40 f.
8 zit. n. Die Zeit – Geschichte, S. 29
9 Stedman Jones, Das Kommunistische Manifest, S. 13
10 Sperber, Karl Marx, S. 211
11 MEW 27, 104, Engels an Marx, 23./24.11.1847
12 MEW 4, 502 f.
13 Stedman Jones, Das Kommunistische Manifest, S. 68
14 MEW 6, 421
15 MEGA 2, 3-2, 384, Die Zentralbehörde des Bundes der Kommunisten an die Kreisbehörde Brüssel, London, 25. Januar 1848
16 vgl. Prawer, Karl Marx und die Weltliteratur, S. 125
17 zit. n. Mehring, Karl Marx, S. 130
18 MEW 4, 461 ff. (alle Zitate aus dem Manifest)
19 MEW 4, 573
20 MEW 4, 574
21 MEW 4, 573
22 MEW 4, 531, Engels an den Redakteur des »Northern Star«, 25.3.1848

Kapitel 12

1 MEW 5, 464
2 zit. n. Nicolaevsky/Maenchen-Helfen, S. 149f.
3 MEW 27, 118, Marx an Engels, 12.3.1848
4 MEW 27, 119, Marx an Engels, 16.3.1848
5 MEW 27, 110, Engels an Marx, 14.1.1848
6 MEW 27, 119, Marx an Engels, 16.3.1848
7 MEW 5, 3f.
8 zit. n. MEGA 2, 1-7, 877
9 zit. n. Nicolaevsky/Maenchen-Helfen, Karl Marx, S. 157
10 MEW 5, 42

Kapitel 13

1 MEW 8, 111
2 MEGA 2, 3-3, 733, Jenny Marx an Joseph Weydemeyer, 20.5.1850
3 MEGA 2, 1-30, 16
4 MEW 27, 125, Engels an Marx, 25.4.1848
5 zit. n. Nicolaevsky/Maenchen-Helfen, Karl Marx, S. 173f.
6 zit. n. Enzensberger, Gespräche, Bd. 1, S. 103f.
7 MEGA 2, 1-7, 885
8 MEW 27, 125, Engels an Marx, 25.4.1848
9 zit. n. Friedenthal, Karl Marx, S. 373
10 MEW 5, 136f.
11 Hunt, Friedrich Engels, S. 218
12 MEW 5, 112
13 MEW 5, 116
14 zit. n. Friedenthal, Karl Marx, S. 373
15 MEGA 2, 1-30, 16; vgl. Nicolaevsky/Maenchen-Helfen, Karl Marx, S. 165
16 MEGA 2, 1-7, 479/80
17 MEGA 2, 1-30, 17
18 MEW 5, 105
19 MEGA 2, 1-7, 309
20 zit. n. MEGA 2, 1-7, 887
21 MEW 5, 501
22 MEW 5, 176
23 MEW 5, 249
24 MEW 5, 15
25 MEW 21, 16
26 MEW 36, 808
27 zit. n. Nicolaevsky/Maenchen-Helfen, Karl Marx, S. 181
28 MEW 5, 455
29 zit. n. McLellan, Karl Marx, S. 222
30 MEW 27, 131, Marx an Engels, 29.11.1848
31 MEW 6, 148
32 MEW 6, 150
33 MEW 6, 176
34 MEW 6, 124

35 MEW 5, 65 f.
36 MEW 21, 19
37 MEGA 2, 1-30, 17
38 zit. n. MEGA 2, 1-7, 893
39 zit. n. MEGA 2, 1-7, 894
40 MEGA 2, 1-7, 895
41 Institut für Marxismus-Leninismus, Mohr und General, S. 343
42 MEW 27, 130; MEGA 2, 3-2, 167, Marx an Engels, erste Hälfte November 1848
43 MEW 5, 479
44 MEW 5, 564
45 MEW 27, 132 Engels an Marx, 28.12.1848
46 MEW 5, 400
47 MEW 5, 374
48 MEGA 2, 1-7, 773
49 zit. n. Hunt, Friedrich Engels, S. 230
50 zit. n. McLellan, Karl Marx, S. 224
51 MEW 6, 195
52 zit. n. Nicolaevsky/Maenchen-Helfen, Karl Marx, S. 191
53 MEW 6, 234
54 MEW 6, 245
55 MEW 6, 433
56 zit. n. Körner, Karl Marx, S. 86
57 MEW 31, 93 Marx an Engels, 7.3.1865
58 zit. n. MEW 6, 503
59 MEW 6, 520
60 MEW 6, 505
61 MEW 6, 506
62 Blumenberg, Karl Marx in Selbstzeugnissen, S. 87
63 zit. n. Ambrosi, Jenny Marx, S. 149 f.
64 Institut für Marxismus-Leninismus, Mohr und General, S. 209
65 ebd., S. 210
66 zit. n. Ambrosi, Jenny Marx, S. 152
67 zit. n. ebd., S. 153
68 zit. n. ebd., S. 143
69 MEGA 2, 3-3, 725, Jenny Marx an Lina Schöler, 29.6.1849
70 MEW 27, 137, Marx an Engels, 7.6.1849
71 zit. n. Hunt, Friedrich Engels, S. 235
72 Institut für Marxismus-Leninismus, Mohr und General, S. 211
73 MEW 27, 506
74 MEW 1, 382

Zweiter Teil

Kapitel 14

1 MEW 27, 484, Engels an Carl Friedrich Köppen, 1.9.49
2 Klaus Theweleit, FAZ, 18.5.2015, S. 13
3 Bettina Röhl, Wirtschaftswoche, 21.8.2012
4 Quante/Schweikard, Marx-Handbuch, S. 74

5 Jürgen Herres/Regina Roth, Karl Marx, oder: »Wenn die Karell Kapital gemacht hätte, statt etc.«, in: Stefan Zahlmann/Sylka Scholz (Hg.), Scheitern und Biografie. Die andere Seite moderner Lebensgeschichten, Gießen, 2005
6 Enzensberger, Gespräche, Bd. 1, S. 293
7 Ebd., S. 252
8 Ebd., S. 223
9 Ebd., S. 256
10 Ebd., S. 257
11 Osterhammel, Die Verwandlung der Welt, S. 262 f.
12 Institut für Marxismus-Leninismus, Mohr und General, S. 321 ff.
13 ebd., S. 372
14 MEW 1, 516
15 Enzensberger, Gespräche, Bd. 1, S., 217
16 Institut für Marxismus-Leninismus, Mohr und General, S. 124
17 Enzensberger, Gespräche, Bd. 1, S., 293

Kapitel 15

1 Institut für Marxismus-Leninismus, Mohr und General, S. 211
2 Ebd., S. 211 f.
3 MEW 27, 143, Marx an Engels, 19.11.50
4 MEW 27, 607 ff., Jenny Marx an Weydemeyer, 20.5.50
5 MEGA 2, 3-3, 621 f., Jenny Marx an Marx, August 1850
6 MEGA 2, 3-3, 622, Jenny Marx an Marx, August 1850
7 MEGA 2, 3-3, 622, Jenny Marx an Marx, August 1850
8 Institut für Marxismus-Leninismus, Mohr und General, S. 215
9 MEW 27, 152, Jenny Marx an Engels, 2.12.50
10 Enzensberger, Gespräche, Bd. 1, S. 252 f.
11 MEW 27, 229, Marx an Engels, 2.4.51
12 MEGA 2, 3-3, 85, Marx an Engels, 2.4.51
13 MEGA 2, 3-4, 84, Marx an Engels, 31.3.51
14 Institut für Marxismus-Leninismus, Mohr und General, S. 216
15 zit. n. Limmroth, Jenny Marx, S. 153
16 zit. n. Blumenberg, Karl Marx in Selbstzeugnissen, S. 116; Louise Freyberger-Kautsky an August Bebel, 2.9.98
17 zit. n. ebd., S. 117; Louise Freyberger-Kautsky an August Bebel, 2.9.98
18 zit. n. Payne, Marx, S. 540
19 MEGA 2, 3-5, 381 f., Jenny Marx an Marx, 31.5 und 1./2.6.52
20 MEGA 2, 3-5, 399, Jenny Marx an Marx, zwischen 9. und 11.6.52
21 MEGA 2, 3-5, 411 f., Jenny Marx an Marx, 19.6.52
22 MEGA 2, 3-5 131, Marx an Jenny Marx, 11.6.52
23 MEGA 2, 3-5, 417, Jenny Marx an Marx, zwischen 21. und 25.6.52
24 MEGA 2, 3-6, 452, Jenny Marx an Engels, 27.4.53
25 MEGA 2, 3-7, 112; MEW 28, 363, Marx an Engels, 3.6.54
26 MEW 28, 371 Marx an Engels, 21.6.54
27 Institut für Marxismus-Leninismus, Mohr und General, S. 220
28 MEGA 2, 3-7, 166; MEW 28, 423, Marx an Engels, 17.1.55
29 MEGA 2, 3-7, 185; MEW 28, 440, Marx an Engels, 16.3.55
30 MEGA 2, 3-7, 188; MEW 28, 443, Marx an Engels, 6.4.55

31 MEW 28, 618, Marx an Amalie Daniels, 6.9.55
32 Institut für Marxismus-Leninismus, Mohr und General, S. 220
33 Ebd., S. 118
34 Ebd., S. 118
35 MEW 28, 444, Marx an Engels, 12.4.55
36 MEGA 2, 3-7, 189; MEW 28, 444, Marx an Engels, 12.4.55
37 MEGA 2, 3-7, 189; MEW 28, 444, Marx an Engels, 12.4.55
38 MEGA 2, 3-7, 201; MEW 28, 617, Marx an Ferdinand Lassalle, 28.7.55
39 zit. n. Ambrosi, Jenny Marx, S. 510, Jenny Marx an Ferdinand Lassalle 5.5.61
40 zit. n. ebd., 213
41 MEW 29, 532ff., Karl Marx an Jenny Marx, 21.6.56
42 zit. n. Limmroth, Jenny Marx, S. 198
43 zit. n. ebd., S. 195
44 zit. n. ebd., S. 195
45 zit. n. ebd., S. 196
46 zit. n. Ambrosi, Jenny Marx, S. 218
47 Institut für Marxismus-Leninismus, Mohr und General, S. 221
48 zit. n. Ambrosi, Jenny Marx, S. 222
49 zit. n. ebd., S 222
50 Institut für Marxismus-Leninismus, Mohr und General, S. 252
51 MEGA 2, 3-8, 72; MEW 29, 97, Marx an Engels, 27.1.57
52 Institut für Marxismus-Leninismus, Mohr und General, S. 222
53 MEGA 2, 3-8, 109; MEW 29, 132, Marx an Engels, 8.5.57
54 MEGA 2, 3-8, 123; MEW 29, 144, Marx an Engels, 15.6.57
55 MEGA 2, 8-3, 129; MEW 29, 150, Marx an Engels, 8.7.57
56 MEGA 2, 3-8, 133; MEW 29, 154f., Marx an Engels, 14.7.57
57 Institut für Marxismus-Leninismus, Mohr und General, S. 223
58 zit. n. Ambrosi, Jenny Marx, S. 225
59 MEGA 2, 3-8, 135; MEW 29, 156, Marx an Engels, 16.7.57
60 zit. n. Ambrosi, Jenny Marx, S. 239
61 MEGA 2, 3-9, 44; MEW 29, 267, Marx an Engels, 28.1.58
62 MEGA 2, 3-9, 44; MEW 29, 267, Marx an Engels, 28.1.58
63 Institut für Marxismus-Leninismus, Mohr und General, S. 224
64 MEGA 2, 3-10, 137; MEW 29, 655, Jenny Marx an Engels, 23. oder 24.12.59
65 MEW 28, 637, Jenny Marx an Adolf Cluß, 15.10.52
66 Institut für Marxismus-Leninismus, Mohr und General, S. 216f.
67 Ebd., S. 187

Kapitel 16

1 Institut für Marxismus-Leninismus, Mohr und General, S. 61
2 zit. n. Körner, Karl Marx, S. 1065
3 Institut für Marxismus-Leninismus, Mohr und General, S. 334
4 MEW 8, 575
5 zit. n. McLellan, Karl Marx, S. 245f.
6 zit. n. Wheen, Karl Marx, S. 198
7 MEW 7, 244ff.
8 zit. n. McLellan, Karl Marx, S. 250
9 Institut für Marxismus-Leninismus, Mohr und General, S. 212

10 ebd., S. 95
11 MEW 8, 412
12 zit. n. McLellan, Karl Marx, S. 264
13 MEW 28, 557f., Marx an Joseph Weydemeyer, 27.6.51
14 Schieder, Karl Marx als Politiker, S. 63
15 MEW 28, 295, Marx an Engels, 19.11.52
16 MEW 28, 640, Jenny Marx an Adolf Cluß, 28.10.52; MEW 28, 166, Engels an Marx, 27.10.52
17 MEW 28, 641, Jenny Marx an Adolf Cluß, 28.10.52
18 Enzensberger, Gespräche, Bd. 1, S. 252
19 zit. n. Sperber, Karl Marx, S. 289
20 MEW 28, 162, Marx an Engels, 25.10.52
21 MEW 28, 29, Marx an Engels, 5.3.56
22 zit. n. Schieder, Karl Marx als Politiker, S. 66
23 MEW 28, 527, Marx an Jenny Marx, 11.6.52
24 MEW 27, 565, Marx an Joseph Weydemeyer, 2.8.51
25 MEW McLellan, Karl Marx, S. 267
26 MEW 27, 184f., Marx an Engels, 11.2.51
27 MEW 27, 189f., Engels an Marx, 13.2.51
28 MEW 27, 184, Marx an Engels, 11.2.51
29 MEW 27, 195, Marx an Engels, 23.2.51
30 MEW 28, 124f., Marx an Engels, 2.9.52
31 MEW 30, 390, Marx an Engels, 19.4.64
32 MEW 30, 38, Marx an Engels, 13.2.60
33 MEW 14, 599
34 MEW 14, 599ff.
35 MEW 30, 129, Engels an Marx, 19.12.60
36 MEW 30, 488f., Marx an Ferdinand Freiligrath, 29.2.60

Kapitel 17

1 MEW 27, 142, Marx an Engels, 23.8.49
2 MEW 27, 142, Marx an Engels, 23.8.49
3 MEW 7, 550
4 MEW 27, 515, Marx an Joseph Weydemeyer, 19.12.49
5 Sperber, Karl Marx, S. 255
6 MEW 27, 248; MEGA 2, 4-3, 109, Engels an Marx, 6. oder 7.5.51
7 MEW 7, 5
8 MEGA 2, 3–5, 76, MEW 28, 507f., Marx an Weydemeyer, 5.3.1852
9 MEW 7, 11
10 MEW 7, 85
11 MEW 7, 16
12 MEW 7, 34
13 MEW 7, 89f.
14 MEW 7, 511
15 MEW 7, 98
16 MEW 35, 161, Marx an Ferdinand Domela Nieuwenhuis, 22.2.81
17 MEW 8, 161
18 MEW 8, XIVf.

19 MEW 6, 234
20 MEW 1, 248
21 Till Breyer: »Ironie im Handgemenge. Überlegungen zur Affektpolitik bei Marx«, Workshop »Affect, Capital, Critique« an der Humboldt-Universität am 14.8.2015
22 MEW 8, 115
23 Sperber, Karl Marx, S. 293
24 MEW 8, 117
25 MEW 8, 115
26 MEW 8, 117
27 MEW 8, 117
28 MEW 8, 118
29 Quante/Schweikard, Marx-Handbuch, S. 131
30 MEW 8, 119f.
31 MEW 8, 136
32 MEW 8, 148
33 MEW 8, 198f.
34 MEW 8, 161
35 MEW 8, 119
36 MEW 8, 24f.
37 MEW 8, 25
38 MEW 8, 207

Kapitel 18

1 MEW 27, 296, Marx an Engels, 8.8.51
2 MEW 27, 314, Marx an Engels, 14.8.51
3 MEGA 2, 3-5, 51, Marx an Engels, 23.2.52
4 MEW 28, 209, Marx an Engels, 29.1.53
5 MEW 7, 221
6 MEW 12, 49
7 zit. n. Stedman Jones, Karl Marx, S. 345
8 MEW 11, 102
9 MEW 12, 322
10 MEW 9, 221f.
11 MEW 9, 226
12 MEW 12, 54f.
13 MEW 11, 102f.
14 MEW 12, 80
15 MEW 23, 707f.; MEGA 2, 2-10, 611
16 MEW 28, 589, Marx an Adolf Cluß, 15.9.53
17 MEW 27, 293, Marx an Engels, 31.7.51
18 MEW 8, 196
19 MEW 11, 325
20 MEW 11, 323
21 MEW 29, 102, Marx an Engels, 23.1.57
22 Institut für Marxismus-Leninismus, Mohr und General, S. 147
23 Ebd., S. 147

Kapitel 19

1 zit. n. Raddatz, Karl Marx, S. 256f.
2 zit. n. Wheen, Karl Marx, S. 301
3 zit. n. Raddatz, Karl Marx, S. 259
4 zit. n. ebd., S. 265
5 Friedenthal, Karl Marx, S. 431
6 MEW 29, 274, Marx an Engels, 1.2.58
7 MEW 29, 561, Marx an Ferdinand Lassalle, 31.5.58
8 MEW 29, 330, Marx an Engels, 31.5.58
9 MEW 29, 442, Marx an Engels, 25.5.59
10 MEW 30, 30, Marx an Engels, 9.2.60
11 MEW 29, 405, Marx an Engels, 25.2.59
12 MEW 30, 464, Marx an Ferdinand Lassalle, 23.2.60
13 MEGA 2 3-10, 302, Ferdinand Lassalle an Marx, 26., 27. und 29.2.60
14 MEW 30, 587, Marx an Ferdinand Lassalle, 7.3.61
15 MEW 30, FN 716
16 MEW 30, 589, Marx an Antoinette Philips, 24.3.61
17 MEW 30, 589, Marx an Antoinette Philips, 24.3.61
18 MEW 30, 590, Marx an Antoinette Philips, 24.3.61
19 Raddatz, Karl Marx, S. 281
20 MEW 30, 165, Marx an Engels, 10.5.61
21 MEW 30, 165f., Marx an Engels, 10.5.61
22 MEW 30, 257, Marx an Engels, 30.7.62
23 MEW 30, 257, Marx an Engels, 30.7.62
24 McLellan, Karl Marx, S. 348
25 MEW 30, 637, Marx an Ferdinand Lassalle, 7.11.62
26 MEW 30, 258, Marx an Engels, 30.7.62
27 MEW 30, 259, Marx an Engels, 30.7.62
28 Institut für Marxismus-Leninismus, Mohr und General, S. 235ff.
29 Raddatz, Karl Marx, S. 283
30 zit. n. ebd., S. 284
31 MEW 30, 322, Marx an Engels, 28.1.63
32 MEW 32, 540, Marx an Ludwig Kugelmann, 17.3.68
33 MEW 30, 340, Marx an Engels, 9.4.63
34 MEW 30, 357f., Marx an Engels, 12.6.63
35 MEW 30, 362, Marx an Engels, 6.7.63
36 MEW 30, 368f., Marx an Engels, 15.8.63
37 Schieder, Karl Marx als Politiker, S. 72
38 zit. n. Wheen, Karl Marx, S. 300
39 zit. n. Ambrosi, Jenny Marx, S. 278
40 MEW 16, 79
41 MEW 30, 427, Marx an Engels, 2.9.64
42 MEW 30, 429, Engels an Marx, 4.9.64
43 MEW 30, 429, Engels an Marx, 4.9.64
44 MEW 30, 427, Marx an Engels, 7.9.64
45 MEW 32, 541, Marx an Ludwig Kugelmann, 17.3.68
46 MEW 30, 673, Marx an Sophie von Hatzfeld, 12.9.64
47 MEW 31, 17, Engels an Marx, 7.11.64

Kapitel 20

1 Banning, Karl Marx, S. 62
2 Micha Brumlik, »Karl Marx: Judenfeind der Gesinnung, nicht der Tat«, in: Blätter für deutsche und internationale Politik 7, 2014, S. 113ff.
3 Hauke Brunkhorst, »Die falsch gestellte Frage. War Marx Antisemit«, in: Blätter für deutsche und internationale Politik 8, 2014, S. 110ff.
4 MEW 27, 322, Marx an Engels, 25.8.55
5 MEW 28, 522, Marx an Adolf Cluß, 10.5.52
6 MEW 29, 104, Marx an Engels, 16.2.57
7 MEW 28, 278, Marx an Engels ,18.8.53
8 MEW 35, 178, Marx an Jenny Longuet, 11.4.81
9 MEW 23, 169
10 MEW 34, 96, Marx an Engels, 25.8.79
11 MEW 32, 614, Marx an Tochter Jenny, 10.6.69
12 Künzli, Karl Marx, S. 210
13 MEW 31, 432, Marx an Lion Philips, 29.11.64
14 MEW 30, 665, Marx an Lion Philips, 25.6.64
15 zit. n. Prawer, Karl Marx und die Weltliteratur, S. 283
16 Künzli, Karl Marx, S. 197
17 zit. n. Mario Keßler, Die SED und die Juden – zwischen Repression und Toleranz, Berlin 1995, S. 15
18 Rühle, Karl Marx, S. 444
19 MEW 34, 508f.
20 Bakunin, Staatlichkeit und Anarchie, 288
21 zit. n. McLellan, Karl Marx, S. 59
22 zit. n. Mehring, Karl Marx, S. 510
23 zit. n. Künzli, Karl Marx, S. 196
24 MEGA 2, 1-1, 640
25 MEW 40, 262
26 Künzli, Karl Marx, S. 657
27 zit. n. Blumenberg, Karl Marx in Selbstzeugnissen, S. 78
28 MEW 4, 200
29 MEW 1, 396
30 Friedenthal, Karl Marx, S. 225

Kapitel 21

1 Jürgen Herres/Regina Roth, »Karl Marx, oder: Wenn die Karell Kapital gemacht hätte, statt etc.«, in: »Stefan Zahlmann/Sylka Scholz (Hg.), Scheitern und Biografie, Gießen 2005, S. 53-70
2 MEW 28, 35, Engels an Marx, 2.3.52
3 MEW 29, 645, Jenny Marx an Conrad Schramm, 8.12.57
4 MEW 29, 225, Marx an Engels, 8.12.57
5 McLellan, Karl Marx, S. 318f.
6 ebd.
7 MEW 29, 260, Marx an Engels, 16.1.58
8 MEW 42, 19
9 MEW 42, 20

10 MEW 42, 174
11 MEW 42, 367
12 MEW 42, 323
13 MEW 42, 183
14 MEW 42, 512
15 MEW 42, 430
16 MEW 42, 592
17 MEW 42, 600
18 MEW 42, 601
19 MEW 42, 602
20 zit. n. FAZ, 26.5.2015, S. 13
21 Mathias Greffrath, »Vom Kapital lernen«, Le Monde Diplomatique, Dezember 2016, S. 2
22 zit. n. SZ, 2.5.2016, S. 9
23 MEW 42, 593
24 MEW 23, 446
25 MEW 42, 601
26 MEW 35, 460, Engels an Sorge, 15.3.83
27 MEW 29, 550, Marx an Ferdinand Lassalle, 22.2.58
28 Michael Quante, »A Traveler's Guide. Karl Marx' Programm einer Kritik der politischen Ökonomie«, in: Aus Politik und Zeitgeschichte, 8.5.2017, S. 6
29 MEW 29, 551, Marx an Ferdinand Lassalle, 22.2.58
30 MEW 29, 551, Marx an Ferdinand Lassalle, 22.2.58
31 MEW 29, 383, Marx an Engels, 13.–15.1.59
32 MEW 29, 161, Marx an Engels, 15.8.57
33 MEW 13, 8f.
34 MEW 13, 8f.
35 MEW 13, 9
36 MEW 13, 10f.
37 MEW 13, 8
38 MEW 13, 15
39 MEW 23, 49
40 MEW 13, 11

Kapitel 22

1 MEW 29, 385, Marx an Engels, 21.1.59
2 Ulrike Hermann, »Das Kapital und seine Bedeutung«, in: Aus Politik und Zeitgeschichte, 8.5.2017, S.20
3 MEW 27, 83, Marx an Engels, 15.5.47
4 MEW 38, 30, Marx an Engels, 27.2.52
5 MEW 28, 167, 27.10.52
6 Peter Stallybras, »Marx' Coat«, in: Patricia Spyer (Hg.), Border Fetishisms, Abington (UK) 1998, S. 183ff.
7 zit. n. Türcke, Mehr!, S. 53
8 MEW 40, 565
9 Institut für Marxismus-Leninismus, Mohr und General, S. 273
10 MEW 40, S. 370
11 MEW 4, 107

12 zit. n. Herrmann, Der Sieg des Kapitalismus, S. 111
13 MEW 26-3, 163
14 MEW 23, 118
15 MEW 42, 100
16 Türcke, Mehr!, S. 63
17 ebd., S. 223
18 MEW 23, 154
19 MEW 42, 75
20 MEW 42, 82
21 MEW 42, 82
22 MEW 42, 84
23 MEW 42, 105
24 MEW 42, 105
25 MEW 42, 125
26 zit. n. Türcke, Mehr!, S. 172
27 Berger, Das Kapital, S. 408
28 Vogl, Das Gespenst des Kapitals, S. 82
29 ebd., S. 172
30 ebd., S. 114
31 ebd., S. 168
32 ebd., S. 170
33 ebd., S. 171
34 The Economist, 25.3.2017
35 zit. n. SZ, 9.9.2016, S. 11
36 MEW 29, 343, Marx an Engels, 15.7.58
37 MEW 28, 128, Marx an Engels, 8.9.52
38 MEW 29, 222, Marx an Engels, 8.12.57
39 MEW 29, 232, Marx an Engels, 18.12.57
40 MEW 29, 234, Marx an Engels, 22.12.57
41 MEW 28, 438 f.; MEGA 2, 3-7, 183 Marx an Engels, 8.3.55
42 MEW 31, 131 f., Marx an Engels, 31.7.65
43 MEW 32, 75, Marx an Engels, 30.4.68
44 MEW 32, 80, Marx an Engels, 6.5.68
45 MEW 30, 273, Engels an Marx, 8.8.62
46 MWE 30, 280, Marx an Engels, 26.8.62
47 MEW 27, 226 f., Marx an Engels, 31.3.51
48 MEW 30, 61 f., Marx an Engels, 7.5.61
49 MEW 39, 198, Marx an Engels, 6.11.61
50 MEW 30, 417, Marx an Engels, 4.7.67
51 MEW 33, 10, Engels an Marx, 22.7.70
52 MEW 33, 29, Marx an Engels, 4.8.70

Kapitel 23

1 MEW 23, 15
2 MEW 1, 381
3 MEW 23, 15 f.
4 Der Spiegel, 22.8.2005
5 MEW 23, 16 f.

6 Enzensberger, Gespräche, Bd. 1, S. 212
7 Marcello Musto, »The Rediscovery of Karl Marx«, in: International Review of Social History, 52, 2007, S. 447–498, hier S. 496
8 Petersen/Faber, Karl Marx und die Philosophie, S. 235
9 ebd., 151
10 Althusser, Das Kapital lesen, S. 23
11 Berlin, Karl Marx, S. 174
12 Wheen, Karl Marx, S. 365
13 zit. n. ebd., S. 369
14 Mathias Greffrath, »Vom Kapital lernen«, Le Monde Diplomatique, Dezember 2016, S. 2
15 zit. n. Liessmann, Karl Marx, S. 87
16 Greffrath, Re: Das Kapital, S. 220
17 MEW 26-1, 128
18 Petersen/Faber, Karl Marx und die Philosophie, S. 139
19 MEW 23, 22
20 Roberts, Marx's Inferno, S. 16
21 Institut für Marxismus-Leninismus, Mohr und General, S. 345
22 Jürgen Kaube, FAZ, 31.12.2016, S. 13
23 zit. n. Handelsblatt 22.5.2017: http://www.handelsblatt.com/politik/international/frankreichs-neuer-praesident-macron-empfielt-marx-das-kapital/19833004-2.html
24 Petersen/Faber, Karl Marx und die Philosophie, S. 139
25 MEW 23, 11
26 MEW 23, 12
27 MEW 31, 178, Marx an Engels, 13.2.66
28 MEW 31, 334, Engels an Marx, 1.9.67
29 Michael Quante, in: Aus Politik und Zeitgeschichte, 8.5.2017, S. 6
30 MEW 25, 825
31 MEW 31, 541, Marx an Johann Philipp Becker ,17.4.67
32 MEW 30, 691, Jenny Marx an Engels, Anfang November 1863
33 MEW 31, 542, Marx an Sigfrid Meyer, 30.4.67
34 MEW 29, 550, Marx an Ferdinand Lassalle, 22.2.58
35 MEW 30, 622, Marx an Ferdinand Lassalle, 8.4.62
36 MEW 31, 132, Marx an Engels, 31.7.65
37 MEW 31, 179, Marx an Engels, 13.2.66
38 MEW 31, 183, Marx an Engels, 20.2.66
39 MEW 31, 183, Marx an Engels, 20.2.67
40 MEW 31, 183, Marx an Engels, 20.2.67
41 MEW 31, 281, Marx an Engels, 2.4.67
42 MEW 31, 283, Engels an Marx, 4.4.67
43 MEW 31, 283, Engels an Marx, 4.4.67
44 MEW 31, 287, Marx an Engels, 13.4.67
45 MEW 31, 288, Marx an Engels, 13.4.67
46 MEW 31, 289, Marx an Engels, 24.4.67
47 MEW 31, 289, Marx an Engels, 24.4.67
48 MEW 31, 289, Marx an Engels, 24.4.67
49 MEW 31, 289, Marx an Engels, 24.4.67
50 MEW 31, 296f., Marx an Engels, 7.5.67
51 MEW 31, 296f., Marx an Engels, 7.5.67

52 MEW 31, 297, Marx an Engels, 7.5.67
53 MEW 31, 550f., Marx an Kugelmann, 10.7.67
54 MEW 31, 290, Marx an Engels, 24.4.67
55 MEW 31, 294, Engels an Marx, 27.4.67
56 MEW 16, 549f., Jenny Marx an Johann Philipp Becker, vor dem 5.10.67
57 Marcello Musto, »The Rediscovery of Karl Marx«, in: International Review of Social History, 52, 2007
58 Hans-Werner Sinn, »Was uns Marx heute noch zu sagen hat, in: Aus Politik und Zeitgeschichte, 8.5.2017, S. 24
59 Greffrath, Re: Das Kapital, S. 37
60 MEW 23, 49
61 MEW 23, 12
62 MEW 23, 50
63 MEW 23, 98
64 MEW 23, 51
65 MEW 23, 52
66 MEW 23, 56
67 MEW 31, 326, Marx an Engels, 24.8.67
68 MEW 23, 52
69 MEW 25, 266
70 MEW 23, 52
71 MEW 23, 52
72 MEW 23, 58f.
73 MEW 23, 65
74 MEW 33, 66
75 MEW 23, 70
76 MEW 23, 71
77 MEW 22, 296
78 MEW 23, 74
79 MEW 23, 83
80 MEW 23, 85
81 MEW 23, 85
82 Althusser, Das Kapital lesen, S. 208
83 zit. n. Jaeggi/Loick, Nach Marx, S. 263
84 Petersen/Faber, Karl Marx und die Philosophie, S. 101
85 MEW 23, 86
86 Michael Lindenthal, Beiträge zur Marx-Engels-Forschung, Hamburg 2009, S. 170
87 MEGA 2, 4-1, 64f.
88 MEW 23, 86
89 MEW 23, 86
90 MEW 23, 86f.
91 MEW 23, 88
92 MEW 23, 88
93 Ludwig Hasler, Weltwoche, 14/2014
94 MEW 23, 89
95 MEW 23, 90
96 MEW 23, 90
97 MEW 23, 91
98 MEW 23, 91
99 MEW 23, 91f.

100 MEW 23, 25
101 MEW 23, 92
102 MEW 23, 93
103 MEW 23, 552
104 MEW 23, 53
105 MEW 23, 94
106 MEW 23, 66
107 MEW 23, 99
108 MEW 23, 99
109 MEW 23, 100
110 MEW 23, 101
111 MEW 13, 95
112 MEW 23, 105
113 MEW 23, 107
114 MEW 23, 108
115 MEW 23, 125
116 MEW 23, 126
117 MEW 23, 147
118 MEW 23, 147
119 MEW 23, 149
120 MEW 23, 152
121 MEW 23, 156
122 MEW 23, 161
123 MEW 23, 165
124 MEW 23, 167f.
125 MEW 23, 16
126 MEW 23, 127f.
127 MEW 23, 127
128 MEW 23, 161
129 MEW 23, 167
130 MEW 23, 167f.
131 MEW 23, 168
132 MEW 23, 169
133 MEW 23, 169
134 MEW 23, 169
135 MEW 23, 177
136 MEW 23, 180
137 MEW 23, 180f.
138 MEW 23, 599
139 MEW 23, 189
140 MEW 23, 189
141 MEW 23, 191
142 MEW 23, 192
143 MEW 23, 195
144 MEW 23, 198
145 zit. n. Manfred Görtemaker, Deutschland im 19. Jahrhundert: Entwicklungslinien, Opladen 1983, S. 173
146 MEW 23, 198
147 MEW 23, 200
148 MEW 23, 209

149 MEW 23, 208
150 MEGA 2, 4-1 64f.
151 MEW 23, 232
152 MEW 23, 247
153 MEW 23, 258
154 Peter Sloterdijk, Philosophische Temperamente: Von Platon bis Foucault, München 2009, S. 119
155 MEW 23, 15
156 MEW 23, 248
157 MEW 23, 248f.
158 MEW 23, 249
159 MEW 42, 601f.
160 MEW 23, 249
161 MEW 23, 264
162 MEW 23, 285
163 MEW 23, 285
164 MEW 23, 304
165 MEW 23, 316
166 MEW 23, 328
167 MEW 23, 377
168 MEW 23, 377
169 MEW 23, 399
170 MEW 23, 402
171 MEW 23, 405
172 MEW 23, 445
173 MEW 23, 446
174 MEW 23, 454
175 MEW 23, 510f.
176 MEW 23, 511
177 MEW 23, 511f.
178 MEW 23, 526
179 MEW 23, 528
180 MEW 23, 528
181 MEW 23, 529f.
182 MEW 25, 784
183 MEW 23, 596
184 MEW 23, 603
185 MEW 23, 618
186 MEW 23, 618
187 MEW 23, 658
188 MEW 23, 661
189 MEW 23, 665f.
190 MEW 23, 661
191 MEW 4, 473
192 MEW 6, XIX (Vorwort)
193 MEW 23, 675
194 MEW 23, 619f.
195 MEW 23, 619f.
196 MEW 23, 620
197 MEW 23, 621

198 MEW 23, 674
199 MEW 23, 675
200 MEW 23, 675 f. FN
201 Der Spiegel, 19/2014, S. 65
202 MEW 23, 760 f.
203 MEW 23, 741
204 zit. n. 31,91
205 MEW 23, 774 FN
206 MEW 23, 743
207 MEW 23, 765
208 Beckert, King Cotton, S. 103
209 ebd., S. 101
210 Liebknecht, Karl Marx zum Gedächtnis, S. 119
211 MEW 23, 779
212 MEW 23, 779
213 MEW 23, 782
214 MEW 23, 765
215 MEW 23, 788 FN
216 MEW 23, 789
217 MEW 23, 790
218 MEW 23, 790
219 Stefania Vitali, James B. Glattfelder, Stefano Battiston: »The network of global corporate control«, PLoS ONE 6(10), e25995 (2011)
220 MEW 42, 602
221 MEW 23, 790
222 Greffrath, Re: Das Kapital, S. 18
223 MEW 23, 791
224 MEW 23, 791
225 MEW 8, 412
226 MEW 23, 791
227 MEW 23, 802
228 MEW 36, 56, Engels an August Bebel, 30.8.83
229 Yanis Varoufakis, in: Wochenzeitung, 26.2.2015
230 Berger, Das Kapital, S. 155 f.
231 Ebd., S. 162
232 Ulrike Hermann, in: Aus Politik und Zeitgeschichte, 8.5.2017, S. 20
233 MEW 25, 33
234 MEW 25, 120
235 Wolfgang Streeck, »Wird der Kapitalismus enden?« Teil II, in: Blätter für Deutsche und Internationale Politik, 4/2015, S. 100
236 MEW 25, 367
237 MEW 25, 57
238 MEW 25, 222
239 MEW 25, 223
240 MEW 25, 252
241 MEW 25, 259
242 MEW 25, 260
243 MEW 25, 351
244 MEW 25, 404–406
245 MEW 25, 413

246 MEW 25, 421
247 MEW 25, 452
248 vgl. Vogl, Das Gespenst des Kapitals, S. 90
249 MEW 25, 454
250 MEW 25, 457
251 MEW 25, 488
252 MEW 25, 494
253 MEW 25, 495
254 MEW 25, 507
255 MEW 23, 655
256 MEW 24, 48
257 MEW 24, 48
258 MEW 25, 822
259 MEW 25, 822
260 MEW 25, 828
261 MEW 25, 828
262 MEW 25, 828
263 MEW 25, 838
264 Jaeggi, Nach Marx, S. 260
265 ebd., S. 260
266 ebd., S. 265
267 MEW 25, 893
268 MEW 12, 3
269 Friedrich Nietzsche, Menschliches, Allzumenschliches, Berlin 2016, S. 28
270 zit. n. Karl Graf Ballestrem, Henning Ottmann, Politische Philosophie des 20. Jahrhunderts, München, 1990, S. 189
271 zit. n. FAZ, 9.6.2015, S. 13
272 Dietmar Dath, »Hinschauen statt glauben. Ein Erfahrungsbericht aus der Langstrecken-Marxlektüre«, in: Aus Politik und Zeitgeschichte, 8.5.2017, S. 33
273 Gerhard Matzig, SZ, 14.7.2016, S. 9
274 Vogl, Das Gespenst des Kapitals, S. 110
275 ebd., S. 112
276 Shoshana Zuboff, FAZ, 23.5.2015, S. 15
277 Harald Schumann, »Softwarekolonie Europa«, Der Tagesspiegel, 9.4.2017, S. 4/5
278 SZ, 4.4.2016, S. 17
279 Financial Times Deutschland, 1.9.2011, S. 24; Welt am Sonntag, 11.12.2016, S. 33; Die Zeit, 26.1.2017, S. 1
280 Forbes 7.1.2013
281 Andreas Zielcke, »Institutionell dumm«, SZ, 19.3.2015
282 Spiegel Online 3.2.2016
283 Wolfgang Streeck, »Wird der Kapitalismus enden? Teil I«, in: Blätter für Deutsche und Internationale Politik, 3/2015, S. 109
284 ebd., S. 107
285 SZ, 4.4.2016, S. 17
286 Yanis Varoufakis, »Rettet den Kapitalismus!«, Wochenzeitung, 26.2.2015
287 Greffrath, Re: Das Kapital, S. 80
288 Hans Werner Sinn, Aus Politik und Zeitgeschichte, 8.5.2017, S. 28
289 MEW 42, 93
290 Bude/Danitz/Koch, Marx, S. 55
291 MEW 26-1, 363 f.

Kapitel 24

1 MEW 31, 292, Engels an Marx, 27.4.67
2 MEW 31, 292, Engels an Marx, 27.4.67
3 MEW 40, 592
4 Institut für Marxismus-Leninismus, Mohr und General, S. 134
5 MEW 40, 98
6 MEW 40, 618, Heinrich Marx an Marx, 18.11.35
7 MEW 40, 8, Marx an Heinrich Marx, 10.11.37
8 MEW 40, 9, Marx an Heinrich Marx, 10.11.37
9 MEGA 2, 3-2, 270, Moses Hess an Marx, 28.7.46
10 MEW 28, 221, Marx an Engels, 10.3.53
11 MEW 29, 137, Marx an Engels, 22.5.57
12 zit. n. Künzli, Karl Marx, S. 426
13 MEW 28, 214, Marx an Engels, 23.2.53
14 MEW 1, 337
15 MEW 31, 368, Marx an Engels, 19.10.67
16 Institut für Marxismus-Leninismus, Mohr und General, S. 400
17 MEW 28, 362, 22.5.54
18 MEW 28, 434, Marx an Engels, 13.2.55
19 MEW 28, 436, Marx an Engels, 3.3.55
20 MEW 29, 89, Marx an Engels, 5.6.56
21 MEW 29, 366, Marx an Engels, 2.11.58
22 MEW 29, 462, Marx an Engels, 22.7.59
23 Enzensberger, Gespräche, Bd. 1, S. 303
24 MEW 29, 323, Marx an Engels, 29.4.58
25 MEW 29, 259f., Marx an Engels, 16.1.58
26 MEW 29, 648, Jenny Marx an Engels, 9.4.58
27 MEW 30, 144, Marx an Engels, 18.1.61
28 MEW 30, 691, Jenny Marx an Engels, Anfang November 1863
29 MEW 30, 694, Jenny Marx an Liebknecht, 24.11.63
30 MEW 30, 389, Marx an Engels, 11.3.64
31 MEW 30, 390, Marx an Engels, 19.4.64
32 MEW 30, 399, Marx an Engels, 26.5.64
33 MEW 31, 9, Marx an Engels, 4.11.64
34 MEW 31, 21, Marx an Engels, 14.11.64
35 MEW 31, 35, Marx an Engels, 2.12.64
36 MEW 31, 178, Marx an Engels, 13.2.65
37 MEW 31, 83, Marx an Engels, 25.2.65
38 MEW 31, 90, Marx an Engels, 4.3.65
39 MEW 31, 121, Marx an Engels, 13.5.65
40 MEW 31, 124, Marx an Engels, 24.6.65
41 MEW 31, 133, Marx an Engels, 31.7.65
42 MEW 31, 247, Marx an Engels, 7.8.65
43 MEW 31, 162, Marx an Engels, 26.12.65
44 MEW 31, 174, Marx an Engels, 10.2.66
45 MEW 31, 180, Marx an Engels, 14.2.66
46 MEW 31, 182, Marx an Engels, 20.2.66
47 MEW 31, 178, Marx an Engels, 13.2.66
48 MEW 31, 281, Marx an Engels, 2.4.67

49 MEW 31, 291, Marx an Engels, 24.4.67
50 MEW 31, 305, Marx an Engels, 22.6.67
51 MEW 31, 296, Marx an Engels, 7.5.67
52 MEW 36, 56, Engels an August Bebel, 30.8.83
53 MEW 31, 368, Marx an Engels, 19.10.67
54 MEW 32, 14, Marx an Engels, 8.1.68
55 MEW 32, 33, Marx an Engels, 15.2.68
56 MEW 32, 51, Marx an Engels, 25.3.68
57 MEW 32, 138, Marx an Engels, 21.8.68
58 MEW 32, 202, Marx an Engels, 14.11.68
59 MEW 32, 242, Marx an Engels, 13.1.69
60 MEW 32, 308, Marx an Engels, 24.4.69
61 MEW 32, 388, Marx an Engels, 12.11.69
62 MEW 32, 473 f., Marx an Engels, 14.4.70
63 MEW 33, 38, Marx an Engels, 15.8.70
64 MEW 33, 48, Marx an Engels, 30.8.70
65 MEW 33, 623, Marx an Jenny Marx, 19.4.74
66 MEW 34, 71, Marx an Engels, 17.8.77
67 MEW 34, 294, Marx an Friedrich Adolph Sorge, 27.9.77
68 MEW 35, 240, Marx an Jenny Longuet, 7.12.81

Kapitel 25

1 zit. n. Wheen, Karl Marx, S. 430
2 MEW 29, 524, Engels an Marx, 11. oder 12.12.59
3 MEW 30, 131, Marx an Engels, 19.12.60
4 MEW 19, 335
5 MEW 30, 249, Marx an Engels, 18.6.62
6 MEW 8, 118
7 MEW 30, 578, Marx an Ferdinand Lassalle, 16.1.61
8 MEW 40, 536; MEGA 2, 1-2, 263
9 MEW 31, 248, Marx an Engels, 7.8.66
10 vgl. Michael Quante, »Zur Kenntlichkeit verzerrt!«, in Zeitschrift für Kritische Sozialtheorie und Philosophie, Oktober 2017
11 MEW 31, 374, Marx an Engels, 2.11.67
12 MEW 31, 567f., Engels an Louis Kugelmann, 8. und 20.11.67
13 MEW 31, 404, Engels an Marx, 7.12.67
14 Raddatz, Karl Marx, S. 364
15 MEW 31, 596, Jenny Marx an Kugelmann, 24.12.67
16 MEW 32, 27, Engels an Marx, 2.2.68

Kapitel 26

1 Institut für Marxismus-Leninismus, Mohr und General, S. 337
2 zit. n. Ambrosi, Jenny Marx, S. 218 f.
3 Institut für Marxismus-Leninismus, Mohr und General, S. 156
4 Ebd., S. 107
5 Enzensberger, Gespräche, S. 232

6 Ebd., S. 233f.
7 Ebd., S. 235
8 Institut für Marxismus-Leninismus, Mohr und General, S. 309
9 zit. n. Raddatz, Karl Marx, S. 109
10 Enzensberger, Gespräche, S. 225
11 Ebd., S. 225
12 MEGA 2, 3-11, 229; MEW 30, Marx an Engels, 23.11.60
13 zit. n. Ambrosi, Jenny Marx, S. 249f.
14 zit. n. ebd.
15 zit. n. ebd., S. 251, Jenny Marx an Louise Weydemeyer, 11.3.61
16 zit. n. ebd., Jenny Marx an Louise Weydemeyer, 11.3.61
17 zit. n. ebd., S. 252 Jenny Marx an Ferdinand Lassalle, 5.5.61
18 zit. n. Limmroth, Jenny Marx, S. 169
19 MEW 30, 248, Marx an Engels, 18.6.62
20 zit. n. Ambrosi, Jenny Marx, S. 254
21 zit. n. ebd.
22 zit. n. ebd., S. 261
23 MEW 30, 594f., Marx an Antoinette Philips, 13.4.61
24 MEW 30, 609, Marx an Antoinette Philips, 17.7.61
25 zit. n. Limmroth, Jenny Marx, S. 139
26 MEW 30, 309, Engels an Marx, 7.1.63
27 MEW 30, 310f., Marx an Engels, 8.1.63
28 MEW 30, 312, Engels an Marx, 13.1.63
29 MEW 30, 314, Marx an Engels, 24.1.63
30 MEW 30, 314, Marx an Engels, 24.1.63
31 MEW 30, 317, Engels an Marx, 26.1.63
32 MEW 30, 319, Marx an Engels, 28.1.63
33 MEW 30, 643, Marx an Jenny Marx, 15.12.63
34 MEW 30, 644, Marx an Jenny Marx, 15.12.63
35 Ambrosi, Jenny Marx, S. 299
36 Institut für Marxismus-Leninismus, Mohr und General, S. 231
37 Ebd., 231
38 Ebd., 231
39 Ebd., S. 382
40 zit. n. Ambrosi, Jenny Marx, S. 315
41 zit. n. ebd., S. 306
42 zit. n. ebd., S. 307
43 zit. n. ebd., S. 308
44 MEW 31, 131f., Marx an Engels, 31.7.65
45 MEW 31, 247, Marx an Engels, 7.8.66
46 MEW 31, 518, Marx an Paul Lafargue, 13.8.66
47 MEW 31, 518f., Marx an Paul Lafargue, 13.8.66
48 MEW 31, 519, Marx an Paul Lafargue, 13.8.66
49 zit. n. Ambrosi, Jenny Marx, S. 349
50 MEW 31, 527f., Marx an Tochter Jenny, 5.9.66
51 MEW 31, 538, Marx an Paul Lafargue, 7.12.66
52 MEW 32, 97, Marx an Engels, 20.6.68
53 MEW 32, 217, Marx an Engels, 30.11.68
54 MEW 33, 679, Jenny Marx an Engels, 13.9.70
55 MEW 32, 705, Jenny Marx an Engels, 17.1.70

Kapitel 27

1 MEW 31, 13, Marx an Engels, 4.11.64
2 MEW 31, 13, Marx an Engels, 4.11.64
3 MEW 31, 428, Marx an Joseph Weydemeyer, 29.11.64
4 MEW 31, 13, Marx an Engels, 4.11.64
5 MEW 31, 15, Marx an Engels, 4.11.64
6 MEW 16, 12, Marx an Engels, 4.11.64
7 MEW 16, 5, Marx an Engels, 4.11.64
8 MEW 16, 8, Marx an Engels, 4.11.64
9 MEW 16, 6, Marx an Engels, 4.11.64
10 MEW 16, 14, Marx an Engels, 4.11.64
11 The Times, Nr. 26354, 6. Februar 1869, S. 4, Sp. 3
12 »Der Volksstaat« Nr. 17, 27. November 1869; MEGA 2, 1-21, 906
13 MEW 30, 488 f., Marx an Ferdinand Freiligrath, 29.2.60
14 MEW 32, 582 f., Marx an Kugelmann, 12.12.68
15 MEW 31, 16, Marx an Engels, 4.11.64
16 MEW 31, 100 f., Marx an Engels, 13.3.65
17 MEW 16, 19
18 The Times, Nr. 25914, 12. September 1867, S. 6, Sp. 5/6
19 MEW 31, 162, Marx an Engels, 26.12.65
20 MEW 31, 454, Marx an Ludwig Kugelmann, 23.2.65
21 Institut für Marxismus-Leninismus, Mohr und General, S. 191 f.
22 Jürgen Herres, »Karl Marx and the IWMA Revisited«, in: Bensimon, Arise
23 MEW 31, 504, Marx an Antoinette Philips, 18.3.66
24 MEW 31, 504, Marx an Antoinette Philips, 18.3.66
25 zit. n. Nicolaevsky/Maenchen-Helfen, Karl Marx, S. 280
26 MEW 31 232, Marx an Engels, 7.7.66
27 MEW 31, 342 f., Marx an Engels, 11.9.67
28 MEW 31, 344, Engels an Marx, 11.9.67
29 McLellan, Karl Marx, S. 408
30 zit. n. Braunthal, Geschichte der Internationale, S. 148
31 MEW 31, 342, Marx an Engels, 11.9.67
32 zit. n. McLellan, Karl Marx, S. 409
33 MEW 17, 5
34 MEW 33, 126, Marx an Laura und Paul Lafargue, 28.7.70
35 MEW 33, 5, Marx an Engels, 20.7.70
36 MEW 17, 275 f.
37 MEW 17, 275 f.
38 MEW 33, 140, Marx an Friedrich Adolph Sorge, 1.9.70
39 MEW 33, 635, Marx an Friedrich Adolph Sorge, 4.8.74
40 MEW 17, 343
41 MEW 17, 342 f.
42 MEW 33, 54, Marx an Engels, 6.9.70
43 MEW 33, 61, Marx an Engels, 12.9.70
44 MEW 33, 205, Marx an Ludwig Kugelmann, 12.4.71
45 MEW 33, 209, Marx an Ludwig Kugelmann, 17.4.71
46 MEW 17, 332
47 MEW 17, 349
48 MEW 17, 326

49 MEW 17, 336
50 MEW 35, 160, Marx an Ferdinand Domela Nieuwenhuis, 22.2.81
51 MEW 17, 342
52 MEW 17, 362
53 MEW 8, 194
54 MEW 17, 338
55 MEW 1, 328
56 MEW 1, 329
57 MEW 17, 591 f.
58 Hunt, Political Ideas, S. 367
59 Bruno Leipold, »Marx' Social Republic« in: Radical Republicanism: Recovering the Tradition's Popular Heritage, hg. v. Karma Nabulsi, Stuart White und Bruno Leipold, Oxford (im Druck)
60 MEW 17, 362
61 zit. n. Wheen, Karl Marx, S. 397
62 MEW 33, 206, Marx an Ludwig Kugelmann, 12.4.71
63 zit. n. Wheen, Karl Marx, S. 396
64 MEW 33, 238, Marx an Ludwig Kugelmann, 18.6.71
65 MEW 33, 238, Marx an Ludwig Kugelmann, 18.6.71
66 MEW 33, 252, Marx an Ludwig Kugelmann, 27.7.71
67 MEW 33, 642, Engels an Friedrich Adolph Sorge, 12.–17.9.74
68 MEW 35, 43, Engels an Laura Lafague, 24.7.83

Kapitel 28

1 zit. n. Raddatz, Karl Marx, S. 319
2 MEW 30, 372, Marx an Engels, 12.9.63
3 MEW 31, 16, Marx an Engels, 4.11.64
4 zit. n. Nicolaevsky/Maenchen-Helfen, Karl Marx, S. 361
5 zit. n. Raddatz, Karl Marx, S. 315
6 MEW 32, 693, Jenny Marx an Johann Philipp Becker, 10.1.68
7 zit. n. Raddatz, Karl Marx, S. 325
8 Mehring, Karl Marx, S. 413
9 Ebd., S. 4
10 MEW 32, 757 (Anm.), Michail Bakunin an Marx 22.12.68
11 zit. n. Raddatz, Karl Marx, S. 325 f.
12 zit. n. Nicolaevsky/Maenchen-Helfen, Karl Marx, S. 360
13 MEW 32, 234, Marx an Engels, 15.12.68
14 MEW 32, 351, Marx an Engels, 27.7.69
15 MEW 32, 632 f., Marx an Laura Lafargue, 25.9.69
16 zit. n. Mehring, Karl Marx, S. 427 f.
17 MEW 32, 677, Marx an Laura und Paul Lafargue, 19.4.70
18 Braunthal, Geschichte der Internationale, S. 185
19 zit. n. Rühle, Karl Marx, S. 343
20 ebd.
21 ebd., S. 344
22 zit. n. Mehring, Karl Marx, S. 477 f.
23 MEW 33, 329, Marx an Friedrich Bolte, 23.11.71
24 MEW 33, 505, Marx an Ludwig Kugelmann, 29.7.72

25 MEW 33, 252, Marx an Ludwig Kugelmann, 27.7.71
26 zit. n. Braunthal, Geschichte der Internationale, S. 192
27 zit. n. ebd.
28 zit. n. ebd.
29 zit. n. Wheen, Karl Marx, S. 408
30 zit. n. ebd., S. 411
31 MEW 19, 295
32 MEW 33, 470, Marx an Friedrich Adolph Sorge, 23.5.72
33 zit. n. Nicolaevsky/Maenchen-Helfen, Karl Marx, S. 368
34 MEW 33, 479f., Marx an César de Paepe, 28.5.72
35 MEW 33, 477, Marx an Nikolai Danielson, 28.5.72
36 MEW 33, 702f., Jenny Marx an Wilhelm Liebknecht, 26.5.72
37 zit. n. Nicolaevsky/Maenchen-Helfen, Karl Marx, S. 404f.
38 Schieder, Karl Marx als Politiker, S. 113
39 MEW 33, 609, Engels an Friedrich Adolph Sorge, 25.11.73
40 zit. Rühle, Karl Marx, S. 362
41 zit. n. Die Weltwoche, 2/2014
42 MEW 34, 21f., Marx an Engels, 26.7.76
43 MEW 33, 606, Marx an Friedrich Adolph Sorge, 27.9.73
44 MEW 19, 147

Kapitel 29

1 zit. n. Kisch, Karl Marx in Karlsbad
2 MEW 33, 112 Marx an Engels, 1.9.74
3 zit. n. Kisch, Karl Marx in Karlsbad
4 Kisch, Karl Marx in Karlsbad, S. 34
5 zit. n. Wheen, Karl Marx, S. 422
6 MEW 32, 524, Engels an Marx, 6.7.70
7 MEW 33, 113, Marx an Engels, 1.9.74
8 MEW 33, 117, Marx an Engels, 18.9.74
9 MEW 33, 238, Marx an Ludwig Kugelmann, 24.7.71
10 zit. n. McLellan, Karl Marx, S. 459
11 zit. n. Kisch, Karl Marx in Karlsbad, S. 76
12 MEW 32, 629, Marx an Ludwig Kugelmann, 18.5.74
13 MEW 32, 627, Marx an Ludwig Kugelmann, 18.5.74
14 MEW 33, 112, Marx an Engels, 1.9.74
15 MEW 34, 25, Marx an Engels, 19.8.76
16 MEW 33, 113, Marx an Engels, 1.9.74
17 MEW 34, 24, Marx an Engels, 19.8.76
18 zit. n. Wheen, Karl Marx, S. 399
19 zit. n. ebd.
20 zit. n. Friedenthal, Karl Marx, S. 597
21 MEW 34, 296, Marx an Sorge, 27.9.77
22 MEW 34, 6, Marx an Engels, 21.8.75
23 MEW 34, 6, Marx an Engels, 21.8.75

Kapitel 30

1 MEW 34, 308, Marx an Wilhelm Blos, 10.11.77
2 MEW 33, 117, Marx an Engels, 18.9.74
3 zit. n. Kliem, Dokumente, S. 31
4 zit. n. Hosfeld, Karl Marx, S. 200
5 Schieder, Karl Marx als Politiker, S. 73
6 MEW 29, 443, Marx an Engels, 25.5.59
7 MEW 31, 54, Marx an Engels, 3.2.65
8 MEW 31, 137f., Engels an Marx, 7.8.65
9 MEW 31, 52, Marx an Engels, 3.2.65
10 MEW 31, 77, Marx an Engels, 18.2.65
11 MEW 31, 80, Engels an Marx, 22.2.65
12 Raddatz, Karl Marx, S. 305
13 MEW 32, 581, Marx an Ludwig Kugelmann, 5.12.68
14 MEW 32, 13, Marx an Engels, 8.1.68
15 MEW 32, 16, Marx an Engels, 10.1.68
16 MEW 32, 278, Marx an Engels, 14.3.69
17 MEW 32, 331, Marx an Engels, 3.7.69
18 MEW 32, 370, Engels an Marx, 5.9.69
19 MEW 32, 512, Marx an Engels, 16.5.70
20 MEW 33, 322, Marx an Wilhelm Liebknecht, 17.11.71
21 MEW 33, 279
22 MEW 34, 125, Engels an August Bebel, 18./28.3.75
23 MEW 34, 130, Engels an August Bebel, 18./28.3.75
24 MEW 34, 131, Engels an August Bebel, 18./28.3.75
25 zit. n. McLellan, Karl Marx, S. 466
26 MEW 34, 137, Marx an Wilhlem Bracke, 5.5.75
27 McLellan, Karl Marx, S. 463
28 MEW 19, 21
29 MEW 19, 20
30 MEW 19, 20f.
31 MEW 19, 21
32 MEW 19, 21
33 Quante/Schweikard, Karl Marx-Handbuch, S. 139
34 MEW 19, 32
35 Bebel, Aus meinem Leben, S.722

Kapitel 31

1 MEW 34, 6, Marx an Engels, 21.8.74
2 zit. n. McLellan, Karl Marx, S. 450
3 MEW 34, 145, Marx an Lawrow, 18. 6. 75
4 MEW 35, 572, Vera Iwanowna Sassulitsch an Marx, 16.2.81
5 MEW 35, 167, Marx an Vera Iwanowna Sassulitsch, 8.3.81
6 MEW 19, 395
7 MEW 4, 576
8 MEW 19, 394

Kapitel 32

1 MEW 33, 703, Jenny Marx an Wilhelm Liebknecht, 26.5.72
2 MEW 32, 487, Marx an Engels, 28.4.70
3 zit. n. Ambrosi, Jenny Marx, S. 372
4 zit. n. Limmroth, Jenny Marx, S. 216
5 zit. n. Ambrosi, Jenn Marx, S. 372
6 MEW 33, 640, Marx an Jenny Longuet, 14.8.74
7 MEW 34, 15, Marx an Engels, 24.5.76
8 MEW 35, 186, Marx an Jenny Longuet, 29.4.81
9 MEW 34, 388, Marx an Jenny Longuet, 19.8.79
10 MEW 34, 45, Marx an Engels, 31.5.77
11 zit. n. Limmroth, Jenny Marx, S. 237f.
12 MEW 35, 110, Marx an Engels, 11.11.82
13 zit. n. McLellan, Karl Marx, S. 448
14 zit. n. McLellan, Karl Marx, S. 447; 13, 413
15 zit. n. Ambrosi, Jenny Marx, S. 410
16 zit. n. Raddatz, Karl Marx, S. 201
17 zit. n. ebd., S. 203
18 Eleanor Marx an Frederick Demuth, 30. August 1897, zti. n.: Eduard Bernstein, »Was Eleanor Marx in den Tod trieb«, in: Die neue Zeit. 1897–1898, Bd. 2, S. 484
19 zit. n. Limmroth, Jenny Marx, S. 240
20 zit. n. Ambrosi, Jenny Marx, S. 384
21 zit. n. ebd., S. 385
22 zit. n. ebd.
23 MEW 34, 71, Marx an Engels, 17.8.77
24 MEW 34, 341, Engels an Friedrich Leßner, 12.9.78
25 MEW 35, 16, Marx an Engels, 9.8.81
26 zit. n. Ambrosi, Jenny Marx, S. 417
27 Institut für Marxismus-Leninismus, Mohr und General, S. 153
28 zit. n. Ambrosi, Jenny Marx, S. 420
29 Institut für Marxismus-Leninismus, Mohr und General, S. 347
30 MEW 19, 294
31 MEW 35, 46, Marx an Engels, 1.3.82

Kapitel 33

1 Hunt, Friedrich Engels, S. 1
2 zit. ebd., S. 336
3 MEW 34, 17, Engels an Marx, 28.5.76
4 MEW 34, 20, Engels an Marx, 25.7.76
5 zit. n. Hunt, Friedrich Engels, S. 396f.
6 MEW 20, VIII
7 MEW 20, 28
8 Berlin, Karl Marx, S. 193
9 MEW 35, 178, Marx an Jenny Longuet, 11.4.81
10 zit. n. Friedenthal, Karl Marx, S. 598
11 zit. n. Berlin, Karl Marx, S. 193
12 MEW 36, 304, Engels an Vera Iwanowa Sassulitsch, 23.4.85

13 zit. n. Hunt, Friedrich Engels, S. 398
14 MEW 20, 262
15 MEW 20, 264f.
16 MEW 25, 828
17 MEW 35, 151, Engels an Karl Kautsky, 1.2.81
18 MEW 36, 218, Engels an Johann Philipp Becker, 15.10.84

Kapitel 34

1 MEW 35, 60, Marx an Engels, 28.4.82
2 MEW 35, 51, Marx an Engels, 28.–31.3.82
3 MEW 35, 60, Marx an Engels, 28.4.82
4 Iring Fetscher, »Karl Marx«, in: Étienne François, Hagen Schulze (Hg.), Deutsche Erinnerungsorte, Bonn 2005, S. 158
5 MEW 31, 368,, Marx an Engels, 19.10.67
6 MEW 35, 65, Marx an Engels, 20.5.82
7 MEW 35, 141, Marx an Engels, 10.1.83
8 MEW 35, 52, Marx an Engels, 4.4.82
9 MEW 35, 59, Marx an Engels, 28.4.82
10 MEW 35, 328, Marx an Eleanor Marx, 28.5.82
11 Institut für Marxismus-Leninismus, Mohr und General, S. 155
12 ebd.
13 MEW 35, 310, Marx an Laura Lafargue, 13./14.4.82
14 MEW 35, 247, Marx an Friedrich Adolph Sorge, 15.12.81
15 MEW 35, 460, Engels an Friedrich Adolph Sorge, 15.3.83
16 MEGA 1-25, 424

Bibliografie

Gesamtausgaben der Werke von Karl Marx:

Marx-Engels-Gesamtausgabe (MEGA), Berlin, Dietz Verlag, 1975 ff.; Berlin, Akademie-Verlag, seit 1990.

Marx-Engels-Werke (MEW), Berlin, Dietz Verlag, 1956–1990 (43 Bände).

Literatur:

Althusser, Louis: *Für Marx*, übers. v. Werner Nitsch u. a., Berlin, Suhrkamp Verlag, 2011.

Althusser, Louis/Balibar, Étienne/Establet, Roger/Macherey, Pierre/Rancière, Jacques: *Das Kapital lesen*, Münster, Verlag Westfälisches Dampfboot, 2015.

Altvater, Elmar: *Marx neu entdecken. Das hellblaue Bändchen zur Einführung in die Kritik der politischen Ökonomie*, Hamburg, VSA Verlag, 2015.

Ambrosi, Marlene: *Jenny Marx. Ihr Leben mit Karl Marx*, Trier, Verlag Michael Weyand, 2015.

Andréas, Bert: *Marx' Verhaftung und Ausweisung. Brüssel Februar/März 1848*, Trier, Karl-Marx-Haus, 1978.

Arndt, Andreas: *Geschichte und Freiheitsbewusstsein. Zur Dialektik der Freiheit bei Hegel und Marx*, Berlin, Eule der Minerva Verlag, 2015.

Ders.: *Karl Marx. Versuch über den Zusammenhang seiner Theorie*, Berlin, Akademie Verlag, 2012.

Baecker, Dirk (Hg.): *Kapitalismus als Religion*, Berlin, Kulturverlag Kadmos, 2009.

Bakunin, Michail: *Staatlichkeit und Anarchie*, Berlin, Dietz Verlag, 1973.

Banning, Willem: *Karl Marx. Leben, Lehre und Bedeutung*, übers. v. Brigitta Toet-Kahlert, München/Hamburg, Siebenstern Taschenbuch Verlag, 1966.

Beckert, Sven: *King Cotton. Eine Globalgeschichte des Kapitalismus*, übers. v. Annabel Zettel/Martin Richter, München, Verlag C. H. Beck, 2014.

Beer, Max: *Karl Marx*, Berlin, Verlag für Sozialwissenschaft, 1918.

Bensimon, Fabrice/Moisand, Jeanne (Hg.): *»Arise Ye Wretched of the Earth«. The First International in a Global Perspective*, Leiden, Brill, 2017.

Berger, Michael: *Karl Marx: Das Kapital. Eine Einführung*, Paderborn, Wilhelm Fink Verlag, 2013.

Ders.: *Karl Marx*, Paderborn, Wilhelm Fink Verlag, 2008.

Berlin, Isaiah: *Karl Marx. Sein Leben und sein Werk*, Frankfurt am Main/Berlin, Ullstein Verlag, 1968.

Bloch, Ernst: *Über Karl Marx*, Frankfurt am Main, Suhrkamp Verlag, 1980.

Blumenberg, Werner: *Karl Marx in Selbstzeugnissen und Bilddokumenten*, Reinbek bei Hamburg, Rowohlt Taschenbuch Verlag, 1962.

Bouvier, Beatrix/Schwaetzer, Harald/Spehl, Harald/Stahl, Henrieke (Hg.): *Was bleibt? Karl Marx heute. Workshop vom 14.–16. März 2008 anlässlich des 125. Todestages von Karl Marx im Studienzentrum Karl-Marx-Haus in Trier*, Trier, Friedrich-Ebert-Stiftung, 2009.

Braun, Christina von: *Der Preis des Geldes. Eine Kulturgeschichte*, Berlin, Aufbau-Verlag, 2012.

Braunthal, Julius: *Geschichte der Internationale*, Bd. 1, Hannover, Verlag J. H. W. Dietz Nachf., 1961.

Briggs, Asa: *Marx in London. An Illustrated Guide*, London, British Broadcasting Corporation, 1982.

Bude, Heinz/Damitz, Ralf M./Koch, André (Hg.): *Marx. Ein toter Hund? Gesellschaftstheorie reloaded*, Hamburg, VSA Verlag, 2010.

Burachovič, Stanislav: *Karlsbad. Berühmte Besucher*, Karlovy Vary, Krajské Muzeum, 2003.

Carver, Terrell (Hg.): *The Cambridge Companion to Marx*, Cambridge, Cambridge University Press 1991.

Carr, Edward Hallet: *Karl Marx. A Study in Fanaticism*, London, J. M. Dent & Sons, 1934.

Chang, Ha-Joon: *23 Things They Don't Tell You about Capitalism*, London, Penguin Books, 2011.

Collins Henry/Abramsky, Chimen: *Karl Marx and the British Labour Movement. Years of the first International*, London/New York, Macmillan/St Martin's Press, 1965.

Cornu, Auguste: *Karl Marx und Friedrich Engels. Leben und Werk*, 3 Bde., Berlin, Aufbau-Verlag, 1954–1968.

Ders.: *Karl Marx und die Entwicklung des modernen Denkens*, übers. v. Josef Schlesinger, Berlin, Dietz Verlag, 1950.

Derber, Charles: *Marx's Ghost. Midnight Conversations on Changing the World*, London, Paradigm Publishers, 2011.

Derrida, Jacques: *Marx' Gespenster. Der Staat der Schuld, die Trauerarbeit und die neue Internationale*, Frankfurt am Main, Suhrkamp Verlag, 2005.

Desai, Meghnad: *Marx's Revenge. The Resurgence of Capitalism and the Death of Statist Socialism*, London/New York, Verso, 2004.

Diamond, Jared: *Guns, Germs, and Steel. The Fates of Human Societies*, New York, Norton, 1999.

Dornemann, Luise: *Jenny Marx*, Weimar, Volksverlag Weimar, 1955.

Eagleton, Terry: *Warum Marx recht hat*, übers. v. Hainer Kober, Berlin, Ullstein Verlag, 2011.

Eckhardt, Wolfgang: *The First Socialist Schism. Bakunin vs. Marx in the International Men's Association*, Oakland, PM Press, 2016.

Enzensberger, Hans Magnus (Hg.): *Gespräche mit Marx und Engels*, 2 Bde., Frankfurt am Main, Insel Verlag, 1973.

Euchner, Walter: *Karl Marx*, München, Verlag C. H. Beck, 1982.

Fetscher, Iring: *Marx*, Freiburg im Breisgau, Herder Verlag, 1999.

Foucault, Michel: *Aesthetics, Method, and Epistemology. Essential Works of Foucault 1954–1984*, Bd. 2, hg. v. James. D. Faubion, übers. v. Robert Hurley u. a., New York, The New Press, 1998.

Friebe, Cord: *Geld. Eine philosophische Orientierung*, Stuttgart, Philipp Reclam jun., 2015.

Friedenthal, Richard: *Karl Marx. Sein Leben und seine Zeit*, München, Piper Verlag 1990.

Friedrich-Ebert-Stiftung (Hg.): *Karl Marx (1818–1883). Leben – Werk – Wirkung bis zur Gegenwart. Ausstellung im Geburtshaus in Trier*, Bad Godesberg, Friedrich-Ebert-Stiftung, 2013.

Fuchs, Christian: *Digital Labour and Karl Marx*, New York, Routledge, 2014.

Fülberth, Georg: *»Das Kapital« kompakt*, Köln, PapyRossa Verlag, 2013.

Fusaro, Diego: *Marx, Again! The Spectre Returns*, London, Russell Square Publishing, 2016.

Gabriel, Mary: *Love and Capital. Karl and Jenny Marx and the Birth of a Revolution*, New York u. a., Back Bay Books/Little, Brown and Company, 2011.

Gemkow, Heinrich: *Friedrich Engels. Eine Biographie*, Berlin, Dietz Verlag, 1988.

Ders.: *Karl Marx. Eine Biographie*, Berlin, Dietz Verlag, 1975.

Gockel, Eberhard: *Karl Marx in Bonn. Alte Adressen neu entdeckt. Ein Beitrag zum 2000jährigen Bonn-Jubiläum sowie zum Bicentenaire der Französischen Revolution*, Bonn, Bonner Künstlerhaus e. V., 1989.

Graeber, David: *Schulden. Die ersten 5000 Jahre*, übers. v. Ursel Schäfer/Hans Freundl/Stephan Gebauer, Goldmann Verlag, München, 2014.

Greffrath, Mathias (Hg.): *Re: Das Kapital. Politische Ökonomie im 21. Jahrhundert*, München, Verlag Antje Kunstmann, 2017.

Harari, Yuval Noah: *Eine kurze Geschichte der Menschheit*, übers. v. Jürgen Neubauer, München, Pantheon Verlag, 2015.

Hardt, Michael/Negri, Antonio: *Empire. Die neue Weltordnung*, übers. v. Thomas Atzert/Andreas Wirthensohn, Frankfurt am Main/New York, Campus Verlag, 2003.

Harvey, David: *The Enigma of Capital and the Crises of Capitalism*, London, Profile Books, 2011.

Hegel, Georg Wilhelm Friedrich: *Phänomenologie des Geistes*, in: ders.: *Werke*, Teil 3, Frankfurt am Main, Suhrkamp Verlag, 1993.

Hegel, Georg Friedrich: *Grundlinien der Philosophie des Rechts*, Frankfurt am Main, Suhrkamp Verlag 1972.

Heinrich, Michael: *Kritik der politischen Ökonomie. Eine Einführung*, Stuttgart, Schmetterling Verlag, 2005.

Heinsohn, Gunnar/Steiger, Otto: *Eigentumsökonomik*, Marburg, Metropolis-Verlag, 2005.

Heinzen, Karl: *Die Helden des teutschen Kommunismus. Dem Herrn Karl Marx gewidmet*, Bern, Verlag von Jenni, 1848.

Herrmann, Ulrike: *Kein Kapitalismus ist auch keine Lösung. Die Krise der heutigen Ökonomie oder Was wir von Smith, Marx und Keynes lernen können*, Frankfurt am Main, Westend Verlag, 2016.

Dies.: *Der Sieg des Kapitalismus. Wie der Reichtum in die Welt kam: Die Geschichte von Wachstum, Geld und Krisen*, Frankfurt am Main, Westend Verlag, 2013.

Hobsbawm, Eric: *Wie man die Welt verändert. Über Marx und den Marxismus*, übers. v. Thomas Atzert/Andreas Wirthensohn, München, Deutscher Taschenbuch Verlag, 2014.

Ders.: *Europäische Revolutionen*, übers. v. Boris Goldenberg, Köln, Parkland Verlag, 2004.

Ders.: *Das imperiale Zeitalter 1875–1914*, übers. v. Udo Rennert, Frankfurt am Main, Fischer Taschenbuch Verlag, 1995.

Ders.: *Die Blütezeit des Kapitals. Eine Kulturgeschichte der Jahre 1848–1875*, übers. v. Johann George Scheffner, Frankfurt am Main, Fischer Taschenbuch Verlag, 1980.

Höppner, Joachim/Seidel-Höppner, Waltraud: *Von Babeuf bis Blanqui. Französischer Sozialismus vor Marx*, 2 Bde., Leipzig, Verlag Philipp Reclam jun., 1975.

Holt, Justin P.: *The Social Thought of Karl Marx*, Thousand Oaks, Sage, 2015.

Hornung, Klaus: *Der faszinierende Irrtum. Karl Marx und die Folgen*, Freiburg im Breisgau, Herder Verlag, 1978.

Hosfeld, Rolf: *Karl Marx. Eine Biografie*, München, Piper Verlag, 2010.

Hunt, Richard N.: *The Political Ideas of Marx and Engels. Bd. 2: Classical Marxism 1850–1895*, Pittsburgh, University of Pittsburgh Prints 1982.

Hunt, Tristram: *Friedrich Engels. Der Mann, der den Marxismus erfand*, übers. v. Klaus-Dieter Schmidt, Berlin, List Taschenbuch, 2013.

Institut für Marxismus-Leninismus beim ZK der SED (Hg.): *Mohr und General. Erinnerungen an Marx und Engels*, Berlin, Dietz Verlag, 1965.

Ivanov, N. N./Belyakova, T. D./Krasavina, Y. P. (Hg.): *Karl Marx. His Life and Work. Documents and Photographs*, London, Collets, 1988.

Jaeggi, Rahel/Loick, Daniel (Hg.): *Nach Marx. Philosophie, Kritik, Praxis*, Berlin, Suhrkamp Verlag, 2013.

Kisch, Egon Erwin: *Karl Marx in Karlsbad*, Berlin, Aufbau-Verlag, 1983.

Kliem, Manfred (Hg): *Karl Marx. Dokumente seines Lebens 1818 bis 1883*, Leipzig, Verlag Philipp Reclam jun., 1970.

Körner, Klaus: *Karl Marx*, München, Deutscher Taschenbuch Verlag, 2008.

Korn, Vilmos und Ilse: *Mohr und die Raben von London*, Berlin, Kinderbuchverlag, 1980.

Korsch, Karl: *Karl Marx. Marxistische Theorie und Klassenbewegung*, Reinbek bei Hamburg, Rowohlt Taschenbuch Verlag, 1981.

Ders.: *Karl Marx*, Frankfurt am Main, Europäische Verlagsanstalt, 1967.

Krosigk, Lutz Graf Schwerin von: *Jenny Marx. Liebe und Leid im Schatten von Karl Marx. Eine Biographie nach Briefen, Tagebüchern und anderen Dokumenten*, Wuppertal, Staats-Verlag, 1976.

Krysmanski, Hans Jürgen: *Die letzte Reise des Karl Marx*, Frankfurt am Main, Westend Verlag, 2014.

Künzli, Arnold: *Karl Marx. Eine Psychographie*, Wien/Frankfurt am Main/Zürich, Europa Verlag, 1966.

Kunkel, Benjamin: *Utopie oder Untergang. Ein Wegweiser für die gegenwärtige Krise*, übers. v. Richard Barth, Berlin, Suhrkamp Verlag, 2014.

Kurz, Robert: *Der Tod des Kapitalismus. Marxsche Theorie, Krise und Überwindung des Kapitalismus*, Hamburg, Laika-Verlag, 2013.

Ders.: *Geld ohne Wert. Grundrisse zu einer Transformation der Kritik der politischen Ökonomie*, Berlin, Horlemann Verlag, 2012.

Lafargue, Paul: *Karl Marx, the man*, New York, New York Labor News Company, 1947.

Ledbetter, James (Hg.): *Dispatches for the New York Tribune. Selected Journalism of Karl Marx*, London, Penguin Books, 2007.

Leopold, David, *The Young Karl Marx. German philosophy, modern politics, and human flourishing*, Cambridge, Cambridge University Press, 2007.

Leßner, Friedrich: *Ich brachte das »Komunistische Manifest« zum Drucker*, Berlin, Dietz Verlag, 1975.

Liebknecht, Wilhelm: *Karl Marx zum Gedächtniß. Ein Lebensabriß und Erinnerungen*, Nürnberg, Wörlein & Comp., 1896.

Liessmann, Konrad Paul: *Karl Marx *1818 †1989. Man stirbt nur zweimal*, Wien, Sonderzahl Verlagsgesellschaft, 1992.

Limmroth, Angelika: *Jenny Marx. Die Biographie*, Berlin, Dietz Verlag, 2014.

Linß, Vera: *Die wichtigsten Wirtschaftsdenker*, Wiesbaden, Marix Verlag, 2007.

Löw, Konrad: *Der Mythos Marx und seine Macher. Wie aus Geschichten Geschichte wird*, München, Langen Müller, 2000.

Löwith, Karl: *Von Hegel zu Nietzsche. Der revolutionäre Bruch im Denken des neunzehnten Jahrhunderts. Marx und Kierkegaard*, Stuttgart, Kohlhammer Verlag, 1964.

Longuet, Robert-Jean: *Karl Marx – mein Urgroßvater*, Berlin, Dietz Verlag, 1979.

Lotz, Christian: *Karl Marx. Das Maschinenfragment*, hg. v. Carolin Amlinger/Christian Baron, Hamburg, Laika-Verlag, 2014.

Maesschalck, Edward de: *Marx in Brussel 1845–1848*, Leuven, Davidsfonds, 2005.

Manuel, Frank E.: *A Requiem for Karl Marx*, Cambridge, Harvard University Press, 1995.

Martin, Felix: *Geld, die wahre Geschichte. Über den blinden Fleck des Kapitalismus*, übers. v. Thorsten Schmidt, München, Deutsche Verlags-Anstalt, 2014.

Marx, Jenny: *Ein bewegtes Leben*, Berlin, Dietz Verlag, 1989.

Marx-Engels-Lenin-Institut Moskau (Hg.): *Karl Marx. Chronik seines Lebens in Einzeldaten*, Zürich, Makol Verlag, 1971.

Martin, Hans-Peter/Schumann, Harald: *Die Globalisierungsfalle. Der Angriff auf Demokratie und Wohlstand*, Reinbek bei Hamburg, Rowohlt Taschenbuch Verlag, 1998.

Mason, Paul: *Postkapitalismus. Grundrisse einer kommenden Ökonomie*, übers. v. Stephan Gebauer, Berlin, Suhrkamp Verlag, 2016.

Maur, Hans: *Unterwegs zu Marx. Karl-Marx-Gedenkstätten – BRD, Belgien, Frankreich, Großbritannien, Niederlande, Tschechien*, Berlin, Gedenkstättenverband e. V., 2000.

Mayer, Gustav: *Friedrich Engels. Eine Biographie*, 2 Bde., Frankfurt am Main/Berlin/Wien, Ullstein Verlag, 1975.

McLellan, David: *The Thought of Karl Marx. An Introduction*, London, Macmillan, 1980.

Ders.: *Karl Marx*, Harmondsworth, Penguin Books, 1976.

Ders.: *Karl Marx. Leben und Werk*, übers. v. Otto Wilck, München, Edition Praeger, 1974

Ders.: *Die Junghegelianer und Karl Marx*, übers. v. Renate Zauscher, München, Deutscher Taschenbuch Verlag, 1974.

Ders.: *Marx's Grundrisse*, St. Albans, Paladin, 1973.

Mehring, Franz: *Karl Marx. Geschichte seines Lebens*, Berlin, Dietz Verlag, 1979.

Meier, Olga (Hg.): *Die Töchter von Karl Marx. Unveröffentlichte Briefe*, übers. v. Karin Kersten/Jutta Prasse, Köln, Kiepenheuer & Witsch, 1981.

Misik, Robert: *Kaputtalismus. Wird der Kapitalismus sterben, und wenn ja, würde uns das glücklich machen?*, Berlin, Aufbau-Verlag, 2016.

Ders.: *Was Linke denken. Ideen von Marx über Gramsci zu Adorno, Habermas, Foucault & Co*, Wien, Picus Verlag, 2015.

Ders.: *Marx verstehen*, Köln, Anaconda Verlag, 2012.

Mohrmann, Walter: *Karl Marx an der Berliner Universität*, Berlin, Humboldt-Universität zu Berlin, 1978.

Monz, Heinz: *Karl Marx. Grundlagen der Entwicklung zu Leben und Werk*, Trier, NCO-Verlag, 1973.

Müller Manfred (Hg.): *Familie Marx in Briefen*, Berlin, Dietz Verlag 1966.

Münchhausen, Thankmar von: *72 Tage. Die Pariser Kommune 1871 – die erste »Diktatur des Proletariats«*, München, Deutsche Verlags-Anstalt, 2015.

Neffe, Jürgen: *Einstein. Eine Biographie*, Reinbek, Rowohlt Verlag, 2006.

Ders.: *Darwin. Das Abenteuer des Lebens*, München, C. Bertelsmann Verlag 2008.

Ders.: *Mehr als wir sind*, München: C. Bertelsmann Verlag, 2014.

Nicolaevsky, Boris/Maenchen-Helfen, Otto: *Karl Marx. Eine Biographie*, Berlin/Bonn, Dietz Verlag, 1978.

o. A.: *Erinnerungen an Karl Marx*, Berlin, Dietz Verlag, 1953.

Omura, Izumi/Kubo, Shunichi/Hecker, Rolf/Fomičev, Valerij (Hg.): *Karl Marx ist mein Vater. Eine Dokumentation zur Herkunft von Frederick Demuth*, Tokio, Far Eastern Booksellers, 2011.

Osterhammel, Jürgen: *Die Verwandlung der Welt. Eine Geschichte des 19. Jahrhunderts*, München, Verlag C. H. Beck, 2011.

Osterhammel, Jürgen/Petersson, Niels P.: *Geschichte der Globalisierung. Dimensionen, Prozesse, Epochen*, München, Verlag C. H. Beck, 2016.

Patterson, Thomas C.: *Karl Marx, Anthropologist*, Oxford/New York, Berg, 2009.

Payne, Robert: *Marx*, London, W. H. Allen, 1968.

Persson, Karl Gunnar: *An Economic History of Europe. Knowledge, Institutions and Growth, 600 to the Present*, Cambridge, Cambridge University Press, 2010.

Peters, Heinz F.: *Die rote Jenny. Ein Leben mit Karl Marx*, München, Droemersche Verlagsanstalt Knaur, 1984.

Petersen, Thomas/Faber, Malte: *Karl Marx und die Philosophie der Wirtschaft*, Freiburg im Breisgau/München, Verlag Karl Alber, 2015.

Piketty, Thomas: *Das Kapital im 21. Jahrhundert*, übers. v. Ilse Utz/Stefan Lorenzer, München, Verlag C. H. Beck, 2015.

Prawer, Siegbert S.: *Karl Marx und die Weltliteratur*, übers. v. Christian Spiel, München, Verlag C. H. Beck, 1983.

Quante, Michael: *Karl Marx. Ökonomisch-philosophische Manuskripte*, Frankfurt am Main, Suhrkamp Verlag, 2009.

Quante, Michael/Schweikard, David P. (Hg.): *Marx-Handbuch. Leben – Werk – Wirkung*, Stuttgart, J. B. Metzler Verlag, 2016.

Raddatz, Fritz J. (Hg.): *Mohr an General. Marx und Engels in ihren Briefen. Eine Auswahl*, Wien u. a., Verlag Fritz Molden, 1980.

Ders.: *Karl Marx. Eine politische Biographie*, Hamburg, Hoffmann und Campe, 1975.

Ramm, Thilo (Hg.): *Der Frühsozialismus. Quellentexte*. Stuttgart, Kröner Verlag, 1956.

Reheis, Fritz: *Wo Marx Recht hat*, Darmstadt, Theiss Verlag/Wissenschaftliche Buchgesellschaft, 2016.

Rius: *Introducing Marx. A Graphic Guide*, hg. v. Richard Appignanesi, Cambridge, Icon Books, 2014.

Roberts, William Clare: *Marx's Inferno. The Political Theory of Capital*, Princeton, Princeton University Press, 2017.

Rockmore, Tom: *Marx After Marxism. The Philosophy of Karl Marx*, Oxford, Blackwell Publishing, 2002.

Rohbeck, Johannes: *Marx. Grundwissen Philosophie*, Leipzig, Reclam Verlag, 2006.

Rühle, Otto: *Karl Marx. Leben und Werk*, Hellerau bei Dresden, Avalun-Verlag, 1928.

Ryan, Alan: *On Marx. Revolutionary and Utopian*, New York/London, Liveright Publishing Corporation, 2014.

Schafer, Paul M.: *The First Writings of Karl Marx*, New York, Ig Publishing, 2006.

Schieder, Wolfgang: *Karl Marx als Politiker*, München, Piper Verlag, 1991.

Schmidt, Alfred: *Der Begriff der Natur in der Lehre von Marx*, Hamburg, Europäische Verlagsanstalt, 1993.

Schröter, Jens/Schwering, Gregor/Stäheli, Urs (Hg.): *Media Marx. Ein Handbuch*, Bielefeld, transcript Verlag, 2006.

Schütrumpf, Jörn (Hg.): *Jenny Marx oder: Die Suche nach dem aufrechten Gang*, Berlin, Dietz Verlag, 2008.

Schwarzschild, Leopold: *Der rote Preuße. Leben und Legende von Karl Marx*, Stuttgart, Scherz & Goverts Verlag, 1954.

Schwerbrock, Wolfgang (Hg.): *Karl Marx privat. Unbekannte Briefe*, München, Paul List Verlag, 1962

Shortall, Felton C.: *The Incomplete Marx*, Aldershot, Avebury, 1994.

Sichtermann, Barbara: *Der tote Hund beißt. Karl Marx, neu gelesen*, Berlin, Verlag Klaus Wagenbach, 1991.

Sieferle, Rolf Peter: *Karl Marx zur Einführung*, Hamburg, Junius Verlag, 2007.

Sombart, Werner: *Die deutsche Volkswirtschaft im neunzehnten Jahrhundert*, Berlin, Georg Bondi, 1913.

Spargo, John: *Karl Marx. Leben und Werk*, Leipzig, Felix Meiner Verlag, 1912.

Sperber, Jonathan: *Karl Marx. Sein Leben und sein Jahrhundert*, übers. v. Thomas Atzert/Friedrich Griese/Karl Heinz Siber, Verlag C. H. Beck, 2013.

Speth, Rudolf: *Nation und Revolution. Politische Mythen im 19. Jahrhundert*, Opladen, Leske + Budrich, 2000.

Standage, Tom: *The Victorian Internet. The Remarkable Story of the Telegraph and the Nineteenth Century's On-Line Pioneers*, New York, Walker & Company 1998.

Stedman Jones, Gareth: *Karl Marx. Greatness and Illusion*, London, Allen Lane, 2016.

Ders.: *Das Kommunistische Manifest von Karl Marx und Friedrich Engels*, übers. v. Catherine Davies, München, Verlag C. H. Beck, 2012.

Störig, Hans Joachim: *Kleine Weltgeschichte der Philosophie*, Frankfurt am Main, Fischer Taschenbuch Verlag, 2013.

Teusch, Ulrich: *Jenny Marx. Die rote Barnonesse*, Zürich, Rotpunktverlag, 2011.

Türcke, Christoph: *Mehr! Philosophie des Geldes*, München, Verlag C. H. Beck, 2015.

Vesper, Marlene: *Marx in Algier*, Bonn, Pahl-Rugenstein Verlag, 1995.

Vogl, Joseph: *Der Souveränitätseffekt*, Zürich, diaphanes, 2015.

Ders.: *Das Gespenst des Kapitals*, Zürich, diaphanes, 2012.

Vorländer, Karl: *Karl Marx. Sein Leben und sein Werk*, Leipzig, Felix Meiner Verlag, 1929.

Wagenknecht, Sahra: *Reichtum ohne Gier. Wie wir uns vor dem Kapitalismus retten*, Frankfurt am Main/New York, Campus Verlag, 2016.

Dies.: *Vom Kopf auf die Füße? Zur Hegelkritik des jungen Marx oder Das Problem einer dialektisch-materialistischen Wissenschaftsmethode*, Berlin, Aurora Verlag, 2013.

Dies.: *Freiheit statt Kapitalismus*, Frankfurt am Main, Eichborn Verlag, 2011.

Wheen, Francis: *Karl Marx,* übers. v. Helmut Ettlinger, München, Goldmann Verlag, 2002.

Wilbrandt, Robert: *Karl Marx. Versuch einer Würdigung*, Leipzig/Berlin, Teubner, 1920.

Wippermann, Wolfgang: *Der Wiedergänger. Die vier Leben des Karl Marx*, Wien, Verlag Kremayr & Scheriau, 2008.

Wolff, Jonathan: *Why Read Marx Today?*, Oxford, Oxford University Press, 2003.

Wolff, Robert Paul: *Moneybags Must Be So Lucky. On the Literary Structure of Capital*, Amherst, The University of Massachusetts Press, 1988.

Wolff, Robert Paul: *Understanding Marx. A Reconstruction and Critique of »Capital«*, Princeton, Princeton University Press 1984.

Wolfson, Murray: *Marx. Economist, Philosopher, Jew. Steps in the Development of a Doctrine*, London, Macmillan, 1982.

Wood, Allen W.: *Karl Marx. 2nd Edition*, New York, Routledge, 2004.

Die Zeit – Geschichte: *Karl Marx. Der Prophet der Krisen*, Hamburg, Zeitverlag Gerd Bucerius, 2009.

Ziesemer, Bernd: *Karl Marx für jedermann. Der erste Denker der Globalisierung*, Frankfurt am Main, F.A.Z.-Institut für Management-, Markt- und Medieninformationen, 2012.

Zlocisti, Theodor: *Moses Hess. Der Vorkämpfer des Sozialismus und Zionismus 1812–1875. Eine Biographie*, Berlin, Welt-Verlag 1921.

Register

Bildnachweis

Textteil

Interfoto: S. 265 (Sammlung Rauch)

Bildteil

akg-images: 6, 22, 39, 40, 45 (N.N.), 21, 23, 25 (Sputnik)

Alamy Stock Photo: 3, 48 (Paul Fearn), 4 (Rupert Oberhauser)

Bridgeman Images: 38 (Neue Nationalgalerie, Berlin)

F1online: 54 (Age/Bernd Rohrschneider)

Getty Images: 17 (UIG/Universal History Archive), 41 (Roger Viollet Collection), 42 (Topical Press Agency), 43 (Corbis/Shafiqul Alam), 44 (Heritage Images/Ann Ronan Picture Library)

International Institute of Social History, Amsterdam: 2 (I. Grinštejn), 8 (Kan Zhenglun, Wang Qingming), 9, 35 (N.N.), 14 (R. Daniëls), 20 (PvdA/George Verberne), 24 (John Mayall), 26 (E. Dutertee), 28 (März Zeitung, 1899), 30 (Karl Marx/Friedrich Engels Papers), 31 (E.N. Sapiro)

Karl-Marx-Haus Trier: 5

Marxists.org: 1, 36 (public domain)

Ostkreuz: 53 (Sibylle Bergemann)

picture-alliance: 18 (akg-images), 52 (dpa/Harald Tittel)

Privatarchiv Jürgen Neffe: 27, 32, 33, 51, 55

Public Domain: 19

RGASPI: 10, 11, 12, 13, 15, 37

Rheinisches Bildarchiv: 29 (rba_d037891)

ullstein bild: 7 (Sputnik/Vitaliy Karpov), 16, 49 (N.N.), 34 (Granger, NYC), 46 (Photo12), 47 (Heritage Images/The Print Collector), 50 (Archiv Gerstenberg)